바다 인류

A
MARITIME
HISTORY

인류의 위대한 여정, 글로벌 해양사

바다
인류

주경철

이 책은 바다의 관점에서 인류의 역사를 재해석해보려는 시도다.
인간의 삶 대부분이 육상에서 펼쳐진다는 것은 말할 나위도 없다.
그렇지만 바다 또한 육지만큼이나 중요한 역사의 무대이며 인류의
역사를 강하게 추동하는 모터 역할을 해왔다. 바다는 지구 표면의
71퍼센트를 덮고 있다. 우리가 살아가는 땅덩어리들을 광대한 바다
가 둘러싸고 있는 것이다. 교역, 전쟁, 전도, 이민 등 중요한 역사의
흐름이 육상만큼이나 해상에서 이루어질 수밖에 없는 이유다.

 필자는 글로벌한 역사 발전 과정에서 해양이 결정적으로 중요한
역할을 했다는 점을 밝히는 연구로《대항해 시대—해상 팽창과 근
대 세계의 형성》을 비롯해 몇 권의 저서와 논문을 출간한 바 있다.
당시의 문제의식은 전 지구적 차원의 소통과 융합을 통해 근대 세
계가 형성되었다는 사실을 규명하는 것이었다. 근대 초에 대륙을
연결하는 해로들이 개척되었고, 이로 인해 장구한 기간 개별적으로
발전해온 각 문명권들의 물질적·정신적 성과들이 급격히 뒤섞이면
서 세계 전체가 비약적 변화를 겪었다. 그때까지 바다는 대체로 대
륙 간 소통을 막는 장애 역할을 했으나 돌연 교류를 원활하게 해주

는 통행로 역할을 맡게 되었다. 이런 점에서 바다의 역사는 곧 소통의 역사이며 글로벌 문명사라 할 수 있다.[●]

이상의 연구들은 주로 15~18세기에 한정되었다. 그 이전 시대와 이후 시대의 역사 발전 양상은 어떠했을지 호기심이 생기지 않을 수 없다. 근대 이전 인류 역사의 장기적 진행 과정에서 해양은 과연 어느 정도의 공헌을 했는지, 산업혁명과 제국주의 시대 이후 현재에 이르기까지 인류는 해양을 어떤 식으로 새롭게 통제하고 이용해왔는지를 살펴보고 싶은 욕심이 생겼다. 그리하여 인류사 전반을 바다의 관점에서 정리해보자고 만용을 부리게 되었다. 새로운 시각에서 역사를 보면 전통적인 역사 서술에서 거의 주목하지 않았던 요소들 혹은 모르고 지나쳤던 요소들을 다시 보게 되고, 결국 육지에서 보았던 역사 흐름과는 사뭇 다른 역사상을 얻을 수 있으리라 기대했다.

실제로 인류 역사의 첫 출발점부터 바다는 우리가 통상적으로 상상했던 것보다 훨씬 중요한 역할을 수행해왔다. 인류가 세계 각 대륙과 대양의 수많은 섬에 이주해가는 과정에서 바닷길이 핵심적인 통로 역할을 해왔다. 고대 문명의 발전 과정에서도 바닷길은 서로 접촉하고 영향을 주고받는 통로였다. 페니키아와 그리스, 로마 등 지중해 문명권들의 확대, 이슬람 상인들과 당송 제국들의 교류, 동남아시아와 인도의 항시국가(港市國家)들의 경제·문화적 중개, 몽

● 기존에 수행한 연구 성과의 일부를 재정리하여 이 책에 사용했다. 출처는 해당 부분에서 밝히기로 한다.

골의 해상력 발전과 명 초의 남해 원정 등 일찍이 해양 세계는 핵심적인 역사 무대였다. 증기선이 등장하고, 운하가 세계의 바닷길을 연결하며, 막강한 전함이 제국주의적 침탈을 자행하는 시대가 되면서 바다는 더욱 긴밀하게 세상을 엮어놓았다. 교역, 전쟁, 문화 교류, 어업 등 분야마다 가속화된 변화가 일어났다. 그 여정의 끝에 도달한 오늘날, 인간과 바다는 어떤 상태에 이르렀을까?

현재의 바다는 지극히 큰 위험에 빠져 있다. 초강대국들이 바다를 무대로 패권 쟁탈전을 벌이고 있다. 인류를 멸망시킬 수도 있는 엄청난 군사력이 아시아의 바다에 집중되어 어쩌면 제3차 세계대전이 발발할지도 모른다는 위기감이 높아진다. 밀수·마약 운반·테러 등의 위험도 더욱 커지고 있다. 무분별한 남획으로 일부 어종은 멸종 위기에 처했다. 해양 오염은 이미 위험 수준을 넘어 해양 생태계가 파괴되고 지구 온난화 같은 사태가 악화되고 있다. 인류가 멸망한다면 그 첫 출발점은 바다일지 모른다.

다른 한편 인류의 복지와 생존을 위해 바다가 막대한 도움을 주고 있다. 우리나라 교역량의 99퍼센트가 해상 운송을 통해 이루어지는 데에서 알 수 있듯이, 세계 경제의 발전은 해로가 책임지고 있다. 정보화의 확대와 그에 기반한 미래 경제는 해저 케이블의 확대 없이는 불가능하다. 2050년이면 100억 명에 달할 것으로 추산하는 세계 인구의 식량을 확보하기 위해서는 어획과 양식 등 수산업 발전에 기댈 수밖에 없다. 어쩌면 지구에서 인간의 최후 거주지가 될지 모를 해저 도시의 가능성까지 상상하는 중이다. 바다는 인류의 생존을 위협하는 공포의 장소이자 동시에 인류 최후의 희망의 장소다. 바다는 언제나 인류 역사의 중요한 무대였고, 현재 가장 뜨거운 삶의 현장이며, 장래 우리의 삶에 결정적인 영향을 미치게 될 공간이다. 세계의 해양을 염두에 두는 광대한 조망이 절대적으로 필요한 이유다.

새로운 시각으로 인류 역사 전반을 정리하는 것은 역사가의 꿈이지만 사실 이루기 힘든 목표다. 무리한 목표라는 것을 알면서도 용기를 내어 이 책을 썼다. 장래 유능한 후배들이 훨씬 더 우수한 연구를 수행하기를 바라는 마음이다. 이 책을 쓰는 데는 팬데믹 상황에서 일종의 '가택연금' 상태로 연구년을 보낸 것이 결과적으로 도움이 되었다. 아무리 나쁜 일이라 해도 한두 가지 좋은 일은 있는 법인 모양이다. 원고를 읽고 귀한 의견을 주신 고일홍, 권오영, 남종국, 장문석 교수께 감사의 뜻을 전하고자 한다. 답답한 세월 함께 동고동락한 아내 이주미, 먼 곳에서 늘 응원을 아끼지 않는 딸 주은선에게도 고마운 마음을 전한다.

2021년 12월
주경철

차례

1부

바다와 문명의 발전

CHAPTER 1

인류사의 시작 그리고 바다

인류에게 바다란 무엇일까?

인간은 육지에서 살지만 동시에 바다를 이용할 줄 아는 특이한 존재다. 인류 역사 초기부터 해상 자원을 활용하며 살았고, 바다를 통해 전 세계로 확산해갔다. 아프리카대륙에서 출발한 현생인류 호모 사피엔스는 유럽과 아시아, 오스트레일리아와 아메리카로 퍼져갔고, 태평양상의 절해고도에까지 거주하게 되었다. 바다는 접근을 제약하는 검푸른 장벽이 아니라 인간의 삶이 펼쳐진 중요한 공간이다. 역사의 중요한 무대이며 인류 역사의 발전을 촉진시킨 모터이다. 인류의 역사를 온전하고 공정하게 이해하려면 반드시 바다를 고려해야 한다.

호모 사피엔스, 바다를 넘다

　현생인류 호모 사피엔스는 지구상에서 널리 퍼져 사는 종 중 하나다.(Picq, 12) 아프리카에서 기원한 우리 인류의 조상은 수만 년 전 아프리카대륙에서 나와 지구 각지로 확산해갔다. 오랜 기간에 걸쳐 인구가 늘었을 뿐 아니라 유럽과 아시아, 오스트레일리아와 아메리카로 퍼져갔고, 결국 남극대륙을 제외한 전 세계에 사람들이 살게 되었다(남극대륙에 인간이 도달한 것은 1895년의 일이다). 열대우림 지역에서부터 북극권까지, 바닷가 마을에서 고산지대까지 지구상에서 인간이 살지 못하는 곳은 거의 없다. 인류가 이처럼 전 세계로 팽창해갔다는 사실 자체가 인류사의 가장 두드러진 특징일 터이다. 여기에서 우리가 주목해야 할 점은 인간이 지구상의 거의 모든 대륙과 섬으로 확산해나가는 데 육로만큼이나 해로가 중요했다는 사실이다. 인간이 지구의 지배적 종이 되는 데는 항해 능력이 매우 중요한 요소였다. 호모 사피엔스는 육상에 살면서도 바다를 이용할 수 있는 특별한 종이다.

　현재까지 진행된 연구 결과를 보면 아프리카를 제외한 전 세계 모든 사람의 공동 조상은 약 6~7만 년 전 아프리카를 빠져나온 소수 집단이다. 이들이 왜 고향을 떠났는지 정확히 알 수는 없지만, 기후 변화로 아프리카의 주거 환경이 너무 건조해져 살기 힘들어졌기 때문이 아닐까 추론한다. 아프리카에서 나온 후 인류가 전 세계로 퍼져가는 정황에 대해서는 최근의 유전자 연구가 많은 정보를 제공한다.(Rasmussen, 94~98) 이를 통해 아시아 각지로 확산해가는 과정이라든지 유럽으로 들어가서 네안데르탈인을 멸종에 이르게 하는 과정에 대해 실마리를 찾을 수 있다.

인류는 대개 육로를 이용했으나, 바다를 건너 팽창해간 사례도 있다. 오스트레일리아로 들어간 초기 인류가 대표적이다. 아시아 남부와 오스트레일리아 사이에 큰 바다가 가로막고 있는데, 어떻게 건너갔을까?

지구온난화 시대인 현재는 해수면이 조금씩 상승하여 우려를 사고 있다. 반대로 기온이 크게 떨어지면 해수면이 내려간다. 마지막 대빙하기는 9만 년 정도 지속되었는데, 약 2만 년 전 추위가 정점에 달했을 때에는 지표면의 25퍼센트 정도가 얼음에 덮여 있었다(현재는 그 비율이 11퍼센트 정도다).(usgs.gov) 그토록 많은 양의 물이 얼음 속에 갇혀 있으면 해수면이 크게 내려갈 수밖에 없다. 빙하기 중 해수면은 현재보다 적어도 50미터, 많게는 130미터나 하강했고, 그 결과 지금은 바닷물에 잠겨 있는 많은 곳이 맨땅으로 드러나 있었다. 현재의 한반도는 중국 및 일본과 육지로 연결되어 있었고, 영국도 유럽대륙과 연결되어서 섬이 아니었다. 마찬가지로 현재의 타이, 수마트라, 자바, 보르네오 등은 '순다(Sunda)'라고 부르는 큰 대륙이었다. 현재의 오스트레일리아, 뉴기니, 태즈메이니아 역시 하나의 대륙을 이루고 있었는데, 이를 '대-오스트레일리아(Greater Austrailia)' 혹은 '사훌(Sahul)'이라고 부른다. 순다와 사훌 사이에는 수심이 낮은 바다 위에 섬들이 점점이 산재해 있었다. 순다까지 육상으로 걸어온 초기 인류는 이 섬들을 징검다리 삼아 바다를 건너 사훌, 즉 현재의 오스트레일리아 방향으로 들어왔을 것이다. 항해 거리는 약

70킬로미터에 달한다.[Desclèves 2017a, 1:116]

이들은 먼 바다를 어떻게 건넜을까?

순다와 사훌 사이 지역은 지금은 바닷물에 잠긴 대륙붕이다.[페이건, 80] 이곳을 굴착하여 토양 표본을 채취해 살펴본 결과, 당시 이곳은 삼각주, 범람원, 맹그로브 습지 등 복잡한 지형이었던 것으로 밝혀졌다. 이 지역에 살게 된 사람들은 맹그로브 습지와 주변 지대에서 조개를 잡고 얕은 물에서 생선을 잡아먹었을 것이고, 이 과정에서 뗏목과 카누를 만들었을 것으로 추정한다. 바다에 익숙해진 노련한 어부들이 순다에서 술라웨시로 건너가고 결국 오스트레일리아인의 조상이 되었다. 우선은 눈에 보이는 섬들을 징검다리 삼아 짧은 거리를 건너갔을 테고, 다음 단계는 처음에는 섬이 안 보이지만 어느 정도 항해해가면 바다 중간에서 이쪽 섬과 저쪽 섬이 다 보이는 곳을 지나갔을 것이다. 최종 단계에서는 땅이 전혀 안 보이는 먼 거리를 건너야 했다. 이 마지막 해역만 거의 50킬로미터에 달한다.[Paine L., 15] 오스트레일리아 주변 여러 섬도 이런 식으로 사람들이 퍼져가서 거주하기 시작했다. 약 6만 5,000년 전에 오스트레일리아와 주변 섬들에 들어와 살게 된 사람들을 애보리진(Aborigine)이라 부른다.

인류의 등장 이후 오스트레일리아에서는 어떤 일이 벌어졌을까? 무엇보다 생태계에 엄청난 변화가 일어난 것으로 보인다. 수천 년 안에 24종의 대형 동물 중 23종이 멸종했다. 거대 유대목 동물(giant marsupial), 예컨대 캥거루와 비슷하게 생긴 키 2미터의 동물들은 초기 애보리진이 제작한 암각화에도 등장하지만 이후 멸종했다. 인간이 이 멸종에 어떤 책임이 있는지에 대해서는 논란이 계속되고 있다. 인간의 이주가 한 번에 끝난 게 아니라 이후에 여러 차례 계속되었다는 점도 기억해야 할 것이다. 4,000~5,000년 전 동남아시아에서 오스트레일리아로 이주해온 사람들이 개를 들여왔는데, 이것이 이 지역의 사냥 문화에 결정적 변화를 가져왔다는 사실도 흥미롭다.(Préaud, 15)

이 같은 사실은 앞으로도 계속 정설의 지위를 유지할까? 장담하기 힘들다. 새로운 연구가 진행되면서 또다시 새로운 사실들이 밝혀져 기존의 정설을 대체할 것이다. 특히 초기 인류 확산 시기에는 해수면이 현재보다 수십 미터 낮았고, 당시 살았던 사람들의 흔적이 깊은 바다에 잠겨 있기 때문에 지금은 정확한 사정을 알기 힘들다. 바다 밑에 숨겨진 비밀이 조금씩 밝혀지면 현재의 정설이 바뀔 가능성이 있다.* 다만 여기에서 분명히 확인할 수 있는 사실은 인류의 조상은 생각보다 일찍 바다로 나아갔고, 바다를 통해 지구 각지로 확산해갔다는 점이다.

한 가지 더 고려할 사항이 있다. 현생인류 이전에 지구상에 살았던 호모 에렉투스 또한 의도적인 항해를 했을 가능성이 있다는 점이다.(Picq, 21) 유럽의 크레타섬에 들어간 호모 에렉투스 혹은 인도네시아의 플로레스섬에 들어간 호모 플로레시엔시스(Homo floresiensis, 2003년 발견된 후 별개의 종인지 호모 에렉투스의 변종인지 여전히 논란

● 2001년 흑해 해저에서 신석기시대 유물이 발견되었다. 기원전 5000년대에는 이곳이 해저가 아니라 마른 땅이었고, 이곳에 신석기시대 주민들이 살았다는 증거다. 이후 해수면이 높아져 지중해와 오늘날의 흑해가 연결되었고, 수십 년에 걸쳐 흑해 해수면이 올라와 이전의 유적지는 바다 아래에 잠기게 되었다.(Létolle)

1. 인류사의 시작 그리고 바다

의 대상이다)는 뗏목을 이용하고 노를 젓지 않았다면 바다를 건너는
게 불가능했으리라고 추론한다. 후자의 경우 과거에 해수면이 지금
보다 낮았던 점을 고려하더라도 플로레스섬까지 가려면 20~30킬
로미터의 바다를 넘어야 했다.[로즈와도스키, 44~46] 만일 이 가설이 옳다
면, 상호 의사소통이 없이는 여러 사람이 함께 뗏목과 노를 이용해
바다를 건너는 것이 불가능하므로, 호모 에렉투스도 초보적인 수준
이나마 언어를 사용했으리라는 주장이 제기되었다.[Everett] 그렇지만
이들이 쓰나미의 물결 속에 우연히 떠밀려갔으리라는 의견도 있다.
이 문제 또한 아직 확실하게 규명되지 않았으며, 더 자세한 후속 연
구 결과를 기다릴 수밖에 없다.[Gabbatiss]

아메리카로 들어간 인류

인류는 점차 유럽과 아시아 각지로 확산해갔다. 마지막으로 진입
해 들어간 대륙은 아메리카다. 인간이 아메리카대륙에 들어간 시기
와 방식은 지난 100년 가까이 학술적·사회적으로 뜨거운 논란의 대
상이었다.

아메리카에 이주한 최초의 사람들을 고(古)-인디언(Paleo-Indian)
이라고 부른다. 우리가 통상 '인디언(인도 사람이라는 의미니 분명 잘
못된 이름이다)'이라 부르는 아메리카 원주민의 조상이라는 뜻이다.
이들의 이주 역시 빙하기의 해수면 하강과 관련이 있다. 바다가 현
재보다 수십 미터 더 내려가 있으므로 베링해협은 바다가 아니라
바닥이 드러난 땅이었는데, 이를 베링기아(Beringia)라 부른다. 이렇

북극해

베링기아 해안선, 1만 8,000년 전

축치해

콜리마강

극동러시아

축치반도

베링해협

슈어드반도

유콘강

시베리아

알래스카
(미국)

베링기아 해안선, 1만 8,000년 전

베링해

캄차카반도

알래스카반도

알래스카만

태평양

1만 8,000년 전의 '베링기아'

게 북동시베리아와 서부 알래스카가 육로로 연결되어 있던 약 1만 6,000~1만 7,000년 전 시기에 아시아계 사람들이 이 육교(陸橋, land bridge)를 넘어 아메리카로 들어왔고, 그 후 북쪽에서 남쪽으로 이주하며 확산해갔다는 것이 기존 정설이다.

이 가설을 조금 더 자세히 설명하면 다음과 같다.[페이건, 148~165] 2만 년 전인 최후최대빙하기(Last Glacial Maximum, LGM)에 북반구의 많은 지역은 얼음으로 덮여 있었다. 북아시아에 살던 사람들은 극한

1. 인류사의 시작 그리고 바다

의 추위가 닥치자 기존 사냥터를 포기하고 레푸지움(refugium, 비교적 기후 변화가 적어 다른 곳에서는 멸종한 종이 살아남은 지역)을 찾아나설 수밖에 없었는데, 그중 한 곳이 베링기아의 한복판이다.

베링해협 여러 지역의 해저 표본을 조사한 결과, 최후최대빙하기 당시 이 지역의 환경은 지금까지 생각했던 것과는 다르다는 사실이 밝혀졌다. 베링기아는 기후가 한결같이 혹독했던 곳이 아니라 다양한 환경이 뒤섞인 곳이었다.[Hetherington] 특히 중심 지역은 기후가 더 온화한 편이어서 식물 군락지가 형성되어 있었고 이것을 먹는 포유동물들도 상당수 존재했다. 이렇게 된 이유는 오늘날의 멕시코만류(Gulf Stream)와 흡사한 북태평양 순환(North Pacific Ocean Circulation)이 베링기아 중심 지역에 수분을 제공하고 온화한 기후를 조성해주었기 때문이다. 이곳을 찾아온 사람들은 시베리아 본토의 조상과 분리되어 살다가 이후 약 1만 6,000~1만 7,000년 전 시기에 기후가 따뜻하게 풀리기 시작하자 아메리카로 들어온 것으로 보인다. 이제 다시 동식물이 늘고, 인간 집단은 그동안 거주 불가능했던 지역으로 점차 확대해가기 시작했다. 동시에 해수면 상승으로 베링기아는 완전히 물에 잠겨 약 53해리(약 100킬로미터) 길이의 베링해협이 되었다. 아시아 출신의 이주민들은 이제 고향과 완전히 격절되었고, 아메리카대륙으로 들어가서 새 땅의 주인이 되었다. 특히 물에 잠겨가는 아메리카 연안 지역은 각종 해양 식량 자원이 풍부했을 것이다. 따라서 최초의 아메리카 원주민은 내지(內地)의 사냥꾼이라기보다는 연안의 어부에 가까울 가능성이 크다. 알래스카에서 연어잡이를 한 흔적도 그런 증거 중 하나다.

이상의 내용이 아메리카 초기 이주에 관한 정설이었으나, 최근 연구가 더 진행되면서 격렬한 논란의 대상이 되었다.[Picq, 32~35] 고고학, 지질학, 인류학, 유전자 분석 등의 성과들이 쌓이면서 많은 의문이 제기되고 새로운 가설들이 제시되었다. 아메리카대륙 여러 곳에서 인간의 주거 흔적이 발견되는데, 일부 남쪽 유적지들이 북쪽 유적지들보다 앞선 시기로 추산된다는 점이 중요한 문제로 떠올랐다. 따라서 사람들이 북쪽에서 남쪽 방향으로 이주해 내려갔다고 단정할 수는 없게 되었다. 이런 문제들에 대해 확실한 답을 구하기 어려운 중요한 이유는 빙하기가 끝나고 해수면이 올라감에 따라 이전 거주지들이 물에 잠기는 바람에 당시 상황을 정확하게 파악하기 힘들기 때문이다.[Sandweiss, 43] 바다 밑에서 과거 인류의 흔적을 발견하는 일은 세계 여러 곳에서 일어난다. 예컨대 인도 구자라트(Gujarat) 앞바다의 캄베이만(Gulf of Cambay)에서 음파탐지기 조사를 하던 중 해저에 거대한 주거지 흔적이 발견되었다. 이 지역이 바닷물에 잠긴 시기가 7,500년 전이므로, 적어도 그 이전 시기에 상당히 큰 규모의 사회가 존재했을 수도 있다.●

● 인도의 국립해양기술원(National Institute of Ocean Technology)이 캄베이 해역의 오염 정도를 조사하다가 우연히 40미터 해저에서 도시 유적으로 보이는 곳을 발견했다. 음향영상화(Acoustic imaging) 조사 결과 9킬로미터에 이르는 기하학적 구성체를 확인했다. 그리고 이어진 발굴로 수천 점의 물질 중에 석제 도구, 장식물, 상아 제품 등을 발견했는데, 연대 추정 결과 기원전 7500~기원전 5500년까지 거슬러 올라가는 것으로 밝혀졌다. 이 지역이 고대에 지진 활동이 활발했던 곳이므로 전체가 해저로 묻혔을 가능성도 제기되었다. 만일 이곳이 도시 유적으로 확인되면 하라파 문명(기원전 2500년경)에 선행하는 고대 문명일 가능성도 있다.[Charan]

현재 초기 인류의 아메리카 이주에 대해서는 원래의 주장대로 베링기아를 통해 건너갔다는 시나리오 외에 태평양을 건넜다는 설과 대서양을 건넜다는 설 등 여러 이설이 제기되고 있다. 그중 흥미로운 가설 하나를 소개하면 '켈프 하이웨이(kelp highway)' 이론이 있다.[Erlandson] 북태평양 연안을 따라 분포한 켈프지대(kelp forest, 켈프는 갈조류 다시마속에 속하는 커다란 바닷말)는 지구상에서 자원이 풍요로운 곳 중 하나다. 플라이스토세 말기에 켈프지대는 일본에서 베링기아 그리고 남아메리카 서해안 대부분 지역을 따라 분포했는데, 이곳에는 조개류, 해조류, 어류, 해양포유류, 바닷새 등 다양한 생물자원이 있어서 주변 지역을 이동하는 사람들이 충분한 음식을 섭취할 수 있다. 해수면이 지금보다 훨씬 낮았던 1만 6,000년 전 당시, 이 연안 지역은 아주 훌륭한 이동 경로가 될 수 있었다. 고고학자들은 이를 '켈프 하이웨이'라고 명명한다. 물론 이 가설 또한 타당한지 밝히려면 앞으로 더 많은 연구가 필요하다.

인류가 어떤 방식으로 아메리카대륙에 들어왔는가 하는 점 외에, 어떤 방식으로 확산해갔는가 또한 중요한 문제다. 기존의 설명은 너무 단순한 데다가 때로 인종주의적 성향이 강하다. 예컨대 '인디언'의 조상들이 알래스카 쪽으로 들어온 후 거대 육상동물들을 멸종시켜가며 빠른 속도로 남하해갔다는 주장이 제기된 적이 있었다.[Martin 1982] 원래 북아메리카 지역에는 지금은 사라진 수많은 거대 동물들이 존재했는데, 이 시기에 들어온 '인디언'들이 모두 사냥해서 멸종으로 몰아갔다는 주장이다. 구대륙 동물들은 인간종이 비록 몸집은 작지만 협력을 통해 큰 동물들을 사냥하는 위협적인 존재라는 사실을 오랜 기간에 걸쳐 습득한 반면, 신대륙 동물들은 처음 보는 상대방의 힘을 일단 몸집 크기로 판단했기 때문에 방심하다가 거의 멸종당했다는 설명이다. 나치의 '전격전(Blitzkrieg)'이라는 용어까지 쓰며 '인디언'의 조상들을 자연 파괴적 존재로 비난한 셈이다. 그러나 이후 연구들은 인간의 도래와 거대 육상동물의 멸종이 시기적으로 맞지 않다는 점을 들어 이 가설을 폐기하고, 대신 기후 변화를 멸종의 원인으로 추론한다.

인류가 북쪽에서 남쪽 방향으로 확산해갔다는 설을 수용한다고 할 때, 내륙 지역을 통과하여 남쪽으로 밀고 내려간 것이 아니라 연안 지역을 따라 항해해갔을 가능성에 주목하는 연구가 많다.[Surovell] 해로를 잘 이용할 경우 육로보다 훨씬 빨리 남쪽까지 이동할 수 있다. 칠레 남부 해안 지역인 몬테 베르데(Monte Verde)에 1만 4,000년 전 인류 흔적이 있다거나, 남부 캘리포니아에서 기원전 9500년경의 보트가 발견된 사실 등이 해안을 따라 이동했을 가능성을 말해준다.[Sandweiss, 43] 그다음 시기에 해안을 따라가는 항해술이 발전하는 동시에 문화·문명이 발전해가는 과정도 많이 연구되었다.[Paine, L., 24~27] 페루 지역이 흥미로운 사례다. 이곳은 세계에서 가장 건조한 지역 중 하나로 거대한 사막이 자리 잡고 있지만, 연안 해역은 훔볼트해류 때문에 어족 자원이 풍부해서 오늘날에도 세계에서 가장 중요한 어장 중 하나다. 기원전 2000년경 이곳에서 어업을 기반으로 한 문명이 발전하여 1,000년 정도 지속했다. 그 후 기원전 1000년경 발생한 극심한 엘니뇨 현상으로 격변을 겪은 것으로 보인다. 한랭 해류가 중단되자 바다에 생선이 사라졌으며, 건조했던 내륙 지방에

1. 인류사의 시작 그리고 바다

오히려 엄청난 폭우가 쏟아지고 급류가 흘러 연안 지역이 황폐화되었다. 그 결과 사람들이 연안 지역을 떠나 고지대로 이동하여 새로운 문화를 발전시켰다. 이렇게 해서 기원전 900~기원전 200년에 발전한 차빈(Chavín) 문화가 잉카 문명의 선조였을 가능성이 있다.

이처럼 아메리카대륙에 들어온 인류는 육상과 해상 자원을 모두 이용하는 문명들을 발전시켰다.(Bérard, 60) 아메리카대륙에 인류가 이동해오고 확산 및 거주하는 데에 바다가 중요한 역할을 한 것은 분명하다. 이 사실들을 보면 문명 발전 경로에 대한 지난날의 설명들도 수정할 필요가 있어 보인다. 흔히 수렵 및 채집으로부터 출발하여 농업을 거쳐 문명으로 나아가는 경로가 일반적이라고 생각하지만, 이는 내륙 지역의 고고학에 근거한 추론이었다. 새로운 연구는 해안 환경 또한 대규모 정주 공동체를 뒷받침하고 복잡한 문명 활동을 촉진시켰을 가능성을 암시한다. 아메리카의 경우 해안 지역에서 해상 활동을 근간으로 문명이 발전했다가, 해수면 상승으로 해안 지역 사람들이 내륙으로 내몰리면서 2차적으로 새로운 생활 방식이 발전했을 가능성 또한 고려해볼 필요가 있다. 15세기 말 크리스토퍼 콜럼버스가 카리브제도에서 만난 타이노족은 6,000년에 걸친 해양 문화 교류의 역사를 가지고 있던 사람들이다.(Callaghan, 66)

태평양과 인도양 상의 확산

빙하기가 끝나면서 해수면이 점차 상승하여 기원전 5000년경이면 세계의 바다는 현재 우리에게 익숙한 상태가 되었다. 이후 시기에도 사람들의 이동이 그치지 않고 계속되었다. 인류가 지구상의 모든 지역으로 확산하는 움직임은 오스트로네시아어족 사람들(Austronesian-speaking people)의 거대한 해양 이동 현상으로 거의 매듭을 지었다. 광대무변의 태평양 끝 외딴 섬들에까지 인간이 거주하게 된 것이다. 오스트로네시아어족 혹은 남도어족(南島語族)은 인도양 서쪽의 마다가스카르부터 오세아니아의 뉴질랜드, 태평양 동쪽의 이스터섬에 이르기까지 매우 광활한 지역의 다양한 언어들을 포괄한다. 동남아시아와 태평양 지역에 걸쳐 널리 사용되는 말레이어, 타갈로그어, 말라가시어, 하와이어 등이 대표적인데, 특히 해양 관련 단어들이 비슷하다는 특징이 있다(예컨대 카누에 해당하는 폴리네시아어 'Vaka'와 말레이어 'wanka'가 유사하다.[Abulafia 2019b, 3-4] 이 언어들을 사용하는 사람들은 어떻게 그 광대한 바다를 건너 확산해갔을까?

전통적으로 태평양은 1831년 프랑스 탐험가 쥘 뒤몽 뒤르빌(Jules S. Dumont d'Urville)의 제안에 따라 세 구역으로 구분한다.[Matsuda, 3-4] 다음 쪽 지도를 보면서 이 방대한 해역으로 사람들이 확산해가는 과정을 알아보자. 가장 서쪽에 위치해 있고 가장 먼저 거주가 이루어진 멜라네시아(Melanesia)는 대체로 적도 아래쪽 뉴기니와 피지 사이의 해역이다. 그 동쪽에 위치한 폴리네시아(Polynesia)는 이스터섬, 뉴질랜드, 하와이를 잇는 삼각형의 해역을 가리킨다. 미크로네시아는 멜라네시아 북쪽의 팔라우(Palau)부터 키리바시(Kiribati)에 이르는 해역으로, 그 안에 마셜제도, 캐롤라인제도, 마리아나(Mariana)제도 등을 포함한다. '네시아(-nesia)'란 고대 그리스어로 섬을 뜻한다. 멜라네시아는 '검은 피부를 가진 사람들이 사는 섬들', 미

오스트로네시아어족 사람들의 태평양과 인도양상의 이주

(지도 내 표기)

중국

인도

인도차이나반도

말레이반도

타이완
기원전 3000

루손
기원전 2200
?
반다이오
팔라우
기원전 1000
민다나오

필리핀 제도
?
기원전 1500
보르네오
수마트라
술라웨시
자바
발리
수마트라
할마헤라

통남아시아의 섬 지역

코모로제도

마다가스카르
500

뉴기니

비스마르크제도
기원전 1300

멜라네시아
기원전 1200

산타크루즈제도
바누아투
뉴칼레도니아

미크로네시아

캐롤라인제도

마셜제도

마리아나제도
기원전 1500

기원전 200
축

?

누벨칼레도니아

오스트레일리아

노퍽섬

케르마데크제도

피지

통가
기원전 800

사모아
기원전 900

폴리네시아

쿡제도

소시에테제도
(타히티)
700

마르키즈제도
700

뱃케인제도

1000~1200

이스터섬
(라파누이)
?

하와이
900

아오테아로아
(뉴질랜드)
1200

채텀제도

적도

키리바시

적도

라피타 도자기

고대 태평양상에서 거대한 해상 이동을 한 오스트로네시아어족 사람들이 형성한 라피타 문화의
대표적 유물이다.

크로네시아는 '작은 섬들', 폴리네시아는 '많은 섬들'이라는 뜻이다.
각각의 섬들은 서로 엄청나게 멀리 떨어져 있다. 수천 년 전 사람들
이 이 광대한 바다를 항해하여 작은 섬에 도착한다는 것은 기적에
가까워 보인다. 이 많은 섬에 언제 어떻게 사람들이 살게 되었을까?

여러 반론이 있으나, 오스트로네시아어족 사람들이 기원한 지역
으로는 대개 중국 남부 지역과 타이완을 든다. 기원전 3500~기원전
3000년경 타이완으로부터 동남아시아와 오세아니아를 향해 대규
모 인구 이동이 시작되었다.[소병국. 42-43] 아마도 인구 증가로 인한 압
력이 원인이 아니었을까 추론한다. 고고학 및 언어학 연구 결과 이
들은 열대 작물을 가지고 카누로 이동한 것으로 보인다. 특히 기원
전 1500년경 술라웨시해의 섬들이 폭발적 확산의 중심지였다. 그때
까지 태평양의 수천 개 섬은 거주자가 없거나 거의 없는 곳이어서,

1. 인류사의 시작 그리고 바다

큰 저항 없이 새 이주민들의 유입이 진행되었다.[Alpers, 26] 오스트로네시아어족 사람들의 태평양 방면 확산은 서쪽에서 동쪽 방향으로 진행되었다. 이들은 무엇보다도 정교한 문양이 들어간 독특한 라피타(Lapita) 도자기를 특징으로 하는 문화를 공유하고 있었다. 고고학자들은 유물과 유적지 조사 및 유전자 추적 조사를 통해 이들의 장대한 항해를 추적했다.[Benton 외] 이들은 인도네시아 북동쪽의 비스마르크제도로부터 남동쪽으로 확산하여 솔로몬제도에서 멜라네시아로, 그리고 산타크루즈제도, 바누아투, 로열티(Loyalty)제도를 거쳐 대략 기원전 1200년경 뉴칼레도니아까지 도달했다. 또 한 갈래는 아마도 산타크루즈제도나 바누아투에서 피지로 갔고, 이 후손들이 더 멀리 확산하여 기원전 900~기원전 800년 사이에 통가와 사모아에 도달한 듯하다.

이 지역에서 오랜 기간 머물던 라피타 문화 사람들이 다시 태평양 동부의 섬들을 찾아 다소 급작스럽게 항해를 재개했다. 이 시점에 왜 망망대해로 나가려 했는지 그 이유를 정확히 알기는 힘들다. 인구 과잉, 모험이나 약탈 욕구 등 여러 동기가 제시되지만, 동남아시아 지역 연구자들이 지지하는 가설 중 하나는 먼저 섬에 도착한 사람들이 귀족이 되고 나중에 도착한 사람들이 평민이 되는 문화 때문에 평민들 중 일부가 신분 상승을 노리고 여러 척의 카누를 이용하여 집단으로 이웃 섬을 찾아가는 일들이 꽤 빈번하게 일어났다는 것이다.[송승원] 어느 설명이 타당한지 단정할 수는 없다. 다만 카누(아우트리거, outrigger)가 훨씬 더 개량되어 원양항해 능력이 향상되었으리라는 기술적 요인은 이야기할 수 있을 것이다. 그리하여 사모아인과 통가인이 소시에테제도와 마르키즈(Marquises)제도로(서기 700), 그리고 500년 후 이 두 곳에서 이스터섬(폴리네시아식 이름은 라파누이)으로 갔다. 이스터섬은 태평양에서 가장 외떨어진 곳으로, 그나마 제일 가까운 핏케언(Pitcairn)제도가 1,000마일(1,600킬로미터) 떨어져 있고 남아메리카대륙은 그 두 배인 2,000마일 떨어져 있어 이 섬이 오스트로네시아어족 확장의 동쪽 끝 지점이다.(Bahn) 이런 절해고도까지 사람이 들어와 살게 된 것은 실로 기적에 가까운 일이라 하지 않을 수 없다.

최근 유전자 연구는 태평양상의 해상 팽창을 이해하는 데에 중요한 실마리를 제공해준다. 그동안 제기되었던 중요한 문제 중 하나는 라피타 문화를 가진 폴리네시아 사람들이 가는 도중에 만난 멜라네시아 사람들과 뒤섞이지 않고 빠른 속도로 대양을 건너갔는가("express train", 급행열차 가설), 혹은 오래 머물며 현지인들과 뒤섞이는 과정을 거치며 서서히 확산해갔는가("slow boat", 느린 보트 가설)하는 점이었다. 최근 연구 결과는 '급행열차' 편으로 기우는 듯하다.(Gibbons) 초기 이주민들은 동아시아 출신 농경민인데, 이들은 중간에 만난 채집-수렵인 집단과 섞이지 않고 카누를 이용해 먼 대양 끝까지 비교적 빠르게 확산해간 것이다. 농경 문화 집단과 채집-수렵인 집단이 서로 잘 섞이지 않는다는 점은 이후 역사에서도 여러 차례 확인되는 현상이다. 다만 현재 폴리네시아인과 멜라네시아인의 유전 형질이 혼합된 양상은 비교적 최근에 일어난 현상이다.

지금까지 살펴본 것은 태평양에서 동서 방향으로의 이동이었다. 다음 단계로 남북 방향으로 확산이 이루어진다. 서기 700년경 소시

1. 인류사의 시작 그리고 바다

에테제도와 마르키즈제도에서 하와이, 마지막으로 서기 1000년 이후(아마도 1280년경) 소시에테제도로부터 남서쪽 뉴질랜드로 이주하여 마오리(Maori)라는 이름의 원주민이 되었다. 서기 1500년경 마오리족이 동쪽으로 430마일 떨어진 채텀(Chatham)제도로 찾아간 것이 태평양상 인구 확산의 거의 마지막 단계라 할 수 있다. 이 전체 과정은 실로 장구한 시간에 걸쳐 이루어졌다.

지금까지 살펴본 동쪽 태평양 방면의 확산만큼이나 서쪽 인도양 방면의 확산 과정 역시 놀라운 일이다. 이 흐름은 북부 필리핀(기원전 3500~기원전 3000), 남부 필리핀(기원전 3000), 중부 인도네시아(기원전 2500), 동부 인도네시아(기원전 2000~기원전 1500) 그리고 말레이반도(기원전 1000)로 이어졌다.[소병국, 42] 그리고 이후 그들은 인도양을 관통하여 마다가스카르에 이르렀다. 마다가스카르에 인간이 언제 이주했는지는 아직 완전히 밝혀지지 않았다. 첫 이주 시기에 대해서는 학자에 따라 기원전 350년부터 서기 500년까지 의견이 다양하지만, 아마도 한 번이 아니라 여러 번에 걸쳐 이주가 진행되었을 것이다. 사실 이 섬은 아프리카대륙에서 450킬로미터 떨어져 있지만 6,400킬로미터 떨어진 보르네오인이 먼저 도착한 듯하다. 이 시기에 인도양을 횡단한 이주민들은 이미 몬순 체제와 해류를 이용했을 가능성이 높다.[Baldissera, 549] 이처럼 아시아계 사람들이 먼저 섬에 도착한 후 나중에 아프리카에서 반투어족 사람들이 들어왔다. 마다가스카르 언어 중 많은 요소는 오스트로네시아어족, 특히 보르네오 남동부 언어와 가장 가깝다고 한다.[Wormser, 921] 오스트로네시아어족 사람들은 다양한 작물을 들여왔다. 특히 타로, 바나나, 고구마 등은 아프리카대륙의 주요 식량으로 자리 잡았다. 문화적 교류를 보여주는 요소로는 악기의 전래를 들 수 있다. 인도네시아의 치터(zither)가 아프리카에 전해졌고, 반대로 아프리카의 악기 실로폰이 동남아시아에 전해졌다. 오스트레일리아에서 그랬던 것처럼, 마다가스카르에서도 인간이 처음 이주해 들어온 때부터 생태계에 큰 변화가 일어났다는 사실은 주목할 만하다.(Crowley, 2591~2603)

이상에서 간략하게 정리한 바와 같이 태평양과 인도양 상에서 펼쳐진 오스트로네시아어족 사람들의 해상 이동은 범위와 규모 면에서 가히 놀라운 수준이다. 마다가스카르에서부터 이스터섬에 이르는 해역은 지구 둘레의 절반 이상을 포괄하는 엄청난 거리다. 어떻게 이와 같은 광대한 바다 위에서 원거리 항해가 가능했을까? 바다에 나갔던 사람들이 표류하다가 우연히 이웃 섬에 도착해서 살게 된 것 아닐까? 흔히 그렇게 추론하기 십상이다. 16세기 이후 태평양에 들어와 처음 항해를 한 유럽인들 또한 그렇게 상상했다. 그들은 광대한 바다에 퍼져 있는 거의 모든 섬마다 사람들이 거주한다는 사실을 확인하고 매우 놀랐다. 어떻게 그 먼 거리를 항해해서 이주했단 말인가? 유럽인들이 생각한 바가 바로 '우연적인 표류'의 결과라는 것이다. 그러나 이는 불가능한 이야기다. 오스트로네시아어족 사람들이 이주해간 흐름은 풍향과 해류의 반대 방향이기 때문이다.(Descléves 2017a, 117) 태평양에서 조난을 당해 표류했다면 해류와 바람의 흐름에 따라 동쪽에서 서쪽으로 흘러갔어야 한다. 그런데 실제 확산은 그 반대로 서쪽에서 동쪽 방향으로 이루어졌다. 어떻게 된 일일까?

사실은 바람을 '거슬러' 항해해간 것이 원거리 탐험 항해의 요체다. 태평양 인구 확산의 주요 중간 거점인 솔로몬제도에서 동쪽으로 확산해가는 과정을 생각해보자. 이 위도상에서는 무역풍(Trade winds)이라 불리는 남동풍이 분다. 이 이름은 무역에 이용했다는 것이 아니라 늘 규칙적으로 분다는 의미며, 그런 뜻에서 탁월풍(연중 혹은 계절에 따라 일정 시기에 특정 방향으로 부는 바람)이라고도 한다.●
탐험에 나선 사람들은 이 바람을 거슬러 동쪽으로 항해하다가 필요하면 탁월풍을 타고 돌아올 수 있도록 항로를 잡았다.[페이건, 240-241] 새로운 땅을 찾아 해상 탐험을 하는 경우를 상상해보자. 만일 먼 거리를 항해해 갔지만 끝내 새로운 섬을 찾지 못한다면 다시 출발지로 돌아와야 목숨을 구할 수 있다. 항시 남동풍이 부는 것이 오히려 안심하고 동쪽으로 항해할 수 있는 이유다. 동서 방향의 이주가 먼저 이루어지고, 뉴질랜드나 하와이같이 남북으로 멀리 떨어진 곳을 향한 이주가 훨씬 늦어진 이유 또한 여기에서 찾을 수 있다.

오스트로네시아어족 사람들은 해상 이주를 감행하던 기원전 3500년경 세계에서 가장 발전된 선박과 항해 기술을 보유하고 있었다. 이들은 천체와 바다 등을 관찰하며 항해했다. 200개가 넘는 별자리에 대한 지식을 이용하고, 바다의 물 색깔, 파도 모양과 소리, 구름, 새와 바다 생물을 관찰하면서 방향을 잡아나가는 방식이다. 이런 발전된 기술을 보유한 사람들을 '원시인'이라고 상상해서는 안

● 17세기 중엽에 만들어진 이 표현은 'blow trade'에서 유래했는데, 이는 '한 방향으로 지속적으로 분다'는 의미다. 이 바람이 실제로 무역에 널리 사용되었기 때문에, 18세기에 어원 자체가 무역과 관련이 있을 것으로 잘못 추론하게 되었다.(languagehat.com)

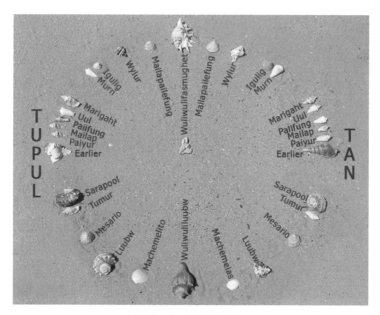

마우 피아일루그의 항해용 천체도

Tan은 해 뜨는 쪽, 곧 동쪽이고 Tupul은 해 지는 쪽, 곧 서쪽이다. 가운데 위(북쪽)의 조개는 북극성, 가운데 아래(남쪽)는 남십자성이며, 동쪽과 서쪽은 오리온자리다. 그 외 각각의 조개는 중요한 별자리(작은곰자리, 큰곰자리, 카시오페아 등)를 나타낸다.

된다. 이들이 타고 다닌 카누는 당시 어떤 지역에서도 보기 힘든 큰 범장(帆檣)을 갖춘 대형 선체였다. 식량으로 타로를 먹고 호리병박에 식수를 담아 먼 항해 기간을 버티며, 씨앗과 묘목, 각종 가축 등을 가지고 가서 그들이 정착한 곳의 문화와 환경을 크게 변화시켰다.[페이건, 234]

　이런 항해 기술들은 오랜 기간 구전되어온 소중한 인류 문화유산이지만 불행하게도 점차 사라져가고 있다. 이 유산을 지키자는 운동이 1970년대에 시작되었다. 지난 시대의 항해 기술을 보유한 사

호쿨레아호

고대 항해 지식의 유용성을 실험하기 위해 두 개의 선체를 연결한 20미터 길이의 전통 카누를 만들어 1976년 첫 항해를 떠났다. 사진은 2009년 1월 호놀룰루 앞바다를 항해하는 호쿨레아호의 모습이다.

람들을 인터뷰하여 조사하고, 1976년부터 폴리네시아 항해협회(Polynesian Voyaging Society)가 그 내용을 직접 구현해보는 실험 항해를 시도했다.[Matsuda, 306] 당시 오래된 항해 지식을 바탕으로 항로를 개척해갈 수 있는 탁월한 '인간문화재'로 실험에 참여한 사람은 미크로네시아인 마우 피아일루그(Mau Piailug)였다. 이 사람은 항해 도구 없이 오직 별, 바다와 바람의 움직임, 새, 섬들을 관찰하는 방법으로 항로를 개척하는 기술을 보유하고 있었다. 카누 바닥에 책상다리를 하고 앉거나 누워서 무역풍이 일으키는 파도를 느끼고 해류

밑에서 우르릉거리는 소리를 통해 먼 곳의 폭풍우를 감지하며 항해 정보를 얻는 식이다. 이런 기술은 엄선된 사람들에게만 전수하는 '비밀의 과학'이었다.(Abulafia 2017b, 17) 그의 고향 캐롤라인제도에서는 1930년대까지도 선발된 5세 아이에게 할아버지가 구술로 이 기술을 전수하는데, 16세 정도에 이르면 돌이나 나뭇가지로 항해용 별자리를 표시할 수 있어야 합격했다고 한다. 마우 피아일루그는 18세에 '팔루(palu, 최고 항해인)' 직위를 얻었는데, 중년에 이르러 자신이 보유한 전통적인 항해 기술이 잊히는 것을 안타까워하여 실험에 적극 참여했다. 1976년 이중 선체의 카누 호쿨레아(Hokule'a)호는 하와이에서 캐롤라인제도, 타히티까지 성공적으로 항해했고, 그 이후 현재까지 태평양 각지를 항해하는 실험을 계속해오고 있다. 카누로 원거리 항해가 충분히 가능하다는 사실은 의심의 여지가 없음이 확인되었다.

역사상의 기록 또한 같은 사실을 증언한다. 18세기에 태평양 항해를 한 제임스 쿡 선장이 본 바로는 21×4미터에 달하는 큰 카누는 50~120명까지 탑승 가능하다. 특히 1769년 인데버(Endeavour)호에 탑승하여 몇 달을 함께 항해하다가 고향으로 돌아간 투파이아(Tupaia 혹은 Tupia) 같은 항해인을 보면, 실제로 놀라운 원양항해 문화가 이어져왔음을 알 수 있다.(Desclèves 2017b, 712~715) 쿡 선장과 동행한 조지프 뱅크스 경(Sir Joseph Banks)은 투파이아가 20여 개 섬의 위치를 기억하고 있고, 20일 이상 걸리는 항해도 빈번히 했다고 증언한다. 마젤란(1480~1521) 또한 1509년 말라카에서 구입한 노예 엔히크(Henrique)가 그가 태어난 곳에서 3,000킬로미터 떨어진 필리핀 원주민의 언어를 이해하는 것을 보고 매우 놀랐다고 기록한다.(Desclèves 2017a, 115) 그 먼 지역 간에 소통이 있었다는 증거다.

태평양과 인도양 등 해상 세계는 소수의 섬이 거대한 '청동의 벽(바다)'에 갇혀 지내는 고립된 공간이 아니었다. 사람들은 먼 바다를 항해하고 이주하고 교류하며 역사를 써왔다. 이와 관련해서 뉴질랜드 북섬의 호키앙가(Hokianga)의 전승이 흥미롭다. 이곳에 전해오는 이야기에 의하면, 서기 925년경 폴리네시아의 전설적인 항해인 쿠페(Kupe)는 고향 하와이키(Hawaiiki, 전설상의 고국)에서 마타호루아(Matahorua)라 불리는 카누에 67명을 태우고 바다로 나갔다. 이들은 문어 떼를 쫓아 남진하다가 뉴질랜드의 호키앙가에 도착하여 정착했다. 현지 주민들이 정식으로 부르는 이름은 테 호키앙가 누이 아 쿠페(Te Hokianga-nui-a-Kupe)인데, 이는 '쿠페가 돌아간 곳'이라는 의미다. 이곳에서 쿠페가 다시 고향으로 돌아갔다는 전승 때문이다. 후일 쿠페의 손자인 누쿠타휘티(Nukutawhiti)가 다시 그곳으로 돌아와서 살았다고 한다.(Desclèves 2017a, 118) 사실 여부를 확인할 수는 없으나 선사시대·고대의 해상 교류 가능성을 간접적으로 증언하는 기록이다.

인류는 바다를 통해 세계 각지로 퍼져갔다. 이 사실은 지금까지 크게 주목받지 못했지만, 인류사의 출발점에서 중요한 현상 중 하나다. 태평양이나 인도양 등 광대한 바다는 텅 빈 공간이 아니었다. 근대에 서구인이 돌아다니며 마치 그들이 최초로 도달한 듯 기술하면서 자신의 소유로 삼으려 했지만, 지구상 대부분의 바다는 먼 과거부터 많은 사람들의 삶이 펼쳐진 공간이었다.

태평양의 재개념화

태평양에 사람들이 확산하는 역사적 과정을 되짚어보면 그동안 대양을 바라보는 시각이 왜곡되었다는 사실을 깨닫게 된다. 에펠리 하우오파(Epeli Hau'ofa)는 지난날 서구인들이 강요한 잘못된 개념을 수정하는 '태평양의 재개념화(reconceptualisation of the Pacific)'를 거론한다.[Hau'ofa] 19~20세기에 태평양의 많은 섬을 지배하게 된 유럽·미국·일본 등 제국주의 세력은 태평양의 섬들은 너무나 작고 부존자원도 적으며 고립되어서 경제적으로 성장하기 힘들고, 따라서 부국들에 종속된 상태에서 벗어나기란 사실상 불가능하다는 주장을 폈다. 기독교 선교사들이 들어와서 주민들에게 심어준 역사관은 서구인이 들어오기 전 시대는 야만적인 암흑기이며 서구인이 들어온 이후에야 빛과 문명의 시대가 펼쳐졌다는 식의 이분법적 견해이다. 결과적으로 현지 주민들은 왜소화되고(백인은 'master'로, 현지인은 'boy'로 부르는데, 심지어 경찰도 'police boys'라 부른다) 정신적 지배에서 헤어나지 못하는 결과를 초래했다. 이런 정신 상태가 실제적 지배를 영속화하는 기초로 작용한다. 이런 상태라면 예컨대 마셜제도가 강대국의 핵폭탄 실험장이 되는 사태에 대해 어떤 항의도 제기할 수 없다(21장 참조).

하우오파는 태평양 세계의 주민들은 작은 세상에 갇혀 사는 게 아니라 서로 왕래하고 교역하는 대양 공동체(oceanic community)를 이루고 있다고 설명한다. 이 세계는 바다 때문에 고립된 게 아니라 바다를 통해 연결되었다. 그의 표현에 따르면 이 세계는 '광대한 바다에 둘러싸인 섬들(islands in a far sea)'이 아니라 '섬들로 구성된 바다(a sea of islands)'다. 실제 과거에 태평양 주민들은 광대한 바다를 이용하며 살았다. 그 과정에서 섬들 사이에 교역과 교류의 네트워크를 만들었다. 유럽인들이 생각하듯 우연히 혹은 파도에 떠밀려 이웃 섬들로 가는 게 아니다. 특히 멜라네시아의 경우 언어가 1,000개가 넘는다는 사실 때문에 철저하게 분열된 곳이라고 생각하기 쉽지만, 실제로는 섬들 사이에 교역과 문화 교류가 가장 복잡하게 발전한 곳이다.[●] 통가 사람들은 다른 섬에서 오는 사람을 '카카이 메이 타히(kakai mei tahi)' 혹은 단순히 '타히(tahi)'라고 부르는데, 이는 '바다에서 온 사람들'이라는 의미다. 이들은 바다가 고향이고 그래서 이웃 섬에서 오는 사람들을 같은 고향 사람으로 여겼다.

광대한 대양 세계를 작게 분할한 것은 제국주의 세력이었다. 이들은 바다에 가상의 선을 그어 식민지 경계로 삼은 후 그야말로 좁은 세상에 사람들을 가두었다. 이제 여권이 없으면 과거처럼 자유롭게 항해하지 못한다. 이것이 현재 태평양 오세아니아 국가들에 부여된 운명처럼 보인다. 현대 문명은 장구한 기간 경제적으로나 문화적으로 풍요로운 삶이 펼쳐지던 해상 공간을 완전히 텅 빈 무의미한 공

● 파푸아뉴기니의 마심제도에서 행해지는 쿨라 교환(Kula Exchange)을 예로 들 수 있다. 말리노프스키가 연구하여 유명해진 이 교환 체제에서는 18개의 섬으로 이루어진 둥근 고리를 따라 두 가지 물품이 상반된 방향으로 돌며 교환된다. 즉, 소울라바(soulava)라는 붉은 조개 목걸이는 시계 방향으로, 무알리(mwali)라는 흰색 팔찌는 시계 반대 방향으로 2~10년 걸려 일주한다. 이 교환을 위해 때로 주민들은 며칠에 걸쳐 위험한 카누 항해를 감행한다. 두 물품은 의례적 가치를 지니며, 정치적 권위와 연결되어 있는 것으로 보인다.[말리노프스키]

간으로 변화시켜버렸다.

"정복자들은 오고 또 가지만 바다는 남는다. 바다라는 어머니는 넓은 마음을 가지고 있어서 어머니를 사랑하는 사람 누구나 받아들인다."

하우오파가 말하듯, 바다가 강대국 간의 전장이 되는 상태를 피하려면 우선 바다의 역사를 원래대로 복구하는 통찰이 필요하다.

1. 인류사의 시작 그리고 바다

CHAPTER 2

문명을 품은 대양

문명이 형성되고 발전하는 데에 바다는 어떤 역할을 했을까?

메소포타미아와 인더스 등 초기 문명들은 바다와 깊은 연관을 가지며 발전했다. 고기잡이를 위해 배를 타고 바다로 나간 어민들은 점차 이웃 지역들과 교류와 교역을 하게 되었다. 이것이 원격지 간 해상 교류의 시발점이었으며, 결과적으로 문명권들이 서로 소통하는 통로를 만들어주었다. 문명 성립 이전에 이미 활기차게 발전한 원거리 해상 항해 네트워크가 다음 단계에서 문명의 형성과 발전에 큰 기여를 했다. 페르시아만, 홍해 그리고 아라비아해가 연결되자 문명 요소들이 교환되어 상호 발전을 추동했고, 그런 과정에서 생태 환경 요소들, 작물들과 가축들도 전해졌다. 문명은 땅만큼이나 바다를 통해서 발전했다.

어촌 네트워크

인도양 해역에서는 '선사시대부터' 원양항해가 이루어졌다. 이는 매우 흥미롭고도 중요한 사실이다. 직관적으로는 원양항해가 상당히 발전한 문명의 산물인 것 같은데, 실제로는 메소포타미아 문명과 인더스 문명이 성립되기 훨씬 이전부터 원양항해가 이루어졌고, 이를 통해 두 지역이 서로 소통하는 가운데 문명이 발전하였던 것이다. 말하자면 문명이 원양항해를 낳은 게 아니라 원양항해가 문명 발전을 촉진한 셈이다.

초기 항해와 교역의 주체는 어민 공동체였다. 최근 많은 연구는 선사시대 사람들의 삶에서 바다든 민물이든 어업이 지금까지 생각했던 것보다 훨씬 중요했다는 점을 밝히고 있다. 심지어 약 1만~5,000년 전에는 현재의 사하라사막 지역이 사바나 초원지대였으며, 이곳에서는 메기와 틸라피아(tilapia, 인류가 식용으로 사용한 중요한 물고기 중 하나다)가 주식이었다.(Van Neer) 아프리카 서해안 지역에서는 환경 변화로 생활 여건이 악화할 때 해상 어업이 생존에 핵심 역할을 했다는 점이 밝혀졌다.(Dème) 고대 지중해 세계 또한 마찬가지다.(Zucker) 고대의 여러 작가는 생선을 주식으로 하여 살아가는 바닷가 마을 사람들을 특별히 익시오파고이(Ἰχθυοφάγοι, Ichthyophagoi, '생선을 먹고 살아가는 사람들')라는 용어로 지칭했다. 기원전 4세기에 스트라보(15권 2장 2절)가 묘사한 발루치스탄(Baluchistan, 오늘날 파키스탄 서쪽에 해당하는 지역) 사람들이 그와 같은 사례다.

2. 문명을 품은 대양

이 사람들의 집은 대개 고래 뼈와 굴 껍데기로 지었다. 갈비뼈를 기둥으로 삼고 턱뼈를 문으로 삼았으며 척추골로 반죽을 했다. 그들은 생선을 햇볕에 말리고 두드린 다음 밀가루를 약간 섞어 덩어리를 만들었다. …… 진흙 그릇에서 생선을 굽기도 하지만, 대개는 날것으로 먹는다. 생선을 잡는 그물은 야자수 껍질에서 나오는 실로 만든다.

아마도 이들은 환경 요인으로 인해 다른 식량 자원을 구하기 힘든 상황에서 그나마 구할 수 있는 마지막 자원에 의존하여 살아가는 사람들로 보인다. 여기에서 짐작할 수 있듯이 때로는 수산 자원이 내륙의 수렵-채집 자원보다 더 안정적인 생존 여건을 제공할 수도 있다. 세계 최초의 서사시로 알려진 《길가메시 서사시》에서 이와 관련된 사실을 읽을 수 있다. 메소포타미아 지역에서는 기원전 6000년경, 범람하는 강물로 인해 생겨난 늪지에 소규모 마을들이 들어서서, 농민들이 밀과 보리를 재배하고 염소와 양을 치는 한편 어부들이 물고기를 잡으며 살았다. 기원전 3000년대 중엽에 등장한 《길가메시 서사시》에는 이런 지역에서 노아의 홍수를 연상시키는 대홍수가 온 세상을 덮쳐 순식간에 작물과 가축을 휩쓸어가는 장면이 나온다.

엿새 낮과 엿새 밤이 지나는 동안 바람이 불어 닥치고 태풍과 홍수가 세상을 휩쓸었다. 태풍과 홍수는 마치 싸우는 투사처럼 서로 기승을 부렸다. 이레째 되는 날, 동이 트자 남쪽에서 올라오던 폭

풍이 잠잠해지고 바다도 고
요해지고 호수도 잔잔해졌
다. 나는 땅거죽을 보았다. 거
기엔 침묵만이 있었다. 모든
인류는 진흙으로 변해버렸
다.(샌다즈, 97)

《길가메시 서사시》점토판
가장 유명한 11번째 점토판으로, 대홍수 이
야기가 들어 있는 대목이다.

이처럼 홍수가 농촌 생활
기반을 모두 파괴해버릴 수도
있는 가혹한 조건에서 물고기는
매우 중요한 보조 식량이었다. 어
부들은 갈대로 만든 카누와 같은 원시적인 배를 타고 습지대를 헤
치고 다니며 물고기를 잡았고, 이것이 장기적으로 원양항해의 발전
으로 이어졌다. 점차 선박과 항해술이 더 발전하면서 먼 바다로 나
가는 게 가능해졌기 때문이다.

원격지 간 해상 교류가 가능했던 이유에 대해 과거에는 상상력을
동원한 선험적 설명에 의존했다. 예컨대 선원들이 두려움을 이겨내
고 점점 더 먼 바다로 과감하게 나아간 결과 원거리 항로가 개척되
었다는 식이다. 그렇지만 실상은 연안을 따라 늘어서 있는 어민 공
동체들의 네트워크를 통해 물품들이 순차적으로 이웃 지역으로 전
해져, 결과적으로 먼 지역까지 이동한 것이다. 바다로 나간 어부들
이 자연스럽게 이웃 지역들을 방문하며 어촌 마을 간 교류가 시작
되었고, 점차 더 먼 지역들이 연결되었다. 예컨대 중동 지역에서 인

도까지 해안 지역에 형성된 어민 공동체 간 교역 활동으로 오래전부터 토기 같은 생필품들이 유통되고 있었다. 그리고 어촌 마을과 내륙의 농경 및 목축 공동체 간에도 교류가 이어졌다.[Reade, 16]

 몇 가지 연구 결과를 보자.[Reade, 12-16] 첫째, 이라크 북쪽에서 발견된 기원전 5000년경의 무덤에 부장된 목걸이는 해안 지역과 내륙 지역 간 교류를 말해주는 흥미로운 예다. 목걸이의 구슬 중 일부는 흑요석으로 만들었고, 일부는 800킬로미터 떨어진 페르시아만에서 나는 카우리 조개로 만들었다. 이는 선사시대에 연안 지역과 내륙 지역 간 물품 교환이 지속되었음을 증언해준다. 둘째, 이라크 중부의 텔 아스마르(Tell Asmar)에서 발견된 기원전 3000년대 구슬은 코펄(copal)로 만들었는데, 이것은 동아프리카에서만 자라는 나무의 수지(樹脂)다. 코펄이 육로로 아프리카를 관통해서 이집트까지 왔다가 이라크로 간 것일까? 연구자들은 그보다는 해안의 어업 공동체들 간 연쇄적 교환을 통해 전달되었다고 판단한다. 셋째, 동티모르의 몇몇 무덤을 발굴한 결과 이 지역에 없던 동물인 염소 뼈가 나왔다. 이 염소는 아마도 중동 지역에서 배를 타고 건너왔을 것이다. 넷째, 기원전 2000년대 시리아 지역의 고대 도시 테르카(Terqa)에서는 탄화된 정향(丁香, clove)이 출토되었다. 몰루카(Molucca)제도에서만 생산되었던 이 향신료가 그토록 먼 곳에서 발견된 것은 동남아시아의 바다와 인도양을 건너는 항해가 이루어진 사실을 증언한다. 향신료에 대한 수요와 그 수요를 충족시키기 위한 원격지 교역이 이토록 일찍부터 시작되었다는 점은 특기할 만하다. 이 사례들을 보면 통상 생각했던 것보다 훨씬 이전부터 바다를 통한 원거리 교류가 발전해 있었음을 알 수 있다.

기원전 5000년경이면 인도양 북쪽의 아라비아해, 페르시아만, 홍해 등 광대한 해안을 따라 항해가 이루어지고 있었던 것이 분명하다. 이 교역 네트워크는 어느 수준까지 발전했을까? 혹시 동남아시아까지도 연결되었을까? 솔하임(W. Solheim)은 이 시기에 이미 인도양 전반을 아우르는 누산타오 해양 교역 네트워크(Nusantao Maritime Trading and Communication Network, NMTCN)가 형성되었다는 과감한 가설을 제기한 바 있다. '누산타오(Nusantao)'라는 말 자체를 솔하임이 만들어냈는데, '남쪽 사람'을 뜻한다.[Sen, 539] 베트남에서 기원한 해상 거류민이 확산해가며 마다가스카르부터 일본까지 광범위한 지역을 포괄하는 교역망을 만들어냈고, 이 과정에서 많은 정치체가 형성되었다는 주장이다. 그렇지만 이 이른 시기에 인도양의 드넓은 해역에 고정적인 '교역 체제'가 구성되었다는 주장은 분명 과도한 해석으로 보인다. 그러나 인근 지역을 넘어서서 상당히 먼 거리에 걸쳐 선박과 물자가 오간 것 자체는 여러 물증으로 볼 때 의심의 여지가 없다. 사실 인도양에서는 선사시대 이래 늘 항해가 이루어지고 있었다. 특히 말레이-폴리네시아계 언어를 사용하는 사람들은 넓은 해역을 항해하면서 해양 유목(oceanic nomadism)을 하고 있었다. 이들은 파도, 구름, 바람, 바다 생물들을 관찰하며 여행하는 항해 전문가였으며, 이들로 인해 상당한 수준의 원거리 소통이 가능해졌다.[Wormser, 920] 선사시대에 인도양 해역에는 우리가 통상 생각하는 것보다 훨씬 더 활기찬 항해가 수행되었을 가능성이 있으나, 물론 그 자세한 사정에 대해서는 앞으로 더 많은 역사학 및 해

2. 문명을 품은 대양

양고고학 연구의 성과를 기다려야 할 것이다.

메소포타미아: 강과 바다의 연결

인류 역사가 문명 단계로 진입하는 데에는 기후 변화라는 요인이
작용했다. 기원전 4500년경부터 사하라 지역과 아라비아 지역은 초
원 지대에서 사막으로 변화해갔다.(Nantet) 사람들은 조여 오는 사막
을 피해 강을 찾아 모여들었다.(산알. 75-77) 이집트에서는 나일강, 메
소포타미아에서는 유프라테스강과 티그리스강, 서북부 인도에서는
인더스강과 가가르강(Ghaggar River, 힌두 경전에 나오는 사라스와티강)
유역이 그런 곳들이다. 인구압이 높아지면서 이 지역들에 점차 복
잡한 정치 체제가 형성되었다. 그리고 각 문명권 내부에서 얻어진
경제·정치·문화의 발전 성과들은 이미 자리 잡고 있던 육상 교역로
및 해안 교역 네트워크를 통해 전파되었고, 이것을 통해 문명권들
이 상호 영향을 주고받았다. 문명 단계로 발전하고 도시들이 등장
하면서 새로운 자원과 상품에 대한 수요가 늘고, 이를 충족시키기
위해 교역이 한층 더 발전한다.(Briquel-Chatonnet 2015) 해상 교류가 문명
발전을 촉진하고, 문명이 발전하면 다시 해상 교류를 더 크게 확장
시키는 것이다.

초기 해상 활동은 문명의 성립 이전 시기에, 다시 말해 내륙의 중
앙집권적인 정치 세력들과 관련 없이 지방의 네트워크를 통해 독자
적으로 발전했다는 사실을 다시 강조할 필요가 있다. 메소포타미아
에서 선사시대 교역 활동을 보여주는 최초의 증거로 우바이드 시대

(Ubaid period, 기원전 6500~기원전 3800)의 토기를 들 수 있다.[Alpers, 19~22] 독특한 채색 토기들은 메소포타미아 지역에서 광범위하게 사용되다가 북쪽과 서쪽의 산악 지대로 전해졌고, 더 나아가서 바다를 통해 페르시아만 연안 지역까지 전해졌다. 고고학자들은 페르시아만 서쪽 해안 지역에서 발굴한 토기 조각들을 통해 당시 교역 네트워크를 추적했다. 이 해상 교역 네트워크들이 이후 문명 발전 과정 속으로 합쳐진다.

우바이드 토기
우바이드 토기의 분포는 육지와 바다를 넘나드는 메소포타미아 문명의 교역 네트워크를 확인하게 한다.

메소포타미아 지역은 인류 최초의 문명권 중 하나로 기원전 3000년경 도시가 형성되고 문자가 발명되었다. 메소포타미아는 티그리스와 유프라테스 두 쌍둥이강이 만든 문명이다. 잘 알려진 것처럼 메소포타미아란 '강 사이의 땅'이라는 의미다. 타우루스산맥과 자그로스산맥에서 눈 녹은 물이 흘러드는 두 강은 많은 지류를 거느리고 구불구불 휘면서 흐르기 때문에 물을 통제하는 것이 매우 힘들다. 따라서 메소포타미아 문명의 핵심 과제는 거대한 수리사업을 통해 두 강을 기술적으로 통제하는 일이었다. 우선 관개시설을 만들어 농사를 가능케 하는 일이 가장 중요하다. 이야말로 이 지역에 생겨난 많은 도시국가들과 제국들의 생존이 걸린 문제이기 때문이다. 다음으로 강을 이용한 교역과 교류 또한 그에 못지않은 중요한 문제다. 식량 자원

2. 문명을 품은 대양

과 각종 핵심 물자들은 모두 강으로 운송했다.[Chambon, 149]

문제는 유프라테스강과 티그리스강은 운항이 매우 어렵다는 점이다. 급류 지점과 물이 얕은 지점이 많은 데다가, 무엇보다도 바람이 북쪽의 상류 지역에서 남쪽의 하류 방향으로 불기 때문에 바람을 타고 상류로 거슬러 올라갈 수 없다. 이것이 나일강과 가장 큰차이다. 나일강은 하류에서 상류 방향으로 바람이 불기 때문에 돛을 이용해 물길을 거슬러 올라갈 수 있다. 하지만 바람과 물결의 방향이 모두 같은 메소포타미아의 두 강에서는 그런 일이 불가능했다. 그 때문에 오랫동안 독특한 방식의 교역이 진행되었다. 초기에는 갈대를 엮어 만든 가볍고 작은 배나 뗏목이 사용되었고, 쿠파(quffa)라 불리는 단순한 모양의 배도 등장했다. 이것은 마치 바구니처럼 갈대를 둥글게 엮고 나무로 늑골재를 댄 다음, 역청(bitumen, 천연 아스팔트) 같은 물질로 방수 처리를 하고 그 위에 동물 가죽을 씌운 둥근 모양의 배다. 상류에서 출발한 쿠파가 하류에 도착하면 선체를 해체하여 화물과 함께 목재까지 판매 처분했다. 이 배를 가지고 상류의 출발지로 돌아가는 것이 쉽지 않기 때문이다. 헤로도토스는 이 배에 대해 다음과 같은 기록을 남겼다.[헤로도토스, 1:194]

그들이 강을 따라 바빌론으로 갈 때 타고 다니는 배는 선체가 둥글고 전부 가죽으로 되어 있다. 그 배들은 아시리아보다 더 상류쪽에 위치한 아르메니아에서 만들어진다. 그들은 우선 버드나무를 잘라 배의 틀을 만든 후, 바깥에서 그 위에 가죽을 펼쳐 덮어씌우고 선체 같은 것을 만든다. 그들은 배의 후미를 따로 확장하지

쿠파

고대 메소포타미아에서 교역을 담당했던 배인데, 놀랍게도 20세기까지 사용했다. 사진은 1932년 이라크 바그다드의 티그리스강에서 새로 타르를 칠한 쿠파를 타고 있는 모습이다.

도 않고 뱃머리를 좁히지도 않으며, 배를 방패처럼 원형으로 해놓는다. 그리고 이 배를 모두 짚으로 채우고 화물을 가득 실은 후에, 강을 따라 떠내려가게 한다. …… 큰 배에는 5,000탈란톤의 화물도 실을 수 있다. 각 배에는 살아 있는 당나귀가 한 마리 타고 있으며 좀 더 큰 배에는 여러 마리가 타고 있다. 그들이 배를 타고 바빌론에 도착하여 화물을 처분한 후에는, 배의 틀과 모든 짚을 공매하고 가죽은 당나귀 등에 실어 아르메니아로 떠난다. 유속이 워낙 빨라 도저히 강을 거슬러 항해할 수 없기 때문이다.

놀랍게도 이 배는 20세기까지도 사용했다.(Hornell, 153~159) 또 하나

2. 문명을 품은 대양

놀라운 사실은 바빌론에서 수천 킬로미터 떨어진 아일랜드에서 최근까지도 헤로도토스의 서술과 똑같은 방식으로 암소 가죽을 이용해서 만든 배(coracle)들이 사용되었다는 점이다.[Gardiner, 18] 가장 단순한 구조의 배가 세계의 여러 지역에서 동시에 발전했고, 큰 변화 없이 오랫동안 사용되어왔다는 사실을 확인할 수 있다.

티그리스강과 유프라테스강을 통한 교류는 앞서 언급한 것처럼 일찍이 발전해 있던 해상 항해와 연결되었다. 내륙으로부터 해상으로 운송 네트워크가 확대해가는 과정을 살펴보자. 메소포타미아 지역에서는 목재, 석재, 금속 등 핵심 물자가 절대적으로 부족하여 원거리 교역으로 보충하지 않으면 안 된다. 섬록암(diorite), 반려암(gabbro) 등은 왕실의 중요한 석상 제작에 필요하고, 상아, 금 같은 귀한 물자도 필요했다.[Buchet 2017b] 수입 물품 중에 청금석(lapis-lazuli)이 가장 잘 알려진 사례다. 이 광물은 아주 오래전부터 여러 지역에서 널리 쓰인 귀한 물자인데, 사실상 아프가니스탄에서만 독점적으로 생산되었기 때문에 육로나 해로를 통해 먼 곳까지 수송해와야 했다. 청금석 구슬은 기원전 7000년경 아프가니스탄으로부터 현재의 파키스탄 지역으로 수출되었고, 기원전 4000년경에는 메소포타미아 지역으로도 수출되어 각종 장신구나 인장에 쓰였다. 고대 이집트에서도 투탕카멘의 마스크라든지 유명한 풍뎅이 장식물에 사용되었다. 미케네 지역(고대 그리스 초기 문명 지역)에서도 유사한 장식물이 발견되는데, 이는 이집트와 초기 그리스 문명 간 교류의 유력한 증거다. 한편 이 돌을 갈아 만든 염료인 울트라마린(ultramarine, 이름 자체가 '바다 건너 들어온 염료'라는 의미다)은 유럽의 중세-르네상스 시기까지도 가장 귀하고 비싼 물질 중 하나로, 예컨대 마리아의 고귀한 푸른색 의복을 그리는 데 쓰였다. 이런 자원들은 육로뿐 아니라 해로를 통해서도 들어왔다. 이 점에 대해서는 초기 왕실 기록, 문학 텍스트, 행정 기록 등에서 확인할 수 있다. 메소포타미아에서는 해상 교역이 워낙 크게 발전해서 심지어 사후 여행도 항해로 묘사할 정도였다.(Bagg, 137)

메소포타미아의 초기 문명 중심지로서 세계 최초로 문자 기록을 남긴 수메르는 해상 교역에 관한 사실들을 잘 보여준다. 수메르는 앞서 설명한 대로 이미 오래전부터 발달해 있던 우바이드 시대 토기 교역 네트워크를 활용해 딜문(Dilmun, 혹은 Tilmun. 쿠웨이트 파일라카(Failaka)와 카타르에 걸쳐 있는 페르시아만 서부 해안 지역)과 교역을 했다.(Alpers, 22) 기원전 3500~기원전 3000년경의 설형문자 기록들에서 확인할 수 있듯이, 북쪽의 수메르인들이 곡물, 도자기, 역청을 남쪽 지역으로 보내고, 대신 남쪽의 구리, 석재, 목재, 주석, 대추야자, 진주 등을 받아왔다. 특히 구리의 수송이 중요해서 당시 유프라테스강은 '구리 강'으로 통했다. 후기 우루크 시대(기원전 3800~기원전 3200)부터 오만반도에서 메소포타미아로 구리가 수출되기 시작했는데, 그 양이 갈수록 증가했다.(Frenez, 385·389) 수메르 신화에서 구리가 유입되는 저 먼 남쪽 지방은 세상의 끝 지점으로 묘사된다. 신의 선택을 받은 지우수드라(Ziusudra, 성경의 노아에 해당하는 신화적 인물)가 대홍수 때 딜문으로 가서 신들과 함께 살게 되었는데, 이곳이 태양이 떠오르는 축복의 땅으로 묘사되는 것을 보면 딜문은 문명권 외곽의 먼 변방을 가리킨다.(Kramer)

2. 문명을 품은 대양

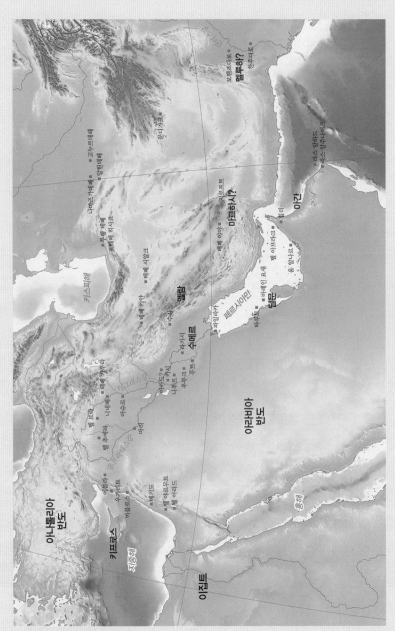

메소포타미아와 인더스 문명을 연결하는 딜문과 마간

메소포타미아 문명의 중심지에서 보면 딜문은 이처럼 외부 세계의 먼 지점이지만, 사실 이곳은 교류의 종점이 아니라 남쪽 지역과의 교역 중개지였다. 딜문에서 더 남쪽으로 항해해서 수메르 문명권 바깥으로 가면 오만반도의 마간(Magan, 혹은 Makkan)이라는 곳에 도착한다. 이 지역에서 석재(특히 설화석고)와 구리가 생산되어 북쪽의 메소포타미아 중심지로 송출되었다. 메소포타미아와 딜문 주민들은 흔히 마간을 세상의 끝에 위치한 거친 지역으로 묘사했다. 그들의 입장에서는 그렇게 생각할 수 있겠으나, 사실 이곳 또한 종점이 아니라 더 바깥의 세상과 소통하는 연결점이었다. 아카드제국 초대 황제인 사르곤(Sargon) 1세(기원전 2400년경 통치[*])의 유명한 실린더 인장에는 "멜루하, 마간, 딜문에서 오는 배들이 아카드의 도크에 정박한다"는 말이 나온다.(Bagg, 129) 여기에 나오는 멜루하(Meluhha)는 어디를 말하는 걸까? 이 단어는 인더스 문명권을 가리킨다는 것이 정설이다. 그러므로 강과 바다의 수송 네트워크를 통해 메소포타미아 지역은 인도의 고대 문명권과 연결된 것이다.

역순으로 다시 정리하면, 인도 북서부에서 귀중한 상품들이 마간으로 들어오고 이것이 딜문을 거쳐 메소포타미아 중심부로 들어간 것이다. 중간의 딜문 상인들은 메소포타미아와 인더스라는 두 문명을 중개하는 역할을 했다. 수메르 자료에서는 구체적인 상인의 활동 사례도 등장한다. 루엔릴라(Lu-Enlilla)는 마간과 교역하는 인물

---

[*] 사르곤의 통치 기간은 수메르 왕실 계보의 여러 사본이 상이한 연대를 제시하여 매우 불확실하며, 기원전 2400~기원전 2300년 사이로 추정한다.

인데, 난나(Nanna, 달의 여신) 사원에서 양모, 의복, 기름 등의 상품을 받고 그것으로 구리를 구매했으며, 멜루하로부터 각종 보석(홍옥수와 청금석 등), 금, 주석, 상아, 목재 등을 수입했다.[Bagg, 136] 인도의 멜루하 상인들 입장에서 보면, 그들은 처음에는 마간과 거래하다가 교역 루트를 더 확대해서 나중에 서쪽의 딜문까지 진입해갔을 것이다. 이처럼 시간이 지남에 따라 두 문명권 간의 교류가 확대, 심화해갔다.

이를 말해주는 자료들이 있다. 인더스 문명에서는 공산품 제조와 건축을 체계화하고 조세를 매기기 위해 도량형 체계를 표준화했다. 수암(규질암)으로 만든 입방체 혹은 다양한 종류의 구와 실린더 모양의 추들이 있는데, 0.86그램을 단위로 한 체계와 13.7그램을 단위로 한 체계 두 종류가 있다. 그런데 이 물품들이 오만과 메소포타미아 지역, 다시 말해 고대의 마간과 딜문에서도 발견된다. 같은 도량형을 사용한다는 것은 메소포타미아 문명 내부의 교역과 인더스 문명권 간 해상 교역이 긴밀히 연결되었다는 증거다.[Frenez, 393~396]

인더스와 메소포타미아 문명 간 항해

파키스탄과 인도 북서부 지역에 위치한 하라파는 기원전 3000년대 중엽에 전성기를 맞았다. 이 시기에 인더스 문명은 짧은 시간 내에 급격하게 성장했으며, 육로를 통한 중앙아시아와의 교역과 페르시아만을 통한 원거리 해상 교역이 동시에 발전했다.[Alpers, 23] 하라파에서 수출하는 물품 중에는 목재 같은 원재료 상품 외에 의례용

도끼날, 홍옥수(紅玉髓, carnelia) 구슬, 인장, 도량형기 등이 있다. 페르시아만 지역들의 인장 스타일과 도량형에 하라파의 영향이 보이는 것은 그 때문이다. 유약을 바른 도기도 많이 발굴되는데, 아마도 이 안에 버터기름(ghee) 같은 음식이나 음료수 등을 담아 수출한 것으로 보인다.

기원전 2500년경에 메소포타미아와 인더스 문명권 간에는 그동안 생각했던 것보다 훨씬 더 많은 선박과 사람이 오갔다는 사실이 밝혀지고 있다. 메소포타미아와 인더스 양측 모두 대양 항해 선박을 보유하고 있었으며, 해양 관련 문화가 널리 퍼져 있었던 것 같다. 수메르의 설형문자 기록에서 선박 관련 전문 용어만 400개가 넘는다는 사실도 항해가 중요했음을 말해준다. 우르 3왕조 시대(기원전 2112~기원전 2004, 아카드제국이 몰락한 뒤 분열 상태에 있다가 우르의 우르남무 왕이 수메르 전 지역을 다시 통합한 시대)의 기록들에는 조선 재료, 곡물 운송, 해상 노동, 선박 임차 등에 관한 내용이 풍부하다. 신화에서도 신이나 신적 존재들은 자신의 배를 타고 황홀한 항해를 하는 것으로 묘사된다. 인장에도 다양한 배들과 항해에 관한 내용들이 그려져 있다.(Bagg, 128~130) 고고학적 발굴 결과 역시 이런 점과 일치한다. 선박의 틈새 메우기(caulking)에 사용되는 역청, 로프, 판자 등 해상 항해 선박 재료들이 자주 발견된다. 실린더 인장이나 문헌 등 여러 자료를 통해, 당시 목재와 갈대로 만든 단순한 형태의 배가 사용되었음을 알 수 있다.(Bagg, 131~134) 이런 배들이 두 문명권 사이를 수시로 오갔다.

실제로 하라파 근해에서 발견된 기원전 2500~기원전 2200년 선

2. 문명을 품은 대양

박 잔해들을 연구한 결과는 그런 사실과 일치한다.(Paine, L., 64) 이 배
는 4~12센티미터 두께의 갈대 묶음들 위에 역청을 바른 후 동물 가
죽을 씌웠다. 연구자들은 복제 선박을 만들어 실험 항해를 해보았
다. 그런데 이 배는 완전히 방수가 되지 않았고, 또 갈대가 물을 먹
어 무거워져서 화물 적재량이 줄었다. 심지어 실험 항해 과정에서
심각한 문제가 발생하여 안전요원들이 해양 고고학자들을 구조해
야 했다. 현대인들의 손재주가 고대인보다 못하기 때문일까? 어쨌
든 이 실험을 통해 고대 선박들이 비교적 빠른 속도로 먼 거리를 항
해할 수 있었다는 사실을 확인했다.

한 가지 고려할 점은 기원전 3000년대 이전에는 지질학적인 이유
로 메소포타미아와 인도 사이의 해상 거리가 현재보다 훨씬 짧았다
는 것이다. 한때 인도와 중동 지역 간 해상 거리는 지금의 절반 정
도였다.(Reade, 12) 이 또한 두 문명권 간 항해에 도움을 준 여건 중 하
나일 것이다. 원거리 항해 선박들은 대개 연안을 따라 항해했지만,
때로는 공해를 가로질러 아라비아반도 동쪽 끝에 위치한 라스 알
주나이즈(Ras al-Junayz, 오만)로 직접 가기도 했다. 이 시기에 선원
들이 이미 몬순 체제를 이해하고 이용했을 가능성도 있다. 그럴 경
우 2~3주면 충분히 두 지역 간 항해가 가능했을 것으로 보인다. 이
때 먼 바다에서 어떻게 항해 방향을 찾았을까? (대)플리니우스에 의
하면 인도 선원들은 새를 가지고 나갔다가 바다에서 풀어주어 새가
육지로 날아가는 방향을 따라가는 방법을 사용했다고 한다. 모헨조
다로에서 나온 기원전 2500~기원전 1750년으로 추정되는 인장에
는 육지를 찾기 위해 새를 날리는 모습이 그려져 있다. 사실 이 방

모헨조다로에서 발견된 인장

배에서 새를 날려 방향을 잡는 모습이 새겨져 있다. 기원전 2500년경, 인더스와 메소포타미아 문명권 간에 활발한 항해가 이루어지고 있었다.

메소포타미아에서 발견된 인장

인더스 문명을 상징하는 수사슴이 새겨져 있는 인장이 메소포타미아에서 발견된 것은 두 문명 간의 교류를 입증한다.

식은 대서양이나 태평양에서도 오래전부터 사용한 기술이었으며, 9세기 중국 문헌에도 페르시아 선박에서 그런 방식을 사용한다고 기록되어 있다.(Hourani, 109) •

이처럼 두 지역은 장기간에 걸쳐 문명 교류를 지속해왔고, 서로 영향을 주고받았다. 메소포타미아 여러 지역에서 하라파 문자 혹은 상징이 새겨진 인장들이 발견되고, 반대로 메소포타미아의 문명 요소들이 표현된 물품들이 인더스 지역에서 발견되는 것이 그런 증거다. 예컨대 사자 두 마리와 싸우는 용사나 황소 인간 등이 표현된 인더스 지역 출토품은 메소포타미아의 신화 요소들이 인더스 지역에 전해졌음을 말해준다.

홍해 교역 그리고 인도양과의 연결

페르시아만과 달리 홍해 지역은 외부와의 연결이 상대적으로 약한 편이지만 교역이 전혀 없지는 않았다.(Alpers, 23) 홍해는 해류의 흐름이 복잡하고 암초가 많아 항해 여건이 매우 나쁜 것으로 정평이 나 있으며, 이는 증기선이 개발된 19세기까지도 여전히 항해를 제약하는 요소였다(17장 참조). 심지어 오늘날에도 홍해는 항해가 어렵

• 《길가메시 서사시》나 성경의 노아의 방주 이야기에서 까마귀나 비둘기를 날려보는 데에서 원형적인 요소를 찾을 수 있다. "이레째 되는 날, 날이 새자 비둘기를 한 마리 날려보냈다. 비둘기는 멀리 날아갔으나 앉을 곳을 찾지 못한 채 돌아왔다. 나는 제비 한 마리를 다시 날려 보냈다. 제비도 앉을 곳을 찾지 못하고 돌아왔다. 이번에는 까마귀를 날려보냈다. 그러자 까마귀는 물이 빠진 것을 알고 먹이를 쪼아 먹으며 까악까악 울면서 날아가곤 다시 돌아오지 않았다. 그때야 비로소 나는 모든 것을 사방에 풀어놓았다."(샌다즈, 98)

기로 악명 높다. 그럼에도 홍해는 지중해권과 인도양을 연결하는 주요 루트가 될 수 있으므로 동기 부여가 되면 항해가 개척되곤 했다.

홍해 항해의 사례로는 고대 이집트의 푼트(Punt) 교역을 들 수 있다. 이집트인들이 '푸엔테'로 부르던 푼트의 땅이 정확히 어느 지역을 가리키는지 불명확하나, 오늘날 학자들은 수단과 에리트레아 해안 지역으로 추정한다. 페르시아만과 인더스 지역 사이에 교역이 이루어지던 기원전 3000년대 중반, 4왕조의 쿠푸(Khufu) 파라오 시대부터 이집트와 푼트 사이에 교역이 행해진 것은 분명하지만, 그 이전 시기에도 이미 교역이 이루어졌을 가능성이 크다. 푼트는 단순히 교역뿐 아니라 문화·종교적으로 매우 중요한 곳이었다. 이집트인들은 이곳을 자신의 기원지로서 신의 축복을 받은 땅으로 보았다.(Mark) 그렇지만 이집트 내 기록이 충분치 않아서 그들이 푼트 지역과 교역을 과연 어느 정도 지속했으며, 그 규모가 어느 정도인지 밝히기는 힘들다.

이집트 문명 중심지에서 푼트에 이르는 경로는 매우 힘든 길이었다. 홍해는 나일강에서 동쪽으로 150킬로미터 떨어져 있어서, 이곳에 도달하려면 우선 와디 하마마트(Wadi Hammamat)를 지나 메마르고 좁은 계곡을 통과하는 육로를 지나야 한다.(Paine, L., 51~52) 이집트인들은 선박을 해체하여 짐꾼을 부려 이 먼 거리를 옮긴 후 바닷가에서 다시 선박을 조립하여 푼트까지 항해했다. 실로 고역이 아닐 수 없다. 11왕조 시대인 기원전 2100년 기록에 3,000명을 동원하여 "길을 강으로 만들었다"는 말이 나오는데, 이 말은 육로로 배를 옮겼다는 뜻이다.

2. 문명을 품은 대양

장제전 벽화
하트셉수트의 장제전 벽에 새긴 부조로, 푼트에서 구한 유향나무와 몰약나무를 묘사하고 있다.

기원전 2000년대 중반 하트셉수트(Hatshepsut) 여왕(기원전 1507~
기원전 1458)이 푼트 지역과 교역한 사례가 특히 유명하다. 이 여왕
은 투트모세 2세와 공동 통치를 하다가 그가 죽자 의붓아들인 투트
모스 3세(기원전 1470~기원전 1425)의 섭정을 맡았다. 파라오의 권
위를 나타내는 수염이 필요하므로 여왕은 가짜 수염을 만들어 붙이
고 권위를 행사했는데, 이는 이집트 역사상 매우 드문 일이다.[김영나,
121] 여왕의 장제전(葬祭殿, 고대 이집트에서 국왕의 영혼을 제사하던 건
물)을 장식하는 그림들을 보면 신의 도움을 받아 푼트로 가는 길을
열었다고 표현한다.[Mark] 아문-라 신이 지성소(sanctum)에서 제관의
입을 통해 몰약(myrrh)이 나는 곳인 푼트로 가라는 신탁을 주었다는

것이다. 여왕은 신의 뜻을 실천하기 위해 23미터 길이의 배 다섯 척을 준비하고 교역 상품을 모았다. 장제전 그림 자료를 해석하면 배들은 아마도 홍해의 쿠세이르(Quseir)항구를 떠나 20~25일 동안 항해하여 남쪽의 수아킨(Suakin)에 도착한 다음, 이곳에서부터 홍해 연안의 언덕길을 따라 육로로 푼트까지 간 것 같다. 홍해의 한복판을 항해하는 게 위험하므로 연안 지역을 따라 하루에 약 50킬로미터씩 항해해간 것이다. 이 선단은 남쪽으로 항해해 내려가는 데 2주 정도 걸렸고 북쪽으로 돌아오는 항해는 훨씬 더 오래 걸렸다.[Hourani, 5~7]

이렇게 힘들게 그곳에 간 이유는 무엇보다 유향과 몰약 등 진귀한 상품을 구하기 위해서다. 유향은 유향나무(Boswellia sacra)에서 추출한 수액을 말린 제품이고, 몰약은 콤미포라 미르라(Commiphora myrrha) 나무에서 추출한 방향성 수지다. 이 물품들은 고급 방향제로 쓰였을 뿐 아니라 종교 의례에서 필수품이었다. 몰약은 영생의 준비를 위해 미라를 만드는 데 쓰였고, 유향은 신에게 제사를 드릴 때 태우는 향으로 사용되었다.[Bernstein, 32~34·59~66] 문제는 수입 상품 대신 보낼 이집트 산물이 부족하다는 데 있었다. 동쪽의 상품을 수입할 때 그에 상응하는 서쪽의 상품이 부족한 것은 세계사에서 자주 관찰되는 특기할 현상인데, 이집트와 푼트 간 교역에서도 마찬가지였다. 아마도 이 사업은 여왕 개인이 주도하여 수행한 예외적인 일이었던 것 같으나, 그 이후 시기에도 푼트 지역과의 교역이 완전히 끊어지지 않았던 것은 분명하다. 다만 기록이 많지 않아 정확한 실상을 파악하기는 힘들다.

2. 문명을 품은 대양

인도양 지역들의 연결과 단절

　이상의 연구 성과들을 놓고 볼 때, 최소한 기원전 2000년경이면 인도양 서부의 세 해역, 즉 홍해, 페르시아만, 아라비아해 지역들이 바다를 통해 서로 연결되었음을 알 수 있다.(Armitage, 33)

　인도양 연안 지역들 주민이 서로 접촉하면서 다방면으로 많은 변화가 일어났으나, 여기에서 특히 주목할 요소는 생태 환경 요소들과 작물 그리고 가축의 전파다.(Alpers, 24) 기원전 2200년경 기후 변화가 일어나 인도양 지역은 더 메마르고 예측하기 힘든 환경이 되었다. 이 상황에서 농업 체제에 변화가 일어났다. 아프리카 북부 사바나의 작물이 아라비아해 북쪽 연안을 따라 인도로 전해진 것이 대표적이다. 특히 수수(Sorghum bicolor, Pennisetum glaucum, Eleusine coracana), 다양한 종류의 동부콩(Cowpea, Vigna unguiculata)과 제비콩(Hyacinth bean, Lablab purpueus)이 도입되었다. 하라파 문명 후기인 기원전 1900~기원전 1300년경 이 작물들이 인도의 식량 체제 속에 자리 잡았다. 그런데 특기할 점은 아라비아반도에서는 이 작물들이 수용되지 않고 지나쳐 버렸다가 서기 1세기 말에 가서야 도입된다는 사실이다. 똑같은 환경이라고 다 같은 결과를 낳는 것은 아니고, 인간의 선택이 작용하기 때문이다. 반대 방면으로는 중국에서 기원한 몇 종류의 수수(broomcorn millet, pannicum miliaceum)가 남아시아와 아라비아를 거쳐 아프리카 북부로 들어갔다. 아마 해로를 통해 기원전 2000~기원전 1500년경 들어간 듯하다. 인도의 망고와 후추, 인도네시아의 대나무, 사탕수수, 바나나, 코코넛 등이 서로 상대 지역에 전해진 작물 교환도 매우 중요한 현상이다.[Wormser, 920] 한편 인도에서 아프리카로 들어간 중요한 식량 자원으로는 혹소(zebu)를 들 수 있다. 혹소는 하라파 문명에서 자주 발굴되는 중요한 아이콘인데 같은 그림이 이란 남부 청동기 유적에서 발굴된다. 이는 두 지역 간 교류가 활발했으며 생태 요소까지 상호 교환되었음을 보여주는 흥미로운 증거이다.[신알, 82] 이처럼 인도에서 서쪽의 여러 지역으로 혹소가 전해진 것으로 보이지만, 과연 언제 어떤 경로로 아프리카에 전파되었는지 분명하게 말하기는 어렵다. 작물은 우발적으로 전해질 수 있으나 소 같은 가축의 경우는 분명 의도적 행위의 결과다. 여기에 더해 몇 종류의 쥐가 인도에서 아프리카로 들어갔다. 이처럼 작물과 가축 혹은 야생동물이 양방향으로 전파된 것은 이 지역들 간에 교류가 활발했기에 가능한 일이다. 오래전부터 바다는 생태 환경 요소들과 문명 요소들을 뒤섞고 있었다.

선사-고대부터 바다는 멀리 떨어진 문명권들을 상호 연결해주고 서로 영향을 주고받으며 발전하도록 만들었다. 그렇지만 그 연결이 언제까지나 지속되는 것은 아니고 때로는 방향을 바꾸기도 한다. 메소포타미아 지역은 함무라비 통치(기원전 약 1810~기원전 1750)가 끝난 이후부터 정치적 혼란에 빠지기 시작했다. 제국의 통제가 약화되어 지방들이 독립을 주장하였다. 곧이어 기원전 1595년 히타이트가 아나톨리아 중부 지역으로 쳐들어와서 바빌로니아를 몰락시켰으며 미탄니왕국이 북부 지역을 점령했다. 그런데 대략 같은 시기인 기원전 1700년경, 어떤 이유인지 불명확하지만 하라파 문명도 쇠락했다. 인더스 문명이 왜 그렇게 갑작스럽게 몰락했는가는 여전히 미스터리로 남아 있다. 북서쪽에서 들어온 인도유럽어족 아리안계 기마민족의 침입이 모종의 관련이 있지 않을까 짐작하기도 하지만, 사실 아리안족이 침입해왔을 때 인더스 문명은 이미 심각한 쇠퇴를 겪고 있었다. 결과적으로 메소포타미아와 하라파 문명이 함께 쇠락하면서 두 지역 간 교류와 교역이 상당히 오랜 기간 끊어지다시피 했다. 대신 메소포타미아와 지중해 쪽 연결이 강화되었다. 그리하여 크레타를 비롯한 에게해의 섬들과 그리스 본토에서 발달하고 있던 초기 고대 그리스 문명이 메소포타미아와 이집트 문명의 영향을 받으며 발전해갔다.

CHAPTER 3

지중해 세계

지중해 세계는 흔히 서구 문명의 기원지로 거론된다. 선진 오리엔트 문명(고대 메소포타미아와 이집트 문명)의 영향을 받아 그리스 문명이 성장하고 이를 이어받아 더욱 발전시킨 로마제국이 서구 문명의 모태(matrix)가 되었다는 것이 교과서적인 설명이었다. 그렇지만 이런 서술은 역사의 실상을 왜곡시킬 우려가 크다. 초기 지중해 세계는 그리스-로마의 독무대가 아니라 대단히 다양한 민족 집단들이 한편으로 협력하고 한편으로 투쟁하는 복합적인 역사 흐름이 이어지는 곳이었다. 이 공간에서는 남유럽뿐 아니라 아프리카, 중동, 북유럽 등 여러 지역의 문명 요소들이 교류하고 융합되었다. 그 역사 흐름은 일직선의 단순한 발전이 아니라 성장·후퇴·갱신을 거듭하는 역동적인 움직임이었다. 바다는 다양한 문명들의 혼합을 통해 새로운 문명이 떠오르는 창조적 공간이었다.

고대 이집트

지중해와 지중해를 둘러싼 지역들에서는 선사시대부터 다양한 물품들이 이동하는 해로들이 발전해 있었다. 밀로스(루브르 박물관에 있는 '밀로의 비너스'가 발견된 곳으로 잘 알려져 있다)섬의 흑요석 (obsidian)이 이런 사실을 말해주는 대표적인 사례다. 이 섬에서 산출되는 흑요석은 1만 5,000년 전부터 광범위한 지역으로 유통되었다. 이 돌로 아주 날카로운 날을 만들 수 있기 때문에 모든 지역에서 이 재료를 원했다. 워낙 광범위한 지역으로 수출되어 "중동의 농경 마을 중 흑요석이 없는 곳은 없다"고 할 정도다.(Renfrew) 이 사례는 문명 성립 이전 시대에도 지중해의 해상 소통이 매우 발전해 있었음을 증언한다.

그러나 청동기시대로 들어가면서 밀로스 네트워크는 쇠퇴했다. 무기와 의례용 도구의 원재료가 청동으로 바뀌면서 흑요석 수요가 사라졌기 때문이다.(아불라피아, 78) 그 대신 지중해 지역 내에 다른 연결 네트워크들이 크게 발전했고, 외부 지역으로도 멀리 확장되어 발트해에서 홍해까지, 그리고 에스파냐에서 메소포타미아까지 포괄했다.(Antonaccio, 217~218) 예컨대 목재, 상아, 금속, 동식물 등이 유럽대륙 북부 지역과 아프리카에서 들어왔다. 이처럼 초기 지중해 문명은 내부와 외부의 네트워크들이 교류하며 성장해갔다.

지중해 세계에서 가장 일찍 꽃핀 문명권이 이집트다. 이집트는 통상 자기 내부에 집중한 내향적 문명권인 듯 생각하지만 실제로는 외부 세계와 소통하고 있었다. 고대 이집트 문명을 생각할 때 사막 이미지만 떠올리면 안 된다. 모래보다는 오히려 물이 이집트 문명을 잘 설명하는 요소다. 강과 바다를 통한 수송이 이 문명권의 생존에 핵심적이기 때문이다. 이집트는 나일강을 이용한 교역이 활발했을 뿐 아니라 역사 초기부터 지중해 각 지역과 해상 교역을 수행하여, 기원전 3000년대부터는 비블로스(Byblos)를 비롯한 레반트(Levant, 원래 '해가 뜨는' 동쪽 지방을 의미하는 말로 지중해 동부 지역을 가리킨다) 그리고 앞 장에서 이야기한 대로 홍해를 통해 푼트 지방과 교역을 했다.

헤로도토스가 이야기하듯 고대 이집트 왕국은 '나일강의 선물'이다. 나일강이 주기적으로 범람하며 실어오는 토사로 인해 풍요로운 농업 생산이 가능할 뿐 아니라, 이 강을 통한 수송으로 이집트 지역 전체가 연결되었다. 예컨대 피라미드 같은 거대한 건축물을 만드는 데 필요한 수천 톤의 돌을 운반하려면 나일강을 통한 운송이 필수불가결했다. 육로 건설은 로마 시대에 가서야 활성화되므로 이집트를 통합시킨 주요 동맥은 다름 아닌 나일강이었다. 이때 남쪽 상류에서 북쪽 하류 방향으로 물길을 따라가는 운송은 당연히 수월하지만, 반대로 상류로 거슬러 올라가기란 쉬운 일이 아니어서 노 젓기만으로는 힘에 부친다. 다행히 지중해에서 남쪽 방향으로 바람이 불기 때문에 돛을 이용해 상류 쪽으로 올라갈 수 있다. 기원전 3500년 도자기에 돛이 그려진 사례가 있으니, 적어도 이 시기에는 돛이 사용되었던 게 분명하다.(Gardiner, 38) 이집트어에서 '돛을 사용하다'는 곧 '강을 거슬러 남쪽으로 간다'는 뜻이라고 한다. 돛의 사용은 이집트 역사에서 대단히 중요한 의미를 지닌다. 노를 이용해 북쪽으로 내려가고 돛을 이용해 남쪽으로 올라가는 게 가능하니, 상부 이집트와 하부 이집트 간 연결이 원활해져서 왕국 통합이 가능했기 때문이다.(Paine, L., 40~41)

이집트 문명 초기에는 파피루스로 가벼운 배를 만들었다. 앞서 페르시아만의 사례를 보았지만, 갈대 종류로 배를 만드는 것은 세계 각지의 초기 역사에서 흔히 볼 수 있는 일이다. 그러나 이런 배는 구조적으로 약하다. 물을 먹으면 점차 갈라지고 모양이 무너져서 1년 정도면 수명이 다한다. 갈대 배 다음으로는 목재 배가 발전했다. 고대 이집트 선박의 대표 유물인 쿠푸(Khufu)의 선박은 실물로 남아 있는 세계에서 가장 오래된 목선이다. 1954년 봄, 기자(Giza) 지역에서 연구를 수행하던 고고학자 카말 엘말라크(Kamal el-Mallakh)가 이 배를 발견했다. 그는 4왕조 2대 파라오인 쿠푸의 피라미드 하단부를 조사하고 있었다. 파라미드 남쪽의 경계석 벽에 테스트용 구멍을 뚫고 그 안쪽을 들여다보았지만 캄캄한 아래쪽으로 아무것도 보이지 않았다. 그런데 눈을 감자 돌연 구멍을 통해 냄새가 올라왔다. 그때까지 밀폐되어 있던 피라미드 내부 공간이 처음 외부로 뚫린 순간, 수천 년 갇혀 있던 향냄새가 바깥으로 퍼져 나온 것이다. 당시의 감흥을 그는 이렇게 기록한다. "나는 고양이처럼 눈을 감았다. 눈을 감자 향냄새, 신성하고도 신성한 냄새가 올라왔다. 나는 시간의 냄새, 수 세기의 냄새, 역사의 냄새를 맡았다. 그리고 그 아래 배가 있다는 것을 확신했다."(Jenkins, 12~17) 발견 당시 4,500년 된 쿠푸의 선박은 1,224점의 나무 조각들로 분해되어 있었다. 이후 30년에 걸친 노력 끝에 44미터 길이의 배를 복원했다. 이 유물은 현

쿠푸의 태양의 배

4,500년 전 고대 이집트의 파라오 쿠푸의 목재 선박으로, 복원물은 이집트 기자 태양의 배 박물관
에 전시되어 있다.

재 기자 지역에 위치한 태양의 배 박물관(Giza Solar Boat Museum)에
보존되어 있다.

이 배는 실제 항행에 쓰였을까? 전문가들의 의견은 엇갈린다. 일
부 학자들은 이 배가 파라오가 부활하면 태양신 라(Ra)와 함께 타
고 하늘을 건너는 의미의 장례용 선박으로서 상징적인 물품에 불과
하며, 따라서 실제 항해와는 무관하다고 보고 있다. 반면 다른 학자
들은 파라오는 태양신의 배에 올라타면 되므로 개념상 사후에 자기
배가 필요 없으며, 따라서 발견된 유물은 국왕의 시신을 싣고 이동
할 때 실제로 사용한 선박이라고 보고 있다. 어떤 주장이 맞는지 단

3. 지중해 세계

정할 수는 없겠으나, 어느 경우든 이 귀중한 유물이 그 당시의 선박에 대해서 많은 정보를 제공하는 것은 분명하다.

고대 이집트 문명이 안고 있는 큰 문제는 목재 부족이다. 쿠푸 선박을 구성하는 목재의 95퍼센트가 수입산 레바논삼나무(Cedrus libani)라는 점은 시사하는 바가 크다. 아래에서 자세히 살펴보겠지만, 레바논삼나무는 고대사에서 줄곧 핵심 자원이었다. 이집트 내에서 자라는 나무 중 그나마 단단한 재질을 가진 것은 무화과나무와 아카시아밖에 없었다. 무화과나무의 키는 10~12미터, 아카시아나무는 6미터에 불과하고 그나마 곧게 자라지 않으며, 여기에서 얻은 목재는 단단하지만 쉽게 부러진다. 이런 목재로 배를 건조하려면 작은 판재들을 장부이음(mortise and tenon)이나 열장이음(dovetail) 방식으로 솜씨 좋게 접합시켜야 한다.[Gardiner, 40] 이렇게 만든 평저선으로 피라미드, 사원, 탑, 석비 등의 제작에 필요한 석재를 운반했는데, 채석장에서부터 수백 킬로미터를 이동하는 경우도 많았다. 남아 있는 그림 자료를 보면 길이 30미터, 무게 330톤에 달하는 오벨리스크를 운반하기 위해 84×28미터 정도 크기의 배를 사용한 것 같다. 참고로, 19세기에 프랑스 정부가 이집트 정부로부터 기증받은 오벨리스크 2개 중 하나를 운반해와서 현재 파리 중심부의 콩코르드 광장을 장식하고 있다. 당시 이 작업이 너무 힘에 겨워 나머지 한 개의 수송은 아예 포기했다. 이를 보면 고대 이집트인들이 그토록 엄청나게 큰 돌들을 운반한 것이 얼마나 힘든 일이었을지 짐작할 수 있다. 물론 석재뿐 아니라 일상생활에 긴히 필요한 곡물, 가축 등을 운송하는 데에도 나일강은 핵심적인 운송로였다.

고대 이집트 문명의 탄생과 성장은 기본적으로 나일강의 이용에 달려 있었다. 그래서 흔히 이집트 문명 전체가 내부를 향하고 있고 자기충족적이며 변화가 없다는 평가를 받는다. 히브리 문명이나 고대 그리스 문명은 오늘날까지도 핵심 내용이 전해오고 또 지속적으로 영향을 미치고 있다. 이와 달리 오시리스나 아누비스(Anubis) 같은 이집트 신들은 그저 먼 과거의 존재에 불과하다. 독일의 이집트 학자 얀 아스만(Jan Assmann)은 고대 이집트는 역사의 변화를 거부하는 사회, 중심 텍스트를 완벽한 정전(正典, canon)으로 만든 다음 한 치의 변화도 허용하지 않는 '차가운 사회'라고 해석했다.(Assmann) 그렇다고 해서 이집트 문명을 두고 변화 없는 문명이라고 단정하는 것은 부적절하다. 고대 이집트 문명이 존속한 전 기간 동안 전적으로 문을 닫아걸고 변화를 거부한 것은 분명 아니다. 고대 이집트는 안정적인 시대였지, 변화 없는 시대는 아니었다. 흔히 이야기하듯 고대 이집트의 역사는 세 번의 왕조(고왕조·중왕조·신왕조) 시기와 두 번의 중간기를 거치는 동안 큰 격변을 경험했고, 주변 지역들과 교류·교역·갈등을 겪으며 영향을 주고받았다. 이집트는 내부적으로 나일강 운송에만 그친 게 아니라 일찍부터 해상으로 팽창해나갔다. 이집트인들에게 바다는 외래문화 요소들을 필터링하여 흡수하고 외부의 침략을 막거나 반대로 그들의 힘을 바깥으로 펼치는 공간이었다. 육로뿐 아니라 해로를 통해 이집트는 동부 지중해 지역, 그리스 지역 그리고 메소포타미아 지역과 교류하며 위대한 문명을 꽃피웠다.(Sauvage 151~164; Singer 166~169)

이집트인들은 동부 지중해 해안을 정기적으로 항해한 첫 번째 민족이다. 이집트에서 시리아-팔레스타인, 아나톨리아, 메소포타미아를 연결하는 육로가 있지만, 이를 통해 이동할 수 있는 거리는 하루에 고작 30킬로미터 정도이다. 당나귀와 노새를 이용한 육로 수송은 중량과 부피가 큰 상품을 들여오는 데에는 한계가 있을 수밖에 없고, 이웃 도시국가 간에 복잡한 갈등을 초래할 수도 있다. 따라서 목재나 곡물 등 핵심 물자의 운송은 거의 전부 해로를 이용했다.[Singer, 166~167] 해로는 위험 요소들이 있긴 하지만 대신 빠르게 이동할 수 있어서 하루에 200킬로미터까지 항해가 가능했다. 다만 늦봄부터 초가을까지 해상 여건이 좋은 때에만 운항할 수 있다는 제약이 있었다.

나일 델타 지역과 시리아 북부를 연결하는 '지중해 해로(Via Mediterranea)'는 이집트 신왕국 시대의 제18왕조(기원전 1570~기원전 1293)에 정기적으로 이용된 것으로 보인다. 주요 거래 항구로는 가자(Gaza), 자파, 티레(Tyre, 티루스), 시돈, 비블로스, 미네트엘베이다 등이 있지만, 시리아의 우가리트(Ugarit)가 가장 중요한 곳이다. 이곳을 통제하면 사치품, 금속, 목재 등 귀중한 물품을 확보할 수 있다. 삼림 자원이 태부족인 이집트로서는 가장 중요한 교역 물품 중 하나가 배, 쟁기, 도구들을 만들 수 있는 레바논삼나무다. 키 40미터, 줄기 두께는 2.5미터까지 커지는 레바논삼나무는 이 지역의 상징이기 때문에 현재 레바논의 국기와 국장(國章)에도 그려져 있다. 피라미드 벽의 그림들을 보면, 이전 시대인 기원전 2450년경부터 이미 목재를 구하기 위해 선박을 이용해서 레반트 지역 항구들로부터 군사들을 실어보낸 적이 있음을 알 수 있다. 다시 말해 고대 이집트는 레반트에서 목재를 구해 선박을 짓고, 다시 이 선박을 이용

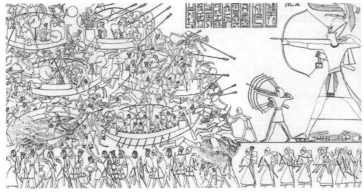

바다민족과 싸우는 이집트인
람세스 3세의 장제전 북동쪽 외벽에 남아 있는 벽화로 나일 델타 지역에서 일어난 이집트와 바다
민족의 해전을 묘사하고 있다.

해서 레반트 교역을 했던 것이다.

이집트가 해상 '지배'를 한 건 아니다. 비교적 작은 이집트 선박
들은 안전한 해안 노선을 넘어서는 원양항해에는 적합하지 않았다.
대형 화물 운송은 아마도 항해 능력이 출중한 크레타의 선박과 선

3. 지중해 세계

원에 의존했을 것으로 보인다. 그렇지만 이집트가 강력한 해상 팽창을 시도한 사례가 없지는 않다.[아불라피아, 83-89] 중왕조 이후 힉소스의 지배를 받다가 이들을 축출하며 새로 신왕조를 열었던 때였다. 이때는 미탄니왕국의 침략이 더해져 레반트 지역의 정세가 혼돈에 빠졌던 시기다. 신왕조는 외부 세력을 축출하고 더 나아가 레반트 지역으로 팽창해서 전투를 벌였다. 투트모스 3세 시대가 이집트 해외 팽창의 정점이었다. 이 시기에 이집트인들은 히타이트, 아시리아, 바빌로니아와 동맹을 맺어 강력한 힘을 행사했고, 광범위한 지역과 교역을 했다. 이때 크레타 사람들('바다 한가운데 섬의 사람들'로 묘사되어 있다)의 모습이 처음 그림으로 등장한다. 그러나 이 시기 직후 육상과 해상에서 지중해 세계 전체를 뒤흔든 대격변이 벌어져서 이 지역의 역사 흐름이 크게 뒤바뀐다. 이에 대해서는 아래에서 설명할 것이다.

미노아 문명과 미케네 문명 ●

2장에서 보았듯이 기원전 18세기 무렵 메소포타미아 문명과 인더스 문명 간 교류가 중단되고, 딜문과 같은 남부 변경 지역과의 교

● 크레타섬의 전설상의 군주 미노스(Minos)에서 유래하여 이 섬에서 발달한 그리스 초기 문명을 미노아 문명(Minoan Civilization)이라 한다. 한편 그리스 본토에는 아카이아인이 북방 산지로부터 남하하여 선주민을 정복하면서 작은 왕국들을 건설했다. 그중 가장 강력한 위상을 드러낸 곳이 미케네(Mycenae)이기 때문에 이 시대 그리스 본토의 초기 그리스 문명을 미케네 문명(Mycenaean civilization)이라 한다. 그리고 이 두 문명을 합쳐서 에게 문명(Aegean civilization)이라 칭한다.

역도 끊어졌다. 그 결과 메소포타미아 지역을 향한 딜문 지역의 구리 공급이 불가능해졌고, 따라서 키프로스 구리로 대체되었다. 키프로스섬은 오래전부터 중요한 구리 공급지였다. 섬 이름부터 그리스어로 구리를 가리킨다. 영어 copper, 라틴어 cuprum, 독일어 Kupfer, 프랑스어 cuivre, 에스파냐어 cubre 같은 단어들은 모두 그리스인들이 키프로스섬에 붙인 쿠프로스(Kupros)라는 이름에서 유래했다.[지료도, 25~26] 이 섬에서 산출하는 구리에 관해서는 기록이 매우 많다. 기원전 18세기 시리아의 설형문자 서판에 '알라시야(키프로스)'섬에 '구리 산'이 있다는 이야기가 나오며, 기원전 14세기 이집트의 기록에서도 이 섬에는 구리가 풍부하여 이집트 상인들의 관심을 끈다는 내용이 나온다. 구리 생산은 청동기시대 말인 기원전 1650~기원전 1100년에 절정에 달했다. 당시 키프로스섬에는 광산에서 일하는 노예들이 많이 들어와 있었고, 항구는 외국 선박과 상인으로 붐볐다. 이 섬에서 생산된 구리는 비블로스, 우가리트 같은 항구를 통해 레반트 지역으로 들어간 후 메소포타미아로 향했다.

동지중해 지역에서는 중요한 항구들 중심으로 교역 활동이 활발했다.[Sauvage, 151~154] 가장 활력 넘치는 항구였던 우가리트에서는 미노스인들과 통역을 통해 거래한 기록을 찾을 수 있고, 이집트, 하티, 미탄니, 바빌론 등 주요 세력들 간에 이루어진 외교와 교역 상황을 보여주는 문건들도 발견되었다. 고고학적으로 발굴된 물품으로는 도자기 유물이 가장 많은데, 기름, 포도주, 곡물, 마른 생선 등을 수송하는 데 쓰였다. 금, 은, 상아, 타조알 같은 사치품 그리고 구리 주괴(ingot, 벽돌 모양의 덩이) 같은 원재료도 왕래했으며, 마스트재(材)

도 매우 중요한 상품이었다.

베이루트에서 북쪽으로 40킬로미터 떨어진 곳에 위치한 비블로스 또한 흥미로운 곳이다. 역사상 가장 오래된 도시 중 하나로, 이집트와 수천 년 동안 교역을 수행했다. 이 도시에서는 많은 이집트 유물이 출토되고 있으며 이집트의 기록에는 이 도시에 관한 내용이 많이 나온다. 특히 배후 지역의 레바논삼나무 수출이 이집트에 매우 중요했다. 비블로스 상인들은 이집트로 레바논삼나무를 수출하는 대신 파피루스를 구입해 에게해 연안 지역에 되팔았다. 파피루스(papyrus)라는 말은 이 도시의 그리스식 이름(Byblos, Byblinos)에서 나왔으며, 성경을 뜻하는 'Bible'이라는 단어도 비블로스에서 유래했는데, 원래 '파피루스로 만든 책'이라는 의미였다.(Britannica, 'Byblos')

기원전 1600년경, 비블로스는 크레타섬과 교역을 시작했다. 이것이 크레타섬을 중심으로 한 초기 그리스 문명인 미노아 문명이 발전하는 데에 지대한 공헌을 했다. 미노아인들은 지중해 상업로들을 부지런히 개척했다. 크레타는 지중해 내의 중요한 상업 교차로였으며, 에게해와 동지중해 전체에 경제·문화·군사적으로 큰 영향을 미쳤다. 이 섬은 레반트, 소아시아, 이집트 등 수익성 좋은 시장과 서지중해의 원재료 공급지들을 중개하기 좋은 전략적 위치에 있었다. 특히 청동 재료들을 쉽게 집결시킬 수 있다는 점이 매우 중요한 장점이었다. 키프로스와 실리시아(Cilicia)의 구리, 에트루리아, 에스파냐 그리고 멀리 콘월(Cornwall) 지방의 주석도 들어왔다. 그 외에 다른 금속 제품과 무기, 도자기 등을 거래하며 부를 쌓았다. 그 결과 후대 기록을 보면 전설상의 국왕 미노스가 통치하는 크레타의 왕국

미노아인 선박이 그려진 벽화

그리스 산토리니 아크로티리에서 발견된 기원전 1600년경의 벽화로, 미노아인이 사용한 선박의
모습을 확인할 수 있다.

이 해양지배체제(thalassocracy)를 이룬 것처럼 서술되어 있다.

전통적으로 미노스는 최초로 해군을 소유했던 인물로 알려져 있
다. 그 자신은 오늘날 헬레네 바다(그리스 바다)라고 알려진 곳의 많
은 영역을 지배하였다. 그는 키클라데스(Kykladhes)제도를 지배했
고, 이 제도 대부분을 최초로 식민화했으며, 카리아(Caria)인들을 몰
아내고 자기 아들들을 통치자로 내세웠다. 마지막으로 그는 증대
하는 수익을 지키려는 욕망 때문에 가능한 대로 이 바다의 해적들
을 몰아냈다.[Thucydides]

3. 지중해 세계

그렇지만 이는 분명 과장된 설명이다. 당시 에게해와 주변 해역 대부분을 '지배'하는 것은 불가능했다. 그보다는 교역 활동이 활발했다고 보아야 할 것이다. 이는 크레타섬의 건축물과 예술에서도 드러난다. 미노아인들은 화려한 다층 궁전과 큰 도시들을 건설했고 밝고 활달한 예술을 자랑했다. 특히 최대 도시인 크노소스에 성벽을 두르지 않았다는 점은 이곳이 군사적 성격보다는 상업적 성격이 강하며, 육군보다는 강력한 해군을 유지하여 바다 자체를 방어 수단으로 삼았다고 해석할 수 있다.(솔로몬, 84~85)

　오랫동안 번영을 누리던 미노아 문명은 다소 급작스럽게 몰락했다. 아직도 그 원인은 미스터리로 남아 있다. 학자들은 여러 가설을 제시하는데, 한때 크레타섬 북쪽 70마일 떨어진 곳에 위치한 테라(Thera, 현재 이름은 산토리니)섬의 화산 폭발을 주요 요인으로 꼽기도 했다. 기원전 1628년 이곳의 화산이 폭발하여 섬 전체에 약 25미터 두께의 용암과 화산재 층이 덮였다. 그런데 고고학적 발굴 결과 건물은 확인되지만 재에 덮인 시신이 하나도 없는 것으로 보아, 갑작스럽게 화산이 폭발한 폼페이와 달리 화산 폭발 징후가 보이자 주민들이 사전에 탈출한 것으로 보인다. 이제는 미노아 문명의 쇠퇴와 테라섬 화산 분출을 직접 연결시키는 설은 부정되고 있다. 테라섬의 화산 폭발 이후에도 크레타는 수 세기 더 번영을 누렸기 때문이다. 현재 미노아 문명의 몰락을 설명하는 유력한 가설은 그리스 본토의 미케네가 크레타를 정복했다는 것이다. 그 시점은 기원전 1400년경으로 추산한다. 최근 연구자들은 고대의 여러 문건을 비교 분석한 결과, 이집트의 파라오 아멘호테프(Amenhotep) 3세의 문건에 나오는 켑티우(Keftiu)라는 궁전이 아마도 크레타섬을 정복한 미케네인의 궁전을 가리키는 것이 아닐까 추론한다.

크레타를 중심으로 한 미노아 문명이 몰락한 후 문명의 중심은 미케네를 비롯한 그리스 본토로 이동했다. 이 시기에 에게해, 소아시아 연안, 키프로스, 레반트, 이집트 등 지중해 각지를 활발하게 오가는 광범위한 교역망이 만들어졌다. 미케네의 선박을 직접 보여주는 훌륭한 자료로는 침몰선들이 있다. 크레타섬 옆의 조그만 부속섬 프세이라(Pseira) 근해의 침몰선이 가장 오래된 것이지만(기원전 1800~기원전 1675)[Sauvage, 156], 가장 많은 정보를 제공하는 사례는 울루부룬(Uluburun) 침몰선이다.[Pulak; 지로도, 26~27] 터키 남부 안탈리아만 울루부룬의 수심 50미터 지점에서 발견된 이 침몰선은 이집트의 네페르티티(Nefertiti) 왕비의 이름이 새겨진 황금 풍뎅이 유물로 연대를 추정해 보건대 기원전 1315~기원전 1305년경에 가라앉은 것으로 보인다. 선박 자체보다도 이 배에 실린 화물이 놀라운 사실을 말해준다. 354개의 구리 덩어리가 실려 있어서 그 무게만 11톤에 달한다. 여기에 더해 1톤의 주석 그리고 수많은 항아리, 유리 제품, 무기, 황금 잔, 상아 등과 함께 발트 지역에서 생산된 호박(琥珀)도 발견되었다. 이집트인들은 발트 지역의 호박을 매우 좋아해서 이집트 상인들이 파라오에게 바칠 호박을 구하기 위해 현재의 폴란드 지역을 돌아다녔다고 한다. 하여튼 배 한 척에 11톤의 구리를 실은 것을 보면 키프로스의 구리 생산량이 실로 엄청났다는 것을 재확인할 수 있다. 한 세기 후에 겔리도니아(Gelidonya)곶 근처에서 침몰한 소형 선박 또한 구리와 주석을 운반 중이었다. 이 작은 배는 아마도 구리

제품이나 청동기 같은 품목 생산에 필요한 재료들을 주문받아 운송하던 게 아닐까 추정한다.(Singer, 169) 키프로스만큼 구리 생산량이 많은 사례는 그로부터 2,000년 뒤인 중국의 송대에나 다시 보게 된다.(Sumgmin, 183~194)

이집트의 무덤 벽화 자료 중에는 외국 사절들이 공물을 가지고 오는 모습들이 보인다. 크레타인은 금은으로 만든 그릇, 아프리카와 중동 지역 사절은 상아, 누비아(Nubia)인은 상아·짐승 가죽·살아 있는 동물들, 시리아인은 도자기, 가나안인은 기름과 포도주를 담은 그릇, 마차와 말, 새끼 곰 등을 들여와서 실로 다양하고 화려한 모습을 선보인다. 이것은 울루부룬 화물에서 추론할 수 있는 모습과 일치한다. 이 시대 지중해 각 지역 사이에 조공이나 교역으로 실로 많은 상품이 오가고 있었던 것이다.(Sauvage, 160)

청동기 말기 대격변과 바다민족

기원전 13~12세기경, 지중해 지역 전체가 소위 '바다민족(Sea People)'으로 인해 엄청난 충격을 받고 휘청거린다. 바다에서 일어난 격변은 사실 육상에서 일어난 '후기 청동기시대 대붕괴(The Late Bronze Age Collapse)' 현상과 연관이 있다. 이는 이집트를 비롯해 레반트, 소아시아, 에게해, 코카서스, 발칸반도, 지중해 동부 지역 전체에 일대 파괴를 가져온 대격변이었다. 북방의 강력한 유목민족이 남쪽으로 밀고 내려와 청동기 문명권 전체에 엄청난 충격을 가했다. 이 파괴적 흐름으로 인해 히타이트제국이 무너지고 군소 국가들도 기근과 내전으로 무너졌다. 규모는 작지만 제국 성격의 사회 질서를 이루었던 에게 문명은 붕괴되어 암흑기를 맞았다.(Antonaccio, 218) 이 기간 중 문자, 기념비적 건축물, 프레스코 벽화, 공동체적 매장 관습이 사라지고, 도자기의 품질이 떨어졌다. 크레타 및 미케네 등지에서 발전했던 에게 문명권에서는 심지어 그동안 사용해오던 문자(선문자, LinearA, LinearB 등)를 잃어버려 구술문화 단계로 후퇴했고, 금속을 다루었던 궁정 중심의 경제 체제도 무너져서 촌락 단위로 후퇴했다. 쉽게 말해 높은 수준으로 발전했던 청동기 문명이 붕괴하고 이전 단계인 구술문화(oral culture) 수준으로 후퇴한 것이다. 문명 발전 단계의 역진(逆進)이 일어날 정도로 엄청난 역사적 후퇴를 겪는 것은 흔치 않은 일이다. 그렇지만 이 시기에 단순히 파괴와 몰락만 겪었던 것은 아니다. 길게 보면 장기적 발전을 향한 암중모색의 시대로 해석할 수 있다. 혼란의 시기를 겪고 난 후 폴리스(Polis)라는 새로운 단위로 역사가 전개되었고, 이전 시대와는 성격이 다른 새로운 고전 문명이 발전하는 계기가 되었다.(Vernant) 말하자면 우리에게 익숙한 고전기 그리스 문명은 이전에 발전했던 초기 그리스 문명(미노아 문명과 미케네 문명) 체제가 파괴된 이후에야 발전했다.

육상의 변화와 병행하여 해상에서는 기원이 불분명한 여러 종족들이 합쳐진 집단이 지중해 동부 지역과 이집트로 밀려와서 큰 피해를 입혔다.(Grandet 2010; Grandet 2017) 이집트인들은 이 침략자들을 '바다민족(Sea People)'●이라고 칭했다. 이 현상은 아직 완전히 해명되지 않은 상태다. 바다민족의 기원에 대해서는 서아시아, 에게해, 지중해의 섬들, 남유럽 등 여러 지역이 거론되긴 하지만 어느 하나도 확실하지는 않다. 분명 이 사태는 지금까지와는 다른 유형의 사건이었다. 일부 집단이 자행하는 해적 행위가 아니라 여러 종족 집단들 전체가 무기를 들고 새로운 거주지를 찾아 공격하는 행위였기 때문이다. 침략자들 가운데 이름이 알려진 주요 종족들 중 와샤샤(Ouashasha)의 정체성에 대해서는 아직도 오리무중이다. 풀라스티(Poulasti)는 후일 필리스티아인(Philistines, 성경에는 블레셋으로 표현되었다)이 된 듯하고, 시칼라(Sikala)는 후일 시칠리아에 정주한 것으로 추정한다. 광범위한 침략 사태 앞에서 각 지역은 비상이 걸린 상태였다. 예컨대 당시 최대 교역 국가였던 우가리트는 급박한 해상 위험을 인지하고 주변 지역들과 정보를 교환한 외교 기록들을 남겼다. 이집트의 메르넵타(Merneptah) 석비(기원전 1200년경, 파라오 메르넵타가 설치한 카르나크 신전 안의 비문)는 이 사람들이 리비아에서 몰려왔다고 주장한다. 이집트의 다른 기록들은 '북쪽에서', '바다에서', 혹은 '바다 한복판 섬들에서' 밀려오는 적들 앞에서 여러 국가가 초토화되었다고 서술한다.

이집트는 이 침략에 맞서 꿋꿋이 버텨냈다. 기원전 1177년(연대에 대해서는 이설이 있다) 람세스 3세는 본격적으로 방어 준비에 나섰다. 그들은 '바다민족'이라지만 육상 공격도 병행했다. 람세스 3세는 시나이반도 북쪽 군사도로를 이용해 시리아로 가서 격전을 벌

● 이 용어가 널리 수용된 건 분명하지만 정작 이집트의 기록에서는 오직 한 번만 등장한다.
[Grandet 2017, 176]

였다. 파라오는 미그돌(Migdol)이라는 요새에서 전투를 벌여 적들을 격퇴시켰다고 하는데, 그곳이 어디인지 정확히 알 수는 없다. 그이후 나일 델타에서 해전이 벌어졌다. 이집트는 이처럼 바다민족을 격퇴하기까지 한 세기 정도 힘든 시련을 겪었다. "강 어구로 들어온 자들은 마치 덫에 걸린 새들과 같았다"는 람세스 3세 시대의 기록을 보면 이집트 병사들이 적선의 공격을 확실하게 물리친 것 같다.[Grant, 30] 이집트인들은 화전(火箭) 등을 이용한 원거리 화공에도 능했지만, 기본적으로 근접 거리에서 선박을 충돌시키고 창과 갈고리를 이용한 공격을 했다.[아불라피아, 101~102] 적군 1만 2,535명을 살해했다는 람세스 3세의 말이 맞다면 리비아에서 쳐들어온 사람들의 수는 3만 명이 넘을 것이다. 포획된 포로들은 마치 짐승처럼 낙인을 찍은 다음 끌고 와서 신전 노예로 부렸다. 다만 젊고 힘이 있어 보이는 사람들은 더 나은 대접을 받았으니, 군인으로 채용되어 리비아사막의 요새에서 근무했던 것이다. 기원전 800년 아시리아 문서에 의하면 침략자 중 풀라스티족은 필리스티아인이 된 듯한데, 아마도 람세스 3세가 복종시킨 세력이 변경에 배치되었다가 이집트의 영향력이 약화되자 점차 독립해간 것으로 보인다.

이집트는 대승을 거두었다고 자화자찬하지만, 장기적으로 치명적인 세력 약화를 피할 수 없었다. 이 시기 이후 이집트는 쇠락의 기운이 역력했으며 몇 세기 후에 가서야 힘을 되찾는다. 그 사이에 주변 지역 제국들이 성장하여 이집트는 심지어 거의 4세기 동안 외국세력의 지배를 받기도 했다. 리비아인, 누비아인, 그리고 짧은 기간이지만 아비시니아인도 침략해 들어왔다. 이집트는 레반트 지역과 교역을 지속하긴 했으나 이제는 이집트 선박 대신 레반트 선박을 이용했다. 이는 매우 중요한 변화의 징표다. 이집트 선박은 더는 가나안과 시리아에 가지 못했고, 레반트 항구들에 대한 영향력도 크게 축소되었다.

이 이후 지중해에서는 새로운 흐름이 나타나기 시작했다. 페니키아인들의 도시인 비블로스, 시돈, 특히 티레(티루스)가 유리한 지위를 차지했다. 《웨나문(Wenamun, Wen-Amon) 이야기》 같은 문학 텍스트 역시 이 시대의 변화를 말해준다. 1890년대에 발견된 파피루스 자료에 실린 이 이야기는 신성한 그림을 옮기기 위한 선박을 건조하기 위해 카르나크의 사제 아문(Amun)이 비블로스에 파견되어 나무를 구하는 내용이다. 몇몇 항구를 거쳐 비블로스에 도착한 아문은 이곳 사람들이 과거에 무상으로 삼나무를 주던 관례와 달리 대금 지불을 요구하는 데에 충격을 받는다. 이 기록은 기원전 11세기에 이집트가 지중해 동부 지역에 대한 패권을 상실하고, 아시리아가 성장하여 페니키아 세력을 통제하기 시작했으며, 그 아래에서 비블로스 같은 일부 항구도시들이 발전해갔다는 사실을 증언한다.(Briquel-Chatonnet 2000)

지중해 초기 문명의 역사는 바다민족의 침략으로 한 단계를 마무리한다고 보아도 좋을 것이다. 다음 시기의 지중해 세계에서는 이전과는 다른 역사가 진행된다. 페니키아와 그리스가 교역 활동을 주도하고, 고전 문명이 찬란하게 꽃을 피운다. 암흑기를 지난 후 역사는 다시 한 걸음 진척해갈 것이다.

CHAPTER 4

고전기 지중해 문명의 만개

청동기 말기 대격변이 지나고 지중해 세계는 부활했다. 이전 시기에 발전했던 궁정(Palace) 중심 경제와 사치품 이동의 네트워크들이 암흑기 동안 쇠퇴했지만, 그렇다고 이 시기에 전적으로 파괴만 겪었던 것은 아니다. 장기적으로 보면 이전 체제가 무너지는 과정에서 더 광범위한 지역의 문화 요소들이 유입되면서 오히려 갱신과 숙성의 계기를 맞았다. 위기가 지나간 후 문화와 경제가 역동적으로 발전하기 시작했다. 이집트가 동지중해에서 해양 세력으로서 중요한 지위를 되찾는 한편, 페니키아인과 그리스인이 일취월장하여 해상 주도권을 장악했다. 이 다양한 세력들이 어우러져 빛나는 고전 문명을 이루어냈다.

페니키아의 성쇠

앞 장에서는 이집트와 크레타섬, 펠로폰네소스반도 남부 등지에서 활달한 해상 문명이 발전했다가 기원전 13~기원전 12세기에 일대 격변을 겪으며 암흑기로 들어가는 상황을 보았다. 이때의 충격이 어찌나 컸던지 심지어 그동안 사용하던 문자를 상실하고 구술문화 단계로 후퇴하는 지경에 이르렀다. 그리스 세계에 문자가 다시 등장한 것은 그로부터 수백 년이 지난 기원전 9~기원전 8세기다. 지중해 동부 해안 지역의 상업 민족인 페니키아인으로부터 전수받은 문자를 개량하여 알파벳을 만든 것이다.

암흑기 이후 재도약의 선구에 선 민족은 페니키아인이다. 페니키아는 지중해 동부 지역에서 성장한 셈계 언어(Semitic) 사용 민족들이 세운 문명이다. 이들은 아마도 인류 역사상 가장 다이내믹한 해양 민족 중 하나로 손꼽을 만하다. 그렇지만 정작 알려진 바는 많지 않은데, 기록이 많지 않기 때문이다. 문자를 먼저 만들어 사용했으면서도 정작 자신들에 대한 기록을 많이 남기지 않은 것은 실로 역설적이다. 페니키아라는 이름도 후대에 그리스인들이 붙인 말이다. 페니키아라는 단어는 원래 무렉스(murex) 조개를 원료로 한 보라색 염료(Tyrian purple, Phoenician purple, royal purple, imperial purple 등으로 불린다)를 가리켰다.(Liddell) 이 염료는 페니키아인들이 개발하여 판매한 매우 귀하고 비싼 상품이어서, 페니키아의 화폐에도 이 조개가 표현되어 있다. 아마도 이 염료 상품을 수출하는 지역 사람들이라는 의미로 페니키아인을 지칭하지 않았을까 추론한다.

이들은 현재의 레바논을 중심으로 넓은 지역에 걸쳐 중요한 도시국가들을 세웠다. 일찍이 바다로 진출하여 기원전 1500~기원전 300년 시기에 남부 지중해 연안 지역 및 그 너머로까지 해상 교역망을 구축했다. 이때 대규모 교역 행위에 필수적인 문자를 사용하기 시작했는데, 이것이 그리스 세계에 수용되어 오늘날의 알파벳으로 발전한 것이다. 페니키아인은 주로 교역 활동을 위해서만 문자를 사용한 것일까? 철학·문학·과학 등의 저술을 남긴 고대 그리스인과 달리 이들은 자신들의 '문명 텍스트'를 남기지 못했다. 에르네스트 르낭은 "수 세기 동안 지배적인 역할을 한 위대한 도시 중에 〔페니키아 도시인〕 티루스만큼 적은 기록을 남긴 도시를 알지 못한다"고 평했다.(viii) 페니키아인에 대해서는 역설적으로 그들로부터 문자를 배운 그리스들이 남긴 조롱조의 비판적 글만 많이 남아 있을 뿐이다. 알파벳 문자를 수용하여 자기 문명의 핵심 내용들을 기록한 민족은 그리스인이다. 결국 후대에 역사의 주인공으로 숭앙받는 것은 페니키아인이 아니라 그리스인이다. 그 때문에 그리스가 고대 지중해 문명의 적자 취급을 받지만, 이 광대한 지중해 세계가 아테네나 스파르타 같은 그리스 민족만의 무대가 아니었다는 사실은 기억할 필요가 있다.

고대 그리스인은 자신들이 사용하는 문자를 '페니키아 문자(phoinikeia grammata)'라고 불렀다. 그리스 신화에서는 티루스의 왕 카드모스가 제우스에게 납치된 자신의 누이 에우로페를 찾아 그리스로 왔다가 뜻을 이루지 못하고 눌러앉은 다음 주변 사람들에게 알파벳의 비밀을 알려주었다고 한다. 물론 실상은 신화와는 다

페니키아 문자

기원전 9~기원전 8세기에 만든 점토판으로, 뛰어난 해상 교역망을 구축한 페니키아인들은 소리 나는 대로 적을 수 있는 문자를 만들어 교역에 사용했다.

르다. 페니키아 문자, 곧 알파벳의 흔적이 발견되는 곳은 페니키아의 상업 거래 지역들이다.(Briquel-Chatonnet 2005) 이 문자를 먼저 수용한 사람들 역시 페니키아와 접촉한 상인들이다. 그리스 본토에서 멀리 떨어진 이탈리아 남부 지방에서 그리스 문자 기록이 앞서 발견되는 것도 그 때문이다. 이곳에 문자 기록 흔적을 남긴 에우보이아(Euboea, 그리스 동부 지방의 큰 섬)인들은 지중해 동부 지역을 자주 방문하는 상인들이어서 이곳에서 문자를 익혔을 터이고, 이렇게 배운 문자를 다른 지역에 전했을 것이다.

페니키아인에 관한 서술은 기원전 1000년경 아시리아 왕의 기록에 처음 등장한다.(Briquel-Chatonnet 2000) 군대를 이끌고 지중해에 도착한 티글라트 팔라사르(Tiglath-Phalasar) 1세는 이때 처음 바다를 보았고, 페니키아의 배를 타고 첫 항해를 해보았다는 내용이다. 《일리아스》와 《오디세이아》에서도 페니키아인은 지중해 전역을 돌아다니며 상업 행위를 하는 종족으로 그려진다. 실제 이들이 언제부터 활발하게 항해했는지는 불분명하나, 청동기 후기인 기원전 1600년 즈음이었을 것으로 추정한다. 다만 초기 활동의 수준이 어느 정도였는지 파악하기는 어렵다. 참고로 《구약성경》의 〈에스겔〉 27장은 페니키아의 최대 교역 도시 중 하나인 티루스에 대해 이렇게 표현한다.

> 저 바다 어귀에 자리 잡고 해안 민족들과 무역하는 자야, 나 주 하나님이 하는 말을 들어보아라. 두로(티루스)야, 너는 스스로 말하기를 너는 흠 없이 아름답다고 하였다. 네 경계선들이 바다의 한 가운데 있고, 너를 만든 사람들이 너를 흠 없이 아름다운 배로 만들었다. 스닐산의 잣나무로 네 옆구리의 모든 판자를 만들고, 레바논의 산에서 난 백향목으로 네 돛대를 만들었다. 바산의 상수리나무로 네 노를 만들었고, 키프로스섬에서 가져온 회양목에 상아로 장식하여 네 갑판을 만들었다. 이집트에서 가져온 수놓은 모시로 네 돛을 만들고, 그것으로 네 기를 삼았다.

이 구절 다음에는 티루스와 교역하는 많은 나라가 나열된다. 이들은 에스파냐, 그리스, 소아시아, 아르메니아, 시리아, 아시리아로부터 멀리 쉬바(Sheba)에 이르기까지 각지에서 극히 다양한 상품들을 거래하지만, 그중 특히 금속 거래에 정통했다. 이들은 무엇보다 구리 교역 전문가였으며 타르쉬시(Tarshish, 오늘날의 안달루시아로 추정하는 것이 일반적이다)의 은, 철, 주석, 납도 거래하였다.

페니키아인은 앞 장에서 설명한 기원전 13~12세기경의 '바다민족'의 침입으로 큰 충격을 받은 것으로 보인다.(Wilson) 이집트와 메소포타미아는 어쨌든 저항하고 살아남았지만, 레반트 지역은 초토화되었다. 특히 이때까지 왕좌를 차지했던 우가리트는 회생하지 못했다. 그래도 전반적으로 페니키아인은 언어, 관습, 종교 등을 그대로 지키는 데 성공했다. 드디어 암흑기를 경과한 후 기원전 10~9세기에 페니키아 도시들, 그중에서도 특히 티루스가 가장 먼저 회복했다. 곧이어 그리스 도시국가들도 번성하면서 지중해 해상 활동이 다시 활기를 띠었다.

티루스의 왕 히람(Hiram)과 예루살렘 왕국의 솔로몬이 공동 사업을 한 때가 대략 이 무렵이다. 솔로몬은 히람의 동의를 얻어 매달 1,000명의 인력을 레바논산맥으로 보내 나무를 베어 바닷가로 보내고, 대신 매년 4,500톤의 밀과 4,600리터의 기름을 받기로 했다. 두 사람은 선박을 해체하여 육로로 이동한 후 재조립하여 아카바(Aqaba)만(홍해 동북쪽 끝 시나이반도와 아라비아반도에 둘러싸인 만)에서 항해를 시작하여 쉬바와 오피르(Ophir, 오빌)로 가는 공동 사업을 수행한 것으로 알려졌다.

솔로몬 왕이 에돔 땅 홍해 물가의 엘롯 근처 에시온 게벨에서 배들을 지은지라. 히람이 자기 종 곧 바다에 익숙한 사공들을 솔로몬의 종과 함께 그 배로 보내매 그들이 오빌에 이르러 거기서 금 420달란트(1달란트는 약 20킬로그램)를 얻고 솔로몬 왕에게로 가져왔더라.[열왕기상, 9:26~28]

티루스 상인들이 들여온 금, 향신료, 상아, 목재 같은 상품은 인도 산물로 보인다. 오피르와 쉬바가 어디인지는 논란의 대상이지만, 인도와 해상 교역의 중개 역할을 하는 예멘이라고 추정하는 것도 이 때문이다. 이런 추론이 맞다면 일찍이 페니키아 도시들은 지중해 세계와 인도양 세계 양쪽에서 활동했을 가능성이 있다. 물론 이 점에 대해서는 더 면밀한 연구가 필요하다.

티루스 상인들은 신(新)아시리아제국이 팽창해오는 기원전 9~기원전 7세기에 다시 큰 위기를 맞았다. 티루스는 아시리아의 악명 높은 탄압과 약탈에 맞서 끝까지 버티려 했지만 끝내 무릎을 꿇었다. 아시리아제국은 티루스를 비롯하여 시돈, 비블로스, 아르바드(Arwad, 시리아의 해안 지역에 위치) 같은 페니키아 도시국가들에게 막대한 조공을 강요했다. 다만 복종의 대가로 이런 도시국가들이 번영을 누린 측면도 있다. 티루스의 경우 기원전 732년 4,500킬로그램의 금을 보내야 했으나 그 대신 아시리아의 서부 교역을 사실상 독점했다. 그러다 보니 이집트와 아시리아가 대결하는 사이에 끼어 곤경을 겪기도 했다. 이집트 파라오는 티루스의 왕 룰리(Luli)에게 아시리아제국에 저항하도록 획책했으나 일이 제대로 풀리지 않아 기원전 707년 룰리는 키프로스로 도주하였고 이로 인해 티루스는 쇠퇴했다.

기원전 612년 아시리아제국이 몰락한 후에야 티루스를 비롯한 페니키아 도시들은 조공 부담을 벗어던지고 번영을 누릴 수 있었다. 그렇지만 이런 상황은 오래 가지 못했다. 기원전 605년 이번에는 신바빌로니아의 네부카드네자르(Nebuchadnezzar) 2세가 침공해왔다. 이에 맞서 티루스는 다른 페니키아 도시들과 함께 이집트와 동맹을 맺어 저항했다. 기원전 586년부터 네부카드네자르 2세는 티루스를 13년간 포위 공격했다.● 이 위기를 끝내 이겨내긴 했으나 교역 활동에 큰 지장을 받아 쇠퇴를 피할 수는 없었다. 티루스는 이후로도 오래 존속하여 기원전 332년 알렉산드로스 시대에 가서 최종적으로 붕괴한다. 왕의 이름이 더는 나오지 않는 이 해를 통상 이 나라가 멸망한 해로 친다. 이때 페니키아의 '식민시(植民市)'로 크게 성장한 카르타고가 '모국'을 도우러 왔지만 구하지 못했다.(Wilson)

레반트 지역에서 강력한 상업 민족으로 세력을 떨친 페니키아인들은 교역뿐 아니라 문화도 중개했다. 문자를 보급하고 또 아시리아와 바빌로니아의 신화와 지식을 지중해 지역으로 실어 날랐는데, 이것이 그리스의 문화 발달에도 기여했다.(로즈와도스키, 78) 이처럼 페니키아 '본토'에서 도시국가들이 성쇠를 거듭하는 동안 외지에서 카르타고를 비롯한 '식민시'들이 번영했다.

페니키아의 교역과 '식민화'

페니키아인은 탁월한 항해 실력을 뽐냈다. 처음에는 낮에만 항해하다가 머지않아 작은곰자리 성좌를 이용하여 야간에도 항해했다. 그리스인이 작은곰자리(북극성이 속한 별자리)를 '포이니케(Phoenice, Ursa Phoenicia, 즉 페니키아 곰자리)'라 부르는 것이 여기에서 유래한다. 페니키아인은 지중해 서쪽으로 활동 반경을 넓혀서 아프리카의 금과 상아, 사르데냐의 구리와 은 섞인 납, 에스파냐의 은 등을 교역했다. 이때 안정적인 교역을 위해 거류지를 만들어갔다. 이렇게 해

● 네부카드네자르 2세는 기원전 587년 유대를 파괴하고 주민을 바빌로니아로 강제 이주시킨 소위 '바빌론 유수'를 행한 왕으로 《구약성경》에 '느부갓네살'이라는 이름으로 나온다.

서 페니키아 본거지로부터 멀리 떨어진 지역들에 많은 도시가 생겨났는데, 그중 일부는 모국보다 더 크게 발전해갔다.

페니키아인이 해외에 건설한 대표적인 도시가 아프리카 해안에 위치한 티루스의 식민시 카르타고다.[Wilson] 이 도시국가가 언제, 어떻게 건설되었는지는 정확히 말할 수 없다. 전설에 의하면 티루스의 왕 무토의 딸 디도(Dido, 혹은 엘리사(Elissa)라고도 한다)가 건설했다고 한다. 선왕이 죽으면서 디도와 피그말리온 남매에게 공평하게 왕권을 나누어가지라고 유언했지만, 피그말리온이 왕권을 독차지하고 디도의 남편까지 죽이자 디도는 자신을 따르는 귀족 무리를 이끌고 티루스에서 도망쳐 아프리카의 튀니지 해안으로 갔다. 이 일행이 이곳 왕에게 땅을 달라고 요청하자 그는 '소 한 마리의 가죽으로 둘러쌀 수 있는 만큼의 땅'을 주겠다고 했다. 디도는 소가죽을 가는 실처럼 잘게 잘라서 만든 끈으로 땅을 둥그렇게 감싸서 광대한 영지를 얻었다. 이곳에 비르사('가죽'이라는 뜻)라는 이름의 성채를 짓고 카르트-하르데쉬트(Qart-hardesht, '새로운 도시')라는 도시를 건설했다. 카르트-하르데쉬트가 후일 카르타고가 되었다. 그 후 디도는 트로이 멸망 후 이곳에 찾아온 아이네이아스와 사랑에 빠졌으나 그가 떠나자 불에 뛰어들어 자살한 것으로 그려진다.[베르길리우스, 4권] 이 설화에 따르면 카르타고의 건설 시기는 트로이 멸망 즈음인 기원전 1215년이 된다. 그러나 오늘날에는 훨씬 후대인 기원전 814년에 건설되었다는 주장이 유력하다. 카르타고는 모시(母市)를 그대로 옮겨온 듯 유사하게 건설되었으며, 모시와 지속적으로 관계를 유지했다는 점에서 다른 식민시들과 성격이 다르다.

4. 고전기 지중해 문명의 만개

페니키아인이 건설한 중요한 다른 식민시로는 에스파냐의 가디르(Gadir)를 들 수 있다. 이 말은 페니키아어로 요새를 의미한다(로마인들은 가데스(Gades)라 불렀고, 이것이 변형되어 오늘날 카디스(Cádiz)가 되었다). 이곳은 과달키비르(Guadalquivir)강과 리오 틴토(Rio Tinto)강에 가깝기 때문에 이 강들을 통해 시에라 모레나(Sierra Morena)와 우엘바의 은광들에 접근 가능하다는 것이 장점이다. 금속 산업은 페니키아의 서부 팽창의 기본 동력이었다. 가디르의 경우에는 여기에 더해 어업 및 수산물 교역 중심지라는 점도 큰 몫을 했다.[Roberts, 34~36] 대표적인 어종은 참다랑어(Atlantic bluefin tuna, Thunnus thynnus)다. 몸체가 크고 대량으로 잡혀서 고대 지중해 세계에서 가장 많이 먹었던 생선 중 하나이지만, 남획으로 인해 이미 흑해에서는 멸종되었고 지중해와 대서양에서도 급감하여 현재는 멸종 위기에 처해 있다. 페니키아 같은 고대 해양 민족에게는 참다랑어 어획이 핵심 산업 중 하나였다. 기원전 5세기에 염장법이 발달하여 가디르에서는 생선을 토막 내서 소금에 절인 후 암포라(항아리)에 넣어 수백에서 수천 킬로미터 떨어진 곳까지 수출했다. 말하자면 참치 캔의 원조인 셈이다.

페니키아인 거류지는 코스타 델 솔(Costa del Sol), 토스카노스(Toscanos), 알무녜카르(Almuñecar), 트라야마르(Trayamar), 말라가(Malaga) 등 지중해 연안 여러 지역으로 확산하다가 지브롤터를 넘어 대서양으로도 나아갔다. 기원전 5세기에 카르타고의 군인이자 항해인인 히밀콘(Himilcon, 페니키아어로는 Chimilkât)은 지중해 전역을 탐사한 후 북유럽 대서양 연안으로 항해해갔다. 가디르에서 출항한 그의 선단은 "주석과 납이 많이 나는 섬들"인 외스트림니드 (Oestrymnides)에 도착했다고 기록되어 있다. 외스트림니드가 에스파냐나 프랑스 해안인지 혹은 영국인지에 대해서는 논란이 계속되고 있지만, 주석을 찾아가는 항해 끝에 페니키아인들이 결국 잉글랜드 남서부의 콘월, 어쩌면 아일랜드까지 도달한 것으로 보인다.[Briquel-Chatonnet 2000] 이들은 또한 아프리카 연안 지역으로도 가서 모리타니와 카나리아제도 사이의 어장(漁場)으로 진출해갔다. 아프리카 쪽 중요 정착지로는 모로코의 루코스(Loukkos)강 입구에 위치한 릭수스(Lixus)를 들 수 있는데, 이곳 역시 서쪽의 아틀라스산맥으로부터 금, 상아, 소금, 구리, 납 등이 들어왔다. 또한 지브롤터 남쪽 380마일 지점인 모가도르(Mogador)섬에 도착하여 어업과 포경 사업을 했다.[Briquel-Chatonnet. 2000]

아프리카 방면의 팽창과 관련하여 카르타고의 제독 한노(Hanno)의 고사가 흥미롭다. 그는 선단을 이끌고 아프리카 해안을 따라 내려갔는데, 그의 임무는 이미 건설된 상업 거점들을 더욱 탄탄하게 만들고 더 남쪽으로 내려가 보는 것이었다. 현재의 세네갈을 지나 기니만(Golfe de Guinée)으로 들어갈 무렵, '털로 덮인 사람들'을 만났다. 통역은 그것이 '고릴라이(Gorillai)'라고 말했다. 이들은 돌을 던지고 이빨로 물며 저항했다. 한노는 이 중 '여자' 셋을 죽이고 그 가죽을 벗겨서 카르타고로 귀국한 후 바알(Baal) 신전에 바쳤는데, 이것들은 후일 로마인의 공격 때 사라졌다고 한다. 19세기에 유인원을 발견한 서구인들은 한노의 항해를 기리는 의미로 이 동물을 '고릴라'라고 명명했다.[Picq, 11] 이 고사에서 알 수 있듯이 페니키아

페니키아와 그리스의 식민화가 진행된 기원전 550년경의 지중해

아 시 아

페르시아제국

리디아

트라키아

일리리아

에트루리아

이탈리아

유럽

아 프 리 카

이집트

이베리아반도

페니키아

키프로스

크레타

에게해

마르마라해

아드리아해

티레니아해

지 중 해

대 서 양

헬라스

시칠리아

카르타고

사르데냐

코르시카

범례:
- 페니키아 식민지
- 그리스 식민지
- 페니키아 주요 교역로

식민시 주민들은 멀리 아프리카 해안을 광범위하게 탐험했다.

페니키아인들은 고대 세계 최고의 항해 민족이라 불러도 무방할 것이다. 간략하게 본 바와 같이 이들은 지중해 전역을 항해하고 식민시들을 건설하였으며, 지브롤터해협을 넘어 북쪽으로 아마도 잉글랜드 해안까지, 남쪽으로는 아프리카 해안을 따라 멀리 항해해갔다. 어쩌면 인도양으로 나아가서 인도와 교역을 했을 가능성도 있다. 이런 활동 덕분에 지금까지 동부에 치우쳤던 지중해 세계의 중심이 점차 서쪽으로 이동해갔다. 특히 페니키아인이 세운 식민시 카르타고가 정치·군사적으로 강력해졌다. 페르시아가 지중해 서부 지역을 탐사했을 때 이 지역을 확고히 지키고 있던 카르타고가 서쪽으로 항해해오는 사람들을 전부 잡아 익사시켰다는 스트라보의 이야기가 그 점을 시사한다.(Chami, 525) 이처럼 카르타고가 지중해 서부 지역의 강자로 성장해갔으니, 후일 로마가 지중해 세계의 패권 장악을 기도할 때 양측의 충돌은 피할 수 없는 일이었다. •

그리스인들의 해상 활동

페니키아에 뒤이어 그리스인도 암흑기를 지나 부활했다. 그리스인이 다시 본격적인 해상 활동을 한 것은 기원전 9세기경이다. 이때

● 토르 헤위에르달은 페니키아인이 지중해로부터 대서양을 건너 중남미대륙과 일부 태평양 섬들에 문명을 소개했으리라는 가설을 제기했다. 그는 1947년 콘티키(Kon-Tiki)라 명명한 뗏목을 타고 태평양을 가로지르는 8,000킬로미터의 항해에 성공했다. 그렇지만 페니키아인이 아메리카까지 가서 고대 문화를 전달했다는 확실한 증거는 없다.(Heyerdahl)

4. 고전기 지중해 문명의 만개

페니키아인은 이미 아주 강력한 상업 세력으로 성장해 있었다. 신흥 세력 그리스인에게 기득권을 유지하려는 페니키아인은 욕심 많고 사악한 인종으로 비쳤을 법하다. 아닌 게 아니라 《오디세이아》에서 페니키아인들은 악당으로 그려져 있다.

> …… (주인공 오디세우스에게) 허언에 능한 한 포이니케〔페니키아〕
> 인이 도착했소.
> 그자는 이미 사람들에게 많은 불행을 안겨준 사기꾼이었소.
> 마침내 그자는 나를 감언이설로 설득하여
> 그의 집과 재산이 있는 포이니케로 데려갔소. ……
> 그자는 나를 리뷔에〔리비아〕 행
> 배에 태우더니 내가 그와 함께 그리로 짐을 싣고 가는
> 것이라고 그럴싸하게 둘러댔소. 그러나 그의 의도는
> 나를 그곳에다가 팔아 값을 많이 받는 것이었소.〔오뒷세이아, 제14권
> 288~297〕

페니키아인은 탐욕스러운 선원, 기회 있으면 약탈과 강간을 저지르고 사람을 잡아 노예로 팔아치우는 부정적인 인물로 그려진다. 애초에 영웅은 선물을 교환하지 장사를 하지 않는 법이거늘 페니키아인은 거래를 하고 장사를 하는 인간들 아닌가.〔Hartog〕 그러나 그런 비난을 가하던 그리스인들 역시 곧 거래와 장사에 눈을 뜬다. 게다가 오디세우스가 자랑하듯 약탈을 매우 훌륭한 일로 친다. "외지 사람들을 향해 아홉 번이나 전사들과 빨리 달리는 / 함선들을 인솔했

고 많은 것을 손에 넣었소. …… / 그리하여 나는 금세 재산이 늘어 / 크레타인들 사이에서 곧 존경과 두려움의 대상이 되었소."[오뒷세이아, 제14권 229~234]

그리스 세계에서 최초로 번성한 항구도시는 소아시아 해안 지역에 위치한 밀레투스였다. 기원전 11세기에 건설된 밀레투스는 기원전 7세기에 이르면 동지중해 교역의 중심지로서 소아시아와 흑해 연안, 이집트, 이탈리아에 60곳에 달하는 식민도시를 건설했다. 세계 전체를 하나의 원리로 설명한 최초의 철학자 탈레스가 밀레투스에서 태어나고, 또 그 하나의 원리를 물이라고 파악하여 '만물의 근원은 물'이라고 주장한 것은 어쩌면 우연이 아니다. 암흑기를 거친 그리스가 곧 '세계를 발견'한 것이다. 해양 도시의 부와 문화가 바탕이 되어 세련된 철학을 낳았으니, 그런 점에서 철학의 발상지는 바다였다.[슐츠, 15]

페니키아인들과 유사하게 그리스인들 역시 지중해 연안과 흑해 지역으로 확산해 교역 활동을 하다가 거류지를 형성해갔다. 최초의 그리스 '식민지'는 7세기 말에 형성된 아폴로니아 폰티카(Apollonia Pontica, 현재는 불가리아의 소조폴, 흑해 서안의 도시)다. 이런 점을 놓고 볼 때 그리스인들은 그 이전부터 흑해와 소통하고 있었을 것이다.[Saprykin, 345] 흑해 항해는 결코 쉬운 일이 아니다. 에게해에서 흑해로 가려면 우선 강한 해류와 바람이 몰아치는 폭 2~6킬로미터, 길이 70킬로미터의 다르다넬스(Dardanelles)해협을 지나야 하고, 이어서 안개 자욱한 마르마라해를 지난 후 다시 32킬로미터에 달하는 비좁고 구불구불한 보스포루스(Bosporus)해협을 지나야 한다. 이 구

4. 고전기 지중해 문명의 만개

간은 매우 위험하기 때문에 보스포루스 남단 서해안의 소위 금각만(金角灣, Altın Boynuz, Golden Horn)을 정박항으로 이용했는데, 기원전 7세기에 이곳이 그리스인의 식민도시 비잔티온이 된다. 후일 콘스탄티노플(오늘날의 이스탄불)로 발전하는 이 도시는 천혜의 요새로 정복이 거의 불가능하며, 아시아와 유럽의 경계이자 지중해와 흑해의 경계에 위치한 지정학적 요충지로서 유라시아 역사의 급소라 부를 만하다.

그리스인은 처음에는 흑해 방면 개척이 힘들었던지 이 바다를 '폰토스 악세이노스(Pontos Axeinos, 비우호적인 바다)'로 불렀는데, 후일 '폰토스 에욱세이노스(Pontos Euxeinos, 우호적인 바다)'로 바꾸어 부르게 되었다고 한다.● 시간이 흘러 이 지역이 그리스인에게 큰 부를 안겨주었기 때문이다. 그리스인은 이곳에서 곡물을 구입하고 대신 청동 제품들, 도자기, 포도주, 올리브기름 등을 보냈다. 이 교역로는 기원전 4세기경 더욱 확대되었다. 크림반도(타우리카) 서쪽으로 가는 교역은 스키타이인 때문에 위험 요소가 커져서 다소 줄어들었지만, 대신 흑해를 가로질러 흑해 동부 연안으로 가는 교역이 크게 발

● 사실 'Póntos Áxeinos'라는 이름은 이란어 axšaina-에서 왔는데 '검은색'이라는 뜻이다. 마침 발음이 그리스어의 '비우호적인'이라는 단어와 비슷하여 이 바다를 그런 의미로 부르다가 나중에 '우호적인' 바다로 이름을 바꾸게 된 것이다. 이때 검은색은 바다 빛깔을 묘사한 게 아니라 방위 기점들(cardinal points)을 색으로 나타낸 결과다. 검은색은 북쪽을 가리키므로 원래 이 이름은 북해(北海)를 의미했다. 마찬가지 논리로 홍해(紅海)는 원래 남해(南海)를 의미했다. 만일 이 설명이 맞다면 이 용어들을 사용한 곳은 중동 지역일 것이다. 이곳에서 보았을 때 흑해는 북쪽, 홍해는 남쪽에 위치해 있기 때문이다. 홍해라는 말에 대해서는 6장에서 다시 살펴볼 것이다.

전했다.[Saprykin, 361]

 그러는 동안 그리스인들은 지중해 서부 지역으로도 확산해나갔다. 그 결과 북아프리카(키레네), 마그나 그라이키아(Magna Graecia, 이탈리아 남부와 시칠리아, '대(大)그리스'라는 의미), 프랑스 남부 해안(마르세유 등) 등 각지에 그리스인 거류지들이 형성되었다. 이 현상을 두고 플라톤은 소크라테스의 입을 빌려 그리스인은 마치 연못 안의 개구리처럼 지중해 이곳저곳을 돌아다니며 살아간다고 묘사했다. 도시국가의 일부 주민들이 해외로 이주해나가서 터를 잡고 새로운 도시국가를 만드는 이 현상을 흔히 '식민화(colonization)'라고 표현했다.[Sartre] 과연 이 말이 가리키는 실상은 무엇일까?

 '식민화'는 아포이키스모스(apoikismos)라는 용어를 번역한 것이다. 그리스어 아포이키아(apoikia)에서 온 것으로, '집에서 떨어진 집(home away from home)'을 뜻한다.[Antonaccio, 220~223] 고대 그리스 도시국가 주민들이 해외로 나가 새로 지은 '작은집'은 원래의 '큰집'에 정치적으로 종속되지 않는 독립 공동체로, 19~20세기 제국주의 시대의 식민지 개념과는 거리가 멀다. 이들은 기본적으로 영토 지배에 큰 관심이 없었다. 사실 이 시기는 '모국' 자체도 형성 중인 때였기 때문에 먼 이역 땅으로 가서 '영토'를 확보하는 것은 큰 의미가 없었다.

 그렇다면 이 현상을 어떻게 설명할 것인가?

 지난날의 대표적인 설명은 브로델의 《지중해》에서 찾을 수 있다.[브로델, 1권 4장] 그는 지중해 세계 전체가 기후 조건 등 공동의 환경 영향을 받는다고 강조했다. 겨울 건기에는 항해가 이루어지지 않아

4. 고전기 지중해 문명의 만개

사람들의 활동이 거의 정지 상태인 반면 여름에는 항해가 활발하여 유동적이다. 육상으로는 연안 지역 주민들이 서로 고립되어 있었지만, 대신 모든 사람들이 지중해를 공동으로 소유하고 이 바다를 통해 소통한다. 어느 지역 주민들이 기근에 시달리면 기회를 찾아 새로운 땅을 찾아 나선다. 고졸기(기원전 8~기원전 5세기)에는 서쪽으로 이주하는 것이 대세였다. '땅에 대한 갈증'을 느낀 그리스인들이 경쟁적으로 서진해간 이 현상은 분명 정주를 목표로 한 식민화였다. 직항 항해 위주의 페니키아인과 달리 그리스인은 연안을 따라 점진적으로 팽창해갔다. 아프리카 연안, 이집트, 시칠리아와 남부 이탈리아, 흑해 연안으로 나아가다가 기원전 600년경부터 마르세유를 비롯해 프로방스, 랑그독, 에스파냐 등지에 거류지를 만들어갔다. 그리하여 그리스 문화가 사방으로 퍼져갔고, 이 세계는 점차 '그리스화(hellénisation)'해갔다.

호든과 퍼셀은 이와 같은 브로델의 설명을 완전히 뒤집는 주장을 펼친다.(Horden) 지중해 세계의 지리적 통일성이란 후대 로마제국의 정치적 통합성에서 생겨난 환상에 불과하다는 것이다. 지중해 세계는 실상 다양한 형태의 독립적인 미세-지역들(micro-régions)로 구성되어 있었다. 예컨대 낙소스섬이 델로스섬과 맺는 관계는 이 섬이 에게해의 다른 섬들과 맺는 관계와 아무런 연관성이 없다. 더 큰 틀에서 설명하면, 지중해 서부와 지중해 동부를 비교해보아도 섬들간 관계는 성격이 다 다르다. 이럴진대 지중해 세계 공동의 지리 조건에서 유래한 공동의 일관된 흐름, 즉 그리스인들이 땅을 찾아 서부 지역으로 팽창해가는 일관된 흐름 같은 것은 애초에 없었다.

그렇다면 고대의 '식민 활동'은 어떤 성격이며 어떤 방식으로 진행되었을까?(이하 Duchêne 2012)

아포이키아(apoikia)를 '식민화'라고 번역하면 이 활동이 지니고 있는 원래의 다양성을 무시하는 결과가 된다. 굳이 하나의 용어를 정한다면 디아스포라(diasporas, 유대인의 이산을 가리키는 Diaspora와 구분하기 위해 소문자·복수형을 쓴다)라는 말이 더 낫다. 이 말은 원래 바람결에 종자를 흩뿌리는 행동을 나타낸다. 고대 지중해 사람들이 확산해갈 때 그 형태는 매우 다양하며, 개인적일 수도 있고 집단적일 수도 있다. 해외로 나가는 사람들은 상인, 장인, 용병 등 부류가 실로 다양했다. 어떻든 국가가 주도하여 의도적·계획적으로 주민들을 내보내 영토를 차지하는 방식과는 거리가 멀다.

그리스인들은 굶주림에 시달려서 무리를 지어 해외로 나간 게 아니다.* 그들은 헤시오도스가 묘사한 '바다로부터 오는 충격에 겁먹는 농경민'이 아니며 오히려 기꺼이 해외 모험에 나서는 적극적 인물들이다. 이들 중에는 바빌로니아, 아시리아, 이집트 등지에서 활약하는 용병들이 많았다(이집트에서 일부 그리스인들은 '청동 인간'이라는 별칭을 들을 정도로 용맹했다). 금세공이나 조각 분야 장인들도 해외로 많이 나가서 주변 지역의 미술 발전에 큰 도움을 주었다. 또

● 기근에 시달리던 주민들이 새 땅을 찾아 나선 사례가 전혀 없는 건 물론 아니다. 7년간의 기근에 시달리던 테라(산토리니)섬 주민들은 이 문제를 해결하기 위해 주민 수를 줄이기로 결정했다. 그래서 제비뽑기를 통해 한 집에서 형제 두 명 중 한 명이 섬을 떠났다. 떠난 사람들이 다시 고향에 나타나면 돌팔매질을 했다.(Duchêne 2015) 이런 식으로 굶주림 때문에 집단 이주한 사례를 찾을 수는 있으나, 문제는 이것이 일반적 형태의 이주가 아니라는 데 있다.

4. 고전기 지중해 문명의 만개

한 상인, 철학자, 의사로 활동하는 사람도 많았다. 호메로스로부터 알렉산드로스 시대까지 그리스 혹은 더 크게 보면 지중해 세계 전체가 여러 방향을 향한 항구적인 움직임의 세계였다.

이 현상을 설명하는 핵심 요소는 항해를 통해 인간과 장소를 맺어주는 연결성이다. 지중해 세계는 각자 중심부와 주변부를 가진 수많은 네트워크의 집합체들로 구성되었다. 마치 오늘날의 인터넷망과 유사한 형태라 할 수 있다. 예전에 이야기하던 식으로 단일한 '구조' 아래 본국에서 일부 주민들을 다른 지역으로 내보내 지배하고 식민지를 건설한다는 것은 환상에 가깝다. 이런 허구적 설명의 뒤에는 페리클레스 시절에 만들어진 '우리(문명)'와 '그들(야만)' 간의 대립이라는 스테레오타입이 작용한다. 실상은 끊임없는 소통으로 인한 '네트워크'의 확대다. 그리고 이 네트워크들은 단단하게 고정된 실체가 아니다. 네트워크의 각 마디(node), 고리(link) 등은 안정적이거나 지속적이지 않고 반대로 가변적이며 복합적인 기능을 담당했다. 한 가지 예를 들면, 올림피아나 델포이 같은 성소(sanctuary)에는 그리스인뿐 아니라 비(非)그리스인도 포함하여 지중해 거의 전역의 사람들이 모여들었다. 성소에 바쳐진 봉물이 극히 다양하다는 점은 이 네트워크가 광대한 지역을 포괄함을 보여준다. 공물을 제작하는 사람들, 운동선수, 트레이너, 구경꾼, 그리고 승리를 축하하는 시를 짓는 시인 등 실로 다양한 사람들이 모여들었고, 또 한 곳의 축제에서 다른 축제로 사람들이 이동했다.[Antonaccio, 219] 자연히 다양한 문화 요소들이 섞이고 전파되었다. 예컨대 각지의 선원들이 자기 출신 지역의 신에게 도움을 요청하는 종교 의례를 행하면서 이런 요소들도 먼 지역으로 전파되었다.(Blakely, 379) 그 과정에서 항해와 경제에 관한 유용한 정보들도 유통되었다.

다시 정리하면, 지중해 세계는 지리적 환경에 영향을 받는 단일한 구조가 아니며, 페니키아와 그리스 민족의 해상 활동을 두고 해양 식민 '제국'을 건설했다고 말할 수도 없다.(Antonaccio, 220~223) 그보다는 올리브기름, 포도주, 직물, 도자기, 철, 은 같은 상품이 이동하고, 건축, 문자, 시가 등 문화 자산들이 전달되는 해상 네트워크들의 중첩으로 그리는 게 타당하다. 지중해 해안 지역은 일종의 세포막(membrane)이다. 선박이 해안까지 오면 강들이 모세혈관 역할을 하여 상품과 문화 자산들을 내륙으로 흡수해간다. 이렇게 해서 물질문화, 관습, 이데올로기, 음식 그리고 사람의 유전자까지 전파되어 갔다.

이런 점들을 알려주는 몇 가지 고고학적 성과를 참고해보자.(Sartre) 첫째, 이스키아섬(Ischia, 나폴리 앞바다에 있는 섬)에서 발견된 기원전 720년경의 로도스 도자기는 네스토르(Nestor), 아프로디테 그리고 연회의 즐거움을 거론하는 글귀가 쓰여 있다. 이 도자기는 필로스 왕 네스토르가 소유한 황금의 귀물(貴物)로서, 《일리아스》 11장의 내용과 관련이 있다. 이것은 그리스 문학이 8세기에 이미 서쪽으로 확산해가고 있었다는 점을 말해준다. 둘째, 마르세유에서 발견된 기원전 6세기의 그리스 선박 2척은 고대 항해술에 대한 기존 인식을 바꾼 자료다. 10미터 길이의 산호 채취용 소형 보트와 15미터 길이의 상선은 마르세유에 정주한 그리스인들이 조선 기술을 전해준 덕분에 조선 방식이 변화해가는 과정을 보여준다. 이 지역

4. 고전기 지중해 문명의 만개

배들은 목재를 끈으로 묶는 방식에서 장부이음 방식으로 진화해갔다. 이 두 가지 작은 사례만 보아도 그리스인들이 소규모로 확산해가며 지중해 각지에 물질문화(선박)와 정신문화(문학)를 전파하고 있음을 알 수 있다.

기원전 7~기원전 6세기에 이르면 지중해 전역에 시장이 형성된다. 지요(Giglio)섬 연안에서 발견한 기원전 600년경의 침몰선 연구 결과를 보면 이 교역의 특성을 잘 파악할 수 있다. 이 선박의 화물은 에트루리아와 페니키아, 코린트 산 암포라, 도자기, 철, 납 등 다양한 상품이었다. 다시 말해 여러 지역의 산물들을 다시 여러 지역으로 보내 판매하고 있다. 그리스인들이 이주하여 만들어낸(자료 부족으로 명확하게 확인할 수는 없지만 페니키아인들의 경우도 유사할 것으로 보인다) 결과물은 정치적 의미보다 경제·문화적 교환 장소의 의미가 큰 엠포리아(emporia, 교역 장소)였다.

네코 2세 시대의 이집트

페니키아와 그리스 세계의 역사가 진행되는 동안 침체를 겪던 이집트가 기원전 7세기 말 다시 강성해졌다. 이 시기의 주인공은 파라오 네코 2세(재위 기원전 610~기원전 595)다. 그는 강력한 해군과 육군을 함께 육성하여 멀리 유프라테스강 유역에 이르기까지 전쟁으로 분열된 레반트 지역을 장악했다. 그리고 당시 번영을 구가하던 그리스 세계에 문호를 개방하여 서로 소통하고자 했다.

헤로도토스는 이집트를 강성하게 만들기 위해 네코 2세가 행한

세 가지 일을 거론한다.[헤로도토스, 299~301]

첫 번째는 지중해와 홍해를 연결하는 운하를 판 일이다. 19세기에 개통된 수에즈운하의 원조라 할 수 있다. 다만 두 운하가 완전히 똑같지는 않다. 네코 운하는 홍해와 지중해를 직접 연결한 게 아니라 홍해와 나일강의 한 지류를 연결한다는 아이디어다. 배 두 척이 동시에 지날 수 있을 정도로 큰 규모의 운하 건설을 목표로 했지만, 그의 치세에 완공되지 못했다. 네코는 '야만인들'(즉 이집트인이 아닌 외국인)에게만 이로운 일이 되리라는 신탁을 받자 사업을 중단했다. 그러기까지 무려 12만 명의 주민이 목숨을 잃었다고 한다. 실제로 이 운하는 한 세기 후 페르시아의 다리우스 1세 때 가서 완공되었다.

두 번째로는 삼단갤리선 함대를 건조한 일이다. 함대의 일부는 지중해에서, 일부는 홍해에서 활동했다. 선원들이 이집트인인지 그리스인 혹은 다른 민족인지는 확실치 않으나, 분명 그리스인 선원과 조선 기술자를 활용했을 것이다. 이 사업은 운하 건설과도 관련이 있다. 만일 그의 치세에 운하가 완공되었다면 지중해 함대와 홍해 함대를 통합적으로 운영할 수 있었을 터이다.

세 번째 일은 아프리카 회항을 지시한 일이다. 이에 대해 헤로도토스는 다음과 같이 설명한다.

그는 네일로스(나일)강에서 아라비에(아라비아)만으로 이어지는 수로 사업을 중단한 후, 포이니케(페니키아)인들을 배에 태워 보내며 그들에게 이르기를, 귀환할 때 헤라클레스 기둥들을 통과

하여 북쪽 바다(지중해)에까지 항해하고 그렇게 하여 아이깁토스
(이집트)로 돌아오라 했다. 그래서 포이니케인들은 홍해에서 출발
하여 남쪽 바다를 항해했다. 그들은 가을이 되면 항해 중에 리비에
의 어느 지역을 지나든 그곳에 정박하여 땅에 씨를 뿌리고 수확기
를 기다리곤 했다. 그리고 곡물을 수확한 다음 다시 항해에 나섰는
데, 마침내 2년이 지나고 3년째 되는 해에 헤라클레스 기둥들을 돌
아 아이깁토스에 도착했다. 그들은 자신들이 리비에를 돌아 항해
할 때 태양이 그들의 오른쪽에 있었다고 말했는데, 다른 사람은 이
를 믿을지 모르지만 나는 믿지 않는다.(헤로도토스, 4:42, 430~431)

홍해에서 출발하여 시계 방향으로 아프리카를 돌아 헤라클레스
기둥(지브롤터해협)을 지나 이집트로 귀환했다는 이 이야기는 사실
일까?(Chami, 524) 혹시 헤로도토스가 떠도는 이야기에 속은 걸까? 그
렇지만 헤로도토스는 흑해, 에게해, 레반트, 이집트, 그리스, 이탈리
아 등지로 여행을 많이 했고 해상 세계에 대한 지식이 풍부했기 때
문에 얼토당토않은 소문에 속아 넘어갈 위인이 아니다. 위의 인용
문을 살펴보건대, 그는 자신의 상식으로 판단하여 이 항해 가능성
을 의심하고 있다. 선원들이 아프리카 남단에 도착했을 때 태양이
"자신들의 오른쪽에", 다시 말해 북쪽에 있었다고 하는 주장이 말이
안 된다고 비판한 것이다. 그런데 역설적으로 이 구절이야말로 이
항해가 실제 수행되었을 가능성이 크다는 결정적 증거다. 선원들이
적도를 지나 남반구에 갔기 때문에 북쪽에 태양이 있는 현상이 일
어난 것이다. 위 인용문을 보면 선원들이 항해하다가 가을에 파종

하여 다음해 수확한 후 다시 항해를 하는 식으로 3년이 걸렸다고 하는데, 전체 항해 거리가 1만 6,000해리이니 가을 농사 기간을 빼면 하루에 24해리 정도만 항해하면 실제로 가능한 일이다. 이집트는 놀라운 항해의 위업을 달성한 게 분명하다.

사실 아프리카 회항 시도는 이 한 번이 아니었다. 헤로도토스는 그 이전에 시계 반대 방향으로 회항을 시도한 사람의 이야기도 전한다. 강간죄로 크세르크세스에게 사형을 선고받은 사촌 사타스페스(Sataspes)는 이집트의 지중해 지역 항구를 떠나 헤라클레스 기둥(지브롤터해협)을 넘어 아프리카를 돌아오는 항해에 성공하면 목숨을 구해준다는 이야기를 들었다(애초에 가능하지 않은 힘든 일을 시켜서 더 고생하다가 죽게 만들려는 의도였다고 한다). 그는 아프리카 서부 해안을 따라 내려가다가 역풍을 맞아 더 나아가지 못하고 귀환했다. 그곳에서 "야자나무 실로 옷을 입은 난쟁이족"을 보았으며, 배가 더 나아가지 않아 돌아올 수밖에 없었다고 보고했지만, 결국 몸을 꼬챙이에 꿰어 죽이는 처형을 당했다.[헤로도토스. 7:43] 아마도 그는 기니만까지 갔다가 더 이상 전진하지 못하고 귀환한 듯하다.

한편, 네코 운하는 그 후에 어떻게 되었을까?[솔로몬. 53]

페르시아의 다리우스 1세 시대에 이 운하가 완성된 것으로 보이지만, 정확한 완공 시기는 불명확하다. 이 운하를 이용하면 이집트와 페르시아 사이의 항해가 더 편해졌을 것이다. 그렇지만 토사가 쌓여 물길을 막거나 나일강으로 바닷물이 밀려들어오는 구조적인 문제를 해결하기가 힘들었다. 알렉산드로스 사후 권력을 잡은 프톨레마이오스 1세의 헬레니즘 왕조는 기원전 3세기 초에 서둘러서 운하를 준설하고 확장했다. 또 로마제국이 전성기를 구가하던 서기 2세기 초 트라야누스 황제 시대에 이 운하가 재개통되었지만('트라야누스의 강'이라 불렸다) 비잔틴 시대에 다시 토사가 쌓여 막혔다. 그 후 초기 무슬림 지도자들이 반란 지역에 물자가 반입되는 것을 막기 위해 이 운하를 의도적으로 막았다가 다시 개통하기를 반복했다고 하는데, 어느 시점에선가 완전히 막히게 되었을 것이다. 먼 훗날인 16세기 초 포르투갈이 아시아 향신료를 가져오는 신항로를 열자 이에 타격을 입은 베네치아와 이집트 사람들이 홍해와 지중해를 연결하는 운하 개통을 다시 논의했지만 실현되지는 못했다. 수에즈운하가 개통되는 것은 19세기 말에 가서의 일이다.

지금까지 페니키아인과 그리스인이 암흑기 이후 강력한 해상 민족으로 성장해가는 과정, 더불어 이집트 또한 다시금 활발한 해상 활동을 재개하는 모습을 보았다. 지중해 세계는 활력이 넘쳐났다. 사람과 물자, 정보와 문화 요소들이 바다를 통해 교환되었다. 그 정도를 넘어 이 세계는 곧 공격적이고 폭력적인 충돌의 양태를 띠게 된다. 그것은 곧 이 세계 전체가 하나의 제국 질서로 통합되는 결과로 이어진다.

CHAPTER 5

고대 제국들과 바다

　　고대 지중해와 중동 지역의 역사는 페르시아와 그리스, 카르타고와 로마 등 강대 세력들 간 패권 경쟁의 역사 그리고 제국의 역사로 이어진다. 다이내믹한 역사 발전이 군사적 충돌로 귀결된 것이다. 최초의 해양 제국의 면모를 보인 페르시아와 그리스 세계의 충돌이 첫 번째 국면이다. 그러는 동안 동부 지중해 세계에서 벌어진 전쟁들에 거의 영향을 받지 않던 카르타고가 기원전 4세기경 지중해 서부의 최대 강국으로 성장하고, 다른 한편 무명의 로마가 점차 실력을 키워 카르타고에 도전한다. 이 흐름은 최종적으로 지중해 세계 전체를 포괄하는 단일 제국 체제로 귀결되었다. 다양한 집단들이 촘촘하게 엮어낸 경제·문화의 네트워크들이 거대한 로마제국의 구조 속으로 포섭되어 들어간 것이다. 이 틀 안에서 장구한 세월 숙성한 문명의 성과물들이 본격적으로 융합된다.

지중해의 군사화

고대 말기에 지중해 세계는 강한 '군사화' 성향을 보인다. 물론 이전 시기라고 해서 군사적 성격이 전혀 없다는 건 아니다. 해상 교역 활동이 전적으로 평화적인 방식만으로 이루어질 수는 없기 때문이다. 교역과 약탈, 거래와 무력 투쟁은 상반된 게 아니라 역사상 늘 병행하는 현상이다. 그 두 측면이 분리된 것은 현대에 와서의 일이다. 낯선 바다, 낯선 땅에 가서 교역 활동을 한다는 것은 곧 엄청난 위험에 처한다는 것을 뜻하며, 폭력적 충돌의 가능성이 상존한다. 따라서 해상 교역을 하고자 하는 집단이라면 늘 전투에 대비해야 했다. 예컨대 활발하게 교역 활동을 펼치던 중급 규모의 왕국 우가리트는 해상 위험에 대비하여 일부 선박들을 전투에 투입할 준비를 하고 있었다. 다만 전적으로 전투에만 특화된 전함을 만든 것은 아니다. 레반트 지역의 다른 항구도시들 또한 전투 시에 선박을 사용하여 상대 도시를 포위하긴 했지만, 그들이 만든 선박은 오늘날 의미의 전함은 아니었다.(Vita, 395~398) 호메로스의 작품 세계를 보아도 해상에서 전함들끼리 충돌하는 해전이라는 것이 없다.(Corvisier, 401) 그런데 그와 같은 무력의 요소들이 갈수록 강화되어 고대 말기에 폭발적 양태를 띠게 된다.

그리스인은 언제부터 전함을 만들었을까? 도기나 화폐의 그림 자료로 보건대, 기원전 850~기원전 750년에 전투에도 쓰고 교역도 할 수 있는 긴 배들(Long ship)이 등장한다. 기원전 760~기원전 700년경에 이르러 드디어 노꾼(nautai)들을 배치한 전함 그림이 보인다. 이 배는 50명의 노꾼이 2열로 배치된 30미터 길이의 펜테콘터(penteconter, '50개의 노로 움직이는 배'라는 뜻)다. 빠른 속도를 낼 수 있는 이 배들은 분명 해전에 사용된 것으로 보인다.[Corvisier, 403~404] 다만 이때까지도 상선과 전함의 구분이 완벽하지는 않아서 이 배는 교역과 해적 행위, 전투에 두루 사용했다. 평시에는 노꾼들이 위층에서 노를 젓다가 전투 시에는 갑판 아래층으로 이동하고 갑판에 사수와 창병 등이 배치되어 아래의 노꾼들을 보호했을 것이다. 다시 말해 갈수록 전함 성격이 뚜렷해지는 선박들이 등장하였다.

그런 성향을 잘 보여주는 것이 충각(衝角, ram)의 발명이다. 그리스와 페니키아 전함에 적선의 측면을 들이받는 이 장치가 장착되기 시작했다. 초기에는 나무로 만든 단순한 형태였으나(기원전 6세기 그리스의 도기 그림을 통해 알 수 있다), 곧 더 복잡하고 묵직한 금속제로 발전해갔다. 상대 선박으로 강하게 돌진하여 이것으로 측면을 들이받으면 약 1미터 크기의 구멍이 뚫려 적선이 침몰한다.[Natanson] 기원전 540년경 카르타고와 포카이아(Phokaia) 사이에 벌어진 알라리아(Alalia) 해전은 서로 충각을 이용해 들이받는 전투였다. 양측 선박들은 적선의 측면으로 돌진하여 수면 바로 아래에 위치해 있는 충각으로 상대 배에 구멍을 내려 했다. 적선을 완전히 파괴하여 침몰시키기보다는 구멍만 낸 후 나중에 아군이 끌고 가는 게 이상적인 공격법이었다. 상대 선박을 너무 강하게 들이받아 우리 배가 파묻혀 들어가거나 최악의 경우 함께 침몰하는 사태는 피해야 한다. 그러기 위해서는 충돌 후 곧바로 배를 후진시켜야 하는데 이것은 상당히 힘든 일이었다. 따라서 충돌 후 충각이 너무 깊이 박히지 않고

이스라엘 북부 아틀리트 해안에서 발견된 충각(왼쪽)과 카르타고의 충각
상대 배에 충격을 주는 충각을 장착함으로써 전함으로서의 성격을 띤 배들이 등장했다.

빨리 빠질 수 있도록 디자인했다. 현재까지 실물로 발견된 충각들은 대개 1미터 남짓한 길이에 무게는 80~130킬로그램 정도다. 가장 크고 완벽한 형태로 발견된 것은 이스라엘 북부 아틀리트(Athlit) 해안에서 발견된 기원전 2세기의 충각으로 2.25미터 길이에 무게가 465킬로그램이었다.(Natanson) 이런 식의 전투에서는 능히 짐작할 수 있듯이 능숙한 노꾼이라도 쉽게 탈진하기 때문에 노꾼들의 체력이 중요 요소였다.(Grant, 30~32)

충각이 개발된 시기에 이단갤리선(bireme) 그리고 한 층을 더 올린 삼단갤리선(trireme)이 개발되었다.(Grant, 30) 삼단갤리선은 이전의 펜테콘터보다 훨씬 강력한 전함으로 기능했으며 후일 페르시아 전쟁 때 크게 활약한다. 삼단갤리선에는 노꾼의 배치가 표준화되었는데, 하층과 중간층에는 한 면마다 각 27명씩, 상층에는 한 면에 31명,

이렇게 총 170명의 노꾼이 배치되었다. 상층에 자리 잡은 노꾼을 트라니타이(thranitai)라 하는데 이들은 고도로 숙련된 기술을 보유한 시민들이었다. 중간층 노꾼은 쥐기타이(zygitai), 하층 노꾼은 탈라미오이(thalamioi)라 부르는데 특히 최하층 노꾼들은 외국인 용병이나 노예였을 것으로 보인다.[문혜경, 117-118] 여기에 더해 갑판장, 조타수, 병사, 감시인 등의 인력이 필요하다. 이처럼 배 안에 너무 많은 인원이 밀집해 있으므로 다른 보급 물자를 실을 여유 공간이 부족했다. 그래서 선원들은 매일 밤 육지에 상륙하여 식량을 구매한 후 해변에 올린 배 안에서 먹고 잠을 자야 했다.

여러 선박이 함께 작전을 펴는 것은 결코 쉬운 일이 아니다. 배들이 종대를 이루어 항해하고 횡대를 이루어 전투에 임하면서 여러다양한 전술을 시행할 수 있을 정도가 되려면 많은 노력이 필요하다. 페리클레스의 말대로 "선박 조종술은 다른 일과 마찬가지로 예술이다. 이것은 노는 시간에 대충 연마하면 되는 종류의 일이 아니다."[Paine, L., 95] 따라서 충각으로 들이받는 방식의 해전이 일상적으로 일어났다고 보아서는 안 된다. 필리프 드 수자(Philip de Souza)에 의하면, 당시 아테네가 건설한 함대는 현대적인 의미의 해군이 아니다. 삼단갤리선은 실제 해상 전투에 사용되기보다는 병사들을 빠른 속도로 운송하는 일에 더 자주 쓰였고, 전투에 사용되더라도 방어가 약한 도시를 급습하는 것이 주요 임무였다. 이때 노꾼들은 경무장을 한 육군 병사에 가까운 존재로 중무장 보병(hoplite)을 보조하는 역할을 했다.[de Souza, 413] 상대편 배를 충각으로 들이받는 전투는 여전히 예외적이었다는 주장이다.

이런 점들을 놓고 볼 때 아테네 선단이 과연 상설 함대였을까 하는 의문이 제기된다. 함대를 전략적으로 운용한 것은 아래에서 설명하듯 기원전 494년의 라데(Lade) 해전이 처음이라고 하지만, 그렇다고 해도 항시적으로 그런 함대를 동원하여 문자 그대로 해상지배(thalassocracy)를 확립했다고 보기는 어렵다. 그렇게 하려면 전투가 끝난 후에도 이 상태를 지속적으로 유지하고 선박들을 보충해야 한다. 고대 도시국가 단계에서는 과중한 부담이 아닐 수 없다. 그런 정도의 무력 선단을 처음 갖춘 세력은 기원전 6~기원전 5세기 초의 페르시아다. 말하자면 상설 해군은 제국 단계에 이르렀을 때에야 가능한 일이다.

해양 제국 페르시아와 아테네

지중해 지역과 서아시아 지역에서 최초로 '해양 제국' 단계까지 발전한 나라는 페르시아다.(Buchet 2017b, 24)

아케메네스왕조(기원전 559~기원전 330) 페르시아는 중동의 광대한 지역을 통일한 대제국으로 성장했고, 그 결과 서쪽에서 그리스 세계와 직접 마주하게 되었다. 페르시아는 리디아를 무너뜨리고 이집트를 정복했으며 더 나아가서 마케도니아에 이르는 해안 지역 폴리스들을 지배했다. 이때 페니키아로부터 수용한 삼단갤리선이 중요한 역할을 했다. 소아시아로부터 시리아를 거쳐 이집트에 이르는 해안을 통제하게 된 페르시아는 육상 제국에 더해 해양 제국의 면모를 띠었다.

페르시아제국과 그리스 세계는 결국 충돌을 피할 수 없었다. 다만 이를 두고 '서구 문명권과 동방 문명권 간의 충돌'식으로 규정해서는 안 된다. 통념과 달리 페르시아군에는 수많은 그리스인이 복무하고 있었다. 양쪽 세계가 완벽하게 나뉘는 게 아니라 상호 틈입이 일어났기 때문이다. 예컨대 키루스 2세가 기원전 525년 리디아와 이집트를 정복했을 때 동원한 병사들은 다름 아닌 이오니아 지방의 그리스 도시 출신이었다. 다음 왕인 다리우스 1세(재위 기원전 522~기원전 486) 때 페르시아는 전성기를 맞았다. 그는 지중해 동부의 여러 지역을 직접 지배하거나 통제하에 두었다. 이즈음 그리스 세계와 페르시아는 마침내 갈등을 피하지 못하고 서로 충돌한다. 페르시아의 지배하에 들어간 소아시아 지역 도시국가들의 참주(僭主, tyrant)들이 가혹한 지배를 하여 이곳에 거주하던 그리스인들의 분노를 샀기 때문이다.

기원전 499년 밀레투스가 주도하여 페르시아에 저항하는 봉기를 일으켰고, 그리스 본토의 도시국가들이 봉기를 지원했다. 아테네는 20척의 삼단갤리선을 동원해 이오니아 지역에 상륙한 후 현지 봉기 세력과 연합하여 사르디스(Sardis, 현재 터키 내에 위치해 있으며 고대 페르시아제국의 주요 도시)로 진군해가서 불을 지른 후 퇴각했다. 격노한 다리우스 1세는 끔찍한 복수를 가했다. 밀레투스의 남자들을 다 살해한 후 여자들과 아이들을 모두 노예로 팔고 소년들은 거세해 '환관(eunuch)'으로 만들어 추방함으로써 다시는 밀레투스 시민이 생겨나지 못하도록 만들었다.(솔로몬, 88~89)

다리우스 1세는 여기에서 멈추지 않고 밀레투스 배후에서 도움을 준 오만한 아테네까지 확실하게 응징하고자 했다. 기원전 494년, 이집트, 페니키아, 카파도키아인들의 힘을 빌린 페르시아는 그리스와 라데(Lade) 해전에서 충돌했다. 페르시아가 밀레투스를 봉쇄하자 그리스 연합군 함대가 밀레투스 외항인 라데 앞바다에서 전투를 벌인 것이다. 페르시아 전함 600척과 그리스 전함 353척이 해전을 벌였는데, 그리스 측이 234척의 삼단갤리선을 잃는 참패를 겪었다.[Grant, 34] 다리우스 1세는 여기에도 만족하지 않고 아테네 자체를 파괴하는 완벽한 복수를 원했다. 복수를 다짐하는 의미로 매일 아침 공중으로 화살을 쏘며 "제우스여, 제가 아테네인들에게 복수할 수 있게 해주소서"라고 말하고, 또 시종 한 명에게 명령하여 식사 때마다 "폐하, 아테네인들을 기억하시옵소서"라고 세 번씩 말하도록 했다고 하는 고사가 유명하다.[헤로도토스 5:105, 576] 그러나 2차 원정에 나선 페르시아는 마라톤 평야에서 그리스의 중장 보병 군대에 패퇴했다 (기원전 490).

페르시아는 다시 복수의 기회를 노렸다. 다음 국왕 크세르크세스는 이집트의 봉기와 왕위 계승 분쟁을 진압한 후 그리스 침공을 준비했다. 이때 대왕의 측근인 아르타바누스(Artabanus)는 그리스 군대보다도 그리스의 땅과 바다 자체가 더 큰 위험이라고 예견했다. 엄청난 군대와 선단을 무사히 이끌고 가서 작전을 펼칠 수 있는 환경이 못 되기 때문이다. 페르시아는 두 가지 준비를 했다. 하나는 헬레스폰트(다르다넬스해협)에 선교(船橋)를 건설하는 것으로, 기원전 480년에 완공되었다. 다른 하나는 아토스(Athos)반도에 운하를 뚫는 것이다. 왜 이런 엄청난 일을 했을까? 고대 세계에서 흔히 하듯 선박을 해체하여 육지를 넘어간 후 다시 조립하는 것이 더 손쉬운 일이 아니었을까? 헤로도토스에 의하면 대왕은 후대에 자기 이름을 남기기 위해 일부러 엄청난 일을 벌였다고 한다. "내가 추측해 판단하기로는, 크세르크세스가 자신의 세력을 과시하고 후대에 기념물을 남기고 싶어 자만심에 이것을 파도록 명령했던 것 같다. 사실 전혀 힘들이지 않고 뭍에서 배들을 끌어 지협을 통과할 수 있었는데도, 그는 삼단갤리선 두 척이 노를 저어 나란히 항해할 만큼 넓은 운하를 파도록 명령했기 때문이다.[헤로도토스, 7:24]" 이 말이 사실일까? 크세르크세스의 진의가 무엇인지 알 수야 없겠으나, 운하를 판 사실 자체는 가능성이 있어 보인다. 1990년대 조사에 의하면 삼단갤리선 2척이 통과할 수 있을 정도인 30미터 너비에 길이가 2.5킬로미터인 큰 도랑이 발견되었다.

그리스 세계 역시 다가오는 전쟁에 대비해야 했다. 페르시아의 침략에 맞서 승리한 원동력은 아테네와 동맹 국가들의 해군력이었다. 해군을 강화해야 한다고 주장한 인물은 마라톤 전투의 명장 테미스토클레스였다. 그리스인들은 관례대로 신탁을 받아보았는데, 그 내용은 '목제 성채(wooden walls)'로 들어가라는 것이었다. 신탁의 표현은 흔히 모호하기 짝이 없다. 이번에도 목제 성채가 무엇을 의미하는지 의견이 분분했다. 많은 사람들은 이 말이 아크로폴리스 성채를 의미한다고 해석했으나, 테미스토클레스는 전함을 가리킨다고 주장했다. 그는 아테네시를 버리고 항구도시인 피레우스(Piraeus)에 방어 시설을 준비하고, 삼단갤리선들로 구성된 강력한 선단을 만들었다. 이 배는 숙련된 노꾼 170명이 조종하면 9노트의 속도로 바

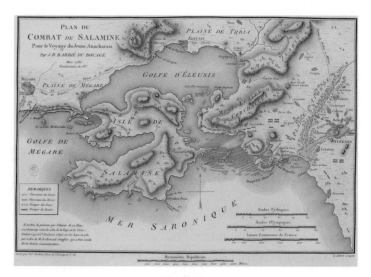

살라미스 해전

18세기에 살라미스 해전을 묘사하여 그린 역사지도로, 좁은 살라미스해협에 빼곡하게 들어차 대치하고 있는 그리스와 페르시아 전함이 보인다.

로 전투에 돌입할 수 있고, 1분 안에 방향을 돌릴 수 있었다.[솔로몬. 91] 300명의 스파르타 용사들이 전원 전사한 것으로 유명한 테르모필레 전투의 패전을 비롯해 육상 방어선이 뚫리자 살라미스해협이 최후의 방어선이 되었다.

기원전 480년, 페르시아와 그리스 세계의 운명을 가를 살라미스 해전이 벌어졌다. 페르시아 원정군은 광활한 바다에서는 훨씬 유리하게 해전을 벌일 수 있으나 좁은 해협에서는 매우 불리했다. 소아시아의 도시국가 할리카르나소스(Halicarnassus)의 여왕 아르테미시아(Artemisia)는 시간을 두고 기다리면 적들의 동맹 관계가 무너진다고 주장했지만, 페르시아군은 즉각 전투를 벌이기 원하여 살라미스

해협으로 뛰어드는 우를 범했다(도망병으로 위장한 그리스 병사가 그리스군이 퇴각하려 한다는 거짓 정보를 주었는데 여기에 속아 넘어갔다고도 한다). 좁은 살라미스 앞바다에 페르시아의 많은 전함이 급하게 뛰어든 것이 패인이었다. 후퇴하는 것처럼 위장한 상대방 선박들을 전속력으로 추격하려는데, 갑자기 방향을 바꾼 그리스 선박들이 충각으로 들이받자 뒤에서 쫓아오던 페르시아 배들이 멈추지 못하고 자국 선박들과 계속 충돌하면서 일대 혼란에 빠지고 말았다. 치열한 전투 끝에 그리스군은 40척의 배를 잃어 270척이 남았고, 페르시아 측은 200척을 잃어 250척이 남았다. 페르시아군은 서둘러 퇴각했다.(Grant, 34~35) 페르시아의 위협은 이것으로 종식되었다. 그리스 세계와 페르시아제국의 운명은 바다에서 결판났다. 살라미스 해전은 바다의 통제권을 장악하는 것이 역사의 결정적 전환점이 된다는 걸 보여주는 중요한 사례 중 하나다.(솔로몬, 92~93)

아테네는 드디어 명실상부한 상설 해군을 창설하고 에게해를 장악했다. 말하자면 아테네가 페르시아에 이어 해양 제국 단계로 격상한 셈이다. 기원전 5~기원전 4세기에 전성기를 맞은 아테네는 삼단갤리선 약 400척을 보유한 것으로 보인다.(Gabrielsen, 433) 이 많은 선박의 건조와 운영 그리고 선원들 급료 등에 막대한 비용이 든다. 스파르타의 왕 아르키다무스(Archidamus, 재위 기원전 476~기원전 427)는 "전쟁은 무기의 문제가 아니라 돈의 문제다. 돈이 있어야 무기가 유용해진다"고 말했다. 마치 현대 정치인이 할 법한 발언이다. 고대 국가가 이런 자금을 확보하는 것은 쉬운 일이 아니다. 아테네의 경우에는 돈 많은 시민들에게 재산으로 국가에 봉사하도록 권했다.[Gabrielsen, 440~441] 이때까지의 역사 흐름을 정리해보면, 상업과 교역에서 출발한 페니키아와 그리스 국가들은 시간이 지나면서 강력한 해군력을 보유한 군사 강국으로 발전했고, 그 결과 페르시아가 성립시킨 해상 패권을 빼앗았다.[Corvisier, 410~411]

그런데 이 시점 이후 아테네의 역사는 궤도에서 벗어나는 느낌을 준다. 페르시아를 상대하는 게 아니라 내부 결속을 다지고 후원금을 받아내는 데에 군사력을 사용했다. 그 결과는 이웃 국가들에 대한 착취였다. 페르시아에 공동으로 대비한다는 명분으로 델로스 동맹을 맺고 170개 도시국가로부터 군비를 받아 델로스섬의 금고에 두었지만, 실제로 거액의 은은 아테네의 경제 번영과 문화 창달에 사용되었다. 파르테논 신전 건립이 한 예다. 이 시기에 고전기 그리스 문화가 만개한 것은 분명하다. 공정하지 않은 방식으로 위대한 성과를 이룬 셈이다. 얼마 후에는 아예 금고 자체를 델로스섬에서 아테네로 옮겨왔다. 페르시아의 위협은 사실 사라진 상태였다. 평화 협정에서 페르시아의 육군과 해군이 그리스 방면으로 오지 못하도록 조치했기 때문이다.

급박한 위험이 없는데도 아테네가 군자금 명목으로 돈을 요구하자 일부 동맹들이 지불을 미루거나 거부했다. 이때 아테네는 자국 군대와 용병까지 동원하여 주저하는 도시국가들로 달려가 압박을 가했다. 에우보이아 등지의 일부 도시들은 반란에 나서기도 했다. 아테네는 '제국주의' 지배자로 변모했는데, 이는 그리스 세계에서 처음 겪는 충격적인 사태였다.[de Souza, 420~425]

아테네에 대한 위험 요인은 이제 그리스 내부에 있었다. 아테네의 독주에 반감을 가진 코린토스와 스파르타가 연합하여 기원전 431년 아테네를 공격했다. 투키디데스는 지금까지 최대 강국이었던 스파르타가 신흥 강국 아테네의 성장에 두려움을 느꼈고, 이런 상황에서 양측 간 전쟁은 피할 수 없는 필연이었다고 분석했다. 그런 해석이 과연 타당한지에 대해서는 논쟁이 끊이지 않는다.(케이건; 앨리슨) 중요한 것은 이 갈등 끝에 아테네가 패권을 상실한 것이다. 테미스토클레스의 후계자인 페리클레스는 해군 육성 정책을 유지했다. 그렇지만 기원전 415년 동맹을 지원하기 위해 시칠리아의 시라쿠사(Siracusa)와 전쟁에 돌입하면서 전쟁이 확대되었고 아테네는 곧 패권을 상실했다. 해양 패권은 또 다른 해양 패권에 의해서만 끝장난다는 머핸(A. Mahan, 우리나라 번역서는 '마한'으로 표기하고 있다)의 개념이 이미 이 시대부터 적용되는 걸까?(Buchet 2017b, 31) 그리스인들은 삼단갤리선의 강점을 이해하고 이를 최대한 활용했으나 다음 전술의 활용에 뒤쳐졌다. 기원전 4세기에 들어가면 대형 갤리선에 병사와 무기를 잔뜩 싣고 가서 적선으로 넘어가는 전술이 대세였다. 이 흐름에 뒤쳐진 아테네는 시라쿠사 전투(기원전 413)와 아이고스포타미(Aegospotami) 해전(기원전 405)에서 완패했다. 쇠약해진 아테네를 최종적으로 스파르타가 공격했다. 패배한 아테네는 선박 12척만 보유한다는 조항에 묶인 약소국 신세로 전락하여 스파르타가 주도하는 펠로폰네소스 동맹에 속박되었다.

전쟁은 국내 정치의 성격도 변화시켰다. 아테네가 살라미스 해전에서 승리한 직후에는 민주정이 각광받았다. 승리에 기여한 것은 부유한 중장 보병(hoplite)보다도 노꾼 일을 한 서민층이기 때문이

5. 고대 제국들과 바다

다. 그러나 아테네가 쇠락한 후 이제 분위기가 바뀌어서 귀족적 전사가 높은 가치를 부여받는 반면 선원은 멸시의 대상이 되었다. 테미스토클레스가 키워놓은 선원들은 천시받았다. 플라톤은 바다가 공동체를 위협하는 요인이라고 보았다. 《노모이(Nomoi, 법률)》에서 그는 이렇게 설명한다.

해안에 들어서는 도시는 항구를 지을 수밖에 없으며 모든 산물이 오가는 통에 인간이 지닌 다양한 좋은 품성이 흐려질 수밖에 없다. 이런 상황에서 약삭빠르고 혼탁한 풍습이 생겨나지 않으려면 산처럼 강력한 입법자가 구세주 노릇을 해야만 한다. …… 바닷물이 찰랑거리는 지역은 일상생활의 요구를 해결하기에는 좋지만 이웃 관계를 거칠고 냉랭하게 만든다. 이런 곳에서는 상업이 성해 돈벌이에 치중하는 분위기가 생겨나 주민의 영혼에 변덕스러워 신뢰하기 힘든 성향이 새겨지는 통에 주민은 이웃뿐 아니라 다른 사람도 불신하는, 사랑이라고는 없는 태도를 보이게 마련이다.[Platon, *Nomoi*, 704d~705a, 슐츠, 35 재인용]

상업이 사람들의 사랑을 앗아갈 수 있다는 철학자의 말에 일부 공감할 수는 있겠으나, 실제로 바다를 버리고 산업을 경멸하며 선원을 천시한다는 것은 곧 아테네 쇠락의 징표였다.

기원전 8~기원전 7세기 이후 오랜 기간 번영을 구가하던 그리스 세계는 내부 분열과 2세기 동안의 전쟁으로 피폐해졌다. 이 기회를 이용해 이때까지 야만족 취급을 받아온 그리스 북부 지방의 마케도니아가 패권을 잡았다. 부왕 필리포스에 이어 알렉산드로스(기원전 356~기원전 323)는 역사상 전무후무한 위업을 이루었다. 그는 세계 정복이라는 원대한 꿈을 이루기 위해 차례로 주변 국가들을 공격하고 점령해나갔다. 그가 군사적으로 성공한 것은 육군이 강력했을 뿐 아니라 해군을 적절히 사용했기 때문이다. 페르시아 격파가 가장 중요한 위업 중 하나다. 그는 3배나 많은 선박을 보유한 페르시아 세력을 견제하기 위해 이오니아 지방 항구들을 통제하여 접근을 막았다. 그러고는 페르시아 내부로 진격해 들어가 이소스 전투에서 다리우스 3세를 누르고 제국을 멸망시켰다. 다음에는 방향을 바꿔 이집트로 들어가서 멤피스에서 스스로 파라오로 등극하였다. 룩소르의 대신전에는 젊은 알렉산드로스가 상이집트와 하이집트 두 왕국의 왕관을 쓴 전형적인 파라오의 모습으로 그려져 있다. 3,000년을 이어온 고대 이집트 왕조가 이렇게 해서 공식적으로 종식되었다. 아리스토텔레스는 제자 알렉산드로스에게 "그리스인들은 세계를 지배할 힘과 수단과 능력이 있다"는 내용의 편지를 보냈다.(우드, 105~106)

이때 나일강 하류에 위치한 작은 항구도시의 입지가 탁월한 것을 보고 이곳을 대 항구도시로 발전시키고 자신의 이름을 따서 '알렉산드리아'로 명명했다. 그 앞의 섬 파로스(Pharos)는 후일 기원전

파로스의 등대

헬레니즘 시대 지중해의 중심 항구였던 알렉산드리아의 위상을 보여주는 거대한 등대다. 1721년에 건축가 피셔 폰 에를라흐가 그린 파로스 등대 상상도로, 알렉산드리아 도서관에 보관되어 있다.

280년경 소스트라투스(Sostratus of Cnidus)가 디자인한 거대한 등대로 유명해졌다(파로스라는 이름은 프랑스어의 '파르(phare)'에서 보듯 등대를 가리키는 일반명사가 되었다). 이 등대는 서기 7세기까지 뱃길을 안내하는 역할을 수행하다가 이후 여러 천재지변을 겪었고 14세기에 지진으로 완전히 파괴되었다. 높이에 대해서는 여러 설이 있지만 100~120미터로 추정한다. 요철 거울을 이용해 약 50킬로미터 앞 해상까지 빛을 반사했다는 이 등대는 알렉산드리아가 1,000년 동안 지중해의 중요한 교차로 역할을 하는 데 큰 공헌을 했다. 알렉산드리아는 특히 헬레니즘 시대에 지중해 최대 항구이자 최대 군항으로 기능했다. 동시에 이집트의 수도로서 경제 중심지였고, 프톨레마이오스왕조 초기에 무세이온(Museion, 왕립 학술 연구기관에 해당한다)과 고대 세계 최대의 도서관을 지어 예술과 학문의 중심지로 성장한다. 이집트는 기원전 30년 로마에 합병된 후에도 계속 곡물 공급을 책임졌고, 알렉산드리아는 이전에 누리던 최고 지위는 잃었지만 여전히 중요한 역할을 수행했다.(Khalil, 247~250) 알렉산드리아가 상대적으로 쇠락하는 건 동지중해 지역이 이슬람 세력 아래 들어간 이후다.

인도 서부 지역까지 진군하여 '세계 정복'의 과업을 이룬 기원전 323년, 알렉산드로스는 귀환길에 올랐다. 그 자신은 군 병력의 3/4을 지휘하여 육로로 이동하고, 약 2만 명에 달하는 나머지 병력은 그의 어릴 적 친구인 네아르코스(Nearchos) 장군에게 해로로 수송하도록 지시했다.(Livius.org; Hourani, 13) 네아르코스는 성공적으로 연안 항해를 하여 티그리스강 하구에 무사히 도착했고, 양측은 수사에서 만났다. 후일 그는 이 항해에 관한 책을 썼는데, 원본은 사라졌지만 다른 저자들이 인용한 내용이 상당 부분 알려져 있다. 알렉산드로스가 네아르코스에게 항해를 지시한 이유는 아마도 자신이 정복한 인도 지역들로 직접 갈 수 있는 항로를 개척해두고 싶었기 때문인 것 같다.(우드, 281)

알렉산드로스는 세계 정복의 꿈을 이루자마자 바빌론에서 33세의 젊은 나이에 사망했다. 그가 건설한 제국은 분해되어 몇 개의 국가들로 갈라졌다. 휘하 장군들을 비롯한 후계자들(Diadochoi)이 제국을 분할했다. 그 가운데 3개 국가가 강대국으로 자리 잡는다. 프톨레마이오스왕조의 이집트(기원전 305년부터 기원전 30년까지 존속하다가 로마제국에 흡수되었다), 셀레우코스왕조의 메소포타미아와 페르시아(기원전 312~기원전 63) 그리고 안티고노스(Antigonos)왕조의 소아시아 및 레반트 지역(기원전 279~기원전 168)이 그것이다. 그러는 동안 서지중해에서 카르타고가 교역을 독점하며 강력한 해상 세력으로 성장했다. 만일 알렉산드로스가 더 오래 살았다면 그가 직면하게 될 가장 강력한 세력은 분명 카르타고였을 것이다. 그리고 마그나 그라이키아의 그리스인들 또한 만만치 않은 세력이어서, 이 문제 또한 어떻게든 해결해야 했을 것이다.

지중해 중서부에서는 다양한 해양 세력들이 할거하고 있었다. 대표적으로 에트루리아와 시라쿠사를 들 수 있다. 에트루리아는 이탈리아반도에서 점차 세력을 확대해갔고, 티레니아해와 아드리아해로 팽창해나갔다. 에트루리아는 경제적·문화적으로 고대 여러 지역과 영향을 주고받으며 성장을 거듭해 한때 지중해의 왕자로 통했다. 이 말을 로마의 입장에서 역으로 해석해보면, 로마가 이탈리아를 통일하고 더 나아가서 지중해의 패권을 차지하기 위해 제일 먼저 격파해야 했던 세력이 에트루리아라는 뜻이 된다. 에트루리아는 기원전 510년 로마에게 패하고, 또 기원전 474년 쿠마 해전에서 쿠마-시라쿠사 연합 해군에게 패배하며 몰락해갔다.

또 다른 강국으로는 시칠리아의 남부에 위치한 시라쿠사가 있다. 당대 정세를 보면, 시칠리아섬 내의 여러 도시국가가 시라쿠사의 지배에 저항하여 에트루리아에 지원을 요청하곤 했다. 이 지역 문제에 카르타고가 개입한다. 기원전 480년(크세르크세스가 그리스를 공격한 그해다) 카르타고의 왕 하밀카르(Hamilcar)가 군을 이끌고 시칠리아로 원정 갔다가 시라쿠사의 참주 겔론(Gelon)에게 패배했다. 이처럼 시라쿠사는 오랫동안 강력한 세력으로 군림하며 카르타고를 견제해왔다.

　이상에서 언급한 지중해 중부와 서부의 여러 강국들이 운명적으로 시칠리아에서 만나게 된다. 왜 그럴까? 시칠리아는 한편으로 동부 지중해 세계와 서부 지중해 세계를 나누고, 다른 한편 이탈리아에서 아프리카로 건너가는 징검다리 역할을 한다.[브로델 1권, 140] 즉, 동서 방향으로나 남북 방향으로나 지중해 세계의 여러 세력이 만나고 충돌하는 중간 지점이다. 지정학적으로 핵심 위치에 있는 이 섬을 차지하는 것이 강대국 간의 핵심 과제다. 이 섬 내부의 최대 세력인 시라쿠사와 여기에 저항하는 도시국가들 그리고 이탈리아 본토의 강자인 에트루리아 등이 다투는 동안, 이들보다 더 강력한 세력으로 성장하게 될 카르타고와 로마가 접근해오는 것은 그 때문이다. 마치 검은 구름들이 저기압 중심지로 빨려 들어가듯 강국들이 시칠리아로 향해 달려오는 형국이다. 해양 세력들 간 전투가 여러 차례 벌어진 이후 카르타고와 로마가 자웅을 겨루는 대전이 결승전이 될 것이다. 지금까지 카르타고는 북아프리카, 에스파냐 남부, 발레아레스(Baleares)제도, 사르데냐, 코르시카, 그리고 시칠리아 일부 지역 등 서지중해 세계를 강력하게 지배해왔고, 여기에 도전하는 신흥 강국 로마가 지중해 세계의 패권을 노리고 있다. 양측이 시칠리아를 놓고 충돌하는 것은 필연이었다.

로마의 성장

지중해와 중동 각지에서 군웅들이 할거하는 동안 장차 지중해 세계를 통합할 미래의 왕자가 이탈리아에서 성장하고 있었다. 로마는 기원전 5세기경부터 이탈리아 내에서 점차 두각을 나타내기 시작했지만, 오랜 기간 비교적 소규모의 육상국가로 남아 있었다. 이탈리아 중부 라티움(Latium) 지방에는 고만고만한 작은 부족들이 많았다. 그 가운데 로마는 테베레강과 바다에 가까우면서 이탈리아반도 중간에 위치해 있다는 지리적 이점을 누리는 데다가 7개 언덕으로 둘러싸여 있어서 방어에 유리했다. 기원전 510년경 로마인들은 에트루리아 최후의 지배자를 누르고 공화정을 설립했다. 압박을 가하던 이웃 세력을 꺾는 동시에 국제(國制)를 새롭게 정립한 것이다. 이후 로마는 200년이 넘는 정복 과정 끝에 결국 이탈리아반도 전체를 지배하게 된다. 다음은 바다로 맹렬히 돌진해갈 차례였다. 지중해 세계에서 어떤 국가든 살아남고 번영하기 위해서는 바다를 이용하고 지배하는 것이 필수적이라는 것은 모든 정치 지도자들과 장군들이 다 아는 사실이다. 때가 무르익자 로마 역시 바다로 나간다. 그 계기는 1차 포에니 전쟁(기원전 264~기원전 241)이었다('포에니'는 페니키아의 후예라는 의미다).

로마가 바다를 지배하려는 의지가 없었다면 그들의 역사는 이탈리아반도 내부에 국한되었을 터이다. '바다로 나간 로마'는 실로 세계사적으로 중요한 현상이다. 육군만으로는 단지 가까운 이웃에게만 위협을 줄 뿐이지만, 로마가 해양 세력이 되자 차원이 다르게 강대해졌다. 지중해 세계와 그 너머의 광대한 세계에까지 영향을 미치는 제국으로 발전해간 것이다. 그 과정에서 먼저 충돌한 세력은 카르타고였다. 그러나 후대의 기록들, 특히 베르길리우스가 디도와 아이네이아스의 갈등에 대해 이야기하는 바와 달리 카르타고와 로마가 처음부터 늘 적대적이기만 했던 것은 아니다. 사실 양측은 기원전 509/508년 조약을 통해 상호 적대 관계를 피했다. 로마는 교역을 위한 경우가 아니면 카르타고가 지배하는 아프리카로 항해해 가지 않고, 카르타고는 시칠리아에 대해 헤게모니를 가지되 라티움 지방에는 요새를 건설하지 않는다는 데에 합의했다. 두 강대국이 일단 직접 충돌을 피하고자 한 의도는 분명하다. 로마는 바다로부터 침략을 막는 방책으로 '해양 식민지(coloniae maritimae)'를 설치했다. 티레니아해의 오스티아, 아드리아해의 세니갈리아(Senigallia) 등 모두 10개소였다. 말이 '식민지'지 실은 300가구 정도의 소규모 주민들이 거주하는 곳으로, 이들은 침략해오는 배들을 파괴하고 해안 지역으로 진군해오는 군대를 저지하는 임무를 맡았다. 문제는 바다로부터 오는 위험을 막는다고 하면서도 전함이 없다는 점이다. 로마가 아직 해군을 보유하지 못했다는 것은 너무나 큰 약점이었다.

여기에서 한 가지 지적할 사실은 로마가 공화정 시기(대체로 기원전 6세기부터 기원전 1세기까지) 내내 바다와 절연된 것은 아니고, 상당한 정도의 해상 교역을 하고 있었다는 점이다. 과거에 로마 공화정은 판자 하나 띄우지 못한다는 악평을 받았다. 작은 배들만 있고 해안을 떠나서 항해하지는 못한다는 식이다. 이런 오류는 무엇보다 고고학적 증거로 뒤집혔다. 튀니지의 마흐디아(Mahdia), 남부 프랑스의 생트로페(Saint-Tropez) 등지에서 발견된 난파선들은 적재 화물이 200~250톤 이상인 경우가 많으며, 시칠리아 남부 작은 섬(Isola delle Correnti) 근해에서 발견된 선박은 대리석을 운반하는 중이었는데 350톤 규모였다. 지앙(Giens)반도에서 발견된 기원전 1세기의 난파선은 길이 40미터, 폭 9미터의 제법 큰 배이며 6,000~8,000개의 암포라를 싣는 300~400톤급 선박으로 추정되고, 심지어 같은 시기 알벵가(Albenga)에서 발견된 난파선의 경우는 1만 1,000~1만 3,500개의 암포라를 운반하는 500~600톤급으로 보인다. 그러므로 로마 공화정이 바다와 완전히 격절된 100퍼센트 육상국가라는 도식은 분명 잘못이다. 로마의 선박들은 대양을 가로질러 알렉산드리아까지 항해해갔다. 자료를 통해 역산한 결과를 보면 당시 선박은 시간당 3~4노트의 속도로 항해했는데, 이것은 중세 혹은 근대 초 범선들의 항해와 유사한 수준이었다.[Pomey]

다만 해상 교역 유무와 해군의 부재는 별개의 문제다. 다른 고대 국가와 마찬가지로 처음에 로마는 교역이 먼저 발달했으나 해군은 없는 상태였다. 그렇지만 로마가 언제까지나 그와 같은 상태로 있을 수만은 없다. 로마가 전함을 건조한 것은 기원전 311년 그리고 이를 처음 사용한 것은 기원전 282년으로, 마그나 그라이키아 해안을 감시하는 일이었다. 그렇지만 로마의 해군력은 아직은 너무 미약했다. 이런 상황에서 두 해상 강국인 시라쿠사와 카르타고는 서로 견제하고 경쟁하는 중이었다. 포에니 전쟁은 이런 맥락에서 발발했다.

이 전쟁은 로마가 이탈리아반도 내부로부터 지중해 세계로 팽창해 나아가는 결정적 계기가 되었다. 전쟁의 직접 원인은 시칠리아

로마의 삼단갤리선
튀니지 바르도 국립박물관에서 소장하고 있는 모자이크화 속 삼단갤리선의 모습이다.

내부의 두 세력인 시라쿠사와 메시나(Messina) 간의 분쟁이다. 로마
는 메시나를 지원하고 카르타고는 시라쿠사를 지원했다. 로마는 시
칠리아 서부의 카르타고 요새를 제거하고 더 나아가서 북아프리카
에 위치한 카르타고 본국의 지원을 막아야 했다. 결국 시칠리아섬
을 둘러싼 해로들의 통제가 관건이다.[솔로몬, 101] 장기간 섬 내부에서
육상전이 벌어졌지만, 이 전쟁의 종국적 목표는 해양 패권이고 또
실제로 막판에 승패를 결정지은 건 해전이었다.

기원전 262년 아그리겐툼(Agrigentum, 현재 시칠리아 아그리젠토)
전투에서 로마 육군의 위력을 경험한 카르타고는 자신들이 강한 바
다에서 대결하는 쪽으로 방향을 잡았다. 이에 맞서 로마의 원로원
은 선박 건조를 결정했다.[Casso, 145] 오단갤리선(quinqueremes) 100척

코르부스

지상전에 강한 로마군에게 적선으로 넘어가 백병전을 치를 수 있도록 돕는 코르부스는 대단히 유용한 장치였다.

과 삼단갤리선 20척을 건조하려 했으나 조선 경험이 없으니 쉽지 않았다. 로마는 나포한 카르타고 선박 한 척을 철저히 분석하여 리버스 엔지니어링(reverse engineering)을 시도했고, 이때 남부 이탈리아와 시칠리아의 그리스인들의 도움을 받았다. 가장 따라 만들기 어려운 것이 삼중의 복잡한 구조를 가진 청동 충각이었지만, 결국 이 역시 복제에 성공했다.(Natanson) 로마는 선박 건조 기술을 빠르게 습득했다. 몇 개월 만에 3만 명 이상의 선원을 태우는 새로운 선단이 만들어졌다. 그 사이에 육상에서 미리 노 젓는 훈련을 한 선원들이 배에 올랐다. 이것이 로마의 강점이다. 로마는 원체 전투적인 정책을 펴는 데다가 일단 결정하면 신속하고 과단성 있게 추진한다. 그렇다고 해도 더 좋은 선박에 더 유능한 선원을 보유한 카르타고 해군을 상대하는 것은 쉽지 않은 일이다. 리파리(Lipari)제도 앞바다에서 전투를 벌이자마자 로마는 16척의 배를 잃었다.(Grant, 44) 로마군은 자신들의 강점은 육상 전투이니, 해전을 육상 전투처럼 하는 것이 유리하다고 판단했다. 우리쪽 배를 적선에 충돌시킨 후 병사들이 적선으로 넘어 들어가 백병전을 벌이는 방식이다. 이 전략의 핵심은 코르부스(corvus, 까마귀)라 불리는 장치로, 상대방 배 안으로 넘어가는 11×1.5미터 길이의 판자다. 시라쿠사의 과학자 아르키메데스(Archimedes)가 고안해냈다고 하나 확실하지는 않다. 코르부스에 부착된 쇠못을 적선 갑판에 단단히 박아 고정시킨 후 이걸 타고 적선으로 건너간다. 실제로 기원전 260년 밀라이(Mylae) 근해에서 양측 전함들이 전투를 벌일 때 이 장치가 진가를 발휘했다. 로마군은 적선에 뛰어 들어가 칼과 창을 휘두르는 전투를 벌였다. 이 전투에서 카르타고는 130척 중 50척을 잃었고, 지휘관 한니발 지스코(Hannibal Gisco)는 패전의 책임을 지고 카르타고의 오랜 관행에 따라 십자가형을 당했다.

이 여세를 몰아갔다면 로마가 전쟁을 쉽게 끝낼 수도 있었다. 그렇지만 불행한 사태가 벌어졌다. 4년 후 북아프리카에서 다시 카르타고에 승리를 거두고 귀환하던 로마 선단이 폭풍우를 만나 280척의 선박과 3만 5,000명의 병력을 잃었다. 폴리비오스는 지휘관이 이 주변 지역의 해상 조건과 날씨에 관한 도선사(導船士, pilot)의 조언을 무시해서 일어난 사태라고 주장한다. 로마는 육상에서는 강력한 힘으로 밀어붙여 승리를 거둘 수 있지만 해상에서는 분명 더 섬세한 적응이 필요했다. 어쩌면 코르부스 자체가 재난의 원인일 수 있다. 이 장치는 선박의 무게중심을 위로 높여서 선박의 안정성을 해친다. 코르부스는 유용한 점도 있지만 사실 매우 큰 위험을 안고 있었던 것이다. 실제로 로마 해군이 선박 조종에 익숙해지면서 코르부스 이야기는 사라진다.

양측은 이후 14년 동안 승패를 주고받았다. 카르타고로서는 시칠리아의 최서단에 위치한 릴뤼바에움(Lilybaeum, 현재의 마르살라)이 최후의 보루였다. 로마는 10년 넘게 이곳을 포위했으나 그 기간 중 1,000척이 넘는 선박을 잃었다. 기원전 241년, 이 항구 북쪽의 에가디(Egadi, Aegates)제도에서 벌어진 전투에서 로마는 곡물을 싣고 오는 카르타고 선단을 공격하여 대승을 거두었다.* 이 전투에서 120척의 배를 빼앗고 1만 명의 포로를 잡았다고 전한다. 마침내 이 항구도시는 항복했다. 결국 로마가 카르타고를 누르고 전쟁에서 승리했다.

23년간 지속된 1차 포에니 전쟁은 로마의 완승으로 끝났다. 카르타고는 '바다의 여왕'이라는 칭호를 상실했고 서부 지중해의 통제권은 로마에게 돌아갔다. 왜 전통의 해상 강국 카르타고가 승리하지 못했을까? 돌이켜보건대 카르타고는 교역 위주의 국가이고, 군사력은 교역을 지키는 데 필요한 정도로 행사한 편에 가깝다. 반면 로마

● 이 전투가 벌어진 장소를 오랫동안 명확하게 특정하지 못했으나, 최근 해양고고학자들이 레반초(Levanzo)섬 근처 해저에서 충각들을 건져 올린 뒤 전투 장소를 특정하게 되었다. 현재까지 발견된 3개의 충각은 Egadi 1, Egadi 2, Egadi 3으로 명명했는데, 이 중 1과 2는 라틴어 명문으로 보아 로마의 것이고 3은 카르타고 문자 명문('이 무기가 적의 선박들을 파괴하기를')으로 보아 카르타고의 것으로 확인되었다.(Natanson)

는 애초부터 무력 성향이 강했다. 육상에서부터 공격적 성격을 키워온 로마는 곧 해상에서도 무력 팽창을 시도했고, 여기에 필요한 적응 과정을 거쳐 빠른 속도로 강력한 해군력을 양성한 것이다. 1차 포에니 전쟁을 마무리하면서 시칠리아는 로마의 첫 속주(Provincia)가 되었다. 속주는 로마 영토 바깥에 위치한 곳으로 로마인 한 명이 총독으로 파견되어 통치하는 지역을 뜻한다.●

1차 포에니 전쟁 이후 로마와 키르타고는 교역 관계로 되돌아갔다. 카르타고는 에스파냐로 팽창해갔는데, 아마 로마에 제공할 은을 확보하기 위해서였을 것이다. 하밀카르 바르카(Hamilcar Barca)는 병력을 이끌고 과달키비르강 유역을 정복한 다음 '새 카르타고'라는 의미의 '카르타고 노바(Carthago Nova)', 즉 카르타헤나(Cartagena)를 건립했다. 기원전 226년부터 에브로(Ebro)강이 에스파냐 내 로마와 카르타고 간 영향권의 경계였다. 물론 해양 패권을 놓고 경쟁해야 하는 두 강대국이 언제까지 모호한 평화 상태를 유지할 수는 없다. 기원전 219년 하밀카르 바르카의 아들 한니발이 에스파냐 내 로마의 주요 동맹인 사군툼(Saguntum)을 정복하면서 2차 포에니 전쟁이 발발했다. 한니발은 남프랑스를 거쳐 알프스를 넘어 이탈리아로 들어가 기원전 218~기원전 216년 로마군을 공격, 여러 차례 승리를 거두었다. 특히 칸나에(Cannae) 전투에서는 로마군 8만 명 중 겨우 1만 5,000명만 목숨을 구해 탈출했다. 이후 카르타고군은 15년 동

● 다만 섬 남부의 시라쿠사왕국만은 로마의 동맹 자격으로 상당 기간 독립 왕국의 지위를 유지하다가 후일 2차 포에니 전쟁 때 속주로 흡수되었다(기원전 212).

5. 고대 제국들과 바다

안 이탈리아에 남아 로마를 괴롭혔다. 로마에게 카르타고는 여전히 생존을 위협하는 최대의 난적이었다.

2차 포에니 전쟁 때는 해전이 거의 없었지만 역설적으로 바다가 결정적 역할을 했다. 한니발은 위험을 무릅쓰고 육상으로 이탈리아에 들어갔는데, 이는 로마가 이미 해상 우위를 점하고 있었기 때문이다. 머핸은 《해양력이 역사에 미치는 영향》에서 만일 한니발이 해로로 갈 수 있었다면 출정할 때 6만 명이던 전사 중 3만 3,000명을 잃는 사태가 발생하지는 않았을 것이라고 평가했다.[마한, 15] 그리고 해상 보급이 막히자 한니발의 힘이 약해졌다. 스키피오는 기원전 212년 사군툼을 다시 정복했고 3년 후 카르타헤나도 정복했다. 이 항구도시는 선단을 운용하고 아프리카와 에스파냐를 오가는 데 결정적 역할을 한다는 사실을 스키피오는 잘 알고 있었다. 로마로 돌아온 스키피오는 전열을 가다듬은 후 카르타고 본토를 직접 공격했고, 한니발도 본국을 수호하기 위해 귀국할 수밖에 없었다. 자마(Zama) 전투의 승리로 로마는 다시 카르타고를 복종시켰고, 카르타고는 로마의 평화안을 수용하지 않을 수 없었다. 전쟁 영웅 스키피오는 '아프리카누스(Africanus)'라는 영예로운 별칭을 얻었다. 이때 로마가 사실상 서지중해 세계의 패권을 장악한 것이나 다름없다. 로마는 이제 시칠리아, 에스파냐, 북아프리카에 속주들을 건설해 더 큰 세력을 형성했다.

서지중해 지역의 최강 국가를 격파한 후 로마는 동지중해 지역의 경쟁자들을 격파해갔다. 로마는 2차 포에니 전쟁 당시 마케도니아의 필리포스 5세가 카르타고와 동맹을 맺었던 일을 잊지 않았다. 로마는 보복 전쟁을 벌여 마케도니아를 제압했다. 로마에 저항하는 또 다른 강력한 세력은 안티오코스(Antiochos) 3세(재위 기원전 222~기원전 187)가 통치하는 셀레우코스왕조였다. 그는 '로마의 침략에 맞서 그리스 세계를 지키는 보호자'를 자처했으나 기원전 192년부터 4년에 걸친 전쟁의 결과 몰락했다. 이집트 또한 로마의 노획물 취급을 당했다. 이때까지 지중해 세계 역사 과정을 크게 보면 전반적으로 지중해 동부가 앞서 나가고 서부 지역이 뒤좇아 가는 형국이었지만, 이 시기에 역전되었다. 이후 로마는 유명한 분할통치(divide and rule) 방식으로 힘 있는 상대들을 눌러나갔다. 예컨대 델로스를 키워줌으로써 지난날의 동맹이었던 로도스의 경제적 힘을 빼앗는 식이다. 아직 힘이 남아 있어 보이는 카르타고를 완전히 파괴해버린 3차 포에니 전쟁도 그런 의미다.

2차 포에니 전쟁에서 패배하고 로마에 거액의 배상금을 무는 처지에 몰린 카르타고는 크게 위협적이지는 않아 보였다. 그런데 당대 로마의 유력 정치가 대(大)카토(기원전 234~기원전 149)가 직접 그곳을 찾아가 보니 인구와 물자가 넉넉한 데다가 온갖 무기와 군수품을 다 갖추고 있어서 사기가 충만했다. 그는 곧 원로원에 돌아와서 카르타고를 공격해야 한다는 연설을 했다. 무화과를 하나 보여주자 여러 의원이 크고 아름답다고 찬탄했다. 그러자 카토는 "이 과일이 나는 땅이 로마에서 겨우 사흘밖에 안 되는 곳에 있습니다" 하고 말했다. 카토는 원로원에서 연설할 때 늘 "카르타고를 완전히 파괴해야 한다는 것이 내 의견입니다(Ceterum censeo, Carthago delenda est)"라는 말로 연설을 마무리하곤 했다.[플루타르코스, 18장] 카토의 설득에 로마는 카르타고와 다시 전쟁을 벌이기 위해 시비를 걸었다. 카르타고에게 스스로 도시 전체를 완전히 파괴하고 주민 모두를 80스타디온(즉 15~20킬로미터) 내륙으로 이주시키라는 말도 안 되는 요구를 했다. 마치 싱가포르에게 현재 시설들을 다 버리고 내륙으로 이주하라고 요구하는 것과 같은 일이다. 카르타고가 이 어처구니없는 요구를 거부하자 다시 전쟁이 시작되었다. 카르타고는 힘이 많이 꺾인 상태였지만 그렇다 해도 로마가 완전히 누르기가 쉽지는 않았다. 카르타고시 자체는 강력한 방어 시설을 갖추고 있고 거기에다가 탁월한 항구 시설과 많은 선박을 보유했다. 그렇지만 결국 로마의 강고한 공격을 이겨내지는 못했다. 기원전 146년, 3년의 공격 끝에 승리를 거둔 후 로마는 카르타고를 완벽하게 파괴했다. 조직적으로 불을 질러 시내를 폐허로 만들었고, 살아남은 주민 5만 명을 모두 노예로 삼았다(폐허에 소금을 뿌려 아예 아무것도 자랄 수 없는 황무지로 만들었다는 것은 문학적 표현일 뿐 실제로 일어난 일은 아니다). 7세기 이상 번영했던 강력한 해상 세력이 이렇게 해서 생명을 다했다.

　기원전 2세기에 이르러 지중해 전역에서 로마를 직접 위협할 만한 세력은 사라졌다. 남은 세력들을 정복하는 일은 큰 위험이 따르지 않았다. 로마는 점차 이오니아, 시리아, 팔레스타인, 이집트 등지로 영향력을 행사하다가 끝내 정복했고, 시칠리아와 아프리카의 곡물을 가져와서 시민들에게 공급했다. 그리하여 서력 시작 시점에 로마는 지중해-흑해 제국이 되었다. 무력을 휘둘러 팍스 로마나(Pax Romana, '로마의 평화')를 이룬 것이다.

지중해가 로마의 지배하에 들어갔다고 해도 여전히 남은 과제가 있다. 창궐하는 해적을 어떻게 처치하느냐가 그것이다. 키프로스 북부의 키레니아(Kyrenia) 근해에서 발견된 기원전 4세기의 침몰선이 이 시대 해상 상황을 파악할 수 있는 중요한 열쇠다.[Gardiner, 43~43; Paine, L., 115] 길이 15미터, 폭 4~5미터, 적재 톤 수 30톤인 이 배는 알레포 지역의 소나무로 지었고 흘수선 아래에는 납을 발랐다. 8개의 창날이 함께 발견된 것으로 보아 아마도 해적의 공격을 받아 침몰한 것으로 보인다. 이 배는 20톤의 화물을 운송 중이었는데, 로도스에서 만든 400개의 암포라, 다량의 아몬드가 있고, 29개의 화산석 맷돌이 바닥짐(ballast)으로 사용되었다. 개인 짐으로는 도자기류, 나무 그릇, 그리고 선원이 낚시에 사용한 납 도구 등이 있다. 선원 수는 4명으로 짐작한다. 이 작은 배는 육지 가까이 항해하다 적당한 때에 배를 뭍에 대고 식사나 휴식, 취침 등을 했을 것이다. 발굴된 동전으로 보건대 기원전 310~기원전 300년경 침몰한 것으로 추정한다. 이 배는 워낙 보존 상태가 좋고 많은 사실을 알 수 있어서 복제 선박을 만드는 것이 가능했다. 1986년, 복제한 선박 '키레니아 2호'로 피레우스부터 키프로스까지 항해해보았는데, 속력은 시속 3노트 정도였다(최고 속도는 그 두 배 정도이다). 이런 느린 배들은 쉽게 해적의 먹잇감이 되었을 것이다. 교역이 발전한 만큼 해적도 크게 늘어서 지중해의 고질병이 되었다.

해적 퇴치는 쉬운 과제가 아니다. 복잡한 해안선을 가진 소아시아와 실리시아에 근거지를 둔 해적 집단은 1,000척의 배와 탄탄한 군비를 갖추고 있고, 명령 체계가 잘 짜여 있었다. 해적들은 기동성이 워낙 좋은 데다가 배후 지역들이 이들을 도와주기 때문에, 지중해의 어느 지역이든 안심할 만한 곳이 없었다. 이들이 로마의 생존에 필수적인 곡물 수송을 방해하도록 방치할 수는 없는 일이다.[Casson 1991, 180] 젊은 율리우스 카이사르가 기원전 75년 겨울에 로마에서 로도스섬으로 항해하다가 해적에게 나포되어 40일 동안 잡혀 있었던 적이 있다. 다른 승객들이 겁에 질려 떨고 있을 때 당시 22세의 카이사르는 태연하게 책을 보며 앉아 있었다. 해적은 그에게 신속금(身贖金)으로 20달란트라는 거액을 요구했는데, 카이사르는 자신은 워낙 중요한 인물이니 50달란트를 주겠다고 제안했다. 대신 자신이 풀려나면 돌아와서 그들 모두를 잡아다가 십자가에 못 박아 처형하겠다는 말도 했다. 해적은 젊은이가 농담하는 것으로 알았겠지만, 카이사르는 50달란트에 해당하는 금화 1만 2,000개를 주고 풀려나자마자, 약속대로 밀레투스에서 4척의 배와 병사 250명을 동원하여 해적들을 모두 잡아들였다. 그런데 해적들을 인수받은 소아시아 총독 유니우스는 해적들의 재물이 탐이 나서 처벌을 미루었다. 그러자 카이사르는 되돌아와서 직권으로 죄수들을 끌어내 모두 십자가형으로 처형했다. 다만 포로로 있는 동안 자신을 예의 바르게 대한 보상으로, 십자가에 못 박기 전에 목을 자르는 것을 허락했다.[플루타르코스, 34장; Lebecq 2010]

기원전 67년, 호민관 아울루스 가비니우스(Aulus Gabinius)가 전직 집정관 중 한 명을 사령관으로 임명하여 무제한 권력(imperium)을 주어 해적을 퇴치하자는 내용의 법안(lex Gabinia)을 제안했다. 원로원은 한 개인에게 그런 권한을 부여하는 데 주저하였으나 인민들의 압력 때문에 결국 법안을 통과시켰다. 사령관으로 임명된 폼페이우스는 지중해 전역을 13개 해역으로 나눈 후, 선박 500척, 병사 12만, 기병 5,000명을 동원하여 한 곳씩 차례로 근절시켜나갔다. 마지막 남은 근거지 실리시아도 버티지 못하고 항복했다. 폼페이우스는 석 달 만에 임무를 완수하였는데, 그동안 10만 명의 해적이 사망하고 400~800척의 배가 포획되었으며 그 자신은 전리품으로 큰 부를 얻었다. 여기에서 그치지 않고 폼페이우스는 자신의 선단으로 서아시아 지역을 점령하고 개선하여 곧이어 카이사르, 크라수스와 함께 삼두정을 구성하였다.(Buchet 2015, 139)

로마인들에게 해적은 최악의 존재로 각인되었다. 키케로는 해적을 '공공의 적' 정도가 아니라 '모든 인류의 적(hostis humanis generis)'으로 규정했다. 그렇지만 해적 현상은 미묘하고 까다로운 문제여서, 이와 같은 고전적인 서술에 나오는 식으로만 그리면 실상을 왜곡할 위험이 있다. 단적으로 말해서 로마 해군 병사와 해적은 같은 부류의 사람들이다. 당대 기록은 마치 해적이 별도로 존재하는 엄청난 집단인 듯 묘사하지만, 실제로 이들 중 다수는 농사짓다가 흉년이 들면 바다로 나가 도적질을 하는 사람들이다. 지역 상인들도 기회가 생기면 해적질에 동참했다. 결국 로마제국이 따로 있고 해적이 따로 있다기보다는 서로 겹치는 부분이 있으니, 해안 지역을 압박하고 통제해서 제국의 틀 안으로 끌어들이고 순치하여 해적의 발호를 억제하는 데에 성공한 것이다.(Culham, 288)

이로써 로마제국은 지중해 세계를 지배하게 되었다. 외적은 분쇄되어 더는 존재하지 않는다. 남은 문제는 누가 대권을 잡아 이 전체를 차지하느냐이다. 잘 알려진 바처럼 로마가 공화정에서 제정으로 가는 과정에서 두 차례의 삼두정을 거쳤다. 첫 번째는 폼페이우스와 크라수스, 카이사르의 삼두정이다. 이 중 카이사르가 탁월한 전과를 올리며 인기를 얻었다. 그는 갈리아를 지배하여 로마 영토로 만들었으며, 게르만족과 대치하고, 브리튼을 두 번 원정했다. 폼페이우스와 갈등이 커지자 카이사르는 루비콘강을 건너 로마로 진군해가서 권력을 잡았고, 이집트로 도주한 폼페이우스는 이집트 궁정에서 암살당했다. 이집트로 뒤좇아 들어온 카이사르는 암살자들을 처형하고 클레오파트라를 이집트 여왕으로 만들었다. 클레오파트라는 프톨레마이오스왕조 최후의 파라오가 된다.

카이사르가 암살당한 후 2차 삼두정이 성립되었다. 이 내분을 최종적으로 마무리한 것이 코린토스만 근처의 악티움곶에서 벌어진 해전이다. 이는 로마를 양분한 두 세력 간의 최후 결전이었다. 옥타비아누스의 오른팔 아그리파(Marcus Vipsanius Agrippa)가 지휘하는 함대는 안토니우스(Marcus Antonius)와 클레오파트라 연합 해군을 완파했다. 아그리파는 이 연합 해군은 더 경험 많은 선원과 더 강력한 무기를 갖추고 있어서 전통 방식으로는 공략이 어렵다는 걸 깨닫고 새로운 무기를 개발했다. 화살촉 끝에 작은 갈고리가 붙어 있고 뒤에는 로프를 묶은 화살을 쏘는 노포(弩砲)였다. 이 무기를 이용해서 먼 거리에서 적의 갤리선을 잡아당긴 후 접전을 벌였다. 해전에서 패배한 안토니우스와 클레오파트라는 이집트로 도주

악티움 해전

노포를 이용해 접전을 벌이는 갤리선이 잘 묘사되어 있고, 바지선에는 전투에서 패하고 달아나는 클레오파트라로 추정되는 여인이 보인다. 1672년 포르투갈 출신 화가 로레이스 카스트로가 그린 것이다.

했고, 1년 뒤에 자살했다. 아그리파는 악티움 해전의 승리를 기념하여 '모든 신'을 모신 판테온(Pantheon, 萬神殿)을 건립했다. 안토니우스와 클레오파트라가 사망한 후 이집트는 로마의 속주로 전락했고, 이후 6세기 동안 로마제국에 필수적인 곡물 공급지 역할을 했다. 사실 악티움 해전은 로마 세계의 모든 군이 총동원된 전투치고는 싱겁게 결판이 난 셈이지만 그 영향은 결정적이다. 이 전쟁으로 내란이 종식되고 공화정이 무너진 후 제정이 시작되었다고 할 수 있다.

로마제국 체제에서 지중해는 제국 전체에 식량과 원자재를 보급

5. 고대 제국들과 바다

하는 역할을 수행했다.[Virlouvet 269~270] 식량 확보는 제국 생존의 핵심 요소다. 로마의 식량 수요는 엄청나서 매년 곡물 42만 톤, 기름 15만 헥토리터, 포도주 150~220만 헥토리터가 필요했다. 건설 자재(목재, 대리석, 철)도 대량으로 이동했다. 로마는 기원전 2세기경부터 시칠리아, 아프리카, 이집트 등의 정복 지역에서 바다를 통해 곡물을 유입했다. 이집트 전역에서 매년 13만 5,000~15만 톤의 곡물이 나일강을 따라 알렉산드리아로 갔는데, 다만 이 중 많은 부분은 로마까지 가지 않고 이 시의 소비에 쓰였을 것이다.[Khalil, 251] 고대 선박들은 대개 120톤 정도의 화물을 운반하는 규모지만, 식량 운반선은 1,000톤이 넘었다.

제국이 직접 운영하는 곡물 수송 외에 개별 상인들의 교역 활동도 활발했다. 농업을 근간으로 하는 도시에서 광대한 세계를 호령하는 메갈로폴리스로 발전함에 따라 로마는 점차 교역 중심지의 성격을 띠지 않을 수 없었고, 그에 따른 인프라를 구축해갔다. 이탈리아 여러 지역의 상인 가문들이 성장하여 예컨대 동쪽의 델로스로부터 서쪽의 카르타고 노바까지 교역 네트워크를 운영하는 대규모 사업을 발전시켜갔다. 점차 지배와 교역이 함께 발전해갔다.[Stefanile, 267]

로마제국은 최종적으로 바다에서 완성되었다.

제국체제 덮어쓰기

로마제국의 판도를 보자. 로마의 영토는 기본적으로 유럽 남부 지방과 아프리카 북부 지방으로 구성되어 있다. 다만 갈리아(프랑스)

지중해를 제패한 로마제국

범례:
- 원로원 속주
- 황제 속주
- 보호국

대서양

북해

게르마니아

벨기카

루그두넨시스

아키타니아

루시타니아

1 알페스 포에니아이
2 알페스 코티아이
3 알페스 마리티마이

카스피 해

이베리아

아르메니아

파르티아 제국

아시리아

메소포타미아

아라비아

아디아베네

시리아

이집트

알렉산드리아

아프리카

키레나이카

크레타

지중해

마케도니아

트라키아

흑해

소 모에시아

다키아

판노니아

노리쿰

라이티아

이탈리아

시칠리아

사르데냐

코르시카

티레니아 해

아드리아 해

달마티아

일리리쿰

나르보넨시스

아시아

리키아

킬리키아

갈라티아

카파도키아

비티니아

폰투스

가이툴리아

마우레타니아 카이사리엔시스

마우레타니아 팅기타나

누미디아

바에티카

타라코넨시스

지방을 점령하고 브리튼까지 치고 올라가서 북쪽에 하드리아누스의 방벽(Hadrian's Wall, Vallum Aelium)을 축조했기 때문에 서부 지방은 상대적으로 북쪽으로 더 멀리까지 팽창했다. 지도를 보면 로마제국은 한복판에 바다를 품고 있음을 알 수 있다. 로마는 이탈리아 내의 작은 도시국가로 출발했지만, 이탈리아반도를 통일하고 해상으로 팽창해나가서 서부 지중해 세계를 정복하고 이어서 동부 지중해 세계까지 정복했다. 바다로 나간 로마는 곧 바다를 통해 팽창해나갔다. 바다는 인력과 물자가 이동하는 중요한 통로가 되었다. 이 바다를 로마인들은 '우리의 바다(Mare nostrum)'라 불렀다. 다만 이 말은 근대적 의미의 영해를 가리키는 것은 아니고, 국가가 개입할 수 있는 영향력의 공간 정도를 의미했을 것이다.[로즈와도스키, 81] 분명한 것은 로마는 육상 제국이면서 동시에 해양 제국이 되었다는 것이다. 이 점이 동시대 중국의 한(漢)제국과 기본적으로 다른 특징이다. 한제국은 철저히 육상 제국으로 남되, 먼 바다를 통해 이국적인 상품을 들여올 뿐이었다.

앞 장에서 지중해 세계의 초기 역사는 다양한 세력들이 네트워크를 확대해가는 방식으로 팽창해갔다고 이야기했다. 이 네트워크들을 통해 상품과 문화 요소들이 전달되었다. 그런데 대체로 기원전 4세기경부터 지중해 세계에서는 무력 사용이 급격하게 늘었다. 마치 지중해 세계 전체가 군사화한 느낌을 받는다. 전함도 더 크고 강해졌고, 탑승 인원도 더 많아졌다. 무기도 발전했다. 대형 활, 투석기 등이 개선되었다.[Murray, 472-475] 전쟁이 더 빈번해지고 규모도 커졌다. 이런 변화의 정점이 로마제국의 군사 지배다.

결과적으로 지중해 전체가 하나의 제국 통치하에 들어갔다. 바다의 안전을 지키기 위해 아우구스투스는 로마 최초의 상비 해군을 두었다. 본부는 미세노(Miseno, 나폴리 근처에 위치한 현재의 미세오)와 라벤나(Ravenna) 두 곳이었다.(Culham, 289) 로마 세력이 확대하면서 속주 해군들도 형성되어 이집트, 시리아, 북아프리카, 흑해, 다뉴브, 라인, 영불해협 등에도 해군이 주둔했다. 이처럼 강력한 군사력으로 평화를 만들어낸 셈이다. 이후 2세기 동안 제국의 동부와 북부에서는 전쟁이 계속되었으나 지중해 지역은 평화를 지켰다. 로마는 지중해 전체를 오이쿠메네(oicumene, '하나의 세계')로 만들었다. 지중해가 하나의 지배 세력하에 들어간 건 이때가 역사상 유일무이하다. 7세기 이후 이슬람 세력이 성장하여 북아프리카가 이슬람권이 되었을 때 지중해는 문명의 '중심'에서 두 문명의 '경계'가 되었다.(피렌) 그 이전에 로마는 그리스 문화를 수용하고 후기에는 기독교를 수용하여 유럽 문명의 기반을 만들었다. 황제 지위의 강화는 지중해 세계 전체를 하나로 통합하고 영속시키기 위한 동력으로 작용했다. 이 체제는 대체로 서기 3세기 중엽까지 작동했다.

2부

아시아 해양 세계의 역동성

CHAPTER 6

해상 실크로드의 발전

지금까지 로마제국의 성립에 이르기까지 지중해 세계를 살펴보았다. 이제 아시아 해양 세계로 눈을 돌려보자. 유라시아대륙 각지에서 문명이 성립하고 제국들이 들어서면서 글로벌 차원에서 교역과 교류가 활발해졌다. 동쪽에는 중국에 진(秦)제국과 한(漢)제국이, 서쪽에는 유럽·북아프리카에 로마제국이 자리 잡았고, 중간에는 인도, 중동, 페르시아, 동남아시아 지역들에서 활력 넘치는 정치·교역 단위들이 형성되어 인력과 물자, 문화와 사상을 교환했다. 유라시아대륙을 가로지르는 원거리 소통로로 비단길(실크로드), 초원길(북방 실크로드), 진주길(Pearl Road, 해상 실크로드)이 발전했다. 그중 우리가 특히 주목하고자 하는 것은 해상 실크로드다. 인도양을 통과하는 해상 실크로드를 통해 세계는 한결 견고하게 연결되었다.

인도양의 원거리 교역

면적 7,500만 제곱킬로미터의 인도양은 전 세계 해양의 27퍼센트를 차지한다고 한다(물론 어느 지점을 기준으로 측정하느냐에 따라 수치가 달라질 수는 있다).(Abulafia 2019b, 46) 이 거대한 바다는 태곳적부터 많은 문명이 태동하거나 인접해 있어서, 늘 세계사의 중심 무대였다. 중앙의 인도를 비롯해 중동, 동아프리카, 동남아시아가 이 바다를 둘러싸고 있고, 중국과 유럽 같은 거대 문명권이 간접적으로 연결되었다. 따라서 거의 모든 주요 문명권이 이 바다에서 조우하고 상호 영향을 주고받았다. 흥미로운 점은 이 바다 전체를 지배하려는 강력한 세력이 뚜렷하게 존재하지 않았다는 사실이다. 지중해의 로마와 달리 인도는 인도양의 패권을 장악하지 않았다. 이 거대한 해역은 다양한 중심점이 존재하는 다중심적(polycentric) 공간이었다. 전통적으로 아랍 지리학자들은 인도양 지역을 아잠(Ajam, 이란), 신드(Sind, 현재의 파키스탄에 해당하는 지역), 힌드(인도) 그리고 '바람 아래의 땅들(lands below the wind, 아랍어로는 Zirbâdât)'로 구분했다.(Subrahmanyam 2017) 네 번째 지역은 몬순을 이용하여 항해해 갈 수 있는 말라카해협, 남중국해, 자바해 주변 지역을 가리킨다.(Miksic, 560-561) 이 광대한 해양 세계로 상인과 선원, 여행자와 종교인 등이 들어와 서로 만나고 물품을 교환했다. 몬순이라는 계절풍이 규칙적으로 불어서 일찍부터 원거리 항해가 개발된 것이 그런 경향을 더욱 부추겼다. 이런 특징 때문에 인도양은 역사 발전을 추동하는 모터 역할을 했다.

인도양의 원거리 교역은 지역(local) 단위에서 만들어진 교류의 네트워크들이 서로 연결되고 중첩되는 방식으로 확장해갔다. 한편으로는 지중해 세계와 인도양 서부 세계 간 교역이 발전해가고, 다른 한편으로는 중국과 동남아시아 간 교역이 활성화하다가, 이 두 개의 거대한 교역 네트워크가 연결되기에 이른다. 특히 로마제국이 아시아 방면으로 교역을 확대하면서 그와 같은 연결성이 더 강화된 측면이 있다.(Schottenhammer 2017, 794) 지중해 세계로는 육상 캐러밴 교역로뿐 아니라 인도양·아라비아해·홍해를 연결하는 해상 교역로를 통해 상품이 들어왔다. 아라비아의 유향과 몰약, 인도의 후추와 향신료, 보석, 중국의 비단이 들어오고 아프리카 노예무역도 계속되었다. 반대편 방향으로는 인도와 인도네시아 사이에 교역이 적어도 기원전 2000년대부터 이어져왔다. 인도의 보석과 직물이 동쪽으로 가고 인도네시아의 향신료, 금, 주석, 고급 목재가 서쪽으로 향했다. 동시에 중국의 차와 비단, 도자기가 이 네트워크를 통해 인도 방향으로 이동했다. 이 루트를 통해 기원전 1000년대 말경이면 중국 상품이 인도를 넘어 중동 지역, 더 나아가서 지중해 세계까지 전해질 수 있었다. 이처럼 오랜 연원을 가진 동서 간 원거리 교역이 로마 시대에 한 단계 더 발전하기에 이른 것이다.(Wormser, 919~920) 서기 4세기에는 동남아시아에서 생산하는 정향이 로마 지배하의 이집트에서 집세 지불용으로 쓰일 정도로 많이 들어왔다.(Miksic, 561)

한편, 남쪽 방향으로는 아프리카 동해안을 따라 항해 네트워크가 만들어졌다. 아프리카 동해안 항로는 비교적 조건이 양호하기 때문에 소형 선박으로도 항해가 가능했다. 따라서 저예산의 소규모 거래, 심지어 물물교환 거래도 빈번했다. 짐바브웨에서 이루어진 고고학적 발굴 결과를 보면, 로마 시대 동전들(예컨대 안토니누스 피우스 황제(재위 138~161) 당시 동전들)과 인도 쿠샨왕조 동전(130~150년경)들이 발견되고, 잔지바르의 쿠움비(Kuumbi) 동굴에서는 로마의 구슬이 발견된다. 이와 같은 여러 정황으로 보건대 이른 시기부터 동아프리카 해안 각지에 다른 대륙 사람들이 방문한 것이 분명하다.(Chami, 528~535)

이처럼 인도양은 장구한 기간 끊임없이 다방면으로 교역이 행해진 무대였다. 혈연·출신·종교에 따른 상인 공동체들이 협력하며 상업 활동을 수행하고 있었다. 이슬람이 지배적인 시기가 된 후에도 전적으로 '이슬람의 호수'가 된 게 아니라 힌두교도, 자이나교도, 유대인, 기독교도 등 다양한 집단들이 여전히 활발하게 교역을 했다. 종교, 문화, 언어의 차이를 넘어 교역과 교류가 가능한 이 바다는 일찍부터 '만국보편의(oecumenical)' 공간이었다.(Curtin 1984, 134) 이러한 개방성은 다른 해역에서는 보기 힘든 인도양만의 독특한 특징이다. 후일 유럽인들이 비교적 쉽게 인도양 공간으로 들어올 수 있었던 것도 이와 관련이 있다. 상대적인 평가이기는 하지만, 지중해가 끊임없는 '투쟁의 바다'였다면 인도양은 '평화의 바다'라 할 만했다. 해적의 위험이 없지는 않으나, 치명적인 해전을 일으켜 인도양 전체를 '우리의 바다'로 삼으려는 슈퍼파워가 없었다. 대신 다인종·다문화 집단들 간 항해의 자유방임(laissez-faire) 상태에서 자유 교역이 이루어졌다. 이런 성격이 바뀐 계기는 16세기 이후 일어난 유럽 세력의 진입이다. 포르투갈은 주요 거점들을 차지하여 해상 교류의 길목을 막고 인도양 세계를 지배하려 했다. 1509년 디우(Diu) 앞바다에서 발발한 포르투갈과 맘루크-오스만제국 간 해전이 상징적인 사건이라 할 수 있다.[Vallet, 754]

이 광대한 바다 위를 오가는 상품들이 대개 사치품이었다는 점도 특기할 사항이다. 먼 거리를 오가는 항해는 비용이 많이 들어서, 대체로 비싼 물품의 경우에만 운송과 거래 비용을 충당하고도 이윤이 남기 때문이다. 값비싼 사치품들의 목록을 보면《아라비안나이트》의 꿈같은 묘사가 연상된다. 아라비아의 향 상품들이 그리스-로마 세계, 인도, 중국 등지로, 소코트라와 인도의 대모(玳瑁, 거북 등껍데기)*가 로마로 들어갔다. 인도는 다이아몬드, 녹주석, 청금석, 진주, 자수정, 상아, 홍옥수, 산호(인도의 산호는 재난을 물리치는 호부(護符, amulet)로 사랑받았다) 같은 보석 혹은 준보석들과 고급 면직물, 인디고 염료, 샌달우드(Sandalwood, 백단향)와 에보니(ebony) 같은 고급 목재를 수출했다. 인도, 스리랑카와 동남아시아 각지에서 생산하는 후추와 각종 향신료는 일찍이 중국과 중동, 유럽으로 수출되었다. 반면 인도는 이탈리아, 그리스, 시리아로부터 포도주, 유리구슬, 보석 세공품 등을 수입했고, 곧 아리카메두(Arikamedu) 등지에서 복제품을 생산했다. 동남아시아의 소왕국들에서는 색깔 있는 비단, 장식용 줄, 일곱 가지 보석을 두른 금관, 금장식 검, 황금 의자와 은제

● 특이하게도 거의 모든 지역에서 대모가 거래되는 것으로 보아 이에 대한 수요가 크다는 것을 알 수 있다. 대모는 거북 등껍데기를 얇게 조각낸 것으로, 빗, 상자, 혹은 가구의 장식용으로 쓰이는데 고급스러운 외양과 내구성 때문에 수요가 컸다(1970년대부터 거래 금지 품목이 되었다).

6. 해상 실크로드의 발전

발걸이, 그리고 코끼리 위에 올려놓는 향목으로 만든 가마, 희귀한 깃털로 장식한 파라솔, 진주 커튼, 공작새 깃털로 만든 부채 등 인도 제품에 대한 선망이 컸다. 여기에는 불교와 힌두교의 확산에 따른 교류도 연관이 있다.[Baldissera, 556] 중국에서부터 로마에 이르기까지 유라시아 각 지역의 사치품 수요는 원거리 교역을 가능케 한 중요 동력원이었다. 식량이나 원재료를 포함하여 덩치 큰 상품(bulky goods) 혹은 일반 품목이 해로를 통해 원거리를 이동하는 것은 후일 근대 세계에 들어가서의 일이다.

인도양 서부 해역

우리는 이 책의 앞부분에서 하라파 문명권이 메소포타미아 문명권과 육상 및 해상 루트를 통해 원거리 교역을 수행한 사실을 살펴보았다. 그런데 기원전 1700년경, 아직도 명확히 알 수 없는 이유로 하라파 문명이 급격히 쇠퇴했고, 메소포타미아 문명권과의 관계가 단절되었다. 그 이후 인도에서는 무슨 일이 일어난 것일까?

하라파 문명이 급격하게 몰락할 즈음 힌두쿠시로부터 인도로 '아리안족'(원래 언어적 분류나 편의적으로 기원전 2000년경부터 구세계에 역동적으로 이주해간 집단을 가리키는 용어로 쓰인다)이 들어왔다.[로버츠, 154] 아리안족이 하라파 문명을 파괴했다기보다는 하라파 문명이 몰락한 시점에 아리안족이 들어왔다고 보는 것이 정설이다. 그이후 기원전 6~기원전 5세기에 이르는 긴 베다 시대(Vedic period, 이 시기 동안 힌두교 경전인 베다가 형성된 데에서 유래한 용어)의 역사적 실상에 대해서는 아직 많은 것이 알려지지 않았다. 이 시대 말에 인도 북부에 16개 왕국이 있었다고 전하나 신화만으로는 이 사회의 실상을 알기 어렵다. 아마도 소규모 부족들이 병립한 상태였을 것이다. 이 상태에서 벗어나 제국 시대로 진입한 때는 인도아대륙의 태반을 통치하게 된 마우리아왕조 시기다. 찬드라굽타와 빈두사라에 이어 3대 황제 아소카 대제(재위 기원전 273~기원전 232)가 즉위했을 때 마우리아제국이 전성기를 구가했다. 흔히 이야기하는 바는 아소카 대제가 늘 영토 전쟁에 골몰하다가 칼링가국을 점령할 때 자신이 얼마나 엄청난 학살을 했는지 깨닫고 번민 끝에 불교에 귀의했다는 것이다. 이후 그는 군사력이 아니라 담마(Dhamma, '법'으로 번역한다)에 의한 정복, 곧 불교를 전도하는 윤리적 왕이 되었다. 아마도 이 이야기 자체는 정치적 프로파간다일 가능성이 농후하다. 그렇지만 여기에서 중요한 점은 결과적으로 제국과 불교가 결합했고, 그로 인해 인도의 교역 활동이 더욱 활기를 띠었다는 점이다.

불교 그리고 더불어 자이나교는 항해와 교역에 매우 호의적이었다. 이 두 종교는 교역을 장려했고, 교역에 의해 두 종교가 더 확산되었다. 우선 자이나교는 아힘사(ahimsa, 살생 피하기) 교리를 극단적으로 지키려 한다. 목축업에 종사하면 결국 자신이 기르는 동물을 죽이게 되고, 농업에 종사하면 해충들을 죽여야 한다. 이런 일들을 피하려면 상업 활동에 종사하는 수밖에 없다. 불교 또한 전도를 위해 먼 곳까지 여행하는 일이 잦고, 그 과정에서 항해 및 교역 활동과 연결되곤 했다. 특히 기원전 247년 스리랑카에 불교가 전해져서 이곳이 상좌부불교(테라바다 불교, 소위 남방 불교)의 전파 중심지

6. 해상 실크로드의 발전

로 성장한 점은 종교뿐 아니라 교역 측면에서도 중요한 의미를 띤다. 서인도양과 동인도양의 중간에 위치한 스리랑카는 두 거대한 해양 세계가 조우하는 지점이다. 불교는 카스트 제도에 묶이지 않으므로 상인이 사회 상층으로 성장하는 데 유리하고, 또 의식에 사용하는 향과 허브 같은 물품들을 필요로 하므로 이런 측면에서도 교역과 관련이 깊다.[강희정 2019c, 87~88] 불교가 교역에 긍정적이라는 점은 예컨대 부처의 전생에 관한 이야기를 담고 있는 《본생경(本生經, Jatakas)》에서 힌트를 얻을 수 있다. 이 경전에서는 아라비아와 아프리카를 향해 항해하는 상선 이야기, 난파 사고 이야기, 인도에서 아라비아해와 페르시아만을 거쳐 바빌로니아로 교역하러 가는 이야기 등 해상 교역을 배경으로 하는 이야기를 많이 찾을 수 있다. 그리고 알고 보니 부처가 전생에 상인이었다는 식으로 끝나는 이야기가 많다.[Kumar] 상인들에게는 고무적인 이야기가 아닐 수 없다.

고대의 인도 상인들이 해상 무역에 종사한 것은 분명하다.[신알, 126~127] 힌두교도들이 바다를 부정한 공간으로 여기고 먼 지역으로 나가는 것을 피했기 때문에 인도가 교역이 발달하지 않았다는 주장은 검증이 필요하다. 인도 전체 그리고 모든 시대의 역사를 단순하게 규정하는 것은 위험해 보인다. 고대에 구자라트 지역의 항구를 떠난 배가 페르시아만으로 향하고, 그중 일부가 홍해로도 진입했다. 마우리아왕조의 2대 국왕인 빈두사라는 이 길을 통해 알렉산드로스의 후계자들과 접촉했다. 셀레우코스의 후계자 안티오코스 1세 소테르에게 그가 무화과, 포도주, 그리스 철학자를 보내달라고 요구한 사실도 알려져 있다(다만 철학자는 '판매 금지'라는 답을 받았다). 다음

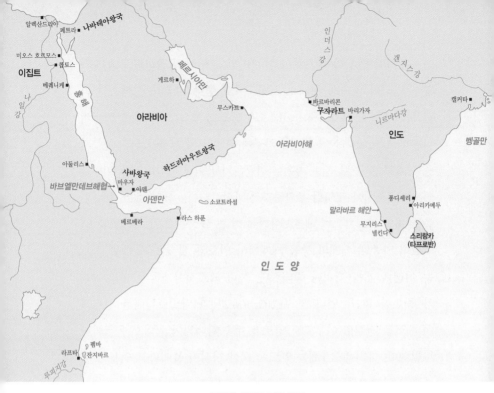

인도양 서부의 주요 항시

국왕인 아소카 또한 안티오코스, 프톨레마이오스, 안티고노스, 마가, 알렉산드리아 등지에 사절단을 보냈다. 교역과 외교 업무가 해상을 통해 수행되고 있었다는 점은 아래에서 《페리플루스(Periplus)》를 분석하며 다시 자세히 살펴보도록 하자.

　인도 상인이 동서 방향으로 활발하게 진출하는 한편으로, 오래전부터 많은 외국인이 종교·문화적인 이유로 혹은 경제적인 이유로 인도라는 신비의 나라를 찾아왔다. 지중해 세계에서는 인도에 대한 관심이 늘 컸고 막연하나마 정보가 계속 유입되었다. 일찍이 기원

6. 해상 실크로드의 발전

전 6세기경 인도와 페르시아만 사이의 교역이 발달하면서 인도의 일부 지역이 지중해 세계에 소개되기도 했다. 예컨대 그리스와 라틴 문헌에는 바리가자(Barygaza, 혹은 Bharuch, Broach)에 대한 언급이 나온다. 나르마다(Narmada)강 하구에 위치한 이 항구는 인도 북부와 중부 지역에서 생산되는 자원에 접근하기 용이한 지점이었다. 이렇게 인도-페르시아 교역이 부활하자 신바빌로니아, 아케메네스, 헬레니즘 세계의 지배자들이 페르시아만에 더 큰 관심을 두기 시작했다.

고대 지중해 세계와 중동 세계에서 인도양 및 인도에 대한 정보는 여러 단계를 거치며 증대했다. 특히 페르시아제국의 동쪽 확대가 중요한 요인이었다. 키루스(Cyrus) 2세가 바빌로니아를 점령하여 제국을 건설한 이후로도 영토가 계속 확대되어 인더스 유역까지 도달했다. 다리우스 1세는 인도에 대한 지식이 늘어나고 인도양 방면으로 관계가 확대되는 데 중요한 공헌을 했다.(Marcotte, 512~513) 그는 방치되었던 네코 운하를 완성시켜 지중해와 홍해의 연결로를 만들었고, 더 나아가 인도 방면으로 항해를 시도했다. 헤로도토스에 의하면 다리우스 1세는 인더스강이 어디에서 바다로 들어가는지 알고 싶어서 카리안다(Caryanda)의 스킬락스(Scylax)를 파견했다. "이들은 카스파티로스시와 팍티이케 땅에서 출발해 배를 타고 동쪽의 해 뜨는 방향으로 강을 따라 내려가 바다에 이르렀고, 그 후에는 바다를 통해 서쪽으로 항해했다. 그리고 마침내 30번째 달에 아이깁토스 왕이 리비에를 일주해 항해하라고 예의 포이니케인들을 파견한 바로 그곳에 도착했다. 이들이 일주해 항해한 후 다레이오스[다리우스 1세]는 인더스인들을 정복하고 이 바다를 이용했다."(헤로도토스.

4:44) 현재 우리에게 익숙한 용어로 풀어 설명하면, 이 선박은 인더스 강을 따라 하류 지역으로 내려온 후 파키스탄과 이란 연안을 항해하고 오만해를 넘어 아라비아반도에 도착했고, 이어서 홍해로 진입해 들어와서 이집트에 도착한 것이다. 이 덕분에 인도양 서부 해역에 대한 정보가 늘었다.

다음 시기에 이 바다를 항해한 중요 인물로 알렉산드로스 대왕을 들 수 있다. 앞서 보았듯이 그가 페르시아와 이집트를 정복한 후 모국으로 귀환할 때 본진은 육로로 이동했지만, 일부는 네아르코스 장군의 지휘하에 해로로 귀국했다. 이때 몬순에 관한 기록이 나온다. 인도양의 원거리 항해가 활성화하는 데는 몬순에 대한 지식이 결정적인 요소로 작용했다. 그리스인들이 몬순에 대해 알게 된 계기에 대해서는 여러 설이 있다. 뒤에 설명하게 될《페리플루스》의 저자는 히팔로스(Hippalos)라는 항해인을 거론하지만, 스트라보는 에우독소스(Eudoxos)라는 인물 덕분이라고 주장한다.(Hourani, 24~26) 스트라보에 따르면 홍해에서 난파당한 인도 선원을 구조하여 알렉산드리아로 데리고 가서 프톨레마이오스 8세(Ptolemy VIII)에게 보고하였다. 이 인도인이 인도까지 가는 항해를 안내하겠다고 제안하자 파라오는 에우독소스에게 그 일을 맡겼다. 기원전 118년, 그는 인도 선원의 안내로 인도까지 항해하여 많은 상품을 가지고 왔다. 2년 후 이번에는 안내인의 도움 없이 홀로 같은 항해를 시도하여 성공했고, 이를 계기로 본격적으로 인도 항해의 길이 열렸다는 것이다. 원래 이 이야기는 그리스 작가 포시도니우스가 쓴 내용을 스트라보가 인용한 것인데, 스트라보 자신은 이 이야기가 다소 미심쩍다고 판단하고 있다. 그렇지만 인도 선원이 몬순을 이용하여 원거리 항해를 하였고, 이들로부터 그리스인들이 정보를 얻었으리라는 것은 사실일 가능성이 충분해 보인다. 분명한 것은 지중해 세계 사람들이 몬순을 알고 난 후 인도양 진출이 훨씬 용이해졌다는 점이다. 이제 연안 항해 대신 공해를 가로 질러가는 항해가 가능해졌다. 그렇게 되면 위협적인 해적 무리가 지키고 있는 근해를 피할 수 있어서 더 안전할 뿐 아니라, 항해 기간도 크게 줄어서 나일강으로부터 인더스 하구까지 혹은 말라바르(Malabar) 해안까지 석 달이면 항해를 마칠 수 있었다. 지중해 세계와 인도양 세계는 더 긴밀하게 연결되었다.

여기에서 특히 중요한 것은 서기 1세기 중에 타프로반(Thaproban), 즉 스리랑카섬을 알게 된 것이다. 이 섬까지 갈 수 있으면 자연스럽게 인도 동북부의 벵골만을 접하게 되고, 더 나아가서 중국 방면의 항해 가능성까지 열린다. 스리랑카는 인도양 서부 세계와 중국·인도양 동부 세계가 만나는 핵심 지점이었다. 스리랑카 근해에서 발견된 침몰선 자료가 이런 점을 증언해준다. 스리랑카의 고다바야(Godavaya) 고항(古港) 근처에서 발견된 침몰선은 인도양에서 발견된 것 중 가장 오래된 사례로, 기원전 2세기~서기 1세기경 선박으로 추정된다.[Baldissera, 550] 이 배에는 흑색과 적색 도자기, 맷돌, 철괴와 동괴, 유리 등의 화물이 실려 있었다. 당시 중국 쪽에서 오는 선박과 서쪽에서 오는 선박들이 이 지점에서 만나 교역을 했을 것이다. 페르시아 및 중국 도자기들과 로마제국 동전들이 이 지점에서 많이 발굴되는 것은 그 때문이다. 양측 선박들은 스리랑카섬에서 나는 산물들(예컨대 유럽에서 장례용품으로 애용된 붉은색 화강암)을 바닥짐으로 사용하여 귀국했다.[Loos-Jayawickreme] 그러므로 중동-유럽인들에게 인도아대륙과 스리랑카섬은 그 자체로도 매우 중요할 뿐 아니라 더 먼 동쪽 세계로 향하는 중간 지역으로서 중요성을 더해 갔다. 물론 실제 스리랑카섬 너머 인도양 동쪽 및 그 너머 동남아시아로 가는 항해가 곧바로 시작된 것은 아니다. 중요한 것은 적어도 그 가능성을 확인했다는 사실이다.

홍해 교역

홍해 교역에 대해 말하기 전에 홍해라는 용어를 설명할 필요가 있다. 홍해(Red Sea)라는 이름의 기원에 대한 확실한 설명은 없다. 이 말은 그리스어 에리트라 탈라사(Erythra Thalassa, Ερυθρὰ Θάλασσα) 혹은 라틴어 마레 루브룸(Mare Rubrum)을 직역한 것이다. 때때로 해상에 갈색 규조(硅藻) 식물(Trichodesmium erythraeum)이 많아 실제로 바닷물이 붉게 보이기 때문이라고도 하고, 붉은색 사막에 둘러싸인 바다라는 의미라고도 하고, 이와는 전혀 무관하게 아시아 여러 언어에서 남쪽 방위를 적색으로 표현하는 데에서 나온 말로 단순히 '남쪽 바다'라는 의미라고도 한다.● 그런데 헤로도토스 시대에 지중

● 앞서 설명한 대로 '흑해'는 북쪽 방위를 검은색으로 표현하는 데에서 나왔으며 따라서 북쪽 바다라는 의미다. 고대 로마 지리학자들은 그들이 알고 있는 서부 인도양과 스리랑카 너머의 바다를 마레 프로소둠(Mare prosodum), 즉 '녹색 바다'라고 부르기도 했다. 이 말은 원래 아랍 지리학자들이 아라비아반도와 인도아대륙 사이의 바다를 가리키는 용어였다.[Subrahmanyam 2017]

해 지역 사람들이 일컫는 홍해라는 말에는 혼동의 여지가 있다. 이들에게 '홍해'가 뜻하는 바는 두 가지다. 첫째, '아라비아만(Arabikos kolpos)'이라고 지칭하는 바다로, 오늘날 우리가 말하는 홍해를 뜻한다. 둘째, '인도양(Indikon pelagos)'이라고 지칭하는 바다로 아라비아반도에서 인도 서해안까지의 바다를 뜻한다. 즉 오늘날의 홍해와 인도양 서부를 합친 바다를 가리켰다.(Marcotte, 512) 이 책에서는 혼동을 피하기 위해 현재 통상적으로 가리키는 홍해만을 지칭하기로 한다.

지중해 세계와 인도양 세계가 해상 교역을 하려면 홍해를 거쳐야 한다. 문제는 홍해의 항해 여건이 매우 안 좋을 뿐 아니라 오랫동안 홍해 교역을 할 유인이 크지 않았다는 데 있다. 예멘 지역에서 얻는 몰약과 유향은 고대 세계에 매우 귀중한 상품이긴 했으나, 이런 정도에 그친다면 굳이 위험한 항해를 하는 대신 육상 캐러밴 교역에 의존하는 것이 더 나을 것이다. 앞서 살펴본 대로 하트셉수트 파라오가 예외적으로 대규모 홍해 교역을 한 사례가 있지만, 항해가 더 활성화되려면 더 멀리 인도양 세계와 교역 가능성이 열려야 한다.

홍해에서 인도양으로 혹은 인도양에서 홍해로 가기 위해 아라비아반도를 돌아가는 항해 또한 기술적으로 쉽지 않은 문제였다. 알렉산드로스도 4번이나 부하들에게 이 항해를 명령했지만 결국 성공하지 못했다. 그 때문에 오랫동안 페트라(Petra)와 게르하(Gerrha) 그리고 하드라마우트(Hadhramaut, 아라비아반도 서남부 지방)를 연결하는 육상 수송이 대세였다. 그렇지만 로마제국 시기에 들어오자 홍해는 인도를 비롯한 아시아 세계의 귀중한 산물이 들어올 수 있는 해로로 개발할 가치가 커졌으며, 따라서 홍해 교역에 점차 관심을 두게 되었다. 아우구스투스 시대부터 홍해 및 아라비아 지역에 대해 본격적으로 정보를 구하고 탐험을 시도했다. 아우구스투스는 이집트를 지배한 이후(기원전 30) 이집트 총독으로 임명한 가이우스 아일리우스(Gaius Aelius, 재임 기원전 26~기원전 24)에게 아라비아 지역을 탐사하고, 가능하면 정복하든지 우호 세력을 확보하라고 지시했다. 마침 홍해 연안부터 다마스쿠스까지 상당히 넓은 영토를 지배하던 나바테아왕국(Nabatea, 페트라를 수도로 하는 아랍계 사람들의 왕국)이 협조하는 태도를 보였다. 그런데 나바테아왕국이 보내준 안내인 실라에우스(Syllaeus)가 로마군을 속이고 엉뚱한 방향으로 인도했다. 이에 대해서는 가이우스 아엘리우스 총독의 친구였던 스트라보가 자세한 설명을 제공한다.[Strabo, 2부 5장 12절] 로마 원정군은 엄청난 더위에다가 물자 부족, 특히 식수 부족으로 고생하다가 대거 사망했다. 결국 총독은 자신의 사명을 완수하지 못했고 귀국 후 경질되었다. 로마의 원정 실패로 홍해 연안의 사바(Sabae, 아라비아 남서부 지역에 자리 잡은 왕국으로, 성경에 나오는 시바(Sheba)와도 관련이 있을 것으로 추정한다) 같은 전통적인 무역 국가들은 이슬람 세력이 팽창해오는 7세기까지 독립을 유지할 수 있었다. 홍해와 아라비아 지역 전체를 직접 지배하는 데 실패한 로마는 이 지역 상업 세력들과 우호 관계를 맺으며 이들을 이용해 홍해 무역을 활성화시키는 방향으로 선회했다. 스트라보에 의하면 "가이우스 아엘리우스가 이집트를 통치하던 시기에 …… 미오스 호르모스(Myos Hormos, 홍해 북쪽의 항구)에서 인도로 매년 120척의 선박을 출항시켰다. 반면 과거 프톨레마이오스 시대에는 20척에 불과했으며, 그 먼 곳까지 진출하여 거래를 하려는 사람이 적었다."(Robin, 426~427) 스트라보는 이 선박들 중 일부는 갠지스 지역까지 항해해갔다고 기록한다.(McLaughlin) 기원전 20년대의 이 기록을 보면 홍해와 인도양을 연결하는 교역이 어느 시점에선가 급격하게 발전한다는 인상을 받는다.(Marcotte, 519)

처음 이 교역의 주요 중계 항구는 아덴(Aden)이었다. 아덴만에 면한 아라비아반도 서남단 도시 아덴은 홍해, 아라비아해, 페르시아만의 여러 해역을 연결하는 국제 교역 중심지로 성장했다. 이전 시기에는 아덴에 하역한 상품을 가지고 아라비아반도 서해안의 캐러밴 루트를 따라 북상해 요르단의 교역 도시 페트라로 운반하고, 이곳에서 다시 알렉산드리아나 다마스쿠스로 보냈다. 그런데 이제 이런 육상 교역로에 더해 홍해 해상 교역로가 활성화된 것이다.

해상 교역의 또 다른 중심지는 소코트라섬(산스크리트어의 Dvipa Sukhatara를 번역하여 '행복의 섬'이라 칭했다)이다. 면적이 3,800제곱킬로미터에 달하는 이 큰 섬은 고립된 섬에서 독자적으로 이루어지는 진화의 특성 때문에 다른 지역에서는 볼 수 없는 기이한 동식물이 많아 아주 흥미로운 풍경을 보여준다. 그렇지만 농사가 힘든 환경이라 주민들은 농업 대신 주로 어업과 목축에 기대어 살았다. 후대에 강대국들이 이 섬을 지배하고 군대를 주둔시키려 했다가 모두 실패한 이유도 이 섬 내에서 식량을 확보하기가 어려웠기 때문이다.(Robin, 401) 대신 이 섬은 중개 교역을 수행하기에 좋은 위치를 차지하고 있었다. 로마 시대에 이 섬은 아랍계 하드라마우트왕국의 지배하에서 중개 교역을 하였다. 이 섬 근해는 항해가 까다롭기로 악명 높았지만, 그래도 위치가 좋아서 홍해와 인도양 양측 상인들이 모이는 지점이 되었다. 이런 점을 보여주는 흥미로운 자료가 해안 절벽의 호크(Hoq) 동굴 조사 결과다.(Robin, 400) 이 동굴에서 다양한 글, 그림, 낙서가 발견되었는데, 이것들을 분석한 결과 악숨왕국, 팔미라(Palmyra), 아라비아 남부, 이집트에 거주하는 그리스-로마인, 박트리아, 인도, 고대 에티오피아 등 다양한 지역 출신들이 남긴 문자 기록임을 확인할 수 있었다.(Robin, 417~418) 서기 1~4세

호크 동굴에서 발견된 문자 기록

258년 7월, 팔미라 출신 남성이 20×50센티미터 나무판에 쓴 글이다. 팔미라에서 인도로 가는 여정 중에 몬순을 타고 와 소코트라섬에 머물 때 쓴 것으로 보인다.

기에 이 섬을 중심으로 매우 다양한 지역 상인들 간에 교역이 이루어졌다는 증거다. 유스티니아누스 대제 시절 문헌인 《기독교 지형학(Cosmas Indicopleustes)》도 이 섬에서 다양한 인종의 사람들이 교역을 한다고 증언한다.(Cosmas Indicopleustes; Marcotte, 519~520) 또 기원전 2세기의 지리학자 아가타르키데스(Agatharchides)도 소코트라섬에 인도와 페르시아, 아라비아, 아프리카, 그리스 등 각지의 상인들이 와서 서로 거래를 한다고 설명했다.(Hourani, 22~23)

이처럼 지중해와 인도양 상인들이 아덴과 소코트라라는 중간

지점들에서 만나 거래하는 것이 일반적인 양상이었다.(Marcotte, 518; Casson 1989) 그런데 로마제국 시대에 들어와서 항해가 더욱 발전하자 이 단계를 뛰어넘는다. 선박들이 두 중간 지점들을 지나쳐 더 먼 지역까지 직접 찾아가는 것이 가능해졌다. 상당수의 인도 선박들은 홍해 내부로 항해해 들어가서 이 지역 항구인 미오스 호르모스나 베레니케(Berenice)로 직행했다. 그 결과 아덴은 피난처 혹은 식수 공급처 정도로 격하되었다. 이런 사실들을 파악하고자 해도 관련 자료들이 많지 않아 로마제국 시대에 지중해 세계와 인도양 세계 사이에 해상 교역이 발전하는 과정을 실증적으로 정확하게 추적하기가 무척 어렵다. 이런 상황에서 간접적으로나마 훌륭한 정보를 제공하는 자료로 《페리플루스》를 들 수 있다.

페리플루스의 세계

《페리플루스》는 서기 30년경 로마의 속주 이집트에 거주하는 그리스 상인 출신의 무명 저자가 동료 상인들에게 유용한 정보를 주기 위해 쓴 일종의 무역 안내서다.* 이 책은 이집트에서 활동하는 상인이 홍해를 통해 인도양 세계로 나가 교역하는 정황을 담고 있

● 정식 제목은 '홍해 주항기'라고 번역할 수 있는 Περίπλους τῆς Ἐρυθρᾶς Θαλάσσης(영어로 Periplus of the Erythraean Sea, 라틴어로 Periplus Maris Erythraei)인데, 문자 그대로 번역하면 오해의 소지가 있어서 이 책에서는 《페리플루스》라 칭할 것이다. 일본에서는 《에리트레아 항해기》로 번역하고 이를 줄여서 《항해기》라고도 하여, 이 용어가 국내에서도 일부 사용되고 있다는 점도 참고하라.

다. 그리스어 수고본 형태의 자료로 남아 있다가 1533년에 처음 출판되었다. 현재 가장 권위 있는 판본은 카송(Casson) 본이다. 이 책을 근거로 이 시대 인도양 교역을 알아보도록 하자.

저자는 홍해로부터 시작하여 아프리카 동해안, 아라비아해와 인도양 순으로 설명해나간다. 책 내용으로 판단해 보건대, 저자는 아프리카 동해안, 아라비아, 인도 최남단의 코모린곶까지 직접 항해하고 교역을 한 것이 분명하다. 반면 인도 동쪽 지역에 대해서는 매우 간략한 서술만 있는 것으로 보아, 직접 여행하지는 않고 들어서 알게 된 간접 정보를 전하는 것으로 보인다. 이 책은 현재의 수에즈만에서 벵골만에 이르는 바다를 전부 포괄하여 서술한 최초의 책이다. 스와힐리 해안, 메콩 평야 등지를 처음 거론했으며,(Marcotte, 518) Θῖνα(Thina, 장차 China가 되는 단어)라는 말이 처음 등장한 서구 문헌이기도 하다. 다만 중국을 거론하기는 했어도 중국 관련 정보는 매우 부실하다. "바다가 끝나는 곳에 티나라 불리는 거대한 내륙 도시가 있는데, 이곳에서 비단 풀솜, 실, 직물이 수출된다"든지, "티나로 가는 것은 힘들다. 그곳에서 오는 사람도 거의 없다" 같은 정도의 서술에 그친다.(Casson 1989, 64)

저자가 사용한 그리스어는 학자들이 글을 쓸 때 사용한 것과는 다른, 비즈니스맨이 사용하는 단순한 코이네(기원전 4세기 후반에 사용되던 그리스의 공통어)였다. 그러나 그는 단지 상인일 뿐 아니라 호기심이 많은 사람이었음에 틀림없다. 상업 정보들 외에 인류학적 혹은 박물학적 관심 사항들을 많이 기록하였다. 아라비아반도 남쪽의 동굴 거주민들, 도마뱀 같은 특이한 음식 관행, 혹은 유향 채취

6. 해상 실크로드의 발전

나 진주 채취 같은 일에 죄수를 사용하는 관행 같은 것들이 그런 사례다.

이제 이 책의 중요한 내용들을 차례로 살펴보자.

지중해 지역의 대외 수출품은 일단 알렉산드리아에 모였다가 나일 강변의 교역 중심지인 콥토스로 이동한 다음, 이곳에서 낙타로 사막을 건너 홍해상의 두 항구로 송출된다. 홍해에서 첫 번째 교역항은 미오스 호르모스이고, 그곳에서 남쪽으로 1,800스타디온(1스타디온은 최소 157~최대 209미터이므로 1,800스타디온은 283~376킬로미터) 내려가면 베레니케가 나온다.[Periplus, 1] 콥토스에서 사막을 넘는 데 미오스 호르모스까지는 6~7일, 베레니케까지는 11일이 걸리므로 그 점에서는 전자가 유리하지만, 반대로 선박의 항해 기간을 보면 남쪽의 베레니케가 230해리 더 짧기 때문에, 결국 두 항구는 각각 장단점이 있는 셈이다. 수입품이 전달되는 과정은 역순으로 진행된다. 두 항구에 들어온 상품은 수입세 25퍼센트를 지불한 다음 낙타로 내륙을 통과해 콥토스를 거쳐 알렉산드리아로 간다.

홍해상의 두 항구에서 남쪽으로 항해를 시작하면 '상당한 규모의 마을'로 소개되는 아둘리스(Adulis)를 거쳐 홍해에서 인도양으로 연결되는 병목 지점을 통과한다. 이곳은 반대 방향으로 부는 강한 바람과 해류 때문에 항해가 매우 힘들어서 선원들이 바브엘만데브(Bab-el-Mandeb, '눈물의 문')라 부르는 곳이다. 이 해협을 지나면 아덴만이 나오고 곧 소코트라섬을 만난다. 이곳을 지나면 오만 해안을 지나는데 이곳에는 원시적인 '생선 먹는 사람들(익시오파고이)'이 거주하고 있다. 페르시아만 입구와 마크란 해안을 지나 동쪽으로 직항하면 드디어 인도에 도달한다. 이제부터 인도 서부의 중요한 교역항들이 차례로 등장하는데, 이 책에서 중점적으로 소개하는 곳들이다. 인도 자체에서 생산되는 상품과 비단을 비롯한 재수출 상품이 그리스 상인들이 원하는 교역 품목이기 때문이다. 이 지역에는 로마인들이 엠포리아 노미나(emporia nomina)라고 부르는 거류지들이 형성되었다. 이곳에는 외국 상인이 세금을 납부하는 조건으로 정식으로 교역할 수 있는 시장이 존재한다.(Miksic, 563) 인도 서해안의 바르바리콘(Barbarikon)이나 바리가자, 동해안의 무지리스(Muziris), 넬킨다(Nelkynda) 같은 곳들이 대표적이다. 그런데 이 책이 출판될 당시, 인도 서해안에는 선박이 많이 갔지만 동해안의 항구도시들은 아직 접근이 어려웠음에 틀림없다. 이 책에는 인도 서해안의 항구도시들에 대한 설명이 훨씬 길고 자세하다.

바리가자를 예로 들어보자.

(바리가자의) 항구에는 포도주, 특히 이탈리아제뿐 아니라 라오디게아(Laodicea)와 아라비아 산 포도주; 구리, 주석, 납; 산호와 감람석; 다양한 민무늬 의복과 날염 직물; 18인치 폭의 색깔 있는 직물들; 소합향(蘇合香, storax); 노란색 정향(?); 유리; 계관석(鷄冠石, realgar), 안티몬 황화물; 로마 화폐와 금, 은(이는 현지 화폐에 대해 유리한 교환가치를 지닌다); 연고 등의 수요가 있다. 이곳 국왕을 위해서는 고가의 은기류, 노예 음악인, 첩으로 고용할 아름다운 소녀; 포도주, 민무늬의 고가 직물, 특정한 연고 등을 필요로 한다. 이 지역의 수출품으로는 감송(甘松, nard, 향초의 일종), 코스투스(costus, ?), 브델

바리가자에서 유통되었던 동전

박트리아 왕이었다가 인도-그리스 왕국의 왕이 된 메난드로스 1세의 초상이 새겨진 동전으로, 당시 널리 유통되던 화폐이다.

륨(bdellium, 방향수지), 상아, 마노, 리키온(lykion, ?), 면직물, 중국 의상(비단), 방적사, 후추, 그리고 가까운 항구들에서 유입한 상품들이 있다. 이집트에서 이 항구로 항해해오는 선박들은 7월(Epeith)에 출항하는 게 유리하다.(Periplus, 49)

메마른 서술이고 중간에 해독할 수 없는 용어들이 간혹 있긴 하지만 그럼에도 정말로 흥미로운 정보가 가득하다. 바리가자에는 여러 종류의 사치품이 수입된다. 특이한 것은 현지 지배자를 위해 따로 은기류, 노예 음악인, 첩으로 고용할 아름다운 소녀, 고급 포도주 등이 필요하다는 구절이다. 영업을 잘하기 위해 특별히 고급 상품 혹은 '노예'를 들여와서 바친 것으로 추정된다. 당시 교역 항구들의 분위기를 짐작케 하는 대목이다. 이 지역의 수출품으로는 향신료나 약품 종류 외에 현지 직물과 중국 비단이 있다. 이웃 지역인 바르바리콘은 중국산 견직물만 수출하지만 이곳에서는 견직물 외에 다양한 면직물도 수출한다. 즉 다른 항구도시들에서는 단지 수입된 중국 비단 제품을 재수출하는 데 그치지만, 바리가자는 인도의 전통적인 면직물 생산지를 배후로 두고 있기 때문에 자체 생산한 직물도 함께 수출하는 것이다. 눈여겨볼 것은 이곳에 로마 화폐와 금, 은이 수입된다는 점이다. 유럽과 아시아 사이의 교역은 역사상 거의 언제나 아시아 상품이 더 많이 수출되어 무역 차액이 발생하므로, 그 액수만큼 귀금속이나 화폐를 지불하는 것이 통례다. 여기에서도 마찬가지 현상을 확인하게 된다. 이 매뉴얼에서는 로마 화폐가 "현지 화폐에 대해 유리한 교환가치를 지닌다"고 적시한다. 유럽의 귀금속을 동쪽으로 가지고 오면 교환 비율(말하자면 '환율')이 유리하다는 점 역시 역사적으로 자주 관찰할 수 있는 현상이다. 이상의 여러 정황을 놓고 볼 때 바리가자는 매우 크고 세련되고 중요한 경제 중심지라는 인상을 준다. 저자는 마지막으로 이집트에서 이곳으로 항해할 때 유리한 출항 시점(7월)까지 언급한다. 인용한 구절은 짧은 글로 요령 있게 핵심 정보를 전달하고 있다.

바리가자에서는 주로 현지 상인이 교역을 주도한 반면 이웃 도시들에는 외국인 식민지가 존재하는 듯하다. 외국 상인들은 현지 음식인 쌀을 먹지 않았으므로 수입품 중에는 이들이 먹는 음식도 등장한다. 로마의 가룸 소스(garum, 생선을 삭혀 만든 소스로 로마 시대에 많이 먹었다)가 타밀나두 해안 지역에서 발견되는 것도 이 때문이다.(Baldissera, 549) 이들은 아마 고국에서 오는 상인과 현지인 사이에서 중계인 역할을 한 듯하다.

6. 해상 실크로드의 발전

인도 서해안의 남단에 위치한 중요 항구로는 무지리스(Muziris)가 있다. 옛 문헌에 자주 나오는 이곳이 정확히 어디인지 확정된 것은 아니지만 인도 남부 말라바르 해안(현 케랄라주)에 위치한 것으로 보인다. 이곳이 중요 항구로 성장한 계기에 대해 저자는, 한 세기 전에 연안 항해 대신 소코트라에서 남인도로 인도양을 가로질러가는 항로가 개발되었기 때문이라고 설명한다. 몬순을 이용한 원거리 직항로를 이용하게 되었다는 것인데, 저자는 이 기회에 그리스인 히팔루스(Hippalus)가 이 항로를 개발했다고 설명한다. 물론 이 말은 히팔루스가 몬순의 존재를 처음 알게 되었다는 의미는 아니다. 이 전부터 인도와 아랍 항해인들, 혹은 그들에게서 정보를 얻은 그리스 항해인들이 몬순을 이용해 인도로부터 중동 지역으로 항해해왔기 때문이다. 무지리스를 찾은 사람들로는 그리스인과 아랍인, 그 외에 유대인도 있다. 이 시기에 이미 유대인 공동체가 형성되어 있었는데, 서기 70년 로마가 예루살렘 성전을 파괴한 이후 더 많은 유대인이 인도로 들어오게 된다.

인도 서해안과 달리 인도 동해안은 매우 소략한 서술에 그친다. 유럽 상인과 선원은 대부분 인도 동해안 초입까지만 가고 그 너머 지역에 대해서는 정보만 얻은 것으로 보인다.(Miksic, 564) 인도 서해안에 와서 거래하는 큰 배들이 동해안까지 가는 것은 비효율적이기 때문이다. 퐁디셰리(Pondicherry) 남쪽 지역에 위치한 아리카메두라는 중요한 항구에 대한 기록이 거의 없는 점도 그 때문일 것으로 추론할 수 있다. 그렇지만 이곳에 실제로 그리스인들이 많이 찾아간 것은 분명하므로, 이 책의 서술과는 차이가 난다. 현재까지 진행된 고고학적 발굴 결과, 이곳에서 로마 도자기 흔적이 많이 나오고 로마 황제 초상이 그려진 금화와 은화도 많이 출토된다. 이곳에서는 외국인을 야바나(Yavana)라고 칭한다. 이 말은 원래 '이오니아'라는 뜻이므로 좁은 의미로는 그리스인을 지칭하지만, 일반적으로 로마·아랍·페르시아 등 서쪽 사람들을 가리킨다.(Miksic, 562) 이 지역은 후추 생산지인 데다가 아프리카, 중동, 남아시아, 스리랑카 등 주요 지역들 간의 중간 연결 지점이어서 위치상 국제 교역 중개에 이롭다. 서기 1세기부터 이 지역들에 독립 왕국들이 형성되어 중개 무역을 하며, 상품, 식량, 선박 장비 등을 제공하고 상인들을 보호하는 역할을 한 사실이 알려져 있다. 그런데 왜 이 책에서 이곳에 대한 기록이 소략한지는 불확실하다.(Periplus, 60) 저자가 교역 활동을 할 때 개인적으로는 이 지역에 가본 적이 없기 때문이 아닐까 추론할 뿐이다.

여기에서 특히 주목해볼 상품이 견직물이다. 사실 견직물은 모든 주요 항구에서 얻을 수 있는 고급 상품이었다. 전부 중국에서 온 것이고 인도는 단지 중개만 할 뿐이다. 중국 견직물은 어떤 경로로 인도 항구에 오게 되었을까? 이 책에서 중국이 언급되는 부분은 아래와 같다.

이 지역 너머 바다가 끝나는 최북단 지점의 외곽 지역에 티나(Θῖνα, Thina)라 불리는 거대한 도시가 있다. 이곳에서 견사, 방적사, 직물이 수출되어 박트리아를 거쳐 바리가자로 그리고 갠지스강을 거쳐 리뮈리케로 간다. 티나로 가는 것은 힘들다. 그곳에서 오는 사람도 거의 없다.(Periplus, 64)

아직 중국 자체에 대해서는 정확한 정보가 없음을 확인할 수 있다. 다만 중국에서 중요한 상품인 비단이 출발해 박트리아를 거쳐 육로를 통해 바리가자로, 혹은 갠지스강을 거쳐 리뮈리케로 전해진다는 정보를 제공한다. 전자는 실크로드 중 일부가 아래로 가지를 쳐서 인도로 오는 길이다. 타클라마칸사막까지 이어진 교역로가 북로와 남로로 나뉘었다가 카쉬가르에서 다시 합류한 후 파미르고원을 넘어 박트리아로 간다. 여기에서 일부 상품은 계속 서진하여 육로를 통해 지중해 지역까지 직접 가고, 일부는 남쪽에 위치한 인도 항구로 향한다. 이 상품들은 인더스 지역에 도착한 후 다시 두 갈래로 나뉜다. 하나는 계속 강을 따라 내려가서 바르바리콘에 도착한다. 다른 하나는 동쪽 길을 따라 바리가자까지 도착한다.(cf Periplus, 48) 이 책에서 말하는 루트 외에 해로를 통해서도 인도에 중국 비단이 유입되었을 가능성이 있으나, 확실한 증거는 5세기에 가서야 찾을 수 있다. 베스파시아누스 황제(재위 서기 69~79) 시기에 알렉산드리아에 거주하는 인도 상인이 기념식 때 비단옷을 입었다든지, 서기 92년 도미티아누스 황제가 후추와 향신료 보관 창고를 지었다는 등의 기록으로 보건대, 일찍이 중국과 인도 상품이 로마제국으로 다량 들어온 것은 분명하다.(Miksic, 563)

당시 상인들은 어떤 식으로 영업 활동을 했을까?

인도 교역을 하려면 우선 대량의 상품을 적재할 수 있는 크고 탄탄한 선박이 필요하다. 그러니 이런 활동을 하는 사람들은 필시 거상일 수밖에 없다.(Casson 1989, 31-32) 동시대 사료인 빈 파피루스(Wien papyrus)는 1,700파운드의 나르드(진통제로 쓰는 향 종류), 4,700파운드의 상아, 790필의 직물 거래를 이야기하는데, 이것만 해도 화물량이 3.5톤이나 된다. 그런데 상품의 무게와 부피는 크지만 액수로는 겨우 131탈란트에 불과하다. 선적 화물을 최대한으로 채우면 2만 탈란트까지도 가능하다. 이런 거액의 상품 매매를 상인 한 명이 다 운영하기에는 위험이 너무 크기 때문에 이 배에는 여러 상인의 화물이 혼재해 있었을 가능성이 크다. 한편, 알렉산드리아에서 작성한 파피루스 문서 중에는 '향료를 생산하는 나라'로 가는 사업을 위한 자금 대출 계약문서가 있다. 이 문서에서 가리키는 지역은 아마도 소말리아인 듯하다. 여기에서 자금을 빌려주는 사람과 자금을 빌리는 사람 5명은 이름이 전부 그리스식이다. 그중 한 명은 스파르타 출신이고, 다른 한 명은 마실리아(Massilia, 오늘날의 마르세유) 출신이다. 이 거래를 중재하는 은행가는 아마도 로마인이었을 것이다. 인두세에 관한 파피루스 문건 중에는 당사자가 현재(서기 72/73) 인도에 가 있다고 기록한 것도 있다.

서기 2세기 인도의 무지리스에서 그리스어로 작성된 문건은 사업 자금을 투자하는 내용이다.[Paine, L., 154] 이에 따르면 상인 겸 선장인 인물이 돈을 빌려서 감송, 상아, 직물 등 이 지역 상품을 사서 베레니케 혹은 미오스 호르모스로 간 다음, 육로를 통해 콥토스로 가서 나일강을 타고 알렉산드리아로 간다. 그곳에서 25퍼센트의 세금을 물고 거래한 다음, 원래의 자금주 혹은 알렉산드리아에 있는 그의 대리인에게 빌린 돈을 갚는다. 이때 거래하는 상품 자체가 빌린 사업 자금의 담보가 되는 방식이다. 이 자료로 보건대 무지리스에는 그리스어를 말하는 외래인의 거류지가 있었던 듯하다. 대부호들이 콥토스, 미오스 호르모스 등지에 상업 대리인을 두고 있는 사실도 확인할 수 있다. 예컨대 마르쿠스 율리우스 알렉산더(Marcus Julius Alexander)라는 인물은 알렉산드리아에 사업 기반을 둔 유대인 부상인데, 미오스 호르모스와 베레니케에 대리인을 두고 있었다.

이상의 사실에서 어떤 결론을 이끌어낼 수 있을까?

《페리플루스》에서 목도한 비즈니스 모습은 거의 근대 세계의 국제 무역을 연상시킨다. 지중해-홍해-인도양을 포괄하는 광대한 영역에 걸쳐 자본과 상품이 오가며, 대상인과 자본가, 투자자가 거대한 규모의 사업을 운영한다. 로마 시대에 인도양 세계의 원거리 해상 무역은 우리가 상상하는 수준을 훨씬 상회하는 지극히 높은 수준으로 발전해 있었던 것이다.

상품과 화폐 교역

이 네트워크를 통해 어떤 물품들이 오갔는지 정리해보자.

당시 이집트에서 활동하는 그리스 상인들은 해외의 사치품을 구입해 와서 일부를 이집트에 남기고 나머지를 지중해 지역에 전달하는 일을 주로 했다. 중요 상품으로는 아프리카의 상아, 대모, 유향, 몰약, 계피; 아라비아의 유향, 몰약, 알로에; 인도의 향신료, 약재, 향 제품들, 보석(터키석, 청금석, 마노, 다이아몬드, 사파이어 등); 그리고 직물(면직물, 중국산 견직물), 상아, 진주 등이 있다. 이런 교역 때문에 로마 신전에서 아시아의 향을 태우고, 폼페이에서 인도 상아를 사용할 수 있었다.[Miksic, 562]

그렇지만 당시 국제 교역 물품이 꼭 사치품만은 아니다. 각 지역에서 원하는 중저가 상품들 혹은 상업 도시들에 거주하는 사람들이 필요로 하는 생필품들도 오가야 한다. 인도의 직물, 식량, 원재료 등을 페르시아, 아라비아 남부, 아프리카 동부 지역에 보내는 것이 그런 경우다. 그런데 《페리플루스》에 이런 활동이 자주 언급되지 않는 이유는 주로 아랍과 인도 상인들이 그 일을 맡기 때문이다. 물론 그리스 상인들 역시 비록 큰 이익을 보지는 못해도 이런 부차적인 교역을 하는 경우도 있다. 소말리아, 소코트라, 아라비아 남부 등지에 거주하는 동료들에게 보내는 상품으로 의복, 리넨, 조리 도구들, 여성을 위한 팔찌와 발찌, 사냥용 창에 쓰는 쇠, 도끼, 나이프, 올리브 기름 등 다양한 품목이 제시된다.(Periplus, 6)

이 책에서 특기할 사항 중 하나는 금속의 이동이다. 철, 납, 주석, 구리 매매가 자주 거론된다. 예컨대 이집트에서 아둘리스로 수출하는 철은 이곳에서 사냥용 혹은 전투용 창날을 만드는 데 쓰였다. 납은 아마 그 안에 포함된 은을 추출하는 데에 사용한 듯하다. 의문인 점은 주석도 동쪽으로 수출된다는 점이다. 주석은 버마, 타이, 말레이반도 등지에서 일찍부터 산출되는데, 왜 또 먼 곳에서 수입했을까? 구리도 마찬가지다. 인도에서 나는데도 먼 곳에서 수입한 이유가 뭘까? 답은 단순할 수 있다. 그렇게 하는 것이 더 유리하기 때문이다. 가까운 곳에서 생산이 가능하다 하더라도 육로를 통하면 수송비가 비싸지므로 해로를 이용해 먼 곳에서 수입하는 게 더 쌀 수 있다. 지리적 여건에 절대적으로 의존하는 게 아니라 가격이 더 싼 곳으로 상품이 이동하는 무역 체제가 자리 잡은 것이다.

6. 해상 실크로드의 발전

티베리우스 황제 당시 데나리온 동전
데나리온은 기원전 211년부터 244년경까지 로마에서 통용되던 은화를 말한다.

화폐로는 로마의 데나리온이 자주 언급된다. 앞서 언급한 대로 바리가자에서는 로마 화폐가 "현지 화폐에 대해 유리하게 거래된다"고 한다.(Periplus, 49) 저자는 특히 아라비아의 무자(Muza)에는 꼭 현찰을 가지고 가라고 권한다. 이곳에서는 주요 상품인 직물 외에 몰약도 판매하는데 이 고가의 상품은 현찰로만 거래하기 때문이다.(Periplus, 24) 인도의 바르바리콘에서 중국 견직물을 구입할 때에도 현찰이 필요한데 이 역시 고가의 상품이기 때문이다.(Periplus, 39) 또한 말라바르 해안에 갈 때에도 현찰을 많이 가지고 가라고 말한다. 갈 때보다 올 때 더 많은 상품을 가지고 오는데, 이 말은 곧 서에서 동으로 많은 현찰이 유출된다는 뜻이다.(Periplus, 55) 타밀어 시에 "야바나의 아름답고 큰 배들은 금을 가득 싣고 흰 파도를 가르고 와서 후추를 싣고 돌아간다"고 하듯이(Fitzpatrick, 49) 로마의 금속과 현찰이 동쪽으로 많이 유출되고 있었다.

귀금속과 금속 화폐가 국외로 나가는 것을 두고 국부 유출이라고 할 수 있을까? 로마 시대에도 그런 '중상주의적' 견해가 널리 제시되었다. 동방의 사치품을 대량으로 수입하는 바람에 국가 경제가 멍든다는 불만이 팽배했다. 동양의 녹주석(beryl), 진주, 상아, 비단, 후추를 사기 위해 매년 1억 세스테르티우스가 유출되며 그중 절반이 인도로 간다고 불만을 표한 대(大)플리니우스(Gaius Plinius Secundus, 서기 23/24~79)의 주장이 대표적이다.(Fitzpatrick, 31) 이 액수는 어느 정도 가치일까? 세스테르티우스는 25그램의 구리 동전이다. 따라서 1억 세스테르티우스라면 분명 거액이며, 매년 갈리아와 팔레스타인에서 들어오는 조세 수입에 상응하는 액수다.(McLaughlin) 그렇다고 로마제국이 감당 못할 정도는 아니었다. 세네카(Lucius Annaeus Seneca, 기원전 약 54~서기 약 39)의 재산이 1억 세스테르티우스이고, 다름 아닌 플리니우스 자신의 재산이 4억 세스테르티우스로 알려져 있다. 참고로 당시 노예 가격은 약 2,000세스테르티우스이다. 따라서 1억 세스테르티우스는 거액이기는 해도 제국 전체 경제를 위험에 빠트릴 수준은 결코 아니다. 다만 돈이 빠져나가는 대신 쓸모없어 보이는 사치품이 들어오니 비판을 초래하기 십상이다. 특히 여성들의 보석 구입은 유독 강하게 비판받았다. 티베리우스 황제 시대(서기 14~37)에 원로원이 비단옷 입는 것을 금지하는 사치금지법을 제정하기도 했지만,(McLaughlin) 역사상 대부분의 경우에 그러하듯이 별 효과가 없었다. 귀부인들의 사치 때문에 귀중한 화폐가 외국으로 유출된다는 티베리우스 황제의 불만은 역사상 자주 접하게 되는 종류의 말이다.(Casson 1989, 17) 결론적으로 로마제국의 화폐 유출은 통상 이야기하는 것만큼 심각한 수준은 아니며, 그보다는 도덕적·윤리적 함의를 가진 주장이었다.

로마 황제는 제국 경제 전반을 포괄하는 경제 정책을 고려하고 있었을까? 로마제국의 경제는 인도양 세계 경제 체제에서 어느 정도 비중을 차지했을까?

로마 황실이 홍해 방면 교역에 주목했다는 데에는 의심의 여지가 없다. 이집트가 로마 지배하에 들어간 이후에는 홍해 교역이 더욱 증가했다. 그러나 황실이 교역 활동을 직접 통제하지는 않았다. 빈 파피루스에서 보듯 알렉산드리아 세관을 통과한 후에도 상인들이 계속 상품을 보유한다. 다만 관세를 현물로 계산하여 지불하므로 수입 상품의 1/4 정도는 결국 국가가 차지하게 된다. 다시 말해 제국 정부는 무역을 직접 통제하기보다는 상인들에게 맡기되 다만 높은 관세 수입에 관심을 두었던 것이다. 그리고 여기에 더해 상인들이 수입한 상품 중 일부는 황실이 정해진 가격으로 강제 구매하여 소득을 올릴 수도 있었다(아래에서 살피겠지만 중국 송제국의 정책과 유사한 측면이 있다). 이와 같은 간접적인 방식으로 이득을 올리고 있을 뿐이어서, 과거에 생각했던 것처럼 로마 황제가 훨씬 적극적인 경제 정책을 펼치며 동방 교역에 영향을 미친다고 볼 수는 없다.

《페리플루스》에 나오는 정보 그리고 이를 보충하는 여러 자료를 보면, 서기 1세기부터는 해상 실크로드가 중국으로부터 페르시아만과 홍해까지 연결된 것은 분명하다. 그러나 어느 한 상인이나 선원이 이 전체 루트를 한 번에 이동하는 것은 아니며, 부분적인 교역로들의 연쇄를 통해 로마와 중국 사이에 물적 교류가 가능해졌다. 그

중간에 위치한 여러 지역은 경제·문화적으로 융성기를 맞았다. 그리스인의 지리적 인식 세계는 동쪽으로는 중국, 서쪽으로는 대서양을 포함하는 지역까지 확대되었다.(로즈와도스키, 79) 로마는 동방 상품에 길들여져 멀리 인도와 중국까지 교역을 확대하고 싶은 욕구에 사로잡혀 있었다. 분명 인도양 서부 세계에서는 활기찬 원거리 교역이 발전했고, 대규모 국제 무역 활동을 하는 상인이 성장한 것도 분명하다. 그렇다고 로마가 인도양 지역을 군사·정치적으로나 혹은 교역 면에서 지배한 것은 아니며, 단지 광대한 인도양 체제의 한 '지역'을 형성하고 있었을 따름이다.(Fitzpatrick, 53-54) 더구나 로마가 쇠락하고 전반적으로 유럽 경제가 기력을 잃으면서 이 연결망은 쇠퇴해 갔다. 유럽인들이 아시아 해양 세계로 진입해 들어간 마지막 흔적은 스리랑카에서 발견되는 5세기 비잔틴의 동전들이다. 대체로 5세기경 유럽과 인도 간 교역이 크게 수축한 듯하다. 그렇다고 교역이 완전히 사라진 것은 아니고 최소한으로 유지되다가 후일 아랍 상인들이 이어받아 다시 발전시킨 것으로 보인다. 로마제국의 몰락과 함께 인도양 및 그 너머 세계에 대한 관심도 줄었다. 유럽인들이 다시 아시아 세계를 직접 보게 되는 것은 13세기 마르코 폴로 시대의 일이다.(Miksic, 562)

CHAPTER 7

동아시아 해양 네트워크의 확장

아시아 동쪽에는 광대한 대륙과 해양 세계가 펼쳐져 있다. 한편으로는 말레이반도에서 중국을 넘어 동쪽의 한반도까지 거대한 땅덩어리가 이어져 있고, 다른 한편으로는 인도네시아, 필리핀, 일본 등의 열도들이 주변 바다들과 어우러져 광대한 해양 세계를 이룬다. 아시아의 대륙과 해양이라는 두 세계 사이의 관계가 어떻게 발전해가는가는 세계사의 흐름을 이해하는 데 지극히 중요한 문제다. 그동안 대륙의 역사에 치중해서 보느라 아시아 해양 세계에 대한 연구가 상대적으로 부족한 편이었다. 이 장에서는 중국과 동남아시아의 해양 네트워크가 오랜 기간에 걸쳐 발전하고, 이것이 인도양 세계와 연결되는 과정을 알아보도록 하자.

동아시아동남아시아 해양 세계

아시아 동쪽 해상 세계는 동경 95도(말라카해협 서쪽 끝 지점)에서 동경 130도(동해)에 이르는 엄청난 해역이다. 이 광대한 바다는 서쪽으로는 인도양, 동쪽으로는 태평양으로 이어진다. 그 내부에 위치한 인도네시아제도만 해도 동서 길이가 5,000킬로미터가 넘으니, 이 자체만으로도 지중해(서쪽의 지브롤터해협에서 동쪽의 이스켄데룬(Iskenderun)만까지 대략 4,000킬로미터)보다 길다. 남북으로는 적도 이남에서 북위 40도, 다시 말해 열대우림부터 대륙성기후 지역까지 걸쳐 있어서 지리적으로 매우 다양하며, 이는 곧 이 지역 산물의 다양성으로 나타난다.

이 해양 세계의 남쪽에는 세계 최대의 제도(諸島)가 펼쳐져 있다. 수마트라, 자바, 발리, 보르네오 같은 큰 섬들 주변에 수없이 많은 작은 섬들이 흩어져 있으며, 더 동쪽으로 몰루카제도, 북쪽으로 필리핀제도와 연결된다.* 이 내부의 자바해, 반다(Banda)해, 술라웨시해 등은 마치 여러 개의 작은 지중해들이라 할 수 있다. 다만 이곳은 완전히 닫힌 세계가 아니어서 북쪽 통로를 통해 남중국해 방면으로 향하면 중국 남부, 베트남, 타이 등과 소통하고, 동중국해, 황해, 동해를 통해 한반도, 일본과 소통할 수 있다.(Manguin, 891~892)

● 인도네시아에는 1만 7,000개, 필리핀에는 7,000개, 말라카와 남중국 사이에는 2,400개의 섬이 분포한다. 많은 섬들은 교역에 좋은 요인일 수도 있고, 은닉하기 좋은 환경이라 해적들이 발흥하는 요인일 수도 있다.(Frécon, 573)

이 광대한 아시아 동쪽 세계와 인도양 세계가 접하는 지역이 말레이반도와 수마트라섬, 그리고 그 사이의 말라카해협이다. 말레이반도는 남북 1,127킬로미터로 매우 길지만, 동서 간은 폭이 좁고 특히 *끄라*(Kra)지협은 44킬로미터에 불과하다(이곳에 끄라운하를 뚫어 중동·인도양 지역과 동아시아 지역을 직접 연결하는 계획안이 여러 차례 제시되었으나 아직 실현되지는 못하고 있다). 인도양에서 남중국해로 혹은 남중국해에서 인도양으로 가려면 끄라지협을 통과해야 하지만, 울창한 열대 밀림으로 덮인 이곳을 넘는 것은 지극히 힘든 일이었다. 이를 피하는 방법은 멀리 말라카해협으로 돌아가는 것이다. 말라카해협은 길이 890킬로미터인데, 남단은 폭이 3~4킬로미터에 불과한 복잡한 협로들을 이룬다. 중국의 관점에서 말라카해협 너머 서쪽 바다로 가는 바닷길이 서양(西洋)이고, 그쪽에서 들어오는 동쪽 바닷길이 동양(東洋)이다. 이처럼 원래 '길'을 의미하던 이 말들은 나중에 그 길을 통해 도달하는 세계, 곧 서구 세계와 아시아 세계를 막연하게 가리키는 용어가 되었다. 끄라지협이나 말라카해협은 동아시아·동남아시아 세계와 인도양 세계 혹은 그 너머 중동과 지중해 세계를 연결하는 초장거리 네트워크의 관문이라 할 수 있다. 이 지점을 지배하는 세력이 초장거리 해상 교역을 통제하는 것은 당연한 이치다. 말라카가 대표적인 사례다.

중국은 언제부터 이 초장거리 네트워크에 연결되었을까?

흔히 중국 고대 문명에 대해 거론할 때 황허 유역이 중심지이고 강남을 비롯한 나머지 지역은 변방으로 치부한다. 그렇지만 북방의 소위 '중원(中原)'이 중국 전체를 대변한다고 볼 수는 없다. 북부 황허 문명 지역에서는 자신들이 사는 곳만 문명 중심지이고 그 이외 지역들은 '오랑캐' 취급을 했지만, 사실 중국 남부 지역은 제국 질서에 통합되기 전까지 차라리 별개의 '또 다른 중국'이었다. 중국은 두 개의 상이한 민족, 곧 황허 농민과 남쪽 연안 지역 주민들의 합이라고 볼 수도 있다.(Levathe, 840-841) 남부 지역 주민들은 신석기시대 이래 항해 전통을 유지하고 있는 반면, 북쪽 주민들은 강에서 보트를 사용하는 정도일 뿐 바다와는 거리가 멀다. 그렇게 본다면 중국은 육상과 해상의 잠재력을 다 갖추고 있었다. 그럼에도 '중원' 사람들은 남부 해안 지역과 그 너머 세계에 대해 단지 귀중한 이국 상품이 들어오는 통로로만 볼 뿐 그 이상의 관심은 없었다. 바다와 관계 맺기를 거부하고 자신들 내부로만 관심을 제한하려는 안정 추구 성향과 외국의 귀중한 물품에 대한 욕망 사이에는 분명 긴장이 존재했다. 대체로는 해외 부문에 대한 호기심을 유교 덕목으로 눌렀으나, 때로 그 양자가 충돌하곤 했다.

오직 '조공'을 통해 외부 세계와 교류하려는 것은 중국의 중심성을 유지하는 이데올로기다. 이것은 황제의 위엄을 인정하는 헌상과 그에 대한 답례의 형식을 띤다. 유교는 조공이 아닌 교역에 대해서 대체로 호의적이지 않았으며, 해외 사치품은 윤리적으로 비난했다. 전한대의 조조(晁錯, ?~기원전 154)는 사치품을 억제하고 상인을 억압하며 오직 농업에 주력해야 한다고 황제에게 간했다. 이는 로마 제국의 (대)플리니우스가 주장한 것과 거의 같은 내용이다. 다만 로마에서는 이런 원칙이 실질적으로 적용되지 않고 현실을 개탄하는 수사에 그친 반면, 중국에서는 실제 효력을 발휘했다는 점이 결정적인 차이다. 이런 정신적 태도 때문에 오랫동안 중국 상인들과 선원들이 외부 세계로 나가지 못하고 대신 외지인들이 중국으로 찾아왔다. 결과적으로 중국은 외지인들이 보낸 조공물과 관련된 기초적인 정보, 혹은 간접적으로 전해 듣는 부실한 정보로 '남해' 너머의 세계를 이해하려 했다.(Sen, 536~539)

황허 문명은 다른 고대 문명과 비교할 때 바다와 관련이 가장 적은 편에 속한다. '중원'은 만리장성으로 상징되듯 서쪽과 북쪽의 침입에 대비하였지만, 동쪽과 남쪽의 바다는 구멍 뚫린 그러나 큰 위협은 없는 변경 정도로 치부했다. 특히 동쪽의 황해 방향으로는 항해가 전혀 안 이루어진 것은 아니나 매우 드문 편이고, 아예 큰 관심을 두지 않았다. 진 시황제가 불로불사의 약을 찾기 위해 동쪽 바다 너머 멀리 있다는 봉래산으로 여러 방사(方士)들을 파견했다는 고사 정도가 그나마 바다와의 관련을 말해줄 뿐이다.(미야자키, 62~67) •

중국의 황허 문명권이 더 구체적으로 관계를 맺은 해역은 남쪽이다. 남중국해를 통해 간접적인 방식으로 외부 세계의 물품과 정보

• 진 시황제는 천하 통일 후 산둥의 명산인 타이산(泰山)에 들러 천제를 모시는 봉선(封禪)이라는 제사를 지낸 후 낭야(琅邪)라는 곳에 가서 몇 달을 체재하며 바다를 보았다. 황토고원의 누런 대지에 익숙한 황제에게 수평선 너머의 바다는 불사의 세계에 대한 상상을 불러일으킨 듯하다. 이때 '천 살이 넘은' 신선 안기생(安期生)을 만나 3일 낮밤 대화를 나누었다고 하는데, 안기생은 '나를 찾아 봉래산으로 오라'는 편지를 남기고 사라졌다. 시황제는 동해 바다 저 편의 신선의 거처들, 즉 봉래(蓬萊), 방장(方丈), 영주(瀛州)를 찾기 위해 서복(혹은 서불)을 파견했으나, 그 역시 홀연히 종적을 감추었다.((사기) 〈진시황본기〉) 서복은 실제로 동쪽 해역들을 탐사했을까? 혹은 단순히 황제가 하사한 막대한 사업비를 떼어먹고 사라진 걸까? 어쨌든 산둥반도를 비롯해 한반도와 일본 여러 곳에 서복 관련 설화가 퍼져 있는데, 이는 동아시아 바다에서 행해지던 항해의 흔적을 반영하는 것일 수도 있다.(미야자키 2017. 64~67; 강봉룡 2005, 21)

가 들어왔다. 유리, 코뿔소 뿔, 상아, 진주, 구슬, 향 등 동남아시아 상품들에 더해서 홍옥수와 석류석 목걸이, 팔찌 같은 남아시아 상품, 그리고 크리스털, 금 장식품 등 페르시아와 지중해 산물이 유입되었다. 이런 식으로 황허 유역은 일찍부터 여러 단계의 매개를 통해 인도양 및 지중해 세계와도 연결되었다.(Sen, 541) 이때 베트남을 비롯한 동남아시아 지역이 매개 역할을 했다.

사휜과 동썬

동남아시아 지역은 독자적인 정치 세력이 형성되었으나 중국의 간섭이 잦아 다사다난의 격변을 겪었다.

기원전 1000년경부터 베트남 중부에서는 사휜(Sa Huynh) 문화가, 중국 남부와 베트남 북부에서는 동썬(Dong Son) 문화가 발전했다.(권오영 2019a, 23~24) 이 두 문화권이 한편으로는 인도양 방면, 다른 한편으로는 중국 방면으로 소통하며 양측을 중개했다.

사휜 문화는 꽝응아이성(Quảng Ngãi, 廣義省)의 옹관묘 유적에서 비롯된 이름으로 베트남 중부·남부에서 발전한 금속기 문화의 명칭이다. 아마도 이 사람들이 참파왕국을 세운 참족의 선조인 것 같다. 더 북쪽에 위치한 동썬 문화는 20세기 초 하노이 인근 타인호아성(Thanh Hoa)의 동썬 지역에서 최초로 청동 북이 발견되면서 이 지역 이름을 따서 붙인 이름인데, 남중국에서 육로로 넘어온 사람들이 주체인 것 같다. 다만 당시 중국 남부 지역은 이후 동남아시아인이 된 사람들의 문명권이었기 때문에, 이 청동 기술은 동남아시아

주요 청동기 유적지
동썬 문화 청동 북 발굴지

홍강
동썬
반치앙
논녹타
인도차이나
반도
남중국해
루손
안다만해
태 평 양
필리핀제도
팔라완
술루해
민다나오
술라웨시해
말라카해협
수마트라
보르네오
몰루카해
몰루카제도
술라웨시
자바해
반다해
뉴기니
인 도 양
자바
자바

동남아시아 청동기 유적과
동썬 문화 청동 북 발견 지역

동썬 문화 청동 북

의 자생적인 문명으로 보아야 한다.[소병국, 44] 높이 1미터, 무게 100킬로그램에 달하는 거대한 청동 북은 모두 200여 개 발견되었는데, 중국 남부와 말레이반도 그리고 수마트라, 자바, 술라웨시 섬 등지에 걸쳐 있다. 이는 동썬 문화가 해양 교류 네트워크를 이용해 확산했음을 말해준다. 특기할 점은 남베트남에서는 청동 북이 소수만 발견되었고, 보르네오, 필리핀, 인도네시아 북동부에는 전혀 발견되지 않는다는 점이다. 이런 사실들로 볼 때 사휜 문화와 동썬 문화 사이에 견고한 경계가 있는 듯하다. 사휜과 동썬이라는 병존하는 두 문화권이 중국과 인도양 세계의 중간 매개 역할을 했다. 기원전 4세기에 이르면 동남아시아 지역이 인도와 교역을 해서 진주나 보석 등을 들여왔고, 유리 제작 기술이 전파되자 인도에서 재료를 수입하여 직접 제작했다.[Manguin, 893]

기원전 3세기에 이르러 양쯔강 남부와 베트남 북부 지역 사이를 통제하는 백월(百越)족이 흥기했다. 이들의 건국 신화가 중국 신화의 염제신농씨(炎帝神農氏)와 연결되어 있는 것으로 보아, 중국의 영향을 강하게 받은 것으로 보인다.[권오영 2019b, 54~55] * 이들이 연안을 항해하며 활발한 교역을 하면서 동남아시아와 남아시아를 연결하는 역할을 했다. 앞 시대와 마찬가지로 보석 가공과 수출에서 그 점이 뚜렷하다. 남아시아인들이 이 지역에 찾아와 정주한 후 남아시아 보석을 가공하고, 그중 일부를 중국에 수출했다. 이 중 일부에서는 로마의 영향도 보이는데, 아래에서 보듯 인도양의 원거리 교역 네트워크를 통해 교류가 이루어지고 있었기 때문이다.[Sen, 540] 이를 보면 인도양 교역 네트워크의 한 끝이 일찍이 동남아시아에 연결되었고, 여기에서 다시 중국과 물적 교류를 하고 있었던 것이다.

● 염제의 후손인 데밍(帝明)이 자신의 아들 록뚝(祿續)을 낀즈엉부엉(涇陽王)으로 봉하여 남방의 씩구이국(赤鬼國)을 다스리게 했다. 낀즈엉부엉의 아들 락롱꿘(貉龍君)의 부인 어우꺼(嫗姬)가 커다란 알을 낳고 그 알에서 100명의 아들이 탄생하여 백월족의 선조가 되었다고 한다.[권오영 2019a, 54~55]

6국을 통일하고 천하를 통일한 진 시황제는 기원전 221년 영토 팽창과 교역 확보를 목적으로 베트남 북부 지역을 공격해왔다. 비엣족(越族)을 정복하기 위해 50만 병력을 파견했으나 쉽게 승리를 거두지는 못했다. 진제국은 5킬로미터에 달하는 영거(靈渠) 운하를 건설하고 누선(樓船, 궁수를 배치한 여러 층으로 이루어진 선박)을 이용해 보충 병력과 물자를 운송한 후에야 승리를 거두었다. 그러나 이로 인해 엄청난 피해가 발생했다. 운하 건설과 10년간의 전투로 민생이 극도로 피폐해져서 길거리의 나무마다 사람들이 목을 매어 자살했다고 할 정도였다. 이런 큰 대가를 치른 후에야 진제국은 푸젠과 광둥을 비롯하여 현 하노이 인근 지역을 점령했다. 하노이는 남해의 입구로 동남아시아의 물품을 들여오는 매우 중요한 역할을 맡았다.[Miksic, 562] 그렇지만 이 지역에 대한 무력 통제는 오래 지속되지 못했다.

진이 멸망하고 한이 들어서던 시기에 백월 지역에 남비엣(南越, 이후 응우옌왕조 때 '비엣남(越南)'이라는 명칭이 생기는데, 베트남은 이것의 한국식 발음)왕국이 성립되었다(기원전 204). 남비엣은 한족과 비엣족의 연합왕조의 성격을 띠고 있었으며, 한제국과 친선 관계를 유지했다. 중국 출신 찌에우다(趙佗)와 소수 중국인 집단이 건국을 주도했지만 중원 문화와는 전혀 상관없는 지역에서 비엣족 중심으로 건설된 독립 국가였으므로 대개는 이것을 베트남 역사의 시작으로 본다.[소병국, 58-59] 이 왕국 때문에 오히려 변경이 안정되는 효과가 있었고 그 덕분에 교역도 발전한 것 같다. 남비엣이 한과 교역을 하면서 동남아시아와 동북아시아를 더욱 긴밀하게 연결하는 고리가 되었다.(권오영 2019b, 55) 이 시기에 한나라 문화가 본격적으로 광둥 및 광시 지역과 북부 베트남으로 확산하기 시작했다. 광둥성에 있는 남비엣 유적지에서는 한대 문화의 영향을 강하게 받은 옥의(玉衣), 토기류 등이 발견된다. 반대 방향으로는 이 나라에서 생산되는 상품과 동남아시아 상품 그리고 여기에 더해 먼 이역에서 온 물품이 한제국으로 들어갔다. 대표적으로 파르티아의 은합, 대상아, 상아기(象牙器), 유리기(琉璃器), 마노와 수정 구슬 등을 들 수 있다. 이때부터 중요 교역항으로 발전한 곳이 광저우다. 이후 광저우는 중국 역사 전반에 걸쳐 바다를 통한 세계와의 교역에서 핵심 창구 역할을 맡는다.

한-남비엣 간 평화로운 교역 관계 또한 오래 지속되지는 못했다. 기원전 111년, 한 무제(武帝)는 남비엣왕국을 멸망시킨 후 7군을 설치하였고, 기원전 109년에는 윈난(雲南) 지역의 전(滇) 왕국을 멸망시켰다. 다만 남쪽의 7군 중 교지, 구진, 일남 등 이른바 교지 3군은 현재 베트남의 북부와 중부에 위치했는데, 이 지역을 통해 북부·중부 베트남과 한의 교섭이 계속되었다. 7군 설치로부터 3년 후 한은 위만조선을 멸망시키고 4군을 설치했다. 교지 3군과 한 4군 사이에 소통과 교류가 이루어졌을 가능성도 제기되고 있다.(권오영 2019a, 176~182) 《삼국지》〈위서〉 '동이전'에는 3세기경 연안 항로 코스가 나온다. "낙랑 대방군에서 해안을 따라 남으로 가다보면 한국(韓國)에 이르게 되고, 여기에서 다시 남으로 가다가 동쪽으로 꺾어 항해하면 구야한국(狗邪韓國)에 이르게 되는데, 여기에서 바다를 건너면 대마도에 이른다." 한국이란 충청 지역의 마한연맹체, 구야한국은 김해 지역을 지칭한다. 도서 연안 지역에서 중국의 화폐들이 수습되며, 중국제 유리 및 수정 장신구, 토기류, 철제류 등이 발굴된다. 변한의 철 제품도 당시 널리 유통되었다.(강봉룡 2005, 24~25) 이런 기록들을 종합해보면, 동남아시아-중국 교역로가 동쪽의 한반도와 일본까지 연장되었다고 해석할 가능성도 있다.

이상에서 보듯, 동남아시아의 역사는 쉽게 정리하기가 힘들 정도로 복잡하지만, 큰 그림을 보면 중국의 군사·정치적 압력을 받으면서도 독립적인 고대 국가 건설을 시도했고, 이 국가들이 때로 중국의 침략을 받으면서도 중국과 무역 및 문화 교류를 지속했다. 동시에 이 국가들이 원거리 해양 네트워크에 연결되어 있어서 동남아시아, 인도양 지역 혹은 멀리 페르시아나 로마의 다양한 물자들이 이 지역에 유입되었고, 그중 일부는 중국 내륙으로, 어쩌면 한반도와 일본에까지 전달되었다.

중국과 로마의 통교 노력

중국이 직접 중동 혹은 로마와 통교하려고 하지는 않았을까?

이 시기에 육상 실크로드를 통해 중국에서 로마까지 직행한다는 것은 불가능에 가까운 일이다. 두 제국 사이는 한 번에 답파하기에는 너무 멀리 떨어져 있고 중간에는 지극히 폭력적인 민족들이 길목을 지키고 있기 때문이다. 중국에서 수출한 상품은 호전적 전사들이 지키는 타림분지의 오아시스 왕국들을 지나 파미르고원의 메마른 산악지대의 길들을 통과한 후 이란 동부 그리고 메소포타미아

(현재의 이라크)까지 멀고 험한 길을 거쳐야 한다. 이 지점에 이르면 그리스 상인과 아라비아 상인이 물품을 받아서 지중해 세계로 전달해준다. 말하자면 도상의 여러 중개 교역 집단들의 릴레이에 의해 교역이 이어지고 있었던 것이지, 중국에서 유럽까지 전체를 통제하는 것은 애초에 실현 불가능한 꿈이다. 소그드인 같은 전문 중개 상인들이 활약했고, 또 중간에 위치한 강대한 세력들이 수송과 교역에 간섭하며 이익을 취했다. 파르티아가 대표적이다. 이들은 로마나 그리스 상인들이 동쪽으로 자유롭게 가지 못하도록 방해했다. 만일 이를 허락하면 비단길을 통제하여 얻는 이익을 잃을 수 있고, 또 혹시라도 로마와 중국이라는 양쪽의 거대 제국이 동맹을 맺을 경우 자국의 안위가 위협받을 수 있다고 판단했을 것이다. 상황이 이러했으므로 로마제국은 파르티아 변경 지역에 위치한 차락스(Charax), 아폴로구스(Apologus) 같은 작은 도시국가들(이란과 이라크 변경 지역인 바스라 근처에 위치한 고대 도시들)과 시리아사막에 위치한 팔미라 등이 수행하는 중개무역에 의존해야 했다.(Hourani, 14~15)

이런 난점에도 불구하고 두 제국이 상대에 대한 정보를 얻고 또 직접 접촉하려고 시도했을 가능성은 있다. 한제국은 장건(張騫)의 사례에서 보듯 국외 사정을 타진하고 군사·외교적으로 팽창해 나가려는 노력을 기울였다. 일부 기록은 로마와 한 두 제국이 실제로 접촉했다고 이야기한다. 로마 역사가 플로루스(Florus)는《로마사 개설(Epitome de T. Livio Bellorum omnium annorum DCC Libri duo)》에서 중국인이 아우구스투스 황제 시대(기원전 27~서기 14)에 로마제국에 사신을 보냈다고 언급한다.(정수일 36; McLaughlin) "스키타이와 사르마티아가 대사를 보내 친선을 요구했다. 인도와 세레스(Seres) 또한 마찬가지인데, 이들은 태양 바로 아래에 사는 사람들이다."● 이때 로마에 온 중국인은 코끼리, 진주, 보석을 바쳤다고 기록에 전한다. 그러나 중국 측 사료에는 당시 로마에 대사를 보냈다는 기록이 없고, 또 중국 대사가 코끼리를 바쳤다는 서술 내용도 사리에 맞아 보이지 않으므로 플로루스 기록의 진위를 단정할 수는 없다. 앞 장에서 분석한 바 있는 같은 시대의 저작《페리클루스》에서도 중국인을 볼 수 없다고 기록하고 있으니, 중국과 로마 사이에 대사가 오갔을 가능성은 높아 보이지 않는다. 플로루스는 어쩌면 인도인을 중국인과 혼동했을 수도 있다.

다만 한제국이 로마에 사절을 보내 동맹을 체결하려고 시도한 것만은 분명한 사실이다. 서기 2세기에 반초(班超)가 지휘하는 한나라군이 타림분지를 지배했던 시기가 그런 때이다.(McLaughlin) 반초는 로마제국의 적국인 파르티아를 치기 위해 원정군을 보냈다. 이때는 이미 여러 경로로 로마제국에 대해 어느 정도의 정보를 가지고 있어서, 이 나라가 중국과 유사한 크기의 영토를 가지고 있다는 의미에서 대진국(大秦國, 'Great China')이라고 불렀다. 반초는 서기 97년에 로마와 통교 가능성을 타진할 목적으로 부장 감영(甘英)을 파견했다. 감영이 어떤 길을 이용했는지 확실하게 알 수는 없다. 그는 파

● 세레스는 로마가 중국을 지칭하는 이름 중 하나로 '비단 민족(Silk people)'이라는 뜻이다. 당시 로마인들은 아시아의 변방 어느 지역에선가 숲에서 비단을 채취한다고 믿었다.(McLaughlin)

르티아인들에게 들키지 않기 위해 신분을 숨기고 잠행했을 것으로 보이며, 아마도 메소포타미아와 페르시아만까지 간 것으로 짐작한다. 이곳에서 로마의 변경 지역인 시리아까지는 수 주 내에 도달할 수 있는 거리다. 그런데 감영은 로마인들이 인도양까지 진출했다는 사실을 알고 육로보다는 차라리 아라비아반도를 돌아서 로마로 가는 항로를 찾으려 했다. 이 항해는 통상 3개월 정도의 시간이 걸린다. 그런데 이 지방 선원들은 비단옷을 입고 부유한 행색을 한 감영에게 더 많은 돈을 갈취하기 위해서였는지, 날씨가 나빠 항해가 늦어질 수 있으므로 3년 치 보급을 미리 달라고 요구했다. 무리한 요구에 질려버린 감영은 미션을 포기하고 돌아갔다. 그리고 반초에게 로마에 도달하려면 끔찍한 항해를 해야만 한다고 보고했다. "이 바다는 광활합니다. 순풍을 만나면 석 달이면 건너지만 그렇지 않으면 2년이 걸릴 수도 있으므로, 3년 치 보급을 싣고 가야 합니다. 때로 이 바다에서는 향수병에 걸려 목숨을 잃기도 합니다." (Hourani, 16)

감영이 로마를 향해 출발하고 1년 후 즉위한 트라야누스 황제는 서기 116년 파르티아를 누르기 위해 군대를 파견하였다. 육로와 해로를 모두 방해하는 파르티아의 행위를 억제하기 위해서였다. 군대는 감영이 중국으로 돌아가기 전 마지막으로 머물렀던 페르시아만까지 도달했다. 두 제국의 조우 가능성은 이렇게 무산되었다. 1년도 안 되어 트라야누스 황제가 사망했고, 다음 황제 하드리아누스는 군사적 정복보다는 지적 활동에 매진하는 성격이어서 곧 로마군을 퇴각시켰다. 트라야누스가 차락스의 항복을 받아냈지만 곧 파르티아가 이 지역을 다시 차지했기 때문에, 로마로서는 원래의 중개 교역 시스템에 다시 의존해야 했다. 이 시기가 원거리 중개 교역을 수행하는 팔미라의 전성기였다.(Hourani, 15) 곧이어 중국 역시 타림분지에서 후퇴하였다. 그리하여 두 제국 간 통교 가능성은 영영 사라졌다.

감영의 시도와는 반대 방향으로 로마 사신이 중국에 왔다는 사실이 중국 기록에 보인다.《후한서》〈서역전〉'대진국전'에는 대진국, 즉 로마의 사신이 왔다고 쓰여 있다(서기 166). 로마가 중국과 통교하려 했지만 중간의 파르티아가 방해하면서 비단을 비롯한 중국 산물의 교역을 독점하려 했기 때문에 안돈(安敦, 마르쿠스 아우렐리우스 안토니우스)이 사신을 보냈다는 것이다. 사신은 한제국에 소속된 베트남의 일남군(日南郡)에 상아, 코뿔소 뿔, 대모 등을 가지고 왔다고 전한다. 그 먼 대진국에서 사신을 보낸 이유가 무엇일까?《후한서》에서는 그 이유를 이렇게 추론한다. 아시아 무역은 10배에 달하는 큰 이익을 낳을 수 있는데, 중간에 위치한 파르티아가 생사와 견직물을 독점하기 위해 로마와 한나라 간의 소통을 막으려 한다. 따라서 로마 황제가 수익성 좋은 양국 간 교역을 직접 주도하려는 목적으로 사신을 보냈을 것이다.(미야자키 2017, 55~56) 그런 추론이 일리가 있으나, 그렇다고 중국에 찾아온 일행이 정말로 로마 사신이었는지는 불분명하다. 우선 이들이 가지고 온 상품들은 로마제국의 산물과는 거리가 멀고 동남아시아에서 구할 수 있는 것들이다. 그렇다면 당시 일남군에 찾아온 사람들은 로마의 사신이 아니라 다른 지역 상인인데 중국과의 교역 특권을 얻기 위해 로마 사신을 사칭했을 가능성도

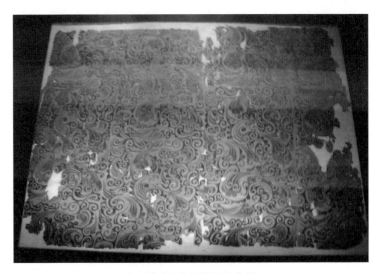

파르티아 상인이 거래한 중국 견직물

중국 후난성 창사에 있는 마왕퇴 1호분에서 출토된 구름무늬 비단이다. 한제국 시기 파르티아의
중개 교역을 짐작할 수 있다.

없지 않다. 당시 중국 황실에 찾아가려면 합당한 선물을 가지고 가야
하므로 동남아시아에서 구할 수 있는 비싼 물품을 가지고 갔을 것이
다. 그러나 과연 실상이 무엇인지 아직 확실히 단정할 수는 없다.

　이상의 사실들을 놓고 보면 중국과 로마는 서로 관심이 있었고
접촉하고자 하는 의도도 있었던 것은 분명하지만, 실제로 접촉이
이루어지기는 힘들었다. 혹시 상대방 지역까지 찾아간 사람들이 있
다 해도 그것은 예외에 속하는 일이다. 따라서 두 제국은 직접 교류
는 불가능에 가깝기 때문에 중간의 매개 지역들의 도움을 받아 간
접적으로 교류하는 수밖에 없었다.

7. 동아시아 해양 네트워크의 확장

한 말기에 중국 내부에 큰 변화가 일어났다. 극심한 내분 상황에서 황실을 지키려는 조조(曹操)의 노력은 실패로 끝났다. 208년 적벽대전의 실상과 그 역사적 의미에 대해서는 많은 논란이 있다. 조조가 손권(孫權)과 유비(劉備)의 연합군과 전투를 벌였다가 대패하였다고 하지만, 군의 규모, 심지어 전투 장소, 조조의 군을 격멸시켰다는 화공(火攻)의 실체 등이 모두 불확실하다. 다만 확실한 것은 손권이 강남 지방을 지배하게 되어 결과적으로 북중국은 남중국 및 해양 세계와 직접 접촉이 일시적으로 끊어졌다는 점이다. 이 사건은 동아시아 해양의 역사라는 관점에서 실로 중요한 전환점 중 하나로 해석할 수 있다.

이후 한제국이 몰락하고 370년 동안 분열의 시대가 이어진다. 이 시기에 무대에 등장한 여러 국가 중 특히 동오(東吳)는 중국 남부 지역의 관점에서 중요한 의미가 있다.[Paine, L., 181~183] 이 나라는 말 산지인 중앙아시아와 연결선이 끊어지자 이를 대체하기 위해 자오치(交趾, 하노이를 중심으로 한 지역)를 침략했다. 여기에서 윈난성의 말 공급선과 연결하고 동시에 열대 산물을 얻을 수 있기 때문이다. 이런 과정에서 양쯔강 이남 지역이 점차 한족의 영향하에 들어갔다. 압박에 저항한 자오치가 반란을 일으키자, 광저우가 그 역할을 대신해 성장하여 번영을 구가한 것도 중요한 의미가 있는 일이다. 이즈음 끊어졌던 해양 네트워크가 점차 다시 활성화되기 시작한다. 남방 교역이 살아나고 사치품이 유입되면서 광저우가 본격적으로 성장하는 계기를 맞았다. 다만 당시 광저우는 타락이 극심했다. 관리들이 상인들로부터 받아내는 뇌물 공여가 심해서, 한 포대만 받으면 그 안의 귀중품으로 몇 대가 먹고 살 수 있을 정도라고 한다. 이는 막대한 부가 오가지만 중앙 정부의 직접 통제가 미치지 않는 변경 지역의 특성이라 할 수 있는데, 적어도 당대 말까지는 이와 같은 극심한 부패 현상이 지속되었으며, 송대에 가서야 진정되기 시작한다. 부패 문제에 더해 관세 부담도 20~30퍼센트에 이를 정도로 커서 원성이 자자했다.

304~316년 흉노의 공격은 강남 지방에 대한 중국 북부의 영향력이 강화되는 계기가 되었다. 이민족 지배하에 들어간 북쪽 사람들 100만 명이 남쪽으로 피난 왔기 때문이다. 한족 문화, 제도, 언어 등이 광범위하게 유입되고, 더불어 경제도 성장했다. 아마도 이즈음 처음으로 중국의 대외 교역 중 해상을 통한 비중이 육상보다 더 커졌을 것으로 보인다. 이 시대는 분명 지극한 혼란기이고 많은 문제를 안고 있었지만, 남방 교역이 증진되고 외국 사절이 많이 찾아오는 등 해외 교류가 확대하는 시기이기도 했다.

한대와 그 이후 전환기에도 베트남 지역은 여전히 중국과 동남아시아 및 그 너머 세계를 연결하는 역할을 했다. 《한서》〈지리지〉에는 한의 지배하에 있었던 베트남 북부의 일남에서 남인도의 동부 해안에 있었던 황지국(黃支國)까지의 뱃길이 구체적으로 쓰여 있다. 황지는 타밀나두 주도인 칸치푸람(Kanchipuram)으로 추정한다. 기록에 따르면 황지에서 베트남으로 가려면 말레이반도까지 8개월, 이곳에서 다시 일남까지 2개월을 항해한다고 되어 있다.[강희정 2019b, 26]

7. 동아시아 해양 네트워크의 확장

반대 방향으로는 합포(合浦), 일남 등지에서 선박이 출항하여 차오프라야강 하류·말레이반도 상부 지역에 다다른 후 10일 이상 걸려 끄라지협을 통과하여 뱅골만에 도착하면, 현지 '야만인'들이 중국 상인들을 황지로 데려다준다고 한다. 이 기록에 의하면 중국 남부·북베트남과 인도 동남부를 왕래하는 사업은 수년이 걸리는 위험한 모험이었다. 그럼에도 말레이반도 남단의 코린치(Korintji)에서 한나라 원제 초원 4년(기원전 45) 명문이 새겨진 명기가 출토되는 등의 증거들을 볼 때, 중국의 교역이 이제 동남아시아 먼 곳까지 미친 것은 분명하다.

자오치 지역은 내분으로 세가 약화되어 한제국의 통제하에 들어갔다가 참족이 점차 세력을 강화해서 3세기가 되면 새로운 국가인 임읍(林邑), 즉 참파가 형성되었다.[권오영 2019b, 68] 참파 유적은 베트남 중부를 중심으로 남부까지 긴 해안지대를 따라 남아 있는데, 가장 중요한 종교 유적지인 미선(My Son)에는 힌두교와 불교 요소가 섞인 건물과 조각이 남아 있다. 참파의 항구는 호이안(Hoi An)으로 추정된다. 이곳은 사휜-참파 시대를 거쳐 중세에도 중요한 항시(港市)로 기능하면서 다양한 국적의 외국 상인들이 교류하던 장소였다. 이 지역의 항구도시들은 주변 강대국으로부터 상당한 자율권을 받아서 주도적으로 교역을 중개하였으며, 각지에서 온 사람들의 문화가 급속도로 섞였다. 참파에 불교, 자이나교, 힌두교, 이슬람교, 유대교, 기독교 등 다양한 종교가 유입된 것도 그 때문이다.

한편 서기 2~6세기에는 푸난(扶南, 프놈 왕국)이 번영한다. 푸난은 베트남 남부와 캄보디아 일대를 무대로 성장한 고대 왕국이다. 기원 전후 시점부터 두각을 나타내다가 2세기 이후 끄라지협을 중심으로 중개무역을 수행하면서 동남아시아 해양 강국으로 발전하였다. 이들은 반(半)해적인 말레이인들을 고용하였지만, 때로는 말레이인들에게 오히려 공격을 당하기도 했다.[Frécon, 578] 3세기 전반에는 중앙아시아의 쿠샨과도 통교할 정도로 푸난의 위세가 커졌다. 서기 229년, 한나라 몰락 후 성립된 국가 중 하나인 동오의 주응(朱應)과 강태(康泰)가 푸난에 파견되어 이곳 사정을 살펴본 적이 있다. 이들이 다녀와서 남긴 기록에 의하면 현지인들은 벌거벗고 타투를 하고 있지만, 성읍이 있고 금, 은, 진주, 향 등으로 세금을 내며, 자기네들 문자도 있다(인도의 영향으로 인도의 문자를 원용하여 사용하고 있었던 것이다).● 이런 기록으로 보건대 푸난은 중개 교역을 통해 상당한 부를 쌓은 것으로 보인다.

푸난의 정치적 중심지는 현재 캄보디아 영토인 앙코르 보레이

● "손오(孫吳) 시기에 중랑(中郎) 강태(康泰)와 선화종사(宣化從事) 주응(朱應)을 범심의 국(國)에 사자로 보냈는데, 국인(國人)들은 벌거벗은 거나 다름없고, 오직 부인들만이 〔천에 구멍 하나를 뚫어 머리를 끼워 걸쳐 입는〕 관두(貫頭)를 입었을 뿐이었다. 강태와 주응이 말하여 이르기를, '국 안이 실로 아름다운데, 단지 사람들만이 드러내어놓고 다니니, 참으로 괴이합니다'라고 하였다. 범심이 비로소 영을 내려 국내의 남자들에게 〔천을 허리에 둘러 아래를 가리는〕 횡폭(橫幅)을 입게 하였다. 횡폭은 지금의 간만(干漫)이다. 대가(大家)는 비단을 끊어 만들어 입었고, 가난한 자들은 베를 사용하였다."《남사》권78 〈열전〉 제68 '제박국(諸薄國)')[동북아역사넷] 인도의 산스크리트 문자는 원래 브라만의 성스러운 언어를 표기하는 데 쓰였으나 종교와는 별개로 아시아 각지로 확산하여 문화 및 정치 언어로 차용되었다. 캄보디아의 경우 6~14세기까지 이 문자를 사용했는데, 처음에는 왕실의 영광을 찬미하는 용도였으나 점차 실용적인 용도로도 확대되었다. 동남아시아 국가들은 정교한 산스크리트 정치 수사를 배워 중국에 대해 자신들의 가치를 높이는 데 사용했다. 인도 문자 확산의 주요 동력은 교역이었다.[Emmanuel Francis]

7. 동아시아 해양 네트워크의 확장

옥에오 유물

3~6세기 동남아시아에서 가장 번성한 항시였던 푸난의 옥에오에서는 교역의 중심답게 여러 지역의 다양한 물품이 출토되었다. 힌두교와 불교의 영향을 확인할 수 있는 유물도 보인다.

(Angkor Borei)이고 경제 중심지는 외항인 옥에오(Oc Eo)이다.[권오영 2019b, 72 이하]● 옥에오는 현재는 베트남의 영역에 속해 있으나 고대에는 앙코르 보레이와 직선거리 약 80킬로미터에 달하는 운하로 연결되어 있었다. 이곳의 유적군에서는 안토니우스 피우스, 마르쿠스 아우렐리우스 등 로마 황제의 초상이 새겨진 금화, 간다라 양식의 불상, 힌두교 신상, 산스크리트어 각문 석판, 한나라 제 거울 등이 출토되었다. 유럽, 인도, 중국 등지에서 생산된 다양한 종류의 물품이

● 옥에오는 프톨레마이오스(Claudios Ptolemaeos, 약 100~약 170)가 언급한 인도양 동쪽 끝의 '강한 도시'로 알려진 카티가라(Kattigara)가 아닐까 추론하기도 한다. 그가 인용한 자료 중 말레이반도까지 여행한 알렉산드로스(Alexandros)라는 상인의 보고서가 있는데, 이 상인은 말레이반도 동쪽에는 거대한 만이 있고 그 너머에 시나에(Sinae, 중국을 가리키는 또 다른 이름)가 있다고 이야기한다. 이 상인이 서술한 최종 목적지가 이 바다에 면한 대규모 거래 항시인 카티가라다.

출토된 사실에서 이곳이 해상 교역로의 중요 기항지 중 한 곳임을 알 수 있다. 여기에서 상아, 코뿔소 뿔, 향목, 대모, 호박(琥珀) 등이 거래되고 금은 제품들도 생산했다.

참파의 호이안이나 푸난의 옥에오는 동남아시아에서 발전하던 항시의 전형이다. 이런 곳들은 교역의 필요에 의해 산간, 내륙이나 해안가의 다른 항시와 결합하여 항시국가라는 형태의 국가를 형성한다. 특히 푸난은 3세기 초에 크게 확대되는데, '푸난의 대왕'으로 불리게 되는 국왕 판시만(范師蔓)은 큰 배를 건조해 주변 10여 개 나라들을 공략했다고 《양서(梁書)》에 전한다. 기록에 의하면 이 나라 배는 길이 12길(1길은 1.8미터이므로 약 22미터), 너비 6척에 100명이 탈 수 있는데, 50명씩 대열을 지어 노와 삿대를 사용하여 구호에 맞추어 배를 저었다고 한다.[소병국, 67] 이런 점들을 놓고 볼 때 푸난은 동남아시아 최초의 해상 교역 국가로 볼 수 있다.[Miksic, 565]

옥에오를 중심으로 한 이 지역 교역의 실상은 어땠을까? 옥에오는 타이만과 남중국해가 만나는 지점에 위치하며 우선 그 자체로 물산이 풍부한 지역이지만, 무엇보다도 몬순이 바뀌는 지점이라는 사실이 중요하다. 인도양 지역 상인들은 몬순을 타고 옥에오항구로 간 다음, 원하면 그곳에서 배를 바꿔 타고 중국으로 올라갈 수 있다. 그런데 바로 이런 사정 때문에 인도양 상인과 중국 상인이 같은 시간대에 만나기는 매우 힘들다. 한쪽 상인들을 이곳에 데려다주는 몬순이 다른 쪽 상인들을 고향으로 데리고 가기 때문이다. 이런 사정 때문에 인도양과 동아시아 해역 전체를 한 번에 항해하며 비즈니스를 수행할 수는 없다. 서쪽에서 출발하여 말라카해협에 도착하면 바람이 바뀔 때까지 6개월을 기다렸다가 더 동쪽으로 가던지, 아니면 곧 짐을 싣고 귀환해야 한다(1292년 마르코 폴로가 외교 사명을 띠고 말라카해협을 지나갈 때 이곳에서 풍향이 바뀔 때까지 5개월을 기다렸다). 이런 여건에서 인도-중국 항해를 전부 마치려면 3년이 소요된다. 선주(船主)로서는 그렇게 오래 머무를 수는 없으니 배를 돌려야 한다. 대신 상인이 현지에 장기간 머무르며 중개 활동을 할 수 있다. 그런데 중국인이 그 역할을 맡지 않으므로 결국 인도와 동남아시아 상인의 연계가 더욱 굳건해졌다. 이런 상황은 송대에 중국인이 직접 동남아시아로 나갈 때까지 지속되었다.(Miksic, 560~561)

동남아시아와 교역하는 인도양 상인으로서는 말라카해협을 통과하는 일이 큰 부담이었다. 이곳은 해로가 좁고 옅은 여울이 계속되며 밀물과 썰물로 인한 강한 조류가 배의 운항을 방해한다. 게다가 말라카해협을 경계로 몬순의 방향이 바뀌기 때문에 범선은 해협에서 기다려야 하는데, 그런 이유로 이곳에 해적이 기승을 부렸다. 이처럼 위험한 해협을 피하고자 한다면 앞서 이야기한 대로 말레이반도에서 가장 폭이 좁은 끄라지협을 넘어가는 육로를 이용하는 방법이 있다. 인도양 상인들 중 일부는 베트남 남부의 프놈과 참파에 거주하면서 해상과 육상 두 루트를 통해 오는 상인들을 맞아 교역 활동을 했다.

이렇게 말레이-인도, 인도-로마를 잇는 해로들이 열렸으므로 이론상 지중해로부터 중국까지 상인이나 상품이 오고갈 수 있다. 3세기 로마에 중국 비단이 유행했고, 옥에오항구 인근에서 3세기 로마제국 동전이 발견되는 사실 등은 그런 점을 이야기한다. 중간에 위치한 동남아시아는 세계화의 수문 역할을 하고 있었다.(Frécon, 576)

동남아시아 역사는 정리하기 힘들 정도로 변전이 심하며, 내분과 외침이 잦았다. 다만 이 역사를 관통하는 한 가지 중요한 경향은 중국과 인도양 세계 사이에서 중개 무역을 수행했다는 점이다. 그리고 그 역할을 하는 세력 중 이 지역 전반을 통제하는 강력한 '해양 무역 국가'가 등장하는데, 푸난이 그 첫 번째 사례라 할 수 있다. 푸난은 6세기경 쇠락하지만, 이후 스리위자야, 샤일렌드라, 마타람(Mataram), 말라카 같은 국가들이 그 뒤를 이어 발전한다.[소병국, 69]

5세기, 법현과 말라카해협

중국과 동남아시아 간 해상 연결 네트워크가 발전하는 데에는 불교의 영향이 컸다. 불교는 원래 육로를 통해 중국에 전해졌지만 3세기에 해로를 통해 더 본격적으로 확산되었다. 많은 구법승과 신도가 해로로 인도, 스리랑카 등 불교 중심지를 찾아갔다. 또 불교 관련 책, 향을 비롯한 불교 관련 물품이 수입된 결과 상인과 불교의 관계가 깊어졌다.[Schottenhammer 2017, 797] 수마트라 남부의 소왕국들은 인도 굽타왕조로부터 정치·종교 개념을 수용했고, 동시에 불교 의례에 필요한 향을 수출했다. 이제 중동의 향 대신 수마트라 삼림에서 나는 안식향(benzoin)이나 장뇌 등이 중요한 물품이 되었다.[Manguin, 894]

그렇지만 당시 해상 항해는 매우 위험했다. 이런 상황을 자세히 기록한 사람으로 동진(東晉) 시대 승려 법현(法顯, 약 337~423)을 들 수 있다. 법현은 중국에 들어온 불경 중 계율을 기록한 율경(律藏)이 부족함을 개탄하다가 나이 예순에 몇 명의 도반과 함께 직접 천축(天竺, 인도)행을 결심했다. 399년 장안을 떠나 둔황, 사하(沙河), 파미르고원 등을 지나 북인도에 도착했고, 다시 3년 후 인도 중부로 들어갔다. 이후 불적을 두루 순례하고 여러 경전을 얻었으며, 범어를 익히고 율본(律本)을 사본했다. 그리고 갠지스강을 따라 내려와 다마리제국(多摩梨帝國, 후글리강 하구 부근의 탐루크)에 2년간 체재한 후 상선을 타고 인도양과 남중국해를 건너 만난 끝에 413년 청주(靑州, 산둥성 칭다오 동쪽)로 귀환하였다. 귀국 후 그는 자신의 구법 과정을 책으로 썼다.

여기에서 우리가 특히 주목해볼 대목은 귀국 여정이다. 이 자료는 당시 해상 항해가 어떤 방식으로 이루어지고 있었는지 여실히 보여준다. 법현은 인도 상인이 개척한 벵골만 교역로를 이용하여 귀국했다. 그는 갠지스강을 내려가 인도의 첨파대국(瞻波大國, 오늘날의 바갈푸르)을 경유하여 다마리제국에 이르렀다. 벵골만 항해는 비교적 쉬운 편이었다. 다마리제국에서 상선을 타고 겨울의 동북 계절풍(信風)을 이용하여 14일 항해 끝에 스리랑카(師子國)로 건너가 2년간 체재했다. 그의 책에는 당시 교역과 교류에 관한 흥미로운 기록이 많다. 예컨대 이런 기록을 보자. "귀신은 스스로 몸을 나타내지 않고 다만 값을 평가하여 보물을 내어놓는다. 상인들은 곧 그 가격에 따라 값을 치르고 물건을 가져갈 뿐이다."[법현. 134~135] 이 대목은 침묵교역(silent trade, 상대방과 직접 접촉 없이 물물교환으로 이루어지는 무역)의 한 형태를 말하는 것일까? 또 하나 흥미로운 구절은 법현이 중국 물품을 보고 눈물짓는 장면이다. 법현이 중국을 떠난 지 수년이 지났는데 그동안 사람이든 사물이든 중국 것은 없었다. 그런데 어느 날 승려가 5,000명 있는 무외산(無畏山)에서 "옥상(玉像) 근처에서 상인이 진지(晉地)의 백견선(帛絹扇)으로 공양하는 것을 보고자기도 모르게 처량해져서 두 눈에 눈물을 흘렸다"고 기술한다. 중국 물품이 동남아시아로 들어오고 있음을 짐작할 수 있다. 법현은이 나라 도성에서 본 사람들로 "거사(居士)와 장자(長者), 살박(薩薄) 상인들"을 거론한다.[법현, 137] 이때 '살박'은 무슨 뜻일까? 대개는 사르타바호(Sārthavāho)의 역어로 상주(商主) 혹은 대상(隊商)의 우두머리로 해석하지만, 혹시 이 말이 고유명사의 음차(音借)라면 아라비아 남부의 '사바' 상인으로 해석할 수도 있다. 그것이 맞는다면 아덴, 소코트라와 스리랑카를 연결하는 교역로가 5세기에 성립되었던 것일까?[미야자키 2017, 60] 물론 이 문제에 대해 현재로서는 정확한 답을구하기는 힘들다.

411년 귀국길에 오른 법현은 200명이 승선한 큰 상선을 타고 스리랑카섬을 출발하였다. 그런데 출항 이틀 만에 폭풍우를 만나 배는 누수에 시달리며 벵골만을 배회했다. 당시 이 배는 사고에 대비해 작은 구명정을 매달고 항해했는데, 조난을 당하자 선원과 상인들이 승객들을 내버려둔 채 먼저 구명정을 타고는 밧줄을 끊어버리고 도망갔다. 남은 사람들은 가지고 온 재화를 전부 바다에 던졌지만 법현은 경전과 불상을 꼭 잡고 관세음보살만 외웠다. 13일 표류 끝에 한 섬(아마도 니코바르제도 중 한 섬)에 닿았다. 배를 수리한후 다시 떠났는데 여전히 위험이 도사리고 있었다. 이 바다에 대해법현은 "이 해상에는 해적이 많아 그들과 만나면 무사할 수가 없다.대해(大海)는 어디까지나 끝이 없이 넓고 넓어 동서를 분별할 수가 없고, 오직 일월이나 별자리를 보면서 나아갈 뿐이다. 만약 비가 오면 바람에 불려가 아무런 대비책도 마련할 수가 없었다. 어두운 밤에는 다만 큰 파도가 서로 부딪혀 황연(晃然)히 불빛과 같았으며 거북의 종류인 괴물 같은 것을 볼 뿐"이라고 썼다.[법현. 152] 90일 뒤 야파제(耶婆堤, 야바디파)에 도착했다. 이곳이 자바나 수마트라 동남부라는 설이 있지만, 정확히 어디인지는 분명치 않다. 법현은 이곳에는 불교가 전파되지 않았고 브라만교의 세가 크다고 기록한다.

야파제에 5개월 머문 후, 414년 200명이 타는 배를 타고 50일분의 식량을 준비한 후 다시 항해에 나섰다. 목표 지점은 광저우였다. 1개월이 지났을 때 한밤중에 흑풍(黑風)과 폭풍우가 쏟아져 모두 공포에 싸였다. 날이 밝았을 때 바라문(브라만)들이 이 사고는 불교 승려를 태워 일어난 거라며 그를 섬에 내버리자고 이야기하자, 법현의 동료가 그를 꾸짖으며 나중에 중국에 가서 황제에게 고발하겠다고 협박하여 사태를 무마시켰다. 이 상황을 보면 이 배에는 중국 상인은 거의 없고 말레이, 인도, 참파, 푸난 등지 사람들이 대다수인 것으로 보인다. 동남아시아와 중국을 오가는 교역은 중국인 대신 동남아시아인이 담당하고 있었던 것이다. 이후 배는 다시 심한 폭풍우를 만나자 완전히 방향을 잃어서 70일을 해상에서 허비했고, 그동안 식량과 물이 바닥났다. 상인들은 보통 50일이면 광저우에 도착하는데, 벌써 50일 하고도 수십 일이 지났으니 항로를 이탈한 것이 분명하다고 판단했다. 결국 목적지에서 훨씬 떨어진 산둥반도에 도착했다. 법현은 여곽(藜藿, 명아주 잎과 콩잎)을 보고 이곳이 중국 땅임을 알아본다. 이후 법현 일행은 수도 장안을 찾아갔다. 법현의 일정을 보면 장안을 출발하여 6년 만에 중부 인도에 이르러 6년 간 머물고 3년 만에 돌아와 청주에 도착하였는데, 그동안 거의 30국을 유력(遊歷)한 것이다.

법현의 기록은 당시 동남아시아 해상 항해의 실상을 실감나게 전해준다. 바다를 통해 동남아시아와 중국 사이를 오가는 것이 얼마나 위험한 일이었는지 알 수 있다. 이 해로를 통해 동남아시아 상인들이 목숨의 위험을 무릅쓰고 중국과 교역을 수행하고 있었던 것이다. 중국 선원들은 아직 이 먼 바다로 나가지는 않았고, 단지 종교적 열정 가득한 승려 같은 사람만 모험에 나설 뿐이다.

수제국

수나라(581~618)는 단기간 존재한 제국이지만 후대에 큰 영향을 미쳤다. 무엇보다 중국을 남북으로 연결하는 대운하(大運河)를 정비한 것이 그러하다. 수 문제(文帝, 재위 581~604)는 중원을 통일한 후 전국 통치의 기반을 조성하기 위해 운하 정비를 시작했지만 백성들에게 너무 큰 고통을 안겨준다고 판단하여 중단했다. 이 사업을 계승하여 완성한 사람은 다음 황제인 양제(煬帝, 재위 604~618)다. 그는 형을 태자 자리에서 밀어내고 아버지를 살해한 후 제위를 차지하여 역사상 보기 드문 사악한 인물로 평가받는다. 게다가 즉위 후 만리장성을 수축하고 많은 궁전을 짓는 토목공사를 벌인 데다가 전쟁도 자주 벌여 백성에게 과중한 부담을 안겼다. 세 번에 걸친 고구려 침공 실패가 대표적이다. 그의 치세에 벌인 가장 중요한 공사는 운하 네트워크 확대 사업이었다. 500만 명의 남녀 노역자들을 동원하여 단 6년 만에 무서운 속도로 사업을 마쳤다. 뤄양 서원(西苑)에서 산양(山陽)까지 통제거(通濟渠, 605), 산양에서 강도(江都)까지 한구(邗溝, 605), 고구려 원정을 위하여 판저(坂渚)에서 탁군(涿郡)까지 영제거(永濟渠, 609), 그리고 경구(京口)에서 여항(餘杭)까지 강남하(江南河, 611)를 건설하였는데, 다만 이 사업은 맨땅에 운하를 판 게 아니라 강물들을 연결하는 공사였다. 이렇게 해서 611년 수도 뤄양에서 북쪽으로 1,350킬로미터에 달하고 남쪽으로도 확대된 대운하가 완성되었다. 이 엄청난 공사 때문에 온 백성들의 원성을 샀고 양제 자신이 신하에게 살해되었지만, 결과적으로 이 대운하는 후대 중국의 중요한 기간 시설이 되었다. 특히 후대의 남송에게 생존의 토대가 되었기 때문에 송의 시인이자 정치가인 육유(陸游, 1125~1209)는《입촉기(入蜀記)》에서 '운하망 덕분에 우리가 살아남았으니 수나라 황제가 미리 짐작한 것인가' 하고 썼다.

양(梁)나라와 진(陳)나라 이전까지는 경구(京口)에서부터 전당(錢塘)까지 수로가 개통되지 못했었다. 수 양제에 이르러서 비로소 수로 800리를 파냈으니 그 폭이 모두 열 장(약 33미터) 정도였다. 협강은 양쪽으로 언덕이 마치 산처럼 이어졌는데, 이것은 대부분 (대운하를 파던) 당시 쌓아올린 흙들이다. …… 변거(汴渠, 황허와 화이허를 연결하는 통제거)와 이 수로는 모두 수나라의 손을 빌려 만든 것이나 (마침) 우리 송(宋)나라에 이로움이 되었으니 어찌 운명이라 아니 할 수 있겠는가?(이은진, 287)

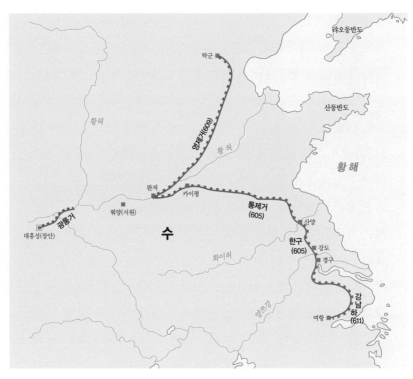

수의 대운하 건설

단기간 존재하고 사라진 수나라 역사는 허망한 듯 보이지만 다음 시대인 당나라 번영의 기초가 되었으며, 무엇보다 대운하를 구축하여 중국사 전체에 지대한 영향을 끼쳤다.

중국과 유럽 역사를 운하와 해운의 관점에서 비교해보자. 로마제국과 한제국은 같은 시대에 유사한 규모와 유사한 성격을 띠며 공존했다. 그런데 로마의 몰락 이후 서유럽은 대륙 전체를 하나의 정치 단위로 통합하는 데에 실패한 반면(결과적으로 오늘날 여러 국가

7. 동아시아 해양 네트워크의 확장

가 존재하게 되었다), 중국은 장기적으로 제국의 역사를 이어갔다. 두 문명권이 국민국가들의 역사와 제국의 역사라는 상이한 길을 간 이유는 무엇일까? 한 마디로 설명할 수는 없겠으나 한 가지 고려해야 할 중요한 요소가 대운하다. 뉴욕에서 플로리다까지의 길이에 해당하는 대운하는 인간이 만든 가장 긴 수로다. 대운하는 양쯔강과 황허 두 강과 그 주변 지역을 연결해 세계 최대의 내륙 수송망을 만들어냈다. 남북을 연결하여 상이한 두 지역의 자연자원 및 인적자원을 이용한 덕분에 중국은 화려한 중세 황금기를 열었다. 중국 전체에는 새로운 경제 문화적 활력이 넘쳤다. 한제국에 비해 수와 당 왕조는 더 탄탄한 이중의 토대를 보유한 셈이다. 하나는 전통적인 북쪽 황허 유역이고 다른 하나는 수 세기 동안 착실하게 성장해 생산성이 더 높아진 양쯔강 유역이다. 제국은 성격이 다른 이 '두 개의 중국'을 잘 통합하여 시너지 효과를 내면서 번영을 누렸다.[조영헌] 이에 비해 유럽은 중국의 내부 수로와 같은 통합 추진력이 결여되었다. 도나우-라인 강은 지중해를 중심으로 한 유럽 문명의 초기 중심지에서 멀리 떨어져 흐르기 때문에 중심부의 교통로보다는 차라리 변경 역할을 했다. 한편 지중해는 개방된 바다이므로 통제가 훨씬 어려웠고 따라서 통합 역할도 미진했다. 그 결과 로마제국의 몰락 시점부터 중국과 유럽의 역사는 다르게 진행된다. 유럽대륙은 서로 경쟁하는 국가들의 분열된 조합 양상으로 역사가 진행된 데 비해, 중국은 대륙 전체가 하나의 제국으로 통합되어 역사가 진행되었고 대운하가 여기에 일조했다.[솔로몬, 142]

그러나 동시에 대운하는 근대 이후 중국이 바다에서 멀어지고 스스로 대륙 내부에 갇힘으로써 세계사의 큰 흐름에서 정체되는 결과를 초래한 한 가지 원인(遠因)이기도 하다. "나일강이 상이집트와 하이집트를 통일한 것처럼, 운하는 중국의 광대한 지역의 다양한 생산 자원들을 통제하는 강력한 중앙 정부와 자체 군사 방어 능력을 갖춘 민족국가를 통합했다. 대운하는 중국이 세계에서 가장 조숙한 문명이 되는 데 공헌했을 뿐 아니라, 15세기에 중국이 세계에 등을 돌리는 운명적인 결정을 함으로써 장기적으로 서서히 쇠퇴하도록 만든 원인이기도 했다."[솔로몬. 125] 물론 운하 한 가지 요인으로 모든 것을 설명할 수는 없다. 대운하가 한편으로는 중국 경제의 성장을 가속화하는 긍정적 요소가 되고, 다른 한편으로는 폐쇄와 내향화를 촉진하는 부정적 요소로 작동할 수 있다. 중국사 전체를 한 가지 방향으로 해석하는 것은 무리다. 명 이전에 중국은 장기간에 걸쳐 활력이 넘치고 해외에 개방적인 사회와 경제를 발전시켰다. 그 시작은 당(唐)제국이라 할 수 있다. 중국과 이슬람권의 역동적인 교류와 교역이 장기간 아시아 해양 세계를 특징짓게 된다.

CHAPTER 8

이슬람의 바다

618년 중국에 당제국이 개창했다. 622년은 이슬람교가 성립된 원년이다. 두 사건 모두 세계사적으로 매우 중요한 현상이지만, 우리의 관점에서 더욱 흥미로운 점은 중국과 이슬람 세계가 조우하고 활발하게 교류했다는 점이다. 이슬람권은 육상뿐 아니라 해상으로도 확산해갔다. 아랍·페르시아 상인들이 바다를 통해 점차 인도양 각지로 팽창해나가며 거류지를 형성했다. 당제국이 해상 교역에 문호를 열자 이슬람 상인이 중국 남부에 들어와서 활발하게 교역 활동을 펼쳤다. 스리위자야나 샤일렌드라, 촐라 왕국 같은 중간 세력들도 발전을 거듭하면서 아시아 해양 세계에 원거리 교역 네트워크가 발전해갔다. 이번 장에서는 먼저 이슬람권의 해상 팽창을 살펴보고 다음 장에서 당제국의 해상 교역 상황을 보도록 하자.

622년 무함마드와 추종자 60여 명이 메카에서 북쪽으로 320킬로미터 떨어진 야트리브(후일 '예언자의 도시'라는 뜻의 메디나로 개명했다)로 향했다. 이 지역에서 부족 간 내분이 일어나자 무함마드를 초빙하여 분란을 조종해달라고 한 것이다. 무함마드가 이곳에서 권력 기반을 갖추고 몇몇 전투에서 승리를 거두자 추종자들은 알라가 그들 편이며 무함마드가 신의 메시지를 전하는 예언자라는 사실을 받아들였다. 그러므로 이 해는 인간 사회가 처음으로 신의 메시지를 받아들여 새로운 공동체 움마(Ummah)를 형성한 중요한 해이기 때문에 이슬람 원년이 되었다.

이슬람교는 역사상 다른 예를 찾기 힘든 빠른 속도로 확산했다. 이는 종교 운동이자 동시에 강력한 군사적 팽창이었다. 무함마드 사망 후 첫 번째 칼리프('후계자') 아부 바크르는 정규군을 조직하여 세력을 더 키웠고, 두 번째 칼리프 우마르(Umar)는 이 군사력을 사용해 사방으로 돌진해갔다. 이슬람 교리로 무장한 아랍인들은 빠른

● 이슬람은 무함마드를 시조로 하는 종교의 이름이다. 이슬람교를 믿는 신자를 무슬림이라 한다. 아랍(Arab)은 페르시아만·인도양·홍해로 둘러싸인 '아라비아(Arabia)반도'를 지칭하는 말이었으나, 통상적으로는 더 넓게 서남아시아·북아프리카 지역에서 아랍어를 사용하는 문화권을 지칭한다. '아랍인'은 아랍어를 모어(母語)로 하는 사람들을 가리키며, 꼭 아라비아에 거주하는 사람만이 아니라 서남아시아와 북아프리카에 거주하는 사람도 함께 지칭한다. 이처럼 아랍인은 인종이 아니라 언어(아랍어)로 규정한다는 점을 유념해야 한다. "우리 말을 이해하는 사람(Arabi)은 우리와 함께 할 것이며, 우리 말을 이해하지 못하는 사람(Ajami)은 우리의 잠재적인 적이다."(Rogerson)

8. 이슬람의 바다

속도로 주변 지역들을 정복해갔다. 634~651년에 시리아, 예루살렘, 이집트, 메소포타미아, 사산왕조 페르시아제국을 이슬람화했다. 그 후 아프리카 북부 지역을 정복하고 지브롤터해협을 넘어 711~712년 이베리아반도를 정복했으며, 동쪽에서는 695~715년 트란스옥시아나(현재 우즈베키스탄과 타지키스탄)와 신드(Sindh)를 정복했다.

아랍의 팽창은 8세기에 이르러서야 정체 단계에 들어갔다. 아랍인들이 674~678년과 717~718년 두 차례에 걸쳐 벌인 콘스탄티노플 공격이 실패로 돌아감에 따라 비잔틴제국은 살아남았고, 이후 비잔틴제국은 유럽 동쪽에서 기독교권을 수호하는 방어벽 역할을 했다. 서쪽에서는 732년 프랑스 중부 지역의 투르 푸아티에 전투에서 무슬림군이 프랑크족 군대에 패한 뒤에 공격 행위를 멈추었다. 한편 751년 탈라스강(현재 카자흐스탄에 있다) 전투에서 아바스왕조의 아랍군이 고선지(高仙芝)가 지휘하는 당나라군에 승리를 거두어 중국의 중앙아시아쪽 팽창에 제동을 걸었지만, 이슬람권의 팽창 역시 이곳을 경계로 멈추었다. 동시에 중국은 육로를 통해 중앙아시아 방향으로 교류하는 길이 막혔으므로 이제 바다를 통한 교역으로 눈을 돌리게 되었다.

이런 과정을 거쳐 에스파냐로부터 인더스강 유역과 신장에 이르는 광대한 땅에 3,000만~3,500만 명의 인구가 거주하는 거대한 이슬람 세계가 형성되었다. 이 인구는 세계 인구의 1/6에 해당한다. 무슬림에게 이 거대한 '이슬람의 집(dār al-Islām)'은 '평화의 집(Dar as-Salam)'이며 '유일신교의 집(Dar al-Tawhid)'이지만 그 바깥 세계는 '전쟁의 집(Dar al-Harb)'이다. 이슬람권은 아시아와 유럽, 아프리카 세 대륙에 걸쳐 있고, 동서로 매우 길게 뻗어 있다. 이 광대한 세계는 단지 하나의 문명권이 아니라 그 안에 아라비아, 페르시아, 중앙아시아, 북아프리카, 에스파냐 등 다수의 문명권이 포함된 '초(超)문명권'이다. 게다가 이 '초문명권'은 주변에 중국, 러시아, 인도, 유럽, 아프리카 등 중요한 문명권들과 마주하고 있다. 따라서 이슬람권 내의 여러 문명권이 장기간 이루어낸 성취뿐 아니라 주변 문명권들로부터 들어오는 성과물이 이 안에서 뒤섞이고, 다시 유라시아와 아프리카 각지로 전파되었다. 이슬람권은 세계의 물질문명과 정신문명을 일깨우고 발전시키는 역할을 했다.

그렇지만 이슬람권이 완전히 통일된 세계는 아니었다. 10세기경에 이르면 종교 교리의 차이와 정치적 다툼으로 분열되었다. 바그다드를 중심으로 750~1258년에 통치한 아바스왕조, 푸스타트(Fustat, 올드 카이로)를 중심으로 909~1171년에 통치한 파티마왕조, 그리고 에스파냐의 우마이야왕조 모두 자신만이 진정한 칼리프임을 주장하고 나섰다.• 마치 기독교권 유럽이 16세기의 종교개혁 이후 신교권과 구교권으로 나뉜 것처럼, 이슬람권이 내부적으로 분열

● 무함마드가 죽은 632년부터 661년까지 4명의 지도자가 칼리프로 선출되어 이 29년간을 정통 칼리프 시대라고 한다. 이어서 권력을 세습하는 왕조 시대가 이어지는데, 661년부터 750년까지는 우마이야왕조, 이를 타도하고 아바스왕조가 들어선 750년부터 1258년까지는 아바스왕조 시대였다. 아바스왕조가 들어설 때 이전 우마이야왕조 사람들을 잡아서 처형했는데, 이때 일부가 살해를 피해 에스파냐로 도주하여 그곳에서 에스파냐 우마이야왕조를 열었다. 한편 북부 아프리카에서 형성된 파티마왕조(909~1711)는 종교적으로 시아파여서 아바스왕조와 대립하며 점차 강력한 국가로 성장하였고 급기야 이집트를 점령했다(963). 파티마왕조 또한 자신들만이 정통 이슬람 공동체의 후계자라고 주장했다.

8. 이슬람의 바다

하고 갈등을 벌였기 때문에 이슬람 세력이 더 강력하게 팽창하는 데 제동이 걸렸다고 볼 수 있다.

그럼에도 유라시아대륙 중앙부와 아프리카 북부 지방을 포괄하는 광대한 이슬람권이 공통의 종교와 아랍어를 매개로 통합되어 있어 이 내부에서 사람과 물자, 문화와 정보가 광범위하게 유통되었다. 그것을 가능케 한 핵심 요소 중 하나가 낙타 캐러밴이다. 200년경 개발된 '북아라비아 낙타 안장(North Arabian camel saddle)'이 결정적 계기가 되어, 낙타는 대량의 짐을 싣고 도로가 없는 드넓은 사막 지대와 초원 지대를 장기간 오갈 수 있는 거의 유일한 교통수단이 되었다(이런 발명이 없다면 혹을 가진 낙타의 등에 짐을 싣는 게 얼마나 어렵겠는가).[Bulliet] 더구나 아시아의 추운 스텝 지역에서는 쌍봉낙타가, 더운 사막 지역에서는 단봉낙타가 '낙타의 세계적인 분업'을 통해 글로벌한 교류와 교역을 책임져주었다.

대개 이슬람 교류에 대해 사람들이 가지고 있는 이미지는 이처럼 육상의 교역과 교류에 관한 것이다. 그렇지만 우리가 놓치지 말아야 할 사실은 이슬람권의 교역과 교류는 '사막의 배(캐러밴)'와 동시에 '바다의 배'를 통해서, 다시 말해 육상과 해상 두 방향으로 이루어졌다는 점이다. "바다를 믿지 말고 크게 두려워하라. 바다에서 인간은 나뭇조각 위의 벌레이니, 때로 물에 삼켜지고 때로 두려움에 떨며 죽노라" 하는 2대 칼리프 우마르의 말을 인용하며 이슬람권이 거의 전적으로 육상 교역에 주력한 듯 이야기하기도 하지만 이는 과장이다. 우마르의 말은 북쪽 지방 아랍인의 태도일 뿐이다. 실제로는 아랍·페르시아인들은 이슬람교가 발흥하기 이전부터 발전한

해상 교역을 이어받아 더욱 크게 발전시켰다.(Hourani, 55)

무함마드 사후(632) 30년이 안 되어 홍해, 페르시아만, 아라비아 연안 모두 이슬람이 지배적인 종교가 되었다. 아프리카 동부 해안을 따라 남쪽으로 그리고 인도양 방면으로 전도 활동과 교역을 동시에 확대해갔다. 아바스왕조와 파티마왕조는 강력한 종교·정치 세력으로 자리를 잡아 해당 지역 내부에 안정을 가져왔고, 이것이 상업의 발전과 번영을 가능케 했다. 결과적으로는 지중해–홍해 루트와 인도양 교역 루트들이 연결되었다(지중해 역시 9세기경이면 전체 해역의 2/3 정도가 이슬람 세력하에 들어갔다). 이슬람 내 시아파와 수니파의 갈등은 대륙 내부에서는 정치·군사적으로 심대한 갈등을 일으켰으나, 인도양 교역 세계에서는 큰 의미가 없었다. 교리차이에 의한 분열보다는 움마에 속한다는 의식, 즉 같은 종교를 믿는 신자 공동체 의식이 강했는데, 특히 무슬림이 소수인 곳일수록 그런 경향이 더 강했다. 이슬람법이 신자들 사이에서 교역을 조정하는 틀이 되어주었고, 아랍어가 링구아프랑카(공통어)로 작용했다.(Alpers, 41) 간접적으로는 이슬람 팽창이 조로아스터교나 기독교(가톨릭과 네스토리우스 기독교) 신도들을 인도양 쪽으로 내몰아서 서부인도와 동부 아프리카의 여러 교역 거점들에 정착하게 만드는 효과도 있었다.

다우선과 카말

이슬람권을 비롯한 인도양 각지에서 널리 사용한 선박은 다우

8. 이슬람의 바다

(dhow)선이었다. 여기에서 다우선에 관해 간략하게 정리하고 넘어가도록 하자.[NABATAEA.NET]

고대부터 각 지역마다 대표적인 선박이 있었다. 각각의 해역에서 사용하는 배들은 장기간 고정적으로 사용되고 있으며 다른 해역에서 사용하는 다른 유형의 배들을 보더라도 쉽게 따르지 않으려는 경향이 강하다. 원래 조선 디자인은 지극히 보수적이어서 매우 느리게 진화하는 특징이 있다. 지중해에서는 삼단갤리선(trireme)이 널리 알려져 있는데, 이 배는 노를 사용하는 것 외에 사각범과 조타노(outboard steering oars)가 특징이다. 중국 해역에서는 정크선(junk)이 사용되는데, 이 배들은 높은 선수루(船首樓), 많은 수의 마스트, 무엇보다 선미 중심타(sternpost rudder)가 장착되어 있는 게 장점이다. 이런 배들에 대응하는 인도양의 대표적인 선박이 바로 다우선이다.

다우선은 원래 인도 선박이었다가 아랍 세계에 전해진 것으로 알려졌다. 이 배는 수 세기 동안 아라비아 동부 연안과 페르시아만, 인도양에서 무거운 화물을 운송하는 무역에 널리 쓰였고, 결국 아프리카 동부에서 중국까지 연결하는 역할을 했다. 'dow'라는 말은 아랍어가 아니라 스와힐리어인데 영어에 들어와 'dhow'라는 형태로 널리 퍼졌다. 다우선은 종류가 다양하고 여러 이름으로 불리지만(buum, zaaruuq, badan) 대개 같은 특징을 공유한다.

이 배의 가장 큰 특징은 첫째, 높은 마스트에 거대한 삼각범을 쓴다는 점이다. 그런데 사실 이 말은 오해를 불러올 수 있다. 통상 다우선이 쓴다고 하는 라틴 범포(lateen sail)는 정확히는 세티 범포

다우선

다우선은 거대한 삼각범과 못을 사용하지 않는 건조가 특징이다. 오른쪽 사진에서 보듯이 세티 범포는 삼각형에 가깝지만 사실 사각형 범포이다.

(settee sail)로서 삼각형에 가까우나 엄밀히 말하면 사각형이다. 범포 모양이 완전한 삼각형으로 진화한 것은 비잔틴 시대이며, 그때 유럽에 알려졌다. 그래서 다양한 미즌 범포(mizzen sails, 뒷돛대 세로돛)로 사용되어 유럽 선박들의 항해 유연성을 높여주었다. 이것은 여러 방향에서 불어오는 바람을 이용하는 데에 아주 유용한 돛이다.

둘째, 못을 전혀 사용하지 않고, 선체를 섬유, 밧줄, 가죽 끈 등으로 묶는 방식(stitched construction)을 사용한다. 야자나무 섬유를 꼬아 만든 끈을 많이 사용하고, 타르와 섬유 등을 채워 넣은 후 고래기름과 역청을 칠한다.[미야자키 2017. 75~76] 이런 건조 방식은 세계 여러 지역에서 통용되었는데, 인도양에서는 15세기까지 지배적이었다. 후술할 벨리퉁 침몰선이 전형적인 다우선이다.

다우선의 초기 형태가 어떠했는지 말해주는 자료는 부족하다. 대

8. 이슬람의 바다

신 유럽의 문헌 자료들이나 침몰선을 연구하는 방법이 있다. 가장 오래된 기록으로는 기원전 2000년경의 것이 있다.[Oppenheim, 6-17] 다우선을 본 고대 작가들 중에는 아주 오래전 배의 흔적이며, 트로이 전쟁 당시의 배라고 생각한 이도 있었다. 6세기 작가인 프로코피오스(Prokopios)도 인도양의 배들이 피치(pitch) 같은 물질을 사용하지 않고 못을 사용하지도 않으며 밧줄로 선체를 묶는 사실을 지적한다. 마르코 폴로는 페르시아만 입구 호르무즈에서 이 배를 보고, 이렇게 못을 사용하지도 않는 약한 배를 타고 항해하면 위험하다고 생각했다.[폴로, 136-137] 이처럼 외부 세계 사람들은 못을 사용하지 않는다는 사실을 자주 지적하는데, 그만큼 특이한 사항이기 때문이다. 이에 대해 때로는 기이한 이유를 대곤 한다. 《맨더빌 여행기》에서는 아시아의 바다 속 곳곳에 거대한 자석 바위가 있어서 그것이 쇠를 끌어당기는 힘 때문에 쇠못이나 이음쇠를 사용하는 배가 지나갈 수 없으며, 그래서 이 지역 선박은 쇠를 조금도 사용하지 않는다고 말한다.[맨더빌, 304] 물론 이런 설명은 전혀 근거가 없다. 후일 근대적인 다우선은 여러 방향으로 발전했다. 변형된 다우선은 포르투갈의 영향을 받아 고물(선미)이 네모난 모양이 되었으나, 초기 다우선은 모두 고물이 두 갈래로 나뉘어 있다.

또 한 가지 인도양 항해에서 특기할 사항은 원거리 항해를 할 때 방향을 잡는 카말(kamal)이라는 특이한 도구다. 육지가 보이지 않는 먼 바다에서 방향을 제대로 잡는 것은 매우 어려운 일이다. 주로 별자리 관측법을 이용하였지만, 보조적으로 카말이라는 단순한 도구를 유용하게 사용했다. 이는 나무판에 매듭을 지은 노끈을 묶은 아주 단

카말과 카말 사용법

나무판과 끈만 있으면 되는 아주 단순한 도구이지만 원거리 항해에서 위도를 파악할 때 무척 유용하게 쓰였다.

순한 도구다. 아랫부분을 수평선에 맞추고 북극성 혹은 북두칠성의 한 별이 카말의 윗부분에 보이도록 조정하면 된다. 이때 코에 닿는 매듭을 보고 위도를 계산하는 식이다. 특정 매듭은 그 위도에 해당하는 항구도시가 지정되어 있다. 이 방식은 19세기 후반까지도 사용되었다. 1835년 몰디브 선원에게서 구한 실물과 1892년 힌두 선원에게서 구한 실물이 보존되어 있다.[Teixeira da Mota, 49; Beaujard, 691]

전반적으로 이슬람권은 선박과 항해술이 매우 높은 수준으로 발전해서 원거리 화물 수송을 무리 없이 잘 수행했다. 다우선은 결국 중국까지 항해해갔는데 이는 실로 엄청난 위업이었다. 이 상태에 큰 변화가 온 것은 1,000년이 넘게 지난 16세기에 유럽 선박이 들어왔을 때이다. 선상에 강력한 포(砲)를 갖추고 공격적인 방식으로 교역을 강요하는 새로운 세력이 기존 해상 질서를 크게 흐트러뜨리게 될 것이다.

8. 이슬람의 바다

아랍·페르시아 교역의 발전

이슬람의 발흥 이전 사산왕조 페르시아는 정치·경제적으로 매우 강력했다. 비잔틴제국으로서는 이처럼 강력한 제국이 이웃해 있다는 것이 큰 부담이었다. 그래서 악숨(Axum)왕국(에티오피아에 위치해 있던 고왕국)에 압박을 가해 교역을 강화하면서 우호 세력으로 만들기 위한 조치를 취했다.[Beaujard, 681] ● 페르시아와 비잔틴 두 제국이 이처럼 서로 치열한 경쟁을 벌이느라 결국 양측 모두 힘을 소진하게 되었고, 그러는 동안 강력하게 성장한 아랍-이슬람 세력의 공격을 받았다. 사산왕조 페르시아제국은 결국 이슬람 세력에게 흡수되었다. 앞서 설명한 대로 아랍군의 콘스탄티노플 공격을 격퇴한 비잔틴제국은 국가를 유지하는 데는 성공했으나, 인도양으로 팽창해가는 길목이 막히고 말았다.

여기에서 '이슬람화'와 '아랍화'를 구분할 필요가 있다. 페르시아는 이슬람교를 받아들여 종교적으로 이슬람화가 크게 진척되어갔으나 아랍 문화에 저항하여 자신들의 문화를 온전히 지켰다.●●

● 4세기에 상인들에 의해 악숨왕국에 기독교가 전파되었다. 이후 이곳은 기독교 로마제국의 전위 역할을 했으나, 630~640년대에 이슬람 세력이 악숨왕국 방면으로 팽창해갔다. 7세기에 악숨왕국이 패망한 후에도 이 지역은 수 세기 동안 이슬람과 비이슬람 세력 간 각축이 계속해서 벌어지는 경계 지역이었다.[Vallet, 756]

●● 반대 사례는 이슬람 세력의 지배하에 들어간 에스파냐를 들 수 있다. 많은 지역에서 종교적으로는 이슬람교에 저항하며 기독교를 지켰으나 발전된 아랍 문화(농업·상업 등 경제 부문, 문학·음악 등 문화 예술 부문, 그리고 세계 최고 수준에 이른 과학 부문 등)를 수용하였다. 이 경우 이슬람화는 정체되었지만 아랍화는 크게 진척되었다.

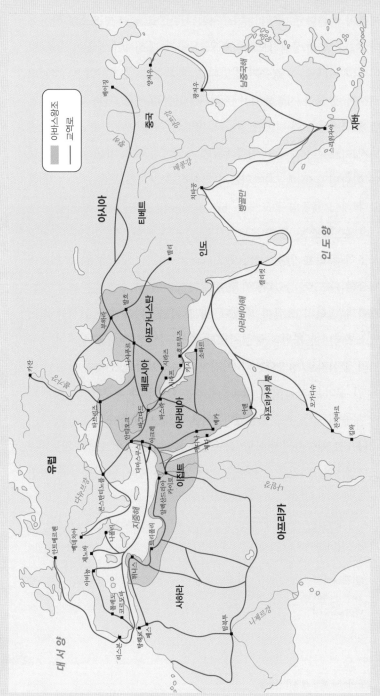

중세 이슬람 세계의 교역로

아시아

중국

티베트

인도

베이징

양저우

광저우

취안저우

스리위자야

자바

인도양

메콩강

벵골만

치타공

캘리컷

아라비아해

아프가니스탄

페르시아

아라비아

발흐

부하라

사마르칸트

니샤푸르

테헤란

시라즈

호르무즈

카불

키시

소하르

아덴

메카

제다

카이로

이집트

유럽

지중해

콘스탄티노플

다뉴브강

다마스쿠스

알레포

알렉산드리아

라이

바그다드

바스라

쿠파

타브리즈

티플리스

아틸

볼가강

카잔

우랄강

모가디슈

잔지바르

킬와

아프리카의 뿔

홍해

아프리카

사하라

나이저강

팀북투

페스

밤베르누 주비

대서양

리스본

베네치아

제노바

코도바

볼베도

코르도바

튀니스

트리폴리

나폴리

아비뇽

카파

대서양

이베리아

아바스왕조

교역로

이것이 이슬람권 내부의 종교·정치적 긴장을 높이는 요소로 작용했다. 이와 달리 경제적으로는 아랍 상인과 페르시아 상인이 갈등 없이 함께 활동하는 경우가 많았다. 7세기 초가 되면 아랍 상인과 페르시아 상인이 지중해에서 홍해와 페르시아만을 거쳐 인도양까지 함께 활발한 교역 활동을 펼쳤다. 이들의 교역 범위는 조만간 중국에까지 이르렀다. 중국인 입장에서는 자국 항구에 들어온 이역 상인들이 아랍인인지 페르시아인인지 정확히 구분하지 못하는 경우가 많았다.

아바스왕조는 경제적·문화적으로 크게 융성했다. 762년 아바스왕조의 칼리프 알만수르(Al-Mansur)가 바그다드를 건설하여 거대 제국의 수도로 삼았다. 이후 바그다드는 권력의 중심지이자 아랍 과학과 철학의 요람이 되었다. 바그다드는 비옥하고 인구가 많은 메소포타미아 평원의 중심지로서, 중동 지역 사치의 중심지이자 상업의 중심지로 성장했는데, 이것이 페르시아만 항구들과 인도양 세계 간 교역을 자극했다. 아바스왕조는 아랍인과 페르시아인을 하나의 무슬림 공동체로 만들었다. 이란 지역 사람들이 점진적으로 이슬람으로 개종하면서 아랍어를 사용하는 아랍인이 크게 증가했다.• 조만간 이들은 인도양 세계를 넘어 동아시아까지 팽창해갔다. 알만

● 인도양 각지에서 아랍어의 영향이 커져 말레이어에는 아랍어에서 유래한 단어가 5,000개 정도 발견되며, 스와힐리어에는 그 이상의 단어들이 있다. 그리고 이 단어들 중 80퍼센트 정도는 두 언어에 공통이다. 즉 많은 아랍 단어가 인도양 지역에서 유행했음을 알 수 있다. 동시에 페르시아 기원의 여러 해상 및 교역 용어들이 중세 아랍어에 많은 흔적을 남겼다. bandar(항구)가 대표적이다. 인도양 각지의 항구도시 이름에 이 말이 많이 들어간다.(Hourani, 65)

수르는 "이것이 티그리스강이다. 우리와 중국 사이에는 아무런 장애가 없다. 해상을 통해 운송되는 모든 물품이 이 강을 타고 우리에게 온다"고 선언했다.(Hourani, 64)

아바스왕조의 주요 항구로는 소하르(Sohar, 오만의 주요 항구), 시라프(Siraf, 페르시아만의 주요 항구), 키시(Kish, 혹은 Qeys), 호르무즈 등이 있고, 여기에 더해 아라비아반도의 아덴과 제다(Jeddah) 또한 아랍어를 하는 페르시아인들이 활동하는 무대가 되었다. 8세기부터 소하르와 시라프 사이에 경쟁이 벌어졌다. 두 곳 모두 중국, 인도의 사치품과 동아프리카의 상아, 노예가 주요 거래 품목이었다. 이 중 점차 시라프가 두각을 나타냈다(Siraf라는 이름은 사산왕조의 왕 아르다시르에서 유래했으며, 현재 이름은 반다르 시라프이다).(Alpers, 48) 아바스왕조는 말하자면 상설 해군이 없으므로, 술탄이 바다를 통제하는 게 아니라 주로 시라프의 의장(艤裝) 업자들이 해사(海事)를 담당해줄 정도였다.(Vallet, 757) 시라프는 고대와 중세 페르시아의 가장 중요한 항구였다. 무덥고 식량이 부족하다는 단점은 있지만 물이 깊고 폭풍우로부터 보호받는 위치여서 인도양 교역에 유리했다. 이웃 항구들은 물이 얕아 초장거리 교역을 할 수 있는 큰 배들이 입항할 수 없었던 것이다. 또한 시라프는 가까운 내륙 지방에 위치한 시라즈(Shiraz)의 캐러밴 루트와 연결된, 육로와 해로가 만나는 지점이었다. 교역이 크게 발전할 수 있는 최적의 장소인 셈이다. 10세기의 여행자이자 지리학자인 이븐 하우칼(Ibn Hawqal)은 시라프에서는 전 주민이 교역에 열심이며, 이곳에 부가 넘쳐난다는 기록들을 남겼다. 시라프의 한 선원은 항해를 너무 많이 하여 땅보다는 바다에 더 익

8. 이슬람의 바다

숙해진 나머지 40년 동안 배에서 내리지 않았다. 항구에 도착하면 상륙하는 친구들에게 자기 일을 봐달라고 부탁하고, 배를 갈아탈 일이 있으면 이쪽 배에서 다른 쪽 배로 넘어갔다고 한다. 시라프는 홍해, 동아프리카 지역과 섬들, 인도 서부, 스리랑카, 심지어 중국까지 선박과 상인을 보냈고, 반대로 인도와 동남아시아 산물을 들여왔다. 이 도시의 주택들도 동남아시아의 티크(Teak)를 들여와 건축했다. 이곳에서 생산하는 도자기가 인도양 전역의 항구도시에서 발견되는 것이 시라프의 활발한 교역 활동을 말해주는 증거다. 대체로 10세기 말까지 시라프는 전성기를 구가했다.

아프리카 동해안으로의 확대

아프리카 방면의 팽창을 먼저 살펴보자. 이 방면에서 두각을 드러낸 것은 페르시아인이었다. 이들은 아프리카 동해안의 스와힐리 지역에 종교적으로나 경제적으로 계속 큰 영향을 미쳤다.[Alpers, 49] 8세기에 페르시아만에서 아프리카의 뿔(Horn of Africa)을 넘어 잔지바르, 모가디슈 등지로 이슬람 종교와 함께 원거리 상품들이 전해졌다. 잔지바르와 킬와 등 여러 지역에서 시라프 도자기 조각들, 여기에 더해 중국 도자기 조각들이 다수 출토되었다. 예컨대 동아프리카 해안의 잔지바르섬에 있는 운구자 우쿠(Unguja Ukuu)에서 중국 도자기가 발견되는 것을 보면, 페르시아 선원들이 멀리 중국에서 인도양 서부로부터 아프리카 동해안까지 지배적인 활동을 했다는 것을 짐작할 수 있다.[Beaujard, 681]

8세기부터 스와힐리 해안에 모스크가 들어서기 시작했다. 이 시기에 페르시아의 시아파 이슬람교가 전해진 것으로 보인다. 종교 전도와 함께 이슬람 상업 공동체들이 아프리카 동해안에 형성되는데, 이들은 오만과 페르시아만에 연결되어 있었다. 인도양 방면 해양 소통로와 아프리카 내부 소통로가 만나는 지점들에서 스와힐리 문화가 발전했다. 그리고 페르시아 남자와 현지 여성의 결혼을 통해 동화가 가속화했다. 그 후손들은 아프리카의 정체성과 페르시아의 정체성 두 가지를 모두 유지했다. 이것이 중국 남부 지역에 정주한 무슬림 공동체와 다른 점이다. 중국의 경우 이들은 무슬림이라는 정체성을 매우 강하게 유지했다. 이에 비해 동아프리카 해안 지역은 '이슬람화'한 것이 아니라 이슬람을 '흡수'한 편에 가깝다. 다시 말해 스와힐리 주민들은 완벽한 무슬림 공동체를 구성한 건 아니지만, 페르시아-이슬람 문화의 영향을 강하게 받으며 성장해갔다고 표현할 수 있다. 이 문화가 코모로와 마다가스카르 등 주변 지역으로 팽창해갔다.(Beaujard, 681~683)

중남부 아프리카 지역의 중요 산물로는 대모, 상아, 철, 그리고 무엇보다 금을 들 수 있다.(Alpers, 51 ff) 오늘날의 짐바브웨에서 생산된 금은 소팔라로 이송되어 이곳에서 수출되었다. 금 생산을 주도하는 집단이 그레이트 짐바브웨(Great Zimbabwe, 고대부터 15세기까지 짐바브웨왕국의 수도인 도시) 건설을 주도했을 터이고, 아마도 이들이 소팔라도 통제했을 것이다. 그러다가 12세기에 킬와가 이 항구의 통제권을 빼앗았다. 결과적으로 킬와는 아주 먼 내륙 지역의 금 생산을 원격 지배하게 되었다. 이 시대에 대해서는 자료의 한계 때문에 이런 정도의 간략한 사실만 알 수 있을 뿐이다.

그 이후 상황은 어떻게 변화했을까? 명확하게 파악하기는 힘들지만, 페르시아뿐 아니라 아라비아, 홍해 지역 등지에서 들어오는 다양한 무슬림들이 문화와 경제 발전에 기여하였고, 동시에 쉬라지족(Shirazi, 혹은 Mbwera) 등 이슬람화된 아프리카인들 역시 이 흐름에 동참한 것으로 보인다.[Beaujard, 685] 잔지바르, 펨바, 코모로 등지에 주로 거주하는 쉬라지족은 이슬람의 전파에 큰 공헌을 했다. 이들은 페르시아 왕자가 찾아와 현지의 공주와 결혼했다는 전설을 가지고 있어서 페르시아의 영향이 큰 것으로 생각해왔다. 그러나 최근 연구는 이런 주장을 부정하고 실제로는 아랍계 수니파의 영향이 지대했다고 본다.

이와 관련하여 이븐 바투타(Ibn Battuta)의 기록을 참고할 수 있다. 1331년 이븐 바투타는 모가디슈, 몸바사, 킬와를 방문하고 기록을 남겼다. 그에 따르면 모가디슈는 매일 낙타 수백 마리를 도살하여 음식으로 사용할 정도로 큰 도시다. "(마끄다슈[모가디슈]는) 대단히 큰 도시다. 낙타가 많은데, 매일 200마리씩 도살한다. 양도 많다. 주민들은 억척같은 장사꾼들이다. 이곳에서 특유의 '마끄다슈 천'이 생산되어 이집트 등지로 반출된다."[바투타, I-371] 그는 자신을 상인이 아니라 법관이라고 하자 특별한 대접을 받았다. 사람들이 그를 이 지방의 술탄에게 데리고 가자 술탄이 그에게 귀한 손님에게 하는 대접을 했다. "(시종은) 필발 잎사귀(구장 잎)와 빈랑(아레카 너트)이 담긴 쟁반을 들고 나왔다. 그는 나에게 필발 잎사귀 10닢과 약간의 빈랑을 주었다. …… 또한 다마스쿠스 장미수 한 병을 가져다가 나와 법

판(paan)

필발 잎사귀에 빈랑과 향신료, 담뱃잎 등을 넣어 말아 껌처럼 씹다 뱉는다. 식후 소화를 위해 약용으로 먹거나, 사탕, 초콜릿같이 단 재료를 넣어 디저트로 먹기도 한다. 사진 위쪽이 빈랑 열매로, 왼쪽부터 잘 익은 씨를 얇게 저며 말린 것, 껍질 채로 썬 것, 가늘게 채 썰어 말린 것이다.

관에게 뿌렸다."[바투타, I-372] 이븐 바투타가 대접받은 것은 다름 아닌 동남아시아에서 손님에게 접대할 때 내놓는 판(paan)이다. 아프리카 동해안에 동남아시아 문화가 전해진 것을 확인할 수 있다.

그의 다음 행선지는 킬와다. 이곳 주민들 다수는 잔지(Zanj)라 불리는 반투족 사람들인데, 까만 피부에 얼굴에는 타투를 하고 있다. 잔지(Zanj)란 아랍 지리학자들이 아프리카 동부 해안 지역을 지칭한 용어다.[Martinez-Gros] 이븐 바투타가 들은 바로는, 이곳에서 소팔라까지는 2주 거리이고, 그곳에서 내륙 금 산지까지는 한 달 여행 거리다. 당시 이븐 바투타가 만난 이 지역 술탄 아부 무즈피르 하싼은

8. 이슬람의 바다

겸손하고 신심 깊은 인물이며 사람들에게 자비로운 선물을 많이 주어 '혜시지부(惠施之父, Abū'l Mawāhīb)'라 불린다. 그런데 그가 이웃들에게 주는 선물은 사실 흑인들이 사는 지역을 공격하여 약탈한 물품들이다. "그는 흑인들이 사는 고장을 자주 정토하여 전리품을 노획하곤 한다."[바투타, I-376] 이교도들에게서 빼앗는 금, 상아 혹은 노예 등으로 무슬림 신도들에게 시혜를 한다는 이야기인데, 물론 그들은 이런 행위를 온당한 일로 치부했을 것이다. 그가 만난 킬와 지배자는 시라즈 출신이 아니라 1280년 이곳에서 권력을 잡은 예멘 출신의 마흐달리(Mahdali) 가문이다.[Paine, L., 269] 이 가문은 무함마드 직계로서 바라카(baraka, 종교적 권위, 신성한 힘)를 지닌다고 주장하며, 그래서 수니파 이슬람 내에서 특별한 지위를 누린다. 종교 의식은 수니파 네 갈래 중 하나인 샤피이파(Shafii)의 의식으로 대체되었다.●

이븐 바투타가 방문했을 당시 스와힐리 지역은 유례없는 황금기를 구가하고 있었다.[Vernet] 킬와가 주도하여 소팔라의 금을 개발하는 사업은 이 지역의 국가 형성 그리고 인도양 교역과 연관이 있는데, 여기에는 아랍인들의 영향이 매우 컸던 것으로 보인다.[Beaujard, 686] 14세기에는 8세기와 달리 페르시아인이 아니라 아랍인이 강력한 영향력을 행사했고, 더불어 동남아시아와의 관련성도 커져갔다. 종교적으로도 이전의 페르시아계 시아파가 거의 사라지고 수니파

● 시아파는 6대 이맘 자으파르 알-싸디끄가 편집하고 성문화한 '자으파르 법전'만을 인정한 반면, 수니파는 하나피파, 한발리파, 말리키파, 샤피이파 등 정통 4대 법학파를 인정하고 있다.

가 완전히 지배하는 상태로 바뀌어 있었다. 중간의 변화 과정을 온전히 추적할 수는 없지만 어느 시점에선가 아랍인이 페르시아인을 대체하였음에 틀림없다.

아프리카 출신 노예

아프리카 상품으로는 금, 상아, 목재 외에 노예가 큰 비중을 차지했다. 중동 지역에는 일찍부터 흑인 노예가 존재했다. 예언자의 첫 무에진(muezzin, 기도 시간을 소리쳐 알리는 사람)인 빌랄 이븐 라바(Bilal ibn Rabah al-Habashi)도 해방 노예 출신이었다. 이 사회에는 가내 하인과 병사 그리고 무엇보다 개간 사업에 동원하는 인부로 많은 노예가 고용되었다. 다만 대서양 노예무역을 통해 아메리카로 끌려간 노예들과는 달리, 그들은 결혼하고 재산을 소유하고 돈 벌고 고위직을 얻는 것도 가능했다. 이슬람은 교리상 무슬림의 노예화를 금지하고 여기에 더하여 딤미(dhimmi, 이슬람권에 살면서 보호받는 이방인, 주로 기독교도·유대교도·조로아스터교도)도 보호한다고 규정하고는 있지만, 실제로는 흑인 무슬림을 노예로 많이 부렸다. 이에 대해 이슬람 법관들이 비판을 가했지만 현실을 바꾸지는 못했다. 먼 과거로부터 아프리카 내륙에서 중동-이슬람 지역으로 엄청나게 많은 수의 아프리카 흑인 노예가 들어왔다. 이 분야 연구자인 오스틴은 7세기부터 19세기까지 사하라사막을 넘어 북쪽으로 강제 송출된 노예 수를 940만 명으로 추정하는데, 이 가운데 25퍼센트 정도가 죽거나 사막 내의 오아시스 공동체에 남았고, 나머지는

8. 이슬람의 바다

모로코나 이집트로 끌려갔다고 보았다. 또 같은 기간 중에 약 500만 명이 홍해를 건너 아라비아반도로, 또 인도양을 건너 서남아시아의 어려 지역으로 송출되었다. 오스틴은 이 전체를 합산해서 7~19세기에 아프리카대륙을 북쪽과 동쪽으로 횡단하는 노예무역의 규모를 1,440만 명으로 추산했다.(Austen, 219) 이 수치가 얼마나 정확한지는 논쟁의 대상이지만, 장기간에 걸쳐 수많은 흑인 노예가 이슬람권으로 유입된 사실만큼은 부인하기 어렵다.

아바스 시대 초기에 지배자들이 이라크 남부의 염분기 있는 늪지대를 개간하기로 결정하면서, 동아프리카와 스와힐리 지역 출신 노예들이 대거 유입되었다.(Sheriff, 249~250) 이동 경로는 해로를 이용해 스와힐리 지역에서 이라크의 바스라로 직항하는 것과 아라비아반도로 간 후 육로를 따라가는 것 두 종류가 있다. 늪지대를 개간하여 면화와 사탕수수를 재배하는 플랜테이션을 운영한 이 시스템은 후대의 아메리카 노예제를 연상시킨다.(Martinez-Gros) 이전부터도 개간 사업지에서 고역에 시달리던 흑인 노예들이 여러 차례 봉기를 일으켰는데(689~690년, 694년, 760년 등), 9세기에 이르면 '잔지 반란(Zanj Rebellion)'이라 부르는 엄청난 규모의 반란이 터진다.

869년 바그다드와 바스라 사이 지역에서 터진 잔지 노예 반란은 10년 이상 지속되며 이 지역을 피폐하게 만들었다.(Paine, L., 266~267) 이 사건은 아바스왕조 최대의 재앙 중 하나다. 통상 알리 이븐 무함마드('Ali ibn Muhammad)라 불리는 카리스마 넘치는 반란 지도자를 거론하고 억압에 시달리던 노예들의 거친 저항의 표출이라고 여기지만, 실상은 매우 복잡하여 더 많은 연구가 진행되어야 전체적인 면모를 알 수 있을 것이다. 현재까지 알려진 내용으로 보건대, 이 지역 경제가 통상 생각했던 것보다 훨씬 역동적으로 발전하고 있었으며, 반란의 배후에 다양한 정치·종교 운동들이 개입되어 있음을 짐작할 수 있다.(Sheriff, 253~256)

860년대부터 이슬람 제국은 해체되기 시작하고, 여러 지역이 차 례로 떨어져나갔다. 잔지 반란은 분명 바그다드 사회·경제의 해체 위기를 반영하고 있다. 그런데 이 반란의 지도자 알리 이븐 무함 마드는 고대의 스파르타쿠스(Spartacus) 반란이나 근대의 생도맹그 (Saint-Domingue) 흑인 노예 혁명 때와 달리 노예들의 지도자가 아 니라 모호한 성격의 지도자였다. 알리의 후계자로서 시아파를 자 처하지만 그는 이슬람교 내의 거대 이단으로 치부되는 하리지파 (Kharijites) 평등주의에 속하는 게 분명하다. 따라서 이 봉기는 단순 히 고역에 시달리는 노예들이 참다못해 들고일어난 현상만은 아니 며 자유민 혹은 해방민도 많이 참가했다. 봉기가 진행되는 동안 이 라크 하층민에서 참여자가 계속 충원되었고, 페르시아만의 상인도 힘을 보태주었다. 알리 이븐 무함마드는 다른 아랍 종족들을 동원 하다가 실패하자 잔지 민족에 접근했을 것이다. 반란 세력의 세가 크게 확대되어 인도양 교역 주요 항구인 우불라(Ubulla, 바스라 동쪽 에 위치해 있었던 과거의 항구 도시)와 바스라를 포함하는 남부 지역 을 통제해서 국가를 건설할 태세였다. 그러나 강압과 사면 정책으 로 압박을 가하여 봉기를 진정시키자 많은 사람이 망명했다.

봉기를 진압한 사람은 칼리프의 동생이자 사실상 대리 통치자인 무와파크(Muwaffaq)다. 이때 그는 또 다른 노예 세력을 동원하였다.

8. 이슬람의 바다

그는 군사 훈련이 잔지보다 훨씬 잘 되어 있는 튀르크계 전사 노예 집단을 끌어들였는데, 이들은 수륙 양면의 성격을 가진 이 늪지대에서 훨씬 잘 싸웠다. 노예 봉기를 다른 노예들을 동원해서 진압해야 할 정도로 이 사회는 경제와 군사 등 모든 면에서 노예 사용이 필수불가결한 상태였던 것이다. 봉기 기간의 사망자 수에 대해서도 아직 정설은 없지만 일반적으로 50만 명 정도로 추산한다. 이 시기에 바스라가 가장 큰 타격을 입은 반면 시라프와 소하르 등지가 일시적으로 반사이익을 누렸다. 잔지 반란은 다음 장에서 보듯 인도양 세계와 동남아시아, 중국에 이르는 거대한 교역 구조의 변화를 가져온 주요 사건 중 하나다.

해적과 해상 위험

무슬림 상인들이 인도양을 넘어 동남아시아와 중국까지 진출하는 측면을 보기 전에 해적을 비롯한 해상 위험 문제를 짚어보자.

인도양 항로에는 고가의 물품들이 대량으로 오가는 만큼 해적이 창궐할 수밖에 없다. 무슬림들이 인도양 교역을 시작하는 초기부터 해적에 관한 기록들을 많이 찾을 수 있다.(Alpers, 66~68) 702년, 최초의 무슬림 정복지 중 한 곳인 홍해의 달락(Dahlak)제도가 대표적이다. 10세기에 소코트라 또한 '해적 소굴'로 알려졌다. 중앙아시아 출신 여행자 이븐 알 무자위르(Ibn al-Mujawir)가 이 섬을 방문한 후 기록한 바에 의하면 "이 섬 사람들의 생활양식은 해적들과 연관되어 있다. 해적들이 이 섬에 찾아와 한 번에 6개월 정도 머물면서 그들의 약탈물들을 판다"고 썼다. 마르코 폴로 또한 "많은 해적이 이 섬에 와서 캠프를 차리고 노략질한 물건을 판다"고 기록했다. 10세기 아랍 문건에 나오는 바와리지(Bawarij, 인도와 중국으로 가는 아랍 선박을 공격하는 인도 해적들)는 오랫동안 인도양 교역을 위협하는 요소로 지적되었다. 위대한 항해인으로 존경받는 이븐 마지드(Ibn Majid)는 말라바르 해안의 해적들은 "그들의 지도자의 통치를 받으며 약 1,000명 정도의 집단을 이루고 소형 보트를 타고 다닌다"고 기록했다. 800년경 중국 기록 역시 같은 내용을 전한다. "말라카해협에서 사흘 항해해가면 주민들이 도적질과 약탈을 업으로 삼고 사는데, 이 지역을 항해하는 사람들이 큰 두려움을 가지고 있다."

해적은 완전히 별개의 집단이라기보다 사회 내에 속해 있다가 계절별로 약탈 행위에 참여하는 경우가 흔했다. 힌두 어부 카스트 사람들이 그런 경우다. 교역을 주로 했던 집단이 해적 집단으로 변하는 수도 있다. 이처럼 해적은 너무나 보편적인 현상이라 피하기가 쉽지 않다. 이븐 알 무자위르는 13세기 이슬람 여행가로 메카 순례를 마치고 광범위한 지역을 여행한 후 여행기(Tarikh al-Mustabsir)를 남겼다. "위험으로 가득 찬 바다에서 안전한 항구로 들어오는 것은 무덤에서 일어나는 것과 같으며, 이때 항구는 최후의 심판의 날의 신자들이 모인 장소와 같으니, 질문, 장부 점검, 무게 재기와 계산이 이루어진다"고 서술했다.

해상에서는 자칫하면 끌려가서 노예로 팔리는 경우도 있다. 이에 대해서는 페르시아 상인 부주그가 전하는 이야기를 보자.(Buzurg, 44~52)•

922년(이슬람력 310), 이스마일루이아라는 상인이 배를 타고 오만에서 카빌라(Kabila, ?)로 향했다. 그런데 중간에 폭풍우 때문에 잔지 땅의 소팔라로 가게 되었다. 이곳에서 식인종으로 알려진 흑인들이 선원들을 끌고 그들의 왕 앞으로 데려갔다. 상인과 선원 들은 죽임을 당할까봐 벌벌 떨었다. 그런데 왕은 친절하게 대해주며 상인들에게 자유로운 거래를 허락했다. 그리하여 외지인들은 그곳에서 안전하게 지내면서 상품 거래를 할 수 있었다. 몇 달을 머문 후 이들은 이제 떠나기로 했다. 그러자 왕은 작별 인사를 하기 위해 부하들을 데리고 바닷가에 나왔다가 배 안에까지 올라탔다. 그런데 이스마일루이아는 속으로 '오만에 가면 저 왕은 30디나르는 받겠군. 그리고 신하 7명은 각각 60은 받을 테고, 저들의 옷만 해도 20디나르는 얻을 수 있겠는걸. 그러면 적어도 3,000디르함은 어렵지 않게 벌수 있겠군.' 이런 사악한 생각을 한 끝에 왕과 신하들을 잡아서 배에 태웠다. 이 배에는 이미 노예 200명이 타고 있었는데, 이 사람들을 모두 오만으로 데려와 노예로 팔았다.

몇 년 후 이스마일루이아가 항해를 하다가 똑같은 일이 벌어졌다. 카빌라로 가려다가 폭풍우 때문에 소팔라 근처로 떠밀려간 것이다. 이번에도 흑인들이 그들을 잡아서 왕궁으로 데리고 갔다. 그런데 놀랍게도 이전에 그들이 노예로 팔았던 바로 그 왕이 나타나지 않

● 통상 페르시아인 부주그(Buzurg ibn-Shahriyar of Ramhurmuz)가 쓴 것으로 알려진 《인도의 놀라운 이야기들(The Book of the Marvels of India)》은 136개의 진기한 이야기 모음으로 10세기 중엽에 쓰고 몇 세대 후에 보충한 텍스트로 보이는데, 실제 내용을 바탕으로 흥미로운 내러티브를 꾸미는 방식이어서 《천일야화》의 선구라고도 한다.

는가. 선원들은 이번에야말로 죽음을 면치 못하리라 예상했지만 왕은 그들을 용서하고 안심하고 떠날 수 있게 해주었다. 선원들은 왕에게 그동안 무슨 일이 있었는지 이야기해달라고 부탁했다. 왕의 이야기는 이러하다. 왕은 오만에서 팔린 후 바스라와 바그다드에서 살면서 기도와 단식과 코란을 경험하고 이슬람으로 개종했으며, 이곳 언어도 배웠다. 어느 날 메카로 가는 무리를 보고 주인에게서 도망쳐서 무리와 함께 메카로 순례를 갔고, 이후 그곳에서 카이로로 갔다. 나일강이 잔지 땅에서 흘러온다는 사실을 알고 강변을 거슬러가다가 해안 지역으로 가서 배를 얻어 타고 고향으로 돌아갈 수 있었다. 그동안 노예로 잡혔다가 도망가는 일이 몇 번 반복되었다. 마침내 고국에 왔지만 혹시 그사이에 등극한 새로운 왕이 자신의 존재를 알게 되면 목숨을 빼앗지 않을까 두려워서 한 노파에게 현재 왕이 누구인지 물었다. 노파의 설명에 의하면, 한 예언자가 현 왕은 먼 나라에서 잘 지내고 있다고 말해서 다음 왕을 정하지 않고 기다리고 있다는 것이다. 그리하여 그는 다시 왕위를 차지하였다. 그리고 이 나라를 이슬람으로 개종시켰다. 왕이 이스마일루이아에게 '너에게 복수하지 않는 이유는 내가 이슬람을 받아들이게 만든 단초가 너였기 때문'이라고 말하고 앞으로는 우리에게 형제로서 오라고 말한다. 선원들이 떠날 때 이번에는 왕이 배에 타지 않고 자신이 앉은 자리에서 작별 인사를 했다.

이 이야기는 한편으로 이슬람 전도에 관한 종교 이야기이지만, 이야기의 배경을 보면 이슬람의 수용에 사업 등 실제적 요소가 작용한다는 사실을 알 수 있다. 동시에 인도양 각지에서 약탈과 납치가 횡행하는 위험한 현실을 보여준다. 해적과 강도, 노예 약탈 등은 전문가가 따로 있는 게 아니라 상인과 선원이 기회 있을 때마다 언제든지 뛰어드는 모험 같은 일이기도 하다.

인도와 동남아시아를 넘어 중국으로

이슬람화가 진행되기 이전 시대에 인도양 교역을 주도한 것은 사산왕조 페르시아 상인이었다. 6세기에 이집트 상인이었다가 수도승이 된 코스마스 인디코플레우스테스(Cosmas Indicopleustes, '인도로 가는 선원'이라는 뜻이다)가 스리랑카에 대해 자세한 기록을 남긴 것을 보면, 당시 중동-페르시아 상인들은 《페리플루스》 시대 이래 인도양 무역을 계속 발전시켜온 것으로 보인다.(Cosmas Indicopleustes, Book 11, 365-366) 타프로반이라 불리는 "이 섬은 중심적 위치에 있으므로 인도, 페르시아, 에티오피아 등 각지에서 선박들이 찾아오며 또 이곳에서 각지로 선박들을 보낸다. 그리고 중국(Tzinista)을 비롯한 원격지들에서도 비단, 알로에, 정향, 샌달우드 같은 상품이 들어오며 또 이것을 반대편 시장 지역들로 넘긴다." 한편 페르시아만 입구의 항구도시 우불라는 "바레인, 오만, 인도(al-Hind), 중국(as-Sin)으로 가는 항구" 역할을 했다. 이런 식으로 아시아 해양 세계 각 지역이 중간 매개를 통해 서로 소통하고 있었다.

이슬람 상인들은 인도 북서부의 구자라트 지역과 소통했다.(Paine, L., 272-274) 주요 항구로는 캄바트(Khambhat)와 사이무르(Saymur, 오늘날의 차울로, 뭄바이 남쪽에 위치한 도시)가 있다. 이 지역의 가장 큰 강점은 수출용 면직물 생산지들과 가깝다는 점이다. 면직물은 아시아 무역권에서 늘 중요한 품목이었다. 이 외에도 다양한 상품들의 환승 교역이 이루어졌다. 이곳에서 페르시아인들은 자치 권역을 형성했다. 사이무르의 경우를 보면 현지에서 태어난 무슬림인 바야시라(bayasira)가 1만 명 모여 있다고 한다. 이들 외에도 유대인, 네스토리우스 기독교도, 불교도, 자이나교도 등이 활발하게 상업 활동을 벌이고 있었다. 원래 이 지역의 경제 주도권은 자이나교도들이 맡고 있었다.(Alpers, 57) 이들은 행정, 은행업, 여신, 내륙 교역에 탁월했지만, 다만 원양 교역은 무슬림에게 맡기고 자신들은 해안에서 내륙에 이르는 지역의 교역과 신용 업무만 담당했다.

　일찍이 7세기 중엽에 인도 서부를 향해 이슬람의 전도와 정복이 결합된 팽창이 시작되었다. 인도 북서부의 신드 지역이 첫 대상지였다. 이 지역은 인도로 향하는 이슬람의 관문 역할을 하였다. 710년 이후 알 하자이 이븐 유수프(al-Ḥajjāj ibn Yūsuf, 우마이야왕조의 유명한 지사)가 신드 지역과 인더스 유역을 정복하고 드발(Debal, 카라치 인근의 항구, 과거에는 Daybul), 만수라(Mansura, 현재 파키스탄 신드주 내에 위치) 같은 중요한 항구들을 차지했다. 이곳들은 동아시아로 가는 디딤돌 역할도 했다.(Hourani, 63) 750년경 드발이 크게 성장하여 이곳 선원들이 동남아시아뿐 아니라 바스라, 아덴, 킬와 등 중동-아프리카 동해안 지역까지 항해해갔다. 페르시아나 아랍 상인들이 처음부터 광저우까지 간 것은 아니다. 오랫동안 베트남 항구들이 동쪽의 종점이었다. 이들은 단계를 밟아 해상 무역 범위를 확대해간 것으로 보인다. 9세기 지리학자 알야쿠비(al-Yaqubi)는 "중국과 우리

(바그다드) 사이에 아무런 장벽이 없다. 바다 위의 모든 것들이 우리에게 올 수 있다"고 설명하는데, 이것은 그 이전 시기에 두 지역 간 항해와 교역이 자리를 잡고 발전한 결과다.(Paine, L., 265)

페르시아의 3대 항구로는 흔히 바스라, 우불라, 시라프를 들지만, 중국처럼 먼 곳으로 가는 큰 배가 드나들 수 있는 중요한 항구는 시라프뿐이었다. 851년 광저우를 방문한 시라프 출신 상인 술라이만 (Sulayman al-Tajir)의 증언에 따르면, 원래 바스라가 대 교역 중심지이지만 큰 선박이 이곳까지 올라갈 수 없기 때문에 우불라를 이용한다.(Paine, L., 273) 그런데 우불라 역시 물이 얕고 위험 요소들이 커서 결국은 시라프를 더 많이 사용하게 되었다. 시라프는 국제 교역 중심지가 되면서 엄청난 부가 쌓여 바스라와 같은 수준이 되었다. 주변 여러 항구에서 작은 보트들을 이용해 상품을 가지고 시라프에 오면 이곳에서 중국행 선박에 적재한다. 수출품으로는 린넨, 면, 모직, 카펫, 금속 제품과 철, 동전 등이 있었다. 상품을 적재하고 나면 인도의 퀼롱(Quilon, 콜람) 등 몇 군데를 거치며 교역도 하고 물이나 식량 등 보급을 확보한다. 그리고 말라카해협을 지나 스리위자야 혹은 베트남이나 중국으로 간다. 시라프에서 광저우까지 해로는 9,000킬로미터 거리이다. 이것은 대항해시대 이전 최장거리 항로다. 이러한 엄청난 거리의 항해는 지극히 큰 위험을 이겨내고 얻어낸 대단한 위업이다. 이런 일을 가능하게 한 요인은 몇 가지를 들 수 있다. 우선 앞서 설명했듯이 아랍·페르시아 세계의 선박인 다우선이 우수했다는 점을 들 수 있다(후술할 벨리퉁 선박이 이 사실을 실증한다). 그리고 몬순 체제 덕분에 비교적 짧은 시간 안에 원거리 항해가 가능하다는 점, 중국과 아랍·페르시아 세계의 지배자와 상층의 소비재 수요가 크다는 점도 있다.

　중국 방향으로 가는 배들은 무스카트(Musqat, 현재 오만의 수도)를 들렀다가 인도의 퀼롱으로 가서 1,000디르함의 통관세를 낸 다음 스리랑카를 돌아 정동 방향으로 항해하여 니코바르(Nicobar)제도로 간다. 이어서 말레이반도의 케다(Kedah)를 거쳐 말라카해협을 지난 다음 일부 선박은 수마트라나 자바로 가지만 더 많은 경우 중국으로 향한다. 이후에는 경우에 따라 여러 항구를 들를 수 있다. 통킹만을 따라 하노이에 들르고 최종적으로 광저우로 가든지 혹은 직접 바다를 가로질러 광저우로 가기도 한다. 남중국해는 암초와 태풍의 위험으로 악명 높아서 지극히 위험하지만(앞서 법현이 바다에서 겪은 고초를 생각해보라) 아랍·페르시아 선원들은 결국 항로 개척에 성공을 거두었다. 광저우 이북 지역에 대해서는 아랍인들은 취안저우, 항저우 등 이름만 제시하지 실제로는 잘 모르는 듯하다. 다만 소수 아랍인들이 육로나 해로로 탐사를 했고, 멀리 신라까지 간 것으로 보인다. 아랍 지리학자와 여행자 혹은 상인의 글에서 이런 사실을 읽을 수 있다.(Chung, 658~660) 예컨대 851년 술라이만의 기록은 신라를 이렇게 묘사한다.

　중국 해안 너머에 신라(al-Sila)라는 섬이 있는데, 이 섬 주민들은 하얗다.[*] 이들은 중국 통치자에게 선물을 보내는데 그렇지 않으면

---

[*] 백인이 아니라 피부가 말쑥하다는 뜻으로 보인다.

하늘에서 비가 오지 않는다고 말한다. 우리 동료들 중에 그곳에 갔다가 소식을 전해온 사람은 한 명도 없다. 이 나라에는 하얀 매가 있다.(Silsilat al-Tawarikh, Chung, 658에서 재인용)

　동시대인인 이븐 쿠르다드비(Ibn Khurdādhbih)는 846년 출판한 자신의 책에서 "이 나라에는 금이 많이 나며, 이 나라에 들어간 사람은 엄청나게 좋은 환경 때문에 그곳에 머물곤 한다"고 썼다. 이 내용은 여러 저자가 물과 공기가 맑고 식량이 많이 난다는 식으로 약간씩 변형한 채 옮겨 썼다. 알 마스투이디(Al-Mastuidi)는 신라가 '곡(Gog)과 마곡(Magog)의 땅'과 마주하고 있다고 표현했는데, 이 말은 동쪽 극단의 나라라는 의미다(성경에 나오는 곡과 마곡은 종말의 시대에 나타날 반기독교 지도자로, 이들의 나라는 세계의 동쪽 끝에 위치해 있다고 한다).

　전체 항해 기간은 매우 길 수밖에 없다.(Hourani, 74~75) 무스카트에서 광저우까지 120일이 걸리며, 따라서 시라프나 바스라에서부터 시작하고 중간에 쉬는 기간까지 합치면 전체 항해 기간은 6개월이다. 시간을 잘 맞추어 북동 몬순의 끝자락을 타고 말라카해협을 지나면 남중국해에서 남풍 몬순을 타고 항해하는데, 이 몬순은 인도양 몬순보다 온화하다. 4~5월에 이곳을 지나면 태풍을 만날 위험이 적다. 그리고 중국에서 여름을 보낸 후 북동 몬순을 타고 10~12월에 말라카해협을 향해 간다. 벵골만을 1월에 통과하여 계속 항해한 후 4월에 남서 몬순을 타고 귀환한다. 이러면 전체 항해는 1년 반 걸리며, 대개 6개월을 쉰 후 다시 항해에 나선다. 참고로 825년에 이란, 인도, 중국에서 오는 선박들을 공격한 바레인 해적들을 소탕하기 위해 바스라에서 해군을 파견했다는 기록이 있는데, 이런 점들을 놓고 볼 때 9세기 중엽이면 중국까지 가는 정규 항로가 만들어져 있었던 것 같다.(Hourani, 66)

이런 장거리 항해를 한다는 것은 실로 엄청난 위업이라 할 수 있다. 설사 항로가 열렸다고 해도 이 위험한 항해를 완수하는 것은 쉬운 일이 아니다. 중국 항해가 워낙 엄청난 일이다 보니 당시 다소 과장된 이야기들도 널리 퍼진 것 같다. 아브하라(Abharah)라는 선장 이야기가 대표적이다.(Buzurg, 74~79)

샤리야리(Shahriyari)라는 선장이 시라프에서 중국까지 가는 항해를 하는 도중에 어느 지점에서 바다가 잔잔하여 닻을 내리고 쉬고 있었다. 그런데 먼 지점에 검은 물체가 보여서 선원 몇 명을 시켜 보트를 타고 가서 확인하도록 했다. 그들이 보고 와서는 아브하라 선장이 카누를 타고 있다는 이야기를 전한다. 아브하라는 카라만(Caraman)에서 태어나 양치기로 일하다가 어부가 되었고, 곧이어 인도양 항해를 하는 선박의 선원으로 일했다. 그 후 중국 항해를 하다가 선장이 되어 중국 항해를 7번이나 수행했다. 중간에 사고를 당하지 않고 중국까지 도착하는 것 자체가 대단한 일로 여겨지던 때였다. 그런데 바로 그 유명한 선장이 바다에 홀로 있는 것이 아닌가. 사람들이 아브하라 선장에게 배에 올라오라고 하자 그는 조건을 내세운다. 자신이 1,000디르함을 받고, 또 자신이 선박을 지휘하며, 모든 사람이 자신의 명령에 따라야만 배에 오르겠다는 것이다. 워낙 유능한 선장이므로 승객들은 그의 제안에 따르기로 한다. 곧 그는

8. 이슬람의 바다

모든 무거운 물건과 닻 6개를 바다에 던지라고 지시하고 마스트도 잘라내라고 한다. 그로부터 사흘째 되는 날 검은 구름과 함께 태풍이 몰려왔다. 미리 준비를 안 했으면 침몰하여 죽었을지도 모른다. 3일 낮밤을 시달리다가 겨우 안정을 찾은 후 이 배는 중국에 가서 상품을 팔고 배를 수선한 후 시라프로 귀환 항해를 했다. 가는 도중 처음 이들이 만났던 지점에 이르자 그는 배를 멈추고 한 산호섬으로 보트와 선원을 보내 닻을 찾아오라고 시켰다. 그들은 닻 3개를 찾아 돌아왔다.

이 모든 일에 대해 아브하라 선장은 이렇게 설명한다. 그는 자신이 원래 타고 있던 배가 사고가 나서 카누를 타고 산호초들 있는 곳에서 버티고 있었다. 그는 경험상 음력 13일에 해수면이 크게 내려가 섬이 보이지만 곧 태풍과 함께 해수면이 급격히 올라가 섬이 물 아래 잠긴다는 사실을 알고 있었다. 처음 그들이 만났을 때가 바로 물에 잠긴 섬이 안 보이던 시기였으며, 한 시간만 더 오래 그곳에 있었다가는 배가 물 아래 섬에 충돌하여 침몰했을 것이다. 이런 상황에서 닻은 당장 급한 게 아니므로 버렸다. 이 중 산호초에 던진 것 3개는 찾았고 나머지는 바다 속으로 떨어져서 찾지 못한 것이다. 물론 이것은 허풍과 과장이 섞인 이야기에 불과하지만, 이 이야기의 이면에는 당대 사람들의 실제 경험이 녹아 있을 것이다. 일부 실력 있는 선원들이 중국 남부 지역까지 항로를 개척한 사실을 문학적으로 증언하고 있다.

그렇다면 반대 방향으로, 이 시대에 중국 선원들이 인도양을 넘어 중동 지역까지 항해해가지는 않았을까? 현재까지는 그런 사실을 명백하게 증명하기는 힘들다. 다만 중국 서적에 항로에 관한 정보가 정리된 것이 있으니, 혹시 항해를 했을 가능성도 생각해볼 수는 있을 것이다.

원거리 항로에 관한 정보를 담은 중국 측의 대표적인 저술은 《신당서》〈지리지〉에 실린 가탐(賈耽, 자단, 730~805)의 《광주통해이도(廣州通海夷道)》를 들 수 있다.[김영진, 122] 이 책은 광저우를 출발하여 남중국해를 거쳐 인도와 서아시아 및 아프리카 동부까지의 항로를 자세히 기록하고 있다. 즉, 광저우→말라카해협→스리랑카·인도 서안→오랄국(烏剌國, 오블라, 호르무즈해협)까지다. 이 항로는 총 90여 일이 걸리는 거리다. 다시 오랄국에서 서쪽으로 삼란국(三蘭國, 탄자니아의 다르에스살람)까지 48일이 걸린다. 해로의 노정과 구간 사이의 항행 일정, 돌아가는 길, 주변 항로까지 소상히 기술하는 이 책은 선원들의 정보에 근거해서 만들었을 터이며, 한대 이래 이루어진 중국인 항해 경험의 집대성이라는 평가를 받는다. 물론 이런 정보가 있다 해도 실제 중국 선박이 인도양을 넘어 중동 지역과 아프리카까지 어느 만큼 빈번하게 항해했는지는 알 수 없으니, 차후의 연구 결과를 기다리는 수밖에 없다.

그렇다면 이슬람권과 중국 사이에는 어떤 상품들이 오갔을까?

이 시대 항해와 교역에 관해 중요한 정보를 제공하는 것이 벨리퉁 침몰선이다. 이 배는 아마도 아라비아해에서 건조한 후 동남아시아에서 수리한 것으로 보이며, 중국과 자바를 잇는 해로상에서 침몰했다.[Miksic, 567] 이때 자바는 샤일렌드라왕조 아래 있었는데, 이 왕조는 당시 중국에 사절을 보내고 교역도 한 것으로 보인다. 벨리

벨리퉁 선박 복제품과 침몰선에서 발견된 금 접시(오른쪽)

1998년 발견된 9세기경의 벨리퉁 침몰선은 이슬람권과 중국 사이의 교역에 대해 짐작하게 한다. 벨리퉁 침몰선을 재현한 선박은 현재 싱가포르에 전시되어 있다.

퉁 침몰선은 이런 사정을 말해주는 중요한 유물이다. 발굴된 동전에서 나온 연대가 826년이므로 이즈음 침몰한 듯하다. 바닥짐으로 실은 납 10톤 외에 6,000점에 달하는 도자기가 주요 화물이다. 특히 창사(長沙)에서 생산된 대접이 주종을 이룬다. 여기에 은기류와 금제 컵도 있다. 도자기들은 철저히 해외 시장 수요에 맞춘 것이다. 기하학적 문양, 쿠란 글귀 등을 적색, 녹색으로 파 넣은 것은 아바스왕조 시장을 겨냥한 것이고, 녹색 장식은 페르시아용, 연꽃 문양은 불교도용이다. 중국 생산지에서는 원거리 항해 비용을 감당할 정도로 효율적이고 값싸게 도자기를 생산하고 있었던 것이다. 중국 도자기는 17~18세기에 이르러 실로 엄청난 양(7,000만 점 이상)을 유럽에 수출했지만, 그 이전에 이미 9세기부터 이집트, 시리아, 페르시아 시장을 장악했다. 한편 이 도자기 생산에 필요한 코발트 안료는 페르시아에서 수입했다. 코발트 안료는 페르시아에서는 잘 이용되지 못한 반면 중국에 수출되면 완벽한 청색을 구현하는 데에 쓰였다. 이런 점들을 보면 그야말로 세계화의 시작이라 할 만하다. 중국으로 수입해 들여오는 상품은 다양한 지역의 사치품들이었다. 당나라의 문인 한유(韓愈, 768~824)는 진주, 향, 코뿔소 뿔, 상아, 대모, 그 외 진기한 물품들이 다 쓸 수 없을 정도로 들어온다고 말했다(페르시아 상인들이 들여오는 크고 귀한 진주에는 마술적 의미를 부여하기도 했다). 문인의 비난조 설명을 보면 중국은 이국적인 상품에 대한 수요가 크지만, 유교적 윤리로 그것을 절제하려는 측면이 여전히 강했다는 사실을 읽을 수 있다. 중국 상인과 선원이 해외로 적극적으로 진출하기보다 먼 외국 상인이 중국까지 찾아온 데에는 중국의 이런 태도도 작용했을 것이다. 결과적으로는 아랍·페르시아 상인이 지극히 큰 리스크를 안고 위험한 사업을 펼치면서 중국까지 오는 대가로 엄청난 이익을 누렸다.

아랍·페르시아 상인들은 광저우에 거류지를 형성했다. 7세기 광저우에 모스크가 지어진 사실을 보면 이즈음 이미 정착했다고 보아야 할 것이다. 무슬림 상인 그리고 더불어 동남아시아 상인을 받아들여 교역하는 중국 내부의 사정에 대해서는 다음 장에서 보도록 하자.

CHAPTER 9

당대 중국의 해상 세계 발전

당제국(618~907)의 성립은 아시아 해양 세계의 관점에서 매우 중요한 의미를 띤다. 국제적이고 개방적인 성격의 당은 외국 상인과 선원을 끌어들이는 힘을 발휘했다. 적극적으로 해외 팽창을 하던 이슬람-페르시아 선원과 상인이 거대한 규모의 교역 수요에 이끌려 중국으로 진입해 들어왔다. 이제 중국은 이슬람권과 해상 루트를 통해 직접 연결되기에 이르렀다. 당대에 이르러 중국은 인도양 네트워크에 본격적으로 편입되어 들어간 것이다. 그러나 아랍·페르시아인들이 중국으로 찾아올 뿐, 중국의 선원과 상인은 여전히 원양 활동을 하지 않는 수동적(passive) 참여자였다. 다음 시대인 송·원대에 가서야 적극적으로 외부 해상 세계로 팽창해간다. 장기적으로 보면 중국은 해상 세계의 발전을 지속하다가 15세기 명대 초에 세계 최고 수준의 해양력을 과시하는 단계까지 이른다. 그 출발점이 당제국의 개방적인 경제였다. 그러나 그 발전 과정은 화려하고 평화롭기만 한 것은 아니었으며, 봉기와 학살 등 지극히 고통스러운 과정을 동반했다.

중국과 동남아시아 교역

중국은 오랜 기간 동남아시아의 중개를 통해 외부 세계와 교류해 왔다. 멀리 거슬러 올라가면 기원전 1세기부터 중동과 그 너머 지중해 세계와 간접 교역을 하고 있었으며, 이때 푸난과 참파, 더 나아가 인도 항구들이 중간 매개 역할을 하였다. 이런 교류는 일상화된 것은 아니고 단속적으로 이루어지고 있었다.(Schottenhammer 2017, 794) 그러다가 당제국에 이르러 교역과 교류가 훨씬 더 확대되고 안정적인 단계로 발전했다.

당대에 특히 중요한 역할을 담당한 것은 스리위자야이다. 대략 7세기부터 13세기까지 말레이반도와 말라카해협 그리고 주변의 수마트라와 자바까지 통제하며 동남아시아, 남아시아, 중국 간 중개 교역을 했다. 스리위자야는 건국 초기부터 말라카해협이라는 핵심 지역을 장악하고 있었다.(Kulke, 47) 아마도 5~7세기부터 말라카해협 양안의 여러 세력이 항구-집산지 네트워크를 이루고 있다가 7세기경 수마트라섬 남쪽의 스리위자야왕국으로 통합한 것으로 보인다. 670~673년에 스리위자야의 조공 사절단이 방문했다는 당나라의 기록이 근거다.(소병국, 106)

중심지 팔렘방(Palembang)은 말라카와 순다 두 해협과 가까워서 동서를 왕래하는 선박들이 드나드는 요충지였다. 그리고 그 두 해협을 본거지로 활용하는 오랑 라웃(Orang Laut, 바다 유목민)과의 유대 관계를 이용했다. 이 사람들은 스리위자야왕국에 대해 일종의 해군 역할을 하며, 침입자를 물리치고 외국 상인들을 말라카해협의 안전

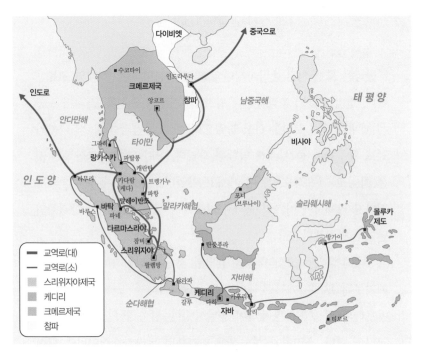

당대 동남아시아의 교역로

한 항구들로 이끌었다. 스리위자야의 도시들은 이처럼 장기간 전략적 지점들을 통제한 가운데 화물을 집중시키고 가격을 통제하는 데 성공함으로써 해양지배체제(thalassocracy)를 이루었다. 그런 점에서 푸난의 계승자라고 볼 수도 있다. 그 결과 이 나라는 바그다드로부터 중국에 이르기까지 주요 해상 세력들의 필수 파트너로 자리 잡았다.[Manguin, 895] 다만 이 왕국 내 여러 항구도시 간에 벌어진 과도한 경쟁이 약점으로 작용했다. 왕국의 수도가 팔렘방과 잠비(Jambi) 사이를 오락가락한 것이 그 방증이다. 이런 약점 때문에 11세기에 출

라왕국의 도전을 받아 세가 크게 꺾이게 된다.[Wormser, 922] ●

스리위자야와 함께 고려할 동남아시아 주요 국가로는 샤일렌드라와 마타람을 들 수 있다.[소병국, 114~122] 샤일렌드라는 자바 중부의 풍요로운 화산 지대에 위치한 국가로, 농업 생산력이 좋은 국가였다. 힌두-불교 성지인 메루산(수미산)을 형상화한 것으로 보이는 높이 30미터의 거대한 보로부두르 사원이 이 나라의 중요한 유적이다. 같은 대승불교 국가로서 스리위자야와 돈독한 동맹 관계를 유지했는데, 여기에는 경제적 이유도 작용했다. 거의 전적으로 국제무역에 의존하는 스리위자야로서는 풍부한 쌀 생산력을 갖춘 샤일렌드라와 공생 관계에 있었다. 스리위자야와 샤일렌드라의 관계는 여전히 명확하지 않은 점이 있다. 샤일렌드라 왕자 발라푸트라(Balaputra)가 스리위자야 왕이 되었다는 기록이 있고, 다름 아닌 그 시기에 스리위자야가 전성기를 맞이한다. 이런 사실들이 무엇을 뜻하는지 아직 100퍼센트 명확한 설명을 찾지는 못한 실정이다.[Kulke, 56] 한편, 샤일렌드라 동남쪽 인근에는 마타람왕국이 자리 잡고 있다. 이 나라는 일명 '신독 왕(Mpu Sindok)' 재위 중(929~948) 자바 동부

● 무슬림 상인들은 동남아시아를 찾아왔을 때 책상다리를 하고 앉는 방식을 매우 힘들어했다. 야후드 쿠타(Jahud Kuta)라는 무슬림 선장이 스리위자야 왕과 만났을 때, 오랜 시간 대화를 하다 보니 너무나 불편했다. 도저히 참을 수 없는 지경이 되자 선장은 국왕에게 자기 고장의 생선 이야기를 해준다며 한쪽 다리를 쭉 뻗고는 무릎에 손을 대고 "생선 크기가 이 정도입니다" 하고 말했다. 다시 다른 생선 이야기를 하면서 다른 쪽 발을 뻗고는 비슷한 동작을 취했다. 국왕이 이상하다고 생각하고 이유를 알아본 다음에는 무슬림 상인들이 앞으로 편하게 앉도록 만들었다.[Buzurg, 90] 교역 중심 국가로서 스리위자야의 개방적인 태도를 말해주는 이야기이다.

9. 당대 중국의 해상 세계 발전

보로부두르 사원

722년 샤일렌드라가 자바섬 중앙에 세운 대승불교 사원이다. 샤일렌드라 역시 활발한 해상 교역으로 성장했는데, 사원 벽의 부조(아래)에서 샤일렌드라 선박의 모습을 볼 수 있다.

의 브란따스강 유역으로 천도했다. 그 이유에 대해서는 여러 설이 있으나 스리위자야와의 무역 경쟁도 중요한 요소였을 것으로 보인다. 마타람이 스리위자야의 제해권에 도전하지 않던 9세기에는 양국이 평화롭게 공존했다. 그런데 이슬람 상인들이 점차 해로로 접근해오고, 특히 몰루카제도의 향신료 무역의 중요성이 커지면서 갈등이 불거졌다. 10세기 초부터 마타람은 스리위자야가 거의 독점하던 향신료 무역에 참여하였고, 이로 인한 다툼 때문에 마타람이 근거지를 동쪽으로 옮겼을 것으로 보인다. 새 근거지는 말라카해협에서는 더 멀고 몰루카제도에서는 가까운 곳으로 천혜의 항구들이 많았다. 이런 조건 때문에 말라카 및 순다해협과 몰루카제도 사이의 향신료 무역을 연결하는 이상적인 위치였다. 마타람은 향신료 무역상들이 몰루카제도에서 출발해 수천 킬로미터 떨어진 두 해협으로 항해하는 중간에 반드시 들르는 기항지가 되었다. 이처럼 교역과 농업 양면에서 기회를 살려 국력이 커졌기 때문에 스리위자야와 주기적으로 전쟁을 벌이게 되었다. 990~991년 마타람은 팔렘방을 점령했지만, 곧이어 스리위자야가 반격을 가하여 마타람을 여러 개의 작은 공국들로 분할시켰다. 양국의 전쟁은 1025년 촐라가 스리위자야왕국을 군사적으로 격퇴할 때까지 지속되었다. 이 나라들은 서로간에 때로는 투쟁하고 때로는 협력하면서 말레이제도와 인도양 사이의 교역을 지배하였다.[Kulke, 57]

동남아시아의 무역 중계 세력들을 살펴볼 때 종교 문제 또한 중요하다. 스리위자야는 해상 무역뿐 아니라 불교의 중심지였다.[소병국, 108] 이 나라 수도 팔렘방은 대승불교의 중심지로서, 중국과 동

9. 당대 중국의 해상 세계 발전

남아시아 여러 지역의 승려들이 북인도의 날란다 승원으로 가는 길에 들러 불교를 수학하던 곳이다. 의정(義淨)이 그런 사례다.(Schottenhammer 2017, 798) 그는 인도로 가기 전에 팔렘방에 약 6개월 머물며 산스크리트어를 익혔고, 귀국길에도 이곳에 수년간 머물며 불경을 중국어로 옮겼다. 당시 팔렘방에는 중국과 동남아시아 각지 출신 승려들이 수학하고 있었다. 의정은 이렇게 기록한다. "스리위자야에는 공부와 선행에 마음을 둔 불자가 1,000명 이상이 있다. ······ 만일 중국 불자가 천축으로 가서 불경을 읽고자 한다면 스리위자야에 1~2년 머물면서 공부하는 게 좋을 것이다."(Kulke, 48)

그렇지만 8세기 중엽에 이르러 페르시아 및 아랍 상인들이 이들의 중개 역할에 전적으로 기대지 않고 더 빈번하게 남중국으로 항해해왔다. 아직은 불교 승려 및 이들과 연관된 선원들의 활동이 중국의 대외 교역에 중요했지만, 갈수록 무슬림의 중요성이 커져갔다.

중국과 아랍·페르시아 지역 간 소통

중국은 동남아시아 너머 페르시아 및 아랍 세계에 대해 어느 정도 알고 있었을까? 그리고 그들과 어느 정도 교류하고 있었을까? 분명 직접적인 정보를 많이 가지고 있지는 못했을 것이다. 그렇지만 당대에 중국인들이 인도양을 넘어 여행하고 와서 기록을 남긴 사례가 없지 않다.(Schottenhammer 2015, 179~181) 특히 두환(杜環)의 사례가 잘 알려져 있다. 두환은 타지크(Dashi, 大食, 아바스왕조)를 여행하고 광저우로 돌아왔는데, 그의 숙부인 두우(杜佑, 735~812)가 자신의 책《통전(通典)》에서 조카의 경험을 기록으로 남겼다. 특히 193장 〈변방전(邊防典)〉에서 중국과 서방 국가 간 관계에 대해 많은 내용을 말하고 있다. 이에 따르면 두환은 751년 탈라스 전투에서 포로로 사로잡혀 아바스왕조의 수도인 쿠파(Kufa, 바그다드 남쪽 160킬로미터 떨어진 곳)까지 갔다가 그곳에서 다마스쿠스를 비롯하여 여러 지역을 두루 다녀본 다음 상선을 타고 중국으로 귀환했다. 두환이 그때의 경험을 토대로《경행기(經行記)》를 썼는데, 그 원본은 남아 있지 않지만 두우의《통전》에 인용된 형태로 전하고 있다. 두환이 자신이 방문한 나라들에 대해 우호적으로 쓴 것을 보면, 그는 통상적인 포로가 아니라 그 이상의 대우를 받은 것 같다. 일부 지역에 대해서는 매우 소략한 내용만 있어서, 그가 언급한 지역을 전부 방문한 것은 아니고 일부는 들은 내용을 전한 것으로 보인다. 무엇보다 바그다드에 직접 가본 것 같지는 않다. 대신 쿠파에서 보았던 모습을 자세하게 묘사하는데, 그곳에 중국인 화공, 잠업 기술자, 금 세공사가 살고 있다는 것으로 보아 탈라스 전투에서 잡혀간 많은 중국 기술자들이 기술을 전하는 것으로 짐작할 수 있다. 여인들이 집 밖으로 나갈 때는 천으로 얼굴을 가린다, 모든 사람이 하루 5번 하늘에 기도한다, 음악과 술을 금지한다, 수만 명이 들어가 기도하는 건물이 있다, 전투에서 적에게 죽임을 당하는 사람은 천국에서 다시 태어난다고 믿는다, 적을 살해한 사람은 이 땅에서 행운을 얻는다고 왕이 설교한다 등, 분명 이슬람 지역에서 직접 겪은 경험을 전하는 내용이다. 한편, 두환은 이슬람권의 아름다운 유리 제품에 대해 찬탄하는데, 실제로 그 시대에 제작된 이슬람 유리 제품이 중국에서 다수 출토되는 것으로 보아 중국인의 마음을 사로잡아서 꽤 많이 유입된 것으로 보인다.

두환의 기록은 사신 양양요(楊良瑤, 736~806)의 여정과 비슷하다. 이 시기에 중국과 아랍 세계가 사절을 교환했다는 사실 자체가 특기할 일이다.[Schottenhammer 2015, 185~189] 사산왕조가 무너지고(651) 우마이야왕조가 성립하는(661) 전환기에 두 세력 모두 중국에 사신을 보내 군사 원조를 부탁했고, 이후에도 대사들이 빈번히 왕래했다. 우마이야왕조를 이어받은 아바스왕조는 751~798년에 20번 이상 사신을 보내왔고, 당 또한 필요할 경우 아바스왕조에 사신을 보냈다. 이런 사실을 실증할 흥미로운 자료로 1984년 북중국 산시(陝西)에서 발견된 석비(神道之碑)가 있다. 환관 양양요의 일대기가 기록된 이 석비에는, 785년 황제가 그를 아바스왕조에 파견했다는 내용이 등장한다. 그는 내륙의 혼란스러운 정세 때문에 육로를 포기하고 대신 해로로 광저우에서 페르시아만까지 갔다가 임무를 마치고 귀환했다. 연구자들은 티베트의 군사 위협에 대응하기 위한 조치였을 가능성을 제기한다.

당대에 사신들과 일부 인사들이 직접 아랍-이슬람권에 찾아갔으며 이런 과정에서 많은 정보가 들어온 것은 분명하지만, 중국인 상인들이나 선원들이 직접 찾아간 것은 물론 아니다. 중국인들은 주로 내부 교역 혹은 연안 항해에 그치고 장거리 항해는 아랍, 페르시아, 기타 외국 선원과 선박에 의존했다. 앞 장에서 살펴본 것처럼 페르시아 상인은 일찍이 사산왕조 시대부터 활발하게 원거리 교역을 수행했다. 물론 페르시아나 아랍 상인들이 처음부터 중국까지 직

행한 것은 아니다. 인도양 방면
으로 팽창해나간 상인들은 인
도 지역과 교류하고 점차 더 멀
리 동쪽으로 들어가서 대개 동
남아시아를 종점 삼아 교역하다
가 어느 시점에선가 중국에까지
들어왔다. 5~6세기부터 페르시
아인이 육로로 중국에 들어왔고
해로를 통해서도 중국 남부에
들어왔을 것으로 보이지만, 자
료를 통해 확인 가능한 시기는
7세기 이후다.[Chaffee, 15] 몇 가지
문헌 자료를 보자. ① 승려 의정
의 여행기에, 671년 의정이 광

양양요의 묘비
1984년 중국 산시성 선양의 작은 마을에서
발견된 이 비석에는 정화보다 620여 년 앞선
양양요의 서쪽 항해 내용을 담은 비문이 새
겨져 있다.

저우에 들어와 정박해 있는 페르시아 선박을 타고 남쪽으로 간다는
기록이 있다. ② 717년 인도 승려 한 명이 35척으로 구성된 페르시
아 선단의 배를 타고 스리랑카에서 스리위자야를 거쳐 720년 광저
우에 입항했다. ③ 727년에 중국의 한 승려가 쓴 기록에 따르면, 페
르시아인들은 스리랑카에서 온갖 종류의 보석을 얻고 쿤룬(말레이
시아)으로 가서 금을 얻은 후 광저우로 가서 비단을 얻는 사업에 능
하다고 한다. ④ 748년 중국 승려 감진(鑒眞)은 하이난의 장수로부
터 매년 페르시아 선박 2~3척을 나포하고 그들을 노예화한다는 이
야기를 들었다. 아바스왕조와 당 사이의 탈라스 전투(751) 이후 육

9. 당대 중국의 해상 세계 발전

로를 통한 소통이 어려워진 만큼 해상 교역이 갈수록 더 중요해졌다. 이런 때에 아랍·페르시아 상인들은 동남아시아 지역들을 넘어 결국 중국 남부 지역까지 네트워크를 확대하는 데 성공한 것이다.

인도양 교역 연구자 앙드레 빙크(André Wink)는 8~11세기를 아랍-페르시아인들이 인도양의 모든 중요한 해상 루트에서 팽창하는 시기로 보고, 이때의 인도양을 '아랍 지중해'라고 표현했다.(Wade 2013, 86~87) 이들은 먼저 콘칸(Konkan)과 구자라트에 거주한 후 8세기 중에 남인도와 스리랑카로 확산했고, 9세기에 코로만델(Coromandel) 해안의 타밀 지역으로 확산했다. 그러는 동시에 광저우로 네트워크를 연장했다. 그리하여 중동 지역과 동남아시아, 중국 남부에 이르기까지 교역망을 구축해갔다. 이 네트워크상에서 아랍인, 페르시아인에 더해 유대인도 활동했다. 10세기에 활동한 유대인 상인 이샤크 이븐 야후다(Ishaq ibn Yahuda)가 잘 알려진 사례다. 그는 오만의 소하르 출신으로 882~912년에 중국에 가서 막대한 부를 얻은 후 귀향했다. 그리고 다시 한 번 중국을 향해 떠났다가 수마트라에서 살해당했다.(Lombard, vol2. 28; Buzurg, 92~97) 중국 남부에 '아랍인'이 많이 온다고 현지 기록이 전하지만, 이 말 뒤에는 다양한 지역 사람들이 있을 것이다.(Schottenhammer 2017, 795)

여기에서 간략히 거론할 점은 인도의 타밀 상인들 또한 중요한 교역 네트워크를 구성했다는 사실이다.(Wade 2013, 90~91) 앞에서 이야기한 대로 지난 시대의 여러 기록으로 보건대 중국과 인도 사이 항해가 전혀 없었던 것은 아니다. 타밀 지역 상인들은 일찍이 3세기부터 동남아시아로 확산했고 그 교역망이 중국 남부에까지 도달했다.

이들이 남중국에 상인 공동체를 세웠다는 기록들은 6세기부터 찾을 수 있다. 8세기에는 광저우에 대규모 타밀 공동체가 형성되었다. 9세기에는 타쿠아파(Takuapa, 현재 타이 남부 지역)에 타밀 상인 길드가 비석을 세웠다. 그동안 상대적으로 간과했지만, 타밀 상인 또한 중국 및 동남아시아 교역에 활발하게 참여하고 있었다.

시박사 그리고 상인들의 삶

점차 많은 외국인들이 중국 남부에 들어와 거류지를 형성했다. 이곳에는 바스라, 시라프, 오만, 인도의 도시들, 자바 출신 사람들이 머무는 건물들이 있으며 그곳에는 상품들이 가득 차 있다고 한다.(Chaffee, 34~35) 중국 내 도시지만 오히려 한족이 소수일 정도다. 중국 측은 외국인 거류지를 번방(蕃坊)이라 불렀으며 어느 정도 자치를 허용했다. 즉 번장(蕃長), 번추(蕃酋)라 부르는 대표가 통솔하도록 했다. 사실 이런 방식은 아시아 세계에서 일반적이라 놀라운 일은 아니다. 그런데 외국인들을 가리킬 때 번(蕃, 番)이라는 말을 혼용해서 쓸 뿐 정확히 구분하지는 않으므로 이들이 누구인지 명확히 알 수 없는 경우가 많다. 중국 측 기록《당률소의(唐律疏議)》(635)에는 화외인(化外人)의 범죄에 대해 만일 같은 집단 내에서 일어난 일이면 그들의 관습과 법에 따라 판결하고, 만일 다른 집단 간이면 중국 법에 따른다고 되어 있다. 그리고 이에 대한 자세한 설명을 덧붙이기를 고구려인과 백제인 사이에 벌어진 사건은 중국 법에 따라 판결한다는 것이다.

외국인 중에 아랍·페르시아인의 비중이 큰 것은 분명하다. 당대 중국의 거류지에 대해 중요한 정보를 제공하는 아부 자이드(Abu Zayd al-Sirafi)는 이에 대해 이렇게 말한다.

> 칸푸(Khānfū, 이슬람 측에서 광저우를 부르는 명칭)에는 상인 집합소가 있는데, 여기에서는 중국 당국이 임명한 무슬림이 그들 사이의 분쟁을 조정하며 중국 황제가 나서서 다른 식으로 판결을 바꾸지 않는다. 이 사람이 기도를 이끌고 설교하고 술탄을 위해 기도한다. 이라크(무슬림) 상인들은 그가 내린 판결에 대해 전혀 이의를 제기하지 않으며, 그는 이슬람법에 따라 아주 공명정대하게 일을 처리한다고 믿는다.(Abu Zayd, 31)

카디(qadi, 판관)의 통제 아래 샤리아(코란을 바탕으로 한 법체계)를 따라 살아가는 공동체가 형성되었고, 중국 당국이 이를 인정한 것이다.(Schottenhammer 2017, 798) 이 시기만 해도 중국 남부 여러 지역에는 평화롭고 번영하는 이슬람 공동체들이 잘 유지되었다. 광저우의 경우 약 1,000명의 페르시아·아랍 상인들이 살고 있었다. 이곳의 중요한 랜드마크는 화이성 모스크다. 중국어로는 회성사(懷聖寺, '성인 무함마드를 가슴에 품은 사찰'이라는 뜻)라 칭하는 이 모스크는 유명한 미나레트인 광탑(光塔)이 있어서 광탑사(光塔寺)라고도 한다. 이 모스크는 당 태종 시기인 627년에 건축했는데, 그 후 원대인 1350~1351년에 재건축한 것을 비롯하여 여러 차례 수리를 했다. 이 탑은 중국에서 가장 오래된 이슬람 건축물이다. 높이 36.3미터의

회성사 광탑

중국에서 가장 오래된 이슬람 건축물로, 광저우 화이성 모스크 회성사의 미나레트이다. 당 시기에 이미 중국 남부에 이슬람 공동체가 번영하고 있었다.

이 탑은 종교적 역할을 하는 외에 등대로도 쓰였기 때문에, 이 모스크는 '등대 모스크'라는 별칭으로도 불린다. 남송대인 1206년의 기록에 의하면, "이 탑의 꼭대기에는 황금 수탉 금계상이 있어서 남풍과 북풍에 따라 돌아간다. 매년 5~6월이면 오랑캐들이 탑 위로 올라가 5개의 북을 치며 신에게 순풍(몬순)을 빈다"고 한다.(Hagras, 70~71)

아랍·페르시아인들은 이 디아스포라 내에서 서로 협력하고 신뢰하며 공동으로 사업을 하였을 것이다.(Alpers, 41~42) 이들 간에는 서아시아와 지중해 무슬림 상인들과 같은 방식, 즉 제한된 투자 파트너십 혹은 코멘다(commenda, 한 사람은 자본을 대고 다른 사람은 교역 활동을 한 후 약정한 비율로 손익을 나누는 투자 계약 방식) 계약이 이루어졌을 것으로 보인다. 먼 타지에서 이런 방식의 사업을 유지하려면 상호 신뢰가 중요하다. 8세기 전반 알사기르(al-Saghir, 'Rhak')라는 오만 출신 상인의 사례를 보면, 파트너와 알로에를 교역할 때 중국산 알로에에 대해 구매 전에는 폄하해서 값을 내리고 구매 후에는 같은 상품을 칭찬하여 값을 올리는 것을 보고 파트너십을 해제했다고 한다. 신용을 잃으면 사업 관계를 잃는다는 의미다. 이들이 성공을 거둔 근간에는 이처럼 같은 가치의 공유와 상호 신뢰가 있다.

714년 중국 당국은 외국 상인의 활동을 통제하고 관세를 부과하기 위해 시박사 제도를 두었다. 이렇게 한 데에는 궁정이 외국 상품을 확보하려는 욕구도 작용하였을 것이다.[Sen, 546] 외국 선박이 항구에 들어오면 선장 혹은 대표 상인의 이름을 등록하고 화물을 신고하여 세금을 물린다. 아부 자이드의 설명에 따르면, 외국 상인이 중국에 상륙하면 중국 관리가 상품을 모두 세관 사무소 안으로 가져간다.[Abu Zayd, 45] 그러고는 마지막 선원이 입국할 때까지 최대 6개월을 기다린다. 그 후 수입 상품 중 30퍼센트를 관세 명목으로 가져간다. 그 다음에도 당국이 필요로 하는 상품은 우선적으로 차지하되 다만 이때는 최고가로 매입해준다. 이렇게 시간을 끄는 것은 모든 사람에게 공정한 가격을 보장하기 위해서일까? 혹은 반대로 시장에 상품이 가득하게 만들고 또 몬순을 이용해 서쪽으로 돌아가야 하는 사람들이 판매할 시간이 부족해지도록 유도해서 가격을 떨어뜨리려 한 걸까? 외국 상인들은 비단, 장뇌(camphor), 사향, 향신료 등을 싣고 출항하는데, 수출품의 경우에도 감독관이 철저하게 통제한다.

주목할 점은 흔히 환관이 사무를 담당한다는 점이다. 황실도 사치품 구득을 위해 여기에 큰 관심을 둔다는 사실을 알 수 있다. 그런데 이 관리들은 지극히 부패한 것으로 악명이 높다.(Alpers, 44~45) 예컨대 상인이 사망하면 사실상 화물을 압류하고 부인이나 아들이 3개월 내에 와서 신고해야 돌려준다고 한다. 당시 사정에서 3개월 내에 중국으로 오는 것은 불가능하다. 시박사(市舶使, 해운 업무를 관장하는 관청인 시박사(市舶司)의 장관)는 이런 종류의 부당한 행태를 제지하려고 노력했다. 그런데 때로는 시박사마저도 부정에 참여하는데, 이렇게 되면 대책이 없다. 684년 동남아시아 상인 한 명이 시박사가 부정을 저지르는 데에 분개하여 칼을 숨겨 가지고 가서 살해한 사건이 발생했다. 중국 내의 기록 또한 과도한 세금과 극심한 부패에 대한 불만의 소리가 해외에까지 퍼져 있다는 사실을 지적한다. 왕악(王鍔)이라는 9세기 영남절도사에 관한 기록을 보자.

서방과 남방의 선박들이 도착하면 왕악은 이익이 될 만한 상품들을 모두 구매한다. 그리하여 그의 집 재산 규모가 지방의 재정보다 더 크다. 그는 사시사철 공공용품이라는 명목으로 매일 작은 배 10척 분량의 뿔, 상아, 진주, 대모 등을 구매한다.(Chaffee, 33)

이러한 문제들이 결국 외국 상인들의 저항을 불러왔다.

저항과 봉기

거대한 외국 상인 거류지가 형성된 중국 남부 지역은 당의 변경 지역이라 중앙 권력의 통제가 직접 닿지 않는 가운데 엄청난 부가 오간다. 구조적으로 부패가 심할 수밖에 없는 상황인 것이다. 결국 당 중기 이후 심각한 봉기와 학살 사건이 일어났다.

첫 번째는 758년 페르시아인과 아랍인이 광저우항구를 공격한 사건이다.[루이스, 335] 《신당서》와 《구당서》 등 중국 사료들은 주동자가 대식국(大食國)과 파사국(波斯國) 출신, 다시 말해 아랍인과 페르시아인이라고 기록하는데, 어떻게 이런 공격이 가능했는지, 이들이 어떻게 오게 되었는지에 대해서는 정확하게 기록하지 않았다. 하여튼 이것이 아랍·페르시아인에 대한 중국 측의 첫 공식 기록이다. 곧이어 760년 양저우에서 아랍·페르시아 상인 수천 명이 관군에 의해 학살되었다.

이 두 사건은 모두 안사의 난을 배경으로 하여 일어났다. 안녹산(安祿山)과 사사명(史思明) 등이 주동이 되어 일으킨 이 사건은 755년에서 763년에 이르기까지 약 9년 동안 당제국을 뿌리째 뒤흔들었다. 당은 현종(玄宗, 재위 712~756)대에 국력이 절정에 달하였지만, 동시에 이 시기부터 내부적으로 토지제도와 조세제도, 군사제도 모두 심각한 위기로 치닫고 있었다. 심각한 사회 문제들을 국가가 풀어주지 못하고 오히려 심화시켰다고 할 수 있다. 강력한 군을 키운 동북쪽 번장(蕃將) 안녹산과 양귀비의 일족으로서 막강한 권력을 쥔 재상 양국충(楊國忠) 사이에 군사 충돌이 벌어졌다. 각각 20만 병력을 보유한 두 집단 사이에 일어난 내란 사태로 3,600만 명이라는 엄청난 수가 희생되었다고 한다. 스티븐 핑커는 8세기에 발생한 이 내란의 희생자 수를 20세기 중반의 인구에 상응하는 사망자

비율로 환산하면 4억 2,900만 명에 해당하며, 이렇게 조정한 희생자 수의 순위를 매겨보면 안사의 난이 세계 역사상 1위라고 주장한 바 있다.[펑커, 351] 다음 황제인 숙종 당시 삭방군(朔方軍)과 위구르 원군의 도움으로 장안과 뤄양 탈환에 성공하면서 대란을 겨우 종식시켰지만 엄청난 재앙을 피할 수는 없었다. 특히 755년에 장안을 놓고 싸울 때 피해가 컸다.

757년 안녹산이 죽은 후 지방에서 수많은 반란이 일어나고 질서가 파탄 났을 때, 광저우의 무슬림 거류지 또한 격렬한 혼돈 상태에 빠졌다. 먼저 760년에 일어난 광저우 학살 사건을 보면, 난을 진압하기 위해 동원된 관군이 광저우에 들어가서 학살을 일으킨 것으로 보인다. 그러나 그 2년 전에 있었던 758년 사건은 그런 사건들과는 무관하다.《신당서》는 단순히 무슬림들이 광저우를 약탈(寇)하고 바다로 도주했다고 기록하였고,《구당서》는 페르시아인들이 아랍인들의 공격(襲)을 따라했으며, 바다에서 쳐들어와 시를 점령하고 창고에 불을 질렀다고 약간 더 자세한 설명을 제공한다. 그렇지만 이 사건의 전말은 여전히 명확하지 않다. 상인들이 반란을 일으킨 것인지, 혹은 어지러운 시기에 상인들이 해적들을 따라한 것인지, 혹은 이들과는 관련 없는 해적들이 들이닥쳐 약탈 행위를 한 것인지 불확실하다.

무슬림 상인들 자신은 안사의 난과 직접 관련이 없다 하더라도 결과적으로는 안사의 난에 휩쓸려 들어가서 엄청난 피해를 입었다. 외국 상인들은 대학살을 당한 이후 안남(安南) 방향으로 떠나버렸다. 난이 진압된 이후 시기인 792년 영남절도사가 황제에게 보고하기를, 외국 상인들이 모두 안남으로 가버렸으니 안남에 사절을 보내 그곳의 시장을 닫아 이들이 다시 돌아오도록 만들어야 한다고 한 것을 보면 당시 상황을 이해할 수 있다(황제가 이 요청을 따랐는지는 알 수 없다).[Chaffee, 47]

아랍·페르시아인들은 난이 평정된 후 되돌아왔을까? 이와 관련해서는 일본 승려 엔닌(円仁)의《입당구법순례행기》를 참조할 수 있다. 엔닌이 광저우에 거주하던 839년에 절 수리비 지원을 요청했을 때 페르시아인들이 돈을 희사했다는 기록이 있다.

> 서상각(瑞像閣)을 수리하기 위하여《금강경》을 강의하는데 귀국에 청하는 금전은 50관입니다. 마침 상공께서 모금을 허가하여주었습니다. …… 날마다 불법(佛法)을 듣고자 가는 사람이 많습니다. 헤아려보건대 1만 관으로 이 각을 수리할 수 있을 것입니다. 파사국(波斯國, 페르시아)은 1,000관의 돈을 내었으며 파국(婆國, 인도차이나 지방) 사람은 200관을 희사하였습니다.[엔닌, 94~95]

일부 페르시아인들이 현지에 남아 난을 이겨내고 생존했을 수도 있고, 난 이후 어느 시점에 돌아와서 다시 자리 잡았을 수도 있다. 그렇지만 정확한 실상을 파악하기는 힘들다.

그런데 당 말에 이르러 안사의 난 당시보다 더한 참상이 다시 벌어진다. 한 세기가 지난 879년 광저우 대학살이 벌어진 것이다. 그 배경은 왕선지(王仙芝)의 난(874~878)과 황소(黃巢)의 난(878~884)이다. 이미 오래 지속된 사회 문제와 군사 문제가 크게 폭발하여 일어난 이 사건들은 당의 멸망을 초래해서, 황소의 난 이후 당은 20여 년간 마치 식물인간처럼 연명하다가 사망했다. 이 와중에 광저우 거류지에 살던 외국 상인들이 대량 학살을 겪었다. 그 참상에 대해 제법 자세한 정보를 제공하는 것은 아부 자이드의 기록이다.

중국에서 법과 질서가 악화되고 시라프에서 중국으로 가는 교역이 중단된 이유는 황소가 주도한 봉기 때문이다. 초기에 그는 무장 강도와 폭력범으로서 사람들에게 큰 피해를 입혔는데 어리석은 추종자 무리들이 몰려들었다. 시간이 가면서 그의 전투 능력, 또 권력에 대한 열망이 커져서 중국의 대도시들로 쳐들어갔는데 그중 하나가 칸푸(광저우)였다. 이 도시는 아랍 상인들이 찾는 목적지였으며 바다로부터 며칠 여행하면 닿는 강변의 도시였다. 처음에는 칸푸 시민들이 그에 대해 잘 저항했으나 오랜 포위를 이기지는 못했다. 이 일은 이슬람력 264년(서기 877~878)에 일어난 일이다. 마침내 이 도시를 정복한 그는 시민들을 모두 살해했다. 중국 사정에 밝은 전문가의 말에 의하면, 중국인 외에도 그가 살해한 무슬림, 유대인, 기독교도, 조로아스터교도의 수가 12만 명에 달한다고 한다. 이 사람들은 모두 이 도시에 거주하여 이곳 상인이 된 사람들이었다. …… 황소는 칸푸의 모든 나무들을 다 베어버렸으며, 여기에는 뽕나무도 포함되어 있다. 이 말을 하는 이유는 중국인들은 뽕나무 잎으로 누에를 치기 때문이다. 뽕나무가 없어지니 누에들도 다 죽고 그래서 아랍 땅에 비단이 사라지게 되었다.(Abu Zayd, 67~69)

알 마수디(Al-Massudi, 10세기 아랍의 역사학자·지리학자·여행자)의 기록 역시 유사하나, 다만 학살 피해자 수를 12만 명이 아니라 20만 명으로 제시한다. 뽕나무도 광저우 바깥 지역까지 다 베어 잠업의 피해가 더 크다고 서술한다. 현재 학계에서는 대체로 아부 자이드 가 제시한 12만 명을 수용하는 편이다. 그런데 정작 이 사건에 대한 당시 중국 측 기록은 매우 소략하다.《구당서》와《신당서》는 광저우 학살에 대해 황소의 난의 일부분으로만 기술할 뿐, 그 자체가 얼마 나 큰 경제적 위기였는지 말하지 않는다. 단지 황소의 난으로 황실 이 쓰촨(四川)으로 도피했고 그로 인해 난들이 발생하고 외국군에 의존하게 되었다는 점만 강조할 뿐이다. 외국 상인의 활동이 어떤 의미를 띠는지 전혀 관심을 두지 않고 있는 것이다.

광저우 학살 이후 사정은 암담하기 짝이 없었다.

> 신은 그들에게서 축복을 거두었다. 바다는 항해인들에게 길을 허락하지 않았으며, …… 멀리 시라프와 우만(Uman)에 이르기까지 선장들과 안내인들에게 피폐함만 남겼다.[Chaffee, 49]

돌이켜보면 당대에 페르시아인과 아랍인은 자유로운 정부 정책 의 수혜자로서 중국 도시에 정주하고 번영할 수 있었지만, 동시에 부패한 관리들의 요구에 직면하고 또 폭력의 목표가 되기도 했다. 광저우가 변경이고 식민지적 성격의 장소여서 그러했는데, 이것이 당의 특징이라고 할 수 있다.

여기에서 간략하게나마 장보고의 무역 네트워크를 살펴보자.

장보고는 805년 전후에 당으로 건너가서 쉬저우(徐州) 무령군(武寧軍) 군중소장(軍中小將)의 군직에 올랐다가 828년 귀국한 것으로 보인다. 무령군의 주요 임무는 반군을 토벌하는 일이었다. 765년 고구려 유민 출신 이정기(李正己)가 당 조정이 파견한 절도사를 무력으로 몰아내고 스스로 번수가 된 후 819년 완전히 진압될 때까지 55년 동안 산둥반도 일원의 15개 주를 영유하고 10만 대군을 거느리는 막강한 세력으로 성장했다. 이들이 이렇게 세력을 키운 요인은 발해 및 신라와 해상교역을 관장하는 해운압신라발해양변사(海運押新羅渤海兩邊使) 업무를 당왕조로부터 위임받아 막대한 부를 축적했기 때문일 것이다. 결국 당제국은 한반도 출신 반란 세력을 한반도 출신 무장으로 진압한 셈인데, 그 배경에는 신라인의 활발한 경제 활동이 있었던 것으로 보인다.

신라인은 양저우 이북의 대운하 변, 화이허 면, 산둥반도 일대에 자치구인 신라방 혹은 신라촌을 형성한 후 이 거점들을 이용해 중국 동해안과 신라 및 일본 등지까지 교역을 중개했다. 엔닌의 《입당구법순례행기》에 의하면 중국 동해안 변에 재당 신라인의 거주지가 광범위하게 분포하며, 이들은 선박 제조 및 수리업, 해운업, 목탄 제조 및 유통업, 칼 제조업, 소금 생산업 등 다양한 생업에 종사하면서 탄탄한 경제력과 조직망을 갖추고 있었다. 장보고가 당에서 어떤 일을 했는지에 관한 기록이 드물지만, 엔닌의 기록을 참조하면 산둥반도 등주(登州)의 적산포(赤山浦)를 중심 기지로 삼아 동아시아 교역 시스템을 구축하고 운영했을 가능성이 있다. 중국 동해안으로부터 자신의 고향인 신라 서남해 지역을 거쳐 일본 규슈 일대에 이르기까지 친분 세력을 만들어서 이들을 연결하는 국제 해양 네트워크를 구축했을 것이다. 장보고가 세웠다는 적산법화원(赤山法華院)이라는 사찰은 그가 구축한 해양 네트워크와 관련이 있어 보인다.

장보고가 귀국할 무렵, 신라는 왕위 쟁탈을 노린 김헌창(金憲昌)의 반란 사건으로 큰 혼란에 빠져 있었고, 한반도 주변 해역에서는 해적 문제가 심각했다. 장보고는 흥덕왕에게 청해진 설치를 건의하였는데, 조정에서는 장보고에게 기존에 없던 대사(大使)라는 직함을 만들어주고 1만 명의 군대를 주면서 청해진 설치를 허락하는 파격적인 조치를 취했다. 청해진은 완도의 장도라는 섬과 주변 일대, 아마도 강진, 해남, 장흥 일대를 장악했을 터이다. 청해(淸海)란 당나라식 명명법이고 대사라는 직함도 당의 절도사를 염두에 둔 듯하다. 따라서 당의 번진 같은 독자적 세력 집단을 의미하는 듯하다. 이후 장보고는 매물사(賣物使)가 이끄는 교관선(交關船, 무역선)을 당에 수시로 파견하여 재당 신라인 조직을 점검하고 이를 통해 무역 업무를 수행했다. 엔닌에 의하면 839년 6월 27일 장보고가 보낸 2척의 교관선이 적산포에 도착했는데, 최훈(崔暈)이라는 인물이 청해진병마사(淸海鎭兵馬使)라는 직함을 사용하며 매물사 임무를 수행했다.[엔닌. 183] 군사적 냄새가 나는 관직명을 보면 청해진이 반(半)독립적 군정 체제를 갖춘 듯하다. 최훈은 적산법화원에 들러 격려한 후 산둥반도에서 강남지방에 이르는 광대한 지역을 다니며 교역 활동을 했는데, 이런 곳들에는 신라촌이 있었다. 장보고 세력은 이런 식으로 반(半)공식화된 무역 활동을 했다. 그리고 이충(李忠)과 양원(揚圓)을 회역사로 삼아 일본 규슈 지쿠젠(筑前)의 오쓰(大津,

현 하카타항)로 교관선을 보내 거래를 했다. 곧 장보고는 암살당하고 만다. 이후 그의 후임이라 할 수 있는 염장(閻長)이 이소정(李少貞)을 보내 물건 반환을 요구하자 노미야타마로(宮田麻呂)라는 인물이 자신은 장보고에게 미리 값을 다 지불했다며 물건들을 모두 빼앗는 사태가 벌어졌으나, 당국이 조사하여 화물 일부는 청해진 측에 돌려주는 것으로 끝났다. 전말을 소상히 알 수는 없으나 장보고가 당과 일본을 중개하는 교역을 수행한 것은 분명한 사실이다. 그러나 장보고 사후 내분이 일어나고 여러 사람이 국외로 나가거나 흩어진 것으로 보이는데, 이후 사정에 대해서는 851년 "청해진을 혁파하고 그곳 인민을 벽골군(碧骨郡)으로 옮겼다"는 《삼국사기》의 짤막한 기사만 있을 뿐이다.

장보고의 사례를 보면, 인도양으로부터 중국까지 이어진 원거리 국제 무역 체제의 동쪽 끝단이 신라와 일본에까지 연결되었다고 추론할 수 있다.

경제 회복 그리고 재구조화

황소의 난 이후 광저우는 황폐화되었다. 그 후 당은 몰락하고 소위 오대십국 시기로 들어간다. 10개국 중 9개국이 소규모이고 남쪽에 존재하는데, 대개 혼란기에 지방 수괴들이 세운 나라들이었다. 송이 이 나라들을 전부 지배하는 건 978년에 가서의 일이다. 중국이 정치·군사적으로 혼돈을 겪는 동안 무슬림 상인들은 중국을 떠나 동남아시아로 갔다. 이들은 중국 정세가 호전된 다음에야 다시 돌

9. 당대 중국의 해상 세계 발전

아온다.

이 시기에 아랍·페르시아 세계 또한 거대한 혼란에 빠졌다.(Hourani, 74-75) 870년대 초 잔지 반란이 거대한 규모로 분출하여 이 지역의 질서를 크게 교란시켰다는 점은 앞서 이야기했다. 반란 세력은 우불라와 바스라를 약탈했고 바그다드는 페르시아만과 격절되었다. 871년에는 신드가 칼리프로부터 독립했다. 899년에는 아라비아 동부에서 카르마트파 봉기가 일어났다. 시아파 분파인 이스마일파의 분파인 카르마트파는 극단적 행동을 서슴지 않아서, 심지어 카바의 돌을 훔쳐오기도 하고 이슬람 성지 중 하나인 잠잠 우물(Zamzam, 사우디아라비아 메카 대사원에 있는 성스러운 샘)에 시체를 넣어 훼손하기도 하였다. 다른 이슬람 집단의 공분을 사서 11세기에 격퇴되지만, 그동안 이들은 아랍 세계 주류와 거칠게 충돌하고 큰 파장을 불러왔다. 여기에다가 시라프가 977년 지진으로 파괴되었다. 이즈음 페르시아 시아파 에미르(Buyids라 불린다)가 완전한 권력을 행사하여 바그다드 칼리프를 무력화시켰다. 거의 같은 시기에 북부 아프리카에서 권력을 장악한 파티마왕조가 이프리키야(Ifriqiya, 북아프리카 중동부 지역)에서 카이로로 이동하여 이집트를 지배하게 되었다. 곧이어 1062년 셀주크튀르크가 침입하여 시라즈를 정복한 후 이스파한에 수도를 정하였으나, 이들은 해상 교역에 관심을 두지 않고 거의 방치하다시피 했다. 이런 일들로 인해 기존 교역 중심지들이 몰락하고 교역의 무게중심이 홍해로 이동해갔다. 바그다드를 중심으로 한 이라크 지역은 쇠퇴를 면치 못했다. 알 마크디시(al-Maqdisi)는 "바그다드는 한때 위대한 도시였으나 이제 쇠퇴하고 부패하여 모든 광휘를 잃었노라. …… 오늘날 미스르의 알푸스타트는 과거 바그다드와 같으니 이슬람 도시 중에 이보다 나은 도시를 알지 못하노라."라고 말했다. 중국과 이슬람권에서 일어난 이런 사건들이 복합적으로 작용하여 아시아 해양 세계의 구조가 크게 변화한다.

시간이 지나 중국과 중동 지역은 혼돈을 이겨냈고 경제도 점차 나아졌다. 당 이후 건립된 오대십국 시기의 여러 나라는 농경을 장려하고 사치품 수요를 만족시키기 위해 중개 교역을 하며 수익을 높이려 했다. 이 가운데 특히 남한(南漢), 민(閩), 오월(吳越) 세 나라가 해외 교역에 집중했다.(Schottenhammer 2017, 800) 점차 해외 상인들은 중국이 다시 안전해졌으리라는 느낌을 받았을 것이다. 남한 시기에 광저우 지역에 다시 외국인 거류지가 생겨났으며, 이렇게 형성된 교역 우호적인 성향은 송대에까지 이어진다.

그렇지만 예전의 체제가 그대로 회복된 건 아니다. 사치품 수요는 그대로 유지되고 무슬림 상인이 다시 인도양 교역을 재개하였으며 일부는 다시 중국을 방문하기도 했지만, 이제는 외국 상인이 동남아시아에 근거지를 두고 중국은 멀리에서 연결하는 방식으로 변화했다. 즉 아랍·페르시아와 중국 간 원거리 직항로가 끊어지고 대신 분절화(分節化, segmentation)가 이루어졌다. 다수의 해상 권력이 성장하고 그것들이 서로 연결되는 방식이다. 중국으로 향하는 아랍-페르시아 선박 수는 점차 줄어들어서 결국 14세기 이븐 바투타가 중국에 갔을 당시 캘리컷에서 중국까지의 항해는 전부 중국 선박을 통해 이루어지고 있었다.(Hourani, 83)

중국과 아랍 상인들은 새 근거지인 동남아시아의 '칼라(Kalah)'로 알려진 곳에서 만났다.[Hourani, 74~75] 칼라는 어디를 가리킬까? 아랍권과 중국 중간이라고 여러 글에 나오지만 정확히 어디인지는 불명확하다. 연구자들은 말레이반도 서부로 추정한다. 아부 자이드는 칼라가 자바지(Zabaj)왕국 내 섬-도시라고 묘사한다.

자바지와 중국 사이 항해 시간은 한 달이지만, 바람이 유리하면 훨씬 덜 걸린다. …… 이 왕국은 칼라반도도 포함하는데, 이곳은 중국과 아랍 세계의 중간 지점이다.[Abu Zayd, 89]

이와 관련하여 알 마수디의 기록도 참고할 수 있다.[Chaffee, 54]

트란스옥시아나의 도시 사마르칸트의 상인 한 명이 많은 상품을 가지고 이라크로 왔다. 이곳에서 바스라로 가서 배를 타고 오만으로 향했다. 그리고 해로로 칼라로 갔는데, 이곳은 중국까지 가는 도상에서 중간 지점이다. 오늘날 이곳은 일반적으로 시라프와 오만의 선박들과 중국 선박들이 만나는 곳이다. 예전에는 이러지 않아서 중국 선박들이 오만, 시라프, 페르시아 해안, 바레인, 우불라, 바스라로 갔고, 반대로 이런 지방에서 중국으로 직항했다. 이제 더 이상 중국 통치자의 사법 질서와 그들의 정직한 의도를 믿을 수 없게 되었으므로 상인들이 중간 지점에서 만나는 것이다. 그래서 사마르칸트 상인도 중국까지 갈 일이 있으면 칼라에서 중국 배로 갈아타고 칸푸로 갔다.

자바지는 자바를 가리키는 걸까? 혹은 스리위자야일까? 이곳이 어디인지는 여전히 불명확하지만, 교역 방식이 변화했다는 점은 분명하다. 이제 원격지 간 직항로를 이용하기보다는 아시아 해상 교역 체제가 몇 개의 권역으로 나뉜다. 중간에 들르는 곳으로 칼라 외에 다른 지역들도 언급되는데, 참파도 그중 하나이며, 스리위자야의 수도 팔렘방도 (이곳이 곧 칼라는 아니라 하더라도) 중요한 역할을 했다. 자바 또한 10세기 이후 13세기까지 중요한 해상 세력이었다.

이와 같은 사실은 침몰선 자료에서도 확인할 수 있다.[Wade 2013, 93-94] 1990년대에 발견된 인탄(Intan) 침몰선이 하나의 사례다. 수마트라의 방카(Bangka)와 자카르타 중간 지점에서 약 40해리 떨어진 바다에서 발견된 이 배는 30×10미터에 200톤 규모이며 쇠못을 사용하지 않는 동남아시아 배(lashed-lug)이다. 아마도 920~960년에 스리위자야의 수도 팔렘방에서 자바로 가던 중 침몰한 듯한데, 무척 다양한 화물을 싣고 있다. 중국 도자기 수천 점과 중국 동전 외에 타이의 자기, 자바산 청동 물품, 납 그리고 185킬로그램의 은괴(ingot), 게다가 인도네시아산 황금 장식물, 청동제 종교 용품, 중국제 거울, 아랍산 유리 제품 등도 있다. 아마도 금속 재료가 부족한 자바에 종교 의식에 필요한 상품을 공급하던 것으로 보인다. 이보다 더 유명한 사례는 치르본(Cirebon) 침몰선이다. 25×12미터로 앞의 사례보다 약간 작은 배다. 10세기 후반에 운항하던 이 배에는 수십만 점의 중국 도자기 외에 서아시아 유리 제품, 인도 청동 제품, 아프가니스탄의 청금석, 중국 은괴 등이 실려 있다. 리브너(Horst Liebner)의 분석에 의하면, 이 배는 남한(南漢)의 광저우에서 출항하

치르본 침몰선 유물

2003년 인도네시아 북부 자바해에서 발견된 치르본 침몰선에서 25만 점의 공예품이 나왔다. 그중 65퍼센트가 중국 등지의 도자기였다.

여 동남아시아 항구들에 들러 상품을 실은 후 자바로 가는 도중 침몰한 것 같다. 이 많은 도자기는 일상용품일 뿐 아니라 여기에 더해 힌두 의식과 장례 용도로도 사용되었을 것이다. 그런데 여기에 알라 등을 언급하는 이슬람 물품도 존재하는 것으로 보아, 아마도 자바에 무슬림 공동체가 있었던 듯하다. 이 무렵이면 자바 동부까지 무슬림 교역 네트워크가 확산한 것으로 추정한다.[Chaffee, 58]

동남아시아와 중국을 오가는 선박에는 중국과 서아시아 상품이 가득 실려 있다. 중간 지점에서 양측을 매개하고 있음에 틀림없다. 시라프에서 광저우까지 감행하는 영웅적인 항해 서사 같은 것은 슬슬 사라져가고 있다. 반대로 이 시기에 광저우로 오는 선박들이 줄어든 것이 중국 선박 및 상인이 동남아시아로 팽창해가는 계기가 되지는 않았을까? 그리고 무슬림 선박이 중국까지 직접 오지 않으므로 동남아시아 선박이 더 활발하게 중개 역할을 하지 않았을까? 그리고 신드, 구자라트, 스리랑카, 말라바르 등 여러 지역으로 무슬림 공동체들이 확산하며 새로운 교역 체계를 만들어내지 않았을까? 이런 식으로 위기를 넘기고 국제 관계를 회복하되, 이전 상태로 돌아가는 게 아니라 새로운 방식, 새로운 구조가 만들어지기 시작했다.

지금까지 분석한 내용을 정리하면, 중국에서는 당제국이 엄청난 재앙을 겪으며 몰락했다가 점차 회복하여 송제국의 성립을 향해 나아가고 있고, 중동 지역에서는 아라비아를 중심으로 하는 아바스왕조가 쇠락하고 대신 파티마왕조가 성장하고 있다. 동남아시아에서는 스리위자야의 해상 패권이 무너지고 대신 남인도의 촐라왕국이 성장해가는 중이다. 다소 도식적으로 이야기하면 아시아 해양 세계의 큰 축이 '아바스왕조-스리위자야-당'에서 '파티마-촐라-송'으로 바뀌었다. 다음 장에서는 이런 구조적 변화를 살펴보자.

CHAPTER 10

아시아 해양 세계의 새로운 구조

10세기 이후 아시아 해상 세계는 거대한 구조 변화를 겪었다. 변화의 동력은 중국과 인도-동남아시아, 중동 지역 모두에서 기인한다. 당 말 쇠락했던 중국 경제는 점차 회복되어 송대에 이르면 폭발적으로 성장해서 아시아 경제를 이끄는 모터 역할을 했다는 평가를 받는다. 중국의 견인력에 이끌려 페르시아 및 동남아시아 상인과 선원이 다시 중국에 들어와서 활동하기 시작했다. 당대와 달리 송대에는 외국의 상업 세력을 수동적으로 받기만 한 게 아니라 중국 남부의 상인과 선원이 바깥으로 팽창해나갔다. 중동 지역에서는 아바스왕조가 쇠락하고 파티마왕조가 성장하면서 홍해가 새로운 교역 중심지로 떠올랐다. 무슬림 상인 네트워크는 동남아시아와 중국에까지 네트워크를 확대했다. 이 강력한 성장세를 연결해준 것이 중간에 위치한 남인도의 촐라왕국이었다. 이 세 영역을 차례로 살펴보자.

송의 경제 성장과 아시아 해상 교역 구조 변화

송제국(960~1279)은 오랫동안 북쪽 변경의 위협을 받았지만, 대신 978년에 남부 지역 전부를 장악한 후 온전하게 정통성을 인정받았다. 송은 직전 시기의 재앙 같은 전환기를 넘기고 이후 그 어느 시기보다도 놀라운 경제 성장을 이룩했다. 많은 연구자는 송대에 인구가 늘고 농업과 상공업의 생산성이 크게 높아졌다는 점을 강조한다. 예컨대 참파의 조생종 벼가 푸젠 지방에 전해진 후 이모작이 가능해졌고, 상공업도 크게 발전하면서 활력 넘치는 시장경제가 자리 잡았다. 이를 두고 '중세 경제혁명'이라고 칭하기도 한다.

이런 바탕에서 송 조정은 일종의 '경제 활성화 정책'을 추진했다.[Wade 2013, 77~78] 특히 1060년대 왕안석(王安石)의 개혁이 지대한 영향을 끼쳤다.[图. 114] 1070~1080년대에는 600만 개의 구리 동전을 발행했고, 이후 시기에도 지속적으로 엄청난 양을 공급했다. 게다가 지폐와 환어음까지 사용하기 시작하여 일종의 '팽창주의적 화폐 정책'을 편 셈이 되었다. 구리 동전 중 다수는 국외로 유출되었다. 동남아시아뿐 아니라 고려와 일본에서도 구리에 대한 수요가 지대했던 것 같다. 1199년 고려와 일본 양국으로 동화의 유출을 금지했지만, 그럼에도 구리 동전만 가득 실은 선박들이 두 나라를 향해 출항한다는 기록이 있다. 실제로 14세기에 중국에서 일본을 향해 출항했다가 신안 앞바다에 침몰한 신안 해저 인양 선박에는 800만 개의 동전이 실려 있었다. 동전 무게만 28톤에 달하는 놀라운 양이었다.[진호신. 54] 결과적으로 아시아 세계에 화폐 유통량이 크게 늘어나

289   10. 아시아 해양 세계의 새로운 구조

신안선

1323년 중국 닝보에서 일본 하카다항으로 가던 중국 선박으로, 길이 30.1미터, 너비 10.7미터, 깊이 4미터로 추정된다. 1976년부터 9년 동안의 인양 작업 끝에 현재 목포 해양유물전시관에 복원되어 있다. 중국 동전 28톤, 자단목 1,100점, 도자기와 각종 공예품 약 2만 7,600점 등이 실려 있었다. 오른쪽은 인양된 신안선에서 발견된 동전으로 당시 활발했던 아시아 세계의 화폐 유통을 짐작하게 한다.

서 경제적 활력을 북돋아주었을 것이다.

송대에 이르면 이제 조공무역보다는 시박무역이 확실하게 더 중요한 비중을 차지하게 된다.[김영진, 131] 동아시아 세계가 언제나 조공

체제하에 있지는 않았던 것이다. 송제국은 초대 황제부터 교역을 장려했으며, 이에 기반한 조세 수취에 공을 들였다. 구체적으로는 3가지 정책을 폈다.[Wade 2013, 79] 첫째, 해외로 나가는 선박에 세금을 매기고 그 수입을 군사비로 충당했다. 둘째, 고급품에는 1/10, 중저가품에는 1/15의 비율로 수입품에 관세를 부과했다. 셋째, 일부 품목을 정부가 독점 매매하여 큰 수익을 얻었다. 이처럼 송의 경제 성장이 아시아 경제를 이끄는 강력한 인력으로 작용하여 '아시아 해양 무역의 모터' 역할을 했다고도 평가한다.[Schottenhammer 2017, 800]

송제국은 국제 교역을 발전시키기 위해 많은 노력을 기울였다. 971년에 남한을 정복한 후 광저우에 시박사를 설치한 것은 당대와 마찬가지로 교역을 장려하고 세금을 거두는 정책을 펼치겠다는 의지를 보인 것이다. 이어서 항저우, 명주(明州, 현재의 닝보)에도 시박사를 설치하였고, 동시에 남해에 환관을 보내 교역을 권장했다. 예컨대 남해 상인들의 입국을 독려하려는 목적으로 987년에만 4번 특사를 파견했다. 특히 명주는 한반도, 일본, 류큐 등지와 교역하는 중심지로 떠올랐다. 따라서 과거보다 더 많은 국가, 집단, 상품이 국제 교역 네트워크에 참여했다. 한국과 일본 역시 이 시기에 국제 교역망에 들어갔다.[Bruneton, 854] 일본-송 사이의 교역도 증가했고, 하카타(현재의 후쿠오카 근처 지역)에 중국 상인 거류지가 형성되었다.[Yamauchi, 114] 고려 또한 국제 교역 네트워크에 들어가 있었을 것이다. 《고려사》에는 대식국 상인이 대규모 상단을 조직하여 고려에 내왕하며 교역한 기록이 나온다. 1024년(현종 15) 9월 열라자(悅羅慈) 등 100인이 건너와 토물을 바쳤다. 그리고 1040년(정종 6) 11월 보

10. 아시아 해양 세계의 새로운 구조

나합(那合) 등이 건너와 수은, 용치(龍齒), 점성향(占城香), 몰약, 대소목(大蘇木) 등의 물품을 바쳤고, 이에 고려 국왕은 유사(有司)에게 명하여 후히 대접하고 많은 금백(錦帛)을 주도록 했다. 아마도 중국에 온 아랍 상인들이 다시 황해를 횡단하여 고려에 들어와 교역을 한 것으로 보인다.(강봉룡 2004, 187)

900~1300년의 4세기는 분명 아시아 해상 교역이 팽창한 시기였다. 그런데 그 방식은 지난날과는 다른 구조로 진행되었다. 과거에는 아랍·페르시아 상인이 중국까지 장거리 항해를 했고, 시장 상황에 따라 중간 항구에 기항하는 방식이었다. 그러나 이 시기에는 그처럼 거래 비용이 큰 인도양 횡단 항해를 줄이는 대신 점차 더 짧고 분절화된 항해 방식으로 전환했다.(Schmiedchen, 789~790) 중동 지역 상인, 인도 상인, 그리고 동남아시아 상인이 중간에 중개 교역을 하고, 여기에 더해 중국 상인도 해외로 팽창해나가기 시작한 것이다. 다시 말해 페르시아만, 홍해, 인도의 동서 해안, 스리랑카, 스리위자야, 참파, 일본, 한국을 포함하는, 이전보다 훨씬 더 크고 활발한 다극 체제가 만들어졌다. 이 체제 안에서는 이전과 달리 비싸고 무게가 덜 나가는 사치품뿐만 아니라 덩치 큰(bulky) 상품도 많이 거래되었다. 이런 경제적 변화가 유라시아 국가들의 발달에도 영향을 미치게 된다.

중국 상인과 선원

송제국이 이전 시대와 가장 크게 다른 점은 국제 교역에서 단지 수동적인 상태로 임하는 게 아니라 선원과 상인이 적극적으로 해외로 나간다는 점이다.[Miksic, 569] 호키엔 상인*이 10세기에 무슬림 배를 타고 동남아시아로 여행하더니 11세기에 이르자 대상인이 등장하기 시작했다. 이들은 특히 참파로 많이 찾아갔다.[Wade 2013, 84~85] 해외로 나가는 사람들은 공식적으로 선원, 항로, 화물 등을 관에 신고해야 하지만, 아마도 그러지 않고 나가는 경우도 많았던 것으로 보인다. 그러다가 1090년에는 일종의 '교역 자유화' 조치가 이루어졌다.[Schottenhammer 2017, 801] 이제 중국 상인은 시박사에 신고하지 않아도 출항이 가능해졌다. 다만 9개월 이상 해외에 거주하는 것은 허락되지 않았다. 따라서 중국 선박은 멀리 인도양 너머 중동 세계까지는 갈 수 없었고, 주로 동남아시아 항구들을 집중적으로 왕래하였다. 이제는 이슬람권의 다우선보다 중국 정크선이 동남아시아와 중국을 연결하는 일을 맡았으며, 그 결과 13세기 이후 중국 선박의 수가 급격하게 증가했다.[Qu, 823]

11~12세기부터 교역 중심지는 광저우에서 취안저우로 이동한다.[Wade 2013, 84~85] 이곳에서 농산물의 상업화가 이루어지고 도자기 등 주요 산업도 발전했다. 동남아시아와 무슬림 상인들, 스리위자야, 참파, 타밀 지역 상인들이 들어와서 정착하고, 반대로 중국 상인들도 이 지역과 관계를 넓혀갔다. 중국 상인들이 캄보디아, 말레이반도, 남인도의 코로만델 지역으로 찾아가서, 그곳에 중국 상인 공동체들을 만들었다. 11세기에는 호키엔 - 고려, 12세기에는 호

● 호키엔족은 중국 남부 푸젠 지방과 동남아시아 일부 지역에 거주하는 한족(漢族)의 일파이며, 민난어(閩南話)를 사용한다. 일찍이 동남아시아 방면으로 교역 활동을 활발히 했다.

정크선

지역마다 사용하는 배의 종류가 달랐는데, 중국의 대표적인 선박은 정크선이었다. 정크선은 적재량과 안정성에서 진일보한 측면이 있다. 사진은 1880년경 중국 광저우의 정크선 모습이다.

키엔-참파 네트워크도 형성되었다. 왕원무(王元懋)라는 상인의 사례가 흥미롭다. 그는 취안저우의 모스크에서 참파어를 수련한 후 1170년대에 참파로 가서 사업을 하다가 그 나라의 공주와 결혼했다. 그 후 참파 상인들을 데리고 취안저우로 와서 교역을 했고, 이어서 호키엔 상인들을 해외로 데리고 나갔다. 이런 식으로 국제 교역 네트워크들이 확대되었다.

중국 선박과 상인이 해외로 많이 나간 결과 동남아시아와 인도양 세계에 대한 지식이 늘어나고 이를 소개하는 책들이 등장했다. 남송 초 주거비(周去非)의 《영외대답(嶺外代答)》(1178)이나 남송 중기 조여괄(趙汝适)의 《제번지(諸蕃志)》(1225) 등이 대표적이다. 이런 책에 나온 자료를 통해 송대 중국 선원들이 어떻게 항해해갔는지를 간접적으로나마 추적할 수 있다.[김영진, 123-125] 이 자료들에는 광저우에서 자바·삼불제(三佛齊, 아마도 이 경우는 스리위자야를 가리키는 듯하다)에 이르는 노선, 광저우에서 남리(藍里)를 거쳐 고림(故臨)까지 가는 노선, 광저우에서 남리·고림을 거쳐 대식국까지 가는 노선, 광저우에서 남리를 경유하여 마리발국(麻離拔國, 오만 혹은 예멘)으로 가는 노선, 광저우에서 남리·대식국을 거쳐 목란피국(木蘭皮國)으로 가는 노선 등이 나온다. 이를 정리하면 광저우에서 남리까지 40일, 남리에서 고림까지 30일, 고림에서 대식국까지 30일 걸렸으므로 광저우에서 대식국까지 100일이 소요되었다. 물론 이는 조건이 가장 좋을 때 항해에만 드는 시간을 뜻한다. 기상 조건이 안 좋을 때는 훨씬 더 긴 시간이 소요될 수 있고, 교역 활동으로 항해를 멈출 때는 그만큼의 시간이 더 들 것이다. 《영외대답》에서 광저우와 대식국 간 왕복 여행에 2년이 걸린다고 기록한 이유가 이 때문일 것이다. 그러므로 중국에서 아랍 세계까지 먼 거리를 다 항해하기보다는 중간 지점까지 간 다음 그곳에서 교역을 하고 반대 방향으로 부는 몬순을 이용하여 귀국하는 것이 더 효율적일 것이다. 그런 지점에 상인 혹은 대리인이 상주하면서 중국에서 오는 선박을 맞이하여 중국 상품을 팔고 현지 상품을 확보하여 인도했다.

과거와 달리 중국의 정크선이 아시아 바다를 누비게 되었다. 중국 선박의 특징은 당대 말부터 시작된 대형화이다.[김영진, 136] 대형 선박은 5,000석 정도의 적재 능력을 가졌다고 하는데 이는 곧 300톤에 해당한다. 심지어 그 두 배인 1만 석의 적재 능력을 가진 배에 대한 언급도 있다. 명 초 정화의 남해 원정의 주축 선박인 초대형 보선(寶船)은 갑자기 등장한 게 아니라 이처럼 오래전부터 발전해온 결과물인 것이다. 당시 인도양을 오가는 중국 선박은 페르시아 선박(大食船)이나 인도 선박(婆羅門船)보다 규모가 훨씬 컸다. 특히 수밀격창(水密隔艙)을 설치하여 침몰 사고에 대비하고, 견고성과 안전성을 높였다. 이는 화물칸들 사이에 두텁고 탄탄한 판자를 설비하여 차단하는 구조다. 당대 기록은 이렇게 말한다. "중국 정크선은 탄탄하고 널찍하며 여객실도 잘 갖추어져 있고 적재 공간이 크다. 선체는 여러 층의 판자로 구성되어 있으며, 안전, 방수 구획, 진화 시설과 구명정도 있다. 어떤 배는 1,000명이 승선한다."[Chaffee, 81] 이 덕분에 일부가 파손되어도 배가 쉽게 가라앉지 않았다.

중국 선박은 다우선과 달리 쇠못을 사용하며, 중앙타(中央陀, center-lined rudder)● 라는 획기적인 도구를 사용하였고, 나침반을 활용하여 안전을 도모했다. 이는 침몰선을 통해 실상을 확인할 수 있다.[Miksic, 570] 1987년 광둥성 타이산(台山) 근해에서 발견된 송대 침몰선 난하이 1호(Nanhai no.1, 南海一號)는 길이 21.8미터로 벨리퉁 선박과 사이즈는 비슷한데, 선창이 13개의 구획으로 나뉜 구조를 하고 있다. 다량의 도자기와 동전을 싣고 있었던 이 배는 아마도 1127~1279년경 보르네오 북부나 몰루카제도로 가려 하지 않았을

● 선미부 중앙에 장치하고 선내에서 조정이 가능하도록 하여 선박의 방향 조정을 획기적으로 개선한 도구이다.

까 추정한다. 다만 선체 보존 상태가 좋지 않아 다른 연구로 보충할 필요가 있다. 현재 상태로 판단하건대 치르본 침몰선과 상품 구성이 유사할 것으로 추정한다.

외국 상인

송제국은 더 많은 교역이 이루어지도록 장려하고 세금을 부과하는 정책을 폈다. 남송 황제 고종(高宗, 재위 1127~1162)은 백성들에게 세금을 물리는 것보다 관세를 걷는 게 나으니 잘 관리하라고 말할 정도였다. 거대한 이윤을 옹호하며 유가의 비판을 누른 것이다. 남송은 교역을 장려하는 제도적인 준비를 갖추어갔다. 우선 외국 배가 들어오면 망박순검사(望舶巡檢司)가 이들을 맞아 술과 고기를 주며 환영한 후 상품을 검사하고 과세했다. 이들의 업무는 사고 당한 외국 선박을 돕는 동시에 조세 수입을 확보하는 일이었다. 과세는 두 가지 방식이 있다. 첫째, 일부 물품을 시장 가격 아래로 강제 구입하고, 대금은 도자기, 비단 등 현물로 지불하는 방식이다. 둘째, 직접 관세를 물리는 방식인데, 세율은 대개 15퍼센트지만 변동 가능하며 고가 물품은 때로 30퍼센트까지 부과했다. 이렇게 얻은 조세 수입은 막대해서 12세기 초에는 200만 관에 이르기도 했다. 13세기에 중국은 아시아 해양 국가들 가운데 최대의 선박을 보유하고 있어서, 아랍이 주도했던 해상 무역의 상당 부분을 되찾아왔다.[Levathe, 840~841] 1132년 고종은 교역의 안전을 도모하기 위해 항저우에 중국 최초로 상비 해군을 설치했다. 600척의 선박과 5만 2,000

명의 선원 그리고 화기를 갖추어 새로운 해양 방벽을 세운 셈이다.

당 말에 떠났던 외국인들이 다시 들어와 거류지를 형성했다. 다양한 외국인들 중● 무슬림이 여전히 다수를 차지했다.(Chaffee, 94~97) 이들은 '이슬람 사원(懷聖寺)'에 모여 기도를 한다. 특히 4~5월 배들이 들어올 때 광탑(光塔) 위로 올라가서 창 너머로 '새가 짖어대는 소리(기도소리)'를 내는데, 이는 남풍이 불기를 기원하는 것이다. 외국인들은 자신의 관리(蕃官)를 두고 어느 정도 자치를 행했다. 무슬림은 카디의 통제를 받으며, 무슬림 간의 경범죄에 대해서는 붙들어 매고 대나무 회초리로 때리는 식으로 처리하지만, 중죄일 때는 중국 관리에게 넘긴다. 이런 법률에 대해 중국 내에서 반대의 목소리가 나오기도 했다. 중국 관리 왕대유(王大猷)는 이렇게 말했다. 왜 중국에서 미개한 섬나라 관습을 따르는가? 그들은 우리 국경 안에 들어오면 우리 법을 따라야 한다. 일본인 텡타이밍(勝太明)이라는 사람이 중국인을 살해하는 사건이 있었는데, 일본 관리가 그를 일본으로 압송해서 처리하도록 조치했다. 이런 조치가 불합리하지 않은가. 이런 불만의 목소리를 들어보면, 역으로 외국 상인들이 실제로 상당한 자치권을 누렸음을 알 수 있다.

일부 외국 상인들은 극히 부유한 삶을 살고 있었다. 그중 가장 부유한 이들이 포(蒲)씨 일족으로 '백번인(白蕃人)'이라 불렸다. 1192

● 현지인들은 외국인을 관찰하고 흥미로운 기록들을 많이 남겼다. 예컨대 이런 식이다. '고려인은 야만인인데 글도 쓴다', '검은 노예(鬼奴)도 있다', '스리위자야 출신 사람이 불경을 외는데 정확하지 않다. 죽은 사람을 부르는 내용인데 마치 죽 끓는 것 같은 소리를 내니 중국 사람이 어떻게 그 소리를 알아듣겠는가.'(Chaffee, 89~90)

년 악가(岳珂, 1183~1240)가 쓴《번우해료(番禺海獠)》에는 광저우에 거주하는 포씨에 대한 묘사가 나온다.(Chaffee, 104) 이들은 아침 식사를 할 때는 금은 식기를 사용하며, 비싼 생선(鮭, 연어?)에 장미수를 뿌려 먹는다. 이 부유하고 강력한 포씨 인사들은 특히 참파를 근거지로 하고 이곳을 연결점으로 삼아 하이난과 광둥으로 네트워크를 확대한 것 같다.(Wade 2013, 88~89) 17세기에 과거의 자료들을 모아 쓴 한 문헌은 하이난 남부 해안 지역의 외국인들에 관해 정보를 제공한다. "이곳에 거주하는 외국인들은 참파 출신이다. 이들은 송대와 원대에 환난 때문에 가족들을 데리고 배로 이곳에 왔다. …… 이 사람들은 대개 포씨이고 돼지고기를 안 먹는다. 집에서 조상을 숭배하지 않고 홀에 모여 경전을 외우고 그들의 신을 찬양한다. …… 그들은 현지인들과 결혼하려 하지 않고 현지인들 또한 이들과 결혼하려 하지 않는다."

이런 내용을 보면 11~12세기에도 여전히 무슬림 상인이 중국 교역에서 중요한 역할을 하는 것으로 보인다. 다만 예전처럼 아라비아에서 직접 찾아오는 무슬림 상인이 아니라 동남아시아에 근거지를 둔 무슬림이 중국과 교역하였으며, 그들 중 일부가 중국에 들어와 거류하게 된 것 같다. 특히 베트남 중부에 위치한 참파가 중요한 지점으로 보인다. 이곳 주민들의 관습과 의상이 대식국과 닮았다고 하는 중국 기록이 그런 점을 말해준다.

이런 상인들은 본업인 교역만 하는 게 아니라 때로 사절 역할을 수행하기도 했다.

중국 남부의 호키엔 상인에 관한 연구를 살펴보도록 하자.(Chin,

54-56) 992년 부유한 호키엔 상인 모욱(毛旭)이 자바의 사파(闍婆)왕국 사절을 인도하여 송에 데리고 왔다. 그는 980~990년대 푸젠과 자바 사이를 자주 왕래하며 교역하다가 왕국 지배자들과 잘 알게 되어서 그런 일을 맡은 것이다. 1068년에는 취안저우 출신 호키엔 상인인 황신(黃愼)과 홍만래(洪萬來)가 신종(神宗, 재위 1067~1085)의 친서를 가지고 고려를 방문했다. 황신은 이후 1070년에 다시 한 번 고려에 파견되었다. 그 목적은 고려와 외교 채널을 복원하는 것이었다. 1075년 취안저우 출신 호키엔 상인 부선(傅旋)은 고려에서 발행한 공식 문서를 송 황실에 전달했는데, 그 내용은 고려 궁정에서 연주할 악인(樂人)들을 빌려달라는 내용이다. 이 시기 송과 고려는 40년 넘게 끊어진 외교 관계를 회복하려고 노력하던 중이었으며 호키엔 상인들이 그 업무를 대행해주고 있었던 것이다. 물론 상인이 이런 서비스를 하는 것은 그들의 교역에도 도움이 되기 때문일 것이다. 때로 일부 상인들이 사절을 사칭하는 사례도 발생했다. 1471년 구홍민(丘弘敏)이 이끄는 호키엔 상인들이 말라카와 시암에 가서 거래할 때 중국 황실의 특사를 사칭하여 좋은 대접을 받고 유리한 거래를 하다가 발각되어 처형된 사례가 그중 하나다. 때로 본인이 원하지 않는데 억지로 붙들려 공식 업무 수행을 강요당하는 경우도 있어 보인다. 자바 특사로 명 조정에 찾아온 재부팔치만영(財富八致滿榮)은 자신이 본래 호키엔 사람이며 본명은 홍무자(洪茂仔)인데 바다에서 해적에게 잡혔다가 자바로 탈출했다고 말하며, 고향으로 가게 해달라고 탄원하여 허락받았다.

그렇다면 동남아시아 국가들이 자기 나라에 머무는 중국 상인을 사절이나 통역으로 사용하는 이유가 무엇일까?(Wade 2013, 86) 베트남에 관해 중국인 마단림(馬端臨)이 한 말을 보라. "현지인들은 대개 문맹이라 이 왕국에 항해하여 찾아오는 호키엔 상인들을 예외적으로 잘 대접해주고 궁정 직위를 주어 정책을 담당하도록 했다. 이 왕국의 모든 문서들은 이런 사람들이 작성했다." 동남아시아에서 중국으로 갈 만한 사절을 구하는 것이 쉽지 않았을 것이다. 양쪽 언어에 능통하고 학문적 교양과 실무 능력을 겸비한 사람이 귀한 상황에서 대규모 국제 교역을 수행해본 인사에게 그런 업무를 맡긴 것이 아닐까 추론하게 된다.

이와 관련해서 특히 흥미로운 것은 앞서 자주 언급했듯이 포씨 인사들이 빈번하게 등장한다는 점이다.(Chin, 54) 977년 보르네오(渤泥) 대사가 중국 남부 해안에 도착했는데, 그를 인도해서 온 사람은 중국인 포노헐(蒲盧歇)이었다. 자신의 설명에 의하면, 그는 자바로 가다가 보르네오 해안에 좌초해서 그곳에 거주하게 되었다고 한다. 중국어로 '푸'라고 읽는 포(蒲)는 'abu'를 가리키며 따라서 아랍식 이름이다. 아마도 아랍 출신 인사가 보르네오섬에 자리 잡은 것으로 보인다. 비슷한 사례들이 여러 건 있다. 10세기 후반~11세기 전반에 아라비아, 스리위자야, 인도, 참파, 다이비엣(大越) 등 각지에서 송으로 많은 사절단이 입조했는데 사절 중에 성이 포(蒲)인 인사들이 많다.(Chaffee, 69~74)

포타파리(蒲陀婆離, 푸투오포리)	아라비아 사절
포가산(蒲可散, 푸커산)	참파 사절

포압타려(蒲押陀黎, 푸야투오리)   스리위자야 사절

포가심(蒲加心, 푸자신)   아라비아 사절

  당시 아랍인들이 동남아시아 각국을 위해 중요한 외교 업무를 담당해주었으며, 특히 중국 황실에 사자로 가는 경우가 많았다. 중국에 특사로 가는 것은 쉬운 업무가 아니다. 중국까지 가는 힘들고 위험한 항해를 해야 하고, 중국 관료에 대한 이해력을 갖추어야 하며, 상당한 교양과 지적 수준을 갖추어야 하기 때문이다. 따라서 경험 많고 학식 높은 대상인 출신 아랍인들에게 그런 업무를 부탁한 것으로 보인다.

  이 가운데 널리 알려진 사례로는 포희밀(蒲希密, 푸시미)이 있다. 그는 여러 차례 사절 역할을 했는데 그중 한 번은 스리위자야 사절이었다. 이제 늙어서 자신이 직접 못 오고 대리인 이아물(李亞勿, 리야우)을 대신 보냈다고 한다. 이때 그가 황제에게 보낸 서신에 중국 고전에 나오는 고급 표현이 등장하는 것을 보면, 그가 중국 문화에 매우 정통하다는 점을 알 수 있다. 그는 상아, 코뿔소 뿔, 향 등 엄청난 물품들을 진상하고 답례품으로 서예 작품 하나, 견직 의류, 은제품을 하사받았다. 그런데 2년 후 그의 아들 포압타려(蒲押陀黎)가 송에 들어왔다. 통역을 통해서 설명하기를, 아버지 포희밀이 교역 활동을 하러 광저우로 떠난 지 5년이 지나도록 돌아오지 않자 걱정이 된 어머니가 자신을 중국에 보냈는데, 다행히 광저우에서 아버지를 만났다고 한다.

  이상의 사실을 놓고 보면, 아랍 상인이 중국과 직항로를 줄이는

대신 동남아시아 여러 지역에 들어가서 교역 활동을 하면서 일부는 거류지에 머물거나 아예 정착했고, 이런 디아스포라들을 연결하는 네트워크가 만들어진 것으로 보인다. 그리고 이 인적·물적 네트워크가 다시 중국까지 연결되었다.

중국에 들어와 자리 잡은 무슬림 인사들 중에서도 특히 포개종(蒲開宗, 푸카이쫑) 집안이 제일 유력했다. 그는 세 아들을 두었는데, 그중 포수성(蒲壽宬, 푸서우청)은 유명한 시인이 되었고, 또 다른 아들 포수경(蒲壽庚, 푸서우경)은 막강한 관리 겸 군인이 되었다.[성백용 외, 209-210] 그는 1270년대에 국제 교역 및 군 관련 업무를 담당하는 관리인 초무사(招撫使)로 활약했으며, 특히 해적 퇴치에 공을 세웠다. 30년 동안 그는 외국인 교역을 관리해왔으며 모든 종류의 해사(海事)를 잘 통솔했다. 특히 운항하는 배를 감시하는 해운루(海運樓)라는 탑을 세운 것으로 알려졌다. 이 가문은 남송 말에 몽골에 의탁하여 원제국이 남송을 제압하는 데에 큰 공을 세운다. 이 점에 대해서는 아래에서 다시 살펴보도록 하자.

페르시아만과 홍해 지역의 변화

아시아 해상 질서가 크게 바뀌는 데는 중동 지역 정세 변화 또한 매우 중요한 작용을 했다.[Risso, 10] 앞에서 설명한 대로 아바스왕조가 몰락하고 파티마왕조가 등장한 점, 다음으로 셀주크 세력이 급부상한 점 등이 그런 요인이다. 이로 인해 오랫동안 페르시아만이 장악하고 있던 국제 무역의 주도권이 홍해 방면으로 많이 이동했다. 푸스타트(올드 카이로) 중심으로 이집트를 지배한 시아파 이슬람 체제 덕분에 홍해 교역이 살아난 것이다.[Alpers, 55~56] 이곳 상인들은 기독교 세력과의 갈등 때문에 지중해보다 인도양 쪽에 치중할 수밖에 없었다. 홍해 교역의 파트너로는 인도의 말라바르가 떠올라서, 홍해-말라바르 직항로가 활기를 띠었다.

다만 페르시아만이 완전히 몰락하고 홍해가 전적으로 그것을 승계했다는 식의 설명은 과장이다. 흔히 이야기하듯 파티마왕조가 아바스왕조를 약화시키기 위해 페르시아만 교역을 홍해로 돌렸다는 것은 신화에 불과하다. 파티마왕조는 그럴 정도의 해상력을 보유하지는 못했다. 홍해가 이전에 비해 상대적으로 상승했다고 표현하는 게 옳을 것이다. 전반적으로 페르시아만의 경제는 정점을 지났지만, 그래도 완전히 몰락한 건 결코 아니다. 아바스왕조가 몰락하자 그동안 번영하던 바스라와 시라프가 쇠락했지만, 대신 키시와 호르무즈 두 항구가 새로운 교역 거점으로 부상해서 페르시아만 교역을 지탱해주었다.[Vallet, 758~759]

이란 해안에서 20킬로미터 떨어진 키시섬은 그동안 무명이었다가 이 시기에 크게 성장했다. 곧 해안 지역을 지나는 선박을 강제로 오게 만들 정도의 힘을 행사했다. 유명한 유대인 여행가 투델라의 벤자민(Benjamin of Tudela)의 설명에 의하면, 인도, 메소포타미아, 예멘, 페르시아 상인들이 키시로 몰려온다. "견직물, 보라색 염료, 아마, 대마, 면, 모직, 그리고 밀, 보리, 조, 호밀 등 온갖 종류의 식량과 콩 종류가 들어오고, 인도인들은 다량의 향신료를 들여온다. 섬 주민들은 중개인으로 활동하며 돈을 번다."[Paine, L., 362~364] 13세기 키시 출신 상인은 이런 방식을 극도로 발전시켰다. "페르시아 사프란을 중국으로 가져가면 비싼 값에 팔 수 있다. 그러면 중국 도자기를 그리스로 가져오고, 그리스의 양단(洋緞)을 인도로, 인도의 철을 알레포로, 알레포의 유리를 예멘으로, 예멘의 줄무늬 직물을 페르시아로 가져온다." 페르시아에서 출발한 선박이 여러 거점을 돌아다니며 거래를 이어가다가 최종적으로 페르시아로 귀환하는 거대 순환의 교역 방식은 마치 후대의 동인도회사가 수행한 역내 무역(country trade)을 연상케 한다. 이 점은 매우 중요한 의미를 띤다. 후일 동인도회사가 아시아에 들어와 활동하면서 여러 지점들을 연결하여 거래하는 혁신적인 체제를 만들었고, 이것이 아시아 경제 체제를 크게 변화시켰다는 주장이 제기되었다. 그런데 실제로 그와 같은 정교한 교역 체제가 이미 오래전에 아시아 해양 세계에서 작동하고 있었음을 확인할 수 있다. 이런 식으로 키시는 국제 무역의 중요한 지점으로 거듭났고, 13세기 초에는 오만 항구들과 북인도 지역, 그 후에는 페르시아만 전체를 통제했다. 특히 인도로 말을 수출하는 사업을 지배했다. 13세기 말 몽골에 의해 지사로 임명된 이 지역 대상인 자말 앗 딘 아티비(1306년 사망)는 매년 1,400마리의 말을 송출하는데, 자신의 선박 100척 정도를 움직인다고 한다. 이런 식으로 이 작은 세력이 거의 2세기에 걸쳐 해상 무역을 장악한 셈이다.

다음 시기에는 호르무즈가 키시를 누르고 승계자가 되었다.(Vallet, 759~760) 13세기에 육상과 해상에서 모두 강력한 힘을 키워가던 호르무즈는 이제 페르시아의 종주권을 벗어던지고 시 자체를 방어에 유리한 자룬(Jârûn, 호르무즈섬이라고도 부른다)섬으로 옮기면서 새 왕조

10. 아시아 해양 세계의 새로운 구조

호르무즈섬

호르무즈해협

키시섬

키시와 호르무즈

국제 무역의 주도권이 홍해로 옮겨가는 중에도 페르시아만의 키시와 호르무즈 같은 신흥강자들
이 자리를 지켰다. 1892년 영국 지질학 협회와 연구소에서 제작한 지도로, 키시섬과 호르무즈섬
을 확인할 수 있다.

를 열고 작은 왕국을 만들었다. 그리고 여러 차례 전투를 벌여서 결
국 1330년경 키시섬의 주도권을 빼앗아온 후 페르시아만과 인도,
동아프리카를 연결하는 교역을 통제했다. 호르무즈는 후일 포르투
갈의 공격을 받은 후 쇠락의 길을 간다.

페르시아만이 완전히 몰락한 게 아니고 키시나 호르무즈 같은 세
력이 활약한다고는 하지만, 전성기가 지난 건 사실이다. 이제 홍해

방면의 아덴이 인도양과 거래하는 중간 항구로서 중요해졌다.(Alpers, 55~56) 이곳은 수심이 깊어 배 15척이 동시에 정박한 후 거룻배로 짐을 옮긴다. 게니차 문서 기록을 보면 아덴에는 '세상 모든 지역의 배들이 모인다'고 한다.* 아덴에서는 사업이 다른 모든 활동보다 가장 우선이고, 다른 인종과 종교 간에도 사업 파트너를 맺는 게 가능했다. 점차 페르시아만보다는 홍해 쪽의 사업이 중요해지자 인도에서도 구자라트와 신드 대신 콘칸과 말라바르 지역의 비중이 커져갔다. 이런 상업 세력들이 중동 지역부터 중국에 이르는 광대한 세계를 분점해갔다.

아덴은 11~12세기에 전성기를 구가한다.(Paine, L., 362~364) 다만 방어 시설이 빈약하다는 문제가 있었다. 아덴이 성장하자 기득권을 잃게 된 키시가 1135년 시비를 걸어 15척의 배에 약 700명의 군인을 싣고 공격했다. 키시는 이 병력으로 아덴을 점령하지는 못하지만, 대신 두 달 동안 봉쇄가 이루어져서 아덴은 교역이 마비될 지경이었다. 게니차 문서에 의하면 이곳을 찾은 상선들이 하역하지 못하고 있으나, 아덴은 자체 선박이 없어서 반격을 하지 못한다. 두 달이 지난 후 드디어 메카의 대상인이자 선주인 라미쉬트(Ramisht)가 선박과 병력을 동원하여 문제를 해결했다. 중국과 교역하는 상인이었던 라미쉬트는 카바의 돌 전체를 중국 비단으로 감쌌고, 수피 순례자

● 유대인은 '여호와'라는 문구가 쓰인 문서를 그냥 버리지 못하므로 게니차(genizah)라 부르는 한 곳에 따로 보존하는 관습이 있다. 카이로의 게니차에는 20만 점 가까운 기록이 있어서 이에 대한 연구를 통해 유대인에 관한 사항뿐 아니라 일반적으로 많은 역사 사실을 밝혀낼 수 있었다.(Subrahmanyam 2017)

10. 아시아 해양 세계의 새로운 구조

를 환대했을 뿐 아니라 카바의 은 급수기를 금으로 바꿀 정도로 부유했다고 전한다.(Chaffee, 77)

이제 아덴은 인도양과 홍해 항해를 할 때 반드시 들르는 항구로 올라섰다. 말라바르, 코로만델에서 오는 상인에게 꼭두서니 같은 상품을 판매하는 중심지가 되었을 뿐 아니라 무엇보다도 인도로 말을 수출하는 중요한 항구가 되었다(말 판매는 오늘날 자동차 산업과 유사한 의미로 볼 수 있을 것 같다). 아덴의 말 무역에 대해서는 마르코 폴로도 이렇게 이야기한다. "아덴항에서 많은 상인과 상품을 실은 배들이 인도의 여러 섬으로 출항한다. 이 상인들은 이 지역에서 값비싸고 아름다운 전쟁용 말을 많이 수출하며, 그것으로 막대한 이익을 올린다. 여러분에게 말하고 싶은 것은 그 상인들은 좋은 말 한 마리를 은화 100마르크나 그 이상의 가격으로 판다는 사실이다." (폴로, 505) 아덴에서 10여 척의 배가 예멘과 이집트 사이를 오가는데, 이때 국가가 운영하는 갤리 선단이 남인도에서 대양을 건너는 개인 선박들을 보호하는 임무를 수행했다. 배에는 아프리카 노예 출신 궁수와 군인이 탑승하는데 이들의 존재만으로 인도 해적(kuffâr)이 겁먹는다고 한다. 마르코 폴로는 매년 100척 정도의 해적선이 출몰한다고 묘사했다.(Vallet, 761~762) 라이벌 항구들과 갈등을 벌이고, 예멘의 라술리드(Rasulids, 1229~1454)왕조가 지배자로 대체되는 정치적 변화에도 불구하고, 아덴은 계속 성장하여 예멘의 중요 항구로 자리 잡았다. 인도-이집트 교역을 통제하는 덕분에 아덴의 수입이 이 왕국 수입의 1/3을 차지할 정도가 되었다. 아덴은 카이로에서 인도양으로 가는 배들을 지켜주고, 반대로 인도에서 홍해로 오는 배들은 모두 아덴 세관을 들르도록 강제했다.

앞서 설명한 라미쉬트는 특이한 경우지만 그에 준하는 거부들이 많았다. 그런데 인도 교역으로 거부가 된 상인들을 오히려 정권에 해로운 존재로 판단하여 점차 억압하는 방향으로 간 듯하다.(Paine, L., 362~364) 이제 해적도 위험하지만 어찌 보면 통치자들의 변덕도 그만큼 위험하다. 라술리드왕조 초대 술탄인 알 마수르(al-Malik al-Masur)는 상인들을 속여서 거액을 편취하는 것으로 악명이 높았다. 이러한 과도한 통제가 지속되자 결국 저항을 불러왔다.(Alpers, 55~56) 남인도 상인들은 아덴과 연결을 끊고 대신 메카의 외항인 제다로 갔다. 1420/1421년 인도 무슬림 상인인 캘리컷 출신의 이브라힘이 아덴을 지나쳐 제다로 직행하는 항해를 시도하여 성공했다고 전한다. 곧 다른 배들도 따라하여 몇 년 새 제다가 아덴을 대체하는 항구로 성장했다(그동안 제다는 메카와 메디나로 순례를 가는 시기에만 반짝 번성하던 곳이었다). 이는 지역 정치 세력에 대항할 수 있는 선주들과 상인들의 힘을 보여주는 사례라 할 수 있다. 알 마수르는 이를 막으려 하지만 실패로 끝나서 인도 선박들은 이후에도 계속 제다항으로 간다.

아덴 등 주요 항구가 지나치게 압제적 방식을 취하는 데 대해 주변 지역 상인들이 저항한다는 사실을 보여주는 서구인의 기록이 있다.(Vallet, 762) 기욤 아당(Guillaume Adam)은 1314~1317년 교황의 칙사로 페르시아를 방문한 바 있다. 그는 이 지역에서 20개월을 항해했는데 그중 9개월은 소코트라에서 보냈다. 이런 경험을 토대로 교황청에 성지 회복을 위한 아이디어를 제안했다. 그의 생각에 이집트를 약화시키려면 제노바 배로 홍해 입구를 막는 게 좋다는 것이다. 그러면 아덴에 호의적이지 않은 상인들의 배가 많이 호응할 것이며, 특히 소코트라섬 배후의 해적선들도 동참할 것이다. 이 기획 자체는 주목받지 못했으나, 아덴과 예멘이 다른 세력들의 시기의 대상이라는 지역 상황을 알려준다.

무슬림 상인의 동쪽 팽창

페르시아만이 쇠퇴하고 홍해의 중요성이 더욱 커지면서 아라비아 출신 상인들이 인도 서남부의 말라바르에 점차 더 군건한 토대를 구축했다. 그리고 이들이 수니 이슬람 전도에 앞장섰다. 11~12세기에 무슬림 상인들이 말라바르 해안 지역에서 교역에 종사하다가 일부가 정착하여 현지 주민 일부를 개종시키면서 내지에 그들의 공동체들을 형성해갔다. 이들은 매우 강력한 집단 정체성을 유지했다. 이후 남서부 다른 지역들 혹은 스리랑카에도 무슬림 아랍 상인들의 방문이 늘었다.(Alpers, 58) 몰디브와 래카다이브(Laccadive)제도도 마찬가지다. 말라바르 해안 지역 무슬림 상인들은 마필라(Mappila) 지위에 있었다. 마필라란 힌두교도의 낮은 카스트 사람과 '임시 결혼'을 하여 흡수된 아랍인을 가리키는 말로, 그 사이에서 태어난 아이들은 부계인 아랍 혈통과 모계인 힌두 혈통 둘 다를 물려받았다. 이런 현상은 스와힐리와 유사하지만, 다만 그곳과 달리 이곳에서는 이슬람이 소수 종교라는 게 결정적 차이다.

무슬림들은 캘리컷에서는 국왕(Zamorin, 현지에서는 사무다리 라자

(Samudri Raja, '바다의 왕')로 호칭했다).(Alpers, 59) 그들은 대개 항구 통제관의 직위를 얻고 또 그들의 대표를 선출하여 공동체 내 자치권을 행사했다. 이처럼 표면적으로는 순조롭게 지내는 것 같아 보이지만 실제로는 힌두교도와 무슬림 간 갈등이 여러 측면에서 심한 것은 분명하다. 13세기가 되면 인도 서부 해안에서 캘리컷이 캄바트보다 우위를 차지하며, 이곳이 이집트와 동아시아의 교역을 담당했다. 다음 세기 이븐 바투타의 기록을 보면, 이곳은 세계 최대 항구 시설을 자랑하며 중국, 수마트라, 스리랑카, 몰디브, 예멘, 파르시* 사람들이 찾아온다. 그는 이 항구도시에 관한 대단히 흥미로운 에피소드를 전한다. 그는 체류하는 석 달 동안 중국으로 귀환하기 위해 몬순을 기다리는 중국 선박 13척을 볼 수 있었다. 그 중 한 척이 떠나다가 침몰하여 해안가로 밀려왔다. 이때 부유(浮遊) 화물을 노린 사람들이 모여들었다. 다른 지역에서라면 사람들이 화물을 집어가도록 방치하든지 혹은 당국이 압수하는 게 일반적이다. 그런데 이곳에서는 해안에서 관리들이 몰려드는 사람들을 때리며 제지하고, 원래의 화주에게 상품을 돌려주었다. "(술탄의) 부하들은 해상에서 노략질을 한다는 이유로 무턱대고 사람들을 두들겨 팬다. 통상 물라이바르 지방에서는 배가 난파되면 파선(破船)에 남아 있는 모든 재화는 국고에 귀속된다. 그러나 이 지역만은 예외로서 선주가 가져간다. 그래서인지 이곳은 번성하고 많은 사람이 자주 내

● 파르시(Parsi)는 이란에 살던 조로아스터교도로 7세기에 이란이 이슬람화한 이후 인도로 넘어온 사람들을 가리킨다. 페르시아(Persia)가 어원이다.

10. 아시아 해양 세계의 새로운 구조

왕한다."[바투타, 2: 243] 세계 대부분 지역에서는 파선 사고가 날 경우 상인이나 화주가 화물을 되찾는 것이 거의 불가능한데, 이곳에서는 관리가 나서서 화물을 찾아주고 있다. 이런 식으로 경제 질서를 확실하게 잡아준 것이 교역 활성화의 중요 조건이었다. 아울러 이 구절에서 중국 상선이 인도에 왕래하는 사실도 확인할 수 있다.

인도 너머 동남아시아 방면으로는 이슬람이 어떻게 팽창해갔을까?

동남아시아 지역은 오랫동안 힌두교와 불교 권으로 남아 있고 다만 일부 한정된 지역에서만 무슬림이 존재할 뿐이었으나, 13세기에 이르면 이슬람이 본격적으로 뿌리내리기 시작했다.[Alpers, 61] 교역과 전도가 같은 방향으로 이루어졌다. 무슬림 상인들은 인도양과 그 너머 교역을 위해 선단(karim)을 구성했고 파티마왕조는 여기에 호송대를 제공했다. 이렇게 안전이 확보되고 규모가 커진 이 상인들, 소위 카리미(Karimis) 덕분에 교역이 크게 확대한다. 그 결과 수마트라 북서 해안 지역의 페를락(Perlak), 아루(Aru) 같은 항구도시들이 먼저 개종했다. 이후 본격적으로 개종이 이루어진 곳으로는 파사이(Pasai)를 들 수 있다.[Manguin, 895] 이곳은 스리위자야처럼 말라카해협을 통제할 수 있는 데다가 내지의 후추 재배 지역도 통제하는 곳이어서 경제적으로도 매우 중요하다. 인도네시아에서 개종은 특히 수피 신비주의의 영향이 큰 것 같다. 이것은 이전 종교 전통들을 민중 이슬람교 의례로 통합할 수 있기 때문에 상대적으로 수용이 쉬웠고, 지배자는 새 종교 의례를 통해 자기 권위를 높였다. 중요한 사실은 동남아시아에 이슬람 전도와 교역이 확대되는 이 시기가 기존 강국 스리위자야가 쇠락하는 시점과 대체로 일치한다는 점이다.

촐라왕조

우리는 지금까지 한편으로 송제국이 괄목할 만한 경제 성장을 하면서 동시에 동남아시아 및 인도와 긴밀한 교역 관계를 맺어가는 상황을 보았고, 다른 한편 아랍·페르시아 세계에서 페르시아만보다는 홍해로 국제 교역의 무게 중심이 이동하면서 동시에 무슬림 상인이 인도 및 동남아시아로 팽창해가는 측면을 보았다. 중간에 위치한 인도가 이 두 거대한 흐름을 연결해주는 고리가 되었다. 촐라왕국과 이슬람 상인의 팽창이 어떻게 연결되는지 살펴보는 것이 중요한 과제다.

10~11세기 이후 국제 체제가 분절됨에 따라 인도가 아시아 해양 교역을 중간에서 매개하는 성격이 강해진다. 이제는 상선이 직접 먼 거리를 왕래하는 것보다 중간에 기착하며 중개 교역을 이용하는 것이 더 효율적인 방식이 되었다.(Wormser, 920) 이 시기에 아시아 상업 네트워크가 변화한 현상에 대해 학자들은 초두리의 견해에 따라 교역 혁명(Trade Revolution)이라 칭한다. 그런데 초두리는 주로 이집트의 파티마왕조와 중국의 송왕조를 강조했다. 그러나 헤르만 쿨케는 제3의 세력으로 남인도를 지배한 촐라왕조의 중요성을 더욱 강조한다. 촐라왕조가 송제국 경제의 거대한 힘 그리고 페르시아만과 홍해의 국제 교역을 중간에서 연결하여 아시아 해양 세계의 구조를 변화시켰다는 것이다.(Paine, L., 276-277) 이곳 상인들이 홍해 지역 및 송제국과 활발히 교역한 결과, 촐라는 중국 상품을 나머지 세계에 소개하는 세계적인 시장으로 올라섰다.

출라왕조는 기원전 300년경부터 서기 1279년까지 오랜 기간 존속하며 해상 활동에 주력한 왕조이지만, 그동안 세력이 미미한 편이었다. 그런데 985~1025년에 돌연 강성해졌다. 코로만델과 말라바르 해안, 더 나아가서 몰디브(카우리* 산지로 의미가 크다)와 스리랑카 등지를 지배하였으며, 1020년 이후 말레이반도와 수마트라의 항구 10여 개 그리고 니코바르제도를 통제하기에 이르렀다. 코로만델(Coromandel)이란 Colamandela, 즉 '콜라(Cola, 출라)의 영토'라는 의미라고 한다. 이 해안 지역을 근거로 인도 남부와 동남아시아 사이의 교역에 적극적으로 나서서 기존 동남아시아 중계 교역 세력들을 약화시켰다. 다른 인도 왕국들이 대체로 바다에 관심이 없는 것과 대조적이다. 인도의 힌두교도들이 간직한 특유의 칼라 파니 터부가 과연 얼마나 강하게 작용했는지는 확언할 수 없으나, 인도의 다른 세력들이 대양 항해 세력으로 자라나는 데 방해가 된 것으로 보인다.** 아부 자이드의 기록 또한 그런 점을 증언한다. "인도 사람들 중 일부 계층은 그 누구와도 같은 접시, 심지어 같은 식탁에서 먹으려 하지 않는다. 그렇게 하는 것을 최악의 흉측한 일로 여긴다. 만일 그들이 시라프로 갔을 때 유력한 상인들 중 한 명에게 식사 초

● 카우리(cowrie). 동남아시아와 아프리카 일부 지역에서는 현대까지, 그리고 중국 일부 지역에서는 고대와 중세에 화폐로 사용하던 조개 종류다.

●● 칼라 파니(kala pani, '검은 물')는 바다를 넘어 외국으로 가면 사회적 위엄을 잃고 문화적으로 부패하게 된다는 터부이다. 해외여행을 하면 정화 의식을 제대로 치를 수 없고 사회적 관계가 끊어지기 때문이다. 한 번 이런 부정을 타면 3년에 걸쳐 소식(小食)과 목욕의 의식을 해야 지울 수 있다.

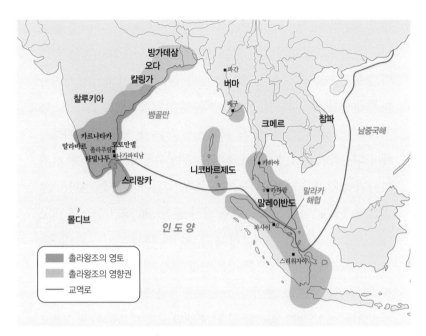

1030년경 촐라왕조의 최대 영토와 교역로

대를 받는다면, 만일 인도 상인 수가 100명이면 100명 각자 앞에 각자 음식을 담은 접시를 놓아야지 그렇지 않으면 결코 음식을 함께 먹으려 하지 않는다."(Abu Zayd, 133) 힌두교의 순수 의식이 상인들에게 너무 큰 부담을 주는 것이니, 문자 그대로 이런 점들을 지켜야 한다면 국제 교역을 수행할 수는 없다. 아마도 바다를 건너야 하는 해상 교역을 이슬람 상인에게 의존하는 것도 이와 연관이 있을 수 있다. 그렇지만 인도 문명권 전체가 다 이런 태도를 유지하고 있었다고 해서는 안 될 것이다. 무엇보다 촐라왕국이 그 반증이다.

촐라 상인 세계에서는 10세에 도제로 시작하여 41세가 되어야 독

10. 아시아 해양 세계의 새로운 구조

립한 상인이 될 정도로 교육이 엄격하다.[Wade 2013, 91~93] 이들은 교역 상품별 길드도 발전시켰다. 상인 길드들은 958~1150년에 도시 교역 공동체(nagaram)들을 건설해갔다. 특이한 점은 이 조직이 사원과 연결되어 있다는 점이다. 사원은 시주받은 돈을 상인에게 12.5~15 퍼센트 이자로 대여해주면서 교역을 주관할 수 있다. 연구자들은 촐라라는 국가, 상인 길드, 종교 제도 등이 종합적으로 연결된 결과 11세기에 경제가 번영했다고 파악한다. 국가가 정복한 지역을 브라만 공동체로 바꾸어가고, 이후 상업 발전으로 생긴 돈으로 이곳에 사원을 짓는 식이다. 예컨대 촐라 국가가 1032년 남부 카르나타카(Karnataka) 지방을 점령한 것은 타밀 상인 길드에게 남부 교역을 확대해주려는 의도로 보인다. 11세기에 촐라가 동남아시아 항구도시들이나 스리랑카를 공격한 것 역시 해외 교역 확보를 위한 것으로 보인다. 그 결과 12~13세기 중엽에 촐라 상인의 교역 활동이 정점에 이르렀다.

촐라는 다른 제국과 달리 해상에 직접 면하고 있으며 해상 교역에 눈을 떴고, 그래서 매우 적극적이고 공격적인 정책을 폈다.[Chaffee, 78] 11세기에 들어서서 촐라는 외국 상인들에게 자국으로 와서 교역하도록 유도하여 경쟁 상대인 스리위자야 세력을 꺾으려 했다. 급기야 1025년 촐라는 군사를 동원하여 스리위자야를 직접 공격했다. 앞 장에서 설명했듯이 스리위자야는 말라카해협을 장악한 해양 세력으로 동아시아와 인도양 간 중개 교역을 통제하는 역할을 해왔으나, 이 시기에 결정적으로 쇠퇴했다. 이 나라는 상당 기간 더 버티다가 14세기에 자바의 농업 왕국 마자파힛(Madjapahit)왕조에게 몰락하지만, 이미 촐라왕국의 공격으로 크게 약화된 뒤였다.(Wormser, 922) 스리위자야는 1079~1082년 팔렘방 북서쪽 바땅하리강 하류에 위치한 잠비-말라유로 천도한 후, 이곳에서 14세기까지 두 해협에 대한 영향력을 다소간 유지하면서 국력을 유지했다.(소병국, 109) 이런 변화가 크메르와 페구(버마) 같은 국가들이 팽창하는 배경으로도 작용했다. 그동안 스리위자야가 아시아 해상 세계의 중간 지점에서 너무 강력하게 통제하고 있어서 기를 펴지 못했던 것이다. 송의 경제가 크게 팽창한 데다가 송 북쪽의 거란(요)과 여진(금)으로 인해 중앙아시아 통로가 막히자, 해상 교역이 더욱 중요해져 지대한 교역 기회가 생겨났다. 이런 상황에서 촐라가 스리위자야를 약화시키자, 여러 세력이 이 기회에 편승하여 성장한 것이다.

이전 시대에 비해 교역품에도 변화가 생겼다.(Chaffee, 80) 당대에는 거의 전적으로 사치품 위주였지만, 송대에 들어오면 벌크(bulk, 다발 짓지 않고 흩어진 채로 막 쌓은 화물. 주로 곡물, 석탄, 원유 따위의 화물을 이른다) 상품도 포함되어 상품 구성이 많이 바뀌었다. 도자기는 계속해서 압도적인 중요성을 지니는데, 이제는 생산지가 장시(江西) 같은 내륙 지역까지 확대되었다. 여기에 비단, 책, 구리, 주석 등의 중요성이 커졌다. 특히 이 시기 동남아시아에서 중국 구리에 대한 수요가 컸다. 1172년 스리위자야 국왕은 송 황제에게 3만 개의 구리 타일을 만들어 불교 사원을 장식해야 하니 구리 수출을 허락해달라는 청원을 올렸으나 거절당했다. 중국에서 만든 청동상들은 인기가 높아 멀리 푸스타트(올드 카이로)까지 수출되었다. 촐라왕국 또한 중국에 구리 수출을 재개해달라고 청원했다.(Schottenhammer 2017,

10. 아시아 해양 세계의 새로운 구조

800-801) 한편 중국의 수입품은 '향약(香藥)'이 큰 비중을 치지한다. 이 말은 일반적인 향 외에 침향, 향목, 향신료, 코뿔소 뿔 등 다대한 물품을 포괄하는 용어인데, 대개 동남아시아 상품 위주지만 유향 같은 서아시아 산물도 포함한다.

촐라와 중국 간 교역도 이 시기에 정점을 맞았다. 중국 도자기가 스리랑카와 타밀나두 지역에서 많이 발굴되는 것이 한 증거다. 취안저우에는 타밀 사원이 건립되었다. 다시 말해 타밀 공동체가 존재한다는 의미다. 스리랑카, 인도 남부, 중동 지역에서 12세기에 사용된 중국 동전이 많이 발견되는데, 아마도 당시 화폐로 통용되었을 것이다. 촐라가 공격적으로 성장하고 중국 상인도 이 지역으로 확산하는 이 현상이 이 시대 상업 지형을 바꾸었다.(Wade, 98~99)

연결된 세계

이븐 바투타가 자이툰(취안저우)에서 예전에 만났던 사람을 다시 만나는 장면이 있다.

내가 그에게 "인도에 가본 적이 있습니까?"라고 묻자 "예, 수도 델리에 들러본 일이 있습니다"라고 대답하였다. 그가 그 말을 할 때 나는 퍼뜩 생각이 떠올라서 "당신이 부슈리가 아닙니까?"라고 묻자 그는 "예, 그렇습니다"라고 대답하였다. 그는 외삼촌 아부 까씸 알 마르씨를 따라 델리에 왔었다. 그때 그는 아직 구레나룻도 없는 새파란 젊은이로서 호학(好學)하고 '마우퇴아(성훈집의 하나)'를 암송하고 있었다. 그때 내가 인도 쑬퇀에게 그를 소개했더니, 쑬퇀은 그에게 3,000디나르를 하사하고는 그곳에 남아 있을 것을 권하였다. 그러나 그는 사양하였다. 원래부터 그의 목적지는 중국이었으니까. 그는 중국에서 위용을 떨쳐 거부가 되었다. ······ 그후에 나는 쑤단에서 그의 형제 한 명을 만났다. 두 형제는 얼마나 멀리 서로가 떨어져 있는가![바투타. 2: 334~335]

인도와 중국, 아프리카의 수단! 이븐 바투타가 만난 집안사람들은 그렇게 온 세상에 떨어져 살고 있다. 달리 말하면 이들에게 세상은 하나의 큰 집처럼 오갈 수 있는 곳이 되었다. 아시아 해양 세계는 성긴 듯하면서도 꽤 촘촘한 네트워크를 이루고 있었다. 이것은 10세기 이후 다양한 상인 집단, 종교인, 군인, 항시, 국가, 제국이 만나고 교류하며 만들어낸 결과다.[Gazagnadou, 751~752]

900~1300년 시기에는 이전과는 차원이 다른 연결망이 만들어졌다.[Wade 2013, 99~100] 이전에는 서로 연결이 안 되었던 곳들, 예컨대 참파, 캄보디아, 자바, 다이비엣, 남중국 등이 서로 교류했다. 중동에서 남중국에 이르는 초장거리 연결망이 쇠퇴하는 대신 각각의 분절된 권역에서 각기 주도적 상업 세력들이 성장했다. 아라비아해는 아랍 및 페르시아 상인이 담당하고, 벵골만은 인도의 구자라트 상인이 담당하며, 남중국해는 이제 중국 상인이 담당하는 식이다.[Schottenhammer 2017, 802] 동아시아에서는 송과 일본 사이 교역이 활발해져서 하카타에 중국인 거류지가 생겼다. 또 공동 신앙 그리고 아랍어라는 공동 언어가 작동하는 무슬림 공동체들 사이의 연계 또

10. 아시아 해양 세계의 새로운 구조

한 강화되었다. 이런 현상은 단지 교역 붐 정도가 아니라 정치, 경제, 사회 부문에서 큰 변화가 일어난 것을 의미한다. 아시아 해양 세계에서는 국가와 교역이 동반 성장하는 특징을 보인다.

CHAPTER 11

몽골의 해상력 지배와 명의 해상 후퇴

몽골은 유라시아의 광대한 영토를 지배하는 거대 제국을 건설했다. 중국에서는 송을 압박하여 원이라는 이름으로 제국을 승계했다. 이제 중국은 거대한 유라시아 육상 제국의 한 부분으로 흡수되었다고 할 수도 있고, 반대로 유라시아 차원으로 확대되었다고 할 수도 있다. 몽골은 해상 세계에도 큰 변화를 초래했다. 해상 교역을 통제하고, 각 지역에 해상 공격을 감행했다. 몽골은 대륙 제국에 더해 세계의 해양까지 '지배'하려는 의지를 가지고 있었을까? 그렇지는 않더라도 거대 제국을 해양 루트로 보완하려는 의지는 있었던 것 같다. 결과적으로 송대의 비교적 자유로운 교역 체제 대신 국가가 해양을 통제하는 방식으로 변해갔다. 교역이든 군사 측면이든 송과 원을 거치면서 중국의 해상력은 극도로 성장했다. 이런 흐름을 이어받은 명은 초기에 역사상 유례없는 해상 원정을 과시했다. 하지만 그 직후 중국은 세계 최강의 해양력을 스스로 버리고 내륙으로 눈을 돌린다. 중국이 바다를 버리고 스스로 내향화한 것은 세계 근대사의 가장 중요한 전환점 중 하나라 할 수 있다.

몽골제국의 육상과 해상 유동성

몽골제국은 광대한 영토에 대해 군사적·인적 지배 체제를 구축하기 위해 정보·인력·상품 등이 원활하게 소통하는 유동적 체제 구축이 필요했고 역참제에서 해결책을 찾았다.(Gazagnadou, 741~744) 1215년 베이징을 점령한 이후 몽골은 유라시아의 광범위한 지역에 역참제를 확대했다. 주로 말을 이용하지만 동시에 낙타, 노새, 개, 야크 등도 사용하여 연결망을 만들어갔다. 상인들도 이 네트워크를 사용할 수 있도록 허락을 받아서 이제 수도 카라코룸과 베이징, 사마르칸트, 바그다드, 코카서스, 페르시아만 등을 연결하는 잠치(Jamchi, 몽골어로 '글을 관리하는 자'라는 뜻) 체제가 갖추어졌다.(박원길, 101) 이 네트워크는 대단히 효율적이어서 전시의 특수 임무일 경우에는 이를 이용하여 하루에 300킬로미터까지 이동할 수 있었다.(Gazagnadou, 749) 태평양 연안 지역에서 흑해까지, 인도차이나에서 티베트까지 펼쳐져 있고 중국·이란·이라크를 포함하는 이 거대한 역참 네트워크는 적어도 5~6만 킬로미터에 달하고 20만 마리의 말과 수만 명의 인력을 동원했다. 이 대륙의 길 자체가 그야말로 바다같이 넓은 면적에 바닷길처럼 유동적인 체제를 만들었다고 비유할 수 있다. 몽골은 이 세계의 외곽에 실제의 바닷길을 덧씌워서 이중의 유동적 체제를 만들고자 했다.

몽골은 송 정복 과정에서 적의 수군과 대결하다가 오히려 그것을 배우고 흡수해갔다. 송제국이 상업과 군사 목적으로 만든 강력한 해상 선단을 원제국이 흡수한 결과, 중국은 12~15세기에 해상력의 황금기를 구가하게 되었다. 다만 그 해상력의 성격은 이전 시대와 달리 상업적이라기보다 군사적 성격이 강했다. 이 과정을 살펴보도록 하자.

송제국은 원양 상선뿐 아니라 수군도 발전시켰다. 거란과 몽골의 침략에 대비하여 수군을 키워야 했던 것이다. 13세기 중반까지 양쯔강 연안 지역 및 남동 연안을 따라 선단을 배치했다.[Nakajima, 810-811] 강력한 수군 호위대들을 푸젠, 광둥, 장시 등지에 두었다가, 전시에 이들을 동원하여 해안과 강을 따라 방어하는 전략이었다. 이러한 채비를 갖춘 송을 공격하기 위해 몽골 또한 수군을 준비해야 했다. 1230년대부터 중국 북부와 중부를 정복하는 과정에서 송의 수군을 격파하며 흡수해갔고, 1260년대부터는 몽골 수군이 상당히 큰 규모로 발전했다. 쿠빌라이는 칸으로 등극한 1260년, 장영실(張榮實)에게 수군 감독을 맡겼다. 그리고 다음해 송의 장군 유정(劉整)이 쓰촨을 방어하다가 항복하자 그에게 수군의 지휘를 맡겼다. 그는 곧 송의 수군을 격파하여 146척의 배를 빼앗았다. 1266년 허난(河南) 전투에서는 수이게투가 수군과 육군 합동 작전을 수행할 수 있었다.[Biran, 85] 남송을 본격적으로 공격하기 위해 선박 건조도 시작했다. 이렇게 한편으로는 빼앗고 한편으로는 스스로 만든 선박들로 구성한 강력한 수군을 아주(Achu)가 지휘하여 양쯔강 연안의 핵심 지역인 양양(襄陽)을 포위했다. 이것이 1267년부터 1273년까지 7년간 한수이(漢水)에서 벌어진 양양 전투다. 몽골이 1270년 유정에게 5,000척의 선박과 7만 명의 병력을 주어 양측이 이곳을 놓고 대규모 전투를 벌였는데, 송의 지원 공격이 실패로 끝나자 오래

11. 몽골의 해상력 지배와 명의 해상 후퇴

고립되었던 양양이 드디어 항복했다.

몽골은 다시 송의 잔존 세력을 공격하는 작전에 집중했다.[Nakajima, 812-814] 바얀이 지휘하는 1만 척 이상의 선박이 양쯔강 연안을 따라 공격해서 송군을 격파하고 1,000척 이상의 선박을 포획했다. 이전과 유사한 현상이 반복되었다. 송의 장군들이 항복하면 그들의 군 병력과 선박을 흡수하여 다른 송군을 공격한 것이다. 《원사(元史)》를 통해 이상의 과정을 정리해보면, 1268~1273년에 원은 적어도 9,800척을 건조했고, 1274년에는 1만 척 이상을 동원했으며, 1274~1275년에 송의 선박 4,000척을 나포했다. 물론 이 선박들은 거선은 아니고 아마도 소형 선박이었을 것이다. 결국 원의 공격과 송의 방어는 내륙을 벗어나 해양으로도 확대했다. 1275년 원은 송의 해상 선박 2,000척을 나포했고, 같은 유형의 배를 100척 건조했다. 이렇게 해서 대표적인 대륙 국가 몽골이 스스로 해상 선박을 건조하는 단계에 이르렀다. 송은 해군 공격을 당한 끝에 1276년 항복했다. 그렇지만 송 황실에 끝까지 충성하는 세력들이 주변 지역으로 달아나서 일종의 임시정부를 구성하고 저항운동을 벌였다. 송 황실은 광둥 지역에 가서 최후의 저항을 했지만, 1279년 애산(崖山) 해전에서 몽골군에게 최종적으로 패배했고 마지막 황제가 자살하면서 종말을 맞았다. 이제 송 세력은 완전히 소멸했다. 이 시점에서 원은 해상 운송 선박 수천 척과 내륙 수로에서 사용 가능한 선박 2만 척 이상을 소유하여 실로 엄청난 수군을 보유하게 되었다.

쿠빌라이와 남송 황실은 모두 해전에서의 필요 때문에 포수경과 동맹을 맺고자 했으나, 그는 결국 1277년 몽골에 협력하기로 결정했다.[성백용 외, 210] 앞서 본 대로 포씨 일족은 송대부터 중국에 정착한 집안으로서 취안저우에서 고위 관리를 지냈다. 이 지역에서 모스크들을 짓고 유지 보수하는 데 이 가문 사람들이 돈을 낸 흔적을 찾을 수 있다. 그런데 이 가문이 송 말에 몽골에 항복하는 데 앞장선 것이다. 특히 취안저우를 넘기는 데에 일조했고 이 과정에서 시민 3,000명이 학살되었다. 쿠빌라이는 포수경이 이 도시를 해적(남송 세력)으로부터 안전하게 지켜내고 원에 넘긴 것을 치하하여 1278년 복건성좌승(福建省左丞), 1284년에는 천주행성평장정사(泉州行省平章政事)로 임명했다. 그리고 원의 장군 동문병(董文炳)이 쿠빌라이가 하사한 금호부(金虎符)를 포씨 가문에 전했다.● 특기할 만한 것은 이때 포수경의 행적이 모두 해양 사업과 관련이 있다는 점이다. 그의 아들 포사문(蒲師文, 푸스원)은 푸젠의 교역 감독관이 되었고(1281) 선위사(宣慰使) 직책도 얻었다. 그리고 우부도원수(右副都元帥)를 거쳐 복건행중서성참지정사(福建行中書省參知政事)가 되었고, 자바 원정 당시 외국으로 가는 루트를 열고 외국 사무를 통할한다는 의미의 통도외국선무제이(通道外國宣撫諸夷) 업무를 담당했다. 이처럼 이 가문 사람들은 원에게 상선과 인력을 제공하고 몽골의 해외 정복 및 교역에 관한 정책을 제안했다. 포수경은 후일 명대

● 동문병이 말하기를 "옛날에 천주(취안저우)의 포수경이 성을 바치며 항복했습니다. 수경이 평소 시박(市舶, 해외무역)을 주관했기에, 마땅히 그 사무와 권한을 중시하고 우리를 위해 해적을 막도록 하고 중국 서남부의 종족들을 설득해 신복(臣服)시켰으므로 제가 차던 금호부를 풀어 수경에게 채웠습니다. ⋯⋯" 쿠빌라이 칸이 그것을 크게 가상히 여기고 동문병에게 다시 금호부를 하사했다.[성백용 외, 208]

11. 몽골의 해상력 지배와 명의 해상 후퇴

에 배신자 소리를 듣게 되지만 원대 초에는 계속 권세를 누렸다. 한편 원에 의한 질서가 확립되고 난 후 포수경의 교역 재개 제안에 제일 먼저 답한 것이 참파라는 사실도 흥미로운 일이다. 이곳이 특히 포씨 세력들의 근거지이기 때문일 것이다.

일본 원정

특기할 점은 남송 정복을 완전히 매듭짓기 전인 1274년 몽골이 일본 원정을 했다는 사실이다.(Nakajima, 812-812) 이때 고려에서 건조한 900척의 배에 몽골, 중국, 여진, 고려 출신 병력 2만 7,000명이 출전해서 규슈 북쪽 해안 하카타만을 공격했다가 며칠 만에 후퇴했다. 송을 정복하는 마지막 결정적 시기에 두 전선에서 작전을 펴는 것은 분명 무리였을 것이다. 따라서 1274년 일본 원정은 일종의 예비적 성격의 공격이라 할 수 있다.

그 후 2차 일본 원정을 시도했다.(Nakajima, 814-81) 원이 린안(臨安)에 진입해 들어간 이후 계획을 세운 것으로 보인다. 쿠빌라이는 이전 송의 장군이었던 범문호(范文虎), 여문환(呂文煥), 진혁(陳奕)과 논의했고, 송의 마지막 저항을 분쇄한 후 실행에 들어갔다. 1279년 쿠빌라이는 양저우, 후난(湖南), 간저우(贛州), 취안저우 등지에 전함 600척 건조를 지시하는 한편 고려에 900척 건조를 지시했다. 그렇지만 해상 운송을 위한 해군 선박 수백 척을 동시에 건조하는 것은 지나치게 힘든 과업이었음에 틀림없다. 후난에서는 건조가 중단되었고 장시에서는 지체되었다. 취안저우는 200척을 맡았는데, 포수경은 이 작업이 현지 주민들에게 너무 큰 부담이어서 자신이 맡은 200척 중 50척은 완수했으나 그 이상은 무리라고 보고했다. 이후 더 이상의 건조 관련 기록이 없는 것으로 보아 일본 원정 선단은 새로 건조한 선박의 비중이 그리 크지 않았던 것으로 추론할 수 있다. 원정군 사령관을 맡은 범문호는 징발할 수 있는 옛 선박들을 조사했고, 이렇게 구성한 선단으로 원정을 떠났다.

1281년 5월, 고려의 선단 900척이 합포항을 떠나 6월 6일 하카타만을 공격했다. 그러나 왜의 방어선을 뚫지 못하고 이키섬(壹岐島)으로 퇴각했다. 그러는 동안 강남군은 아라칸(Alakhan) 장군의 급작스러운 병으로 출항이 늦어져서 6월 18일이 되어서야 닝보에서 출발했고 7월 초에 가서야 양군이 합류할 수 있었다. 두 해군력은 선박 4,400척에 병력 14만 명이라고 기록하고 있으나, 연구자들은 이는 현실적으로 불가능한 수치이며 실제 규모는 훨씬 적었으리라고 추산한다. 이들은 다카시마(高島)섬과 이마리(伊万)만 중간에 닻을 내리고 있었는데, 7월 30일 밤 강력한 태풍이 닥쳐 수많은 선박이 침몰하거나 뭍으로 밀려갔고, 남은 군사들은 왜군의 공격을 받아 전사하거나 포로로 끌려갔다. 고려에서 출항한 동로군은 피해가 상대적으로 적어서 70퍼센트 정도의 병력이 살아서 귀환한 반면 강남군은 30~40퍼센트만 귀환했다고 한다.

원정 실패의 원인은 무엇이었을까? 일본 사료에서 이야기하는 대로 가미카제(神風), 곧 태풍이 결정적 요소였을까? 태풍으로 큰 피해를 입은 것은 부인할 수 없지만 그렇다고 이 원정의 성패를 전적으로 자연 현상으로만 설명하는 것은 적절한 해석이 아니다. 이에

11. 몽골의 해상력 지배와 명의 해상 후퇴

대해서는 최근의 수중고고학 발굴 결과를 통해 많은 사실을 확인할 수 있다.

1980년대부터 다카시마 근역에서 수행한 수중고고학 발굴이 실마리를 제공한다.[Nakajima, 817~821] 이 조사에서 도자기, 석제 닻, 무기 등 상당히 많은 유물이 나왔다. 검은 칠을 한 나무판에 붉은 칠로 쓴 문구가 있는 나무판에는 "제국 수군이 수리하고 관리가 검사했다"는 내용이 적혀 있다. 연구자들은 1275년 범문호가 원에 복속하면서 그의 선단과 무기 일체가 원에 수용되었을 때의 기록으로 판단한다. 화학 분석 결과 목재 재질은 양쯔강 유역에서 자라는 느릅나무로 판명되었다. 석재 닻도 마찬가지다. 이 돌은 중국 남부 푸젠의 화강암이다. 많은 목재 또한 남중국산으로 밝혀졌다. 두 나무판을 못으로 연결하는 것 또한 전형적인 남중국 방식이다. 말하자면 이 선단은 분명 남중국에서 형성된 것이다.

그런데 자세한 조사 결과 더 흥미로운 사실이 많이 밝혀졌다. 임시변통으로 배를 만든 흔적들이 역력하다. 마스트는 쉽게 부서지고 나무판이 쪼개지기 쉬운 허술한 건조 방식이었다. 닻은 대개 큰 돌 하나로 만들어야 튼튼한데, 이 경우는 두 개의 돌을 나무틀에 넣어 만들어서 매우 취약하다. 못도 화학적 분석 결과 아황산염 함유량이 높은데, 이는 단조가 아닌 주물 방식으로 만든 조악품이라는 증거다.

선박들 크기는 길이가 대략 20~25미터였다. 일부는 V자 모양이지만 일부는 네모난 용골에다가 바닥이 평평한 U자 모양이어서, 바다가 아니라 강이나 운하에서 사용하던 선박을 징발한 것으로 보인

몽골 원정 선박

《몽고습래회사(蒙古襲来絵詞)》(1293년경)는 몽골의 1, 2차 일본 원정을 글과 그림으로 기록한
2권짜리 두루마리이다. 이 두루마리 그림에서 당시 몽골의 선박 모습을 확인할 수 있다.

몽골 선박에 올라가는 사무라이

2차 원정 당시 몽골 선박을 공격하는 일본군의 모습으로,《몽고습래회사》의 일부이다.

다. 다시 말해 오랫동안 사용해온 노후한 내륙 선박들을 수리하여 전함으로 대체했을 가능성이 제기된다. 판자를 자세히 관찰해보면 여러 방향으로 못을 친 흔적이 발견되는데 이는 배를 여러 번 수리한 흔적이다. 전반적으로 2차 일본 침공 선박들은 새로 건조한 경우도 조악한 재료와 부품을 사용해 저급한 기술로 만들었고, 그렇지 않으면 내륙에서 사용하던 낡은 배들을 징발, 수리하여 출항시켰음을 알 수 있다. 원정을 서둘러 준비하다 보니 제대로 된 강력한 선단을 만들지 못했던 것이다. 《고려사》 기록에도 중국에서 출항한 선박들은 매우 약해서 충돌하면 쉽게 부서진다는 말이 나온다.● 다시 말해 강남 선단은 규모는 크지만, 송 정복 후 짧은 기간 내에 서둘러 징발 혹은 건조해서 선박이 매우 약했다. 태풍에 모든 책임이 있는 게 아니라 선박 자체가 매우 취약했던 것이다.

 2차 일본 침공 당시 몽골은 대양 항해 능력을 갖추고는 있으나 무리한 전쟁 계획 때문에 실패하고 말았다.

● "세자가 원 황제를 자단전에서 알현할 때 정가신(鄭可臣)과 유비(柳庇) 등이 따라 들어갔다. 정우승(丁右丞)이란 자가 아뢰기를, '강남(江南)의 전함이 크기는 크지만 부딪치면 부서지는데, 이것이 지난번에 실패한 이유입니다. 만일 고려로 하여금 배를 만들게 하여 다시 정벌한다면 일본을 취할 수 있을 것입니다.'라고 하였다. 황제가 일본을 정벌할 방법을 묻자 홍군상(洪君祥)이 앞으로 나와서 말하기를, '군사(軍事)는 지극히 중대한 일입니다. 마땅히 먼저 사신을 파견하여 고려에 물어본 후에 시행하십시오.'라고 하니, 황제가 그렇게 여겼다." 《고려사》〈세가〉충렬왕 18년)(한국사데이터베이스)

송의 해상력을 인수한 원은 최대의 육상 제국이자 동시에 중국사에서 가장 강력한 해양 제국으로 성장했다.

쿠빌라이 칸은 더 큰 세계의 지배를 노린 듯하다. 남송 정복을 완수하기 이전 시기부터 각국에 사절을 보내 몽골의 지배를 받아들이라고 요구했다. 예를 들어 엘 이그미쉬(El Yighmish, 亦黑迷失)는 20년 동안 6차례 사절로 파견되었는데, 그중 4번은 인도양 항해를 했다.[Qu, 828-830] 1272년과 1275년에 말라바르(Baluobo), 1281년에는 참파, 1284년에는 스리랑카, 1287년에 다시 말라바르로 갔고, 마지막으로 1292년에 자바를 다녀왔다. 이런 식으로 원 황제의 사절로 인도양 항해를 한 사례는 많이 찾아볼 수 있다. 원은 동남아시아 각지에 사절을 보내 회유하려다가 여의치 않을 경우 군을 보내 정복하고자 했다. 이런 사정을 잘 보여주는 사례로 양정벽(楊庭璧)을 들 수 있다.

남송 정복 후 해상 실크로드가 다시 열렸다. 중국과 동남아시아, 인도양, 동아프리카까지 연결된 이 길은 오래전부터 이국의 사치품이 들어오는 중요한 통로인 데다가, 원제국으로서는 그보다도 일한국(이란 지역)과의 연결을 위해 이 루트 확보가 더욱 중요해졌다. 특히 당시 육상 실크로드가 불안정한 시기였기 때문에 더욱 그러하다. 그런데 해로는 위험 요소가 많았다. 참파는 여전히 송에 충성하고, 송 유민들의 저항도 강했다. 이런 문제들을 해결하기 위해서는 한족의 도움을 받아야 한다. 대표적 인물 중 한 명이 양정벽 장군이었다.

1289년에 세운 그의 송덕비에 의하면 그는 산둥 지역 은주(恩州) 출신으로, 아마도 쿠빌라이의 중국 공략 때 원을 도운 장군 휘하에서 경력을 시작했을 가능성이 크다.[Mukai 외, 85~89] 남쪽으로 진군해간 몽골군이 남송의 저항 세력과 전투를 벌이고 포수경이 몽골에 협력하던 시기에 군에서 활동한 것 같다. 1278년 쿠빌라이는 수이게투, 포수경 두 사람에게 동남아시아 각 지역에 10편의 칙서를 보낼 것을 지시했다. 1279년 양정벽은 광둥의 다루가치(達魯花赤)로 외교 사명을 띠고 마바르(Maʿbar, 인도 남동부 해안 지역을 가리키는 옛날 용어)와 콜람(Kollam)으로 떠났다. 이곳은 페르시아 일한국 루트의 중간 거점으로 중요한 곳이었다. 그는 콜람에 가서 비나디(Binadi) 국왕이 원에 조공을 보내도록 만들고, 왕실의 서한을 받아서 귀국했다. 그러는 동안 수이게투는 송 황실에 계속 충성하며 원에 저항하던 참파를 공략했다. 1282년 원의 사절이 참파에 억류당하자 원은 일반 선박 100척과 전함 250척을 동원하여 참파를 공격했다. 참파는 게릴라전을 벌이며 저항한 끝에 결국 1284년 항복했다. 이후 동남아시아와 인도양 지역에 더 많은 거점을 확보할 필요가 있으므로 양정벽을 다시 파견했다.

1280~1283년 양정벽의 2차 파견을 보자.[Mukai, 89~92] 그는 콜람으로 가서 이곳 통치자들을 데리고 오는 역할을 맡았다. 1281년 스리랑카까지는 잘 갔으나 몬순 시기를 놓쳐서 부득이 인도 남부에 상륙한 후 힘겹게 육로로 타밀나두 지방으로 가야 했는데, 이곳에서 현지 지도자들 간 갈등에 휘말렸다.[김영진, 127] 그동안 다른 사절들이 마바르로 오자 양정벽은 더 멀리 콜람으로 가서 이곳 통치자들에게

[표 1] 양정벽의 2차 파견 항해

출발 시기	출발지	도착지
1280년 겨울	중국(1~2월)	콜람(4월)
1280년 여름	콜람	중국
1281년 겨울	취안저우(1~2월)	마바르(4~5월)
1281·1282년 겨울	마바르(12~1월)	콜람(3~4월)
1282 겨울	콜람	나쿠르(5~6월)

도 원에 조공과 사절을 보내겠다는 약속을 받았다. 이런 식으로 양
정벽은 여러 차례 외교 사명을 수행하기 위해 힘든 항해를 했다. 특
히 한 시즌에 남인도까지 항해한 일은 당시로서는 대단한 위업이었
다. 그의 항해를 정리하면 [표 1]과 같다.(Mukai, 93)

양정벽 외 다른 사절들도 성공을 거두어 1286년이면 인도-수마
트라-말레이반도-중국 루트가 안정되었다. 그러나 1294년 쿠빌
라이가 사망하자 이 네트워크가 대부분 중단되고, 오직 마바르만
1314년까지 조공 관계를 유지했다.

이상의 내용을 정리하면, 원은 남송 정복 이후 양정벽처럼 유능한
한족을 고용하여 기존 해상 실크로드를 되살리려 노력했다. 아마도
포수경 등 이 분야에서 뛰어난 인물들에게서 정보를 얻어 이용했을
것으로 보인다. 당시 이 사업에 사용한 큰 배들은 승선 인원이 1,000
명이었다고 하니 남중국의 상당히 발전한 해양력을 인수하여 이용
한 것이다.(Qu, 829)

이처럼 동남아시아에 여러 차례 사절을 보낸 이유는 무엇보다 페
르시아 일한국과 소통 루트를 확보하기 위해서이다. 부유하고 강력

한 일한국을 잘 유지하며 중국과 잘 소통하는 것이 제국 운영에서 매우 중요한 과제이다. 그러나 원의 평화적 외교 관계 수립 노력이 늘 성공한 것은 아니다. 그럴 경우에는 강력한 수군을 파견하여 진압하고자 했으나, 이 역시 대개 여의치 않았다. 1274년과 1281년 일본 원정 실패가 대표적이다. 또 1283년에 참파, 1285년과 1287년에는 안남에 파병했지만 큰 어려움을 겪곤 했다. 마지막으로 자바에 사절을 보냈으나 국왕 케르타네가라(Kertanegara)는 조공을 거부했을 뿐 아니라 사절 중 한 명을 불구로 만들었다. 격분한 쿠빌라이가 1293년 2~3만 명의 병력을 자바에 파병하여 상륙까지는 했으나 이 지역의 내분에 휘말린 끝에 결국 정복에는 실패했다. 육상에서는 세계 역사상 최강의 군사력을 자랑한 몽골도 해상에서는 정복이 쉽지 않았다. 따라서 군사 정복보다는 교역에 치중하되 그것을 국가가 통제하는 쪽으로 방향을 바꾸었다.*

몽골의 해외 교역

남송 정복 후 1280년대에 접어들어 이제 해상 교역을 재개할 필

---

* 원의 사신으로 파견되었다가 현지에 관한 기록을 남긴 예로는 진랍(眞臘, 캄보디아)을 다녀온 후 《진랍풍토기》를 쓴 주달관(周達觀)을 들 수 있다. 그는 1296년 2월 원저우를 출발하여 1297년 8월에 귀국하였다. 그가 속한 사신단의 활동으로 양국 관계가 크게 진척된 것 같지는 않지만, 대신 캄보디아에 대한 거의 유일한 기록을 남겼다. 이 책은 살아 있는 사람들의 쓸개를 모으는 관습, 시체를 들판에 버려 동물이 먹게 하는 풍습 등 흥미로운 사실들을 많이 기록하고 있고, 나침반을 이용한 항해술("나침반이 가리키는 정미(丁未, 남남서 방향의 침을 향해 간다")도 기록에 남겼다.(주달관)

요가 있었다.[Chaffee, 127-130] 원은 원래 교역에 호의적이어서 수입세도 가장 낮은 편이었다(최고 10퍼센트, 저가품에 대해서는 6.5퍼센트 수준이었다). 원의 국제 교역은 오르톡 방식을 취했다. 오르톡은 원래 파트너를 뜻한다. 칸, 귀족, 궁정 등이 자본을 제공하고 오르톡이 상업 행위를 한 후 후일 수익을 배분하는 방식이다. 오르톡으로는 투르키스탄인, 위구르인 등이 많지만 페르시아인, 아르메니아인, 유대인, 시리아 기독교도 등도 포함된다. 이들은 상업뿐 아니라 조세 수취, 외교, 스파이 등 여러 다른 역할도 맡았다. 그런데 육상에서 활동하던 기존 오르톡에게 해상 교역 활동은 완전히 다른 부문이므로 기존 상인들의 도움을 받아야 했다. 다시 말해 송대의 상인들과 협력이 불가피했다. 그것은 매년 바다로 나가는 상인(舶商)이 출항하여 비즈니스를 하고 다음해 들어와서 일정 몫을 관리에게 지불한 후 나머지를 자유롭게 판매하는 방식이었다.

1284년 시박도전운사(市舶都轉運使)를 항저우와 취안저우에 설치했다. 이 기관에서 상인을 선발하여 배와 자본을 주고, 이들이 나가서 사업을 한 후 돌아오면 관과 상인이 7대 3의 비율로 나누었다. 부정행위를 하면 재산의 절반을 빼앗는 처벌을 받았으며, 외국인들도 이 규칙에 따랐다. 이처럼 원대의 교역은 송대와 달리 상인들의 자율권에 맡기는 게 아니라 관이 관리하는 방식이었다. 그렇지만 사적인 교역을 금지했다가 허락하는 일이 반복되는 것을 보면 그만큼 통제가 불완전했음을 알 수 있다. 당국으로서는 가급적 개인 상업을 통제하고 오르톡 방식으로 유지하면 좋겠으나 그것을 강제하기가 쉽지 않았던 것이다. 대신 세금을 철저히 물리려 했고, 이를 위

11. 몽골의 해상력 지배와 명의 해상 후퇴

해 많은 사항들을 문서로 기록했다. 출항 전 목적지 등 여러 필요 사항들을 조사·기록(公驗)하여 제출했고, 입항 시 원래 보고 내용과 다르면 조사를 받았다.

이븐 바투타의 기록을 보면, 이런 엄밀한 관리 통제가 실제로 이루어졌음을 알 수 있다.

중국 사람들의 관례는 어떤 준크[정크선]가 출해(出海)하려고 하면 해사관(海事官)과 서기가 배에 올라와 항해자 중 누가 궁수(弓手)이고 누가 심부름꾼이며 누가 선원인가를 일일이 등록한 다음 출항을 허락한다. 그 준크가 중국에 돌아오면 역시 그 관리들이 배에 올라타 이미 등록된 인원과 대조·확인한다. 등록된 인원 중에서 한 명이라도 빠지면 그에 관한 선주의 해명을 요구한다. 사망했거나 도주했거나 아니면 다른 사고가 일어났을 경우는 그에 관한 증거만 제시하면 무방하나 그렇지 않을 때는 구속한다. 이러한 인원 점검이 끝나면 선주로 하여금 선적한 크고 작은 모든 화물을 구체적으로 신고하라고 한다. 그러고 나서야 하선할 수 있다.

해관원들은 화물을 직접 확인한다. 만일 은폐물이 발견되기만 하면 준크와 함께 모든 화물은 국고에 납입된다. 이것은 일종의 폭거가 아닐 수 없다. 나는 이런 폭거를 이교도들의 지방이건 무슬림들의 지방이건 간에 본 적이 없다. 오직 중국에서만 목격하였다.

[바투타. 2: 326]

물론 위반자를 신고한 사람에게 포상한다는 규정이 있는 것을 보

면, 이런 규제도 잘 안 통한다는 것을 짐작할 수 있다.[Chaffee, 132~134]

교역 상품은 이전부터 취급해오던 것이 태반이지만, 다만 인도의 말, 서아시아 포도주 등이 육로로 반입되는 신상품이었다. 수출품 중에 도자기가 여전히 중요했다. 여기에는 중동 세계에서 수요가 많은 문양이 사용되는데, 이것은 동서 간 교역이 이루어지는 동시에 공동의 예술적 언어가 소통한다는 점에서도 의미가 크다. 그리고 원대에는 은괴 형태로 은 유출이 매우 컸다. 오르톡이 지급받은 자본을 가지고 해외에 나가서 거래하는 것이 은 외부 유출의 중요한 채널이었다. 13~14세기에 은 부족 사태에 시달리던 이슬람 세계와 유럽이 이 덕분에 한숨 돌렸다고 할 수 있다.

이 시대에 여러 거상이 등장했다. 사이드 빈 아부 알리(Sayyid Bin Abu Ali, 1251~1299)라는 오만 출신 상인이 대표적인 사례다.[Liu, 122] 오만은 항해술이 발전한 덕분에 11~15세기 인도, 중국 및 동아시아와 교역 관계를 유지하고 있었다. 그는 중국에서 '색의덕(塞義德)'으로 알려졌는데 석비가 남아 있어 행적을 알 수 있다. 이에 의하면 1281년 그의 가족이 페르시아만의 칼하트(Qalhat)에서 말라바르로 이주했는데, 사망한 부친의 사업을 인수했다. 그때 몽골이 중국을 정복한 것을 알고 이 기회를 이용하기로 하고, 취안저우에 배를 보낸다. 말라바르 왕이 거듭 반대하는데도 중국과 페르시아에 상선과 사절을 보내고, 또 원의 사절이 페르시아로 가는 도중 들르면 환대하여 결국 국왕과 갈등이 벌어졌다. 그러자 쿠빌라이 칸이 그에게 함께 일하자고 제안하며 배를 보내 중국으로 초치했다. 그는 부인과 재산을 내버려두고 하인 100명만 데리고 중국의 수도 대도(大都, 지금의 베이징)로 갔다. 《고려사》에는 그가 황제의 허락으로 고려 여인과 결혼했으며, 그래서 고려 왕실과도 가깝다고 나온다. 1299년 대도에서 그가 사망하자, 황실에서 장례를 조직해서 취안저우로 운구해갔다. 이 사례를 보면 남인도에 무슬림 상인이 자리 잡은 후 중국과 페르시아 교역의 중개 역할을 하는 것을 알 수 있다.

또 다른 인물로 자말 앗 딘 이브라힘(Jamal al-Din Ibrahim)(d.1306)을 들 수 있다.[Chaffee, 135] 페르시아만을 지배하는 강력한 알티비(al-Tibi) 가문의 수장이며 키시의 통치자인 그는 일한국으로부터 파르스(Fars) 지방 지사 그리고 말릭 알 이슬람(Malik al-Islam, 이슬람의 왕)이라는 칭호를 받았다. 그는 키시를 중심지로 하여 중국 교역을 했는데, 배만 보내기도 하고 때로 직접 중국으로 가서 교역을 하기도 했다. 그는 인도와 동아시아 교역을 수행할 때 언제나 100척의 배를 동원할 수 있었다고 한다. 중국과 인도에서 배가 들어오면 다른 사람들보다 먼저 상품을 고를 수 있는 우선권을 누리며, 특히 직물 사업에서 이런 방식으로 큰 이익을 누렸다. 그의 아들 파크르 앗 딘 아흐마드(Fakhr al-Din Ahmad)가 1297년에 일한국의 사자로 중국에 간 사실도 있다. 이 가문의 주요 사업 부문은 말라바르 교역이었는데, 이곳에서 또 다른 형제가 재상(vizier) 직을 수행했다. 말라바르는 키시와 중국 중간에 위치한 중계지이며, 특히 서아시아 말 구입처로 중요했다. 말라바르 통치자는 그에게 말 1,600두를 고정 가격으로 제공했다(중간에 죽은 말에 대해서도 전부 돈을 내는 조건이다). 말을 판 돈으로 중국 상품을 구매했다. 이는 교역과 경제적 권력이

마르코 폴로 책에 실린 자이툰 그림

흔히 《동방 견문록》이라고 알려진 마르코 폴로의 여행기에서 당시 국제적 상업 도시였던 자이툰 (취안저우)의 모습을 소개한 것이다.

일부 집단에 부여된 사례라 할 수 있다.

중국 내에서는 해상 교역 중심지가 여럿 있는데, 이 시대에 특히 취안저우의 성장이 주목할 만하다. 이 항구는 국제 교역의 성격이 가장 강한 곳으로 성장했다. 물이 깊어 큰 배들이 정박하기 쉽고 배후지도 발전해 있었다. 마르코 폴로는 이곳을 자이툰(Zaitun)으로 소개했다. 자이툰은 아랍어로 올리브를 뜻하는데, 이븐 바투타는 이 도시를 비롯해 중국 어디에도 올리브가 없는데 그런 이름을 취한 것이 기이하다고 언급하는 한편 이 항구도시의 규모가 엄청나다고 묘사한다.

11. 몽골의 해상력 지배와 명의 해상 후퇴

항구는 세계 대항(大港) 중의 하나, 아니 어찌 보면 가장 큰 항구라고 할 수 있다. 나는 거기에서 약 100척의 대형 준크를 보았으며 소형 준크는 이루 다 헤아릴 수 없었다.(바투타, 2: 328)

과장임을 감안하더라도 국제적인 상업 도시의 풍모를 알 수 있다. 이곳에는 모든 인종, 모든 종교인이 다 있으나 무슬림이 압도적으로 많았다. 이에 대해 중국의 유학자 관리 오징(吳澄, 1249~1333)도 비슷하게 묘사했지만, 글의 의도는 반대다.(Chaffee, 139~140) 외국 상인들의 영향이 너무 크므로 유학 전통(儒風)이 약해져서 이를 바로잡아야 한다는 것이 문제의식이었다.

몽골의 광대한 영토 지배는 세계를 개방시키는 결과를 가져왔다. 여기에서 한 걸음 더 나아가서 중국을 통해 태평양으로, 이란을 통해 인도양으로 해상 팽창을 할 여지는 없었을까? 그러기는 쉽지 않았을 것이다. 우선 몽골의 지배를 받기 이전의 이란이나 중국 자체도 해상 지배라는 개념은 없었다. 몽골은 기본적으로 스텝, 사막, 호수, 강의 세계다. 바다는 그들의 상상계에서 이 세계와 직접 연결되지는 않는다. 그런 점에서 본다면 프랑스의 역사학자 피에르 쇼뉘(Pierre Chaunu)의 표현대로, 유럽은 해상 팽창을 했고 몽골을 육상 팽창을 한 것이 맞다. 다만 바다를 육상 제국의 보조 루트로 이용한 정도라 할 수 있다.

오히려 유럽인들은 몽골의 평화 덕분에 그동안 잘 몰랐던 아시아 세계를 발견했고, 그 때문에 역설적이게도 곧 해상 팽창에 나서게 된다.

원대 말에 심각한 변화의 흐름이 보인다.(Chaffee, 157-160) 무슬림의 과도한 특권을 제한하는 조치들이 나오기 시작한 것이다. 카디의 특권을 제약하다가(1311), 카디 직을 아예 없앴다(1328). 무슬림 성직자의 면세 조치를 폐지하더니(1329) 관혼상제를 유교식으로 하라고 강요했다(1340). 1357년 광저우에서는 소위 이스파군(Ispah, 페르시아인 수비대) 봉기가 일어나서 주변의 광범위한 지역에서 수 년 간 가차 없는 전투를 벌였다(波斯戍兵之亂). 그리고 1362년에는 또 다른 서역인 출신 관리이자 포씨의 사위로 알려진 나올납(那兀納)이 이스파군을 장악하고 5년 동안 광저우를 지배한다. 이 봉기들은 1367년에 가서야 진압되었다.

이 배경에 혹시 수니-시아파 갈등이 있을까? 그 점에 대해 확실하게 단정할 수는 없다. 그보다는 무슬림, 특히 포씨와 그 집안의 사위 나올납의 가혹한 통치에 대한 반발이 배경인 것으로 보인다. 물론 명대 들어와서의 기록이라는 점을 고려해야 하지만 포수경 가문에 대한 비판이 극심했다. 이 가문은 대를 이어 특권을 받아 독점 규제를 가하고, 가혹한 처벌로 조세를 수취했다. 90년 세월 이들에게 고통 받은 끝에 사람들은 이 가문을 '포씨 도적(蒲賊)'이라 불렀다. 이스파가 패배하고 곧 명군이 도착하여 이제 이들은 완전히 몰락했으며, 많은 무슬림 상인이 난을 피해 도주했다, 이스파군에 가담한 자들은 다 죽고, 중국화가 많이 된 사람들은 살아남지만 산이나 바닷가 지역으로 쫓겨나거나 모스크에 숨어 연명했다. 명대 기록을 보면 수많은 무슬림이 도륙되었다. "3일 동안 성문을 닫아걸고 그 안의 이국인을 모두 죽이려다 보니 코가 큰 다른 외국인들까지 잘못 살해되었다. 포씨 일족은 모두 죽이고 시체는 벌거벗겨 서쪽을 향하게 두었다. 이들은 5가지 대죄를 범했으므로 살해 후 돼지우리에 넣었다. 이것은 송제국에 대한 반란과 살인에 대한 복수였다."

반무슬림 정서에 기댄 잔인성이 놀라울 정도다. 서쪽을 향하게 두었다는 것은 이들이 메카를 향해 기도하는 것을 조롱한 것이고, 돼지우리에 넣은 것 또한 이슬람의 특징을 조롱하는 행동이다. 명이 들어서며 무슬림 공동체와 그들이 주도하는 교역이 사라져갔지만, 그 이전 원대 말에 이미 한 사이클이 닫히고 있었다.

14세기에 원 세력이 약화되자 지역 지도자, 밀수업자, 반란 세력, 원 추종 무력 집단 등 다양한 세력들이 준동했다.(Wade 2008, 579). 이 중 양쯔강 유역에서 전투를 벌이던 주원장이 최종적으로 승리하여 대명(大明)을 건국하고 난징에 수도를 정했다(1368). 그 후로도 예컨대 1370년 원에 충실한 코케 테무르(Kökö Temür) 집단과 전투를 벌여 8만 5,000명을 포로로 잡는 등 잔존 세력을 누르고 점차 제국을 안정시켰다.

주원장은 처음부터 쇄국과 해금, 반무슬림 정책을 염두에 두었을까? 이와 관련해서는 모호한 점이 많다.(Chaffee, 162-163) 집권 초기에 그가 해상 무역을 완전히 배척한 것은 아니다. 원대 중요 항구인 타이창(太倉)에 교역 사무소를 열었고, 1369년에 일본, 참파, 자바, 그리고 '서양'에 새 왕조의 건립을 알리면서 조공을 보내라고 선언한 것을 보면 전통적인 국제 관계를 회복하려는 것처럼 보인다. 그렇지만 오래 안 가서 방향을 바꾸어갔다. 특히 1368년 200척 규모의 해적들이 공격한 사건이 중요한 변화의 계기 중 하나인 듯하다. 취안저우 등 항구도시들의 교역 사무소들을 닫거나 혹은 조공을 받아 전하는 사무만 수행하도록 했다. 1371년에는 개인들이 해외로 배 타고 나가는 행위를 금지했다. 바로 이 홍무 4년(1371)의 조치를 흔히 해금령의 기원으로 본다. 해금이 시작된 것이다. 그럼에도 푸젠의 군 관료가 밀거래를 하다가 적발되어 처형되었고 1381년과 1384년 등 더 강화된 해금 조치들이 계속 반포된 것을 보면, 역설적으로 이 조치에 대한 위반이 많았음을 짐작할 수 있다.(Wade 2008, 586~587)

무슬림에 대한 태도도 오락가락한다. 태조 주원장 자신은 권력을 잡는 기간 중 무슬림 장군들의 도움을 받았기 때문에 개인적으로는 반이슬람 정서가 강하지 않았다. 그런데 곧이어 포씨에 대한 억압 정책을 폈다.(Chaffee, 167) '송나라를 배반한 일족'인 이 가문 사람들에게 사(士) 타이틀을 쓰지 못하게 하고 과거시험 응시도 금지했다.●
그런데 3대 황제 영락제는 1407년 전국의 모스크에 황제의 명령으로 석비를 세워 관리든 개인이든 무슬림을 해치지 말라고 선포했다. 명 초에는 상호 모순되는 칙령들이 자주 나오곤 했다.

2대 건문제(1398~1402)를 쿠데타를 통해서 전복하고 3대 영락제

● 1385년 포본초(蒲本初)가 진시를 통과한 후 한림원서길사(翰林院庶吉士) 직위까지 올라간 사례가 있다. 취안저우에서 포씨를 다 죽일 때 친구 왕씨가 아들 하나를 데려다가 몇 달 동안 숨기고 자기 어머니 집안에 데려다 키우며 성을 양(楊)씨로 바꾸었는데, 그가 나중에 응시한 것이다. 이런 사람들은 나중에 도로 포씨를 칭하기도 하고 발음이 비슷한 다른 성 씨로 바꾸기도 했다.(Chaffee, 167)

11. 몽골의 해상력 지배와 명의 해상 후퇴

(1402~1424)가 제위를 차지했다. 내정에서는 홍무제의 방침을 거의 대부분 계승하면서 황권을 강화하였다. 권력에 대한 황제의 강한 의지를 잘 보여주는 일화가 있다. 건문제가 영락제의 정변으로 축출됐을 때 건문제의 스승 방효유(方孝孺)는 끝까지 항거하다가 능지처참당했고, 그의 가족, 친구, 제자에 이르기까지 모두 847명이 몰살당했다.[브룩, 183-184] 영락제는 방효유의 친족, 외족, 처족을 비롯한 구족 그리고 여기에 더해 문인, 동지, 그의 서적을 탐독한 인사들을 모두 숙청하고, 집안 여성들은 노비나 첩, 기녀로 보냈다. '십족을 멸한' 엄청난 사건이었다.

이렇게 잔혹하게 권력을 장악한 황제는 바깥으로 주변 지역들을 완전히 지배하며 '명의 평화(Pax Ming)'를 세우려 했다. 영락제는 중국 황제로는 역사상 최초로 다섯 번에 걸친 막북(漠北: 몽골고원 대사막 이북 지역) 친정을 단행하여 몽골족 등 이민족과의 전투를 지휘했다. 이로 인해 명은 헤이룽강(黑龍江) 하류까지 진출하여 요동도사를 설치하고 여진족을 위소에 편입시켰으며 누르칸도사까지 설치했다. 이외에 일본과 동남아시아 국가들에 대해서도 패권 확립을 기도했다. 다이비엣을 공격하여 엄청난 인명을 살상하며 결국 1407~1428년에 중국의 속주로 만들고 강력한 중국화 정책을 폈다. 1407년에는 자오치를 비롯한 여러 지역에 시박제거사(市舶提擧司)를 설치했고, 참파까지 지배권을 확대했다. 중국 문화의 확산도 시도하여, 예컨대 《열녀전(烈女傳)》 1만 부를 찍어 해외로 보냈다(그 문화적 영향에 대해서는 아직 연구가 안 되어 있다).

명은 육상뿐 아니라 해상으로도 조공체제 확립을 시도했다. 세계사에서 유례를 찾기 힘든 초대형 규모의 해상 원정은 이런 맥락에서 나왔다.

남해 원정

1405년(영락 3) 정화(鄭和)는 칙명을 받고 서양(西洋, 인도양) 국가들을 찾아가는 항해에 나섰다.[Brook, 108] •

《명사(明史)》 '정화전'에는 그에 관해 "윈난인, 세상에서 이르기를 삼보태감(三寶太監)이라 한다. 처음에 연왕(燕王)의 번저(藩邸)에서 일하다가 기병(起兵)의 공을 세워 태감으로 승진하다"라고만 기록되어 있다. '삼보'는 명 초에 지위가 높은 태감에게 부여된 호칭이라는 설이 유력하다. 이처럼 공식 기록은 매우 소략하지만 다른 자료에서 그에 관한 정보를 더 찾을 수 있다. 고마공묘비명(故馬公墓碑銘)이 한 예로, 정화가 1차 항해를 떠나기 전에 앞으로 살아 돌아올지 모르는 상황에서 고향에 세운 아버지 묘비다.[미야자키 1999, 118~120] 이 비문에 중요한 정보가 있다. 정화의 가문은 증조할아버지 배안(拜顏, Bayan) 대에 일족이 윈난으로 이주했다. 할아버지와 아버지(1344년 생)의 이름은 모두 하지(哈只)로 되어 있다. 당시 이 가문의 성은 마(馬)씨였는데, '무함마드'의 음을 딴 성으로 중국 내 무슬림의 흔한 성씨다. 증조부 이름 '바얀'은 몽골계 이름이라 혹시 몽골

• 서양(西洋) 항해만큼 알려지지는 않았으나 동양(東洋) 항해도 이루어졌다. 환관 장겸(張謙)이 선단을 이끌고 필리핀, 보르네오, 인도네시아 동부 등지를 순방했다.[Wade 2008, 592]

11. 몽골의 해상력 지배와 명의 해상 후퇴

계가 아닐까 하는 설도 있지만, 하지는 메카 순례를 한 사람에 대한
존칭이므로 할아버지와 아버지가 내륙 몽골 교통로를 따라 메카 순
례를 했을 가능성이 제기된다.

마화, 즉 후일의 정화는 1371년 윈난의 쿤양(昆陽)에서 태어났다.
아버지는 명군과 끝까지 싸우다가 전사했고, 당시 10살이던 마화는
포로가 되어 거세 후 노예로 끌려갔다.[Brook, 108] 그는 난징을 거쳐
베이징으로 보내져서 뒷날 영락제가 되는 연왕(燕王) 주체(朱棣)의
환관이 되었다. 당시 기록에 의하면 정화는 생김새가 씩씩한 귀인
의 상이며 키가 9척이라고 한다. 기병(起兵)의 공이 있다고 하니 분
명 '정난의 변(靖難之變, 영락제가 조카 건문제를 쿠데타로 몰아내고 제
위를 차지한 사건)' 때 군사적 위업을 이루어 성공 가도를 달렸을 것
이다. 34세 때인 1404년 정월 1일 사성(賜姓) 의식에서 정(鄭)씨 성
을 하사받은 그는 이후 '정화'라는 이름으로 역사에 알려지게 되었
다. 환관에게 성을 내리는 일은 좀처럼 없으므로 그는 분명 아주 큰
공을 세운 것 같다. 정화는 요직 중의 요직인 내관감(內官監)의 태감
(太監, 장관)이 되었다.●

정화는 1405~1433년 7차례에 걸쳐 남해 원정을 수행하며, 동남
아시아, 인도양, 아프리카 동해안까지 항해했다. 그중 6차 항해까지
는 영락제 시대에, 1431~1433년의 7차 항해는 영락제의 손자 선덕

●　능력이 아무리 출중하다 하더라도 벽촌에서 태어나 바다에 나간 적이 없는 사람을 제독에
　 임명한다는 것은 이해하기 힘들다. 관상을 잘 보는 부하가 영락제에게 "삼보는 자(姿), 용
　 모(容貌), 재능(才能) 등이 환관 가운데 비할 자가 없습니다" 하고 보고했다는 기록이 전하나
　 이런 정도의 정보로는 설명이 힘들다.[미야자키 1999, 132]

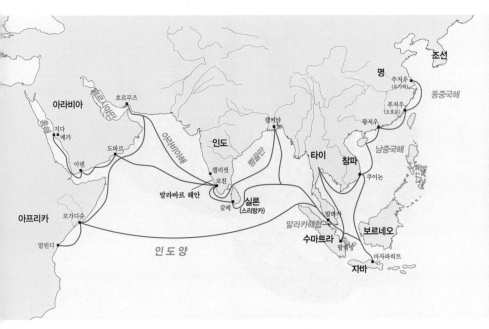

1405~1433년 정화의 남해 원정

제(재위 1425~1435) 때 수행했다. 매번 출발은 유사하다. 겨울에 출발하여 북동 몬순을 탄다. 남해를 돌아 말라카해협을 넘고 북동 몬순이 여전히 지속될 때 벵골만을 가로지른다. 그리고 스리랑카 남쪽으로 돌아서 말라바르 해안에 도착한다. 여기에서 그 다음 항해를 진행한다. 예컨대 3차 때는 몰디브, 4차는 아프리카 동해안, 5차는 아덴과 모가디슈, 7차는 메카까지 갔다. 왕복 항해에 20개월이 걸렸다.

정화의 항해는 모두 역사상 유례없는 거대한 해상 사업이었다. 1차 항해의 경우 62척의 대형 선박과 약 200척의 소형 범선에 2만

정화의 함선

송나라 때부터 활발하게 해상 진출을 시도했던 남중국의 조선술은 수준이 매우 높았다. 정화가 이끈 함대 중에는 길이 150여 미터, 2,500톤급에 달하는 대형선도 있었는데, 80여 년 후 콜럼버스 항해 때 사용한 함선의 규모는 불과 길이 27미터, 400톤급이었다. 사진은 정화 함선(위)과 콜럼버스 함선의 크기를 비교하는 모형이다.

7,000명이 동원되었다. 중심 선박은 폭이 넓어 안정적이며 적어도 400~500명, 많으면 1,000명이 승선하는 큰 배다.[미야자키 1999, 142~143] 이 배는 황제의 하사물 혹은 헌상물 등 보물을 운반하는 배라는 의미로 서양보선(西洋寶船) 혹은 서양취보선(西洋取寶船)이라 하는데 약칭해서 보선(寶船)으로 부른다. 기록대로라면 최대 규모 선박은 151.8×61.6미터, 중간급은 126×51.3미터이며, 길이와 폭의 비율이 2.5대 1인 편평한 배이다. 최대 규모 선박은 적재량이 1,500~2,500

톤이다. 4층 구조에 9개의 마스트를 갖추고 비단으로 만든 12장의 돛을 걸고 23문의 포를 장착했다. 닻 무게는 수백 킬로그램에 달하여 200명이 움직인다고 한다.[최형록. 141~142] 19세기 말 산업혁명을 거친 영국에서 초대형 군함을 건조할 때 가서야 이런 규모의 배가 등장하니, 그야말로 믿어지지 않을 정도의 엄청난 거선이다. 과연 목재로 이만큼 큰 배를 건조하는 게 가능한가 하는 의문이 제기되었다. 1957년 난징의 싼차허(三叉河) 부근 명대 조선소 터에서 길이 11미터의 거대한 목제 타봉이 발견되어 이것으로 배 전체의 크기를 유추할 수 있게 되었다. 그렇지만 이에 대한 해석도 분분하다.[미야자키 1999. 146] 평저선 타입이라면 기록대로 그렇게 큰 선박이 가능하지만 V자 모양의 배라면 길이가 40미터에 불과하여 그토록 엄청나게 큰 배는 아니다. 승조원 규모가 알려진 것은 1, 3, 4, 7차 항해인데, 매번 최소한 2만 5,000명이 넘는다.[미야자키 1999. 134~136] 예컨대 1차 항해에 대해《명사》는 2만 7,800명, 다른 자료인《죄유록(罪惟錄)》이라는 책은 3만 7,000명으로 기록한다. 이 많은 인원에게 식량과 물을 공급하고(하루 식량만 70톤이 필요하다) 군사·외교에 필요한 물자를 운반하는 것은 보통 일이 아니다. 그래서 보선 외에 전선(戰船), 좌선(坐船), 양선(糧船), 수선(水船) 등 전문화된 배로 선단을 구성했다.

처음 도착한 곳은 참파였다.[최형록. 143~145] 우선 황제의 조서를 낭독하고 조공을 요구하면서 가져온 선물을 준 다음 왕에게 입조를 요청한다. 왕이 수락하면 조공관계가 성립하는 것이다. 이와 비슷한 일들이 앞으로 각지에서 반복될 것이다. 남해 원정 선단이 찾아간 지역은 참파 18번, 타이 21번, 말라카 12번, 수마트라 11번, 자바 17

11. 몽골의 해상력 지배와 명의 해상 후퇴

번, 브루나이 9번 등이다. 영락제가 살아 있는 동안 남해 원정은 숨 가쁘게 진행되었다.(Brook, 109) 1차 항해 선단이 떠나고 일주일 후 바로 영락제는 선박 1,108척의 건조를 지시했다. 1407년 10월에 귀국한 정화는 11일 후 다시 떠나라는 명령을 받는다. 1409년 말 2차 항해를 마치고 귀국했을 때는 그 6개월 전에 이미 3차 원정 지시가 내려져 있었다.

남해 원정은 세계사의 유례없는 사건이다. 그런데 이 항해를 예컨대 콜럼버스나 마젤란의 항해 등과 비교하는 것은 적절하지 않다. 정화는 새로운 땅을 발견하러 떠난 모험가가 아니며 모두 이미 알고 있는 확실한 해로를 따라갔다. 따라서 항해의 역사의 신기원이라 할 만한 일은 아니다. 다만 엄청나게 큰 선단이라는 사실이 특이할 뿐이다. 이런 정도의 해양력이면 유럽이나 아메리카로 항해할 수도 있었을 것이다. 실제로 북미, 남미, 북극 도착설 등이 제기된 바 있다.* 그렇지만 당시 중국으로서는 그런 나라들에 항해해가는 것에 큰 관심이 없었을 터이다. 실제로 4~7차 항해 때 통역이었

● 영국 잠수함 함장 출신의 저술가 멘지스(Rowan Gavin Paton Menzies, 1937~2020)가 도발적인 주장을 개진하는 책들을 썼다. 첫 번째 책(*1421: The Year China Discovered the World*)에서는 정화 함대가 콜럼버스 이전에 이미 지구를 주항했고, 아메리카대륙에 찾아갔다는 주장을 펼쳤다. 두 번째 책(*1434: The Year a Magnificent Chinese Fleet Sailed to Italy and Ignited the Renaissance*)은 이보다 덜 주목 받았지만 여전히 충격적인 주장인 '1434년 가설'을 제안했다. 정화 함대가 이탈리아를 찾아가 지적 충격을 주어 르네상스를 촉진시켰다는 내용이라고 한다. 마지막 책(*The Lost Empire of Atlantis*)에서는 아틀란티스 대륙 및 문명이 실재했으며, 그것은 다름 아닌 미노아 문명으로서 아메리카와 인도까지 지배한 거대 해양 제국이었다는 주장이다. 이제는 그의 주장을 받아들이는 정상적인 역사가는 없다고 보아야 한다.

던 마환(馬歡)이 남긴 기록이나 정화 자신이 세운 비석 등의 자료를 놓고 볼 때, 그들이 다른 대륙을 찾아갔다는 것은 아무런 근거가 없는 허구에 불과하다.[Levathe, 840] 그렇다면 이런 정도의 엄청난 사업을 벌인 이유와 목적이 무엇일까? 이 문제에 대해 많은 연구자가 상이한 해석을 제시하지만, 아직도 결정적인 답을 제시하지는 못한다. 분명 복합적인 성격이었을 것이다. 그런 점들을 하나씩 분석해보자.

명제국이 주변 지역을 정복하거나 특정 종교 혹은 이데올로기를 강요하려 한 의도는 없어 보인다. 갈레(Galle)의 비를 보자.[미야자키 1999. 168~169] 정화는 2차 항해에서 돌아오는 길에 스리랑카섬 갈레에 들러 사원에서 불사를 개최하고 기념 비석을 세웠다. 한자, 타밀어, 페르시아어 3개 문자로 새겨져 있는데, 한문 내용은 사원에서 공양했다는 사실과 공양 품목을 기록하고, 타밀어 부분은 명 황제가 테나바라이 나야나르 신을 찬양한다는 내용이며, 페르시아어 부분은 알라와 성인의 영광을 찬양한다는 내용이다. 이 사업의 국제성과 실용성을 말해준다고 할 수 있다.

경제적으로 착취하려는 의도가 없어 보이지만, 그렇다고 정말로 아무런 경제적 이익을 취하지 않았을까? 그건 별개의 문제다. 흔히 묻는 질문은 그토록 엄청난 재원을 쏟아부은 이 사업을 통해 무엇을 얻었느냐는 것이다.

사실 이 정도의 거대한 선단이 7차례에 걸쳐 엄청난 규모의 원정을 한다는 것은 아무리 제국이라도 부담스러운 일이다. 그렇다면 이 많은 재원을 투자한 결과 무엇을 얻었을까? 흔히 4차 원정 당시의 일을 거론한다.[미야자키 1999. 182~184] 선단은 모가디슈(木骨都束), 말

11. 몽골의 해상력 지배와 명의 해상 후퇴

기린 그림
명 영락제가 기린을 보고 기뻐하여
이 그림을 그리게 했다.

린디(麻林) 등 아프리카 동해안에 도착했는데, 이때 말린디 사절이
기린(이 말은 원래 소말리아어에서 나왔다)을 보내왔다. 이 동물을 전
설상의 기린과 혼동하여, 명 조정에서는 태평성대라고 자화자찬했
다.● 《명실록》 영락 13년(1415) 11월 19일 기록에 "마림국과 여러
번국이 기린·천마(天馬)·신록(神鹿) 따위를 바치니 상께서 봉천문
으로 나와 이를 받았는데, 문무 신하들이 머리를 조아리며 축하를
드렸다(稽首稱賀)"는 내용이 그것이다. 5차 항해에서도 사자, 표범,

● 전설상의 상서로운 동물 기린은 관복에 그 사람의 직위를 나타내는 상징으로 쓰이고 있었
  다.(Watt, 111)

아라비아 말(大西馬), 기린, 얼룩말(花福祿), 사자, 장각마합수(張角馬哈獸, 코뿔소?), 낙타, 타조 등을 가지고 왔다.[미야자키 1999, 190] 그렇다고 황실 동물원을 만들기 위해 그런 정도의 재원을 들였다고 해석할 수도 없는 일이다. 그 외에 이 기록은 구장 잎, 와인, 타조 알 등을 거론하며 이 항해는 국가에 기여한 게 전혀 없다는 평가를 하곤 한다.

이 내용은 유학자들이 일부러 폄훼한 기록이라는 점을 감안해야 한다. 세관 기록을 보면 실제로는 많은 물자가 유입되었던 게 분명하다.[Levathe, 842~844] 중국의 물자가 대량으로 유출되고 외국 물자 또한 대량으로 유입되었을 것으로 보는 연구자들도 있다. 원정 중에 상품 거래가 이루어졌다는 사실은 마환의 기록에서 찾을 수 있다. 예컨대 1451년 캘리컷에서 6개월 머물며 물물교환을 지속했다. 이는 조공이 아니라 진지한 거래 행위였다. 정화 선단의 사관 한 명과 인도의 중개인이 일시를 정하여 선상에서 거래한다. 가격이 결정되면 악수하고 모두 박수를 치는데, 이후에는 가격이 바뀌어도 변경하지 못한다는 선언이다. 인도 상품을 놓고도 역시 같은 방식으로 거래를 했다. 중국인은 주판을 사용하고, 인도인은 손가락과 발가락을 사용하는데 실수가 전혀 없다. 이런 식으로 모든 상품을 전부 처리할 때까지 수개월이 소요되었다. 보선이 가는 곳마다 이런 식의 거래가 이루어졌다.

거래 방식도 상세히 규정되어 있다. 예컨대 말은 수의사가 세심히 점검한 후 제국의 마구간으로 보낸다. 코끼리 또한 특별 장소로 보내 길들인다. 호랑이, 표범, 새, 닭은 그런 절차 없이 그대로 우리로

　　　　　　　　　　11. 몽골의 해상력 지배와 명의 해상 후퇴

대보은사 유리보탑

1665년 출간된 네덜란드 여행가 요한 유효브의 중국 여행기에 실린 판화다. 이 탑은 영락제 때 세워진 이래 서양 관광객들에게 중국 건축의 대명사가 되었으며, 동양풍 유럽 미술 양식에 지속적으로 영향을 미쳤다.

들인다. 금, 은, 보석, 진주, 직물은 사절 앞에서 직접 검사한 후 다음 날 세무 관리에게 넘긴다. 특별한 상품으로는 렌즈가 하나인 망원경이 있다. 말라카 지배자가 영락제에게 10개를 선물했는데, 금화 1,000개 값어치라고 한다. 이것은 바로 얼마 전에 베네치아에서 개발한 것이다.

다시 말해 정화 선단은 분명 경제적 거래를 했으며 실제로 적지 않은 물자를 가지고 왔다. 그것들은 어디에 쓰였을까? 우선 영락제의 모후를 위해 난징의 대보은사에 유리보탑을 건립하는 데 사용했다. 1412년에 시작하여 20년이 걸려 제작한 유리보탑은 9층 높이의

240피트로 최고 품질의 백자를 사용하고 도자기로 인물과 동물상을 만들었다고 한다. 위로 갈수록 좁아지는 형태로 맨 위층에 152개의 도자기 종이 달려 있어서 아름다운 소리를 낸다. 그리고 금박으로 이것들을 덮었다. 탑 주변에는 이국적인 나무들로 정원을 꾸몄다. 이 탑 외에도 20여 채의 건물과 테라스를 건설했는데, 10만 명이 동원된 공사에 250만 온스의 은이 들었다고 한다. 여기에 더해 1406년에는 자금성 공사가 시작되었다. 이 엄청난 궁정을 건축하는 데 62개 직종의 숙련공 23만 2,089명이 동원되었고, 100만 명 이상의 인력이 동원되었다. 나무와 석재를 다듬는 데에만 수십만 명이 필요했다. 정화의 4~5차 항해는 아마도 수도를 치장하는 물품을 조달하는 데 도움을 주었을 것이다. 세계 최대의 진주들이 바레인에서 들어오고, 산호, 호박, 카펫, 말, 사자, 호랑이 등도 들어왔다. 따라서 남해 원정의 성격을 이해하려 할 때 경제적 측면을 전적으로 부정할 수는 없다.

그렇지만 '결과적으로' 경제적 이익이 생기고 물자가 들어왔다고 해도 그것이 애초의 목적이었을 것 같지는 않다. 그러기에는 너무 막대한 비용이 들었고 정치적 부담도 크기 때문이다. 여기에서 고려해볼 만한 사항은 정치적 정당성 확보 문제다. 그런 점에서 기린에 관한 일화를 재점검해볼 필요가 있다.

중국 측에서 볼 때 기린이 가지는 의미는 매우 크다.(Brook, 109) 영락제는 조카를 살해하고 제위에 올라 정당성에 큰 문제가 있었다. 따라서 자신이 황제가 된 것이 하늘의 뜻이라는 표시가 필요했다. 이때 전설상의 기린이 등장한 것은 결코 가벼운 문제가 아니었다.

더불어 영락제는 사해의 왕들이 자신을 황제로 모신다는 것을 확실히 표명할 필요가 있었다. 그런 외교 행위를 하면서 동시에 큰 배에 군사를 잔뜩 실어 보내 강력한 이미지를 구축하였는데, 이것은 과거에 몽골의 쿠빌라이 칸이 했던 것과 같다. 이처럼 남해 원정은 신생 제국의 위용을 만방에 과시하는 의도를 띠고 있었다. 황제는 자기 영역 너머의 세계에 자기 권위를 표시하고, 엄청난 부와 거대 선박들을 가진 나라라는 점을 과시하고자 했으며, 방문하는 지역의 지배자들에게 충성을 강요했다. 그러기 위해 진상품과 함께 사절을 파견하도록 조치하는 경우가 많았다.

그렇지만 명분이 지극히 중요한 문제라고 해도 명분만으로 모든 것을 설명할 수도 없다. 명분과 동시에 실질적으로 아시아 세계의 국제 질서를 중국에게 유리하도록 재편하려는 의도도 다분했다. 이런 목적을 달성하려면 당연히 군사력을 기반으로 해야 한다. 이 선단은 분명 강력한 무장을 갖추고 있고 실제 군사 행동을 취한 게 맞다.(미야자키 1999. 139~140) 이 함대는 명나라의 군사 제도인 위소제(衛所制)를 도입했다. 1위는 모두 5,600명으로 5개의 천호소(각각 1,120명)로 구성되고, 각 천호소는 10개의 백호소로 구성되는 방식이다. 함대에 모두 5위가 있으므로, 이론상 2만 8,000명의 군인이 탑승한 것이다. 정화 선단은 무력을 마구 휘두르거나 의미 없는 대학살을 하지는 않았으나, 필요한 경우에는 거침없이 군사력을 사용했다.

동남아시아 국가들에게는 정화의 선단이 심각한 위협 요인이었다.(Wade 2008. 594~597) 우선 1407년 수마트라 팔렘방에서 해적 두목 진조의(陳祖義)를 진압했다. 명 해군은 해적 5,000명을 살해했으며 선박 10척을 불태우고 7척을 나포한 후 진조의를 비롯한 3명의 두목을 압송하여 중국에서 처형했다. 그동안 교역을 방해해온 화교 세력을 복속시킨 것이다. 그리고 이곳을 선위사사(宣慰使司)에게 맡겼으니, 다시 말해 속주로 삼은 것이다. 자바의 마자파힛 또한 섣불리 명군에 대들다가 진압당한 후 사죄사(謝罪使)를 정화 함대에 동행시켰는데, 영락제는 이 사절에게 금 6만 냥 배상을 명했다. 1408년 함대가 다시 자바에 왔을 때 마자파힛은 황금 1만 냥을 바쳐 용서를 받고, 그 뒤 매년 명에 사절을 보내 조공을 바쳐야 했다.[미야자키 1999, 159~160] 1411년에는 스리랑카 국왕 알라가코나라(Alagakkonara)가 존경을 표하지 않는다는 이유로, 다시 말해 명의 종주권을 인정하려 하지 않는다는 이유로 중국으로 압송하고 현지에 괴뢰 정부를 세웠다. 1415년 수마트라에서 일어난 권력 갈등에 개입하여 재노리아필정(宰奴里阿必丁, 자이누르아비딘)을 정통 왕으로 옹호하고, 소간랄(蘇幹剌, 스칸다르)을 체포하여 명나라로 연행함으로써 충성을 확보한 것도 방식이 유사하다.

이렇게 명의 종주권을 확립해가기 위해 군사력을 행사한 것이 분명하며, 결코 평화적인 방식으로만 일관한 것은 아니다. 그중 특히 말라카 사례가 중요하다.[미야자키 1999, 167~172] 말라카는 1400년경 자바 출신 통치자가 오랑 슬라트(orang selat, '해협 사람들', 일종의 부랑자 해적)의 도움을 받아 건립했다.[Thomaz, 160~161] 이 도시는 인도양과 남중국해를 연결하는 지정학적 위치 때문에 번영을 누렸다. 이 역할은 6~13세기에는 스리위자야가 맡았는데, 이제 말라카로 대체된 것이다. 이 나라의 두 번째 통치자 메가트 이스칸다르 샤(Megat Iskandar

11. 몽골의 해상력 지배와 명의 해상 후퇴

Syah, 1414~1424)는 두 가지 중요한 결정을 내렸다. 첫째, 이슬람교를 수용했다. 14세기 이래 인도양은 '이슬람의 호수'처럼 되었으며, 모든 상인은 쿠란에 선서하고 있었다. 이런 상황에서 이슬람을 받아들인 말라카는 인도양 세계의 주류에 합류할 수 있게 되었다. 둘째, 중국의 천자에게 충성을 맹세해서 중국의 강력한 힘을 등에 업고 독립적인 지위를 얻었다. 당시 말라카는 북의 아유타야, 남의 마자파힛 두 세력의 압박을 받아 독립을 유지하기가 어려웠으므로, 명에 의지해서 독립을 쟁취하려 한 것이다. 이때 아유타야왕조는 군대를 파견하여 명 황제가 말라카에 하사한 인고(印誥)를 빼앗는 행위를 했다. 정화는 말라카가 중간 기착 항구로 중요하며 이곳에 대한 통제가 아시아 교역 체제에서 핵심 요인이라는 점을 잘 파악했을 것이다.[Wade 2008, 593] 명은 아유타야의 힘을 누르기 위해 우선 1408년 환관 장원(張原)을 파견하여 엄중 경고한 다음, 정화를 아유타야로 보내 이 나라 왕 인타라지아 1세에게 은인(銀印)을 주고 회유하여 명의 책봉체제에 편입하도록 만들었다. 이렇게 아유타야의 압박이 사라지고 난 후 말라카는 명의 힘을 등에 업고 이 지역의 강자로 성장하면서 국제 교역의 중개지 역할을 수행했다.*

● 이후 말라카는 무자파르 샤(Muzaffar Syah, 1446~1459) 시기에 번영을 누렸다. 사방의 상인들이 모여들었고, 동남아시아 최초의 상업 메트로폴리스로 성장했다. 1468년 말라카의 술탄은 류큐 왕에게 "해상에 있는 모든 땅들은 하나의 몸체로 통일되어 있다. …… 지난 시대에는 현재만큼 그렇게 풍요로운 적이 없었다"는 서한을 보냈다.[Miksic, 572] 말라카는 그만큼 자신감이 넘쳐났는데, 이는 분명 명의 강력한 지원을 배경으로 한 것이다.

인도양 패권을 차지한 이 시기가 중국 해양력의 전성기였을 것이다. 중국이 이 정도의 선단을 운영할 수 있었다는 점이 우선 놀라운 일이지만, 그와 같은 엄청난 해상 우위를 스스로 포기하는 결정을 했다는 점이 어쩌면 더 놀라운 일일 수 있다.

영락제는 남해 원정을 하는 한편, 동시에 1410년부터 몸소 막북 친정(漠北親征)을 감행했다. 몽골과 전투하기 위해 베이징 재건축 사업도 시행했다. 1411년에는 대운하를 정비해서 강남의 곡물을 베이징으로 수송할 수 있도록 했다. 북쪽 변경 지역으로 식량과 군수품을 운반하는 통로인 이 운하는 국가 방위 체계의 근간이었다. 기존 해상 수송 체계는 자연적 요인뿐 아니라 해적들 때문에 위험했다. 그러나 대운하를 통해 베이징 너머로까지 운송을 하려면 한 가지 대혁신이 필요했다. 건기에도 고산지대의 최고점에 도달할 수 있도록 충분한 물을 확보해야 연중 운항이 가능하다. 원대에는 이 문제를 해결하지 못했다. 대형 화물선은 우기가 돌아올 때까지 6개월간 묶여 있었는데, 이 문제를 1411년 천급갑문(天及閘門) 건설로 해결한 것이다.[엘빈, 104] 관리인들은 15개의 갑문 체계를 이용해서 계절별로 물 흐름을 조정했다. 천급갑문이 건설되면서 이제 대운하는 사계절 내륙 수송로이자 명의 가장 중요한 공급선이 되었다. 1만 5,000척의 소형 선박에 16만 명의 수송 노동자를 고용하여 북쪽으로 가는 식량을 네 배로 늘렸다.

그런데 6차 항해 중인 1421년 4월, 자금성의 정전 건물들이 벼락을 맞아 불타는 불길한 사건이 터졌다.(미야자키 1999. 194) 유교 관료들은 중화제국의 전통을 무시하고 서양에 함대를 파견했기 때문이라고 주장했다. 민심도 요동쳤다. 기근까지 겹쳐 힘든 상황에서 황제는 다시 북방의 몽골과 대규모 전투를 준비해야 했다. 이런 상황에서 영락제가 몽골 친정에서 귀환하던 중 사망했다. 1424년 즉위한 홍희제(洪熙帝)는 부담이 큰 해외 원정을 중단하겠다는 뜻을 밝혔다. 이 시기에 귀국한 정화는 난징 수비를 맡는 한편 난징의 대보은사 건조를 맡았다. 앞에서 이야기했던 것처럼, 정화는 남해 원정에서 얻은 100만 냥의 은을 투입해 장대한 공사를 마무리했다. 특히 홍무제와 마황후의 은덕에 보답하기 위해 만든 유리보탑에 엄청난 공을 들였다. 이 건축물들은 태평천국의 난 때인 1856년에 불타버렸다.

홍희제는 1년이 안 돼 죽고 맏아들 선덕제가 즉위했다. 그의 지시로 정화는 마지막 7차 항해를 수행하다가 귀국 중 캘리컷에서 죽었다(시신이 어디 묻혔는지도 밝혀지지 않았다). 당시 그의 나이는 64세로 추정된다. 선덕제는 1435년 36세로 사망했다. 후계자는 아직 7세에 불과하다. 이 시기는 환관 왕진(王振)이 실권을 장악한 때인데, 관료들과 거의 전쟁 상태에 들어갔다. 유교 관료들은 환관이 항해의 모든 이익을 독차지한다고 비판했다. 권력 투쟁에서 승리한 관료들은 제국의 운영 방향을 바꾸어 해금 정책을 폈다. 선박의 규모를 제한하다가 아예 모든 선박을 금지했다. 1500년 마스트 2본 이상의 선박을 건조하면 사형으로 다스리고, 1525년에는 바다로 나가는 배를 모두 파괴했다. 그 전에 관료 유대하(劉大夏)가 정화의 항해 기록들을 태워버렸다. 이방인과 교역은 불필요하며, 명제국에서 그런 역사는 아예 없었다는 기이한 주장을 한 셈이다. 마크 엘빈(Mark Elvin)의 주장대로, 해상 수송로는 '불필요한 중복'이고 해군은 필수품이 아니라 '사치품' 취급을 당한 것일까?

명은 이제 해양 방면을 철저히 통제하고 북쪽과 서쪽의 외적을 막는 데 국력을 집중했다. 중앙집권화가 더욱 진척되고, 보수적 유교 관료들과 지주 계급이 결탁하여 잔존한 상인 세력을 억눌렀다. 송대 황금기를 만들어낸 바로 그 층이 몰락한 것이다.[솔로몬, 155] 물론 중국인이 아무도 바다로 못 나갔고 중국과 외국의 교류가 전적으로 끊어졌다고 할 수는 없다. 해금에도 불구하고 개인들이 해외로 나가는 행위를 많이 했다.[Wade 2008, 605~606] 《명실록》에는 1485년 광동 지방에 번(番)과 거래하던 37척의 거선이 들어와 닻을 내리려 하므로, 왜구를 막는 군사들이 추격하여 85명의 머리를 베었다고 보고한다. 1493년 기록에는 광동 지역에 번 선박들이 갈수록 더 많이 찾아온다고 언급한다. 사거래 혹은 밀수가 많다는 이야기다. 한편 외국과의 교역은 조공체제로 대체했다.[Wade 2008, 614~616] 조공체제의 이면에는 사실상 교역이 이루어지고 있었다. 사신들은 공물이라는 이름으로 상당한 양의 물자를 들여온 후 화폐로 지불받았다. 때로 사신들은 중국 관료들이 값을 너무 낮게 쳐준다며 언쟁을 벌이기도 했고, 중국 측에서는 상품을 너무 많이 가지고 오지 말라고 경고하기도 했다. 그러므로 외국과의 교류가 전적으로 끊어진 것은 결코 아니다. 그렇지만 이런 제한적인 방식이 이전 시대의 자유로운 교역을 완전히 대신할 수는 없었다.

명의 해상체제와 류큐

명은 엄격한 통제 정책을 실시했으나, 그럼에도 중국 해상 교역이 완전히 무너지거나 사라진 건 아니다. 북쪽의 몽골 세력, 남쪽의 봉기 세력과 왜구의 압박이 심하기 때문에 안전을 확보하기 위해 통제를 가하지만, 그런 기반 위에서 안정적인 농업 성장을 기한 후 국가가 원하는 방식으로 교역을 발전시키고자 했다. 따라서 명의 정책이 완전한 봉쇄 일색이라고 볼 수는 없다.[•] 해금 정책하에서 국제 교역을 유지하기 위해 일종의 대안으로 삼은 것이 류큐였다. 이 시기 류큐는 조공무역 방식으로 상당한 수준의 상품 교환을 하는 동시에 동남아시아와 중국 사이에 중개 교역까지 수행했다.[Calanca]

류큐는 14세기 말~15세기 초 성립한 새로운 나라다.[Souyri 2018] 수세기에 걸친 갈등과 투쟁 끝에 제도의 중심 섬인 오키나와에 세 개의 세력 집단인 주잔(中山), 호쿠잔(北山), 난잔(南山)이 만들어졌다가 1429년 쇼 하시(尚巴志, 1372~1439) 아래 류큐왕국으로 통합되었다. 그는 나하(那霸)가 내려다보이는 언덕에 슈리(首里)성을 건조했다. 류큐는 그 이전 시기인 14세기부터 동아시아 중계 무역의 거점으로 올라섰는데, 이는 이 나라가 명조의 책봉체제에 가입하여 진봉 무역을 전개하는 것이 중요한 계기가 된다.[윤용혁. 44~46] 1372년 명

● 1567년(융경 1) 복건성 해징현(海澄縣)의 월항(月港)을 개항하고 허가증을 받으면 동남아시아로 도항하는 것을 허락하였다. 이 조치 또한 완전한 개항이 아니라 교역을 한 곳으로만 집중하고 다른 사무역을 금지함으로써 해적에 대한 대처를 효율적으로 하기 위한 방안의 하나였다.

의 초유사 내방을 계기로 주잔의 샷토(察度) 왕은 명에 대한 입공을 시작하였고, 고려(조선) 혹은 무로마치막부에 대해서도 조공을 통한 교역을 추진하였다. 이 같은 진봉 무역은 쇼씨왕조 이후 슈리를 중심으로 지속되었고, 동남아시아 여러 나라와도 연계되었다. 1372년 이후 류큐의 명에 대한 진공 횟수를 모두 더하면 171회를 기록하였다. 명에 대한 진공 품목으로는 말, 유황, 소목, 후추 등이 기록되어 있다. 류큐 선박의 중국 기항지는 처음에는 취안저우였지만, 명대에는 광저우 혹은 푸저우로 중심이 옮겨졌다. 마침 명조의 해금 정책으로 중국의 대외 교역이 위축된 것이 류큐의 해외 교역이 크게 확산하는 결정적 배경이 되었다.

고려·조선과의 교류는 1389년 주잔왕(中山王) 샷토가 옥지(玉之)를 고려에 보내 칭신한 이래, 1695년에 이르기까지 활발하게 이루어졌다. 류큐로부터 수입된 상품은 유황, 소목, 후추 이외에 울금, 백반, 침향 등의 약재류, 각종 직물류, '천축주(天竺酒)' 등의 주류, 설탕, 무기류 등 품목이 상당히 다양하다. 조선의 수출품은 모시, 면, 비단 등의 직물류, 인삼 등의 약재, 도자기와 대장경을 비롯한 불교 서적 등이었다. 15세기에는 교토로 쇼군을 찾아갔고, 일본 여러 항구를 찾아가 예술품, 칼, 구리 등의 물품을 구입했다. 이렇게 하여 조선·일본·오키나와를 잇는 삼각무역이 진행되었다. 서쪽 해역으로는 류큐의 선박들이 말라카, 순다해협, 안남, 시암과 파탄니까지 진출하여 향신료, 주석, 상아 등 많은 물품을 나하로 들여왔다. 《역대보안(歷代寶案)》에 의하면 한중일 이외에 류큐와 교역하는 동남아시아 국가는 타이, 팔렘방, 자바, 말라카, 수마트라, 베트남, 캄

11. 몽골의 해상력 지배와 명의 해상 후퇴

보디아 등 7개국에 이른다. 이처럼 중국의 문물을 동남아시아에 보급하고, 동남아시아 특산 물품을 조선, 중국, 일본 등에 유통시키는 중계 무역의 역할을 류큐가 담당하였던 셈이다.

류큐 상인이 동아시아 해상 교역의 활성화에 기여한 것은 분명하다. 6대 왕인 쇼 타이큐(尚泰久, 재위 1454~1460)는 불교 사원들을 건축했으며 '만국의 항구들을 연결하는 종(萬國津梁の鐘, Bridge of Nations Bell)'을 만든 것으로 유명하다(모조품이 슈리성에 걸려 있다). 종의 몸체에는 15세기 중계 무역 거점으로서 류큐의 입지를 강조하는 다음과 같은 문안이 적혀 있다.

> 류큐국은 남해(南海)의 승지(勝地)에 위치해 삼한(三韓, 조선)의 빼어난 점을 모두 취하고, 명(明, 대명)과 일역(日域, 일본)을 보차순치(輔車脣齒, 불가분의 관계)로 삼아 상호 의존하고 있다. 그 중간에 불쑥 솟아오른 봉래섬. 배를 타고 만국의 진량(津梁, 가교)으로서 이산지보(異産之寶, 이국의 산물과 보물)가 나라에 넘친다. ……(윤용혁, 47~48권)

이 종은 14세기에서 16세기에 걸치는 150년 동안 류큐왕국의 '대교역시대'를 상징하는 것이다. 그러므로 포르투갈이 들어오기 전 아시아의 바다, 그중에서도 특히 동북아시아의 바다(양쯔강-한반도-일본-오키나와)는 고요히 숨죽이고 있는 공간이 아니었다.(Souyri 2018) 이곳에서는 교역, 해적, 밀수, 공식 사절 활동이 섞여서 진행되고 있었다.*

한편으로 중국이 해금 정책을 펴고, 다른 한편으로 새로운 해상 활동이 자라나는 복합적인 역사 흐름이 전개되었다. 이것을 종합적으로 고찰하면 이렇게 정리할 수 있을 것이다.

명 초 정화의 남해 원정은 세계 역사에서 유례를 찾기 힘들 정도의 거대한 해상 팽창 사업이었다. 그렇지만 그것은 새로운 바다를 찾는 게 아니라 이미 알고 있는 바다를 항해한 것이며, 지금까지 모르던 땅을 찾기보다는 주변 세계에 중국을 과시하고자 하는 성격이 강했다. 그나마 단기간의 사업 이후 중단되었다. 1488년 유럽이 희망봉을 돌아 인도양으로 진입하고 있을 때 해금 정책을 결정한 중국은 인도양에서 후퇴하고 있었다. 아시아의 해양 세계가 완전히 활동을 멈춘 것은 결코 아니며 류큐를 비롯한 거점들을 연결하는 새로운 네트워크가 발전한 것이 사실이지만, 지난날의 활력 넘치는 해상 활동을 대신하지는 못했다. 얼마 후 유럽인이 인도양 세계에 출몰하기 시작했다. '바다를 지배하는 자가 세계를 지배한다'는 근대사의 시작 시점에서 세계 최강의 해상력을 가진 세계 최대의 제국이 스스로 무대를 떠나고 그 빈자리에 유럽 세력이 들어왔다. 이들은 국가와 상인 자본이 결합한 탄탄한 조직을 갖추고 세계의 바다로 공격적으로 팽창해나갔다. 중국이 바다 너머 세계를 자신들의 세계 내부로 끌어들이려 한 반면 유럽은 바다를 통해 세계로 외연을 확대했다. 결과적으로 근대 세계의 해양 패권은 유럽의 차지가 되었다.

● 몽골 침입을 겪고 난 후 먼 바다에 대한 인식이 달라진 듯하다고 일본 학자들은 말한다. 사무라이들이 동남아시아에 활발하게 용병으로 고용되는 것도 그런 현상 중 하나다.

3부

대항해시대의 교류와 지배

CHAPTER 12

중세 유럽의 해양 세계

지금까지 아시아 해양 세계의 팽창 과정을 살펴보았다. 이제 시간을 거슬러 올라가서 로마제국 쇠락 이후 유럽의 상황을 알아보도록 하자. 전반적으로 10세기 이전 유럽은 암흑시대는 아니라 하더라도 위기의 시대였던 것은 분명하다. 지중해 세계는 이슬람 세력의 팽창 앞에서 수세에 몰렸고, 북부와 중부 유럽 지역은 바이킹의 폭력적인 사태 앞에서 극단적인 혼란을 겪었다. 10세기를 경과하며 흐름이 바뀌었다. 바이킹 현상은 비록 파괴적이었으나 남동쪽으로는 러시아 지역과 비잔틴제국 너머까지, 서쪽으로는 아메리카대륙까지 광대한 네트워크를 형성했다. 한자 동맹은 광범위한 지역에 걸쳐 활기찬 해상 교역 활동을 펼쳤고, 지중해 세계에서는 이탈리아의 항구 도시들이 크게 성장하여갔다. 중세 유럽은 위기 상황으로 출발했으나 바다에서 돌파구를 열었고, 근대 초 전 세계를 향한 폭발적 팽창의 기반을 마련했다.

지중해 세계의 분열, 이슬람 세계의 통합

5세기에 로마제국은 서로마와 동로마로 양분되었다. 서쪽에서는 혼란기 이후 소규모 게르만족 왕국들이 형성되어간 반면, 동쪽에서는 동로마제국의 후신 비잔틴제국이 비교적 탄탄하게 정치·군사 체제를 유지했다. 그러나 두 지역 모두 이슬람 세력의 압박을 강하게 받은 점에서는 똑같다.

로마 시대에 지중해는 유럽과 아프리카 지역들 간 경제·문화 교류가 이루어지는 '문명 통합의 해역'이었다. 그런데 벨기에의 역사가 앙리 피렌의 말대로, 아랍 세력이 지중해 쪽으로 들어와서 남쪽 연안 지역들과 이베리아반도를 통제한 뒤에는 북쪽의 기독교권(유럽대륙 남부)과 남쪽의 이슬람권(아프리카 북부)이 서로 대치하게 되었다. 지중해는 이제 두 문명권이 대립하고 충돌하는 '변경'의 성격이 강해졌다

그 과정이 시작된 것은 이집트다. 640~642년에 아랍인들은 1만 2,000명의 소규모 병력으로 이집트를 점령했다.[아불라피아, 386] 아랍인들은 현지 기술자와 선원 등을 고용해서 비교적 짧은 시간 내에 육군과 해군을 키워서 지중해 동부 각지를 공략했다. 무엇보다 이집트와 시리아 선박들을 동원할 수 있었다. 다만 초기에는 육상 전투에 더 익숙하므로 선박들을 묶어놓고 활과 창을 사용하여 마치 육상 전투하듯 전투를 했다. 641년에 정복한 알렉산드리아는 아랍인의 해군 기지가 되었지만, 이전에 누렸던 영광을 잃고 쇠락해갔다. 아랍의 지배하에 들어간 이후 이집트 곡물은 지중해 세계가 아니라

메디나 쪽으로 돌아갔다. 이를 위해 아랍인들은 강제 노역으로 '트라야누스의 운하'를 다시 복원했다. 이집트 곡물을 실은 배들은 홍해로 나가서 메카의 외항인 제다로 갔다. 제다는 곧 중요한 항구로 부상했다. 다만 이때는 나일강의 수위가 높을 때만 사용할 수 있었다. 이후 수세기 동안 이 운하는 열렸다 닫혔다를 반복하다가 어느 시점엔가 완전히 막혔고, 19세기 후반에 가서야 수에즈운하의 개통을 보게 된다. 수에즈운하의 원조라고는 하지만 트라야누스 운하는 지중해 쪽으로 연결하지는 않았는데, 혹시 비잔틴 해군이 이 운하를 타고 홍해로 들어와서 순례를 방해할까 두려워했기 때문이다. 결과적으로 지중해에 면한 알렉산드리아가 쇠락하는 대신, 홍해와 연결 가능한 푸스타트(올드 카이로)가 642년부터 이슬람 이집트의 수도로서 새로운 중심지가 되었다.[Hourani, 57-60]

717~718년에는 이슬람 세력이 비잔틴제국을 공격했다. 비잔틴 제국에게는 천만다행으로, 아랍의 공격 개시 몇 달 전에 출중한 장군(stratēgos) 출신 코논(Konon)이 레오 3세라는 이름으로 황제에 올랐다. 비잔틴을 공격하는 이슬람군의 전략은 두 개의 선단으로 다르다넬스해협과 보스포루스해협을 봉쇄해서 지중해와 흑해 쪽 항구들로부터 들어오는 응원군을 막은 다음, 거대한 군사력을 동원하여 육상에서 콘스탄티노플의 이중 성벽을 공격하는 것이었다. 그렇지만 결정적 순간에 이슬람군 내의 콥트(Copts, 이집트와 수단에 많이 거주하는 기독교의 한 종파) 기독교도들이 비잔틴제국으로 투항했다. 레오 3세는 전력이 약해진 적들에 기습 공격을 하여 '그리스의 불'*로 포위선들을 파괴하고 육상 공격을 감행하여 대승을 거두었

　　　　　　　　　12. 중세 유럽의 해양 세계

그리스의 불

그리스의 불을 사용해 반란군의 배를 공격하는 비잔틴군의 모습이다. 12세기에 쓴 비잔틴 연대기인 《마드리드 스킬리체스(Madrid Skylitzes)》에 실려 있다.

다. 칼리프는 718년 8월 15일에 포위를 풀고 퇴각을 결정했다. 21만 명의 출정군 가운데 3만 명, 2,000척의 배 가운데 5척만이 고향으로 돌아갈 수 있었다고 전한다. 콘스탄티노플은 목숨을 건졌다. 그 후로도 이 도시는 훨씬 부유하고 역동적인 이슬람권에 맞서 700여 년 더 난공불락의 요새 역할을 했다.

　이슬람은 그 후 아프리카 북쪽 지방을 통해 서진했다. 아랍인들은 북아프리카의 토착민 베르베르족을 무슬림으로 개종시킨 후 이들의 지원을 받아 서쪽으로 팽창해갔고, 급기야 8세기 초에 지브롤터 해협을 건너 이베리아반도를 정복했다. 이곳은 수백 년 동안 이슬

● 7세기에 비잔틴제국에서 개발한 화염 방사 무기. 나프타와 생석회로 만든 것으로 추정하며, 물로 끄려 하면 불길이 더 크게 타올랐다고 한다.

람 세력하에 남게 되었다. 이후 레콩키스타(Reconquista, 재정복운동)라는 기독교 기사들의 공격으로 서서히 영토를 재탈환해갔다. 이베리아반도에서 이슬람 세력을 완전히 내몰기까지는 수백 년이 지난 1492년까지 기다려야 했다.

8세기 초엽이면 기독교권과 이슬람권 사이의 경계가 어느 정도 확정된다. 이제 전면적인 정복 전쟁은 멈추고 지역적 전투 혹은 약탈 행위가 빈번하게 일어났다. 지중해 세계에서는 강력한 이슬람 해군(기독교권에서는 이슬람 '해적'이라고 부르지만)이 기독교권의 여러 지역과 선박을 공격했고, 일부 지역을 차지했다. 대표적인 곳이 시칠리아다.[아불라피아. 392-394] 지정학적으로 매우 중요한 이 섬을 기독교권이 되찾은 것은 바이킹의 후예 노르만 기사들이 활약하는 11세기의 일이다.

중세 초 북유럽의 교역과 교류

북유럽 지역은 고대에 지중해 지역만큼 번영을 누리지는 않았지만 그렇다고 교역 활동이 없지는 않았다. 서로마의 몰락 이후 봉건제가 강력하게 지배했던 유럽 중심 지역이 아닌 북부의 변경 지역에서 교역의 돌파구가 열렸다. 북해부터 스칸디나비아 및 발트해에 이르는 연안 지역들에서 해상 교역이 활력을 띠었다. 특히 네덜란드와 프리슬란트 지역을 중심으로 서유럽 내륙 지역과 영국, 덴마크, 스칸디나비아 등지를 연결하는 교역이 살아났다. 원래 이곳의 해안 지역은 지대가 낮고 범람이 잦아 거주하기 힘든 곳이었다

(이름 자체가 낮은(Nether) 땅(land)이다). 이 지역 거주민들은 인공적으로 큰 둔덕(terpen)을 만들어 작은 읍을 형성하고 주로 어업과 교역에 종사했다. 그중 도레스타드(Dorestad)가 8~9세기 중 가장 크게 발전했다. 오늘날 네덜란드의 위트레흐트 남쪽 지방에 해당하는 이 교역 시장(emporium)은 무엇보다 위치가 중개 교역에 유리한 덕분에 제법 번영을 누렸다. 라인강 하류에 위치해 있으므로 강을 통해 독일 내륙 깊숙이 연결되었고, 바다를 통해 남부 네덜란드와 북부 프랑스, 영국 그리고 스칸디나비아 일부 지역들로 교역망을 확장했다. 다소 부침을 겪으면서도 부를 쌓아가던 이 지역은 돌연 바이킹의 침략을 받아 일시에 몰락했다.(Lebecq 2017, 534~546) 특기할 점은 바이킹이 이 지역을 공격하는 과정에서 범포 사용법을 배우고 항해술을 더욱 발전시켰다는 점이다. 지중해에서는 고대부터 범포를 사용했는데, 북해에는 7세기에 도입되었다. 바이킹이 이 지역과 접촉하면서 범포를 알게 되고, 북부 및 동부 유럽에도 전한 것이다.(Malbos) 또 바이킹들은 배에 마스트를 세웠다가 해체했다가를 반복할 수 있게 개량했다. 범포는 놔두고 노만 사용하는 게 더 나은 곳에서는 아예 마스트를 내리고 항해했다. 이처럼 8~9세기에 항해술이 발달해서 원양항해가 가능해졌다. 이 시기 바이킹의 배를 흔히 드라카르(drakkar, 아마도 용(dragon)과 관련이 있을 것이다)라 부르지만 사실은 19세기에 나온 용어다.(Gautier)

북유럽 지역 내의 교역과 모험 활동을 보여주는 사례로 오테르(Ohthere of Hålogaland)의 기록을 들 수 있다.(Malbos) 오테르는 바이킹 시대 노르웨이의 여행자로서, 앵글로색슨 왕국인 웨섹스(Wessex)의

앨프레드 대왕(재위 871~899)을 찾아가 자신의 여행 이야기를 했다는 사실로 보건대 9세기 인물로 보인다. 고어 영어(Old English)로 기술된 그의 여행 이야기는 파울루스 오로시우스(Paulus Orosius)가 저술한 《이교도들에 대항한 역사서 7권(Historiarum Adversum Paganos Libri VII, Seven Books of History Against the Pagans)》에 포함되어 있다. 오로시우스의 책은 좋은 세계사 입문서로 인기를 누렸는데, 오테르의 원고 또한 그런 목적에 부합하리라 판단하여 추가했을 것이다. 오테르의 이야기는 870~890년대에 일어난 일로 보인다. 오테르는 노르웨이 북부 지방의 헬게란트(Helgeland)에서 순록 600마리를 치는 한편, 고래와 바다코끼리잡이도 하고 상업 활동도 했다. 이런 점으로 보아 그는 모피와 상아를 거래하는 대상인일 가능성이 크다.(Malbos) 그의 기록은 두 방향의 여행을 거론한다. 사냥과 관련이 있어 보이는 북쪽 여행은 콜라(Kola)반도 방향으로 가서 백해(White Sea) 안쪽에까지 이르렀는데, 사미족(Sámi people) 사람들이 사냥과 낚시를 하는 모습을 생생하게 전한다. 이는 중세 초 북극 지방의 모습을 전하는 흔치 않은 기록이다. 한편, 상업 목적의 남쪽 여행은 덴마크('dena mearc', 덴마크라는 말의 최초 용례에 해당한다)의 헤더비(Hedeby)를 찾아간 내용을 전한다.

독일어 자료에서는 하이타부(Haithabu)라는 이름으로 더 많이 알려져 있는 헤더비는 슐레스비히(Schleswig) 북쪽에 위치한 곳으로 북유럽의 중요한 중개 도시였다. 이곳에 대해 10세기 후반 코르도바 출신의 여행자 알 타르투시(Al-Tartushi)가 흥미로운 기록을 남겼다.

이곳은 세계 대양의 맨 끝에 위치한 큰 도시이다. 시내에는 맑은 물이 나오는 우물이 있다. 이곳 주민들은 시리우스별을 숭배하지만 소수 기독교도가 있어서 따로 교회를 유지하고 있다. 신께 희생 동물을 바치려는 사람은 문 앞에 장대를 꽂고 그 위에 자기가 잡은 소, 양, 염소, 돼지 같은 동물을 꽂아서, 이웃 사람들이 그런 사실을 알게 한다. 이곳에는 재산이나 보물이 많지 않다. 주민들의 주요 식량인 생선은 아주 풍부하게 잡힌다. 사람들은 경제적인 이유로 갓난아이를 키우기보다 흔히 바다에 던져버린다. 이혼할 권리는 여자들에게 있다. 그리고 한 가지 더 말할 사항이 있다. 나는 이곳 사람들보다 노래를 못하는 사람들을 본 적이 없다. 이들이 하는 노래는 목구멍에서 끄집어내는 툴툴거리는 소음인데, 개 짖는 소리와 비슷하지만 개 소리보다도 더 짐승 같다.(Graham-Campbell, 81~83)

북유럽에서는 제일 번창하는 도시지만, 훨씬 부유하고 세련된 지역 출신 여행자인 알 타르투시에게는 촌스럽고 미개한 곳으로 보인 모양이다. 고고학적 발굴 결과를 보면 성채로 둘러싸인 시 면적은 최대 24헥타르이고 인구는 약 1,500명 정도로 추산되니 실제 규모는 마을 수준이다. 서술 내용으로 판단해 보건대, 헤더비의 주민 대부분은 이교 신앙을 가지고 있었으나 기독교 전도가 막 시작되었고, 원시적인 인구 조절법인 기아(棄兒) 풍속을 가지고 있었다.

비교적 평화로운 교류를 하던 스칸디나비아 지역 주민 일부가 서기 8세기 중엽 돌연 폭력적으로 해외로 나가기 시작했다. 바이킹 시대가 시작된 것이다. 처음에는 이웃 지역으로 배를 타고 가서 약탈하고 돌아오는 방식이었다가, 점차 현지에 정착하여 거류지를 건설하거나 극히 먼 지역까지 찾아가서 약탈과 교역을 하기 시작했다. 얼마나 많은 사람이 해외로 나갔는지 정확한 통계를 구하기는 힘들다. 노르웨이 지역에 대한 연구 결과를 보면 전체 인구의 8퍼센트 정도가 해외로 나갔으리라 추산한다. 8퍼센트라면 결코 적은 수치가 아니다. 왜 그렇게 많은 사람들이 갑자기 바다로 나갔을까?

흔히 추측하는 바는 인구가 급증하여 잉여의 사람들이 해외로 나갔으리라는 것이다. 하지만 이는 전혀 근거가 없는 주장이다. 북유럽 지역은 매우 빈한한 지역이어서 인구가 남아돌아갈 정도로 늘어날 여건이 못 된다. 연구자들은 정치적 변화가 중요한 요인일 것으로 추론한다. 해안 지역에서 '왕(konungr)'이나 '공작(jarl)' 등의 직위를 보유한 사람들의 지배권이 강화되었다. 이런 상황에서 조선술과 항해술의 발전이 더해져 용맹을 자랑하는 집단의 해외 모험 성향이 강화되었을 것이다.(Gautier) 최근 고고학적 발굴 결과를 보면, 해안 지역에는 이미 3세기부터 전사 집단이 등장하고 해상 모험을 한 흔적이 보인다. 후대 바이킹의 씨앗이 되는 요소들은 일찍이 준비되어 있었던 것 같다.(Nissen)

이와 관련하여 바이킹이라는 용어에 대해 생각해볼 필요가 있다.

12세기 초 노르웨이 시인 스크발드리(Halldórr Skvaldri)의 기록에 그들이 만난 외국인 도적들을 '가공할 바이킹(fádýrir víkingar)'이라 칭하고 있다. 그러므로 바이킹이라는 말은 자기 민족의 정체성이 아니라 특유의 삶의 방식을 가리키는 말이었다. 꼭 북유럽 출신이 아니라 하더라도 일반적으로 떠돌아다니며 약탈 공격을 하거나 혹은 다른 지배자의 용병 역할을 하는 등 '삶을 유지하기 위해 폭력적 방식을 사용하는 인간들'을 뜻한다. 따라서 북유럽 내에서도 일부 용맹한 모험가들만 바이킹일 뿐이다. 해외로 떠나지 않고 고향에 남은 사람들은 농사와 목축에 전념했으며, 이들은 바이킹과는 거리가 멀었다.•

바이킹이라 하면 대체로 바다를 가로질러 해안 지역으로 습격해 들어가서 약탈·방화·살인을 저지른 후 도주하는 사나운 야만인을 떠올린다. 대략 8~9세기, 특히 영국과 프랑스 지역을 공격할 당시에는 이런 이미지가 완전히 틀린 것은 아니다. 최초의 약탈 행위로 꼽히는 사례가 793년 영국 북동 해안 린디스판섬의 수도원 공격인데, 이 당시 만행은 《앵글로색슨 연대기(Anglo-Saxon Chronicle)》에 잘 나와 있다. 사람들을 죽이고 머리를 잘라 꼬챙이에 꿰서 들고 다니는 정도니 어떤 수준인지 짐작이 가고도 남는다. 당시 영국인들은 말세가 와서 북쪽의 악마들이 용과 함께 들이닥친 것이라고 해

● 바이킹이라는 말의 어원에 대해서는 다른 설도 있다. 하나는 스칸디나비아어로 작은 만(灣)을 가리키는 비크(vik)라는 낱말에서 '아비킹(a-viking)'이라는 말이 나왔는데, 그것은 해적들이 배를 출항하거나 습격하기 위해 배를 숨기는 작은 만을 가리키며, 여기에서 바이킹이라는 말이 나왔다는 것이다. 다른 하나는 교역이 이루어지는 곳을 비크(vik, wik)라고 하는데, 이런 곳을 공격한 사람들을 가리켜 바이킹이라고 불렀다는 주장이다.

석했다.

바이킹의 약탈적 성격을 부인할 수는 없지만, 그렇다고 이들을 단순히 폭력적인 침략자로만 보는 것은 너무 단순한 이해 방식이다. 바이킹의 활동 상황을 총체적으로 파악하면, 이보다 스케일이 훨씬 장대하고 팽창의 방향도 다채로우며, 단순히 약탈 행위만 한 것이 아니라 매우 복합적인 활동을 했음을 알 수 있다.(Blomkvist, 561-571) 8세기 중반부터 11세기 중반까지 약 300년에 이르는 소위 '바이킹 시대'에 이들의 팽창은 크게 세 방향으로 정리할 수 있다. 첫째, 남쪽 방향으로는 영국, 프랑스 해안을 침략하다가 시간이 갈수록 그 범위를 확대하여 지중해까지 이르렀다. 둘째, 서쪽 방향으로는 아이슬란드, 그린란드를 거쳐 아메리카대륙에 상륙하여 한때 그곳에 식민지를 건설한 적도 있다(콜럼버스보다 500년 정도 앞선다). 셋째, 남동쪽으로는 러시아를 넘어 비잔틴제국에 이르렀고, 어쩌면 아라비아, 심지어 인도와 중국에까지 도달했을 가능성을 거론하는 학자도 있다. 이런 과정에서 프랑스 서부 해안 지역에 정착하여 노르망디(Normandie, '노르만의 땅')가 형성되었고, 이들의 후예가 1066년 잉글랜드를 정복해서 노르만왕조를 개창했다.● 더 나아가서 시칠리아와 이탈리아 남부 지역을 점령하여 새 왕조를 열고, 지중해 동부 지

● 바이킹 시대에 정작 바이킹이라는 용어는 거의 사용하지 않고 대부분 '노르만(Norman)', '노스만(Northman)' 같은 용어들을 사용했다. 이 단어들은 '북쪽 사람들'이라는 뜻이다. 이들이 9세기 이후 프랑스 서부 지역을 공격하다가 급기야 센강을 타고 내륙 깊숙이 들어가서 약탈을 자행하자 서프랑크왕국 국왕 샤를이 이들에게 땅을 떼어주고 신하로 삼았다. 이것이 노르망디가 되었다. 오랑캐를 부하로 삼아 다른 오랑캐들이 공격해오는 것을 막자는 의도라 할 수 있다. 이들이 힘을 키워 잉글랜드를 정복하고 왕조를 개창한 것이다.

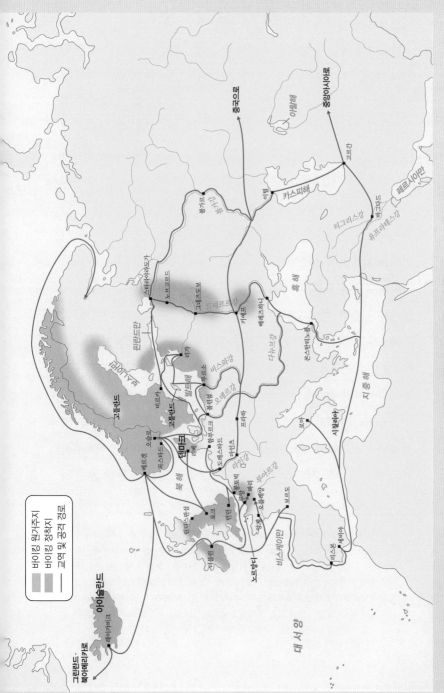

9~11세기 바이킹의 영역과 교역·공격 경로

그린란드·
북아메리카로

아이슬란드

레이카비크

바이킹 원거주지
바이킹 정착지
교역 및 공격 경로

노르웨이

베르겐

셰틀랜드

스웨덴

오슬로

콘스타브로

트론헤임

칼마르

웁살라

북해

헤데뷔

덴마크

하세뷔

프리슬란트

윈세

리메

비르카

고틀란드

멜라렌호

스톡홀름

핀란드만

라도가호

스타야라도가

노브고로드

발트해

리가

루토소

비스와강

오데르강

볼린

브레멘

함부르크

라인강

코르베이

마인츠

프라하

마르

앙제

돌

루앙

오를레앙

파리

루아르강

보르도

비스케이만

대서양

시칠리아

로마

지중해

카르케트니

콘스탄티노플

흑해

베레즈하니

다뉴브강

카예프

그네즈드보

드네프르강

볼가강

불가르

스바야아도라

볼가강

이틸

카스피해

중국으로

중앙아시아로

페르시아만

바그다드

유프라테스강

티그리스강

중앙아시아로

코르간

리스본

투데레

아일랜드

토데레

역에까지 심대한 영향을 미쳤다. 러시아의 국가 건설 과정에도 바이킹이 깊이 간여한 것으로 보인다. 바이킹 현상은 우리가 통상적으로 생각하는 것보다 훨씬 더 거대했다.

곡스타드 선박
9세기경 만들어진 바이킹 배로 빠른 속도를 자랑한다. 노르웨이 오슬로 바이킹선박박물관에 전시되어 있다.

바이킹의 모험 활동을 살펴보기 전에 우선 이들이 사용한 선박들을 살펴보자. 항해 중에 침몰한 배, 혹은 권력자가 죽었을 때 장례용으로 침몰시킨 배를 건져내서 연구하는 해양고고학 덕분에 당시의 선박과 항해뿐 아니라 사회와 경제, 문화 일반에 대해 많은 것이 알려졌다.(Christensen, 547~560) 노르웨이의 곡스타드(Gokstad)에서 건져 올린 배가 대표적이다. 길이 23.80미터, 폭 5.1미터 크기에 110제곱미터의 돛을 달고 32명이 노를 젓는 이 배는 현재 보존된 바이킹 선박 중 가장 큰 편에 속한다. 돛과 노 둘 다 이용하는 이 배는 전투, 교역, 사람과 상품 이송에 두루 사용할 수 있었다. 19세기 말에 똑같이 복제한 '바이킹'호로 노르웨이의 베르겐(Bergen)을 떠나 시카고까지 항해하는 데 성공하여, 바이킹 시대에 북아메리카까지 오가는 항해가 충분히 가능했다는 결론도 얻었다.

12. 중세 유럽의 해양 세계

한편 발트해를 넘어 러시아와 비잔틴제국 방향으로 가는 배는 길이 6~8미터 정도의 작고 가벼운 보트로 강이나 호수 위를 오갔다. 러시아의 강을 타고 내려가다가 강이 끊어지거나 폭포를 만나 더 이상 항행이 불가능할 경우 다음 수로를 만날 때까지 배를 들거나 끌어서 옮기는 연수육로(連水陸路, portage) 방식으로 이동해야 했으므로, 큰 배를 이용할 수 없었다. 1980년대 후반 스웨덴 고틀란드 (Gotland)섬의 팅스테데(Tingstäde)에서 발견된 배를 복제해서 실험 항행을 한 적이 있는데, 약 3개월 걸려 러시아의 강을 따라 내려간 후 이스탄불에 무사히 도착했다.

바이킹은 크게 덴마크계, 노르웨이계, 스웨덴계로 나눌 수 있다.(Gautier) 그중 루스(Rus, 어원은 '노 젓는 사람들') 혹은 바랑고이 (Varangoï, 어원은 '선서를 한 동료')라고도 불린 스웨덴계 바이킹들은 발트해를 건너 동쪽과 남쪽으로 팽창해갔다. 그 과정에서 키예프나 노브고로드(Novgorod) 같은 러시아 초기 국가들의 형성에 영향을 미친 것으로 보인다. 아마도 슬라브족의 이교 신앙 중심지이자 교역 중심지였던 곳에 바이킹들이 합류해 들어오면서 선주민들에게 충격을 가해 정치·군사적 변화와 발전이 일어났을 가능성이 있다.

바이킹은 러시아 땅에 머물지 않고 더 남쪽으로 내려가서 비잔틴제국에 도달했다. 전투용 도끼를 휘둘러대는 이 가공할 전사들은 '바랑기안 경호대(Varangian guard)'라는 이름으로 황제 경호대가 되어 혁혁한 공을 세웠다. 그렇지만 바이킹이 늘 약탈과 전투만 한 것은 아니며 교역 활동에도 능했다. 비잔틴제국은 비단, 포도주, 향신료, 보석류 등 여러 지역의 산물이 모여드는 교역 중심지였다. 바이킹은 모피와 노예를 공급해주는 대가로 이런 물품을 얻어 스칸디나비아로 가져갔고, 그중 일부는 이웃 지역으로 재수출했다. 영국에서 발견되는 비잔틴 직물은 이런 경로를 통해 들어간 것이다.

바이킹의 여행은 비잔틴제국에서 멈추지 않았다. 일부 모험심 강한 사람들은 볼가강을 타고 불가르(오늘날의 카잔)로 직행했다. 이 지점이 육상 실크로드의 서쪽 종점으로 큰 시장이 서는 곳이다. 바이킹 상인은 카라반 상인과 거래하여 중국 비단을 비롯한 동양 상품을 수입해갔다. 이곳은 또한 아프가니스탄, 우즈베키스탄, 키르기스스탄, 타지키스탄 등지의 은이 들어오는 곳이기도 했다. 모피나 호박 같은 북유럽 상품을 판매하고 얻은 많은 양의 은화가 북유럽으로도 유입되었다.(Malbos) 지금까지 스칸디나비아 지역 내 1,000곳 이상에서 6만 개 이상의 은화가 발견되었는데, 실제 유입된 은화 개수는 훨씬 많았을 것이다.

바이킹의 모험은 여기에서도 멈추지 않는다. 불가르에서 더 나아가면 하자르(Khazar)라는 유목민의 땅이 나오는데, 이곳의 수도에 해당하는 이틸(Itil)에서 배를 타고 카스피해를 넘을 수 있다. 이들은 어쩌면 카라반 루트를 타고 바그다드까지 가고, 혹은 비단길을 따라 인도와 중국 방향으로 갔을 가능성도 없지 않다. 이처럼 바이킹은 실로 엄청난 거리를 여행했다. 지금까지 가난했던 스칸디나비아가 바그다드에서 영국까지 상품과 사람 순환의 주요 축이 되었다. 아랍, 프랑크, 프리슬란트, 앵글로색슨 화폐들이 점차 많이 확산했다. 프랑스나 그리스의 포도주, 프랑크의 칼, 프리슬란트의 모직, 비잔틴의 견직, 아시아의 향신료 등 다양한 상품이 북해 연안 지역, 스

12. 중세 유럽의 해양 세계

칸디나비아, 영국, 라인강 하구, 발트해 연안 지역 등에서 거래되었다.(Gautier) 이슬람권이 유럽 중심부와의 교역을 막고 있어서 북쪽으로 크게 우회하는 교역망이 활성화되었을 가능성이 있다.

바이킹의 아메리카 진출

바이킹은 또한 콜럼버스보다 500년 앞서 북대서양을 건너 뉴펀들랜드나 래브라도, 세인트로렌스강 연안에 상륙한 것으로 보인다.

바이킹의 아메리카 여행에 대해서는 사가(saga, 북유럽의 영웅 이야기) 작품들에 자세하게 묘사되어 있었다.(Jones) 노르웨이의 자다르(Jadarr)라는 곳에서 일어난 살인 사건의 범인 토르발트(Thorvald)는 민회에서 추방형을 선고받자 가족들을 데리고 아이슬란드로 이주했다. 9세기부터 바이킹 항해인들은 서쪽 바다로 멀리 나가 페로제도나 아이슬란드 같은 섬들을 발견하고 거류지들을 개척하고 있었다. 아이슬란드('얼음 섬')는 바다에 얼음이 둥둥 떠다니는 모습 때문에 그런 이름이 붙었다.

토르발트의 아들 '붉은 머리' 에리크(Erik the Red)는 아이슬란드에서 지방 유지의 딸과 결혼하여 아이 넷을 낳고 농장을 운영하며 살다가, 부전자전인지 그 역시 살인을 저질러 민회에서 3년 추방형을 선고받았다. 모험심 강한 그는 이 기회에 서쪽에 있다고 알려진 섬을 찾아가보기로 결심했다. 수십 년 전 어떤 사람이 항해 도중 강풍에 밀려 서쪽으로 표류하다가 섬을 보고 왔다는 이야기가 떠돌았던 것이다. 에리크가 서쪽으로 항해해가니 과연 큰 섬이 나타났다.

그는 섬에 상륙해서 3년 세월 내내 섬 곳곳을 두루 살펴보고 충분히 거주가 가능하다는 사실을 확인했다. 추방 기간이 지나 아이슬란드로 돌아온 에리크는 사람들에게 자신이 발견한 섬에 가서 살자고 권유했다. 그는 이 섬이 살기 좋은 곳이라며 사람들을 유혹하기 위해 그린란드('녹색의 땅')라는 멋있는 이름을 붙였다고 한다. 일종의 부동산 과장광고를 한 셈인데, 다만 그 당시에는 현재보다 기후가 훨씬 온화해서 실제 여름에는 풀이 자라고 농사도 가능했다. 아이슬란드에는 이미 자원에 비해 너무 많은 사람이 살고 있던 터라 새 정착지로 가서 살겠다는 사람이 꽤 많았다. 이주 희망자들은 배 25척을 나눠 타고 떠났지만 불행하게도 사고 때문에 14척만 도착했다. 이들은 섬의 두 지역을 개발해서 농장들을 만들어갔다. 고고학적 발굴 결과 그린란드에서 한때 농장 수백 곳이 운영되었다는 사실을 확인했다. 아이슬란드에서 계속 사람들이 유입되어 인구가 늘었지만, 1002년에 새 이민자들과 함께 묻어온 전염병 때문에 많은 사람이 죽었다. 그린란드의 왕처럼 군림하던 에리크 또한 이때 사망했다.

에리크가 죽기 얼마 전 그의 아들 '행운아' 레이프르(Leifr)가 탐험을 떠났다. 10여 년 전에 헤르욜프손이라는 사람이 아버지를 찾으러 아이슬란드에서 그린란드로 항해해오다가 강풍 때문에 서쪽으로 한참 떠밀려가서 새로운 땅을 보고 온 적이 있었다. 레이프르는 그의 말을 믿고 새 땅을 찾아나선 것이다. 그린란드를 떠나 해류를 타고 남서쪽으로 항해한 그는 차례로 '평평한 돌들이 깔린 땅'(Helluland), '숲으로 덮인 땅'(Markland), '포도가 나는 땅'(Vinland)을

12. 중세 유럽의 해양 세계

발견했다. 그가 발견한 '겨울에도 자라는 포도'는 야생 베리 종류였을 것이다.

곧 새 땅에 식민 사업이 시작되었다. 레이프르의 처남 칼세프니(Karlsefni)가 160명의 사람들을 데리고 와서 식민지를 건설했다. 우리가 흔히 '인디언'이라고 부르는 이 땅의 원주민들은 어느 날 갑자기 나타난 이상하게 생긴 사람들을 보고 무척이나 놀랐다. 게다가 바이킹이 들여온 소가 큰 소리로 우는 것을 보고 대경실색했다. 당시 아메리카에는 소가 없었기 때문이다. 바이킹은 인디언을 '스크뢸링가'라고 불렀는데, 아마도 '못 생긴 사람' 혹은 '소리 지르는 사람' 같은 뜻이 아닐까 추정한다. 초기에 양측은 우호적으로 교환을 했다. 인디언은 바이킹의 옷감을 탐내고, 바이킹은 인디언의 모피를 탐냈다. 그렇지만 곧 갈등이 불거졌고, 양측이 몇 차례 전투를 벌인 끝에 바이킹은 아메리카에서 후퇴했다.

사가(saga)에 나오는 이런 내용은 어디까지 사실일까?(Tulnius) 실제 사건이 일어나고 200~300년이 지난 때에 문학적 허구를 섞어 지어낸 이야기를 곧이곧대로 믿을 수는 없을 것이다. 그런데 1960~1970년대부터 진행된 고고학적 발굴 결과, 이 이야기들이 전적인 허구가 아니라 사실을 배경으로 하고 있음이 밝혀졌다. 노르웨이의 부부 고고학자 앤 스타인 잉스타드(Anne Stine Ingstad)와 헬게 잉스타드(Helge Ingstad)가 뉴펀들랜드의 랜시 메도우즈(L'Anse aux Meadows)에서 발견한 바이킹 주거지가 가장 유명한 사례다. 여러 채의 주택과 대장간, 선박 수리 작업장 등이 발견되었다. 돌로 만든 램프, 바늘, 실패 같은 물품도 나왔으니 여성들도 함께 살았던 것으로 보

랜시 메도우즈의 바이킹 거주지 유적

10~11세기경 바이킹의 아메리카 이주를 보여주는 유적지로, 캐나다 동부 뉴펀들랜드섬 최북단에 위치하고 있다.

인다.

그 후 어떤 일들이 일어났을까? 마치 아무 일도 일어나지 않았다는 듯 조용히 끝나버렸다. 콜럼버스의 아메리카 도착이 세계사의 흐름을 크게 변화시킨 것과 달리 바이킹의 아메리카 도착은 유럽이나 아메리카에 거의 아무런 영향을 끼치지 못했다. 랜시 메도우즈의 정착민들도 오래지 않아 거주를 포기하고 떠난 것 같다. 고작 수백 혹은 수천 명 수준의 인구 이동은 흥미로운 에피소드 정도로 끝났다. 그 후 14세기에 기후가 계속 한랭해지자 여름에도 바다에 유빙(流氷)이 떠돌아서 북대서양 항해가 힘들어졌고, 아메리카대륙은 점차 기억에서 멀어졌다.

12. 중세 유럽의 해양 세계

서쪽 아메리카 방향과 달리, 앞서 이야기한 동쪽과 남쪽 방향의 팽창은 매우 큰 영향을 끼쳤다. 바이킹은 영불해협에서 아이슬란드, 발트해 먼 지역까지 서로 떨어져 있던 지역들을 연결했다. 약탈자로 시작했으나 원격지의 발견과 식민화를 주도했고, 원거리 교역 네트워크들을 형성하고 연결하는 과정에서 새로운 기독교 왕국들의 기초를 놓았다.(Blomkvist, 571) 흥미로운 점은 해외로 나간 바이킹들이 상대적으로 더 빨리 기독교를 수용했고, 또 기독교 확산에 기여했다는 점이다. 반면 고향에 남은 사람들은 오딘이나 보탄 같은 신들을 믿는 전통 종교를 더 오랫동안 유지했다.(Gautier)

한자 동맹의 형성과 발전

바이킹의 폭풍이 어느 정도 가라앉은 후 북유럽 지역은 안정을 되찾았다. 1066년 노르만 정복이 마지막 격렬한 충돌이었으며, 그 후 북해는 비교적 평화로운 바다가 되었다.* 어업과 해상 교역도 순조롭게 발달했다. 북유럽 지역 경제 성장의 중요한 요소 중 하나는 어업이다. 고고학자들이 부엌 쓰레기더미를 발굴한 결과 11세기 중엽 민물고기 소비가 80퍼센트였던 것에서 바다 생선 소비가 80퍼

● 중세 유럽에서 해전은 거의 일어나지 않았다. 1217년 영국과 프랑스 사이에 벌어진 샌드위치 전쟁(Battle of Sandwitch)이 거의 유일한 사례이다. 잉글랜드의 존 왕(재위 1199~1216)이 당시까지 잉글랜드 영토였던 노르망디를 상실한 이후 신하들이 왕위를 프랑스의 왕자 루이에게 넘기려 했고 이를 수용한 루이는 잉글랜드로 공격해 들어가려 했다. 이때 영불해협의 샌드위치(켄트 지방) 앞바다에서 해전이 벌어졌다. 프랑스군 4,000명 정도가 사망했고, 왕위 획득 기도도 실패로 돌아갔다.(McGlynn)

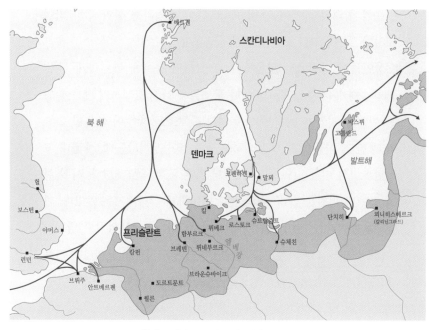

한자 동맹의 주요 세력 범위와 활동 경로

센트로 변화한 사실을 확인했다. 특히 청어와 대구 종류가 중요한
식량으로 올라섰다. 북유럽 어업 혁명이 일어난 것이다.(Roberts. 38) 교
역도 살아났다. 12세기 이전부터 북부 독일 도시 상인들이 북해의
오래된 해상 교역로들을 활성화시켰다. 이 상인들은 동서 간으로는
스코틀랜드에서 러시아까지, 남북 간으로는 프랑스 북부에서 스칸
디나비아 지역까지 점진적으로 상업 네트워크를 확대했고, 여기에
덴마크, 플랑드르, 영국 등 이웃 지역 상인들도 참여했다. 이때 교역
을 주도한 상인들 혹은 상업 도시들이 공동의 이해를 지키기 위해
상호 협력하는 한자 동맹(Hansa, Hanseatic League)을 형성했다. 다소

느슨한 형태의 동맹이 약 300년 가까이 존립하는 동안 점차 참여 도시가 늘어 170여 곳을 헤아리게 되었다.

상인들이 외지에서 활동하다 보면 여러 문제에 직면하게 된다. (Boestad, 33) 특히 봉건 귀족들이나 군주들이 자주 간섭하기 때문에 공동 이익을 지키기 위해 함께 논의하고 보조를 맞추어 대응할 필요가 생긴다. 이들이 모여 협의하는 장소들이 생겨나는데, 예컨대 고틀란드섬의 비스뷔(Visby) 성모성당 같은 곳이 중요해졌다. 사실 한자 동맹의 기원은 아직 100퍼센트 명확하게 밝혀지지는 않았다. 과연 '동맹'이라는 말이 맞는지 의문이 들 정도로 그 성격도 명료하지 않다. 다만 13~14세기를 지나면서 참여 도시들이 늘어나는 가운데 특히 중요한 구심점 역할을 하는 곳들이 생겨났다. 런던, 브뤼주, 베르겐, 노브고로드 등이 가장 대표적인 콘토르(Kontor, 지점)로 떠올랐다.(Boestad, 34~35) 런던의 콘토르는 템스 강변에 위치한 스틸야드(Steelyard)인데, 원래 쾰른 상인을 위한 시설이었으나 점차 다른 지역 상인에게도 개방되었고, 한자 동맹의 중요 지점으로 격상했다. 이곳에는 창고, 측량소, 교회, 사무소, 숙소 등 주요 시설이 있었다. 오스털링즈 회관(Hall of the Osterlings)이라고도 불렸는데 'shilling'이라는 말도 여기에서 유래한 듯하다(아마도 양화(良貨)라는 의미였던 것으로 추정한다).(Halliday) 노브고로드는 12세기 말 가톨릭 성당인 표트르 성당이 외지에서 온 상인들의 안전을 도모하는 곳으로 중요해졌다. 이 안에 거주하면서 거래를 하며, 해가 지면 간수들이 개와 함께 이들을 지켜주었다. 이런 유서 깊은 곳들이 한자 동맹 체제 안에서 일종의 회관 역할을 떠맡으며 콘토르로 성장한 것이라 할 수 있

스틸야드

한자 동맹의 런던 콘토르인 스틸야드를 재현해 그린 것으로, 1930년 라이프치히 국제무역박람회
영국 전시회 기념품으로 제작된 것이다.

다. 한편 상인들은 친목을 다지며 네트워킹을 추구했다. 그런 장소
는 '아르투스 회관(Artushöfe)'이라 불렸는데, 단치히(Danzig), 엘빙,
슈트랄준트, 리가(Riga) 등지에서 볼 수 있었다. 이곳에는 동맹의 규
약을 위반하여 블랙리스트에 오른 사람들의 목록이 걸리곤 했다.

한자 동맹 형성의 중요한 계기로 흔히 1143년 작센공 하인리히 3
세가 주도한 뤼베크(Lübeck)의 건설을 들곤 한다. 오늘날 이 설은 대
체로 부정되지만[Boestad, 32] 이 도시가 이후 한자 동맹에 핵심적인 역
할을 한 것은 분명하다. 뤼베크는 발트해에서 20킬로미터, 함부르크
에서 65킬로미터 떨어진 곳으로, 엘베강 위에 위치해 있으니 북해
와 발트해, 라인 지역 모두 접근하기 편한 곳이다. 더 나아가서 1226
년 신성로마제국 황제 프리드리히 2세는 뤼베크를 '자유제국도시'

12. 중세 유럽의 해양 세계

뤼베크와 함부르크의 동맹
한자 동맹의 기초를 다진 1241년 뤼베크와 함부르크의 방위 조약 장면을 그린 것으로,《1497년 함부르크 시법》의 '해운법' 부분의 표지화이다.

로 선포했다. 다른 도시들보다 더 큰 자유와 특권을 누리게 된 이 도시는 이후 발트해의 청어 어업으로 번영했고, 청어 염장에 필요한 소금을 확보하기 위해 교역 활동에도 진력했다. 1358년 브뤼주와 경쟁으로 입게 된 피해를 회복하기 위해 북유럽 7개 도시 대표들이 뤼베크에 모여 논의했다. 이들은 공동 대응을 강조하면서 여기에 어긋나게 사적으로 브뤼주와 따로 직물 거래를 하면 벌금을 부과하거나 축출하기로 결정했다. 이 문건에 '독일 한자'라는 표현이 12번이나 등장한다. 결국 곡물 수입이 막힌 브뤼주가 1360년에 항복했다. 이처럼 뤼베크가 교역을 주도하고 통제하는 중심지로 성장하고, 이곳의 저지 독일어(低地 獨逸語, Niederdeutsche Sprache)가 상업 세계의 링구아프랑카(공통어)가 되었다.

한자 자체가 점차 변화 발전하여 1300년 중엽이면 '상인들의 결합 모임'에서 '한자 도시들의 동맹'으로 격상했다. 그동안 교역 특권을 얻고 그들의 안전을 지키기 위한 협상은 개별적으로 진행해왔다. 그런데 1374년 한자 대표들이 콘토르에서 이루어낸 결정은 한자 동맹 전체 의회에서 승인을 받아야 한다는 원칙을 세웠다. 이런 식으로 점차 체계를 갖추면서 한자 의회라 할 만한 기구가 만들어졌다. 물론 오늘날 의회와는 성격이 다르며 실제 모든 회원 도시들이 다 모이는 것도 아니다.(Boestad, 37~39) 의회는 정기적으로 모이는 것은 아니고 필요할 때 개회하는 식이어서, 일 년에 여러 차례 모일 때도 있고 몇 년 동안 안 모일 때도 있었다. 이 기구에서 합의한 내용은 각 시에 보내 그곳의 시민 협의체(Bursprake)에서 추인을 받도록 했다. 그렇지만 쾰른이나 단치히 같은 대 상업 도시들은 이런 결정이 그들의 이익에 반할 경우 공동보조에서 빠지기도 했다. 한자 공동의 법령은 1614년에 가서 정식으로 제정되었지만, 사실 이 시기는 이미 한자 동맹이 쇠퇴기에 접어든 때여서 큰 의미가 없다고 할 수 있다.

도시 대표들은 해적, 교역 파트너, 영주의 방해 행위에 대한 대처 등을 논의했지만, 사실 한자는 응집력 있는 정치 조직이 아니었기 때문에 효과적인 대응책을 마련하기는 힘들었다. 일부 도시들이 단합하여 부당한 간섭 행위에 대해 경제 조치들을 취하기도 했고, 아

12. 중세 유럽의 해양 세계

주 예외적이지만 전투까지 벌이는 경우도 없지 않았다. 한자 동맹과 충돌한 대표적인 세력이 덴마크다. 1361년 덴마크의 발데마르(Valdemar) 4세가 한자 도시인 비스뷔를 공격했을 때 동맹이 군대를 일으켜 전투를 벌였다. 비스뷔는 발트해 내에서 곡물, 금속, 가죽, 양모 등 주요 상품의 운송에 핵심적 위치를 차지하기 때문에 한자 동맹으로서는 반드시 지켜내야 했다. 70개 이상의 도시가 참여하여 덴마크에 저항한 결과 발데마르 4세가 패배했고, 그에 따라 1370년 슈트랄준트조약(Treaty of Stralsund)이 체결되었다. 대체로 이 시기가 한자 동맹의 정점이라 할 수 있다. 이로 인해 덴마크가 통제하려 했던 외레순해협을 자유롭게 통행할 수 있게 되었을 뿐 아니라, 심지어 덴마크 국왕의 선출을 동맹이 승인 혹은 거부할 수도 있게 되었다.

한자 동맹의 상품, 선박, 상인

한자 동맹의 활동에 대해서는 크게 보아 동유럽과 서유럽 간 교역을 중개했다고 표현할 수 있다.(Boestad, 40) 러시아의 모피, 발트 지역의 호박, 스웨덴의 구리 같은 고가품에다가 밀과 호밀 등의 곡물, 맥주, 임산물 등이 서쪽으로 이동하고 대신 직물과 소금 등이 동쪽으로 옮겨갔다.

한 가지 특기할 상품은 청어다. 12세기 이래 청어는 한자 상인들의 대표 상품 중 하나로 떠올랐다.(Jahnke, 43~45) 늦여름에 알을 낳으러 북해와 발트해로 몰려오는 청어는 수가 엄청나고 크기도 컸다. 이미 9세기부터 스칸디나비아 지역과 프리슬란트 주민들은 청어 잡이를 하였다. 고고학적으로도 덴마크에서 9세기에 청어잡이를 했던 흔적을 찾을 수 있다. 그런데 청어가 많이 잡혀도 소금이 부족하면 보존할 수도, 먼 곳에 판매할 수도 없다. 염장용 소금은 처음에 슬라브 지역에서 수입하다가 11~12세기에 뤼베크가 뤼네부르크 소금(암염)을 수입했다. 이것은 유럽에서 가장 품질이 좋은 소금으로 평판이 높아 '흰색 금'이라 부를 정도로 큰 이익을 안겨주었다.[Hocquet, 47] 염장 청어를 구매하기 위해 영국, 플랑드르, 북프랑스 상인들이 뤼베크로 몰려왔다. 이 현상은 대략 1250~1420년 기간 동안 지속되었다. 1400년경 한 해에 잡은 청어 수는 3억 5,000만 마리로 추산한다. 사순절(부활절 전 40일 기간) 중 육식을 금지하는 것을 비롯해 연중 여러 시기에 생선 소비를 장려한 가톨릭의 영향으로 생선 수요가 늘었다. 청어는 교역 상품으로서 장점이 많았다. 염장 청어는 3년 동안 보존할 수 있다. 말린 대구(stockfish)는 며칠 동안 맑은 물에 담가둔 후에야 먹을 수 있지만 청어는 통에서 꺼내 바로 먹을 수 있다. 워낙 많이 잡히니 값도 싸다. 청어 한 통이면 웬만한 작은 읍의 인구가 하루 먹을 양이 나온다.

스칸디나비아 어부가 잡은 청어는 독일 상인이 판매했는데, 양과 질의 관리가 철저한 것으로 유명하다. 통 자체도 규격화되어 있고, 이 통에 최소 860마리를 넣어야 하며, 품질도 철저하게 관리했다. 현장에서 감독관(Wracker)이 검사한 후 통에 검수 표시(Zirkel)를 해서 송출했다. 만일 파리에서 이상이 발견되면 이를 판매한 브뤼주로 돌려보내고 브뤼주는 자신의 책임이 아니라면 스칸디나비아로

12. 중세 유럽의 해양 세계

돌려보내 그곳에서 손해를 배상하도록 했다. 만일 상인이 속임수를 쓰다가 적발되면 파산을 면치 못했다.

청어잡이는 가을 한 철에 이루어지므로 이 시기에 모자라는 인력을 보충하기 위해 많은 노동자를 고용한다.(Jahnke, 45~46) 14세기에는 한 철에 약 4만 명이 몰려와서 청어 시즌에는 도시의 면모가 바뀐다고 할 정도였다. 그런데 1450년경 네덜란드인이 청어잡이에 달려들면서 사정이 바뀌었다. 이들은 우수한 기술을 자랑했다. 빌렘 뵈켈스존(Willem Beukelszoon)이라는 인물이 개발했다고 알려진 방식에 의하면, 하링바위스(haringbuis)라는 둥근 배가 먼 바다에 머물며 청어를 잡은 다음 갑판에서 바로 생선의 내장을 따고 소금을 치는 처리를 하면, 정해진 때에 연락선(ventjager)이 찾아와서 보급품을 전해주고 청어를 싣고 항구로 돌아갔다.(주경철 2003, 217~218) 이로 인해 값도 내려가고 품질도 나아졌다. 이들은 또 청어를 통에 집어넣는 방식(caquage)도 개선했다. 그 덕분에 많은 청어를 상하지 않은 상태로 수송하게 되어 수 주 동안 수백 킬로미터나 이동할 수 있었다. 덕분에 전 유럽이 청어를 먹을 수 있었으며, 가난한 시대에 아주 중요한 단백질 공급원 역할을 했다. 동유럽의 가난한 유대인들은 청어를 많이 소비했다. 인류학자 시드니 민츠는 어릴 때 날이면 날마다 청어가 올라와 불평을 하자 그의 아버지가 "청어에 대해 함부로 말하지 말아라. 청어가 없었다면 우리 유대인도 살아남지 못했어" 하고 말했던 사실을 소개한다.(민츠, 21~22)

한자 도시들의 성공 요인 중 하나는 우수한 선박이다. 특히 발트해에서 사용하는 코그(Cog)선은 이 지역의 얕은 바다에 최적화한

선박으로, 바닥이 평평하고 적재량
이 큰 우수한 선박이다.[Halliday] 특
기할 점은 1200년경 중앙타가 나
온다는 점이다. 중앙타는 물고기
로 치면 꼬리지느러미에 해당하
는 부분으로, 선박 조종을 혁신적
으로 개선한 매우 중요한 발명이다.
앞서 이야기한 대로 가장 먼저 중앙타
가 나온 곳은 중국인데, 이 원리가 중
국에서 유럽으로 전해진 게 아니라 유
럽에서 독자적으로 개발한 것으로 보

뤼베크시 인장
한자 동맹의 여왕 뤼베크시의 1280년
인장으로 코그선을 탄 두 사람의 모습
을 담고 있다.

인다. 1280년 뤼베크시 인장에는 코그선에 두 사람이 앉아 있는 모
습이 그려져 있다. 한 사람은 육상 여행자 행색이고 다른 한 사람은
선원 행색이다. 이 그림에 대해 학자들은 발트해 교역과 라인 지방
교역이 만나는 지점이 뤼베크라는 사실을 나타내는 이미지라고 해
석해왔다. 그렇지만 이와 같은 지난날의 설명은 최근 고고학적 발
굴 결과와 맞지 않아 폐기되는 실정이다.[Boestad, 36] 코그선이 비록
중요한 선박이기는 하지만, 꼭 이 배만 사용한 건 아니었다. 한자 상
인들은 코그선 외에 다른 여러 종류의 선박도 많이 사용하고, 반대
로 다른 지역 상인들도 코그선을 사용했다.

한자 상인들은 당시 지중해의 이탈리아 대상인이나 독일의 푸거
(Fugger) 가문 같은 대규모 조직을 이루지는 못했다. 대신 베더레깅
(Wedderlegginge)이라는 조직 방식을 사용했다.[Boestad, 40] 두 명의 동

12. 중세 유럽의 해양 세계

업자 중 한 사람이 자본의 2/3를 제공하고, 다른 사람이 자본의 1/3을 제공하는 동시에 사업 활동을 하는데, 일정 기간 후 정산할 때 이익을 반씩 나눈다.

잘 알려진 상인으로 힐데브란트 페킹후젠(Hildebrand Veckinchusen)을 들 수 있다.(Boestad, 38) 브뤼주에서 활동한 이 상인은 500통의 서한과 10권의 장부책을 남겨서 우리에게 제법 상세한 활동 상황을 알려준다. 리가 출신의 부인 마르가레테(Margarete)는 뤼베크에서 아이들을 키우면서 남편 계정으로 상품을 팔았다. 동생 지베르트(Sievert)는 뤼베크와 쾰른 사이의 교역을 하고, 장인이 리가에, 또 다른 동생과 조카는 레발(Reval, 오늘날 에스토니아의 탈린)에, 처남이 도르파트(Dorpat)와 도르트문트(Dortmund)에서 일하며 네트워크를 구성했다. 그의 사업을 방해하는 요소는 라인강에 횡행하는 강도들 그리고 권력자들의 간섭이었다. 지기스문트(Sigismund) 황제가 그에게 강제로 대부를 받아 자본을 축냈고, 결국 사업이 어려워진 페킹후젠은 감옥에 갇혔다가 죽기 몇 주 전에 겨우 석방되었다. 이런 어려움을 피하기 위한 단순한 조치 중 하나가 돈을 숨겨두는 것이었으리라. 1984년 뤼베크의 오래된 건물을 해체하는 자리에서 불도저가 땅을 밀 때 목제 궤가 하나 나왔는데, 그 안에는 은화 2만 3,228개, 금화 395개가 들어 있었다.(Boestad, 40) 당대 어느 대상인이 부를 지키기 위해 취한 조치였을 것으로 보인다.

한자 동맹은 16세기에 이르러 국민국가의 등장으로 상대적으로 쇠락해갔다. 군주들은 자국의 상업 이익을 통제하고자 했다. 잉글랜드에서는 런던의 모험상인회사(Company of Merchant Adventurers of London)가 한자 동맹과 충돌했다. 토머스 그레셤 경(Sir Thomas Gresham, 1519~1579)은 엘리자베스 여왕에게 한자 동맹이 잉글랜드 무역의 상당 부분을 차지할 뿐 아니라 잉글랜드 선박 사용을 거부한다고 보고했다. 여왕은 스틸야드에서 한자 동맹을 축출했지만 함부르크, 브레멘, 뤼베크 등 독일 출신 상인들이 개인적으로 다시 돌아왔다.

한자 동맹의 쇠퇴는 유럽 교역의 큰 흐름이 바뀐 사실도 반영한다. 에스파냐와 포르투갈이 식민지 교역을 열었고 네덜란드와 잉글랜드도 성장했다. 또한 지금까지 한자 동맹 사업에 매우 중요한 역할을 했던 청어잡이가 발트해에서 북해로 이전한 것도 특기할 요인 중 하나다(아직 정확한 원인을 알 수 없지만, 물고기 떼가 돌연 서식지나 산란지를 바꾸는 경우가 있다고 하는데, 중세 말에 청어들이 무슨 모의를 한 것처럼 갑자기 발트해를 떠났다). 뤼베크 시장 유르겐 불렌베버(Jurgen Wullenweber)는 쇠퇴를 막기 위해 마지막 안간힘을 쏟았다. 발트 무역에서 네덜란드와 잉글랜드 선박의 참여를 막고자 했고, 한자 선박만 이용하도록 강제하는 법령까지 준비했다. 그러나 그의 시도는 실패로 끝났고, 그는 날조된 혐의로 체포되어 처형되는 말로를 맞았다. 결국 네덜란드, 잉글랜드 같은 신흥 상업 강국의 활동 그리고 푸거(Fugger) 가문의 회사 같은 국제적 무역회사의 도전으로 한자 동맹은 몰락을 피할 수 없었다.[Halliday]

여기에서 지적할 점은 한자 '동맹'은 쇠퇴했지만, 그렇다고 독일 도시들 혹은 독일 상인들 전체가 몰락한 것은 결코 아니라는 점이다.[Pelus-Kaplan 외, 51~57] 16세기는 오히려 유럽 경제의 번영기로 독일

12. 중세 유럽의 해양 세계

상인들도 크게 성장했다. 1580년경 뤼베크에서 선박이 출항하는 건수가 2,000건이 넘는데, 이는 15세기 말에 비해 3배였다. 함부르크도 일취월장했다. 다만 네덜란드나 잉글랜드가 유럽 바깥의 교역도 많이 수행한 데 비해 독일 상인들은 유럽 내의 무역에 집중하면서 매우 높은 수익을 올리고 있었다는 점이 차이가 나는 부분이다.

지중해 세계의 갈등과 부활

이제 지중해 세계의 발전을 추적해보기로 하자.

유럽 중세 전반기는 전반적으로 혼란의 시대였다. 게르만족의 이동을 시작으로 훈족과 불가르족, 마자르족 등이 침략해왔고, 아랍 세력이 지중해 남부를 장악했으며, 바이킹의 팽창이 혼란을 가중시켰다. 이런 와중에 지중해 세계의 일각에서 재생의 기운이 자라나고 있었다. 이탈리아 상업 도시들, 특히 베네치아가 대표적이다.

베네치아는 대단히 불리한 환경을 이겨내고 강력한 상업 공화국을 만들어낸 사례다.[남종국 2020, 5] '경작도 파종도 수확도 하지 않는 (non arat, non seminat, non vendemiat)' 약 414제곱킬로미터의 작은 섬은 생존하기에 적합하지 않은 곳이었다. 이민족의 침략을 피해 이탈리아 북부에서 이 섬으로 들어온 초기 주민들이 석호(潟湖)에 집을 짓고 살기 시작했을 때, 이곳이 후일 유럽 최고 경제 중심지로 부상하리라고는 누구도 생각하지 못했을 것이다. 이곳에서 생산하는 물품이라고는 소금이 거의 유일했다.[Braunstein] 주민들은 6세기부터 바지(barge)선을 이용해 포(Po)강을 따라 300킬로미터 이상을 올라가 파비아(Pavia)와 밀라노(Milano)에서 식량을 구해왔다. 강에서 시작한 이 항행 경험이 바다로 팽창해나가는 씨앗이 되었다.

도제(doge, 이탈리아 도시국가의 수장) 피에트로 2세 오르세올로 (Pietro II Orseolo, 재위 991~1009)는 여러 차례의 전투 끝에 달마티아 해적을 격파하고 아드리아해를 평정했다. 그는 또 외교적 능력을 발휘하고 특히 결혼 정책을 통해 비잔틴제국과 신성로마제국의 지원을 끌어냈다. 이런 일련의 일들이 베네치아 상승의 출발점으로 간주되었다. 이후 달마티아 해적 격파를 위해 출정한 사건을 기념하기 위해 성모 승천 대축일(8월 15일)에 베네치아와 아드리아해, 즉 땅과 바다가 결합하는 특별한 의례인 '바다와의 결혼식(sposalizio del Mare)'을 치른다. 도제를 비롯한 이 나라의 성속 고위 인사들 그리고 외교 사절들이 부친토로(Bucintoro, 御座船)를 타고 바다로 나간다. 도제는 "아드리아해여, 진실하고 영원한 지배의 표시로 우리는 너와 결혼하노라" 하고 선언한 후 축성받은 반지를 바다에 던진다. 이는 바다를 지배하겠다는 강력한 의지의 표현이다.

베네치아 정부는 교역을 증대하고 국가 안위를 지키기 위해 시민들의 상업 및 항해 활동을 규제했다.[Paine, L., 318-319] 상선의 무장을 의무화하여, 상인과 선원이 지참해야 하는 무기의 수량과 종류까지 철저하게 규정했다. 원래 원거리 항해 선박들은 함대를 이루어 함께 운행하는 게 관행이었으나, 1308년부터는 특히 키프로스, 실리시아 그리고 흑해 연안의 타나항구로 가는 경우에는 반드시 함대를 이루어 항해하라고 지시했다. 상선들은 대부분 사유 재산이지만 국가의 규제를 따르도록 해서 배 크기와 의장을 통일시켰다. 유사시

12. 중세 유럽의 해양 세계

바다와의 결혼식

베네치아의 화가 카날레토는 주로 베네치아에서 열리는 공식 행사들을 큰 폭의 캔버스에 그린 것
으로 유명하다. 이 그림은 성모 승천 대축일에 몰로 부두에서 행한 바다와의 결혼식 장면을 그린
1732년작 〈몰로 부두로 돌아온 부친토로〉이다.

에 동원하기 위한 것이다. 원래 베네치아의 조선소는 리알토(Rialto)
지역에 모여 있었으나 12세기부터 아르세날레(Arsenale)로 이전했
다. 이곳은 조선 작업 외에 무기 제작 및 보관도 담당했다. 전시에는
국가가 선박을 구매하고 필요하면 징발하거나 혹은 추가로 건조했
다. 4차 십자군(1202~1204) 당시 약 300척의 선박을 제공한 것이 한
예다. 또 선원을 확보하기 위해 교구에 등록되어 있는 20~60세 시
민들 중 추첨으로 12명당 한 명을 배에 타도록 했다. 그리고 나머지

아르세날레

1732년 카날레토가 그린 〈아르세날레 입구의 풍경〉이다. 지금까지 남아 있는 신고전주의 건축물인 아르세날레의 정문 포르타 마그나(Porta Magna)는 1460년쯤 지어졌으니, 12세기에 조선소가 막 이전할 당시에는 이 풍경과 좀 달랐을 것이다.

11명이 월 1리라씩 내고 여기에 정부가 5리라를 추가해서 지원했다. 다만 선원으로 뽑힌 사람이 6리라를 내면 다른 사람이 대신 갈 수 있었다.

제노바 상황도 유사하다. 이 도시는 배후 지역이 거의 완전히 막혀 있어서 그야말로 바다로 나가는 것만이 살 길이었다. 항구 여건은 지중해 지역 전체 중 손꼽히게 좋았다. 결과적으로 교역에 국운을 거는 수밖에 없었다. 제노바는 한편으로 흑해 방면 교역에서 두

12. 중세 유럽의 해양 세계

각을 드러내고 다른 한편 지중해 서쪽 방면으로도 활발하게 팽창해갔다. 아프리카 지역들과는 금을 수입하고 대신 노예, 모피, 주석, 목재, 곡물 등을 수출했다. 그렇게 얻은 금으로 비잔틴제국이나 이슬람권 지역에서 비단, 향신료, 의약품 및 기타 사치품을 구했다.[Paine, L., 320~321]

　11세기 이후 이슬람권과 비잔틴제국 모두 해상력을 상실해갔다. 제노바와 피사는 티레니아해에서 이슬람 해적을 진압했고, 아드리아해에서는 베네치아가 비잔틴제국에 함대 지원을 해주며 입지를 강화해갔다.[아불라피아, 426·433·438] 이슬람권과 비잔틴제국의 분열과 약화가 이런 식으로 베네치아와 제노바를 비롯한 이탈리아 상업 세력의 성장 배경으로 작용했다. 앞 장에서 본 대로 10세기를 경과하며 아바스왕조, 파티마왕조, 에스파냐 우마이야왕조가 모두 자신만이 진실한 칼리프라고 주장하며 경쟁했다. 비잔틴제국 또한 내분과 외침으로 쇠락의 길을 가고 있었다. 비잔틴을 위협한 것은 이슬람 튀르크 세력만이 아니다. 같은 기독교 세력 또한 위협을 가했다. 11세기에 노르만 기사들이 이탈리아 남부 지방에 용병으로 많이 들어왔다. 이들은 용맹성을 알아본 귀족들이나 도시들에 고용되어 점차 이탈리아의 정치 세계로 진입해 들어갔다. 특히 로베르 오트빌(Robert Hauteville), 일명 기스카르(Guiscard, '약삭빠른 인간')가 악명을 떨쳤다. 1059년 교황은 그를 풀리아(Puglia), 칼라브리아(Calabria), 시칠리아 공작으로 임명했다. 다만 그 자신이 비잔틴제국으로부터 이 지역을 빼앗아오면 그렇게 해준다는 약속이다. 2년 후 이 가문 기사들은 실제로 비잔틴 군대를 물리쳤고, 시칠리아로도 공격해갔다. 1060년 공격을 시작하여 1072년에는 팔레르모를 점령하고 곧이어 섬 전체를 지배하기에 이른다. 250년에 걸친 무슬림 지배를 끝장낸 것이다. 팔레르모 정복 한 해 전에는 비잔틴의 이탈리아 내 마지막 거점인 바리(Bari)를 차지했다. 이 가문은 이후 비잔틴을 위협했지만, 기스카르가 사망한 후 비잔틴은 일단 한숨을 돌리고 대신 셀주크튀르크의 위협에 대처하였다.

쇠락해가는 비잔틴제국은 강력한 셀주크튀르크의 위협에 직면했다. 비잔틴 황제 알렉시오스(Alexios) 1세(재위 1081~1118)가 군 지원을 요청하자, 이슬람 세력의 공격에 맞서 예수 성묘를 지켜야 한다는 명분에 공감한 서유럽이 군사 지원을 하기로 결정하여 십자군운동이 시작됐다. 군 병력의 이동에는 제노바와 베네치아 선박들이 동원되었다. 이탈리아 상인에게는 신의 영광과 자신들의 이익을 동시에 추구할 수 있는 좋은 기회였다. 오랜 기간 장기적으로 이슬람 해군이 약화되어 이 시기에 이르면 이탈리아 선박들이 비교적 원활하게 활동할 수 있었다. 십자군운동이 시작되자 지중해의 무슬림 지배력은 갈수록 약해졌다. 이탈리아의 제노바, 피사, 아말피(Amalfi), 베네치아 같은 해양 세력들이 상승세를 타고 지중해의 무슬림 교역 루트와 영토를 되찾기 시작했다. 십자군운동은 그동안 약세였던 서유럽이 힘을 쌓아 해외로 팽창해가는 정황을 보여준다.

파티마왕조 이집트의 해군은 너무 광대한 지역에 걸쳐 배치되어 있는 데다가, 지중해 지역에서는 물 확보에 어려움을 겪는 등 여건이 좋지 않았다. 게다가 960년대에 키프로스와 크레타를 비잔틴제국에 상실하여 약화된 상태였다. 이후 2세기 동안 서구는 성지를 향

12. 중세 유럽의 해양 세계

해 수많은 병력과 물자를 송출했다. 파티마왕조는 12세기 초중반 이스라엘 중부의 지중해에 면한 도시 아슈켈론(Ashkelon) 앞바다에서 벌어진 해전에서 패배하면서 강력한 해상 세력으로서의 지위를 상실했다.[남종국 2020, 8-9] 동지중해에서 이슬람 선박 수는 급격히 줄어들었다. 한 예로 12세기 후반 이베리아반도 출신의 여행자 이븐 주바이르(Ibn Jubayr, 1145~1217)는 메카 순례를 다녀오면서 왕복 구간 모두에서 제노바 선박을 이용했다. 비잔틴제국 또한 쇠락해가서 이미 11세기부터 아드리아해 장악을 포기하고, 대신 이탈리아 선박의 지원에 의존하고 있었다. 베네치아인들은 비잔틴에서 자유 교역의 특권을 보장받고 심지어 면세까지 누렸다. 경쟁자인 피사와 제노바의 경우에는 교역은 가능하나 4~10퍼센트의 세금을 내야 했다.[Paine, L., 320] 1453년 콘스탄티노플 함락으로 무너질 때까지 비잔틴의 해군력은 취약하기 그지없었다.

지중해 상황은 격변의 연속이었다.[Paine, L., 323-327] 기본적으로 기독교 세력과 이슬람 세력이 동부 지역과 이베리아반도에서 그리고 해상에서 충돌하고 있었다. 다만 이슬람권이 기독교권에 대항하는 공동 전선을 펼친다든지 반대로 기독교권이 이슬람권에 대항하여 조직적인 합동 작전을 펴는 따위의 일은 없었다. 지중해 한복판에 위치한 시칠리아는 여전히 태풍의 눈 역할을 했다. 이 섬은 기독교, 이슬람, 동방정교회, 유대교 등 다양한 신자들이 모여 살고 그 문화들이 융합되는 국제적인 중심지였다. 그런데 이 지역 지배자가 된 노르만인이 1차 십자군운동에 적극적으로 참여하지 않아 의심을 받았다. 에스파냐에서는 제노바가 레콩키스타를 돕는 조건으로 특권을 받았다. 카탈루냐의 토르토자(Tortosa)항을 정복하는 전투에서 제노바는 225척의 갤리선과 1만 2,000명의 군 병력을 지원했다. 그리고 이에 대한 반대급부로 교역상 특권적 지위를 굳혀가는 한편, 북아프리카 항구도시들(베자이아, 세우타 같은 곳들이 대표적이다)과 협상을 통해서 교역도 병행했다. 한편 1147년 기독교 세력이 리스본을 탈환할 때에는 플랑드르, 노르망디, 스코틀랜드, 잉글랜드 등 북유럽군의 도움을 받았다. 참가한 지역들 모두 교역 특권을 허락받았다. 이처럼 지중해권은 전쟁과 교역이 동시에 진행되는 상황이었다. 현재 우리에게는 전쟁과 동시에 무역이 발전하는 것이 기이해보일지 몰라도 사실은 역사상 흔히 있는 일이다.

비잔틴제국이 겪은 가장 기이한 사건은 4차 십자군운동이다. 이번 십자군은 이집트 방면으로 우회하여 이슬람권을 공격할 계획이었다. 카이로를 통해 튀르크 세력을 공격하겠다는 목표에는 분명 인도양 교역을 차지하겠다는 상업적 고려도 작용했다. 병력과 물자 운송은 베네치아가 담당했다. 이들은 운송비로 8만 5,000마르크를 받기로 했는데, 이는 은 2,000킬로그램에 해당하는 거액이며, 잉글랜드 국왕 혹은 프랑스 국왕의 연 수입의 2배에 해당하는 액수다. 이때 비잔틴 황실 내 권력 투쟁 문제가 십자군운동과 뒤얽혔다. 폐위된 전 황제의 아들 알렉시오스가 현 황제 알렉시오스 5세를 축출하고 제위를 차지하는 데 도움을 주면 큰 금액을 제공하겠다고 제안했고 십자군은 이 제안을 수용했다. 쿠데타는 계획대로 실현되었지만 새 황제는 약속한 금액을 제공하지 못했다. 1204년 십자군은 콘스탄티노플을 약탈했고, 권력을 장악하여 라틴왕국을 건설했다.

12. 중세 유럽의 해양 세계

베네치아는 비잔틴제국의 3/8을 획득하여 해상 제국으로 성장할 발판을 마련했다. '비잔틴제국 없는 베네치아는 상상도 할 수 없다'는 브로델의 말처럼 베네치아는 비잔틴을 한편으로 돕고 다른 한편으로 약탈하며 번영을 누린 것이다.[브로델 1997, 120] 이즈음 베네치아는 지중해 동부 통상로상의 주요 항구들을 지배하다시피하며 급성장했다. 제노바 또한 이 흐름에 뒤처지지 않았고, 특히 금융 부문에서 크게 발전했다. 이처럼 두 라이벌이 함께 성장하자 결국 충돌을 피할 수 없었다. 아드리아해 내에서 두 국가의 선박들이 서로 상대 선박을 공격하고 약탈하는 일들이 벌어졌다.

지중해와 대서양의 연결

전쟁과 교역이 함께 진행되는 복잡다기한 과정에서 '중세 상업혁명'이라고 칭하는 움직임이 일어났다. 특히 제노바와 베네치아는 지중해 전역과 흑해 연안 지역에서 사업을 펼쳤고, 알프스를 넘는 교역로를 통해 북유럽의 샹파뉴 정기시 및 독일 지역과 교역을 확대했다. 더 나아가서 지브롤터해협을 지나 대서양 방면으로 해로를 열어 플랑드르와 잉글랜드까지 항해가 가능해졌다.

1277년 니콜로초 스피놀라(Nicolozzo Spinola)가 제노바에서 플랑드르로 항해하는 데 성공했다. 제노바는 지중해 서쪽에서 계속 활동했기 때문에 이 바다를 잘 알고 있었다. 지중해에서 지브롤터해협을 넘어 대서양으로 나가는 항해는 쉬운 일이 아니다. 3월, 7~9월, 12월에 동풍이 불고 연안의 해류가 대서양 방면으로 흐르는 조

13~14세기 지중해-대서양 루트

건 등을 잘 이용해야 한다. 그렇지만 사실 지중해 선원들의 항해 실력을 감안하면 이런 정도의 어려움은 결정적인 방해 요소가 아니다. 그동안 지중해~대서양 항해가 이루어지지 않은 것은 역량 있는 배나 항해술이 없어서가 아니라 상업적 모티브가 없었기 때문이다. 바꿔 말하면 13세기에 지중해 상인들이 대서양으로 나아갈 동인이 생겼다는 것이다. 여기에는 두 가지 요소가 작용했다. 첫째는 지중해 지역 생산물을 대서양 연안 지역으로 수출하는 것이다. 예컨대

12. 중세 유럽의 해양 세계

직물업에 필수적인 요소인 명반(alum)이 지중해 동부 지역에서 많이 생산되는데, 이탈리아 선박들이 이것을 북해 연안 지역으로 수송했다. 둘째는 레반트 무역에 적신호가 켜졌다는 점이다. 그동안 큰 수익을 누리던 분야가 자칫 붕괴될지 모르는 상황에서 미리 다른 분야를 개척해둘 필요가 있었다.

이집트를 지배하던 파티마왕조(909~1171)는 힘을 잃어갔다. 한편으로는 십자군 세력의 공격을 받고 반대 방향에서는 몽골 세력이 침입해오는 상황에서, 입지를 강화한 군부가 정권을 잡아 맘루크제국을 개창한다. 맘루크란 노예를 뜻한다. 노예가 장군이 되고 왕조까지 연다는 것이 우리에게 다소 이상한 느낌을 줄지 모르지만, 이슬람 세계에서 노예는 주인에게 절대적 충성을 다하는 한 모든 종류의 일을 다 할 수 있어서 국가의 요직을 담당하는 것도 가능하다. 십자군에 대한 전쟁에서 큰 공을 세운 맘루크군 사령관 알 무이즈 아이벡(Al-Muizz Aybak)이 술탄의 미망인과 결혼하며 새 왕조를 열었다(1250). 노예가 이집트의 술탄이 된 데에 저항이 없지 않았으나 그는 곧 실력으로 정당성을 입증했다. 새 왕조는 중동 지역을 통제하는 강력한 세력으로 등장하여 몽골에 저항했다. 1258년 몽골이 바그다드를 점령했지만, 그 직후인 1260년 아인 잘루트(Ain Jalut) 전투에서 맘루크군이 시리아 주둔 몽골제국군을 격파하고 축출했다. 이어서 서유럽의 침략 세력들에 대해서도 강경하게 반격을 가했다. 1291년에 아크레(Acre)를 점령한 후 이집트, 시리아, 아라비아 내의 성지들을 통제했다.(Vagnon 2019a, 91~93)

맘루크가 서구의 공격을 막기 위해 항구들을 폐쇄하자 레반트 교역은 일시적으로 쇠락했다.(Heullant-Donat, 78~79) 기존 무역로가 막히자 대신 떠오른 것이 흑해 무역이었다. 대표적인 무역 중심지는 카파 (Caffa, 우크라이나의 페오도시야)다. 실크로드를 통해 이곳으로 다양한 상품이 유입되었다. 제노바와 베네치아는 이곳으로 찾아가 교역 활동을 했다. 그러면 이탈리아 상인들은 이제 흑해 지역을 믿고 모든 역량을 이곳으로 집중하면 될까? 그렇지는 않다. 이 지역은 정치·군사적 위험 요소들이 많아 언제 사업이 막힐지 늘 불안하다. 기존 교역 네트워크에만 의존하고 있을 게 아니라 새로운 항로를 열고 새 교역 시장을 개척할 필요가 있었다. 제노바가 1277년 북해로 항해하여 브뤼주 및 영국 시장과 연결로를 찾고, 남쪽으로도 모로코 해안을 따라 남하하여 사피(Safi)까지 간 것이 그런 이유였다.

여기에서 주목할 만한 사례가 1291년 비발디(Vivaldi) 형제의 모험 항해다. 이 시기에 맘루크 술탄은 레반트 정복을 완수했다. 레콩키스타(국토 재정복 운동)는 기독교권 이베리아반도에만 있는 게 아니다. 맘루크 역시 기독교도에게 빼앗겼던 영토 회복을 완수한 셈이다. 레반트 교역이 몰락 직전이니 다른 대안이 필요했다. 1291년 맘루크가 티레(Tyre)와 아크레를 점령하자, 이에 대한 대응으로 제노바는 몽골을 찾아가 이슬람권 이집트를 양쪽에서 협공할 생각까지 했지만 그것은 실현 가능성이 없다. 다음으로는 페르시아 일한국과 협상하여 함대를 만들어 인도양 교역을 홍해에서 페르시아만으로 향하도록 하는 아이디어도 나왔다. 그러나 이 또한 실현 가능성이 의심스럽다. 이 상황에서 1291년 봄 제노바에서 우골리노 비발디와 바디노 비발디 형제가 남아프리카를 돌아 인도양으로 항해

12. 중세 유럽의 해양 세계

하려 한 것이다. 비발디 형제의 출항에 대해서는 연대기 작가 자코
포 도리아(Jacopo Doria)의 기록이 있다.[Heullant-Donat, 75]

이 해에 테디시오 도리아(Tedisio Doria), 우골리노 비발디와 그의
동생, 그리고 몇 명의 제노바 시민들은 이전에 누구도 감행하지 않
았던 모험을 했다. 이들은 두 척의 갤리선에 의장을 하고 식량, 물,
그 외의 필요 물품들을 실은 후 5월에 삽타(Sabta)〔세우타〕해협을 향
해 떠났다. 그 목적은 대양을 건너 인도로 가서(per mare Oceanum ad
partes Indie) 상품들을 가지고 오려는 것이다. …… 그러나 이들이 고조
라(Gozora)라 불리는 곳을 지난 후 이들의 소식을 전혀 듣지 못했다.

왜 이런 모험을 했을까?[Heullant-Donat, 77~78] 그 전 해인 1290년 늦가
을, 여름에 티레를 출발한 배들이 들어와 레반트 지역에 관한 소식
을 전하는데, 맘루크가 해안 지역 일부에만 남아 있던 라틴 국가들
(십자군운동의 여파로 기독교 세력이 세운 국가들)의 마지막 잔존 세력
들을 공격하고 있다는 것이다. 이제 레반트의 상황이 최악으로 갈
가능성이 있으므로 다른 항로를 빨리 개척해야 했다. 도리아의 기
록에 의하면 비발디 형제는 분명 상업적 목적으로 인도 항해를 하
려 한다. 이탈리아는 이즈음 유럽 너머의 세계까지 조망하고 있었
다. 그동안 누적해온 팽창의 기운이 곧 대서양을 넘어 뻗어나갈 때
가 되었다.

유럽의 해상 세계는 도약 준비를 마친 상태다.

지중해는 위기를 넘겼다.(남종국 2020, 9~15) 이집트와 시리아를 통치하는 맘루크제국(1250~1517)은 조만간 이탈리아의 레반트 무역을 저해하는 세력이 아니라 오히려 최대 무역국으로 전환했다. 특히 베네치아가 최대 수혜자였다. 양측은 서로 원하는 것을 주고받았다. 맘루크제국이 필요로 하는 노예 병사는 베네치아와 제노바 상인들이 공급했다. 노예는 주로 킵차크 초원 출신의 튀르크인과 코카서스 지방 출신의 시르카시아인(Circassian)이었다. 반대 방향으로는 인도양에서 들어오는 향신료가 가장 비싼 상품이었다. 아시아 세계와 지중해 세계를 중간에서 중개하는 맘루크제국으로서는 향신료 교역의 관세 수입이 아주 긴요한 재정 수입원 중 하나다. 따라서 맘루크제국은 베네치아공화국에 상업 특혜를 제공했고, 베네치아 정부는 맘루크제국으로부터 향신료를 수송하기 위해 알렉산드리아행 갤리선단과 베이루트행 갤리선단을 운영했다. 또 한 가지 중요한 수입 상품은 원면이었다. 이탈리아로 들어온 원면은 남부 독일에서 받아 푸스티안(fustian)이라는 혼방 면직물을 대량 생산했다. 독일 상인들은 베네치아의 리알토 다리 근방에 상관(fondaco)을 두고 있었다. 남부 독일에서 개발한 은광에서 얻은 은을 가지고 와서 동방 상품을 구매하고 결제하면, 결국 이 은이 맘루크제국으로 들어갔다.

지중해의 해상 운송을 거의 전적으로 떠맡고 더 나아가서 대서양까지 연결하는 것은 이탈리아 선박이었다. 중세 말 흑해에서 이집트 알렉산드리아로 노예를 수송한 것은 제노바와 베네치아 선박이었다. 소아시아반도에서 생산된 명반 등의 상품을 대서양으로 수송한 것은 제노바 선박이고, 향신료를 이집트와 시리아에서 서지중해와 대서양으로 수송한 선박은 베네치아의 대형 갤리선이었다. 이탈리아 외에 중요한 세력으로는 아라곤왕국이 있는데, 이 나라 상인들은 시칠리아와 남부 이탈리아를 장악하고 서부 지중해 교역에서 두각을 드러냈다.

교황은 이교도와 교역하는 이탈리아 상인을 비난했으나 대세를 막지는 못했다. 1322년 금지령을 어기고 맘루크제국과 교역한 베네치아 상인을 색출하기 위해 특사를 파견했을 때, 베네치아 정부는 상인들을 보호하기 위해 외교적 노력을 기울였다. 1327년 도제 조반니 소란초(Giovanni Soranzo)는 교황 요한 22세에게 "우리 도시는 교역으로 먹고 삽니다"라고 호소하며 무역금지령을 완화해달라고 간청했다.(남종국 2015, 251~259)

중세를 거치며 유럽은 위기를 극복하고 다이내믹한 힘을 쌓았다. 맘루크제국의 등장으로 레반트 무역의 붕괴를 걱정했지만, 위기를 넘기자 오히려 맘루크제국은 이탈리아 상업 세력과 긴밀한 교역 관계를 구축했다. 그와 동시에 이탈리아 상인이 새로 개척한 흑해 무역이나 대서양 항해는 그대로 발전했다. 한자 동맹은 북유럽의 경제 성장에 크게 기여한 후 쇠퇴해갔지만, 함부르크나 뤼베크 같은 독일 도시들은 오히려 더욱 성장했다. 여기에 더해 네덜란드와 잉글랜드 같은 신흥 상업 강국들이 본격적으로 발전할 채비를 갖추었다. 외레순 항로가 본격적으로 활성화되면서 소금과 포도주 같은 서유럽 상품이 동유럽 지역으로 가고, 대신 폴란드나 동프로이센의 곡물(밀과 호밀 등), 목재, 타르, 철, 대마, 아마 같은 원재료, 러시아산 모피 같은 사치품 등이 서유럽으로 들어왔다.● 브뤼주 같은 도시는 상업과 직물업에서 두각을 드러냈고, 그다음 시기에는 안트베르펜이 유럽 내 교역과 해외 교역까지 중개하는 교역 및 금융 중심지로 성장한다. 중세 말, 유럽은 본격적인 성장의 가도에 들어섰다. 유럽 내부의 힘이 외부로 발산하기 시작했다. 그중 하나는 새로운 아시아 교역 루트를 개발하는 것이다. 유럽은 이제 본격적으로 바깥세계로 팽창해나가려 했다.

● 외레순(Øresund, Öresund, 영어로는 the Sound)해협은 스웨덴 남단의 스코네반도와 덴마크 동부 셸란섬 사이의 해협으로 길이 80킬로미터. 너비 약 5.6킬로미터이다. 이 해협은 북해와 발트해를 연결하는 가장 중요한 해상 교통로로 발전했다. 덴마크의 국왕 포메라니아의 에리크는 이 해협을 지나는 선박에 통행세를 부과하였는데, 이는 1857년까지 지속되었다. 지나는 선박의 단속을 위해 해협의 폭이 가장 좁은 요충지 헬싱괴르(Helsingør)에 크론보르(Kronborg)성을 지었는데, 이 성은 셰익스피어의 《햄릿》의 무대로 알려져 있다. 16~17세기에 통행세 수입은 덴마크 재정 수입의 2/3를 차지할 정도로 컸으나, 반대로 상인들과 선주들은 비싼 세금에 저항하곤 했다. 15~19세기 5세기에 걸쳐 보관된 통행세 장부는 북해와 발트해를 오간 선박과 상품에 대한 정보를 담고 있어서, 서유럽과 동유럽 간 무역을 연구하는 데 핵심 자료이다.

12. 중세 유럽의 해양 세계

CHAPTER 13

유럽의 해상 팽창

1000년경부터 활기를 되찾은 유럽은 외부로 팽창할 준비를 하였다. 해외 팽창은 단순한 과정이 아니다. 선박이 개선되고 일부 용기 있는 선원들이 과감한 항해를 한다고 해서 자연스럽게 달성하는 종류의 일이 아니다. 먼 바다로 나가고 다른 대륙을 찾아나서는 데는 문명 전체의 준비 과정이 필요하다. 세계 전체를 파악하는 지적 틀을 재구성하고, 먼 바다로 항해해 나아갈 수 있는 도구들을 준비해야 하며, 그런 힘들을 추동하는 경제·정치 조직도 필요하다. 유럽은 그런 방향으로 시동을 걸었다. 우리는 앞에서 중국이 송대와 원대를 거치는 동안 해상력이 크게 발전했고, 명대 초에 정화의 남해 원정이라는 엄청난 해양 팽창을 한 사실을 살펴보았다. 그러고 보면 같은 시기에 유럽과 중국 양쪽에서 적극적인 해양 사업을 추진하고 있었다. 그러나 중국이 어느 순간 '해상 후퇴'를 한 반면 유럽이 '해상 팽창'을 지속한 것이 근대 세계사의 중요한 전환점이 되었다. 유럽은 바닷길을 열고 세계를 향해 나아갔다. 유럽이 '발견'한 것은 대륙이 아니라 세계의 바다였다.

　1321년 9월 24일 아비뇽. 베네치아인 마리노 사누도(Marino Sanudo, 일명 토르셀로(Torsello), 1260년경 출생)가 교황 요한 22세에게 자신의 저서 《십자가에 충실한 자들의 비밀의 책(Liber Secretorum Fidelium Crucis)》을 제시하며 예루살렘 회복 계획을 제안했다.[Vagnon 2019a, 91~93] 이 책에는 다양한 축적의 마파 문디(mappa mundi, 중세 세계지도)가 들어 있다. 제노바의 전문 지도 제작자인 피에트로 베스콘테(Pietro Vesconte)가 제작한 이 지도들은 지중해 너머의 세계를 자세히 그렸으며, 인도와 이집트를 포함해서 유럽과 중앙아시아 사이의 교역로들을 보여주고 있다. 특히 그 당시 인도양에 대한 최신 지리 지식들이 반영되어 있다.

　당시는 성지 회복을 꿈꾸는 동시에 레반트 지역의 상업 거점들을 어떻게든 지키려고 노력하던 때였다. 1250년경 이집트의 맘루크제국이 등장해서 몽골을 축출하고 성지들을 장악했을 뿐 아니라 레반트 교역을 통제한 사실은 앞 장에서 본 바와 같다. 마리노 사누도가 교황과 면담하던 당시 맘루크제국은 유럽과 인도양 사이의 길목을 막고 교역을 저해할 가능성이 컸다. 사누도는 맘루크제국을 힘으로 눌러 성지들을 되찾고 상업 이익도 확보하자는 제안을 한 것이다. 그러기 위해 자세한 지리 설명을 제시할 필요가 있었다. 우선 지중해에서 인도양까지 세계적 차원의 설명을 한 다음, 나일 델타 지역에 대해 따로 더 자세하게 분석한다. 그가 말하는 전략의 핵심은 해군력으로 지중해 쪽 알렉산드리아와 홍해 쪽 카이로를 봉쇄해서

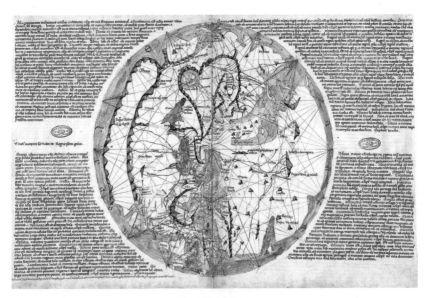

베스콘테의 세계지도

사누도가 집필한《십자가에 충실한 자들의 비밀의 책》에 들어 있는 지도로, 14세기 유럽인의 세계 인식을 확인할 수 있다.

이집트로의 상품 유입을 막아 술탄의 수입을 없애자는 것이다. 대신 베네치아인을 비롯한 기독교 상인들은 페르시아만, 시리아 북부 그리고 흑해나 키프로스를 이용해 교역을 하자는 아이디어다. 물론 모든 이탈리아 상인들이 그의 강경론에 찬성한 것은 아니다. 어떻게든 레반트 교역을 지속하는 게 이익이라고 생각하는 사람들도 많았다. 어쨌든 사누도는 세계적 차원의 지정학적 요인을 고려하고 있으며, 경제 요소가 승리의 요인이라고 판단하는 혜안을 보여주고 있다. 다만 그의 정치·군사적 계획에는 여전히 중세적 상상의 요소들이 동원되고 있다. 몽골 및 사제 요한 왕국(아시아에 있다고 하는 전설상의 기독교 왕국)과 동맹을 맺자는 주장이 그것이다. 말하자면 중세적 꿈과 근대적 기획이 혼재된 상태였다. 하여튼 유럽·아시아·아프리카 세 대륙을 군사적으로 통합하여 이슬람권으로부터 성지를 되찾자는 거대한 계획안을 설득력 있게 전달하기 위해 마파 문디가 필요했던 것이다.

이 지도의 전체 모습은 전통적인 마파 문디 유형 그대로다.(Vagnon 2019a, 94~95) 전체적으로 둥근 모양을 하고 그 안에 세 대륙이 배치되었으며, 정중앙에 예루살렘이 있고 방위는 동쪽이 위다. 그리고 영국부터 중국, 스칸디나비아에서 아프리카까지 당시 알려진 여러 정보를 담고 있다. 아라비아반도, 나일 델타의 주요 전략 지점들, 키시섬, 아덴, 제다, 메카 등 주요 교역 지점도 나온다. 멀리 중국도 보이고, 아프리카에는 에티오피아와 누비아 등 기독교 국가들이 표시되어 있어서 사누도의 아이디어를 잘 설명한다. 이 지도를 보면 14세기에 유럽의 상인, 전략가, 모험가 등은 이미 전 지구적 차원의 사고가 가능했음을 알 수 있다.

이런 사고를 더 발전시키는 데는 이슬람권에 보존되어 있던 고전의 재발견도 한몫했다. 대표적인 저작은 프톨레마이오스의 《지리학》이다.(Vagnon 2019b, 111~112) 프톨레마이오스는 서기 2세기 알렉산드리아의 유명한 수학자·지리학자·천문학자인데, 중세 서구의 지식인들은 잃어버린 그의 저서를 애타게 찾았다. 그 책을 1409년 야코포 안젤리(Jacopo Angeli, 1360~1411)가 그리스어에서 라틴어로 번역하여 소개했다. 부록으로 실린 지도가 원저자의 것인지 후대에 덧붙여진 것인지는 명확하지 않으나, 이 지도 또한 영향이 매우 컸다.

라틴어로 번역된 《지리학》
중세적 사고의 탈출구를 찾던 14~15세기의
지식인들에게 고전의 재발견은 중요한 자극
이었다. 2세기 저작인 《지리학》이 라틴어로
번역되어 15세기에 다시금 읽혔다.

서기 2세기에 나온 옛 책이 새
로운 사유에 영감을 준다는 것
은 매우 큰 역설이지만, 르네상
스 시기 인문주의자들은 고대
문헌의 연구를 통해 자신의 사
유를 비판적으로 점검해보는
경향이 있었다.

당시 서유럽은 최악의 위
기 상황이었다. 교회의 대분열
(Schisma)이 정점에 달해 심지
어 3명의 교황이 나타나 자신
이 진정한 교황이고 상대방
은 악마라고 주장하며 다투
고 있었다. 아울러 오스만튀
르크의 위협이 증대했다. 공동의 위협 앞에서 서유럽 가톨릭교회
와 비잔틴 동방정교회가 가까워지고, 비잔틴 학자들과 교류가 늘
었다. 문제는 당시 서유럽 학자들이 아직 고대 그리스어에 능통하
지 못하다는 점이다. 이때 비잔틴의 인문주의자 마누엘 크리솔로
라스(Manuel Chrysoloras, 1345~1415)가 1390년대 외교 사명을 띠
고 북부 이탈리아로 왔다가 피렌체에 초빙받아 그리스어를 강의했
다. 그 이전부터 그를 잘 알고 있던 야코프 안젤리가 다리를 놓았
다. 크리솔로라스가 《지리학》을 라틴어로 번역하고 있었는데, 그것
을 제자인 안젤리가 이어받아 완수했다(누가 어느 만큼의 역할을 했는

지는 모른다). 사실 이미 한 세기 전에 막시무스 플라누데스(Maximus Planudes, 1255/1260~1305/1310)라는 콘스탄티노플의 수도사·학자가 《지리학》을 연구하면서 텍스트에 나온 사항을 지도로 표시하는 작업을 한 적이 있고, 어쩌면 이것이 번역에 사용되었을 가능성도 있다.[Vagnon II, 113~114] 이 책의 라틴어 번역본은 15세기에 필사되어 학자들이 읽었고, 15세기 말에 베네치아, 울름(Ulm) 등 여러 곳에서 인쇄되었다.

이 책은 당시 지식인들에게 큰 영향을 주었다. 지구 표면에 위도와 경도의 격자를 표시하는 법, 지구의 구형을 평면 위에 표시하는 방식 등 정밀한 방법론에 대해 숙고하게 해주는 동시에, 부록의 지도는 세계의 지리적 개관에 도움을 주었다. 피렌체에서는 이 책이 지식인들 사이에 중요한 대화 주제였다. 지구 크기, 대륙과 해양의 모습과 크기 비율, 더 구체적으로는 인도양의 규모, 열대 지역의 거주 가능성 여부, 이와 연관하여 새로운 해로 개척 가능성 등에 대해 논쟁이 벌어졌다. 이와 관련된 정보들이 유럽의 기존 사고 체계와 맞지 않아 논의를 촉발시켰다는 점에서 이 책의 의미가 크다. 예컨대 인도양이 닫힌 바다라는 견해는 곧 유럽 학자들에 의해 배척되었다. 프라 마우로(Fra Mauro)가 세계지도를 만들면서 자신은 프톨레마이오스를 따르지 않는다는 점을 분명히 밝혔고, 지구 크기에 관해 콜럼버스는 프톨레마이오스보다는 피에르 다이(Pierre d'Ailly)의 《이마고 문디(Imago Mundi)》의 주장을 따랐다.° 결국 수 세대의 연구 끝에 《지리학》은 낡은 지식이 되었다.[Vagnon 2019b, 115] 이 책이 가진 역설이 그것이다. 중세적 사고의 탈출구를 찾던 14~15세기 지식인들은 새로운 사고와 방법론을 구하기 위해 2세기에 나온 고전에서 출발했다. 이 책은 많은 자극을 주었지만 그 내용은 너무 낡은 것이어서 오히려 새로운 내용을 찾도록 촉매 역할을 한 것이다.

그러한 노력의 결실 중 하나가 1450년경 베네치아에서 제작한 프라 마우로의 지도다. 이 지도를 보면 유럽이 이제 세계로 나아갈 지적·정신적 준비를 어느 정도 완수했다는 느낌을 받는다. 이 지도는 세계지도 중 가장 중요하고 가장 상상력이 뛰어난 작품으로 평가받으며 '베네치아의 기적'이라 불린다.[Cattaneo, 125~126] 한 변 223센티미터의 사각형 안에 직경 196센티미터의 원형 지도가 그려진 형태로, 3,000개의 항목이 서술되어 있고, 도시, 사원, 도로, 국경 등을 나타낸 100여 개의 그림이 있다. 외곽에는 벨리니(Leonardo Bellini)가 그린 지상낙원도 있다. 프라 마우로 자신은 산미켈레섬에 있는 산미켈레 성당의 카말돌리회 수사라는 점 외에는 잘 알려지지 않은 인물이다. 그렇지만 그의 작품은 이후 매우 유명해져서 포르투갈 왕실이나 피렌체의 메디치 가문이 복사본을 요청하여 가져갈 정도였다.

프라 마우로의 지도는 아프리카 회항으로 모든 바다와 모든 세계가 연결된다는 사실을 보여준다.[Cattaneo, 127~128] 지팡구(일본), 자바, 자이툰(취안저우) 등이 바다를 통해 지중해와 직접 연결되고, 그 중

● 캉브레의 주교이자 추기경인 피에르 다이가 1410년경에 쓰고 1480~1483년경 루뱅에서 출판된 책으로, 제목은 '세계의 형상'이라는 뜻이다. 세계 각지의 지리 정보를 제시하되 여기에 더해 책력, 천문, 점성술, 논증, 신학적 내용 등 다양한 정보를 망라하는 백과사전 같은 책이었다. 콜럼버스의 사고 형성에 가장 중요한 원천이 되었다고 알려져 있다.[주경철 2013, 125]

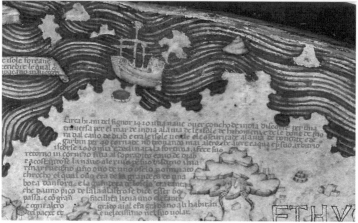

프라 마우로의 지도

1450년경 베네치아에서 제작한 지도로 서구의 해상 팽창 항로에 실질적으로 영향을 미쳤다. 아래
는 지도 중 아프리카 남단을 항해하는 정크선 부분이다.

간에 위치한 아덴, 호르무즈, 메카 등도 마찬가지다. '암흑의 바다 (Mare Tenebrarum, 대서양)'를 이용하면 방해물 가득한 육로를 피해 어디나 갈 수 있다. 이 지도에서 보여준 내용이 실제 서구의 해상 팽창 항로가 된다. 프라 마우로는 디오고 카옹(Diogo Cão), 바르톨 로메우 디아스, 바스쿠 다 가마 이전에 이미 해로를 통해 인도로 가 는 것이 가능하며 길이는 약 2,000마일이라고 '예언'한 셈이다. 지도 에는 아시아 내 가장 비싼 물품들, 특히 향신료들, 그리고 교역로들 이 그려져 있다. 그가 근거하는 자료는 마르코 폴로, 오도릭 다 포르 데노네(Odorico da Pordenone, 1286~1331, 인도양을 통해 중국까지 여행 한 프란체스코과 수사), 포지오 브라치올리니(Poggio Bracciolini, 교황청 의 인문주의자) 등 세 저자의 글이다. 특히 폴로의 책에서 지명, 아시 아 대도시들, 도로, 생산물 등의 정보를 추출하여 표시했으니, 이 지 도는 폴로의 책을 시각화한 것이라 할 수 있다. 중세의 다른 지도와 달리 매우 유용한 정보를 담고 있어서 이제 마파 문디가 중세의 꿈 이 아니라 근대의 기획으로 전환하고 있었다. •

이론서뿐 아니라 구체적 실무 지침서들도 출판되었다.[Paine, L., 380]

● 박현희 교수는 이 지도에 관해 중요한 세 가지 코멘트를 했다. ① 프라 마우로 지도는 폴 로와 기타 동시대의 저서들로부터 받은, 중국 여러 지역에 대한 풍부하고 실제적인 정보 를 적극 활용해 대부분의 중세 유럽 지도에서 보이는 극동 지역의 지상낙원 묘사를 대체 함으로써, 아시아에 대한 유럽인의 인식 변화에 기여했다. ② 폴로의 정보뿐 아니라 프톨 레마이오스를 포함한 고전 사료들의 오래된 정보도 함께 포함하고 있으므로, 이 지도는 동방에 대해 유럽인들이 가지고 있던 지식의 한계를 드러낼 뿐 아니라 근대로 이행하는 모습을 보이기도 한다. ③ 이 지도는 이슬람 사료들을 비롯해서 당시 유통되던 기타 아시 아 사료들을 이용했을 가능성이 높다.[박현희, 181~182]

추연(錘鉛, sounding lead)을 바다 밑에 던져 넣어서 깊이를 재고, 끝에 끈끈한 물질을 발라 거기에 달라붙어 나오는 바닥의 물질을 보고 (하얀 모래인지 조개껍데기 가루인지 등을 파악해) 위치를 짐작하는 요령 등을 단순히 구전으로 전하는 게 아니라 책으로 출판했다. 항해 관련 법령도 정비했다. 《바르셀로나 법령집(Il Consolat del Mar)》혹은 영국의 《해군성 흑서(Black Book of the Admiralty)》 등이 그런 사례다. 이 책은 예컨대 수로 안내인이 잘 모르는 바다를 안내하다가 사고를 낼 경우 자비 혹은 감형이 불가능하며, 그 책임을 아주 엄격히 물어서 '무조건' 참수하라고 명령한다.

이처럼 유럽은 13~15세기를 경과하며 세계를 파악하는 큰 틀의 그림을 잡아가는 한편, 구체적인 항해 지식을 체계적으로 지도에 표시하며 실무적인 사항들도 준비했다. 서구는 세계의 바다와 대륙을 향해 뛰쳐나갈 준비를 마쳤다. 이들이 제일 먼저 접한 곳은 대서양상의 섬들이었다.

대서양의 '행운의 섬들'

유럽에서 다른 대륙을 향해 나가는 항로상에는 아조레스(Azores), 카나리아(Canaria), 마데이라(Madeira) 등의 제도(諸島)들이 있다. 이들은 유럽의 '해외' 팽창의 첫 대상이라 할 수 있다. 이곳에서 실험하고 경험한 사항들이 장차 다른 대륙들에서 본격적으로 수행하게 될 행위의 중요한 선례가 되었다.

이 섬들은 원래 고대에는 잘 알려져 있었으나 중세로 들어오면서 연결이 끊겼고, '행운의 섬' 혹은 '행복의 섬(Fortunate Isles)'이라는 희미한 전설로만 남아 있었다. 생전에 지극히 선하고 고결한 삶을 살다 죽은 영혼들이 서쪽 바다 먼 곳의 낙원 같은 섬에서 행복하게 지낸다는 내용이다.(Delumeau, 9~10)

이 섬들을 유럽 선원들이 다시 찾아간 때는 14세기다. 교역이 성장하고 항해술이 발전하여 더 먼 바다로 나아가게 되면서 이 섬들을 재발견했고, 15세기가 되면 정복을 완료한다. 이때까지 생존했던 주민들은 몰살을 당하거나 노예로 끌려갔고, 유럽의 수요에 맞춘 산업이 이식되면서 자연환경이 피폐해졌다.

모로코에서 약 100킬로미터 떨어진 지점에 위치한 카나리아제도는 현재는 에스파냐 영토이다.(주경철 2009, 96~98) 테네리페(Tenerife), 푸에르테벤투라(Fuerteventura), 그란카나리아(Gran Canaria)를 비롯해 8개의 큰 섬과 그 외 크고 작은 다수의 섬들로 이루어져 있다. 대서양의 다른 제도들에 비해 면적이 넓고 생물학적으로도 다른 어느 곳보다 풍부하며, 무엇보다 고대부터 이곳에 거주해온 관체족(Guanches)이 살고 있었다. 관체족은 북아프리카 거주민인 베르베르인과 인종적으로 가까우며, 아마도 기원전 500년경 이 섬으로 이주해온 것으로 보인다. 이들은 고대 기록에도 알려져 있었다. 예컨대 소(小)플리니우스에 의하면 누미디아의 주바 2세가 카나리아제도와 마데이라제도에 탐사대를 보냈는데, 이 중 카나리아제도에는 사람이 살며 특히 사납고 큰 개들이 있다는 기록이 있다. 그래서 라틴어로 개를 뜻하는 'canis'에서 섬 이름이 유래했다고 하니, 사람들이 오해하듯 '새 섬(카나리아섬)'이 아니라 '개 섬'이었던 것이다.

관체족

카나리아제도 테네리페섬에 고대부터 거주해온 관체족의 생활을 복원한 관체박물관 전시 모형이다.

관체족이 처음 이 섬에 왔을 때는 상당한 정도의 문화 수준을 유지했을 터이나 멀리 격절된 곳에서 생활하다 보니 점차 문화 수준이 퇴보하여 거의 신석기시대 수준으로 고착되었다. 금속을 다루는 기술이 있었다 하더라도 이 섬에는 금속 광상이 없어서 결국 금속 무기나 도구 제작이 불가능했다. 1402년부터 프랑스인, 포르투갈인, 에스파냐인 원정대들이 찾아와 본격적으로 식민화를 시도했고, 최종적으로 1478년 에스파냐 원정대가 5년간의 전쟁 끝에 이 섬들을 정복했다. 관체족이 패한 이유는 무엇일까? 우선 배가 없으므로 8개 섬 주민들이 협력하여 저항할 수 없었다(심지어 각 섬들 간 언어도 다르게 진화한 것으로 보인다). 무기와 총포, 게다가 말을 처음 본

13. 유럽의 해상 팽창

주민들은 공포에 시달려 저항하지 못했다. 게다가 정신적으로 이미 유럽 문화에 침식당하고 있었다. 칸델라리아(Candelaria)라는 마을에 1400년경부터 성모 마리아 그림이 한 장 보존되어 있었는데, 이는 분명 이곳을 찾은 선원이 전해주었을 것이다. 언제부턴가 이 그림이 기적을 행한다는 소문이 돌았다. 그러던 어느 날, 유럽에 노예로 잡혀 있다가 돌아온 한 주민에게 이 그림이 무엇이냐고 묻자 그는 관체의 하늘과 태양 신의 어머니라고 설명했다. 작은 에피소드지만 이미 이 사람들이 강력한 유럽 문화의 공격에 침식당하고 있음을 짐작할 수 있다.

유럽인이 들여온 낯선 병균의 공격도 받았다. 많은 주민이 '모도라'라는 괴질에 걸려 속수무책으로 죽어갔다. 이 병은 아마도 티푸스가 아닐까 추측한다. 저지대를 먼저 장악한 에스파냐 원정대가 고지대로 도주한 관체족 사람들을 찾아 올라가보니 이미 널려 있는 시체들을 개들이 뜯어먹고 있었다. 살아남은 사람들은 노예로 끌려갔다. 그리고 이 섬에 토끼, 나귀 같은 유럽 가축들이 들어와 널리 퍼졌다. 이 섬은 유럽의 해외 진출 항로상의 중간 지점에 위치해 있어서 보급품을 준비하는 기지로 변했고, 조만간 유럽의 수요에 맞추어 사탕수수 같은 작물을 재배하는 곳으로 변모했다.

군사 공격, 전염병 확산, 노예화, 생태 환경 변화, 유럽산 작물 재배 등 이 섬들에서 일어난 일들은 장차 유럽의 해외 식민지에서 일어나게 될 일들의 축소판이었다. 말하자면 대서양상의 섬들은 '행운의 섬'이라는 이름과 달리 유럽 식민화의 불행한 모델 역할을 하였다. 다른 섬들도 유사한 상황을 맞았다. 마데이라섬은 이름 자체

가 '나무 섬'인 데에서 알 수 있듯이 삼림이 울창했고 땅이 기름졌
다. 이런 조건을 이용해서 밀농사를 지어 리스본에 식량을 공급했
으나, 곧 사탕수수 재배로 전환했다. 연료와 물이 충분하기 때문이
었지만, 이로 인해 곧 삼림자원이 고갈되고 말았다. 아조레스제도는
매가 많이 살아 '매 섬'(Azores, 매라는 의미)으로 불렸다. 이곳은 사람
보다 가축에게 더 유리한 환경이며 현재도 유제품이 유명하다. 이
섬에는 특히 플랑드르인들이 많이 찾아와서 일명 '플랑드르섬'으로
불리기도 했다. 그들은 인디고를 재배하여 플랑드르로 수출했다. 이
시기 지도에는 카나리아, 마데이라, 아조레스 같은 제도들이 실제보
다 과장해서 크게 그려져 있는데, 교역 허브로서 중요한 의미를 띠
기 때문이었다. 이 섬들은 말하자면 유럽의 '첫 번째 신세계'라 할
수 있으며, 대서양 체제 네트워크의 첫 출발점이고 식민화의 실험
실 역할을 했다.

선두에 선 포르투갈

근대 초 유럽 해외 팽창의 최선두에 섰던 나라는 포르투갈이다.
당시 포르투갈은 국토 8만 9,000제곱킬로미터에 인구가 100만 명에
불과한 소국이었다.(Philips, 48) 이 작은 나라가 전 세계 3대륙에 걸쳐
거대한 규모의 해상 네트워크를 구축하여 대항해시대를 연 것은 기
적에 가까운 일이다. 이 경이로운 위업과 연관하여 흔히 '항해왕자'
엔히크의 영웅적인 노력을 부각시키곤 한다.(Sapega, 48) 엔히크를 '귀
족적이고 고매한 인품의 영웅'이자 '르네상스적 발견을 대변하는 인

리스본에 있는 대발견 모뉴먼트
1940년 리스본 만국박람회 기념물
로 건조했다가 제거했으나 1960
년 엔히크 서거 500주년을 기념하
여 재건했다. 이 기념물은 엔히크
의 영웅적 행위에 초점이 맞추어져
있다. 카라크 선박의 선두에 엔히
크가 서 있고 그 뒤에 '발견의 영웅
들'이 있다. 이는 살라자르 독재정
권의 영웅주의적 역사 해석과 관련
이 있다.

물'로 그리곤 했다(평생 동정을 지켰다는 이야기도 덧붙이곤 한다). 그
렇지만 이처럼 한 인물의 영웅적인 면모를 구태의연하게 서술하는
것보다는 당시 포르투갈 사회 전체의 발전을 폭넓게 조망하는 것이
더 적실할 것이다.(Newitt 1986: 9~35)

포르투갈이 그토록 강렬한 해외 팽창의 힘을 가지게 된 원인으로
이 나라가 처한 독특한 이중적 성격에 주목할 필요가 있다. 포르투
갈은 두 가지 의미에서 두 세계 사이의 '경계'에 위치한 국가였다.

(주경철 2008, 2장)

첫째, 이 나라는 기독교권과 이슬람권의 경계에 위치해 있었다. 이베리아반도는 8세기에 이슬람 세력의 지배하에 들어간 이후 한편으로 오랫동안 선진 아랍·이슬람 문화의 영향을 받으면서, 다른 한편으로 이슬람 세력을 몰아내고 기독교권의 영토 회복을 완수한다는 레콩키스타(재정복운동)의 강렬한 종교·군사적 이데올로기를 유지했다. 지중해 너머 아프리카의 이슬람권과도 투쟁과 교역을 동시에 수행했다. 신앙의 적인 이슬람에 대한 공격이 이 나라의 기본 철칙이라 하면서도 놀랍게도 리스본 시내에는 이전부터 내려오던 이슬람 구역이 존재했다.(Martinière, 40) 이와 같이 편협성과 관용이 공존하는 상태가 나중에 아시아에서 식민지를 유지할 때 지배와 정복을 추구하는 동시에 교역과 전도에 진력하는 모순적인 태도로 재현되었다.

둘째, 이 나라는 대서양 세계와 지중해 세계의 경계에 위치해 있었다. 이 나라의 해외 팽창은 선진 지중해권의 지원을 받아 대서양으로 발전해나갔다고 할 수 있다. 이탈리아를 비롯한 지중해 지역 상인들은 오스만튀르크 세력의 강화로 레반트 무역이 쇠퇴 기미를 보이자 대서양 방면으로 방향을 바꾸어 교역을 추진했다.(Philips, 38) 이탈리아의 자본, 상인과 선원이 포르투갈과 에스파냐로 많이 유입되었다.(Jehel; Heers, 273-293) 대서양에서 이루어진 해외 팽창 사업은 어떤 면에서 이탈리아 국가들이 지중해에서 발전시킨 양식을 새로운 환경에서 변형시켜 구현한 것이라고 할 수도 있다. 즉 포르투갈의 해외 팽창은 근대적 현상이지만 그것은 중세 이래 준비된 것이다.

포르투갈은 에스파냐에 비해 훨씬 이른 시기인 13세기 중엽에 이슬람 세력을 축출하고 영토 회복을 완수했다. 1385년 리스본에서

13. 유럽의 해상 팽창

봉기와 내전이 일어나 아비스(Aviz)왕조가 들어섰는데, 이후 상공업 활동에 주력하는 초기 '부르주아' 계급이 전면에 등장하여 해외 팽창의 주도 세력이 되었다. 그렇지만 포르투갈의 해외 팽창 사업을 자본주의적 성격의 경제 사업으로 해석할 수만은 없다. 그 이면에는 모로코의 이슬람 세력을 무찌르고자 하는 십자군운동과 유사한 성전(聖戰) 성격이 매우 강하게 자리했다. 즉 경제적 이익을 추구하는 부르주아 성격과 호전적 군사 엘리트인 귀족 성격이 공존하는 방식이었다.

1415년 모로코의 지중해 연안 도시 세우타(Ceuta, 아랍어로는 Sabta)를 정복한 것은 통상 포르투갈 해외 팽창의 첫 번째 위업으로 간주되며, 브라질, 아프리카 동부, 인도 등지에서 일어날 사건의 최초 사례로 해석해왔다. 이러한 무리한 목적론적 해석에는 주의가 필요하다. 이 사건에 대한 설명은 거의 대부분 34년 후에 주라라(Gomes Eanes de Zurara)가 쓴 《세우타 정복 연대기(Chronica del Rei D. Joam I de boa memória. Terceira parte em que se contém a Tomada de Ceuta)》에 근거하고 있다. 이 책의 목적은 아비스왕조의 영광을 기리는 것이며, 국왕 아폰수(Afonso) 5세가 제국을 건설하리라는 메시아니즘 성격이 강하다.[Benhima, 116~117]

포르투갈은 이베리아반도 내에 마지막으로 주둔하고 있는 이슬람 세력의 근거지인 그라나다를 공격할지 모로코를 공격할지 오랫동안 주저하다가 1415년 주앙 1세(재위 1385~1433)가 모로코로 방향을 잡았다. 세우타의 모형을 만들어 포위 공격의 예행연습까지 한 후, 포르투갈군은 포르투와 리스본에 집결했다가 7월에 출항하여 8월 21일 총공격을 감행했다. 국왕과 왕세자 페드루가 주 공격을 맡았고, 엔히크는 선단을 지휘하여 이 도시를 단기간에 함락하고는 모스크를 성당으로 바꾸었다.

세우타를 공격한 목적이 무엇인지에 대해 그동안 역사가들이 논쟁을 벌였는데, 대체로 경제적 요인을 강조하는 주장이 많았다. 이곳이 교역 중심지로서 제노바, 마르세유, 아라곤 상인들이 많이 찾는 곳이며, 특히 아프리카 남부에서 생산된 금이 도착하는 지점이라는 것이다. 그렇지만 이런 주장은 오늘날 폐기되었다. 세우타는 이미 오래전부터 공격을 받아 1415년경에는 교역 중심지 기능을 하지 못하고 있었으며, 사헬의 금 운송은 이미 더 동쪽 루트로 바뀌어 있었다. 아프리카 금의 최종 종점이라는 이야기는 역사가들의 환상에 불과하다.

최근에는 세우타 공격의 정치 및 이데올로기 측면을 강조한다. (Benhima, 118~119) 포르투갈 왕국 수입의 1년 반치에 해당하는 막대한 자금이 들어간 이 거대한 기획은 15세기부터 강렬하게 끓어올랐던 십자군 이데올로기의 결과였다. 세우타 점령 이후 포르투갈의 팽창은 교황의 허락을 받아 십자군 깃발 아래 수행하였다. 1411년 경쟁국 카스티야와 평화조약을 체결한 이후 별다른 과업이 없던 군사 귀족들도 흔쾌히 참가했다. 그러나 이 전투에서 포르투갈이 승리한 중요한 요인 중 하나는 모로코의 내분이다. 술탄 가문 내 내전 상태였고 대기근 사태도 겪었다. 이 때문에 포르투갈이 비교적 쉽게 승리를 거두었으니 운이 좋았던 셈이다. 세우타는 1658년 리스본조약으로 포르투갈이 에스파냐에 넘겨 현재 에스파냐 영토로 남아 있다.

13. 유럽의 해상 팽창

세우타 정복 이후 북아프리카 내륙으로 진격해 들어가서 벌인 치열한 전투는 오랜 기간을 끌었고, 포르투갈에 재앙을 초래했다.(Martinière, 14~17) 두아르트(Duarte) 국왕(재위 1433~1438)은 탕헤르 전투에서 대패했고 왕제 페르난두가 포로로 잡히는 수모를 당했다(그는 1443년 페스 감옥에서 끝내 옥사하였다). 모로코 정복의 열정은 그 후에도 식지 않았다. 심지어 포르투갈의 아시아 사업이 한창 진행 중이던 1578년에 세바스티앙(Sebastião) 국왕이 군사를 이끌고 아실라를 직접 공격했다가, 알 카스르 알 카비르(al-Qasr al-Kabir) 전투에서 귀족 다수가 포로가 되고 국왕 자신이 사망하는 참사를 겪었다. 이 여파로 1580~1640년 기간 중 포르투갈의 왕위가 에스파냐로 넘어가는데, 이는 포르투갈의 식민지가 에스파냐의 통제하에 들어가는 결과를 가져와 세계사의 큰 흐름에 영향을 미쳤다.

이처럼 포르투갈의 초기 탐사는 이슬람권과의 투쟁 성격이 매우 강했지만, 물론 경제적 측면이 없는 것은 아니어서 금, 노예, 말라게타(malagueta, 매운 맛이 나는 향신료의 일종), 상아 등 아프리카 산물의 교역도 함께 수행했다. 이 시기에는 아시아로 항해해가는 것은 아직 목표에 들어있지 않았다. 그러는 동안 포르투갈 선원들은 아프리카 해안을 따라 계속 남하해갔다. 그들은 15세기 중에 평균적으로 1년에 위도 1도 정도씩 내려간 셈이다.● 그러나 포르투갈의 아

● 중요한 연대기를 정리하면 다음과 같다. 마데이라(1419), 아조레스(1427), 보자도르곶 (1434), 기니아만(1460년대), 적도(1473), 콩고강(1485~1486), 희망봉(1488), 바스쿠 다 가마 의 인도 항해(1497).

프리카 접촉은 해안 지역에만 국한되었을 뿐 내륙 깊숙이까지는 이루어지지 못했다. 내륙 지방의 질병이나 주민들의 군사적 저항 등에 막혔기 때문이다. 1434년 질 에아네스(Gil Eanes)가 심각한 심리적 경계선이었던 모로코 남쪽의 보자도르곶(Cabo Bojador)을 넘었다. 이후 포르투갈 선원들은 계속 남하하여 세네감비아에 도착하고 세네갈 먼 바다에 있는 카보베르데를 발견하는가 하면, 기니만을 탐사하고 적도를 넘었다. 1460년 엔히크가 사망한 시점에는 아프리카 해안을 따라 2,000마일을 남하한 상태였다.[Russel-Wood, 9] 일부 해안 지역에 거점들을 두고 제한적인 거래를 하는 데에 만족하면서 계속 남하하던 포르투갈 측은 처음에는 인도 항해는 생각하지 않았으나 실제로 가능성이 보이자 목적지를 인도로 상향 조정했다.

아프리카 회항

교황청에서는 두 개의 교황 칙서(Romanus pontifex, 1455, Inter caetera divinae, 1456)를 통해 포르투갈에게 아프리카 해안을 따라 남하하며 탐사를 하고 정복과 전도를 할 독점적 권리를 허락했다. 이 시대에 에스파냐와 포르투갈은 현재 우리가 보기에는 의아할 정도로 현실 정치에서마저 교황의 결정을 철저히 수용했다. 그렇다면 에스파냐에게는 어떤 길이 열려 있는가?

에스파냐와 포르투갈 양국은 알카소바스(Alcáçovas)조약(1479. 9. 4)으로 해외 탐사 방향을 나누었다.[엘리엇, 1장] 이 조약은 여러 의미에서 매우 중요한 내용을 담고 있다. 원래 이 조약의 핵심은 이사벨

13. 유럽의 해상 팽창

여왕의 카스티야 왕권(카스티야와 아라곤이 합쳐져서 조만간 에스파냐가 된다) 계승 문제였다. 포르투갈 측이 이사벨의 왕위 승계에 문제를 제기하고 자국의 후보인 후아나(Juana)를 밀어 갈등이 벌어졌는데, 이 문제에 대해 양국이 합의하여 다툼을 끝내고 이사벨의 왕권을 정식으로 인정한 것이다. 이렇게 이베리아반도 내 정치 문제를 매듭짓는 한편, 차제에 양국의 해외 팽창에 관한 방향 설정을 했다. 에스파냐는 카나리아제도에 대한 영유권을 가지고 포르투갈은 나머지 섬들, 곧 마데이라와 아조레스, 카보베르데를 영유하며, 더 나아가서 카나리아 남쪽에서 기니 방향으로 앞으로 발견될 땅들에 대해서도 포르투갈이 권리를 행사하는 것으로 결정했다. 다시 말해 포르투갈은 남쪽으로, 에스파냐는 서쪽과 북쪽으로 해상 팽창의 방향이 정해진 셈이다. 따라서 콜럼버스가 에스파냐에 입국하기 5년 전에 이미 이 나라는 아프리카 방향의 진출을 포기하고, 탐사 방향을 서쪽으로 정한 상태였던 것이다.

아프리카 남단을 돌아 인도로 가는 프로그램의 시동을 건 인물은 포르투갈 국왕 주앙 2세(재위 1481~1495)다. 그가 건설하도록 한 상호르헤 다 미나(São Jorge da Mina) 요새(현재 가나의 엘미나)는 아프리카 서안 교역과 더 남쪽 항해의 중간기지 역할을 했다. 이와 더불어 콩고왕국 또한 의미가 크다. 1483년 디오고 카웅은 콩고강 하구에 도착하여 그곳에 파드라웅(Padrão)을 세웠다.(Mendes, 130~131) 파드라웅은 리스본 근처에서 나는 석회암으로 만든 2미터 남짓의 비석으로, 윗부분을 십자가 모양으로 만들고 왕실 문장을 한 표식이다. 카웅은 1484년 이곳에서 4명의 인질을 데리고 포르투갈로 귀

파드라웅
1934년 포르투갈 식민지 전시회에 헌정
된 컬렉션의 일부로, 디오고 카웅이 세운
파드라웅의 복제품이다.

국했고 국왕으로부터 기사 작위를 받았다. 그 후 2차 항해를 하
여 나미비아까지 간 것은 분명하나, 곧 기록에서 사라진다. 콩고
왕국은 중앙아프리카에서 가장 인구가 많고 번영하는 곳으로 야
금, 광산업 등이 발전했다. 교황은 포르투갈에 이 나라에 대한 포
교 독점권을 인정해주었다. 이것이 결실을 맺어 1487년 콩고 왕
의 대사 카수타(Caçuta 혹은 Kasuta)가 포르투갈을 찾아왔고, 조아
웅 다 실바(João da Silva)라는 세례명을 받았다. 1491년 반대 방향으
로 3척의 카라벨선을 콩고강 근처 도시인 음핀다(Mpinda)로 보냈
다. 이해 5월 3일 은징가 아 은쿠우(Nzinga a Nkuwu)는 수도 음반자

13. 유럽의 해상 팽창

콩고(Mbanza Kongo)에서 '콩고의 주앙 1세'로 명명되었고, 그의 아들 음벰바 아 은징가(Mvemba a Nzinga)는 알폰소 1세가 되었다. 그는 왕실 내 파벌 싸움에서 애니미즘을 신봉하는 동생 음판주 아 은징가(Mpanzu a Nzinga)를 죽이고 왕으로 등극했다(재위 1506~1543). 그는 포르투갈 국왕과 서신 교환을 했는데, 그중 35통이 보관되어 있다(1512~1566). 이렇게 콩고는 가톨릭 국가가 되었다. 그렇다고 노예무역을 피하지는 못했다. 1525년부터 콩고강과 기니만에서 이스파뇰라, 쿠바, 푸에르토리코 등지로 노예를 직송했다. 포교에서 시작하여 노예무역으로 귀결되는 비극의 역사가 이렇게 시작되었다.

포르투갈은 최종 목표를 인도로 바꾸었다. 1487년 국왕 주앙 2세는 여러 명을 동시에 해외로 파견하였다. 아퐁소 다 파비아(Afonso da Paiva)는 에티오피아에 특사로 파견되었지만 중간에 사망했다. 페드루 다 코비야(Pedro da Covilhã)는 아랍어를 할 수 있었기 때문에 무슬림 상인으로 위장하고 5년 동안 아덴, 칸나노르(Cannanore), 캘리컷, 고아(Goa)와 동아프리카 등지를 다니다가 이집트로 갔다. 여기에서 동료가 에티오피아로 가다가 죽었다는 이야기를 듣고, 그동안 자신이 경험한 바를 보고서로 만들어 포르투갈 왕실에 보냈다. 그 내용은 캘리컷 교역이 매우 중요하며 기니해를 통해 도달할 수 있다는 것이다. 그러나 이 보고서는 아주 늦게 1490년대 후반에 가서야 왕실에 도착했다. 그 자신은 에티오피아로 가서 그곳에서 죽음을 맞았다.

국왕이 파견한 인물 중 해로로 떠난 인물이 바르톨로메우 디아스다.[Fauvelle, 135~139] 1487년 3척의 배로 항해해가서 인도양 진입에 처음으로 성공했다. 그는 지금까지 포르투갈의 아프리카 해안 탐사 방식과 다른 혁신을 이룩했다. 볼타(volta)라는 항해 방식은 아프리카 해안을 따라가는 게 아니라 먼 바다로 나갔다가 남반구 무역풍을 이용해 인도양 방향으로 곧바로 진입해 들어가는 방식이다. 그 결과 그는 아프리카 최남단(흔히 알려진 것처럼 희망봉이 아니라) 아굴라스(Agulhas)곶을 지나 1488년 2월 3~4일 자신이 사용 브라스 곶(Aguada de São Brás, 현재 이름은 모셀베이)이라 명명한 지점에 상륙했다. 이것이 아프리카 남단을 돌아서 상륙한 최초의 지점이다. 더 멀리 나아가서 3월 12일 부스만스(Boesmans)강 입구의 크바이후크(Kwaaihoek)에 상륙한다. 이날이 그레고리오 성인의 날이기 때문에 그레고리오 파드라웅(Padrão de São Gregório)을 설치했다. 국왕이 이 지점을 지배한다는 의미지만, 낯선 바닷가에서 소리 몇 번 지르고 돌 조각물 하나 꽂았다고 자국 영토라고 우기는 것은 코미디 같다고 할 수 있다. 디아스는 더 나아가서 인도까지 가고 싶었으나 선원과 간부 들이 계속 전진하는 데에 반대해 귀국을 결심했다. 돌아가는 길에 아프리카 남단 폭풍우 치는 바다 위의 봉우리를 보고 '폭풍우의 곶(Cabo das Tormentas)'이라 명명했으나, 나중에 포르투갈 국왕이 긍정적인 이름을 부여하자는 의미로 '희망봉(喜望峰, Cape of Good Hope)'으로 다시 명명했다. 그는 1488년 12월에 리스본으로 돌아왔다.*

여기에서 잠깐 희망봉 지역에 대해 살펴보고 넘어가도록 하자.(Fauvelle, 264~267)

희망봉 지역은 1500년경부터 유럽인에게 알려졌다. 수에즈운하

이전 시대에 아시아로 가는 모든 배들은 아프리카를 돌아가므로 희망봉은 여러 의미에서 매우 중요한 역할을 맡았다. 우선 대서양과 인도양의 경계로서 선원들이 항해하는 데에 중요한 참조 지점이었다. 특이하게 생긴 테이블(Table)만 덕분에 이곳이 희망봉 지역이라는 것을 금방 알아볼 수 있었다. 동시에 테이블만이 거친 풍랑을 막아주는 역할도 했다. 이곳 기후는 온화하고 물이 풍부하며, 현지인이 키우는 소와 양을 얻을 수도 있다. 그래서 이곳에서 보급과 선박 수리, 환자 치료 등을 하고, 믿을 만한 아프리카인에게 편지를 맡기기도 했다.

식민화가 처음 시도된 것은 1652년이다. 암스테르담 외항 텍셀(Texel)에서 출발한 3척의 배가 이곳에 남녀 거주자들을 내려놓았다. 목수와 석공도 포함되어 있었다. 종자와 도구 그리고 몇 달간의 식량도 내려놓았다. 이들은 곧 마을을 만들고 캅(Kaap, 곶)이라 불렀다. 이어서 더 많은 이민(vrij burghers)이 들어왔다. 20년이 지나도 인구는 겨우 100여 명에 불과했지만, 밀과 포도를 재배하며 거주지를 계속 유지했다. 곧이어 프랑스 위그노, 네덜란드 고아원 출신 여성, 바타비아에서 일하던 직원 등이 들어온 반면 현지인이 축출되기 시

● 1937년 남아프리카의 한 역사가가 크바이후크에서 파드라웅 돌 조각을 발견했다.(Fauvelle, 137~139) 오늘날 시멘트로 다시 만들어 설치했다. 18세기 네덜란드인 로버트 고든(Robert Jacob Gordon)의 일기와 편지에 이에 관한 내용이 나오는데, 아프리카 여인들 중 아이 못 낳는 사람이 찾아와 이 돌을 문지른다고 한다. 남근(phallus) 형상 돌에 대한 민속은 어디나 유사하다. 당시 이미 부서진 상태였고 몇몇 글자를 확인했다고 하나 20세기에는 그런 흔적을 찾지 못했다. 16세기 포르투갈 선장 페레이라(Duarte Pacheco Pereira)의 증언에 의하면 그 돌의 기록은 포르투갈어, 라틴어, 아랍어의 3가지 문자로 되어 있었다고 한다.

작했다. 1713년 2월 13일, 텍셀에서 온 배에서 천연두에 걸린 사람들이 내렸고, 곧 이 병이 이 지역에 널리 퍼졌다. 이것이 현지의 코이코이족이 사라져간 중요한 요인 중 하나다. 18세기 말부터 영국인이 남아프리카에 들어오기 시작하더니 1814년 케이프 식민지를 영국령(領)으로 만들었고, 밀려난 기존 식민지 주민들은 북동부 내륙으로 이동했다. 19세기 후반 남아프리카에서 금과 다이아몬드 광산이 발견된 이후 영국계와 네덜란드계 주민 간 갈등이 더 격화되었다. 1899년 보어전쟁에서 영국이 승리한 후 1910년 영국연방 아래 남아프리카연방이 성립하였다. 그 후 1961년 영국연방에서 탈퇴하고 남아프리카공화국을 세웠다.

인도 도착

아프리카 남단을 돌아 인도양으로 진입해 들어가는 데 성공했으니, 여기에서 한 걸음 더 나아가면 인도에 도달하게 된다. 이 단계에서 사업을 밀어붙인 왕은 마누엘(Manuel) 1세(재위 1495~1521)다. 국왕은 1497년 바스쿠 다 가마를 대장으로 삼아 선박 2척을 주고 아시아로 파견했다. 이때 마누엘의 의도는 성지를 빼앗은 맘루크에 대항하기 위해 '기독교도가 사는 인도'로 가서 외교관계를 맺는 동시에 교역 관계를 맺는 것이다.(Couto, 153~154) 이 시기까지도 중세적 이상과 근대적 기획이 섞여 있었던 것이다. 140~170명의 승무원 중에는 수로 안내인, 통역 그리고 10명의 '도형수(degredos)'가 있었다. 이들을 낯선 이국땅에 남겨두었다가 나중에 선박이 와서 그때까지

13. 유럽의 해상 팽창

살아있으면 태우고 돌아가되, 그러는 동안 아들이 현지 사정, 언어 등을 배우면 자유를 주고 통역으로 일하게 한다는 의도다. 다가마의 배는 희망봉을 돌아 모잠비크, 킬와, 몸바사 등지를 거치는 동안 무슬림들과 격렬한 갈등을 겪었다. 다만 말린디에서만은 호의적인 대접을 받았는데, 이곳이 몸바사의 라이벌이었기 때문이다. 이곳에서 현지인 수로 안내인을 고용하여 안전하고 빠르게 인도까지 항해할 수 있었다.● 그의 도움으로 22일의 항해 끝에 1498년 5월 20일, 인도 남서쪽에 위치한 캘리컷 해안에 도착했다. 인도로 가고자 하는 천년의 꿈이 드디어 현실로 이루어진 것이다! 이 사건은 포르투갈의 민족주의적 로망이 되었다. 카몽이스(Luís de Camões)의 민족주의적 영웅 서사시 《우스 루지아다스(Os Lusíadas)》(1572)가 대표적이다.(Couto, 151) ●●

사실 이 사건 하나로 당장 세계가 바뀐 것은 아니다. 그 이전에 이미 서구의 수도사들, 무슬림 상인들 그리고 러시아·토스카나·베네치아 여행자들이 인도에 들른 적이 있으므로, 역사상 최초의 인도 도착 사례라고 할 수도 없다. 예컨대 베네치아의 여행자 니콜로

● 흔히 오만 출신의 전설적 대항해인 이븐 마지드 자신이 선단을 안내했다고 하는데, 이런 허황된 이야기를 지금까지도 사실로 믿는다는 것 자체가 흥미롭다. 이 이야기는 다가마의 항해가 있고 훨씬 후대인 1575년에 아랍 세계에서 나온 잘못된 기록을 근거로 하여 1927년 프랑스의 학자 가브리엘 페랑(Gabriel Ferrand)이 만들어낸 신화에 불과하다. 이븐 마지드는 다가마 시대에는 이미 나이가 들어 그런 항해를 할 수가 없었다.(Couto, 153)

●● 카몽이스 자신이 가장 널리 세상을 돌아다닌 르네상스 시인으로 알려져 있다. 그는 모로코에서 한쪽 눈을 잃고, 결투를 벌인 벌로 아시아로 추방되었다가 메콩강에서 난파 사고를 당했다. 이때 자기 원고를 움켜쥐고 헤엄치는 동안 연인이었던 중국 여인은 익사했다.(Crowley)

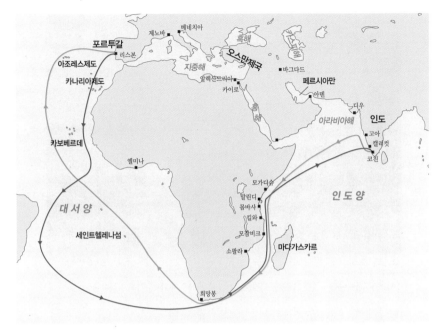

1497~1499년 바스쿠 다 가마의 인도 왕복 항해

데 콘티(Niccolò de´ Conti)는 1414~1439년에 아시아를 가로질러 여
행하였는데, 그때 캄바이 지방에 와서 캘리컷 북쪽의 델리 술탄국
을 방문한 바 있다. 다 가마가 오기 80년 전의 일이다.(Couto, 152) 사실
《페리플루스》이래 인도는 홍해와 페르시아만을 통해 계속 항해가
가능했다.

　다 가마는 캘리컷에 '도형수' 두 명을 상륙시켰는데, 놀랍게도 튀
니지 출신 상인 두 명을 만나 대화가 가능했다. 그들의 대화는 이렇
게 알려져 있다. "염병할 놈들! 어떻게 여기까지 온 거야?" "우리는
기독교도와 향신료를 찾아서 왔소."(Subrahmanyam 1993, 59) 이후에는 오

13. 유럽의 해상 팽창

캘리컷에 도착한 바스쿠 다 가마

1900년대 가메이로가 그린 〈1498년 캘리컷에 도착한 바스쿠 다 가마〉 회화 작품이다.

해의 연속이었다. 캘리컷의 비슈누 신전으로 안내되었을 때 이들은 칼리(Kali) 여신상을 보고 마리아상이라고 생각했다. 그들은 기독교도를 애타게 찾았지만 인도에서는 기독교도가 극소수일 뿐이라는 사실을 알 리 없었다.

현지의 국왕 자모린(zamorin, samudri raja, 혹은 samutiri '바다의 왕'이라는 의미)은 면, 비즈(Beads), 주석제 장식품, 바지, 모자, 기름, 꿀 등 포르투갈인이 가지고 온 보잘것없는 물품들을 보고 경멸의 표정을 지었다. 다가마는 자신이 공식 외교 사절이기도 하다고 생각하지만, 이들이 내놓은 물품은 공식 사절의 수준에는 한참 못 미쳐 궁정에서 놀림감이 된 것이다.(Couto, 154~155) 다가마가 떠나려 할 때 자모린이 돌연 그동안 구매한 향신료들에 대해 세금을 내라고 독촉했다.

서로 상대방 사람들을 구금하고 물품을 압류하는 등의 사고를 겪은 후에야 겨우 문제가 풀려서 이곳을 떠났다. 3개월(1498. 5. 27~8. 29) 체류 끝에 귀국하는데, 몬순 때를 놓쳐 아라비아해까지 가는 데 3개월이 걸렸고 이때 선원 30명이 사망했다. 이들은 1499년 포르투갈로 귀환했다. 유럽인의 첫 반응은 충격과 불신이었다. 베네치아의 작가 지롤라모 프리울리(Girolamo Priuli)는 "이게 사실이라면 아주 놀라운 일일 테지만, 나는 별로 신용하지 않는다"고 썼다. 물론 조만간 다가마의 항해를 사실로 받아들이지 않을 수 없었다. 이로써 프톨레마이오스의 세계관이 오류로 판명이 났다. 인도양은 대륙으로 둘러싸인 닫힌 바다가 아닌 것이 확실해졌다.(Crowley)

이 여행은 기존 아시아 교역의 구조를 근본부터 뒤흔들었다. 향신료가 들어오던 기존의 독점적 루트가 흔들린 것이다. 이제 마누엘 1세는 자신을 '에티오피아, 아라비아, 페르시아, 인도의 정복·항해·교역의 왕'이라고 불렀다.(Finlay, 1) 이는 가망 없는 희극적 이름으로 들리지만, 인도양 해역을 통제하여 독점 이익을 취하겠다는 의지는 실로 가상했다. 실제로 이런 집요한 노력이 결국 아시아 내 진입을 가능케 한 요소임에 틀림없다. 다가마는 아시아에 대한 생생한 정보를 가지고 왔다. 후추와 향신료 산지, 그 지역 내 향신료 교역, 인도 내 여러 국가의 실상, 그리고 무엇보다 아시아의 바다에는 강력한 함대가 존재하지 않으며 해안 지역에 총포를 갖춘 요새가 없다는 사실 등을 알려왔다.(하네다, 47)

후속 조치로 1500년 카브랄(Pedro Alvares Cabral)이 13척의 배를 지휘하여 인도로 향했다. 이때 그는 폭풍우에 밀려 우연찮게 브라질에 도착했다(연구자들 중에는 포르투갈이 이미 전부터 브라질 땅의 존재를 알고 있었고, 카브랄은 우연을 가장하여 계획적으로 이 지역을 찾아왔을 거라고 주장하는 이들도 있다.) 카브랄은 이곳을 포르투갈의 영토로 선언하고 다시 동진하여 희망봉을 돌아 1500년 9월 캘리컷에 도착했다. 그는 다가마보다도 더 심하게 자모린 및 현지 상인들과 갈등을 벌였다. 겨우 상관을 건설하는가 싶더니 무슬림의 봉기에 직면해 포르투갈인 40명이 사망했다. 이 사건 배후에 자모린이 있다고 판단한 카브랄은 대포를 쏴서 400~500명을 살해하고 배 10~15척을 침몰시켰다. 이후 캘리컷은 포기하고 남쪽으로 100마일 떨어진 코친(Cochin, Kochi)에 상관을 건설했다.

카브랄은 코친의 자모린과 성공적으로 협상해서 상관과 창고 시설 설치에 합의했다. 관계를 더 돈독히 하기 위해 자모린이 원하는대로 전투원들을 몇 차례 파견해주기도 했다. 그런데 이해 12월, 돌연 무슬림과 힌두교도의 공격을 받아 약 50명이 사망하는 사건이 일어났다. 분개한 포르투갈인들은 항구에 정박 중인 아랍 선박들을 공격해서 선원 약 600명을 살해하고 상품을 약탈한 다음 선박들에 불을 붙였다. 왜 갑자기 이런 사태가 벌어졌을까? 아랍 상인들은 갑자기 나타난 이방인들이 그들의 교역을 저해하는 데 대해 당연히 분노했다. 더구나 포르투갈 국왕이 자모린에 전한 친서에 아랍 상인을 배제해달라는 요청이 들어 있다는 사실이 알려졌다. 이것이 극렬한 충돌을 불러왔다. 포르투갈인들은 앞으로도 계속 이런 사태가 일어날 가능성이 높으니 지금 확실하게 본때를 보여주어야 한다고 판단해 아주 가혹한 복수를 한 것이다. 이것은 아시아에서 앞으로도 자주 보게 되는 포함외교(gunboat diplomacy)의 초기 사례라 할 것이다.

카브랄의 항해는 사업상으로는 대실패였다. 가지고 온 상품의 양도 적고, 선박은 8척이나 잃었으며, 전투 중에 많은 인력이 살해당했다. 인도로 간다고 무조건 큰돈을 버는 게 아니라는 사실이 분명했다. 이 상황에서 다가마가 자신의 자금을 대서 선박 20척의 대선단으로 2차 항해를 했다.[하네다. 48-51] 다가마는 해상에서 엄청난 폭력을 행사했다. 메카 순례를 마치고 돌아가는 선박을 멈추게 하여 샅샅이 조사하여 약탈한 후 사람들이 배 안에 있는 상태 그대로 불을 질러 모두 살해했다. 캘리컷에 와서는 모든 무슬림을 추방하라는 무리한 요구를 했는데, 이에 응하지 않자 400발의 포탄을 발사하여 쑥대밭을 만들었다. 이후 약탈과 교역을 통해 막대한 상품을 가지고 귀환했다. 초기에 아시아에 들어간 유럽인들의 폭력성은 이해하기 힘들 정도다. 하여튼 유럽의 포가 엄청난 위력을 발휘함으로써 이익의 기반이 된다는 사실이 확실하게 입증되었다.

콜럼버스

1492년 10월 12일 새벽 두 시경, 콜럼버스가 지휘하는 세 척의 배 중 하나인 핀타(Pinta)호 선원 로드리고 디 트리아나(Rodrigo de Triana)가 소리쳤다. "티에라(Tierra, 땅)!" 이들은 바하마제도의 구아나아니섬에 도착했는데, 당시에는 그들이 상륙하려는 땅이 지금까지 존재도 몰랐던 신대륙이라는 사실을 알 리가 없었다.

13. 유럽의 해상 팽창

콜럼버스의 신대륙 발견이 세계사적으로 중요한 사건이라는 점은 자명하다. 비록 바이킹 시대에 스칸디나비아 주민 일부가 아메리카대륙으로 건너간 적은 있으나, 거대한 역사의 변곡점이 되지는 못했다. 이와 달리 근대 국가가 뒤에서 강력하게 지원하는 콜럼버스의 항해는 세계사를 근본적으로 바꿔놓았다. 이 현상에 대해 프랑스의 역사학자 피에르 쇼뉘는 이렇게 표현한다. "중국인들은 할 수 있었으나 원하지 않았다. 오스만튀르크는 원했으나 할 수 없었다. 포르투갈인들과 에스파냐인들은 원했고 할 수 있었다."[Vincent, 143, Chaunu에서 재인용]

15세기 후반 상황을 보면 해외 개척 면에서 인도양 진입을 목전에 두고 있던 포르투갈이 에스파냐보다 앞서나갔다. 콜럼버스는 에스파냐 국왕에게 가서 포르투갈과의 경쟁에서 뒤쳐진 상황을 일거에 만회할 수 있는 새로운 길을 제시했고, 가까스로 지원을 받았다. 사실 콜럼버스는 다른 나라 국왕들의 지원도 기대하고 있었다. 동생 바로톨로메우를 통해 영국과 프랑스 왕실에 접근하였고, 콜럼버스 자신도 리스본에서 10년 이상 머물며 포르투갈 국왕의 지원을 기대했다. 이 모든 계획이 여의치 않자 에스파냐로 방향을 돌린 것이다. 그렇지만 에스파냐 왕실 또한 콜럼버스의 기획안을 심사한 끝에 성공 가능성이 매우 낮다고 판단하여 여러 차례 기각했다가 어렵게 지원 결정을 내렸다.

콜럼버스가 이탈리아의 제노바 출신이라는 점에 대해 이제는 학계에서 의심하지 않는다(일부 지역에서는 여전히 콜럼버스가 자기네 고장에서 태어났다고 주장한다. 코르시카가 대표적이다). 앞에서 설명한 바처럼 실제 해상 팽창을 구현한 것은 에스파냐와 포르투갈의 힘이 크지만, 실상 그 이면에는 지난 시대 경제의 중심축이었던 이탈리아의 자본과 기술, 인력이 큰 기여를 했다. 다름 아니라 콜럼버스가 가장 중요한 사례에 속한다.

콜럼버스는 제노바의 소시민층 가문에서 태어났다. 그의 집은 아마도 작은 직물업 가게를 운영했고 어릴 때 콜럼버스 자신도 직조일을 했을 가능성이 있다. 여기에서 중요한 점은 그가 귀족이나 부유한 부르주아 출신이 아니어서 사회적 상승의 꿈을 가지고 있다 하더라도 실현하기가 쉽지 않았으리라는 것, 그리고 제대로 된 공식 교육을 받지 못했다는 것이다. 아마도 어린 시절 고향 도시에서 기본적인 읽기와 쓰기, 셈하기 등 초등교육을 받았을 가능성이 있으나, 그가 가지고 있는 지식은 '독학'의 결과였다. 1476년 이래 라틴어본으로 보급된 프톨레마이오스의 《지리학》을 읽었고, 중국은 포르투갈에서 고작 5,000마일 떨어져 있다는 토스카넬리의 견해도 접했다. 흔히 이런 정도만 언급하지만, 콜럼버스는 당시 기준으로는 상상하기 힘들 정도로 방대한 양의 독서를 했다. 콜럼버스가 소장하고 읽은 책, 특히 그 안에 그가 독서하며 메모한 내용들이 연구되어 있어서 이를 통해 그의 정신세계를 유추해볼 수 있다. 그의 세계관은 중세 지리학의 기원이라 할 수 있는 아랍 지리학에서 기원을 찾을 수 있다. 그리고 신학과 점성술이 기묘하게 뒤얽힌 신비주의 성향이 매우 강하다는 특징을 보인다.[주경철 2013, 9~11장] 독학자가 흔히 그러하듯이, 콜럼버스는 자신의 사고에 유리한 방향으로만 고집스럽게 정보를 모아서 자기 신념을 더욱 강화하는 폐쇄적 사고를

13. 유럽의 해상 팽창

했다. 그가 견지하는 핵심 내용은 지구가 작고 또 육지와 바다 비율이 6:1로 육지가 훨씬 크다는 것이다. 그러면 결국 유럽에서 아시아까지 항해 거리가 지극히 짧아지는데, 이것이 서쪽으로 항해해가도 중국이나 일본 혹은 인도에 도착할 수 있다는 계획안의 근거였다. 그는 중세 세계관의 포로인 상태여서, 세계는 3개의 대륙으로 구성되어 있고 대서양은 아주 작은 바다라고 믿고 있었다. 마르코 폴로의 애독자로서, 당대 다른 사람들과 마찬가지로 폴로가 이야기한 꿈같은 이야기들을 있는 그대로 믿었다.(Zysberg)

콜럼버스는 종교적 신념과 유사 과학에 근거한 낙관적 견해 그리고 신분 상승의 꿈을 안고 아시아 항해를 제일 먼저 완수하려는 원대한 포부를 가지고 있었다. 그런 계획을 도와줄 스폰서는 국가 수준이 아니면 불가능하다. 여러 척의 배를 준비하고 선원과 물자 등을 갖추어야 하는 탐험 사업은 매우 큰 비용이 들기 때문에 국가의 지원을 받아야만 가능한 일이다. 따라서 지원을 받기 위해서는 전문가들로 구성된 위원회에 사업계획서를 제시하여 승인을 받아야 한다. 그런데 에스파냐 왕실에서 심사위원회를 꾸려서 그의 제안을 여러 차례 검토했지만 매번 기각했다. 이런 무모한 항해를 하면 살아 돌아올 가능성이 없다고 판단했기 때문이다. 중국이 카나리아제도에서 서쪽으로 3,500마일 떨어져 있다는 그의 주장보다는 위원회 위원들의 지식이 훨씬 더 정확했다(실제로는 콜럼버스가 추산한 거리의 4배이므로, 중간에 아메리카대륙이 존재했다는 사실을 알 수 없었던 당시 상황에서는 콜럼버스가 말한 항해를 하면 생존 가능성이 없다고 판단한 게 당연하다).

1492년 극적으로 이사벨 여왕이 콜럼버스 계획안을 지원하기로 결정한 것은 여러 요인이 작용한 결과다. 콜럼버스의 기획이 성공 가능성은 낮으나, 혹시라도 이웃 국가가 먼저 시도하여 성공하면 에스파냐에 타격이 클 것이라는 루이스 데 산탄헬(왕실 서기로서 재정 문제를 담당했던 관리)의 설득이 큰 도움이 된 것은 분명하다. 하지만 이처럼 경제적 이해타산만으로 결정된 것은 아니다. 1492년은 에스파냐로서는 실로 '기적의 해(annus mirabilis)'였다. 무엇보다 레콩키스타를 완수한 해였다. 8세기 이래 이베리아반도에 들어와 있던 이슬람 세력을 점차 밀어내다가 이제 마지막 근거지인 그라나다를 최종 함락한 것이 같은 해 초였다. 콜럼버스 자신도 1월 2일 알람브라 궁성에 기독교 깃발이 날리는 역사의 현장을 직접 보았다. 이 사건은 1453년 콘스탄티노플 함락에 대한 복수로 여겨졌다. 콜럼버스 또한 이제 자신의 의지가 펼쳐지리라 직감했을 터이다. 곧이어 유대인을 축출했다. 1492년 3월 31일 카스티야, 아라곤, 시칠리아의 유대인에게 기독교 세례를 받으라고 명령하고, 이를 어기면 4개월 내에 에스파냐 땅을 떠나라고 지시했다. 그 후에도 개종한 사람들이 정말로 기독교도가 되었는지 지속적으로 감시했다. 에스파냐는 가톨릭의 최종 보루 역할을 국가의 중요 의제로 삼으면서 새로운 국가로 거듭났다. 이런 일련의 사건을 경험하면서 에스파냐에는 메시아적 분위기가 퍼졌다. 콜럼버스의 유사 종교적이고 경제적인 사업 계획은 이런 분위기에서 최종 승인을 얻었다.

콜럼버스는 기함(旗艦) 산타마리아호와 니냐호, 핀타호 등 3척의 선박을 구했다. 세 척 모두 길이가 20미터 남짓한 소형 선박이었다

(24×11미터의 테니스코트와 비교할 만하다). 작은 배를 선택한 이유는 재정 문제 때문일 수도 있겠으나, 원래 낯선 지역으로 탐험하는 배는 작은 배가 더 유리한 측면도 있기 때문이다. 1492년 8월 3일 팔로스(Palos)항을 출항한 콜럼버스 일행은 9일 후 카나리아제도에 도착해서 약간의 수리를 한 후 다시 항해를 속행, 10월 12일 새벽 드디어 구아나아니섬에 도착했다. 콜럼버스는 이 섬을 '산살바도르(San Salvador, 구세주)'라고 다시 이름 지었다.

콜럼버스가 자신이 꿈에 그리던 아시아대륙에 도착했다고 믿은 것도 무리는 아니다. 중국이나 일본이 있으리라고 생각했던 바로 그 지점에 상륙했기 때문이다. 그렇지만 쿠바를 비롯한 주변 지역들을 탐험해보았으나 화려하고 부유한 아시아 대도시의 모습은 어디서도 찾을 수 없었다. 그러는 동안 산타마리아호가 사고로 침몰해서 모든 인원을 데리고 갈 수 없게 되자 '나비다드(Navidad)'라는 이름의 요새(실제로는 통나무 집 수준이지만)를 세우고 39명을 현지에 남겨두기로 결정한다. 현지인인 타이노인 7명을 붙잡아 에스파냐로 데리고 가서 기독교와 언어를 가르쳐서 통역 임무를 맡기고자 했다. 신대륙을 둘러본 후 얼마 안 가 콜럼버스는 현지 주민들을 지배하고 착취할 생각을 하게 되었다. 타이노족과 만나 거래를 해본 직후 "이들은 몸이 건강하고 우리 말을 잘 알아듣는 것을 보니 훌륭한 하인이 될 것"이라고 판단했다.[Rogers] 귀국 후 '아시아로 가는 신항로'를 개척했다는 소식이 곧 유럽 각지에 퍼졌다. 당시로서는 정말로 콜럼버스 일행이 아시아에 갔다고 믿었음에 틀림없다.

콜럼버스의 항해를 법적으로 판단해보면 알카소바스조약을 위반

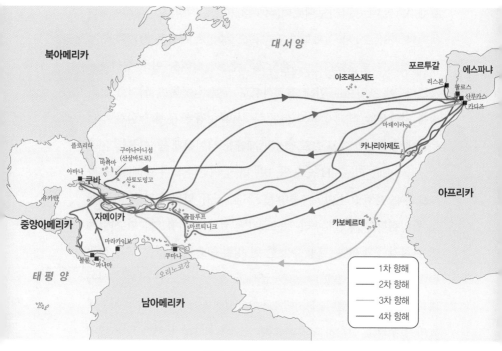

1492~1504년 콜럼버스의 항해

한 것이 맞다. 그의 항해는 결과적으로 포르투갈의 탐험 영역인 남쪽으로 내려간 것이어서, 이를 감지한 콜럼버스는 자기가 항해해간 곳이 카나리아제도와 같은 위도라고 주장했다. 에스파냐의 후속 조치는 2차 항해를 시도하고 교황에 호소하는 것이었다. 교황 알렉산데르 6세는 4번의 칙서를 통해서 에스파냐의 손을 들어주었다. 그리고 두 국가 간 해상 사업의 경계를 다시 획정하고자 했다. 교황이 제안한 것은 아조레스제도 서쪽 100리그가 구분선인데, 포르투갈의 강한 항의로 양국이 직접 합의하여 1494년 토르데시야스조약을 체

13. 유럽의 해상 팽창

결했다. 그 내용은 카보베르데 서쪽 370리그 지점이 구분선이라는 것이다. 사실 그 당시 과학기술 수준으로는 그 지점을 정확히 측정하는 것조차 힘들었지만, 그래도 양국은 이 합의를 아주 성실하게 지켰다. 이 조약으로 인해 결과적으로 구분선 동쪽에 위치한 브라질이 포르투갈 식민지가 되었다. 두 나라는 영토 문제와 현실 정치 문제에서 순진할 정도로 교황청의 제안을 성실하게 준수했다.

콜럼버스는 그 후 11년 동안 3번 더 항해한다. 2차 항해 때는 카리브인과 전투를 벌이고, 나비다드 요새 잔류 인원이 다 죽은 사실도 확인했다. 이 지역 주민들은 그가 믿었던 것처럼 양순한 사람들이 아니었던 것이다. 그렇지만 한 번 머릿속에 자리 잡은 그의 사고는 좀처럼 변하지 않았다. 그는 끝까지 자신이 발견한 곳이 아시아의 일부라고 생각했다. 심지어 1494년 선원들에게 쿠바는 아시아대륙의 일부라고 선서하도록 강요하기도 했다! 3차 항해는 그의 신비주의적·종말론적 사고가 가장 뚜렷하게 드러난 여행이었다. 그는 오리노코(Orinoco)강 근처에서 지상낙원, 즉 에덴동산을 발견했다고 믿었다. 성경의 내용을 문자 그대로 믿던 그 당시 에덴동산이 지구상에 '실재'한다는 것은 의심의 여지가 없는 사실이며, 실제로 중세 지도에는 아시아의 동쪽 끝에 지상낙원을 그리곤 했다. 다만 다른 사람에게는 접근이 허락되지 않는 에덴동산을 그가 발견한 것은, 자신에게 세계사의 종말을 준비시키려는 신의 의지 때문이라고 믿었다. 이렇게 종교적 종말론을 근간으로 사업을 수행하니 일이 제대로 될 수가 없었다. 그동안 콜럼버스와 그의 동생의 통치에 대한 부정적 보고가 계속 왕실에 전달되었고, 결국 국왕이 보낸 조사관이 그를 쇠사슬에 묶어 강제 귀환시켰다.

4차 항해는 이미 실제 권한을 상실한 콜럼버스에게 위엄을 되찾아 주는 의미가 강했다. 그는 이번에는 대륙을 가로질러 금 산지로 직접 갈 수 있는 서부 관통로를 찾으려 한 듯하다. 그러나 이 사업도 실패했고 목숨도 겨우 구할 수 있었다. 에스파냐 귀환 후 2년 동안 콜럼버스는 외롭고 억울한 심정으로 살다가 생을 마쳤다.

아메리카라는 신대륙

콜럼버스는 죽을 때까지 자신이 정말로 아시아에 다녀왔다고 믿었던 것 같다. 그렇지만 사람들은 중세 신앙에 근거한 세계관에서 점차 벗어나고 있었다. 고대와 중세에 사람들은 인간이 거주하는 대륙으로는 아시아, 유럽, 아프리카 세 개가 있으며, 이 땅덩어리와 균형을 이루기 위해 지구 반대편에 대척지(對蹠地, antipode)가 있을 수도 있으나 그곳에는 사람이 거주하지 못할 것이라고 믿었다. 콜럼버스가 발견한 네 번째 거주 가능한 대륙의 존재는 지금까지 사람들이 철석같이 믿고 있던 세계관을 근본적으로 파괴하는 충격적인 것이었다. 새로운 대륙을 유럽인의 의식 체계 내에 자리 잡게 하는 일도 만만치 않은 과제였다. 이것은 새 대륙의 이름을 정하고 세계지도를 다시 그리는 과제에서 명료하게 드러난다. 이 과정에서 신대륙 이름은 뜻하지 않게 아메리고 베스푸치의 이름을 따서 '아메리카'가 되었다.

1499년, 콜럼버스 2차 항해에 참여했던 인물인 알론소 데 오헤다 (Alonso de Hojeda)가 베네수엘라 지역을 다시 탐사할 때 아메리고

발트제뮐러 지도에 나오는 아메리카

발트제뮐러가 세계지도를 제작하면서 아메리고 베스푸치의 이름을 따 신대륙에 아메리카라고 적었다.

베스푸치가 동참했다. 그는 이때 경험을 살려서 여행기를 출판했는데, 자신이 항해 사업에서 중요한 역할을 했고, 무엇보다 자신이 먼저 이 지역을 발견한 듯이 썼다. 이후 마르틴 발트제뮐러(Martin Waldseemüller)가 세계지도를 제작할 때 신대륙 이름을 그의 이름에서 따와 결정했다는 것이 일반적인 통설이다.

1507년, 로렌 공작 르네(René) 2세의 지시로 보주(Vosges) 지방의 도시 생디에(Saint-Dié)에 마티아스 링만(Mathias Ringmann)과 마르틴 발트제뮐러 같은 인문주의자들이 모여 지도를 출판하였다.[Besse,

157) 이들은 "오늘날 세계의 이 부분들(유럽, 아시아, 아프리카)은 많이 조사했으나, 네 번째 부분은 아메리고 베스푸치가 발견했다. …… 이 땅을 발견한 사람 아메리고의 이름을 따서 명명하는 데 반대할 사람이 없을 것이다. 그리하여 'Ameri-ge' 혹은 'America'라고 하면 될 것이다"라고 적었다. 과연 이런 결정이 합당할까? 이에 대해 라스카사스(Las Casas) 같은 사람은 베스푸치가 콜럼버스의 공을 빼앗았다고 비판하는 입장이고, 알렉산더 폰 훔볼트(Alexander von Humboldt) 같은 사람은 베스푸치를 옹호하는 편이다. 후자의 논거는 베스푸치가 계속 '신세계'라는 말을 사용했으며, 다시 말해 이전의 세계관과 다른 새로운 대륙의 존재를 간파했다는 점이다. 실제로 베스푸치는 이미 1503년에 한 서한에서 그런 주장을 펼쳤다. 새 땅은 아시아와 아프리카 최남단보다 더 길게 뻗쳐 있고, 알려진 땅보다 비교할 수 없을 정도로 크다는 점을 강조한다.

이곳은 신세계라고 불러도 좋을 것이다. 지난 시대에 이곳에 대해 아는 사람이 없었고 이곳은 완전히 새로운 곳이기 때문이다. 우리 조상들은 적도 이남에는 대륙이 존재하지 않으며 다만 대서양이라 부르는 바다만이 있다고 추론했다. 혹시 어떤 땅이 있다 하더라도 그곳은 사람이 살 수 없는 곳이라고 주장했다. 그렇지만 이 의견은 틀렸으며, 내가 최근 수행한 항해에서 발견한 진리와 완전히 반대된다. 이 남쪽 지방에서는 유럽이나 아프리카, 아시아보다 훨씬 더 많은 사람과 동물이 살고 있으며, 그곳 대기는 알려진 다른 어느 곳보다 온화하고 부드럽다는 사실을 발견했다.(Besse, 158~159)

13. 유럽의 해상 팽창

콜럼버스와 베스푸치 중 누구 이름을 사용하는 것이 옳으냐는 이미 지나간 문제가 되었다. 이제는 신대륙의 존재가 확인되었고, 이것이 사람들의 의식 속에 자리 잡았다.

곧이어 북아메리카에도 유럽 선박이 찾아갔다.(Bruscoli, 147) 처음 찾아간 유럽인은 카보토(조반니 카보토, 영국에서는 존 캐벗이라 부른다)였는데, 콜럼버스 1차 항해 이후 자신도 같은 모험을 시도하려 했다. 그의 사례도 콜럼버스의 경우와 매우 유사하다. 에스파냐와 포르투갈의 후원을 얻지 못하자 영국에 찾아가서 헨리 7세의 후원을 받아냈다. 그는 아일랜드에서 서진하다가 뉴펀들랜드를 만나고 이후 남쪽으로 항해한 듯하다. 1497년 8월 23일 런던 주재 베네치아 상인 로렌초 파스콸리고(Lorenzo Pasqualigo)가 베네치아에 있는 형제들에게 보낸 서한에 이와 관련된 언급이 나온다. 그들의 동향인 한 명이 브리스틀(Bristol)에서 배를 타고 떠나서 새로운 섬을 발견하고 더 나아가서 육지도 발견했다는데, 위치는 이곳에서 700리외(lieue, 1리외는 약 4킬로미터) 떨어진 곳이라는 내용이다. 카보토는 엄청난 보상을 받아서 비단 옷을 입고 다니며 막대한 금액의 연금을 받았다고 한다.

카보토는 영국 왕의 허락하에 사업을 했지만 이탈리아 사업가의 성격이 강했다. 피렌체 은행가 바르디(Bardi)가의 자금이 들어간 것도 그렇다.(Bruscoli, 148~149) 그가 정확히 어디에서 태어났는지는 모르지만 1476년 베네치아 시민권을 얻었다(15년 동안 베네치아에 거주하면 시민권을 얻는다). 1488년 빚 문제를 해결하지 못해서 이탈리아를 떠나 이베리아반도 여러 곳을 전전하다가, 1495년 런던에 온 후 이탈리아인 공동체를 들락거린 듯하다. 북아메리카 발견 여행에도 이 탈리아의 자본과 인력, 기술이 중요한 역할을 한 것이다.

그는 첫 항해 이후 3번 더 항해했다. 1496년 항해는 너무 서둘렀던지 안 좋은 날씨에 떠났다가 좌초하고 말았다. 다음으로 1497년에는 매슈(Matthew)호를 타고 갔는데, 아메리카 어느 곳엔가 잉글랜드 깃발을 꽂았다고 할 뿐 정확한 위치는 알려져 있지 않다. 마지막으로 1498년 헨리 7세의 허가증을 받고 5척의 배로 항해에 나섰는데, 이때 그의 목표 지점은 '지팡구(일본)'였다. 그 역시 자신이 찾아간 곳이 아시아라고 믿었던 것이다. 이 배에는 상인과 종교인도 타고 있었는데, 이 항해가 어떻게 끝났는지는 불확실하다. 물론 북아메리카가 아시아가 아니라는 사실 또한 곧 알려졌다.(Bruscoli, 150) 기대했던 금과 향신료는 못 찾았으나 대신 뉴펀들랜드 황금어장을 알게 된 것은 큰 수확이었다. 1497년에 카보토가 돌아와서 전한 말에 의하면, 물고기를 그냥 바스켓으로 건져 올리는 정도라는 것이다.

다른 방향에서 아메리카로 찾아가는 탐사도 이루어졌다.(Grimbly, 45-47) 1553년 3척의 영국 배가 백해로 항해하여 중국으로 가는 북동항로를 찾고자 했다. 두 척의 선원들은 라플란드(Lapland, 스칸디나비아와 핀란드 북부, 러시아의 콜라반도를 포함한 유럽 최북단 지역)에서 얼어 죽지만, 리처드 챈슬러(Richard Chancellor)는 드비나(Dvina)강에 도착한 후 이곳에서 육로로 모스크바 공국의 이반 뇌제 궁정까지 찾아갔다. 그의 노력으로 차르와 메리 1세 사이에 우호적인 관계가 열렸고, 이반 뇌제는 영국인에게 모피 무역을 허락했다. 런던에 모스크바 회사(Muscovy company)가 만들어져서 이 교역의 가능성을 타진했다. 이 회사는 최초의 합자회사(joint-stock company)였다. 사람들은 회사 주식을 자유롭게 매매하고 전문 경영인이 사업을 운영하는데, 주주들은 투자 비율에 따라 수익을 받는 방식이다. 이것이 레반트 회사(1580), 영국동인도회사(1600) 그리고 네덜란드동인도회사(1602)의 모델이 되었다. 한편 이반 뇌제가 백해에 건설한 아르한겔스크(Arkhangelsk)항은 1703년 페테르부르크 건설까지 러시아 유일의 해상 항구였다.

발견이란?

'지리상의 발견'은 이제는 교과서에서 사용하지 않는 구식 용어이다. 그것은 세계사의 큰 흐름을 편협하고 편향된 시각으로 정리하는 용어임에 틀림없다. 근대사의 흐름에서 발견의 주체(서구)가 있고 발견의 대상이 되는 지역(나머지 세계)이 있다고 전제하기 때문이다. 그렇지만 현재 우리가 아니라 당시 사람들이 이 용어를 어떤 의미로 사용했는지는 숙고해볼 필요가 있다. 당대 유럽인이 어떤 심성으로 해외로 나갔는지를 알 수 있기 때문이다.

당대 사람들은 실제로 '발견(에스파냐어 descubrimiento, 포르투갈어 descobrimento)'이라는 용어를 사용했다. 무엇을 발견한 것인가? 그 심층 의미는 무엇인가? 당대 모험가들의 심성에서 발견은 정말로 전혀 알지 못했던 것을 처음 보고 알게 되었다는 의미가 아니라, 실은 이미 알고 있지만 아직 보지는 못했던 것을 확인했다는 의미가 크다.(Zamora, 130~131) 콜럼버스가 발견한 '아시아'와 다가마가 발견한

스트라다누스(Stradanus)의 판화 〈신대륙의 알레고리(Allegory of the New World)〉

아메리고 베스푸치가 도착하여 잠자는 '아메리카'를 깨우고 있다. 유럽 문명의 선두 주자 격인 베스푸치는 돛에 바람을 가득 받는 범선을 타고 막 신대륙에 상륙했다. 그는 한 손에 과학기술의 상징인 아스트롤라베를, 다른 한 손에 기독교와 군주권을 나타내는 깃발을 들고 있으며, 필요할 경우 바로 꺼내서 휘두를 수 있는 칼을 차고 있다. '아메리카'는 거의 아무것도 걸치지 않은 채 잠들어 있다가 비스듬히 몸을 일으키고 있는 육감적인 여성으로 그려져 있어서 '성적 정복의 대상'으로 나타낸다. 주변에는 처음 보는 동물과 식물이 있고, 배경에는 식인종이 사람을 구워 먹는 장면이 그려져 있어서 문명과 대조되는 원시 자연을 상징한다.

인도의 경우 이미 오래전부터 알고는 있었으나, 실제로 배를 타고 도착해보니 그동안 믿었던 바와 같다는 사실을 다시 확인한다는 것이다. 그러고는 그 땅을 소유하는 데까지 나아간다.

에스파냐인들이 처음 도착한 땅에서 행하는 정형화된 의식이 그것을 말해준다.[Bertrand, 170] 현지 주민들을 모은 다음 레케리미엔토(Requerimiento)를 큰 소리로 선포한다. 이것은 1513년 법학자 후안 로페스 데 팔라시오스 루비오스(Juan López de Palacios Rubios)가 작성한 문건으로, 인디오(Indio, 에스파냐어로 인디언을 나타내는 말이며, 흔히 중남미 지역 원 거주민을 일컫는다)에게 교회와 에스파냐의 이중 지배에 순응하기 위해 '필요한 시간 내에 숙고하기를' 권한다는 내용이다. 그렇게 읽은 다음 반대가 없으면 선단의 지휘관(adelantado)이 이곳의 병합을 완수하기 위한 마지막 행위를 한다. 해안가를 재고, 발끝으로 조약돌 몇 개를 움직이고 잔가지 몇 개를 부순 다음 풀들 몇 조각으로 십자가 모양으로 묶는 것이다. 이런 상징적 행위를 통해 이 땅은 지배의 대상이 된다. 그러므로 '발견'은 호기심의 행위가 아니라 정복 행위다. '발견'이란 이미 알고 있는 것을 직접 가서 확인하고, 우리의 마음속 지도를 재정리하고, 실제로 우리 세계 내로 편입시키는 행위다. 그것은 눈으로 하는 게 아니라 칼끝으로 하는 행위다.

CHAPTER 14

유럽의 충격, 아시아의 대응

세계 여러 지역에서 해외 팽창의 가능성을 가지고 있었지만 근대 초에 실제로 그 힘을 구현한 것은 서구 문명이다. 유럽의 선두 주자들이 아프리카 해안을 따라 남하하다가 인도양으로 들어오고, 아메리카대륙 항해를 시작했다. 이로써 세계의 모든 대륙은 바다를 통해 연결되었다. 발견과 조우라는 초기 과정이 지난 후 문명의 교환과 교류가 본격화했다. 이제 세계는 하나의 흐름 속에 들어가 함께 영향을 주고받게 되었다. 그런 의미에서 진정한 의미의 세계사가 시작되었다고 해도 과언이 아니다. 서구가 전 세계로 항해해 가고 바닷길을 통해 연결했다고 해서, 그 이후 근대 세계사를 유럽이 전적으로 만들었다는 의미는 아니다. 아시아 태평양 해역에서는 새로이 진입해 들어온 유럽의 팽창에 현지 주민들이 여러 방식으로 대응하며 새로운 역사 흐름이 만들어졌다.

"바다를 지배하는 자가 교역을 지배한다. 세계의 교역을 지배하는 자가 세계의 부를 지배하며, 결국 세계 자체를 지배한다."●

영국의 군인이자 시인인 월터 롤리 경(Sir Walter Raleigh, 1552?~1618)이 한 이 말은 근대 유럽인의 심성을 잘 나타낸다. 세계의 바다를 '지배'하겠다는 언설은 다른 문명권의 텍스트에서는 보기 힘든 표현이다. 바다를 지배함으로써 교역을 지배하고, 결과적으로 세계의 부, 그리고 세계 자체를 지배하겠다는 지극히 적극적이고 공격적인 정신 자세가 장차 유럽인들의 행태를 좌우하게 된다.

바스쿠 다 가마 이후 중세 이래의 꿈이었던 인도 항해가 드디어 가능해져서 포르투갈인은 아시아 해양 세계로 진입해 들어갔다. 그렇지만 이 시기에만 해도 인도양 세계를 '지배'한다는 것은 꿈도 꾸지 못할 일이다. 취약한 아메리카 문명과 달리 아시아에는 강력한 정치 단위들이 굳건히 자리 잡고 있고 탄탄한 해상 네트워크가 작동하고 있어서, 포르투갈은 우선 그 체제 안에서 어떻게든 자리 잡고 생존하는 것이 급선무였다. 그들은 인도양 세계 전체 맥락에서 보면 보잘것없는 세력에 불과했다. 그런데 이렇게 허약한 입장에 처해 있으면서도 무력을 휘둘러가며 중요한 지점들을 하나씩 차

● Whosoever commands the sea commands the trade; whosoever commands the trade of the world commands the riches of the world, and consequently the world itself. 'A Discourse of the Invention of Ships, Anchors, Compass, &c.'

지해나갔다. 인도양 세계 전체를 상대할 힘은 없으나 그들이 직면한 지방 차원에서는 가공할 힘을 행사했다. 여기에서 중요한 요소는 대포를 앞세운 무력이다.[치폴라 2010] 낯선 세계에 들어가서 활동할 때 우선 군사력으로 상대를 압도하고 유리한 지위를 점하는 것이 서구의 강점이었다. 그런 점에서 유럽이 전 세계에 판매한 것은 폭력이었으며, 유럽의 해외 팽창 전위들은 '전사(戰士) 유목민(warrior nomads)'이었다.[Parker, G., 162] 포르투갈은 권력(power)과 이익(profit)을 동시에 추구하며 세력을 넓혀갔는데, 이것은 지금까지 아시아에서는 찾아보기 힘들었던 새로운 방식이었다.

포르투갈은 아시아 사업을 이루기 위해 극단적인 집중력을 발휘했다. 무엇보다 엄청난 비율의 인력 유출을 감내했다. 16세기에 포르투갈의 해외 유출 인구는 10만 명으로 추산되는데, 이는 전체 인구 약 100만 명의 10퍼센트에 해당하며, 남자 인구로만 본다면 35퍼센트에 달한다. 이들 가운데 다수가 사망했는데, 각 세대마다 남자 인구의 7~10퍼센트를 희생한 셈이다. 이런 정도로 큰 희생을 감내하는 것은 역사상 흔치 않다.[Couto, 153] 포르투갈은 그야말로 전력을 다해 무력을 휘두르며 아시아로 들어간 것이다. 아시아 여러 국가에 비해 포르투갈의 강점은 국왕을 정점으로 하여 단일한 목표를 집요하게 추구하며, 무장 상선을 활용하여 힘으로 밀어붙이는 데 능했다는 점이다.

포르투갈이 아시아 세계에서 스스로 부과한 과제는 각지에 상업 거점들을 확보함으로써 무역 이익을 얻고, 그렇게 해서 기독교권의 숙적인 오스만제국과 이집트의 맘루크제국에 타격을 가하는 것

14. 유럽의 충격, 아시아의 대응

알부케르크
포르투갈의 2대 인도 총독으로, 포르투갈의
아시아 식민지 설계자라 할 수 있다.

이다. 우선 기존의 후추 교역로인 홍
해 루트를 봉쇄하는 것이 당면 과제
다. 이를 위해 적의 적인 사파비왕조
페르시아와 동맹을 맺어 압박하는 계
획을 세웠다. 이런 체제를 구축해나
간 주요 인물은 1대 부왕이자 총독인
알메이다(Dom Francisco de Almeida)
와 2대 총독인 아폰수 드 알부케르크
(Affonso de Albuquerque)였다. 알메이
다는 '부왕(副王, viceroy)'이라는 격이
높은 타이틀을 가지고 아시아에 왔지
만, 알부케르크는 궁정 내 알력이 심
해서 국왕이 비밀리에 파견했기 때문
에 그의 타이틀은 한 단계 아래인 '총
독(Governor)'이 되었다. 알메이다는
다음과 같은 훈령(regimento)을 받고 아시아에 왔다.

우리에게 무엇보다 중요한 일은 홍해나 그 근처 적당한 지역에
요새를 건설하는 일이다. 그렇게 해서 홍해를 봉쇄하면 더 이상 향
신료가 맘루크 술탄에게로 갈 수 없기 때문이다. 그러면 인도의 모
든 사람들은 우리 이외의 다른 어느 누구와도 교역하려는 헛된 환
상을 품지 않을 것이다. 그리고 이곳이 사제 요한의 땅과 가까우므
로 두 가지 면에서 큰 이익을 얻을 수 있을 것이다. 하나는 그곳의

기독교도들에게 도움이 되고 둘째로 우리의 국고를 늘릴 수 있으며, 따라서 전쟁을 하고자 할 때 큰 도움이 될 것이다."(Subrahmanyam 1993, 65)

놀랍게도 앞 장에서 본 1321년 마리노 사누도가 교황에게 제시한 아이디어와 유사하다. 요충지들을 장악해서 향신료 교역을 지배하려면, 적들을 누르고 가능하면 동맹을 찾아야 한다. 이때 흥미로운 점은 '이슬람권 너머의 땅에 사제 요한이라는 이름의 군주가 다스리는 강력한 기독교 왕국이 존재한다'는 중세 전설이 아직도 강고하게 남아 있다는 사실이다. 포르투갈의 아시아 사업은 종교·군사·경제적 성격이 혼합되어 있음을 알 수 있다.

알메이다는 무장 상선들로 인도양의 주요 거점 지역들을 장악해 갔다. 1505년 22척의 배로 킬와, 몸바사를 정복했고, 칸나노르, 스리랑카, 소코트라, 말라카 근방에 보조 요새도 건설했다. 알메이다의 기본 전략은 '바다를 장악'한다는 것이다. 다시 말해 일부 거점들만 설립하고 그것들을 연결하는 해로를 지배하는 것이 유리하며, 내륙 영토 지배에 너무 많은 힘을 쏟으면 오히려 불리해진다고 보았다. 국왕 마누엘 1세에게 "요새가 많을수록 전하의 힘이 약해집니다. …… 대신 바다의 힘이 강하면 인도는 전하의 것입니다" 하는 보고를 올린 것이 그런 의미다.

맘루크 이집트는 지중해 방면과 동시에 동쪽 인도양·홍해 방면에서도 서구 세력의 압박을 받자 위기감을 느끼고 1507년 1,500명의 병사를 태운 12척의 선박을 출항시켰다. 이 선단은 1509년 2월 3일

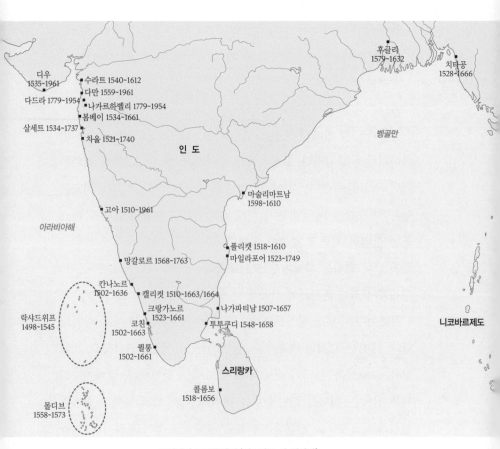

16세기경 포르투갈의 '에스타도 다 인디아'

디우 앞바다에서 알메이다가 지휘하는 18척의 포르투갈 선박과 충돌했다. 그러나 맘루크 선단은 지중해의 환경에 최적화되어 있었기 때문에 알메이다가 이끄는 포르투갈군이 대승을 거두었다.(Vallet, 753) 이 사건은 글로벌한 차원에서 해양 세계 균형의 변화를 가져온 첫 사례라 할 만하다. 이를 계기로 이집트의 향신료 무역이 크게 위축

되었으며, 알렉산드리아를 경유하여 후추를 수입했던 베네치아의 교역 역시 크게 감소했다.

본국에서는 알메이다가 더욱 공격적인 정책을 펴지 않는 데 대해 비판적이었다. 국왕은 소코트라 공략을 위해 1506년에 파견한 선단의 지휘관 알부케르크에게 1508년 알메이다의 3년 임기가 끝나면 그가 직을 승계한다는 내용의 비밀문건을 전해주었다.(Thomaz, 161) 그렇지만 알부케르크는 곧바로 알메이다에게 체포되었고, 1년 후인 1509년 자신의 친척이 선단을 끌고 와서 구출할 때까지 구금 상태로 있었다. 권력을 잡은 알부케르크는 훨씬 더 적극적으로 영토 지배를 강화해야 한다고 보았다. 결국 포르투갈의 아시아 식민지 구축은 그의 설계대로 진행되었다. 그는 '에스타도 다 인디아(Estado da India, 아시아 식민 영토)'의 설계자라 할 수 있다. 여기에는 그가 정복한 인도 서해안의 고아(1510), 말라카해협의 말라카(1511), 페르시아만의 호르무즈(1515) 같은 상관들과 실론의 콜롬보에 세운 요새(1518)가 핵심적인 기능을 담당하였다. 호르무즈는 레반트 지역과 페르시아를 향한 항로를 통제하는 데에, 콜롬보의 요새는 오만해와 벵골만 사이의 교역을 통제하는 데에 중요한 역할을 했다.

에스타도의 구축

알부케르크는 고아가 아시아 지역 사업을 통괄하는 본부로 적합하다고 판단하고 이 도시를 정복했다. 정복 과정은 말할 수 없이 잔혹했다. 그는 정복 과정을 설명하는 서한을 자랑스럽게 국왕에게 보냈다. "나는 도시를 불태웠고 모든 사람을 칼로 찔러서 나흘 동안 끊임없이 피가 흘렀습니다. 어디서 발견하든 우리는 무슬림을 한 명도 살려주지 않았습니다. 우리는 그들을 모스크에 가두고 불을 질렀습니다. …… 산 채로 사로잡은 무슬림은 그릴로 구웠고, 배교 자들을 잡으면 산 채로 태워 죽였습니다.[Chandeigne, 29]" 고아를 차지 함으로써 그동안 레반트로 향하는 향신료 무역을 지배해왔던 구자라트 상인들을 통제하게 되었다.

고아 정복보다 더 중요한 일은 아시아 해양 세계의 교역 중심지인 말라카의 정복이다. 알부케르크는 이렇게 예견했다. "말라카 무역을 그들 손에서 빼앗는다면 카이로와 메카는 완전히 힘을 잃을 것이며, 베네치아로 가는 향신료는 하나도 없고 다만 포르투갈로 가서 사야 할 것이다." 말라카가 아시아 해상 교역의 핵심 관문이라는 점에 대해서는 토메 피레스(Tomé Pires, 약사였다가 문인이 되었다)도 《수마 오리엔탈(Suma Oriental, '동양 개론'의 뜻)》에서 중요한 언급을 했다.[Manguin, 897] 아시아 각지의 상품들이 이곳 창고 시설에 모였다가 중국, 일본, 인도, 중동, 유럽 등지로 수출된다. 그리고 10만 명에 이르는 이 지역 주민들의 식량은 주변 지역에서 조달한다. 이 모든 점을 놓고 볼 때 말라카는 실로 중요한 중심지였다. 1515년 포르투갈 국왕은 "누구든 말라카를 소유한 사람은 베네치아의 목을 쥐고 있는 셈"이라고 말했다. 말라카는 너무 중요한 나머지 포르투갈의 정복을 피할 수 없었다.[Miksic, 572]

알부케르크는 1511년 7월 1일에 18척의 선박에 포르투갈 군인 800명, 말라바르 보조 군인 200명을 태우고 말라카에 당도했다. 이에 대응하여 술탄은 2만 명을 동원했다고 하나 그중 제대로 무장을 갖춘 군인은 4,000명이었다. 그런데 그동안 술탄의 이슬람 정책에 피해를 입은 중국 상인들이 포르투갈 편에 섰다. 양측은 3주 동안 지켜보다가 드디어 7월 25일(레콩키스타의 성인인 산티아고 성인의 날이라고 의미를 부여했다) 공격을 개시했다. 말라카는 강 양안에 나누어 발전했는데, 이는 말레이 도시의 전형적인 모습이다. 좌안에는 왕궁, 반대편에는 외국 상인의 거주지가 있다. 결정적 전투는 양안을 연결하는 다리를 놓고 벌어졌다. 한사리 때 넘치는 물을 이용해 포르투갈 선박이 넘어 들어와서 이 도시를 점령하는 데 성공했다. 술탄이 정글로 도주한 후 포르투갈 측이 3일 동안 약탈한 액수는 금 700킬로그램에 해당했다.

이슬람 상인은 말라카를 포기하고 다른 항시로 옮겨서 교역 활동을 해야 했다. 말라카를 빼앗긴 술탄은 20여 차례 다른 곳들에 수도를 정하다가 마침내 조호르(Johor)에 정착하고, 이곳을 말라카에 저항하는 교역 중심지로 만들려 했다. 그렇지만 1530년 수마트라 북단의 아체가 강력한 라이벌로 등장했다. 이후 말라카와 아체, 조호르가 말라카해협의 지배권을 놓고 다투며 서로 힘을 소진한 면이 있다. 결과적으로는 네덜란드가 1641년 말라카를 차지하며 주도권을 가져간다.

이후 포르투갈은 다른 지역 거점들을 차례로 더해갔다. 동아프리카의 킬와, 소팔라, 모잠비크, 몸바사, 아덴만 외곽의 소코트라, 오만해의 무스카트, 인도 서해안의 안제디바(Anjediva), 칸나노르, 코친, 차울(Chaul), 디우, 다만(Daman), 바세인(Bassein), 코로만델 해안의 나가파티남(Nagapattinam), 실론, 몰디브제도, 수마트라섬의 파쳄(Pacem=Samudera), 트르나테(Ternate), 티도레(Tidore) 등지를 거점으로 삼았다. 그리하여 1571년에 이르면 소팔라와 나가사키 사이에 40여 개의 상관과 요새가 생겨났다.(Russell-Wood 1998, 22) 포르투갈은 고아에 부왕이 자리 잡고, 각 요새와 상관에 카피탄이라는 책임자가 부왕의 지시를 받으며 민정과 군사 문제를 집행했다. 이렇게 해서 포르투갈은 아시아의 바다에서 상당히 촘촘히 짜인 네트워크를 구축했다. 이들이 만든 것은 '바다의 제국', 조금 더 정확히 말하면 '상업 거점 제국(Trading-Post Empire)'이었다. 19세기에 내륙의 식민 제국을 건설하기 전에 유럽인들은 먼저 아시아의 바다를 공략했다.

포르투갈과 오스만제국의 해상 투쟁

포르투갈이 인도양에서 이처럼 강력하게 세력을 확장하자 이 지역에 비상이 걸렸다. 포르투갈이 계획대로 홍해를 통한 향신료 교역을 막으면, 이집트의 맘루크제국과 베네치아 그리고 동남아시아 향신료 생산 및 교역 세력들이 피해를 입지 않을 수 없다. 베네치아는 맘루크에게 반포르투갈 정책을 호소했고 오스만제국에게는 맘루크를 지원해서 포르투갈의 활동을 견제하도록 유도하려 했다. 캘리컷, 캄베이, 말라카도 맘루크에 도움을 요청했다. 이 세력들이 반포르투갈 동맹을 체결할 가능성이 커졌다. 한편 사파비왕조(페르시아)의 경우 포르투갈이라는 서구 세력의 위협에 대처해야 하지만, 전통적으로 오스만제국 및 맘루크와 적대 관계이므로 오히려 전략적으로 포르투갈과 손을 잡을 가능성도 없지 않았다. 실제로 알부케르크는 사파비왕조의 이스마일 1세에게 접근해서 '당신이 육상에서 맘루크 술탄을 격파하려면 우리 전하에게 해상 도움을 요청하라'고 말했다. 이 해역에서는 상당히 복잡한 국제 전략 게임이 벌어지고 있었다.

오스만제국은 본격적으로 해군력을 정비했다.[İşiksel, 165] 16세기 초 오스만의 선단은 갤리선 60척 정도를 보유했으나 모두 원양 항해에 적합하지 않았다. 바예지드(Bayezid) 2세(재위 1481~1512) 당시 선원들의 능력을 개선하는 조치를 취했고, 에게해의 유능한 선원들을 유입시켰다. 다음 술탄인 셀림 1세(재위 1512~1520)는 1515년 갈라타(Galata)에 거대한 조선소를 건설하고 해군력을 강화했다. 이것이 홍해 선단으로 발전한다. 이 선단을 지휘한 인물이 피리 레이스(Piri Reis)라는 특출한 인물이다. 그는 두 가지 측면에서 탁월한 업적을 이루었다. 하나는 오스만 해군을 이끈 것이고, 다른 하나는 놀라운 수준의 세계지도를 제작한 것이다.

카라마니아(Karamania, 아나톨리아 남부 해안 지역)의 하지 메흐메드의 아들 아흐메드, 일명 피리 레이스는 1465년경 갈리폴리에서 태어난 것으로 추정한다.[İşiksel, 166~168] 숙부인 케말 레이스(Kemal Reis) 밑에서 도제 생활을 하고, 북아프리카 해안을 항해하다가 해전에 참여했다. 그리고 1511년 숙부가 사망하던 해에 갈리폴리에 정착했다. 정확한 정황은 모르지만 이때 지도 제작을 시작하여 2년 후 세계지도를 완성했다. 현재 1/3만 보존되어 있는 이 지도에는 놀랍게도 아메리카 대서양 해안이 그려져 있다. 콜럼버스의 항해에 관

14. 유럽의 충격, 아시아의 대응

한 정보가 이토록 빨리 이슬람권까지 전해진 것은 정말로 흥미로운 일이다. 피리 레이스의 지도는 1926년 발견 이후 많은 연구가 이루어졌다. 에스파냐와 포르투갈의 해외 발견 결과를 반영하고 있는데, 이 사실 자체를 지도에서 설명하고 있다. "이 지도는 20개의 다른 지도들과 《지리학》, 인도에 대한 아랍 지도 그리고 최근 4명의 포르투갈인이 만든 지도. …… 그리고 콜럼버스의 지도를 연구하여 만들었다." 현재 이스탄불 수고본 도서관에는 튀니지의 알 카티비, 마요르카의 요한네스 드 빌라데스테스(Johannes de Viladestes), 이브라힘 알 무르시 그리고 프톨레마이오스의 《지리학》 등 여러 종류의 지도와 지리 서적이 보존되어 있다. 피리 레이스와 그의 공방은 이런 자료들을 모두 보았을 것이다. 항해할 때도 지중해에서 통용되던 새 지도들을 참조한 것 같다. 더 나아가서 1521년에는 지중해 해안과 섬들의 항해를 안내하는 《해양에 관한 책(Kitāb-ı Baḥrīye)》 초본을 완성했다. 이 책은 지중해 거의 전역에 대해 조수, 바람, 폭풍 등 항해 위험 요소들, 각 항구들과 해안 지역들의 정보, 또 그곳으로 들어가는 방법도 알려준다. 3년 후 갈리폴리에서 술레이만 대제(1520~1566)의 대신 이브라힘 파샤와 만날 기회를 얻는데, 그는 《해양에 관한 책》 2판을 더 화려하고 자세히 만들어 술탄에게 바치라고 지시했다. 1526년에 수정본이 완성되었고, 1528년 마지막 판본이 나왔다. 여기에는 뉴펀들랜드와 래브라도까지 나온다. 그의 세계지도는 당대 최첨단의 지리 지식과 지도 제작술을 종합한 결과물이다.

이 시점 이후 약 25년 동안 피리 레이스의 흔적이 사라진다. 이시기 해군을 담당한 인물은 제독이자 알제리 태수인 카이르 앗 딘

(Khayr al-Din, 일명 바르바로사(Barbarossa, '붉은 수염'), 1475~1546)으로 원래 지중해 해적 출신이었다. 형 오루스 레이스(Oruç Reis)와 함께 약탈 행위를 하다가 1516년 오스만제국의 해군 지휘관으로 고용되어 알제를 정복하고 술탄이라고 선언했다. 1518년 형이 사망하자 동생 카이르 알 딘이 형의 별명 바르바로사까지 인수받았다. 이들 덕분에 오스만제국은 지중해를 지배하다시피 했다. 그가 홍해 선단을 지휘하게 된 것이다.

오스만의 해군력은 크게 성장했다. 수에즈, 제다, 그리고 바브엘만데브해협 근처의 섬 카마란(Kamaran)에 요새를 설치했고, 사파비 왕조에게 바그다드를 빼앗아 바스라를 통해 페르시아만 교역에 접근할 수 있게 되었다. 그 결과 아바스왕조 이후 처음으로 지중해와 페르시아만 모두에 항구를 가진 국가가 되었다. 오스만은 아프리카의 뿔부터 아덴, 아라비아해 남쪽, 인도 해안, 수마트라에 이르기까지 이슬람 국가들과 외교 관계를 확대했다. 이 시기에 기존 아랍인, 아르메니아인, 유대인, 페르시아인, 그리스인은 오스만제국 치하에서 수에즈, 제다, 아덴, 바스라 등지에서 아시아 교역을 계속할 수 있었다. 이 교역을 통해 오스만 대도시들에 원재료와 직물을 공급하고 유럽 지역으로 보낼 상품도 수용했다. 이 때문에 포르투갈과 충돌을 피할 수 없었다. 1536~1546년 동안 양측은 수에즈, 모카, 바스라, 디우, 말라카 등 인도양 항구들을 놓고 19차례나 전투를 벌였다.

1546년 오스만제국은 바그다드와 바스라를 장악하여 흑해와 동지중해에 더해 홍해의 지배자가 되었다. 이제 오스만제국은 육상 강국을 넘어 인도양의 지배자로 격상할 것인가? 역사상 최강의 육상 제국 중 하나인 오스만제국이 동시에 인도양의 지배자가 되었다면 근대 세계사는 달리 진행되었을 것이다. 이때 80대의 피리 레이스가 재등장한다. 홍해 선단 제독으로서 그가 맡은 임무는 홍해와 페르시아만 주요 지점들에서 포르투갈 세력을 축출하는 것이다. 초기에 이 임무는 완벽하게 성공했다. 아덴과 무스카트 등지를 재정복했고, 1548년이면 포르투갈인이 아덴에서 완전히 축출되었다.

그러나 다음 단계에서 피리 레이스는 임무를 성공적으로 완수하지 못했다. 1552년 갤리선 25척과 갤리언 4척으로 구성된 선단으로 포르투갈 저항의 근거지인 호르무즈를 오랜 기간 공격하다가 실패하여 수에즈로 후퇴했는데, 이때 그의 선단은 3척의 배만 남아 있었다. 이로 인해 피리 레이스는 1554년 처형당했다. 아무런 장례 의식도 무덤도 없었고, 전 재산은 압류되었다. 영웅의 말로는 비참했다.

후임인 사이디 알리(Seydi Ali)는 남은 선박들을 모아 다시 바스라에서 수에즈로 갔는데, 포르투갈에게 6척을 나포당하고 나머지 배들은 구자라트로 도주했다. 이로써 오스만의 거대 해군 전략은 종식되었다. 호르무즈에서 포르투갈을 막고 페르시아만 전체를 통제하며 인도로 항해하는 계획은 불가능해졌다. 그렇다고 포르투갈이 완전히 이 해역을 장악했느냐 하면 그것도 아니다. 다음 제독인 세페르 레이스(Sefer Reis)는 인도양의 상황을 잘 알고 있어서 포르투갈을 효율적으로 공격했다. 포르투갈은 많은 전력을 돌려서 세페르를 공격했으나 세페르는 잘 숨고 도망가거나 매복 작전을 폈다. 그러므로 오스만제국은 포르투갈을 완전히 제압하지 못했고, 포르투갈은 오스만 해군을 완전히 누르지 못했다. 포르투갈은 아덴을 지배

레판토 해전
1571년 신성동맹 해군과 오스만 해군이 맞붙은 역사상 최대 규모의 갤리선 해전이다. 작자 미상의 이 그림에서는 접전을 벌이고 있는 갤리선이 잘 묘사되어 있다.

하지 못한 결과 홍해를 통과하는 이슬람 교역을 통제할 수 없었다.

되돌아보건대 오스만제국은 거대 해상국가로 성장할 능력이 전혀 없던 게 아니었다. 레판토 해전이 그런 사실을 보여준다.[Zysberg 2000a] 1571년 10월 7일, 유럽의 '신성동맹' 해군과 오스만 해군이 레판토(오늘날의 나브팍토스)에서 해전을 벌였다. 교황 피우스 5세가 오스만 세력의 지중해 팽창을 막아야 한다며 일종의 십자군운동을 호소해서 에스파냐와 이탈리아 국가들이 주축이 되어 갤리선 200척과 갈레아스 6척으로 강력한 대군을 구성했고, 오스만제국은 약

14. 유럽의 충격, 아시아의 대응

250척의 갤리선을 동원했다. 역사상 최대 규모의 갤리선 간에 벌어진 해전에서 신성동맹 측이 대승을 거두었다. 그렇지만 이것은 통상 이야기하는 대로 유럽이 오스만제국의 기세를 꺾어놓은 결정적 전쟁이 아니었다. 복수를 원했던 셀림 2세는 선단 재건을 결정했으며, 곧바로 재원을 부어서 갤리선 250척을 건조하여 유럽을 놀라게 했다. 신성동맹 측도 다시 준비했으나 양측 모두 다시 전투를 벌일 의사는 없었다. 결국 레판토 해전에서 결정적 방향 전환이 이루어지지는 않았다. 승자는 영토를 얻은 게 없고, 패자는 여전히 키프로스를 보유하고 마그레브를 통제했다. 다만 지중해에서 이탈리아를 비롯한 기독교 국가들이 느끼는 오스만의 위협이 많이 완화된 것은 분명하다. 이후 오스만제국과 교역은 오히려 더 발전했다. 이상의 예에서 보듯, 오스만제국은 거대한 해군력을 키울 수 있었으나 결국 문턱을 넘지 못했다. 중국이 해상 지배를 스스로 포기하고 오스만제국이 한계를 넘지 못하는 사이에, 유럽 세력이 아시아의 해상 세계로 비집고 들어왔다.

카레이라와 카르타스

포르투갈이 인도양 세계를 정복하고 교역을 완전히 지배하는 것은 생각지도 못한 일이다. 15세기 이후 인도양 교역은 세분화되어서 아랍 상인은 인도양 서쪽에서만 활동하고, 그 동쪽은 구자라트 등 인도 상인이 담당하며, 중국 상인은 말라카까지만 오는 상황이다.(Prakash 2017, 90) 그러므로 중간에 위치한 인도 상인, 특히 구자라트 상인 집단이 유리한 위치를 차지해서 아라비아해와 벵골만을 담당했다. 연안에서는 작은 배로 식량을 운반하고 원거리는 몬순을 이용하는 전통적인 교역을 지속했다. 포르투갈이 이들 모두를 다 축출하거나 통제할 수는 없었다.

포르투갈의 아시아 교역에서는 후추와 향신료 비중이 가장 컸다. 코친이나 퀼롱에서 구한 후추를 포르투갈에 가져가면 이윤이 89~152퍼센트에 달했다. 그 외에 생강, 계피, 정향, 육두구 같은 상품도 구매했다. 16세기 포르투갈의 해외 교역은 곧 후추와 향신료 교역이라고 해도 좋을 정도였다. 포르투갈 상인이 유럽으로 들여온 후추의 양은 결코 적지 않았다. 피에르 쇼뉘의 추산에 의하면 포르투갈은 모두 15만 톤의 향신료를 유럽에 들여왔다. 특히 1500~1509년에는 매년 7~8척의 배가 3,000톤을 들여왔는데 이는 전 세계 향신료 생산량의 1/3에 해당한다.(Meyer 1990, 66) 그렇다면 전통적인 베네치아의 후추 무역은 완전히 몰락했을까? 그동안 이 문제를 놓고 역사가들 사이에 논란이 많았다. 소위 '육로 재활성화론' 문제가 그것이다. 포르투갈의 희망봉 항로 개척 이후 전통적인 베네치아의 후추 무역이 감소했으나 결정적인 타격을 받지는 않았으며, 16세기 초반에 일시적인 후퇴를 겪었다가 16세기 중엽에 다시 활성화되었다는 주장이다. 이 무역이 완전히 쇠퇴한 것은 네덜란드동인도회사가 대세를 장악한 17세기 이후의 일이라는 것이다. 브로델, 스틴스고르(N. Steensgaard) 등 이 분야의 대가들이 제시한 이 주장이 대체적으로 받아들여졌지만, 수브라마냠(Subrahmanyam)은 다른 견해를 제시한다. '육로 재활성화론'의 증거가 빈약하다는 것이다. 동남아시아에서 홍해로 가는 향신료 교역이 증가한 것은 중동 지역 자체의 수요 때문이고, 베네치아는 그 여분을 얻은 정도에 불과하다는 것이다. 이에 대해서는 더 많은 연구가 필요한 실정이다.(Subrahmanyam 1993, 142~143)

포르투갈의 무역 방식은 '군주 자본주의'의 성격을 띠었다. 특히 주목할 점이 소위 '카레이라 체제(Carreira, 국왕주도사업)'와 카르타스(Cartaz, 통행허가증) 제도다.(Subrahmanyam 1993, 71~78) 카레이라 체제는 한 마디로 말해서 왕실 주도 사업을 의미한다. 국왕 소유의 선박에 국왕의 상품을 싣고 가서 거래를 하고 그 이익 역시 국왕에게 돌아간다. 상인과 선원은 이론적으로 국왕의 명령에 따라 사업을 수행하며 임금을 받는 고용인이다. 그러나 실제로는 이들도 자기 몫의 화물을 가지고 가서 자기 계정으로 거래를 했으므로, 왕실 계정의 거래와 사적인 상인 거래가 함께 이루어지는 복합적인 방식이었다.

포르투갈은 아시아의 '영토'를 지배할 수는 없지만 그 대신 바다를 지배하는 전략을 취했다. 그 전략을 구체화한 것이 카르타스 체제로, 폭력을 통해 경제적 수익을 올리는 방식이다. 포르투갈인은 주요 항로의 길목을 지키면서 그 항로를 지나는 선박에게 통행허가증을 구매하도록 강요했다. 포르투갈 국왕이나 대리인의 허락을 받아야 이 지역의 해상 통행이 가능하다는 주장인데, 이 체제는 조만간 상당히 효율적으로 집행되었다. 유럽인은 아시아의 육상에서는 무력하고 해상에서는 막강한 반면, 아시아인은 반대로 해상에서 힘이 밀렸다. 그래서 카르타스 체제를 수용할 수밖에 없다.(Prakash 2017, 91~92) 1502년 말라바르의 콜람, 코친, 칸나노르 선박에 대해 처음 통행증을 발급한 이후 이 제도가 점차 확대되었다.

포르투갈인들은 인도의 바다에서 지배자가 되었다. 내륙이든 섬이든 그 어느 나라든 인도 지역 사람들은 그들이 발행한 여권 없이는 항해와 여행을 전혀 하지 못했다. 1년만 유효한 이 여권을 그들은 카르타스라 부르는데, 이에 따라 정해진 지역만 갈 수 있고, 후추와 무기를 적재할 수 없다고 규정했다. 몇 명의 선원, 어느 정도의 무기를 실을 수 있는지도 적혀 있으며, 정해진 양을 넘기면 모든 화물을 다 압수한다.(Buti 2016, 333)

맘루크 이집트는 자국 선단을 보내 캘리컷과 구자라트가 포르투갈에 저항하는 것을 도왔지만, 포르투갈 선단이 세 번 연속 승리를 거두어 카르타스 체제가 확실하게 자리 잡았다. 홍해와 이집트 항구가 봉쇄되자 현지 상인들은 큰 피해를 입었다.

지난해에 알렉산드리아에는 배가 한 척도 들어오지 못했다. 제다항구도 마찬가지다. 이는 인도양을 누비고 다니는 유럽 해적들 때문이다. 제다항구에는 지난 6년 동안 화물 하역이 전혀 이루어지지 못했다.(Buti 2016, 333)

포르투갈은 자신들의 사업 이익을 지키기 위해 우선 다른 나라 상인들의 후추 수송을 중점적으로 제한했지만, 그 외에도 적을 압박하는 몇 가지 조치를 추가했다. 목재와 구리 운송을 금지하여 조선업을 방해했고, 적국이 통제하는 항구들, 특히 캘리컷과 맘루크 이집트가 지배하는 홍해 항구들에 들르는 것도 금지했다. 자신들의 규정을 위반하는 선박을 나포했고, 압수한 화물은 관료와 선원, 왕실 금고 사이에 정해진 규칙대로 배분했다.[•] 말하자면 온건한 종류의 해적 행위라고 할 수도 있다. 통행허가증을 통해 포르투갈이 원하는 방향으로 통제할 수 있고, 이를 통해 5퍼센트에 달하는 관세를 물게 했다.(Prakash 2017, 92)

물론 압박만이 능사는 아니다. 포르투갈 측도 교역 행위를 위해 현지 상인들과 협력이 불가피했다. 현지 상인들이 포르투갈 선박을 이용하기도 하고, 포르투갈 배에 아시아인이 일하기도 했다. 때로는 무굴 관리들이나 유럽 상인들을 위해 동남아시아 국가의 선박을 알선하기도 했다. 결과적으로는 명대에 중국이 해상 교역에서 후퇴한 빈자리를 포르투갈이 일부 보충해준 셈이다. 말라카에서 중국 상인들이 알부케르크에게 몬순을 이용한 항해를 허락해달라고 요청한 적이 있다. 그는 이들을 잠재적 파트너로 보고 안전 항해를 보장할 뿐 아니라 아유타야 왕에게 소개장까지 써주었다. "마누엘 국왕은 그들이 이교도이지만 무슬림은 아니라고 들었으며, 따라서 그들에게 지대한 우호감을 느끼고 그들에게 평화와 우정을 함께 하기를 바라노라."(Paine, L., 420) 실제로 포르투갈은 결코 평화와 우정을 나누

• 나포한 배의 수는 다음과 같다. 32척(1504년), 27척(1505년), 104척(1506년), 9척(1507년), 1척(1508년), 9척(1523년), 16척(1525년), 22척(1528년), 31척(1531년), 7척(1532년). 1507년에는 통행증이 가짜로 의심된다거나 증서에 기록된 이름이 실제 이름과 다르다는 이유로 상대 선박을 나포했고, 1540년에는 목적지가 다르다는 이유로 나포했다.(Buti 2016, 334)

지는 않았다. 단지 포와 용병 등을 이용해 최고가를 부르는 자에게 무력을 판매하는 식이었다. 포르투갈인의 활동은 교역·약탈·밀수·해적 행위가 복합된 측면이 있다. 이런 방식으로 점차 더 넓은 지역으로 활동 영역을 넓혀갔다.

위기와 기회: 1540~1580년

16세기 중엽부터 포르투갈 체제에 위기가 찾아왔다. 중요한 교역 상품인 후추와 향신료 수입이 감소하면서 카레이라 체제가 흔들렸다. 수입품 양이 줄면서 유럽 내에서도 이 상품을 거래하는 가장 중요한 루트인 리스본-안트베르펜 간 교역이 거의 중단되었다.(Glamann, 480~481)

왜 이런 사태가 벌어졌을까?(Subrahmanyam 1993, 86~100·133~136)

우선 아시아의 광대한 지역이 극심한 기근으로 불황에 빠졌다. 이런 불리한 상황에서 오스만제국이 홍해 함대로 매년 인도양 서쪽의 포르투갈 식민지들을 공격했다. 그러자 포르투갈의 압박을 받아온 아체가 이 기회에 오스만제국과 협력하여 포르투갈을 공격하려 했다. 오스만제국으로서도 아체는 동남아시아 교역을 위한 훌륭한 파트너였다. 북부 수마트라항구와 벵골만의 마술리파트남, 또 제다와 같은 홍해상의 항구들 사이에 연결망을 유지하고 있었기 때문이다.

그동안 아체는 무명의 존재였다. 13세기 이래 수마트라섬 동서부에 작은 이슬람 왕국들이 번영하고 있었는데, 그중 북부 지역의 아체가 15세기에 두각을 나타냈다.(Manguin, 898) 아체는 말라카와 경쟁을 벌였는데, 두 차례나 말라카를 포위하여 굴복시키기도 했다. 특히 1524년에는 페디르(Pedir)에 요새를 구축한 포르투갈인들을 축출했다. 아체는 지역 강국으로 성장해갔다. 국제 정세를 잘 파악하고 있었던 그들은 포르투갈의 위협을 막을 수 있는 세력은 오스만 제국뿐이라고 판단했다. 1562년 봄, 아체의 술탄 알라우딘 리아야트 샤(Alauddin Riayat Syah)가 후세인과 오마르로 알려진 두 명의 대사를 이스탄불에 파견했다.(Casale, 200~201) 이들은 포르투갈의 침략에 맞서기 위해 선박, 군대, 총포 등 군사 지원을 요청했다. 그러나 대사들이 찾아갔던 당시는 오스만제국 상황이 아주 안 좋았다. 술레이만 대제는 늙고 허약해져서 포르투갈 국왕과 평화 교섭을 추구하고 있었다. 그렇지만 아체는 분명 좋은 파트너 자격이 있으므로, 빈손으로 돌려보내는 대신 타협책으로 8명의 포 주조공을 보내서 아체에서 포를 만들게 한다는 안을 제시했다.

대사들이 아체로 귀환할 때 '술탄 폐하에게 봉사하는 뤼트피'라는 이름으로만 알려진 수수께끼 인물이 동행했다.(Casale, 202~204) 그는 아체에 가서 스리랑카, 캘리컷, 몰디브 등 주변 지역 무슬림 상인 대표들과 만나 사정을 들었는데, 모두 포르투갈과 싸우는 동맹을 원했다. 그는 당시 나포되어 있던 포르투갈 상선들과 선원들을 보고 그들에게 이슬람교를 받아들이라고 강요했다. 두 명만 응하고 나머지는 거부하여 십자가형, 가죽 벗기기, 사지 절단 등 참혹한 방식으로 죽었다. 현지 사정을 파악한 후 뤼트피는 전쟁이 불가피하다고 판단하고 1566년 1월 아체 대사를 대동하고 수마트라를 떠나 오스만제국으로 돌아왔다.

그 사이에 상황이 유리하게 바뀌어 있었다. 술레이만 대제가 헝가리 전투에 참전하러가다가 사망하자 셀림 2세가 뒤를 이었는데, 그는 오스만제국의 팽창 정책으로 기울었다. 이 상황에서 아체 술탄은 공식적으로 오스만을 상위 군주로 인정할 것이며, 그 대신 함께 포르투갈 기독교와 성전을 벌이자는 서한을 올렸다. 오스만제국 측은 이 주장에 설득되어 아체의 무장을 돕기로 하고 포, 화약, 병사, 기술자 등을 실은 선단을 보냈다. 오스만과 아체 간 교역도 크게 늘었다. 특히 후추의 경우 오스만제국으로 들어가는 유입량이 엄청나게 늘어나고 이익도 아주 컸다. 결국 오스만제국의 항구를 통과하는 양이 포르투갈 항구를 통과하는 양을 능가했다. 포르투갈은 아체를 공격했으나 끝내 제압하지는 못했다. 마지막에 거의 아체를 굴복시키고 요새 건설까지 가능해질 무렵에 네덜란드와 영국이 개입해 들어옴으로써 물거품이 되었다. 이런 상황을 보면 포르투갈이 동남아시아 혹은 인도양 세계에서 손쉽게 네트워크를 만든 것은 결코 아니다.

이런 배경에서 전반적으로 분위기가 바뀌어갔다. 과연 왕실이 주도하여 상업을 추진하는 것이 가능한지 회의하는 견해들이 제기되기 시작했다. 카레이라 체제를 유지하려면 국왕이 선박을 제공해야 하는데 그럴 만한 선박이 없었고, 따라서 아시아에서 귀환한 선박을 무리하게 곧장 다시 투입하다보니 사고도 많이 일어났다. 하물며 요새를 건설하거나 보수할 여력은 전혀 없었다. 결국 카레이라 체제를 포기할 수밖에 없었다. 대신 개인업자들에게 사업을 넘겨주는 식으로 바뀌어갔다.

14. 유럽의 충격, 아시아의 대응

기존 사업 영역이 심각한 위기에 빠지는 대신 새로운 영역이 열리고 있었다. 말라카 동쪽 지역에서 중국과 일본이 새로운 무대로 떠올랐다. 그러나 중국과 직접 사업을 하려던 계획은 이미 이전에 완전한 실패로 끝난 바 있었다. 1511년 말라카를 차지한 후 포르투갈은 이곳을 기지로 해서 세계 최고의 부유한 나라로 인식되던 중국의 문호를 열고자 했다. 그렇지만 포르투갈인은 접촉을 너무 서툴게 해서 중국에게 적대감만 샀다. 리스본에서 대사로 보낸 토메 피레스 일행이 1517년 여름 중국에 도착했다. 그러나 중국 측의 접견 거부로 피레스 측은 1521년까지 기다려야 했다. 중국은 포르투갈을 처음 찾아오는 조그마한 변방 국가 정도로 치부하고 경멸했던 것이다. 기다리다 지친 포르투갈인은 중국 남부 지방을 정복하고 성채를 건설하겠다는 무모한 계획을 추진하다가 다음해 모두 처형당했다. 오히려 사태를 악화시킨 꼴이 되었다. 중국 황제는 광둥 지역에서 모든 해상 교역을 금지시키는 조치를 취했다. 1521년 지구 반대편의 멕시코에서는 소수의 에스파냐인이 아스테카제국을 정복하지만, 같은 시기 중국에서는 반대로 포르투갈인이 처형당하는 결과로 끝났다.(Gruzinski, 176~177)

이에 비해 일본에서는 첫 접촉부터 환영을 받았고 대체로 우호적인 관계를 맺었다.(Carré 2017) 일본은 수익성이 매우 좋은 일급 지역으로 떠올랐다. 1555년 일본에 간 배가 큰돈을 번 것으로 알려지자 다음 몬순에 많은 사람이 마카오에서 일본으로 향했다. 마르코 폴로가 길거리가 금으로 덮인 나라로 묘사한 전설상의 '지팡구'가 드디어 유럽과 교역을 시작한 것이다! 1570년대부터 양국은 안정적으로 우호 관계를 유지했다. 특히 중국 비단을 수입하고 은을 수출하는 것이 중요한 사업이었다. 이런 일들이 가능해진 것은 16세기 중엽 중국의 상황과 관련이 있다. 중국이 왜구 문제로 일본과 교역을 단절했고, 일본 역시 필리핀, 동남아시아와의 교역에 주력하고 있었다. 이런 상황에서 공백으로 남겨진 중국과 일본 간 교역을 포르투갈이 밀무역 형태로 대행한 것이다. 이를 안정적으로 하려면 일본 내에 정착할 필요가 있었는데, 일본인의 호의를 얻는 방편 중 하나가 유럽산 화승총(harquebus)을 제공하는 것이었다.

이와 관련하여 다네가시마(種子島, 사쓰마 해안 밖에 위치한 섬)에 총기를 전해주었다는 고사가 유명하다. 흔히 이 섬에 도착한 핀투 (Fernão Mendez Pinto)가 총기를 전해주었다고 이야기하지만, 실은 불명확한 점이 많다.[Boxer 1931, 67~93] 이 이야기의 이면을 분석해보면 당시 해상 세계의 실상을 파악하는 데 도움이 된다.[Carré 2019, 189~191]

다네가시마 관련 자료는 두 가지가 있다. 하나는 핀투의 《여행기 (Peregrinação)》로, 그가 1570년대에 쓰고 사후인 1614년 리스본에서 출판되었다. 다른 하나는 1606년 일본 승려 난포 분시(南浦文之)가 쓴 《철포기(鐵炮記)》다. 두 자료를 비교해보면, 포르투갈인들이 중국 정크선을 타고 규슈 남쪽 다네가시마에 도착하여 영주를 만난다는 이야기는 같지만, 그 외에는 차이가 있다. 포르투갈 기록에 의하면, 핀투 일행이 통킹에서 말라카로 가려다가 1545년 중국 남부 어느 섬에서 중국 해적 선박을 타게 되었는데, 당국에 쫓기고 또다시 다른 해적선들의 공격을 받다가 결국 폭풍우를 만나 다네가시마에 도착했다. 이곳 영주는 그들을 잘 맞이해주었으며, 이들이 '천축국'

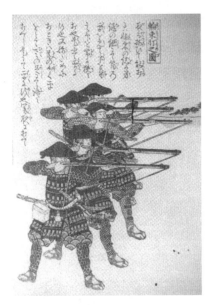

조총을 든 일본 병사
1855년 우타가와 구니요시가 그린 그림이다. 일본
은 서구의 총기를 수용하여 더욱 개선했다.

에서 직접 온 것으로 생각한다. 호기심 많은 영주가 포르투갈인들의 총기를 보고 신기해하기에 한 정을 선물했는데, 이것을 대장장이들이 복제해서 곧 일본 전역에 퍼졌다.

일본 기록은 이와는 다르다. 1543년 9월 23일, 태풍이 심한 시기에 조난당한 중국 배가 나타나 견인해보니 100여 명이 타고 있다. 중국인들과 한문으로 소통하던 중 '남서쪽에서 온' 포르투갈인들도 있다는 사실을 알게 되었다. 그중 두 명의 이름이 나오는데, 한 명은 무라슈쿠샤(Francisco ?)이고 다른 한 명은 키리시타 다 모토(아마도 Cristão da Mota의 음역인 듯)였다. 이들이 총기 시범을 보여서 두 정을 구매하고 화약 만드는 법을 배웠으며, 다음해에 다시 온 그들에게 노리쇠 만드는 법도 배웠다. 승려의 말에 의하면 사카이 상인이 총기를 가져오기 전에 이 섬은 이미 중요한 총기 생산지가 되었다고 한다.

역사가들은 허언증이 심한 핀투의 말을 의심한다. 그가 일본에 간 것은 분명하지만, 다네가시마에서 자신이 겪었다는 일은 다른 사람의 이야기를 듣고 자기 이야기처럼 꾸몄을 가능성이 크다. 다만 분명한 사실은 이 시기에 일본으로 가는 루트가 알려진 후 많은 포르투갈인이 몰려들었다는 것이다. 일본은 중국 교역에서 배제된 상태였으므로, 중국 해적들이 일본에 찾아와 중국과 일본 사이에서 밀수 행위를 했다. 이들이 찾는 중요한 상품은 은이었다. 이와미 은광은 일본이 조선에서 제련법을 도입한 1530년대부터 산출량이 크게 늘었고 1660년대까지 중요한 은 공급지였다.[Carré 2017, 192~193] ● 역시 중국 당국으로부터 배척된 포르투갈 상인들이 이 사업에 끼어 들어갔으며, 그래서 중국 '해적'과 함께 처음 일본에 진입했을 가능성이 있다. 포르투갈은 1557년 중국으로부터 마카오 정주를 허락받기 전에 일본과 교역을 했고, 병풍, 라카, 부채 등 일본 상품을 알게 된다. 일본은 담배, 이베리아 과자 그리고 무기를 비롯한 신기술을 접하고 세계관을 넓혔다. 전국시대에 전쟁 중인 영주들은 돈이 필요하므로 교역을 환영했다. 포르투갈인들과 접촉하던 영주들 중에는 기독교를 수용한 사람들도 생겼다. 최근 학계는 다네가시마 사건이 총포 도입의 결정적 계기가 아니며 다른 해적들과 접촉하면서 총포를 알게 되었을 가능성이 더 크다고 본다.●●

이렇게 해서 대체로 1570년경에는 포르투갈의 아시아 네트워크는 팽창해갈 수 있는 한도까지 다 간 상태였다. 일본, 중국, 인도네

● 일본의 은 생산에서 중요한 기술이 연은분리법(鉛銀分離法)이었다. 대체로 은광석에 납이 많이 들어 있어서 은과 납을 분리하는 제련 기술이 없이는 은 생산이 크게 늘어날 수 없었다. 일본의 연은분리법은 원래 조선의 양인 김감불(金甘佛)과 노비 검동(儉同)이 16세기 초에 세계 최초로 개발한 것으로 알려졌다. 이 기술이 일본에 전해져서 일본의 은 생산이 비약적으로 증가하는 데에 매우 중요한 공헌을 한 데 비해, 정작 '조선에서는 이 기술을 까먹었다'고 한다《선조실록》).[한명기, 162]

시아, 인도 연안, 이란, 오스만제국 연안 지역 일부, 동아프리카에 이르는 이 넓은 세계가 포르투갈 해상 체제의 구성 요소가 되었다. 대략 이 시기부터 아시아의 포르투갈 거류지들을 통칭하여 '에스타도 다 인디아(Estado da India)'라고 불렀다. 스리랑카의 신할리즈(Sinhalese) 사람들이 본 바에 의하면 "쇠 신발을 신고 결코 한 곳에 머무르지 않으며, 하얀 쇳덩어리와 붉은 피(빵과 포도주)를 먹는" 포르투갈인들이 아시아에 거대한 해양 세계를 구축했다. 이 세계 안에서 유럽과 아시아의 상품이 유통되었다. 플랑드르에서 만든 시계는 리스본을 통해 고아를 거쳐 말라카까지 간 다음 이곳에서 스리랑카나 남인도에서 들여온 샌달우드와 교환된다. 이 나무는 마카오로 가져가서 금과 교환하고, 이 금은 일본 나가사키로 가져가서 병풍과 교환한다. 일본 병풍은 고아를 거쳐 리스본으로 간다.(Crowley) 이처럼 에스타도는 세계의 바다를 한층 더 활기차게 연결시키는 역할을 했다.

그러나 이 체제는 앞에서 이야기한 대로 1570년대 무렵부터 어려

●● 유럽인들이 일본을 방문할 당시 일본인 또한 유럽을 방문한 적이 있다. 소위 덴쇼 사절단이 그것이다. 이 방문을 기획한 사람은 1582년 예수회 소속 기독교 선교사 알레산드로 발리냐노였다. 그는 1579년 7월부터 2년 반 동안 일본에 머물다 귀환하면서 이런 기획을 실행한 것이다. 발리냐노는 일본인들을 유럽에 데리고 가서 종교적 권위, 국가와 도시, 궁전 등 화려함을 보여주면 이들이 돌아와 그들이 본 증거를 사람들에게 전달하리라 생각했다. 그래서 가톨릭을 수용한 규슈 다이묘의 13~14세 자제들 4명(이토 만쇼, 치지와 미겔, 하라 마르티노, 나카우라 줄리안)을 선발했다. 이들은 1583년 나가사키를 출발하여 2년 반 동안 여행하면서 리스본, 에보라, 톨레도, 마드리드, 알카라(Alcalá, 마드리드 인근의 도시), 리보르노, 피사, 피렌체, 시에나를 거쳐 로마에서 교황 그레고리오 13세를 만났다. 그 다음 베네치아를 거쳐 귀환 길에 올라서 1590년 나가사키에 도착했다. 1585년 베네치아에서 틴토레토가 이토의 초상화를 그렸다.(Romano, 227~228)

움을 겪었고 사업 방식도 변화하였다.(Glamann, 474~489) 이제 국왕은 사업 주체가 아니라, 다른 계약자에게 돈을 받고 사업권을 넘겨주는 계약자에 불과했다. 아시아에서 후추를 들여오는 사업, 유럽 내 후추 도매 사업, 함대 조직 등 여러 종류의 사업 계약이 체결되었다. 15장에서 보겠지만 이와 같은 사업 변화가 결국 네덜란드와 영국 같은 경쟁국의 아시아 진입을 초래했다.

1578년 알 카사르 알 카비르 전투 패배의 결과 아비스왕조가 단절되고 에스파냐에 합병된 것(1580~1640) 또한 지대한 영향을 미쳤다.(Coates) 아비스왕조의 마지막 왕 세바스티안(재위 1557~1578)은 미숙한 청년으로 고지식하게 레콩키스타 이념에 사로잡혀 모로코를 공격해 들어갔다가 사망했다. 왕위를 이어받은 사람은 선왕의 증조할아버지 엔히크 추기경이었다. 그는 후손을 봐서 왕조를 잇기 위해 예외적으로 결혼을 인정해달라고 교황청에 탄원했으나 허락을 얻지 못했다. 사실 그의 나이가 66세여서 설사 결혼을 인정해주었다고 해도 성공할지는 알 수 없는 일이다. 그가 1580년에 사망하자 누가 포르투갈의 왕위를 이어받을지가 초미의 관심사였다. 에스파냐 국왕 펠리페 2세가 가장 적극적으로 나왔다. 처음에 포르투갈에 돈을 보내서 환심을 사더니 최종적으로는 알바 공이 군대를 이끌고 가서 무력으로 쟁취하도록 만들었다. 왕위 계승 후보로서 포르투갈 내에서 인기가 높던 안토니오라는 인물은 멀리 아조레스제도를 거쳐 먼 외국으로 축출해버렸다. 1580년 펠리페는 '물려받았노라, 샀노라, 정복했노라'라는 말과 함께 포르투갈 왕이 되었다.

이 사건은 포르투갈의 해외 사업에 어떤 식으로 영향을 미쳤을까? 왕실 서기인 페드루 다 라다(Pedro da Rada)의 자료가 출판되어 당시 사정을 좀 더 자세하게 알 수 있게 되었다. 당시 포르투갈은 아시아보다 브라질에 더 관심이 많았다. 이 시기에는 아시아 상품보다 브라질 설탕이 더 큰 이익을 주리라 기대했기 때문이다. 이를 보면 에스파냐가 포르투갈을 합병한 1580~1640년에 포르투갈의 아시아 식민지를 방치해서 약화시켰다는 비난은 옳지 않다는 것을 알 수 있다. 실제로는 네덜란드와 잉글랜드의 폭력적인 공격이 더 큰 요인이다. 포르투갈이 개척한 항로들의 수익성이 떨어지기 시작하는 상황에서 네덜란드와 영국이라는 막강한 적들이 진입해 들어왔다. 17세기는 이전에 얻었던 많은 거점들을 하나하나씩 상실해가는 쇠락의 세기가 되었다. 이에 대해서는 다음 장에서 살펴보도록 하자.

몰루카제도와 태평양

포르투갈인은 값비싼 향신료를 얻을 수 있는 몰루카제도로 가는 항로를 확보하고자 했는데, 이런 노력이 길게 보면 태평양 항로를 개척하는 데까지 연결된다. 그 계기는 말라카를 정복한 1511년으로 거슬러 올라간다.(Bertrand, 170~171) 알부케르크는 몰루카제도로 3척의 배를 파견하여 향신료 교역에 대한 자세한 정보를 얻고자 했다. 파견된 사람 중 한 명이 프란시스쿠 세랑(Francisco Serrão)이었다. 자바섬의 그레시크(Gresik)에 도착한 그는 자바 여인을 만나 결혼하고 함께 여행했다. 1512년 그가 탄 배가 조난 사고를 당했으나 그는 가까스로 히투(Hitu)라는 곳에 갔다. 일행은 중국 정크선을 한 척 사서 귀환하려 했지만 이 배도 조난을 당하여 다시 히투로 돌아갔다. 세랑의 무기와 갑옷을 본 이 지역 추장들이 그를 용병으로 고용했다. 안정을 찾은 그는 말라카로 돌아갈 생각을 버리고 현지에 남아 살아가게 되었다. 다만 현지 정보를 담은 서한을 마젤란에게 보냈고 마젤란은 이 편지를 이용해 에스파냐 군주를 설득해서 그의 항해 기획을 실현할 수 있었다.

마젤란은 1505년 알메이다 선단에 평선원으로 고용되어 아시아에 왔다가 1511년 알부케르크 아래에서 말라카 정복에 참여했다. 이때 세랑을 만나 친해졌고, 이후에도 계속 서신 교환을 했다. 또 말라카 정복 당시에 폐허에서 젊은 말레이인 한 명을 만나 그에게 엔히크라는 세례명을 주고 하인으로 삼아 1513년 함께 리스본으로 돌아갔다. 이후 모로코 전투에 참여했다가 부상을 입었으나, 마누엘 국왕이 연금을 제대로 지불해주지 않자 에스파냐로 넘어갔다. 그는 세비야에 머물며 인도로 가는 새로운 항로를 개척하겠다는 기획안을 만들어 카를로스 국왕에게 지원을 부탁했다. 그의 계획은 아프리카 해안을 따라 남하하여 아시아로 가는 게 아니라 반대로 아메리카 방향으로 간다는 것이다. 세랑의 정보에다가 자기 나름의 추론을 더해 리오 데 라 플라타(Río de la Plata, 아르헨티나와 우루과이의 국경을 이루는 강이며, 강 북쪽에 부에노스아이레스, 남쪽에 몬테비데오가 있다) 위도에서 아메리카대륙을 관통하는 해협이 있으니, 이곳을 통해 태평양으로 가서 몰루카제도로 갈 수 있다는 것이다.(Gruzinski, 176) 이런 허술한 기획안으로 10년 독점권과 함께 국왕의 지원을 받아냈다.

1519년 9월 20일, 마젤란은 트리니다드(Trinidad)호를 비롯한 5척

14. 유럽의 충격, 아시아의 대응

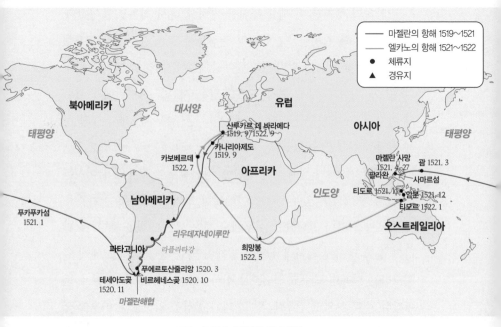

1519~1521년 마젤란의 세계 일주

의 배에 2년치 보급을 싣고 237명의 선원을 데리고서 산루카르 데
바라메다에서 출항했다. 이 항해만큼 큰 곤경에 빠진 사례도 흔치
않을 것이다. 1520년 선원들 일부가 봉기를 일으키자 이를 진압한
다음 선장 한 명은 참수 후 몸을 조각내고, 다른 한 명의 선장과 사
제 한 명은 외딴 곳에 내려놓았다. 남은 3척의 배는 파타고니아까
지 거의 다 내려가서야 해협(그의 이름을 따서 마젤란해협이라 부른다)
을 발견하여 이곳을 통과했는데, 역풍과 어려운 해류를 헤치느라
5주 동안 큰 고생을 했다. 태평양으로 진입한 다음에는 남위 52도에
서 강력한 편서풍과 싸워야 했다. 섬을 못 만난 14주 동안 많은 선

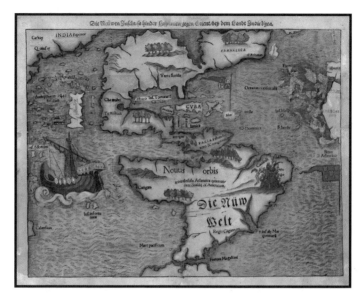

마젤란해협을 넘어 태평양으로 가다(1561년판 지도)

1544년 쓰여 17세기 후반까지 5개 언어로 35판까지 발행된 중세 유럽의 베스트셀러, 제바스티안 뮌스터의 《우주 형상지(Cosmographia)》에 실린 아메리카 지도이다.

원이 사망했다. 《최초의 세계일주 항해에 대한 보고서(Relazione del primo viaggio intorno al mondo)》, 일명 《마젤란 여행기》를 쓴 피가페타(Antonio Pigafetta, 1491~1534)는 선원들이 입안이 부어올라 아무것도 먹지 못하고 죽는다고 썼다. 이것이 괴혈병에 대한 첫 기록이다.

괌과 마리아나제도를 거쳐 필리핀의 사마르(Samar)섬에 도착하니 놀랍게도 말레이 출신 하인인 엔히크가 의사소통이 가능하다. 엔히크의 언어인 말레이어는 동남아시아 해양 세계에서 널리 통용된다. 이것을 보면 필리핀은 고립된 세계가 아니라 이미 오랫동안 동남아시아와 연결되어 있었다. 또 매년 푸젠과 광둥 배들이 찾아와서 중

14. 유럽의 충격, 아시아의 대응

국의 철제 도구, 도자기, 청동 징을 주고 대신 말린 해삼, 대모, 향신료 등을 물물교환해 가지고 갔다.●

엔히크의 통역 덕분에 세부(Cebu)섬 지배자 후마본(Rajah Humabon)과 관계를 맺고, 또 기독교 전도도 시도하였다.[Bertrand 2019b, 169~172] 마젤란은 종교적 열정에 사로잡혀 후마본과 그의 처첩 40명 그리고 일반인 500명에게 직접 세례를 했고 1주일 후 다시 800명에게 세례를 하였다.[Phelan, 3~23] 그러나 곧 마젤란은 현지 세력들 간 싸움에 휘말려 죽음을 맞는다. 후마본은 기독교 수용 등을 핑계로 마젤란에게 자신의 오랜 숙적 라푸라푸(Lapu-Lapu)를 공격해달라고 요구했다. 부하들은 다들 말리는데 마젤란은 기독교 세계의 무기와 힘을 과시하고 싶은 마음에 준비가 전혀 안 된 상태에서 막무가내로 공격해 들어갔던 것이다. 마젤란이 죽자 엔히크는 도주했는데, 그가 필리핀에 남았는지 자기 고향 말라카로 돌아갔는지는 아무도 모른다. 후자일 경우 그가 최초로 세계 해상 일주를 한 인물이 될 것이다. 그는 오랫동안 역사에서 잊혔으나 필리핀에서는 1946년 독립 후 영웅 대접을 받는다.

남은 사람들은 후안 세바스티안 엘카노(Juan Sebastián Elcano)의 지휘하에 귀국 항해를 했다. 인도네시아의 티도레섬에 도착하여 출항 후 처음으로 환대를 받고 상품을 교환하여 향신료를 실었다. 1522

● 중국과 필리핀 간 교역에 대해서는 이미 10세기부터 기록이 전한다. 루손섬과 광저우 간 755마일 거리를 항해하여 교역을 수행했다. 14세기에도 비사야제도의 산타오와 광저우 간 교역 기록이 있다. 필리핀의 밀랍, 카폭(kapok), 직물 등과 중국의 구리, 구슬, 도자기, 면 직물, 철 등이 교환되었다.[Abrera, 904~906]

년 9월 6일 18명의 유럽인과 3명의 말레이인이 마침내 산루카르 데 바라메다에 도착했다. 2년 11개월 2주 걸려 세계를 주항한 것이다. 세계는 바닷길로 연결되어 있다는 것이 확실하게 밝혀졌다.

태평양 항로 열기

마젤란의 항해로 아메리카가 미지의 남방대륙(Terra Australis Incognita)에 붙어 있지 않으며, 태평양도 항해가 가능하다는 점이 밝혀졌다. 그러자 에스파냐와 포르투갈 간 영역 구분선이 어디인지를 놓고 다시 문제가 발생했다. 1524년부터 양측 전문가들이 모여서 논의한 끝에 1529년 사라고사(Zaragoza)조약을 체결했다. 그 내용은 몰루카제도 동쪽 300리그를 구분선으로 삼는 것이다. 이 조약에 따라 동남아시아의 많은 섬은 포르투갈 관할이 되고, 에스파냐는 태평양의 섬들을 관할하게 되었다. 양국은 이번에도 성실하게 회의를 하여 구분선을 획정한 다음 곧 조약 내용을 위반하는 일을 반복했다. 필리핀은 구분선 서쪽에 있으므로 포르투갈 관할이었지만, 에스파냐는 13년 후 필리핀('펠리페의 땅'이라는 의미인데, 이는 발견 당시 에스파냐의 왕세자이고 나중에 국왕이 되는 펠리페에서 온 이름이다)을 식민화하고 멕시코-필리핀 항로를 개척하고자 했다.

태평양을 동서로 횡단하는 엄청난 길이의 멕시코-필리핀 항로를 개척하기란 지극히 어려운 과제다. 이것을 성공적으로 개척하는 데 결정적 공헌을 한 인물은 바스크 지역 출신 안드레스 데 우르다네타(Andrés de Urdaneta, 1508~1568)다.[Jacquelard, 205~206] 그가 원거리 항

14. 유럽의 충격, 아시아의 대응

해에 첫발을 들여놓은 계기는 로아이사 탐사(Loaísa expedition)였다. 마젤란-엘카노가 최초의 세계 주항을 마치고 1522년 귀환하자마자 카를로스 국왕은 다시 한 번 같은 항로로 항해를 하여 몰루카제도로 가서 요새를 건설할 것을 결정했다. 이 모험 여행의 대장으로 로아이사(García Jofre de Loaísa)가 임명되었고 엘카노는 도선사이자 두 번째 큰 배의 선장을 맡았다. 이때 우르다네타는 엘카노 선박의 선원으로 참가했다.

마젤란의 항해 당시와 큰 차이 없이 이번에도 고난의 연속이었다. 대서양과 태평양을 연속으로 넘어 몰루카제도로 가는 길은 죽음의 항로였다. 7척의 배에 450명이 떠났으나 1526년 몰루카제도에 도착한 것은 배 한 척에 105명뿐이었다. 로아이사와 엘카노도 죽었다. 더구나 이 시기에는 이미 포르투갈이 반대편 방향에서 인도양을 넘어 티도르에 들어와 있었다. 에스파냐와 포르투갈은 현지 세력들을 자기편으로 끌어들여 상대를 축출하기 위한 투쟁을 벌였다. 이 모든 과정에서 우르다네타가 큰 공헌을 했고, 그는 항해와 동남아시아 지역 상황 등에 대해 최고의 전문가로 성장했다. 우르다네타 일행이 현지에 남아 포르투갈과 투쟁을 계속하는 사이에 유럽에서는 앞서 언급한 사라고사조약이 체결되어 몰루카제도의 영유권이 포르투갈로 넘어갔다. 그로서는 허망한 느낌을 지울 수 없었을 것이다. 1530년이 되어서야 우르다네타는 유럽으로 돌아갔다. 에스파냐에서 그는 자신의 경험을 충실하게 살린 보고서를 썼다. 그 후 새로운 기회를 찾아 아메리카로 가서 관리로 일하다가 1552년 아우구스티누스 수도회에 수사로 들어갔고 사제 서품을 받았다.

종교적 명상의 삶을 살려는 그를 세속 세계가 내버려두지 않았다. 1558년 부왕 루이스 데 벨라스코(Luís de Velasco)가 에스파냐 국왕 펠리페 2세에게 서한을 보냈는데, 필리핀 지배를 확고히 하기 위해서는 멕시코-필리핀 항로를 열어야 하며, 이 임무를 수행할 최적의 인물은 우르다네타라는 내용이었다. 실제로 우르다네타는 9년 동안(1526~1535) 몰루카 지역에서 지내는 동안 많은 경험을 쌓았고, 말레이어도 가능하며, 이 지역뿐 아니라 해상 업무에 관한 정보도 많이 가지고 있었으니, 최적의 인물임은 분명하다. 국왕은 우르다네타에게 서한을 보내 이 항해를 직접 맡으라고 지시했다. 우르다네타는 제안을 수용하되 선단의 대장이 아니라 도선사로서 임무를 수행하기로 했다. 대장은 미구엘 로페스 데 레가스피(Miguel López de Legazpi)로 결정되었다. 1564년 2척의 갤리언과 2척의 소형선으로 구성된 선단이 멕시코의 나비다드를 떠났다. 선원 150명에 군인 200명이었다.

태평양을 건너는 이번 항해 역시 참가자들은 장기간의 노역과 식량 및 식수 부족, 그로 인한 괴혈병으로 고통받았다. 그나마 우르다네타 덕분에 경로를 잃지 않고 1565년 2월, 괌을 거쳐 필리핀의 사마르섬에 도착했다. 여러 섬을 탐사하다가 세부섬에 요새를 건설했다. 이곳은 식량이 풍부한 데다가 중국과 교역을 해오고 있었다. 우르다네타는 이곳이 멕시코로 돌아가는 항해의 출발점으로도 적합한 곳이라고 판단했다.

비록 고생은 했으나 동쪽에서 서쪽으로 가는 태평양 횡단 항로는 비교적 쉽게 개척한 편이다.(Jacquelard, 205~206) 북동무역풍과 해류를 알고 있었기 때문이다. 북위 9도와 13도 사이로 항해하면 바람과 해류를 타고 필리핀으로 갈 수 있다. 우르다네타는 이 사실을 실증했다. 문제는 서쪽에서 동쪽으로 가는 멕시코 귀환 항해(vuelta del Poniente)다. 이에 대해서는 어떻게 하면 좋을지 완전히 오리무중이었다. 이 항로를 개척한 것 역시 노련한 우르다네타의 경험과 정보 그리고 탁월한 감각 덕분이었다. 1565년 6월 1일, 레가스피의 손자 펠로페 데 살세도(Felope de Salcedo)가 선장을 맡고, 200명이 탑승한 갤리언선 산페드로(San Pedro)호가 세부에서 출항했다. 이들은 8~9개월치 식량을 싣고 1만 8,000킬로미터를 쉼 없이 직항해야 했다. 이들은 쿠로시오해류를 타고 북동 방향으로 항해하다가 북위 39.5도에서 편서풍을 발견하여 이 바람을 타고 계속 동진했다. 15주 항해 끝에 오늘날 로스앤젤레스 앞바다의 산 미구엘(San Miguel)섬에 도착했다. 이후 차가운 캘리포니아해류를 타고 남동쪽으로 항해하여 10월 8일 아카풀코(Acapulco)에 도착했다.● 4개월 8일의 항해 도중 많은 선원이 죽었고, 돛을 움직일 정도의 힘이 남은 사람은 18명뿐이었다. 실로 힘든 노력 끝에 태평양 항로를 개척한 것이다. 이 성공 이전에 지난 반세기 동안 모두 5차례의 항해 시도가 있었는데 모두 실패로 끝났다. 마젤란, 로아이사, 엘카노, 알바로 데 사베드라

● 우르다네타가 도착해보니 놀랍게도 그보다 먼저 도착한 배가 있었다. 선장 아레야노(Alonso de Arellano)와 도선사 로페 마르틴(Lope Martín)이 운항한 40톤급 소형 선박 산 루카(San Lucas)호는 1564년 레가스피 모험 당시 함께 떠났다가 해상에서 헤어진 후 민다나오에 상륙했다. 이곳에서 귀환 항해를 할 때 북위 43도로 항해하여 나비다드에 도착했다. 다만 이들은 무단이탈 상태인 데다가 정확한 정보를 남기지 못해 다음 항해에 도움을 주지 못했으므로 공식적으로 인정받지 못했다.[Jacquelard, 207]

세론(Álvaro de Saavedra Cerón), 비야로보스 등 탐험 대장들이 차례로 다 사망했다. 그동안 이루어진 대서양 항해와 남태평양 항해(예컨대 페루와 칠레를 연결하는 항해) 등의 경험들이 북태평양 항로 개척에 큰 도움을 준 것은 분명하다.

필리핀에 점차 많은 에스파냐인이 들어왔다.[Jacquelard, 208~209] 그렇지만 대개 식량이 충분치 않아서 쌀이 많이 나는 섬들을 찾아다녔다. 그중 사정이 좋은 민도로(Mindoro)섬, 마닐라, 루손섬 등을 1571년 레가스피가 점령했다. 마닐라는 공식적으로 1571년 6월 24일에 개발했다. 이후 '마닐라-아카풀코' 항로가 열리고 다시 이것이 중국 교역과 연결되어 정말로 글로벌한 네트워크가 형성되었다. 필리핀 식민지 개발에는 중국인의 도움이 컸다. 1571년 민도로 근처에서 에스파냐인이 중국 선박 한 척을 구조한 일이 계기가 되었다. 다음해 중국인들이 돌아와서 양측의 교역이 시작되었다. 중국인은 비단, 도자기 등을 가지고 오고 에스파냐인은 은을 제공한다. 인력, 무기, 은, 서구 상품들이 필리핀으로 들어오고, 필리핀에서 비단, 향료, 자기, 가구 등이 아메리카로 갔다가 다시 유럽으로 전해졌다. 1575년 마닐라의 에스파냐 인구는 500명에 불과하지만 중개 교역의 중요성이 커져간다. 멕시코 또한 마찬가지다. 이 '태평양 루트(carrera del Pacífico)'는 1815년까지 계속 운영되었다. 원래 태평양 횡단 교역은 공식적으로는 2척, 300톤으로 제한했지만 실제로는 이를 무시하고 17세기 초 1,000톤급 선박을 건조하여 투입했다. 1815년까지 거의 매년 마닐라 갤리온이 항해했는데, 1565~1815년에 잉글랜드 선박에게 4차례 나포되었을 뿐이다. 다만 이 항해는 중간 기착지가 없

14. 유럽의 충격, 아시아의 대응

는 가장 길고 오래 걸리는 위험한 항로로 유명하다. 6개월 동안 다양한 기후대를 거치고, 선원 사망률은 50퍼센트가 넘었다.

오세아니아 태평양 탐사

아시아와 아메리카를 향해 활기차게 추진하던 유럽인들의 탐험 활동은 17세기에 이르러 다소 누그러졌다. 그 후 18세기에 머나먼 미지의 세계를 파악하고자 하는 탐사 열기가 다시 불붙은 곳은 태평양이었다. 이제 해상 탐험은 국가가 후원하고 과학 연구가 결합하는 성격을 띠었다.

18세기의 가장 탁월한 항해인 중 한 명을 꼽으라면 단연 제임스 쿡(James Cook, 1728~1779, 일명 쿡 선장(Captain Cook))을 들 수 있을 것이다. 계급 구분이 매우 엄격한 영국 사회에서 빈농 출신이자 석탄 운반선 견습공으로 시작하여 영국 해군의 최고 지위에 오른 것은 그의 탁월한 능력과 성실성 덕분이었다.

그는 3번에 걸쳐 매우 중요한 태평양 탐험 항해를 했다.(이하 Grimbly, 112~115)

1768년, 영국 해군은 태평양에서 실시하는 금성의 태양면 통과 관측을 비롯한 과학 연구 목적의 탐험대를 구성하기로 결정했다. 항해술이 뛰어날 뿐만 아니라 측량과 천문학에도 조예가 깊었던 제임스 쿡은 탐험대 대장에 선임되어 인데버(Endeavour)호를 이끌었다. 이 탐험대에는 천문학자, 식물학자, 동물학자 등 많은 과학자가 동행했다. 인데버호는 대서양을 건너 브라질 리우데자네이루를 거쳐 남아메리카 최남단 혼곶(cape horn)을 지나 태평양으로 넘어갔다. 탐험대는 타히티섬에 도착하여 관측과 실험을 하였다. 남태평양을 항해하면서 소시에테제도를 발견하는 등 여러 곳의 새로운 섬을 발견했지만, 이 탐험대의 중요한 목적 중에는 남방대륙을 발견하는 임무도 있었다. 이 배는 남위 40도를 항해하다가 뉴질랜드에 도착했다. 쿡은 처음에는 이곳을 남방대륙으로 생각했다가 곧이어 이곳이 별개의 섬이며, 남섬과 북섬 두 개의 섬으로 이루어진 사실을 발견하였다. 그의 발견으로 뉴질랜드 남섬과 북섬 사이의 해협을 쿡(Cook)해협이라고 부르게 되었다. 그는 오스트레일리아 동쪽 해안을 따라 북상하였고, 이때 발견한 곳을 뉴사우스웨일스(New South Wales)라고 명명하여 영국 영토로 선언하였다. 이는 오스트레일리아가 영국 식민지가 되었다가 영연방 국가가 되는 데에 중요한 계기가 되는 사건 중 하나다. 그 후 인도네시아 자카르타에 도착하였고 아프리카 최남단 희망봉을 돌아 다시 대서양을 거쳐 1771년 7월에 영국으로 귀국하였다.

1772~1775년의 2차 항해 때는 해군성의 명령에 따라 본격적으로 미지의 남방대륙을 찾아 남극권까지 항해해갔다. 사실 이 시기 즈음이면 많은 해상 탐험가들이 남방대륙의 존재를 의심했지만, 직접 확인하는 게 중요하다. 1772년 7월 레졸루션(Resolution)호, 어드벤처(Adeventure)호 두 척의 범선으로 탐험대를 구성하여 희망봉을 돌아 인도양으로 들어간 후 남위 71도 10분까지 내려갔다. 2만 킬로미터가 넘는 극도로 위험한 항해 끝에 이 해역에 남방대륙이 존재하지 않음을 확인하였다. 3년 8개월 만에 영국으로 돌아온 쿡은 영

14. 유럽의 충격, 아시아의 대응

국왕립협회의 정회원이 되었다. 또한 1차 항해에서 많이 냈던 괴혈병 희생자를 2차 항해 때 한 사람도 내지 않은 공적도 인정받았다.●

영국 정부는 대서양에서 태평양으로 가는 관통로를 발견하기 위해 북태평양 탐험을 한 차례 더 계획하였고, 쿡은 탐험대장을 자원했다. 쿡 선장은 태평양 쪽에서 북극권으로 들어갔다가 대서양 방면으로 나와 런던으로 돌아가려고 계획했을 것이다.(Hatfield) 1776년 2월 레졸루션호와 디스커버리(Discovery)호를 이끌고 출항한 후 희망봉을 지나 태즈메이니아섬을 거쳐 뉴질랜드에 도착하였다. 이어

● 오랫동안 선원들의 첫 번째 사망 원인은 괴혈병이었다. 태평양 같은 거대한 바다를 항해할 때 선원들 절반이 괴혈병으로 죽는 경우가 흔했고, 심지어 사망자가 75퍼센트에 달하기도 했다. 발병 초기에는 무기력하고 창백한 상태가 되는데 마치 몸에서 피가 빠진 듯한 모습이 된다. 다음에 푸른 반점들이 나타나다가 사지가 붓고 마비 증세가 나타난다. 곧 입천장이 붓고 염증과 출혈 끝에 이가 빠지는 전형적인 증세가 시작된다. 치아와 상처가 헌 곳 사이에 고인 피가 썩어서 악취가 나며, 피부가 터서 상처가 아물지 않고, 혈변을 보며, 시력이 흐릿해지다가 고열로 아주 심한 갈증과 경련을 겪는 끝에 사망한다. 선원들은 비타민C 부족이 원인이라는 사실을 정확히 알지는 못했더라도 경험에 의해 오렌지나 레몬 주스 같은 것이 효험이 있다는 것은 알게 되었다. 1702년에 나온 《해양사전》의 '괴혈병' 항목에서는 이 병에 대한 대책으로 라임이나 오렌지 주스를 제시한다(또 한 가지로 거북 피를 드는데, 이것이 과연 효능이 있는지는 의문이다).(Aubin, 'Scorbut' 항목) 그러나 실제로는 선상에서 주스가 빨리 상하기 때문에 완전한 대책이 되지는 못했다. 이 병에 대한 합리적인 대처 방안을 쿡 선장이 제시했다. 그는 비타민C가 풍부한 소금에 절인 양배추를 3,000킬로그램 넘게 배에 실었다. 선원들이 양배추를 좋아하지 않아서 처음에는 항의가 많았다. 쿡 선장이 심리적인 방법을 써서 장교들에게만 양배추를 제공하자, 곧 일반 선원들도 더 달라고 요구하기 시작했다. 19세기 중엽이 지나서야 영국 해군에서 본격적으로 감귤류를 사용했다. 그 때문에 1850년대부터 영국 선원들을 속어로 라이미(limey)라 불렀고, 조만간 이 말은 영국인 전체를 가리키게 되었다. 원래 영국 해군은 유럽에서 수입한 레몬을 공급했다가, 영국 식민지에서 구할 수 있는 라임으로 바꾸었다. 당시에는 잘 몰랐을 테지만, 라임은 비타민C 함량이 레몬의 1/4이어서 괴혈병 예방 및 치료 효과가 크게 떨어졌다. 일찍이 감귤류가 효과적이라는 사실을 알면서도 매우 늦게, 그나마 비효율적인 방법을 적용한 것이다.(Oxford Dictionary)

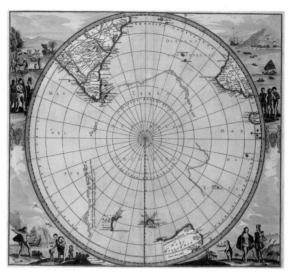

미지의 남방대륙 지도

북반부에 대부분의 대륙들이 자리 잡고 있으므로 지구가 균형을 이루기 위해서는 남반부 하단에 거대한 대륙이 존재할 가능성이 높다는 추론이 제시되었는데, 이를 '미지의 남방대륙'이라고 부르고 지도상에 표시하기도 했다.

서 타히티를 들렀다가 북쪽으로 항해를 시작하였다. 1778년 1월, 쿡은 화산섬인 샌드위치(Sandwich, 현재 하와이)제도를 발견하고, 여기에서 북아메리카 연안을 따라 북쪽으로 올라갔다. 알래스카 남부를 지나 6월 말 베링해협으로 들어가 북극해에 도달하였으나, 8월 중순 두꺼운 빙판에 막혀 더는 항해를 할 수 없었다.* 탐험대는 11월 말에 하와이제도로 돌아와서 1779년 1월 케알라케쿠아(Kealakekua)만에 입항했는데, 하와이 사람들의 열광적인 환영을 받았다. 이곳을 떠나 항해를 재개하려다 디스커버리호를 수리할 필요가 생겨 하와이에 다시 돌아왔는데, 어찌된 일인지 이번에는 하와이 주민들의

14. 유럽의 충격, 아시아의 대응

격렬한 저항을 받아 결국 2월 14일 쿡은 목숨을 잃었다. 남은 선원들은 다시 베링해협 탐험을 위해 북위 70도 33분까지 올라갔다가 1780년 10월 귀환하였다.

쿡의 항해와 관련해서 부연하여 설명할 것이 두 가지가 있다. 하나는 당시 경도를 정확히 파악했느냐는 것이다.[Lamy, 324~326] 고대 이래 원양 항해에서 위도는 어느 정도 파악했으나 경도는 좀처럼 해결하지 못했다. 경도를 정확히 파악하지 못하여 사고로 죽는 일이 빈번해지자 유럽 각국은 이 문제를 풀기 위한 노력을 경주했다. 1714년 영국 국왕이 정식으로 문제를 제기하여 경도법(Act of Longitude)을 제정하고, 상금 2만 파운드를 내걸어 해결책을 찾고자 했다. 오차가 6만 마일당 1도 이내여야 해결한 것으로 간주했으며, 공정한 경쟁을 관리하기 위해 경도국(Board of Longituded)을 설립하고 저명한 과학자 에드먼드 핼리에게 감독을 맡겼다. 당시 가능성이 가장 커 보이는 방법은 특정한 별과 달 사이 거리를 측정하는 것이었다. 그렇지만 흔들리는 배 안에서 그토록 정밀한 측량을 한다는 것은 불가능에 가까운 일이었다. 다른 대안은 정밀 시계였다. 표

● 아시아와 아메리카 두 대륙 사이에 해협이 존재한다는 것을 확인한 것은 비투스 베링(Vitus Jonassen Bering, 1681~1741)의 공헌이다. 그는 덴마크 출신이나 1703년부터 러시아 해군에 복무하였다. 표트르 1세의 지시로 1725~1730년 북극권을 탐사했고, 다시 황후 안나 요바노브나의 지시로 1733~1743년에 2차 탐험을 했다. 1728년 북위 67° 18', 서경 167° 지점에서 두 대륙 사이에 해협이 존재한다는 사실을 확인하였고, 훗날 그의 이름을 따서 베링해협이라 부르게 되었다. 이 항해에서 그를 계속 괴롭힌 건 이 지역에 늘 자욱한 안개였다. 3주 동안 하늘의 별을 보지 못한 적도 있을 정도로 시야를 심하게 가려서 매우 위험한 항해였다.[Remaud, 318~321]

쿡 선장의 죽음

1795년 요한 조파니가 그린 〈제임스 쿡 선장의 죽음, 1779년 2월 14일〉이다. 쿡 선장의 사망 사건은 하와이인의 문화를 둘러싼 논란거리를 남기기도 했다.

준시와 해당 지역 시간을 정확히 알 수 있다면 그 시간 차이를 이용해 경도를 계산할 수 있기 때문이다. 이 역시 문제는 흔들리는 배 안에서 정확한 시간을 알려주는 시계를 제작할 수 있느냐 하는 것이다. 네덜란드 과학자 크리스티안 하위헌스(Christiaan Huygens)도 1650년대 말부터 정확한 시계를 만드는 작업에 매진했다. 영국에서는 존 해리슨(John Harrison)이라는 목수이자 유능한 도구 제작자가 도전했다. 첫 작품 H1은 나무로 만들었는데, 1736년 런던-리스본 간 항해에서 실험했다. 결과가 그리 만족스럽지 않았던 해리슨

14. 유럽의 충격, 아시아의 대응

존 해리슨이 발명한 H4

근대 세계에서 시계는 여러모로 중요한 역할을 하였는데, 항해에서도 예외는 아니었다. 해리슨의 정밀 시계는 경도 계산을 도와 항해의 안전성을 가져왔는데, 이로써 영국의 해상 패권에 공헌한 셈이다.

은 이어서 H2, H3, H4를 제작했다. 경쟁자인 천문학자 네빌 매스컬린(Nevil Maskelyne)은 천체 거리 측정 방식을 고안하던 중 1763년 《영국 선원 가이드(The British Mariner's Guide)》에 자신의 연구를 발표했다. 그에 앞서 해리슨은 H4를 실험했다. 1761년 10월 14일 데프트포드(Deptford)호를 타고 자메이카로 갔다가 1762년 3월 포츠머스로 귀환하는 항해에서 H4를 사용해보았다. 해리슨은 당시 68세로 노쇠하여 배를 타기 힘들었기 때문에 아들 윌리엄 해리슨이 탑승

하여 시계를 관리했다. 총 항해 시간은 81일 5시간이었는데 그동안 H4는 5초만 차이가 나서 지극히 정밀하다는 것이 확인되었다. 그렇지만 경도국은 우연히 그런 결과를 얻었을 수도 있다며 다시 실험할 것을 주장하고 상금도 5,000파운드만 제공했다. 이 일은 고상한 천문학자와 격이 하나 낮은 장인 사이의 갈등으로 전개되는 듯했다. 결국은 1772년 쿡 선장이 남반구를 항해한 후 이 시계를 찬탄하면서 결론이 났다. 윌리엄 해리슨은 아버지의 최후의 명품 H5를 조지 3세에게 바쳤다. 이 시계는 영국이 세계의 해상 패권을 차지하는 데에 매우 중요한 공헌을 했다.

또 하나의 문제는 1779년 하와이에서 쿡이 사망한 사건을 재조명하는 것이다.[Lilti, 342-343] 이 해에 케알라케쿠아(Kealakekua)에서 무슨 일이 일어난 것일까?

1779년 1월, 쿡 일행이 하와이의 케알라케쿠아에 들어왔을 때는 주민들의 반응이 매우 우호적이었다. 이들은 3년 항해로 탈진했고, 특히 알래스카의 추위에 떨고 왔던 터라 더욱 기쁘게 생각했다. 기록에 의하면 하와이 주민들은 100여 척의 카누로 이들을 맞이하고 수천 명의 사람들이 축제를 벌이는 듯했다. 약 한 달 후인 1779년 2월 초 쿡 선장이 출항했는데, 곧 폭풍우를 만나 배 수리가 필요해서 다시 돌아왔다. 그런데 이번에는 태도가 극히 냉랭했고 보트까지 훔쳐갔다. 화가 난 쿡은 상륙하여 칼라니오프(Kalaniʻōpuʻu) 왕을 배로 끌고 와서 보트를 가져오게 하려 했다. 그런데 곧 사람들이 몰려와 돌을 던지며 공격했다. 애석하게도 그리고 놀랍게도 쿡 선장은 수영을 못했다!● 혼란 상황에서 쿡은 칼에 찔려 죽었다.

유럽에서는 1년 후 1780년 1월이 되어서야 캄차카에서 시베리아를 넘어서 전달된 편지를 통해 그의 사망 소식을 들었다. 그리고 그해 말 선단이 귀국한 후 여러 뉴스들이 출판되었다. 그의 기이한 죽

● 유럽인들은 로마 말기부터 수영을 잊은 듯하다. 익사 사고를 막기 위해 수영을 가르치는 게 아니라 물에 들어가는 것을 완전히 금지했다. 독일과 영국 대학들(예컨대 캠 강변에 위치한 케임브리지대학교가 대표적이다)은 학생들의 수영을 금지시켰고, 심지어 독일 대학들은 익사자를 매장하기 전에 시체에 매질하는 벌을 가했다. 17~18세기가 되어서야 운동 겸 안전 조치로 수영을 배워야 한다는 내용의 서책들이 나오고(딕비의《수영법(De Arte Natandi)》이 고전적인 교과서가 되었다) 학교에서 수영을 가르쳤다. 19세기에는 전쟁에서 익사를 막기 위해 군대에서도 수영을 가르치기 시작했다.[Chaline, E.]

14. 유럽의 충격, 아시아의 대응

음에 대해 여러 이야기가 있으나 저명한 인류학자 살린스(Marshall Sahlins)의 쿡-로노(Cook-Lono) 가설이 흥미롭다. 마침 축제를 벌이던 시기에 찾아온 쿡 선장을 현지인들이 로노 신으로 믿었다는 것이다. 그런데 신화대로라면 떠났어야 하는 신이 뜻하지 않게 돌아오자 신화 캘린더가 맞지 않게 되었고, 신화 내러티브에 따라 그를 살해했다는 것이다. 이에 대해 오베예세케라(Gananath Obeyesekere)는 하와이인이 유럽 선장과 신을 혼동했다는 주장을 비난했다. 과연 하와이인이 신과 인간을 구분하지 못할 정도로 무지몽매했을까? 쿡의 신격화는 유럽인의 신화에 불과하다.

타히티

지리적 탐험과 과학적 탐사는 대개 남성의 영역으로 간주되었다. 그렇지만 예외적인 사례들이 없지 않다. 태평양 지역의 과학 탐험에 동참한 잔 바레(Jeanne Barré)라는 여성의 사례를 소개하겠다.[Calafat, 328~331]

잔 바레는 1740년 프랑스의 모르방(Morvan) 출생으로, 22세에 의사이자 식물학자인 필리베르 코메르송(Philibert Commerson, 1727~1773)을 위해 일하기 시작했다. 원래는 홀아비가 된 코메르송의 아이를 돌보았지만 곧 두 사람이 식물학을 함께 공부한다. 그렇지만 공부만 한 것은 아닌 모양이다. 잔이 임신하자 두 사람은 동거인이 되어 1764년 파리로 갔다. 그곳에서 학자들과 교류하던 중 코메르송은 루이 앙투안 드 부갱빌(Louis Antoine de Bougainville)의 여

부갱빌리아

잔 바레가 발견하고 코메르송이 이름 붙인 식물로, 남아메리카가 원산지이다. 지리적 탐험은 세계에 대한 지식의 증대를 가져왔는데, 여기에는 지금껏 간과해왔던 여성들의 기여도 있었다.

행에 참여하기로 계약했다. 남자 하인으로 위장한 잔은 이름도 남성형(장, Jean)으로 바꾸고 1767년 2월 1일 로슈포르(Rochefort)에서 에투알(Etoile)호에 승선했다. 혹시 여성이라는 사실이 밝혀지면 강간 위험이 크므로, 피스톨 두 자루로 무장한 채 두 사람은 함께 태평양 항해를 버텼다. 잔이 리우데자네이루 근처에서 관목을 발견하자 코메르송은 이 식물을 '부갱빌리아'(bougainvillea, 우리는 '부겐빌레아'라고 하는데, 열대식물원에서 볼 수 있는 가장 대표적인 식물이다)라 이름 붙였다. 이후에도 두 사람은 함께 식물, 조개, 생선 등을 채집하고 동식물과 인간 사회를 관찰했다.

오랜 기간을 함께 항해하는데도 다른 사람들은 잔이 여성임을 정말로 눈치채지 못했을까? 부갱빌에 의하면(그리고 후일 드니 디드로

14. 유럽의 충격, 아시아의 대응

(Denis Diderot)도 반복하지만) 타히티인들은 잔을 보자마자 여성임을 알아본다(부갱빌의 《세계여행기》(1771) 그리고 디드로의 《부갱빌 여행기 보론》(1796)). 1768년 4월 타히티에 도착하여 모두 하선하는데, 타히티인들이 한 젊은이에게 달려들어 옷을 벗기려 하였고 그(녀)는 크게 소리를 질렀다. 알고 보니 변장한 여성이었던 것이다. 타히티인들은 냄새로 알아보았다고 한다. 작가들은 타히티인이 외부인에게 성적 환대를 한다는 사실과 함께 이 에피소드를 거론하며 그들의 독특성을 이야기한다.

1768년 두 사람은 프랑스섬(오늘날 모리셔스)에 하선하여 피에르 푸아브르(Pierre Poivre) 지사의 환대를 받았다. 이들은 푸아브르가 모리셔스섬의 식물원 가꾸는 일에 힘을 보탰다. 하지만 1773년 코메르송이 죽자 잔은 힘든 삶을 살았다. 두 사람이 준비한 32통의 자료는 나중에 파리로 옮겨갔다. 잔은 모리셔스섬에 남아 카바레를 운영했다. 1773년 미사 드리는 날에 술을 팔았다가 처벌을 받은 기록이 있다. 이곳에서 불구가 된 페리고르(Périgord) 출신 하급 사관과 결혼했고, 그 후 도르도뉴(Dordogne)로 가서 살다가 1807년에 사망했다. 부갱빌을 비롯해 여러 사람이 최초로 세계 일주를 한 여성 잔 바레의 용기를 칭찬했다. 그 이후 여성 탐험가들이 자주 등장했다. 해양 탐험은 남성만의 모험이 아니었다.*

태평양 해역 탐사는 세계에 대한 지식의 증대에 크게 기여했다. 특히 쿡 선장은 계몽주의의 영웅 취급을 받았다. 지적 호기심이 가득하고, 동시에 현지인의 목숨을 지켜야 한다는 의식이 강해서 16세기 에스파냐 콩키스타도르(conquistador)와 이미지가 반대였다. 그러나 20세기 말에 와서 그의 부정적인 면모도 거론되었다. 쿡 선장은 유럽 해외 팽창의 선구자이다. 유럽의 지적·과학적 호기심은 영토적·상업적 욕심의 선구이며, 이는 곧 식민주의와 제국주의를 불러왔다. 쿡 선장은 태평양 식민지 지배의 상징일 수도 있다. 미지의 세상을 알고자 하는 지적 탐구의 욕망과 그것을 실천하는 용기를 미화하느라 식민지 지배를 정당화할 수만은 없다. 쿡 선장이 태평양에 대해 한 일은 콜럼버스가 대서양에 대해 한 일과 유사하다. 태평양을 유럽인을 위한 '우리의 바다'로 만들었기 때문이다.

● 오랫동안 여성은 해양 세계에서 이방인이었다. 여성은 온갖 종류의 미신의 대상이었다. 여자와 배는 상극이어서 배에 여자가 타는 것은 금물일 뿐 아니라 남성 선원은 배를 타기 전에 여자 만나는 것을 꺼렸다. 미혼녀, 수녀, 특히 노처녀는 피해야 할 대상이고, 더구나 그 여자가 어디로 가냐고 묻는다면 최악이었다! 19세기에도 프랑스 어부들은 배를 타기 전에 매 한 대가 생선 3마리라고 중얼거리면서 아내를 때렸다. 브르타뉴에서 가스트(gast)라는 말은 바다의 마녀 사이렌과 창녀 둘 다를 의미했다. 둘 다 바람을 안고 있는 존재라는 것이다.(Frain)

14. 유럽의 충격, 아시아의 대응

CHAPTER 15

제국과 플랜테이션

1만 5,000년 이상 떨어져 살아가던 아메리카 주민들은 콜럼버스의 시대에 와서야 나머지 세계와 다시 연결되었다. 이제 아메리카 대륙까지 포함하는 진정한 의미의 세계사가 시작되었다. 이는 단순히 인간들만이 아니라 생태계 전체가 교류했다고 표현할 수 있을 정도로 많은 동식물과 병균이 유입되는 충격적 결과를 초래했다. 천연두를 비롯한 심각한 전염병의 확산 그리고 가혹한 탄압과 학살로 인해 선주민 인구가 극적으로 감소했다. 하지만 곧 다른 대륙으로부터 엄청난 규모의 인구 유입이 이루어졌다. 유럽인 탐험가와 거류민, 아프리카의 흑인 노예, 인도와 중국의 쿨리, 그리고 19세기 이후에는 다시 유럽인 이주자가 줄을 이었다. 기존 사회와 문명이 붕괴한 이후 새로 형성된 사회경제 체제에서 막대한 양의 귀금속이 채굴되어 다른 대륙으로 유출되었고, 플랜테이션 방식으로 생산한 작물이 해외로 수출되었다. 신대륙의 발견은 세계사의 진행을 완전히 다른 차원으로 변화시켰다.

　인도양 세계로 들어간 포르투갈이 상대적으로 더 '상업' 지향적이었던 반면, 신대륙에 진입한 에스파냐는 처음부터 '정복'에 더 큰 무게를 두었다. 처음 카리브해의 섬들에 도착했을 때부터 에스파냐 정복자들은 극도의 파괴성을 보였다. 이들은 주저하지 않고 살인과 약탈을 자행했다. 당시 사정이 얼마나 참혹한지는 라스카사스 신부의 기록이 증언한다.

　기독교도(에스파냐인)들은 말과 칼, 창을 사용해 학살을 시작했고 원주민들에 대해 이상할 정도의 잔혹성을 보였다. 마을을 공격하면서 어린이, 노인, 임산부 혹은 출산 중인 여인까지 한 명도 살려두지 않았다. 그들은 칼로 찌르거나 팔다리를 자르는 정도에 그치지 않고 마치 도살장에서 양을 잡는 것처럼 갈가리 찢었다. 그들은 한칼에 사람을 벨 수 있는가, 머리를 단번에 잘라낼 수 있는가, 혹은 칼이나 창을 한 번 휘둘러서 내장을 쏟아낼 수 있는가에 대해 내기를 걸었다. 어머니의 품안에 있는 아이를 낚아채 바위에 집어던져서 머리를 부딪치게 하든가 강물에 집어던지고는 웃음을 터뜨리며 이렇게 말했다. "악마의 자식들아, 그곳에서 펄펄 끓어라." …… 그들은 키가 낮은 교수대를 만들어서 발이 겨우 땅에 닿을 정도 높이로 사람을 매달아놓았다. 구세주 예수와 12제자를 기념한다면서 13명을 이렇게 매단 다음 불타는 장작을 발치에 두어서 산 채로 태웠다.(Las Casas, 33~34)

신대륙에서 일어난 학살
라스카사스 신부의 《서인도 제도 파괴 소사(小史)》에 실린 삽화로, 참혹한 아메리카 원주민 학살을 보여준다.

이렇게 해서 죽은 사람의 수는 모두 얼마였을까? 라스카사스 자신의 말에 의하면 1,500만 명에 가깝다고 한다.[Las Casas, 31] 이토록 많은 사람이 죽었다고 주장하는 소위 '흑색 전설(Black Legend)'의 사실성에 대해 많은 의구심이 드는 것은 분명하다. 연구자들은 비록 과장이 더해졌겠으나 전혀 터무니없는 주장은 아니라고 본다.[Bitterli, 83] 다만 이 많은 사람을 전부 칼로 살해했다기보다는 질병에 의한 피해 그리고 강제 노역으로 인한 장기적인 인명 손상이 더해진 결과이다. 카리브 지역 주민들은 거의 절멸 상태에 이르렀다.

에스파냐인은 정복 지역에 요새를 건설하고 주변의 땅을 분할해 소유했다. 이것은 이베리아반도에서 이슬람 세력을 몰아내던 레콩키스타 모델과 유사한 방식이다. 다른 점은 이 땅에서 일할 기독교도 농민이 없다는 점이다. 지배자만 있고 부려먹을 피지배민이 없으면 뭘 하겠는가? 부역을 강제할 인력을 확보해야 했다. 1503년에 이사벨 여왕이 발표한 칙령은 이것을 보장해주는 내용이다. 지배자들에게 인디언 노동력을 할당하는 레파르티미엔토(repartimiento) 체제가 만들어졌다. 이 지역에서 사금이 나는 것을 알아챈 에스파냐 정복자들은 원주민을 부려서 사금 채취 작업을 시켰다. 이 강제노역 체제가 원주민 사회를 붕괴시켰다. 그동안 경험하지 못한 장시간의 힘든 노동에다가 질병과 학대에 시달리던 끝에 병사자나 자살자가 급증했고, 높은 스트레스로 인해 사회 전반적으로 출산율이 급감했다. 다른 곳이라면 산악 지역이나 정글로 도주했을지도 모르지만, 섬이라는 한정된 공간에서는 그럴 수도 없었으므로 조만간 인구 절멸의 길로 들어섰다. 10년 내외의 단기간에 일부 섬들의 원주민 사회는 사라져갔고, 그런 희생 끝에 19톤의 금이 에스파냐로 갔다. 조만간 사람도 금도 모두 소진되었다.(Bitterli, 78~79)

카리브제도에서 약탈을 통해 얻은 부는 다음 탐험의 비용으로 충당되었다. 에스파냐 탐험가들은 곧 대륙 본토로 공격해 들어갔다. 섬과 달리 대륙 내부에는 상당히 발전한 문명들이 자리 잡고 있었다. 다만 다른 대륙과 완전히 다른 방식으로 진화한 아스테카, 마야, 잉카 같은 문명들은 서구 문명에 비해 무력이나 행정 조직, 생태 환경 요소 등 여러 면에서 취약성을 안고 있었으므로 어이없이 무너져버렸다(다이아몬드의《총 균 쇠》가 이것을 해명하는 책이다).(다이아몬드 1998)

15. 제국과 플랜테이션

아스테카제국의 정복은 초기 식민 정복사의 정점이라 할 수 있다.(Gruzinski, 174) 1517년과 1518년 두 차례 상륙 시도가 실패한 후, 1519년 에르난 코르테스가 쿠바에서 출발, 유카탄 지역으로 진입하여 대륙으로 들어갔다. 해안 지역에 베라크루스(Veracruz)라는 도시를 직접 건설하고 총사령관이 된 후, 코르테스는 자신들을 돕는 현지 세력과 연합하여 제국의 수도 테노치티틀란으로 공격해 들어갔다. 결국 1521년 8월 멕시카족을 축출하고 이 도시를 함락한 후 정복자들의 수도로 삼았다. 아메리카대륙에서는 소수의 정복자들이 어이없을 정도로 손쉽게 제국을 와해시키는 일이 반복되었다. 1532년에는 피사로가 겨우 180명의 군인과 27마리의 말을 가지고 군인 수만 명이 지키는 잉카제국을 멸망시켰다.(Bertrand 2019b, 187) 11월 15일 카하마르카(Cajamarca)에서 피사로의 공격은 30분만에 완료되었다. 이곳에 모인 주민 3만 명 대부분이 사망했다. 피사로가 잉카 황제 아타우알파를 사로잡은 후 함께 식사하는 자리에서 아타우알파는 그들이 앉아 있는 방 하나 가득 금을 채워주겠다고 약속했고, 다음날부터 금을 모으기 시작했다. 이런 일들이 정복자들의 욕심을 더욱 부추긴 것은 물론이다.*

코르테스의 정복으로 오늘날 멕시코에는 누에바에스파냐 부왕령

---

* 정복 후 아메리카에서는 금 제품을 모아 유럽으로 보냈다. 알브레히트 뒤러는 브뤼셀에서 있었던 아메리카대륙 보물 전시회를 보고 이런 기록을 남겼다. "나는 황금의 나라에서 들여와 국왕에게 바친 물건들을 보았다. 그중에는 폭이 1패섬(fathom, 5~6인치)인 황금 태양과 은제 달도 있었다. …… 내 평생 이토록 마음에 흡족한 물건들은 본 적이 없다. 그 놀라운 예술품을 만든 이국 사람들의 정교한 솜씨에 감탄을 금치 못했다." 그러나 전시회가 끝나자 관리들은 이 금은 제품들을 모두 녹여서 금화와 은화를 주조했다.(Weatherford, 95~96)

카하마르카 전투

16세기 판화가 테오도르 드 브리가 잉카제국을 멸망시킨 피사로의 공격을 묘사한 판화이다. 초기 유럽인들의 아메리카 탐험을 그린 작가로 유명하지만 그 자신은 아메리카에 간 적이 없다고 한다.

이, 피사로가 정복한 곳에는 페루 부왕령이 만들어졌다. 에스파냐는 이 지역들에 엔코미엔다(encomienda, 원래는 '위탁'이라는 뜻의 단어다) 라는 가혹한 조세·조공체제를 만들어냈다. 이 모델이 된 방식은 잉카의 미타(mita) 제도처럼 정복 이전 사회에 원래 존재하던 것이다. 그러나 형식상으로만 유사할 뿐, 실제로는 현지 지배자들이 자의적으로 인력과 물자를 수탈하는 악랄한 체제였다. 이런 제도를 운영하는 명분은 에스파냐 국왕이 너무 멀리 떨어져 있어서 직접 통치를 하지 못하므로, 원주민을 현지 지배자에게 위탁해서 '보호'하고 기독교로 인도하는 대신 그에 상응하는 조세를 받자는 것이었다.

15. 제국과 플랜테이션

혹시 에스파냐 국왕이 일말의 선한 의도를 가지고 있었다 하더라도, 아무런 통제 가능성이 없는 지배자에게 절대적인 권력을 주면 절대적으로 타락할 수밖에 없다. "신은 하늘에, 국왕은 먼 곳에 있으므로 여기에서는 내가 명령을 내린다(Dios está en el cielo, el rey está lejes, y yo mando aquí)"는 것이 현실이었다.(Subrahmanyam 1993, 108~109)

현지에서 실상을 파악한 일부 인사들이 지배자, 즉 엔코멘데로(encomendero)의 지독한 수탈에 대해 거센 비판을 제기했다. 특히 '인디오의 옹호자'로 알려진 라스카사스가 격렬한 반대 논의를 펼쳤고, 이에 대해 후안 히네스 데 세풀베다(Juan Gines de Sepúlveda)가 반론을 펼쳤다. 에스파냐 궁정에서는 이에 대한 신학적·법학적·정치적 논쟁이 벌어졌다. 두 사람의 논쟁은 대개 인디언을 옹호한 라스카사스와 인디언 지배를 합리화한 세풀베다 간의 이념 투쟁으로 소개되고, 오늘날의 입장에서 해석하여 선과 악의 대결처럼 제시되곤 한다. 그러나 이 두 사람 간의 논쟁을 비롯해서 당대 법학자, 철학자, 신학자 들의 논쟁 구조는 인디언에 대한 온정적 태도 여부보다는 훨씬 복잡했다. 그들의 논쟁은 에스파냐(혹은 유럽 일반)가 인디언을 지배하는 것이 어떤 근거에서 정당한가 하는 근본적인 문제를 다루고 있다. 그것은 곧 인디언의 인간성은 무엇이며, 그들 사회의 기본 성격은 어떤 것인가 하는 문제로 귀결된다. 아메리카대륙에서 살아가고 있는 그 사람들이 정말로 완전한 인간성을 가지고 있는가? 그들이 '도미니움 레룸(dominium rerum)'을 가지고 있는가? '도미니움 레룸'은 인간의 자연적인 권리인 소유권, 즉 자신의 '몸', 자신의 '행위', '사물' 세 가지에 대한 권리를 말하니, 이를 가지고 있다는 것은 곧 정당한 인간으로서 온전히 권리를 누린다는 의미다. 그들이 본 인디언들이 이런 상태가 아니라고 할 이유가 무엇이란 말인가? 그 당연한 권리를 이방인인 에스파냐 정복자가 함부로 빼앗고 그들의 국가를 무너뜨리고 그들을 노예화할 권리가 어떻게 있을 수 있는가? 이는 순전히 공론(空論)만은 아니었다. 당시 에스파냐 국왕이자 신성로마제국 황제인 카를로스는 신의 뜻에 따라 로마제국과 같은 보편 제국(Universal Empire)을 복원하겠다는 의지를 가지고 있었고, 따라서 유럽 내의 정치나 오스만제국과의 투쟁과 마찬가지로 아메리카의 통치가 모두 신의 뜻에 합치한다는 정당성을 필요로 했다.[Pagden 1986a, 79~98]

이런 논쟁과 이데올로기 투쟁의 결과 1542년에 인디오의 노예화와 가혹한 착취를 규제하는 신법(新法, Leyes Nuevas)이 반포되었다. 이에 따라 아메리카에 2개의 부왕령을 설치하고 중앙 집중화를 강화해서 식민 정책을 통제하고자 했다. 지금까지와 같이 현지 지배자들이 너무 자의적으로 통치·수탈하는 것을 방치하지 않겠다는 의도였다. 많은 문제를 노출한 엔코미엔다 체제의 해체를 서서히 유도했다. 즉, 현재 엔코미엔다를 운영하는 통치자가 죽으면 후임자가 선정되지 않도록 조치함으로써 이 체제가 스스로 종식되도록 했다. 그러나 이런 조치만으로 가혹한 착취가 사라지지는 않았다. 식민지 경제가 크게 동요하는 것을 본 에스파냐 궁정 측은 중요한 개선 조치들을 곧 철회하였고, 인디오에 대한 착취 체제는 약간 변형된 방식으로 온존하게 되었다. 이런 변화의 배경에는 원주민 인구의 격감이라는 현상이 있었다. 이제 통치자가 인디오 공동체로부터 부역

15. 제국과 플랜테이션

노동력을 징집·차출하여 운영하던 방식에서 아예 주민들을 직접 고용해서 농장 노동자(페온)로 정착시키는 아시엔다(hacienda)라는 대농장제도로 점차 바뀌었다. 이런 변화는 원주민 공동체의 해체를 더욱 가속화시켰다.

기독교화

아메리카 문명의 정복은 '영혼의 정복', 곧 기독교화로 완성된다.(주경철 2008, 8장)

'전도국가'를 자처하는 에스파냐와 포르투갈 입장에서 볼 때 멕시코와 페루의 기독교 개종은 핵심 과제이다.* 신부들 역시 막중한 책임감과 문제의식을 가지고 있었다. 중국을 개종시켜 전 세계의 기독교화를 완성하는 것이 최종 목표라고 할 때, 멕시코의 기독교화는 그 중요한 중간 과정이었다. 이런 시각에서 본다면, 정복과 학살과 파괴의 인물 코르테스는 모세와 같은 인물로 칭송을 받아 마땅하다고 보았다.(Brading, 523-524) 그러나 신부 수가 너무 적은 데다가 현지 언어도 모르는 상태에서 전도를 한다는 것은 지극히 어려운 일이었다. 결국 폭력적인 강제 개종으로 귀결될 수밖에 없었다. "이런 종류의 사람들에게 가장 좋은 가르침은 칼과 창을 통해서 하는

● 두 나라는 자신들의 해외 사업이 이방인을 올바른 신앙의 품으로 인도하리라는 의식이 강했으며, 그래서 '전도국가(Alferes da Fé)' 혹은 '해외 교회의 보호자(Padroado Real, Royal Patronage of Church Overseas)'라는 개념을 소중히 여겼다.(Boxer 1991, 231)

것"이라는 태도였다.(Shapiro, 128) 우상과 신전 때려 부수기, 매질, 감금, 추방 같은 야만적인 방식이 사용되었고, 이전의 종교를 지키려는 귀족은 화형에 처했다.

그렇다면 인디오들은 영혼 내부로부터 진실로 기독교를 받아들였을까? 많은 경우 겉으로는 수용하되 내적으로는 거부하거나 기묘한 절충주의(syncretism)를 취했다. "인디오들은 예수 그리스도와 악마를 함께 숭배한다. 양자는 서로 조화를 이룰 수 있고 서로 친척이라는 것이다. ······ 그들은 삼위일체의 신비, 신과의 합일, 예수 그리스도의 수난과 죽음, 성모의 무염수태(無染受胎), 미사, 부활 같은 교리를 잘 이해하지 못하고 의심을 품는다." 1579년의 문서도 인디언들은 단지 가톨릭 의식을 흉내만 내고 있으며, 아메리카를 처음 정복할 때와 거의 차이가 없는 상태라고 언급하고 있다.(Wachtel, 232)

원주민의 기존 신앙 요소들은 사라지지 않고 기독교와 '공존'했다. 기독교 신을 받아들였다고 해도, 그들 생각에 기독교 신은 인간사에는 간여하지 못하며, 그 대신 태양, 달, 와카(huaca 혹은 waka, 숭배의 대상이 되는 신성한 대상물)가 그들의 일에 더 직접적으로 영향을 미친다고 믿는다. 그들 생각에 예수는 주민들과 '분리'되어 있으며, 그들을 직접 보호하는 것은 숭배의 대상인 주변의 여러 산(山)이다. 기독교 신은 주로 백인에게 호의적인 영향을 미친다. 이런 식으로 기독교와 전통 종교 간의 관계는 '병존'에 가깝다. 기독교는 '억압자'의 편에 서 있고 전통 종교는 '피억압자'의 측면에 서 있다. 식민지시대 내내 두 개의 대립되는 가치 체계가 이런 식으로 대면하고 있다는 것은 정복의 트라우마(Trauma, 정신적 상처)가 일상적으로 지속되고 있음을 말해준다.(Wachtel, 235~241) 다시 말해 기독교는 오랜 기간 동안 남미 주민들의 영혼을 완전히 정복하지는 못한 상태였다.

시간이 가면서 에스파냐 문화와 인디오 문화가 융합되어 새로운 문화, 새로운 사회가 형성되어갔다. 멕시코의 경우 어느 한쪽이 일방적으로 우세한 것이 아니고 상호 차입을 통해 형성된 것이므로, 인디언 문화도 아니고 유럽 문화도 아닌 '멕시코 문화'가 만들어졌다고 보아야 한다. 그러나 이 멕시코 문화 안에는 다시 여러 층위의 하부 문화가 혼재했다. 여기에는 인종적 혼합이 기반이 되었다. 새로운 문화 공동체의 구성원으로는 에스파냐 출신의 군인, 행정가, 그리고 여기에 더해서 광부, 목장 경영인, 상인, 제조업자 등이 참여했다. 그러나 실제 에스파냐에서 온 이민자 수는 아주 적었다. 특히 여성의 수가 적었으므로 인종적 혼합은 피할 수 없었다. 결과적으로 멕시코 문화에는 여러 개의 문화적 매트릭스가 존재하게 되었다. 하나는 에스파냐어 문화가 주축이지만 여기에 인디언 문화가 일부 혼합되어 있는 소위 라디노(ladino) 문화이고, 다른 하나는 인디언 요소가 지배적인 혼합 문화였다. 그리고 곧이어 플랜테이션에 흑인 노예가 들어오자 아프리카 문화가 혼합되어 특이한 크레올(creole) 문화가 만들어졌다. 아프리카 노예무역이 끝난 후에는 다시 인도인이 계약제 노예(indentured)로 대규모로 이주해왔으며, 그 결과 곳곳에 인도 문화 공동체가 만들어졌다.(Curtin 2000, 74~76·157) 이 지역 사회의 가장 큰 특징 중 하나가 이러한 복합 문화의 형성이다.

초기에 극심한 파괴 과정을 거친 후에 장기간에 걸쳐 새로운 문화가 복합적으로 창출되어간 것이다.

식민지 교역

에스파냐는 아메리카 식민지가 모국 경제에 기여하도록 통제하려고 했다. 좀 더 정확하게 표현하면 왕실이 식민지 경영의 이익을 최대화하려고 했다.(Rodríguez, 41~42) 식민지에서는 모국 경제가 생산하지 못하는 것을 생산하고 모국 상품을 소비하며, 또 외국 상인이 식민지에서 직접 교역하는 것을 금지하고 대신 에스파냐 본국의 도시에서 식민지 상품을 구매하도록 강제했다. 이런 목적을 위해 두 가지 정책을 폈다. 첫째, 주요 항구 하나를 정점으로 삼고 위성 항구 도시들의 위계를 만든 다음 이곳들 중심으로 식민지와 교역을 통제했다. 16~17세기에는 세비야, 18세기에는 카디스가 중심 항구 역할을 맡았다. 그리고 식민지와의 독점 교역을 주관하는 무역관(Casa da Contratación)이라는 기관을 만들었다. 1503년 이사벨 여왕이 카스티야에 처음 건립한 이 기관은 교역과 선박 운행을 통제하고 조세를 거두어 국왕에게 넘기는 일을 했다. 여기에 더해 정보 습득과 관리도 중요한 임무였다. 예컨대 새로 발견한 지역들에 대한 표준 항해 지도를 만들고, 그 복사본을 국왕 혹은 무역관이 지정한 사람에게 나누어주었다

둘째, 선단을 통합적으로 또 규칙적으로 운영했다. 에스파냐와 아메리카 사이의 항해는 호송선단체제(convoy system)로 운영되었다.(Philips, 77·157) 이 선단은 카리브해에서 양분되어 하나는 누에바에스파냐(멕시코)로, 다른 하나는 티에라 피르마(남미 북부 지역)로 갔다. 누에바에스파냐 선단은 7월 1일 카디스를 떠나 8월 중 카리브

제도에 도착하고, 다시 이곳을 떠나 9월 중 베라크루스에 도착했다. 이곳에서 겨울을 나면서 사업을 하고 5~6월에 아바나(Havana)로 간 다음 늦여름에 귀국길에 올랐다. 한편 티에라 피르마 선단은 3~5월 사이에 에스파냐를 떠나서 6월경 카르타헤나(Cartagena de Indias)에 도착했다가 약 두 달 후에 파나마지협에 도착했다. 이후 여러 지역에서 사업을 하고 카르타헤나로 되돌아간 후 대개 겨울을 나고 다음해 여름 귀국길에 올랐다. 두 선단 모두 귀국길에는 허리케인을 피하기 위해서 8월 이전에 바하마해협을 지나려고 했다. 이 두 선단이 식민지와 에스파냐 간 교역의 85퍼센트를 차지했다. 아메리카 무역의 특성상 특히 은을 많이 수송하는 문자 그대로 '보물선'이라 할 만했으며, 이를 노리는 해적선이 워낙 많아 갤리온선 전함이 호송을 했다.

이 교역의 규모는 어느 정도일까? 이에 대해 가장 방대한 연구를 수행한 사람은 프랑스의 위게트 쇼뉘와 피에르 쇼뉘 부부(Huguette & Pierre Chaunu)이다. 이들에 의하면 1520년대에 대서양을 횡단한 배가 연평균 약 100척에 전체 용적량이 9,000토네라다스(toneladas) 였는데, 16세기 말에는 연평균 150~200척에 3~4만 토네라다스가 되었다. 배의 수와 크기 모두 2배가 되었으므로 전체 용적량은 4배로 증가했다. 그만큼 16세기 중에 식민지 교역 규모가 급증했음을 알 수 있다.

아메리카는 어떤 상품을 수출했을까? 주요 수출 상품으로는 가축과 수지(獸脂), 설탕, 인디고, 코치닐, 목재(재목용과 염색용) 등이 있다. 이 목록만으로도 매우 흥미로운 사실을 알 수 있다. 가축과 수지의 수출이 많다는 것은 그만큼 아메리카대륙에 말과 소가 늘었음을 말해준다. 유럽인의 도래 이전에는 없었던 말과 소가 남북 아메리카의 넓은 평원의 주인공이 되고 카우보이 문화 혹은 가우초 문화가 이 지역의 중요한 특징이 되었다. 이는 원주민 인구가 크게 줄고 그 빈자리를 동물들이 차지하는 비극적 사태를 증언한다. 설탕이 점차 중요성을 더해간다는 것은 곧 노예제 플랜테이션의 확산을 반영한다(이 점에 대해서는 아래에서 자세히 살펴보기로 하자). 한편, 아메리카에서 유럽으로 목재를 수출한다는 것은 언뜻 이해하기 힘들 수 있다. 목재가 값이 워낙 싼 데다 수송비가 많이 드는 상품임에도 불구하고(심할 경우 목재 상품의 최종 가격의 95퍼센트가 수송비이다) 대서양을 건너 목재를 들여갔다는 것은 유럽에서 목재 품귀 현상이 얼마나 심각했는지 증언한다. 삼림 자원은 전(前)산업화 시기에 가장 중요한 연료이자 건축과 조선의 재료이며 공업 원재료였다. 유럽의 가용 삼림 자원이 거의 바닥을 드러내는 상황에서 대서양 너머로 목재를 수출하는 것은 충분히 가능한 일이다. 청색 염료인 인디고와 적색 염료인 코치닐은 경제적 수요와 동시에 문화적·정서적 상호 교류를 말해준다. 잘 알려지지 않은 일이지만, 코치닐은 거래 '액수'로 보면 단일 품목으로 가장 큰 액수를 차지하는 수출품이었다.

그러나 가장 중요한 수출품은 귀금속이었다. 아메리카대륙에 유럽인이 도착했을 때 그들이 가장 열심히 찾은 것은 금과 은이었다. 카리브제도에서 금은의 약탈이 끝난 후 내륙에서 은광이 개발되었다. 조만간 은 수출량이 급증하였다. 16~17세기에 은 채굴량은 적으면 연 5~6만 킬로그램, 많을 때에는 20만 킬로그램을 넘었다. 무엇보다 1545년에 발견된 포토시 지역의 은광 세로 리코(Cerro Rico)는 믿을 수 없을 정도로 은이 풍부한 노천 광맥들이 있어서 막대한 양의 광물을 얻었다. 안데스 산지의 고도 4,000미터에 위치한 메마르고 춥고 황량한 이 지역은 도저히 사람이 살 수 없을 것 같은 곳인데, 16세기 말에 인구가 12만 명으로 런던의 3배였다. 세로 리코 광산은 1580년 오스만제국의 지도 그리고 얼마 후 중국 지도에도 표시된다. 포토시는 폭력적이고 비도덕적이고 오염된 '지옥의 입구' 이미지로 비쳐졌다.(Newson) 그렇지만 곧 이 광맥들이 소진되자 더는 은 채굴이 어렵게 되었다. 이때 수은을 이용해서 은 함유량이 비교적 낮은 광석에서도 은을 뽑아내는 새로운 기술 혁신이 이루어져서 은광 사업이 지속될 수 있었다.(Probert, 90~124) 게다가 1565년 페루의 우앙카벨리카(Huancavelica)에서 수은 광산이 발견되고 나서는, 에스파냐의 알마덴(Almadén) 광산에서 채굴한 수은을 따로 수입하지 않아도 되었다. 이 시기에 은 산출량이 크게 늘어나서 1580년대에 28만 킬로그램으로 정점을 맞이하였다.(Philips, 84)

채광에 필요한 노동력을 확보하기 위해 미타라는 전통적인 제도로 인디오를 징발했다. 이는 마을마다 일정 수의 사람을 내보내도록 강제하는 방식이었다. 원주민 지도자 한 명은 노동력을 채우기 위해 자신의 당나귀와 야마를 팔고 딸을 에스파냐인에게 '저당 잡혔다'고 한다.(Newson) 에스파냐인은 잉카제국 시대의 제도를 왜곡하여 현지인을 마음대로 착취했다. 광산 내의 노동은 대단히 가혹했다. 인디오들은 지하 깊은 곳에서부터 과중한 짐을 지고 250미터의 사다리를 올라가야 했고, 갱 밖으로 나오면 갑자기 기후가 돌변하

포토시 은광

《페루 연대기》(1553)에 실린 1550년경의 세로 리코이다. 금과 은을 찾는 데 혈안이 된 유럽인들 때문에 원주민들에게 광산은 지옥이 되었다.

여 혹독한 추위에 직면했다. 그들은 12시간 동안 50킬로그램의 푸대 25개를 운반해야 했다. 만일 그 양을 채우지 못하면 그 액수만큼 월급에서 제했다. 이런 가혹한 조건 때문에 사망자가 속출하자 일부 마을에서는 떠나는 사람들을 아예 죽은 것으로 치고 미리 장례식을 치르기도 했다.

15세기 말부터 18세기 말까지 아메리카대륙에서 생산되어 다른 대륙으로 유출된 금은의 양은 어느 정도일까? 물론 정확한 수치를 구하는 것은 불가능하다. 다만 많은 연구자의 연구 조사 결과들을 정리하면, 16세기에 1만 5,000톤, 17세기에 3만 톤, 18세기에 5만

15. 제국과 플랜테이션

톤 정도였다고 할 수 있다. 1493~1800년 세계 은 생산 가운데 아메리카대륙이 차지하는 비율은 85퍼센트에 달할 정도로 압도적이었다. 금 역시 마찬가지다. 근대 세계에서 유통되었던 금과 은은 대부분 아메리카대륙에서 생산되었다고 단언할 수 있다. 다만 최근 연구는 일본의 은 생산량이 상당히 많았던 점을 강조하는데, 이를 감안하면 이 비중이 다소 낮아질 수는 있을 것이다. 한 가지 더 고려할 점은 마닐라 갤리언으로 아메리카에서 필리핀으로 은이 대량 유입되었고, 이 중 많은 양이 다시 중국과 동남아시아 등지로 갔다는 것이다. 그에 관한 통계는 연구자마다 천차만별일 정도로 아직 확실한 정설은 없다. 일반적으로 17~18세기 동안 아메리카에서 아시아로 들어간 은이 4,000~5,000톤이며 아메리카 전체 생산량의 1/3 정도로 추산한다.[서성철, 122]

아메리카대륙에서 산출된 금과 은은 어떻게 되었을까? 우선 많은 양이 유럽대륙으로 유입되었다. 그렇다면 유럽에 들어온 금과 은은 그 다음에 어떻게 되었을까?

에스파냐에 들어온 귀금속은 곧 유럽의 다른 나라들로 유출되었다. 16세기에 에스파냐는 군사·정치적 측면에서는 강국이었지만 사회·경제적으로는 후진 상태를 벗어나지 못했다. 그래서 에스파냐 자체적으로 필요한 물품 혹은 신대륙으로 수송해야 할 물품을 외국에서 구입해야 했으며, 그에 따른 대금 결제 때문에 귀금속이 외부로 유출되었다. 에스파냐는 아메리카대륙을 식민지로 삼고 있지만, 에스파냐 자신이 유럽의 다른 나라에 대해 아메리카 식민지와 같은 역할을 한 셈이다. 따라서 아메리카산 은은 유럽 전역에 퍼졌다. 이것이 상당 정도 인플레이션을 유발하는 효과를 냈을 수 있다.

중요한 것은 이 은이 곧 아시아 방향으로 유출되었다는 점이다. 네덜란드와 영국, 프랑스 같은 서유럽 국가들이 동유럽과 러시아의 곡물과 원재료 상품(목재, 대마, 아마 등)을 구입하고 대금을 은화로 결제했다. 이 은화는 다시 아시아 상품 구매의 결제용으로 아시아 국가들로 송출되었다. 지중해에서 레반트 무역을 하면서 아시아의 향신료나 사치품 등을 구입하고 대신 은화를 송출하는 것 역시 마찬가지로 아시아로 은이 유출되는 루트였다. 무엇보다도 인도 항로가 개척된 이후에는 은이 더 큰 규모로 아시아로 유출되었다. 동유럽·레반트·희망봉 항로 등 모든 경로를 통해 은이 유럽에서 아시아 방향으로 이동해갔다. 그 근본적인 이유는 유럽이 아시아에서 사오는 물품은 많고 반대로 아시아에 팔 만한 물품은 그리 많지 않았으므로, 결국 결제를 위해서 아시아로 귀금속을 송출할 수밖에 없었기 때문이다. 은의 최종 목적지로는 아시아에서도 특히 중국을 거론한다. 중국은 오랫동안 은의 '흡입 펌프' 혹은 은의 '매장지'라는 별명으로 통했다. 거대한 규모의 중국 경제가 은 본위제를 유지하기 위해 주변 지역으로부터 끊임없이 은을 요구하므로, 결국 은의 상대가치(예컨대 은과 금의 교환비율)가 매우 높아 이곳으로 은을 가지고 가게 된다.

아메리카 은이 전 세계로 퍼져가는 구체적 형태는 '레알 데 아 오초(Real de a ocho)'라는 지름 38밀리미터(1.5인치)의 은화였다. 8레알 가치가 있는 은화라는 의미인데, 영어로는 'piece of eight'(스티븐슨의 소설 《보물섬》에서 앵무새가 계속 이 말을 떠든다) 혹은 '에스파냐 달러(Spanish dollar)'라고도 한다. 이 은화가 전 세계로 확산하여 최초의 세계화폐로 기능했다. 일부 지역에서는 은화 표면에 따로 표시를 해서 지역 화폐로 통용하기도 했다.[치폴라 2015, 103~116] 결과적으로 아메리카 은은 유통 화폐 역할을 해서 세계의 교역을 활성화했다. 다른 한편 아메리카의 은 생산과 배분을 장악한 유럽 세력이 아시아의 문호를 강제로 열어젖히는 수단으로 삼았다(브로델은 은을 아시아의 문호를 강제로 열기 위해 쏘아대는 총알로 비유한 바 있다).

불황과 구조 변화: 사탕수수와 노예

16세기에 급격히 증가하던 아메리카와 유럽 간 교역은 17세기 들어 뚜렷하게 감소했다. 유럽뿐 아니라 아메리카대륙에서도 불황이 심화했다.[Philips, 88~91] 포르토벨로(Portobelo)의 유명한 정기시의 규모가 축소되었고, 대서양을 왕복하는 배의 수 역시 1640년대 연 75척 수준에서 1650~1660년대 연 30~35척으로 감소세가 뚜렷했다. 가죽 수출량을 보면 정점을 이루던 1580년대에는 13만 4,000장이었다가 1660년대 말 8,000장 이하로 떨어졌다. 코치닐 수출도 16세기에서 17세기로 넘어가면서 감소세가 뚜렷해졌다.

흔히 그러하듯 불황은 사회·경제 전반에 구조적인 변화를 가져왔다. 불황기 동안 아메리카 경제는 '내향적'이 되었다. 대외 무역이 줄어든 대신 내부 교역이 더 중요해지고, 그동안 수입에 의존하던 물품들을 자체적으로 생산하게 되었다. 17세기 말부터 드디어 경기 회복 조짐을 보이다가 18세기가 되면 완연히 활기를 되찾았는데, 이때 아메리카 경제는 단순히 불황 이전 상태로 되돌아간 것이 아니라 이전과는 매우 다른 양태를 나타냈다. 우선 교역 상품의 구성이 달라졌다. 수출품 중에는 카카오 같은 신상품이 있고, 담배처럼 이전에 비해 중요성이 커진 상품도 있었다. 은 수출이 다시 증가한 데 더해서 1695년 브라질 금광이 개발되어 금 수출이 새로이 활기를 띠었다. 그러나 무엇보다도 중요한 변화는 사탕수수 플랜테이션이 크게 늘어 아프리카 흑인 노예가 본격적으로 도입된 것이다.

우선 이상의 요소들을 놓고 중남미 사회와 경제의 장기 발전 방향을 정리해보자.(주경철 2008, 75~76)

첫째, 이곳의 경제가 탄탄해지고 더 독립적이 되었다. 이것은 3세기 동안 지속된 투자와 발전의 결과다. 이제 중남미는 전적으로 식민모국의 통제를 받는 종속적인 사회가 더는 아니었다.

둘째, 중남미 경제는 유럽 경제와 연관성이 더욱 커졌다. 이 지역에서 생산되는 설탕, 담배를 비롯한 각종 산물과 귀금속은 유럽 경제에 아주 중요한 역할을 했다. 일례로 설탕은 유럽인의 식생활에 필수불가결한 요소로 자리잡아갔다.

이 두 경향은 언뜻 모순되어 보이나 내적으로 연결되는 내용이다. 유럽인이 도착한 초기에는 기존 경제와 문화가 완전히 파괴되고, 오직 모국의 필요를 충족시키는 전형적인 식민지 경제가 만들어졌다. 그러나 2~3세기 동안 지속적으로 발전하면서 인디오 문화와 에스파냐 문화가 합쳐진 새로운 문화가 형성되고 사회·경제적으로도 점차 독립성을 확보해나갔다. 그 결과 유럽과의 교역도 단순히 원료 조달과 완제품 수입만 하는 것이 아니라 독립적인 경제 간에 교역이 이루어지는 구조로 점차 변해갔다.

여기에서 조금 더 자세하게 살펴볼 문제는 사탕수수 재배와 노예 노동의 확대다.

아메리카대륙에서 사탕수수 재배가 본격적으로 시작된 곳은 브라질이었다. 중남미 대부분의 지역이 에스파냐 식민지인데 브라질만 포르투갈 식민지가 되었던 것은 잘 알려진 대로 토르데시야스 조약에 따른 식민지 영역 구분 때문이다. 1500년 카브랄이 바이아(Bahia)주 해안에 도착한 이래 이 광대한 땅이 포르투갈의 통치하에 들어갔다. 그러나 실상은 내륙 깊이 들어가지는 못하고 해안 일부 지역에만 포르투갈인의 정착이 이루어졌다. 브라질은 처음에는 아시아 항로의 중간 기착지 정도의 역할에 머물다가 1540년대에 가서 식민지화가 시작된다. 1549년의 식민 원정대는 국왕이 고용한 320명의 인원에 400명의 범죄인과 300명 정도의 자유민이 전부일 정도로 소규모였다.(Curtin 2000, 6~7) 1570년경에 이르러서야 흑인과 인디언 노예를 도입해서 북동부 지방에 플랜테이션을 건설하고 사탕수수를 재배하기 시작했다. 특히 바이아주와 페르남부쿠(Pernambuco)주 해안지대에서 사탕수수 재배가 늘었다. 사탕수수 재배가 브라질로부터 중남미로 확산한 계기는 네덜란드의 브라질 지배와 관련이 있다. 네덜란드는 1624년부터 1654년까지 30년 정도 단기간 동안 브라질을 지배하다가 축출되었다. 이때 재배 기술을 익힌 네덜란드인들이 그들의 식민지인 안틸레스(Antilles)와 기아나(Guiana)에 사탕수수를 이식하였고, 나중에는 오히려 이 지역의 설탕 생산이 브라질을 능가하였다.*

사탕수수 플랜테이션 사업의 특징은 다른 어느 분야보다 많은 노동력을 필요로 한다는 점이다. 사탕수수 재배의 확대는 곧 흑인 노예 도입의 증가를 의미했다. 이 관점에서 17세기 중엽이 중요한 전환점이다. 18세기에는 사탕수수 재배가 더욱 확대되었고, 이 사업에 영국과 프랑스도 뛰어들어서 큰 성공을 거두었다. 그럴수록 더 많은 노동력을 필요로 하여 아프리카 흑인 노예 수입이 늘어났다. 대서양 노예무역이 존재한 이유를 들라면 사탕수수 재배라 해도 무리가 아니다.

대서양 노예무역은 인류 역사상 최악의 비극 중 하나다. 1,000만 명 가까운 사람들이 지옥 같은 상황에서 대서양을 건너는 '중간항해(middle passage)'를 겪으며 낯선 땅으로 끌려가 고통스러운 강제 노동을 강요당했다. 이 문제에 대해 기본적인 사실들을 간단하게 확인해보자.[주경철 2008, 6장]

노예무역에서 가장 먼저 제기되는 질문은 끌려간 노예의 수가 과연 어느 정도였느냐 하는 것이다. 물론 이 문제에 대해 정확한 수치를 제시하는 것은 불가능에 가까우며, 연구자들 사이에 수십 년에 걸쳐 치열한 논쟁이 지속되고 있다. 현재 교과서적인 설명으로는 1451~1870년 아프리카 해안에서 배를 타고 '출발'한 사람 기준으

● 포르투갈-브라질 플랜테이션 운영자들이 저항하여 1654년 네덜란드인을 축출했다. 브라질에서 떠난 사람들, 특히 세파르디(Sephardi) 유대인들이 사탕수수 플랜테이션 핵심 인력이었다. 이들은 토바고, 수리남, 카이엔, 혹은 황금해안 등지로 확산해갔다. 17세기 중엽 영국 식민지인 바르바도스나 프랑스 식민지인 과달루페, 마르티니크 또한 네덜란드의 자본과 기술을 받아서 노예제 사탕수수 플랜테이션을 시작한다. 네덜란드인들은 사탕수수 혁명에 필요한 모든 것들, 즉 노예, 크레디트, 노하우, 심지어 말까지 공급했다. 후일 영국과 프랑스가 이런 방식으로 최대 이윤을 얻지만 시작 시점에는 네덜란드가 크게 기여했다.[Doolan]

15. 제국과 플랜테이션

윌리엄 터너, 〈노예선(The Slave Ship)〉(1840)

폭풍우 치는 바다 위로 짙은 붉은색 저녁놀이 뒤덮고 있고, 화면 왼쪽에는 검은 구름 떼가 다가오고 있어서 태풍이 임박했음을 알 수 있다. 항해 중인 노예운반선은 태풍에 대비하기 위해 닻을 다 내린 상태다. 화면 전경 오른쪽에 쇠사슬이 걸려 있는 검은 피부의 다리 하나가 물 위로 올라와 있고, 그 아래 희미하게 물에 잠겨 있는 여성의 모습이 보인다. 물고기와 갈매기 떼가 그 주위에 몰려 있어서 곧 이 여성을 먹어치울 것으로 보인다. 특히 큰 생선 한 마리는 아가리를 크게 벌린 채 달려들고 있다. 주변에는 물에 빠진 사람들의 손과 쇠사슬이 보인다. 노예선에서 바다로 던져진 노예들이다.

이 그림은 종(Zong)호 사건을 그린 것으로 알려져 있다. 1781년 9월, 리버풀 소속 노예무역선 종호는 과도하게 많은 노예를 싣고 자메이카로 항해를 시작했지만, 두 달이 안 되어 보급 부족으로 6명의 선원과 60명 가까운 노예가 사망했다. 더 이상 이런 상태로 항해하면 위험하다고 판단한 선장은 사흘에 걸쳐 133명의 흑인 노예를 바다에 던져 익사시켰다. 그런데 1783년 사업주는 이 사건으로 입은 손해를 보험회사가 보전해주어야 한다고 법원에 요구해왔다. 그가 당한 사건은 보험 약관상 위급 상황에서 배를 구하기 위해 선장이 화물을 바다에 버린 경우에 해당하므로 죽은 노예 한 명당 30파운드를 지불해달라는 것이었다.[Williams E., 46] 법원의 판결은 놀랍게도 "말을 바다에 던진 것과 마찬가지 경우"에 해당한다고 판단했다. 다만 선상에 아직 충분한 물이 있었다는 점을 고려하여 선장이 배의 운행을 잘못 관리한 책임을 들어 보상금 지불은 기각했다. 당시 이 사건이 반인륜적 학살 사건이라는 생각은 거의 없었던 것 같다. 그러나 20~30년이 지나면서 분위기가 반전되었다. 이 사건은 노예해방의 논의에서 자주 거론되는 중요한 사례로 부상했다.

로 1,100만 명, 아메리카대륙과 일부 대서양 지역에 '도착'한 흑인의 수가 950만 명 수준이라는 것이다. 두 수치의 차이를 보면 중간에 선상에서 죽는 사람의 비율이 매우 높다는 사실을 알 수 있다. 아프리카 내륙에서 해안에 도달하는 과정에서도 많은 사람이 죽는다는 사실을 감안하면 전체 희생자 수는 훨씬 늘어날 것이다.

노예무역을 주도한 유럽 국가 간 비중을 보면, 우선 포르투갈(브라질 포함)이 전체의 46퍼센트로 압도적인 큰 비중을 차지한다. 영국은 총량에서는 28.2퍼센트로 2위지만 핵심 시기인 1650~1800년에는 1위였다. 전체 총량에서 포르투갈이 1위를 차지한 것은 19세기 들어 영국을 비롯한 주요 국가들이 노예무역을 중단하여 포르투갈의 노예무역이 갑자기 증가했기 때문이다. 그 외에 프랑스가 13.2퍼센트로 3위를 차지하였고, 나머지 국가들은 모두 5퍼센트 미만이다. 한 가지 특기할 점은 에스파냐의 비중이 대단히 낮다는 점이다. 노예를 수입하는 지역이 주로 에스파냐 식민지임에도 정작 에스파냐의 노예무역 비중이 낮은 이유는 에스파냐가 아시엔토(Asiento) 계약을 통해 다른 국가에 노예무역을 위임했기 때문이다.

다음으로 아프리카의 노예 송출 지역을 살펴보면 44퍼센트가 중서부 아프리카에서 출발했으며, 베냉(Benin)만, 비아프라(Biafra)만, 황금해안(Gold Coast)이 각각 18.4퍼센트, 13.7퍼센트, 9.4퍼센트를 차지한다. 현재의 세네갈에서 카메룬에 이르는 해안 지역이 노예무역의 최대 대상지임을 알 수 있다. 한편 동남 아프리카 지역(오늘날의 모잠비크와 탄자니아)도 4.4퍼센트의 비중을 차지한다. 아프리카 서해안 지역을 중심으로 이루어지던 노예무역이 점차 확산하여

15. 제국과 플랜테이션

1800년 이후에는 동해안까지 퍼져왔음을 알 수 있다. 이 지역에서 출발하면 항해 거리가 길기 때문에 노예의 사망률이 매우 높았다.

다음으로 노예들이 어느 곳으로 송출되었는지 살펴보자. 아메리카의 광범위한 지역으로 흩어져갔지만 그중에서도 큰 비중을 차지하는 곳은 남동 브라질(21.1퍼센트), 자메이카(11.2퍼센트), 바이아(10.5퍼센트) 등지로, 이 세 지역만 합쳐도 전체의 40퍼센트가 넘는다. 브라질이 가장 중요한 노예 수요처가 된 이유는 이 지역에서 16세기 후반에 사탕수수 재배가 확대되었기 때문이다. 여기에 더해 1690년대에 미나스 제라이스(Minas Gerais) 금광이 개발된 것도 중요한 요소다. 그 외에 커피, 인디고, 담배, 면화 등도 노예 노동을 많이 필요로 하는 분야였다. 이상의 내용을 간략히 정리하면, 포르투갈과 영국이 주도하여 중서부 아프리카 지역에서 브라질과 카리브해 지역으로 노예를 들여와 사탕수수 재배와 광산 채굴에 투입한 것이 가장 큰 흐름이라 할 수 있다.

유럽인은 아프리카의 해안 지역에만 머물렀을 뿐 내륙 깊게는 거의 진입하지 못했다. 이런 사정은 19세기까지 계속되었다. 아마도 앙골라에 들어간 포르투갈인이 유일한 예외였을 것이다. 따라서 노예를 '공급'하는 역할은 아프리카인의 통제하에 있었다.(Kouamé, 127-132) 유럽 상인은 해안 지역에서 상품을 주고 노예를 인수해 해외로 송출했다. 아프리카 해안 지역과 내륙 지역 사이에 교역이 이루어지고 있어서, 해안에서 내륙으로 해산물, 소금, 직물 등이 들어갔고, 반대 방향으로 식량과 축산물 등이 나왔다. 이런 상품들이 노예무역의 보급품 혹은 해안 지역 요새에서 살아가는 사람들의 소비

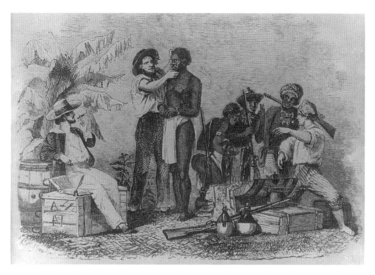

노예 구매

백인 남성이 아프리카 노예 무역상과 이야기하는 동안 한 아프리카 남성이 신체검사를 받고 있다. 1854년경 판화다.

품으로 사용되었다.(Kouamé, 127) 또 유럽인이 내륙 깊숙이 들어가지 못하는 상황에서 해안 지역 주민들이 중개 상인, 통역, 수송업자(카누), 길 안내인, 식량 조달 중개인 등의 일을 하며 이익을 추구했다. 아프리카인을 유럽 백인에게 팔아치우는 데 대해 가슴 아파하는 동포 의식 혹은 아프리카인 공동체 의식 같은 것이 작동하지 않았을까? 그 시대에는 전혀 없었다고 보아야 한다. 현재 우리가 생각하는 바를 과거에 투사해서는 안 된다.

노예상이 노예를 살 때 제공한 상품으로는 직물, 알코올, 총, 화약, 철물, 구리, 거울, 구슬 등이 있고, 몰디브의 카우리 조개처럼 재수출 상품도 있다. 이 가운데 가장 큰 비중을 차지하는 상품은 직물이었다.(Thomas 1997, 319ff.) 특히 아시아 직물을 수입해서 재수출하는 경우가 많았다. 이런 상품 목록을 보면 싸구려 물품을 건네주고 노예를 사왔다는 과거의 주장은 신화에 불과하다는 것을 알 수 있다. 예컨대 1680년 감비아(Gambia)강 하구에서 거래된 한 청년 노예를 구매하는 데에 5.5파운드의 상품이 필요했다. 이는 총 17자루, 혹은 브랜디 200리터, 혹은 철 349킬로그램에 해당하며, 현지 가치로 환산하면 한 사람이 6년 동안 먹을 수 있는 식량에 해당한다. 노예는 결코 '값싼 물품'이 아니었다.(Adas 1993, 174) 수입 상품들의 주된 용도는 아프리카 지배층의 위세를 과시하는 것이었다. 무엇보다도 다양한 수입 직물이 그런 용도로 쓰였다. 특히 인도에서 생산되는 면직물이 매우 중요했다.● 아프리카 지배층은 특이한 색깔, 디자인, 질감, 모양을 가진 외국산 직물을 전시하는 것이 자신들의 위세를 드러내는 중요한 방편이었다. 이런 이유로 아프리카 여러 지역에서 한편으로 직물을 수출하면서 동시에 다른 직물들을 수입하는 것이다. 구슬과 같은 장식물들도 이렇게 설명할 수 있다.

여기에서 한 가지 흥미로운 연구를 참고해보자.(Weber, 69~77)

보통 중동부 유럽은 해외 교역과 큰 상관이 없는 것처럼 이야기한다. 그러나 실제로는 16세기부터 벨저(Welser)나 푸거(Fugger) 같은 대상인 가문들이 해외 무역 기회를 열심히 찾았고 해외 무역 활

● 아프리카 문화에서 직물은 의례적·상징적 의미를 띠는 물품이며, 사회적 지위를 표현하는 수단이었다. 따라서 흔히 생각하는 것처럼 아프리카 시장이 인도 직물 중에서도 싸구려 물품의 덤핑 시장이었다는 것은 사실과 다르며, 고급 직물도 많이 수입되었다.(Adenaike)

동도 활발히 수행했다. 그렇다면 이들은 노예무역과는 전혀 상관이 없는가? 그렇지 않다. 아프리카의 수입품 중에는 인도 면직물 외에 독일산 아마포 직물이나 놋쇠 제품 같은 중저가 상품도 그 못지않게 중요했다. 이런 물품들은 노동 집약적인 생산이 가능한 동유럽 지역에서 생산했다. 독일 상인들 중에는 대서양 교역 도시들에 가서 활동하는 사람도 상당히 많았다. 예컨대 1680~1830년 보르도에서 활동하는 독일 상인이 225명, 카디스에는 240명, 런던에는 335명이 있었다. 이들은 고향에서 생산하는 상품을 거래했다. 이 상품들이 유리한 이유는 가격이 싸다는 것인데, 중동부 유럽 지역에서 그것이 가능한 이유는 아직도 농노제의 유제가 남아 있어서 영주층에 묶인 빈농 출신들이 저임금으로 일했기 때문이다. 산업혁명 선행 단계인 소위 프로토산업화(proto-Industrialization)에 대해 농민들이 가외의 일을 하며 소비 수준을 늘리는 긍정적 측면을 흔히 이야기하곤 했지만, 이처럼 반대 측면도 있다. 슐레지엔 지역 같은 경우 프로토산업화는 빈민들이 생존에 필요한 필수품을 구하기 위해 저임금 노동을 제공하며 생산에 참여한 것이다. 값싼 제품들이 아프리카 시장에 유입되는 것은 멀리 보면 아프리카 노예 가격이 오르지 못하도록 하는 효과도 있고, 아울러 신세계의 플랜테이션 노동 가격도 오르지 않게 하는 효과도 있었다. 이처럼 전 세계가 내적으로 연결되어 있었다. 이 기회를 잘 이용하여 상승하는 층이 있는가 하면, 그 힘에 눌려 억압받는 층도 있다. 중요한 것은 아프리카 노예 시장과 아메리카 플랜테이션과 동유럽 농촌 수공업 현장까지 광범위한 지역들이 연결되기에 이른다는 것이다.

생태계의 변화 ●

아메리카대륙의 정복은 단지 인간들만의 관계뿐 아니라 생태계 차원에서도 엄청난 결과를 불러일으켰다. 구대륙의 동물과 식물, 게다가 병균까지 유입되어 기존 생태계가 격변을 겪었다. 원래 자연 상태에서도 이와 같은 '생물학적 교환(biological exchange)'이 일어나지만, 인간의 활동은 이를 더욱 촉진시키는 중요한 요인이다. 사람들이 대규모로 그리고 빠른 속도로 이동할 때 생물들이 함께 이동하기 때문이다. 근대 이후 일어난 전 지구적 차원의 환경 변화를 종합적이고 체계적으로 이론화한 사례 중 하나가 앨프레드 크로스비의 '생태제국주의' 개념이다.[크로스비 2000·2006]

크로스비는 근대에 유럽인이 아메리카, 오스트레일리아, 뉴질랜드 등지에서 선주민을 몰아내고 그들이 원래 살던 유럽 세계와 흡사한 식민지, 소위 네오유럽(Neo-Europe)을 만들어낸 사실에 주목했다. 크로스비는 이 현상을 단지 인간만의 팽창이 아니라 생태계 전체의 팽창으로 파악해야 한다고 주장한다. 네오유럽 지역들은 유럽과 멀리 떨어져 있으면서도 기후가 비슷하다는 특징을 가지고 있다. 기후가 비슷하면 유럽의 자연 생태계가 그대로 옮겨가는 데에 유리한 조건이 된다. 그 때문에 유럽인이 우선 이주하여 그곳에 적응하는 데에 편했을 뿐 아니라, 유럽의 가축과 식물, 더 나아가서 병원균까지 유입되어 현지의 사람과 동식물을 구축해버리고 유럽의

● 이 내용은 주경철 2008, 7장을 축약하고 일부 수정한 것이다.

생태계를 복제하듯이 재구성할 수 있었다.

크로스비는 아메리카대륙에 네오유럽이 형성되는 과정을 이렇게 묘사한다.[크로스비 2000, 175ff]

유럽인은 아메리카대륙에 도착하자 곧 목재와 연료를 얻기 위해 삼림을 황폐화시켰다. 여기에 더해서 유럽에서 함께 들여온 가축들이 엄청난 수로 불어나 풀을 지나치게 뜯어먹음으로써 기존 초지를 훼손시켰다. 그 결과 백인이 정착한 신대륙 땅은 점차 나대지(裸垈地)가 되어갔다. 이런 맨땅에는 유럽산 식물들이 퍼져갔다. 여기에서 특히 주목할 현상이 '잡초(weed)'의 번식이다. 통상 '잡초'는 인간이 원하지 않는 쓸모없는 풀 가운데 생명력이 대단히 강하여 제거하기 힘든 식물을 가리킨다. 그러나 크로스비가 말하는 환경학적 의미의 잡초는 "제2차 자연 천이의 선구 식물", 즉 어떤 이유에서든 빈 땅이 생겼을 때 그곳을 차지하여(colonize) 장악하는 능력이 뛰어난 식물이며, 따라서 그 자체를 놓고 좋다 나쁘다고 이야기할 일은 아니다. 잡초는 토양의 유실을 막으면서 동시에 동물들의 사료가 되어 생태계를 보호하는 중요한 역할을 한다. 그런데 특기할 점은 아메리카대륙에서 빈 땅이 생기자 유럽산 식물들이 그러한 의미의 잡초가 되어 대단한 기세로 팽창해갔다는 사실이다. 클로버와 같은 식물만이 아니라 유럽에서는 '잡초'라고 부르기 힘든 식물도 잡초처럼 퍼져나갔다. 복숭아가 대표적인 경우다. 사람들이 복숭아를 먹고 버리면 그 복숭아씨에서 싹이 나서 얼마 후 그 지역 전체가 복숭아로 덮일 정도로 빨리 번식해서, 후대 사람들이 복숭아의 원산지를 아메리카로 착각할 정도이다. 외래종 식물이 신대륙에서 이처럼

'폭력적으로'(!) 퍼지는 예들은 그 외에도 많이 찾을 수 있다. 다윈이 부에노스아이레스에 왔을 때 본 바에 의하면, 우루과이에 퍼진 유럽산 엉겅퀴가 어찌나 잘 자라났는지 말이나 사람이 뚫고 지나갈 수 없을 정도였다. 19세기의 한 기록에 의하면 엉겅퀴가 "바퀴벌레처럼" 퍼진다고 표현할 정도로 번식력이 왕성하다.

그렇다면 왜 남아메리카 전체가 복숭아나 엉겅퀴로 덮여버리지는 않았을까?

이런 잡초성 식물은 "살아남을 수는 있으나 성공하는 법은 거의 없다." 이들의 기능은 불안정한 땅을 장악하여 토양을 안정시키고 직사광선을 차단함으로써 다른 식물이 자라기 좋게 만드는 것이다. 그러나 긴급 상황이 끝나고 나면 이 식물들은 더 느리지만 더 크고 억세게 자라는 식물들에게 자리를 양보한다. 잡초는 불안정한 땅으로는 잘 침투하지만 안정된 환경에서는 오히려 힘을 발휘하지 못한다. 그리하여 이제 밀이나 보리 같은 다른 유럽산 작물이 자리 잡는 단계로 넘어가게 된다.

자료를 보면 캐나다 잡초의 60퍼센트, 미국 잡초의 50퍼센트 이상이 유럽산이다. 이처럼 유럽의 식물이 네오유럽을 장악하게 되면 유럽산 가축의 대규모 확산이 가능해진다.[폰팅, 266~269] 유럽산 식물이 퍼지는 현상과 유럽산 가축이 널리 보급되는 현상은 함께 일어나는 것이다. 소나 말 같은 유럽 가축이 들어와서 아메리카의 풀을 먹어치우는 데다가 배설물을 뿌리고 짓밟아놓는 바람에 이런 데에 익숙하지 않은 원주 식물들이 점차 외래종 식물들에게 자리를 내주게 된다. 무엇보다도 원래 소와 말이 없었던 아메리카대륙이 근대 이후 엄청난 수의 소와 말로 가득 찬 대륙으로 변한 사실은 주목할 만하다. 1700년경 남미의 팜파 지역에는 5,000만 마리의 소가 있었던 것으로 추산되며, 더구나 이 소들은 거의 야생 상태로 돌아갔다. 말역시 마찬가지여서 한 번 아메리카대륙에 도입되자 그 수가 막대하게 늘어난 데다가 그 가운데 많은 수가 야생마(mustang)가 되었다. 외래종 말과 소는 아메리카대륙에 특이한 카우보이 문화 혹은 가우초 문화를 형성시켰다.•

이상의 사례들을 다시 생각해보면 매우 흥미로운 사실을 알게 된다. 구대륙(유라시아)의 동식물이 신대륙(아메리카, 오스트레일리아, 뉴질랜드)에 널리 퍼지지만 그 반대의 경우는 거의 없다. 마치 동식물이 "서쪽으로 이동하는 것은 허용하지만 동쪽으로 이동하는 것은 막는 어떤 보이지 않는 장벽이 존재하는 것 같다." 그 이유는 무엇일까? 구대륙 동식물이 신대륙 동식물과의 싸움에서 늘 이기는 이유 말이다.

크로스비는 그 이유를 다음과 같이 설명한다.[크로스비 2000, 310ff]

유라시아대륙의 생물상이 신대륙들(네오유럽)의 생물상에 비해 훨씬 크고 복잡하게 진화해왔기 때문이다. 2억 년 전 지구상에는 하나의 대륙(판게아, Pangaea)만 존재했다가, 이것이 점차 갈라져서 현재와 같은 여러 대륙으로 분리되었다. 생태계 역시 하나의 거대한

• 외래종 동식물의 지나친 확산이 생태계 재앙을 일으킨 사례는 다른 곳에도 있다. 1859년 영국계 이주민이 오스트레일리아에 들어온 토끼 10여 마리가 20세기에 5억 마리까지 불어난 예가 있다.[맥닐. 72~73]

15. 제국과 플랜테이션

단일체였으나, 바닷물로 대륙들이 고립된 이후 각 대륙의 생태계들이 독자적으로 진화해갔다. 그중에서 가장 규모가 큰 유라시아대륙에서는 생태계 역시 다른 지역에 비해 훨씬 크고 복잡해졌다. 이 지역 생물들은 상대적으로 훨씬 더 치열한 생존 경쟁 속에서 살아가게 되었고 따라서 더 강하게 진화해갔다. 유라시아대륙과 여타 대륙의 동식물 차이는 비유하자면 시베리아의 호랑이와 호주의 캥거루 간의 차이와 같다. 동식물만이 아니라 심지어는 유라시아의 세균도 마찬가지 이유에서 더 강하게 진화했고, 사람과 동물들 역시 이런 세균에 대해 더 강한 면역 체계를 갖추어나갔다. 결국 유라시아의 생태계 전체가 훨씬 강한 상태가 되었던 것이다. 서로 떨어져 진화해왔던 각 대륙의 생물들이 15세기 말부터 인간의 해상 활동으로 갑자기 조우했을 때, 유라시아의 생물들이 다른 대륙의 생물들을 누르고 일방적으로 승리해나간 배경이 이것이다.

이러한 급격한 생태계의 변화가 인간의 활동에 의해 초래되었고 또 그러한 생태계의 변화가 때로 인간의 문화 현상과 긴밀하게 연관되었다는 것이 크로스비 설명의 특징이다. 이를 재미있게 설명하는 것이 "북아메리카 대평원의 버펄로들이 죽으면서 수족(Sioux) 여인들이 성병에 걸렸다"는 아이러니한 현상이다.(크로스비 2000, 334~335) 원래 대평원 지역에서는 버펄로와 식물들 간에 탄탄한 균형이 이루어져 있었다. 이곳 자생 식물들은 버펄로 무리가 짓밟는 것에 이미 적응해 있어서 잘 살아갈 수 있었지만 그렇지 못한 다른 식물들은 이곳에 들어오기가 힘들었다. 수족 인디언이 이 버펄로를 사냥했지만, 그 수가 얼마 안 되기 때문에 버펄로는 자연 복원이 가능했다. 그런데 백인이 소총을 가지고 이곳에 들어와서 버펄로를 대량으로 사냥하자 이 균형이 깨지기 시작했다. 버펄로의 수가 줄어들자 지금까지 진입하지 못했던 가축과 목초가 들어왔다. 이로 인해 다시 버펄로 수가 더욱 줄어드는 현상이 연쇄적으로 일어났고, 그 결과 인디언의 독자 생활 기반이 무너지기 시작했다. 가난해진 수족 여인들이 매춘을 하기 시작했고 성병이 퍼져갔다. 그 결과 수족의 출산율이 떨어지고 전체적으로 그들의 인구가 감소했다. 그들이 사라져간 자리에 백인과 흑인이 밀려들어왔다. 이제 외래인, 소, 돼지, 말, 밀, 잡초, 그리고 신식 헛간의 쥐까지 완전히 새로운 문화와 생태계가 들어선 것이다. 이처럼 생태계와 문화 현상이 어우러져 유럽화가 진행되었다.●

어쩌면 인간의 역사보다도 자연 생태계 전반의 큰 변화가 더 중요한 사건일 수 있다. 아메리카대륙에서 원주민 인구가 90퍼센트나 급감한 대신 식생이 크게 늘어난 결과가 기후 변화로까지 이어졌으리라는 가설도 있다. 16~17세기에 북아메리카나 아마존분지 같은 곳에서 삼림이 크게 늘어났고, 특히 늙은 나무보다 훨씬 더 많은 이산화탄소를 흡수하는 어린 나무가 급증한 결과 대기상의 이산화탄소가 줄었다는 추론이다. 이로 인해 온실 효과의 반대 현상이 일어났다는 것이다. 남극대륙의 얼음층 연구를 통해 1500~1750

● 크로스비의 이론은 아메리카를 비롯한 여러 신대륙에서 일어난 생태계 변화 현상을 이해하는 데 큰 도움을 주었지만, 물론 그의 이론이 모든 곳에서 타당하지는 않을 수 있다. 오스트레일리아의 유칼립투스 숲에 대한 연구 결과 네오유럽의 생태계가 늘 허약하지만은 않다는 사실이 밝혀졌다.(Frost 1999)

15. 제국과 플랜테이션

년 대기 중 이산화탄소 농도가 크게 줄었다는 것을 확인했는데, 이것이 소위 '소빙하기(Little Ice Age)'의 원인일 수도 있으리라는 주장이다.[Headrick, 159] 물론 논란이 많은 이 문제에 대해서는 앞으로 많은 연구가 진척되어야 진위를 알 수 있을 것이다.

북아메리카 식민거주지

다음으로 북아메리카의 식민화를 알아보자.

초기에 영국과 프랑스가 북아메리카를 탐사한 결과는 아주 소박했다. 에스파냐와 포르투갈의 해외 사업은 국가주의 성격이 강한 데 비해, 영국과 프랑스는 상대적으로 개인의 주도권이 강했으며 따라서 규모도 훨씬 작았다. 북아메리카에서는 금이나 향신료가 나지 않고 기대했던 북서항로(아메리카대륙을 가로질러 아시아까지 항해할 수 있는 항로)도 발견하지 못하자, 국가의 입장에서 별로 매력적이지 않은 땅이어서 손을 놓았고 개인 업자들이 사업을 주도하게 된 것이다. 대구 어업과 모피 교역이 주요 사업 분야였다. 중세 말부터 대구잡이는 유럽인에게 귀중한 단백질 공급원으로서 중요한 사업이었다. 대구잡이의 선두 주자였던 바스크인은 다른 지역 어부들보다 더 멀리 서쪽 바다로 가서 조업을 하고 왔는데, 그 황금어장의 독점을 지키기 위해서 이 사실을 철저히 비밀로 하였다. 어쩌면 이들이 콜럼버스보다 먼저 아메리카대륙에 찾아갔을 가능성도 있다. 그들은 오늘날 미국과 캐나다 동해안에서 대구를 잡아 그곳 땅에서 말려서 가져왔을 것이다.[쿨란스키 1998, 39~43]

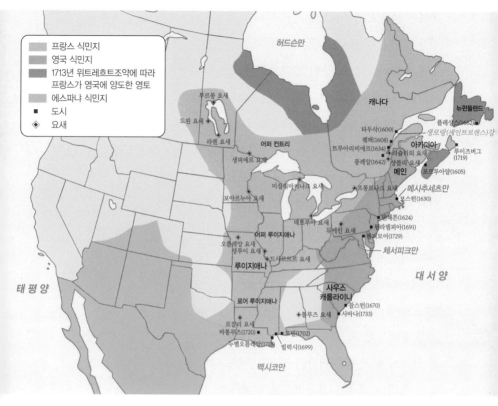

경계선 상의 지명들:

프랑스 식민지
영국 식민지
1713년 위트레흐트조약에 따라
프랑스가 영국에 양도한 영토
에스파냐 식민지
■ 도시
◆ 요새

허드슨만

캐나다

뉴펀들랜드

부르봉 요새
도펀 요새
라렌 요새

어퍼 컨트리
생피에르 요새

타두삭(1600)
플레상스(1662)
퀘벡(1608)
트루아리비에르(1634)
몽레알(1642)
생로랑(세인트로렌스)강
아카디아
의슐리외 요새
샹블리 요새
루이즈버그(1719)
메인
프로루아얄(1605)

미실마키나크 요새
보아르누아 요새

프롱트나크 요새
메사추세츠만
보스턴(1630)

테토루아 요새
뉴헤이븐(1624)
필라델피아(1691)

어퍼 루이지애나
오를레앙 요새
생루이 요새
드시르트르 요새
뒤케인 요새
볼티모어(1729)
체서피크만

루이지애나
대서양

태평양

로어 루이지애나
사우스
캐롤라이나
찰스턴(1670)

로잘리 요새
블루즈 요새
사바나(1733)
바퉁루즈(1720)
주벨오를레앙(1718)
모빌(1702)
빌럭시(1699)

멕시코만

17∼18세기 북아메리카의 식민화

　　오늘날 미국과 캐나다가 될 북아메리카 지역은 처음부터 거주민
사회의 건설을 주요 목표 중 하나로 삼았다는 점에서 중남미와 달
랐다(물론 전적으로 이 한 가지만은 아니고 다른 성격의 식민지도 있어서
예컨대 뉴욕은 모피 무역용, 사우스캐롤라이나는 플랜테이션 식민지로 시
작했다). 영국은 이미 인구 과잉 상태여서 인력을 적절히 해외로 유
출시킬 필요가 있었다. 영국은 각종 범죄자나 종교적으로 화합하지

549

15. 제국과 플랜테이션

못하는 비국교도(dissident)처럼 사회에 불필요한 사람들을 보내버릴 심산이었다. 교도소로 찾아가서 재소자들을 서인도로 '초대'했고, 그렇지 않아도 도피 중인 범죄자들이 스스로 아메리카로 찾아왔다. 이처럼 "구세계 사회의 온갖 부랑자들을 신세계에 쏟아붓는 행위"에 대해 분개한 벤저민 프랭클린(Benjamin Franklin, 1706~1790)은 만일 아메리카의 방울뱀들을 모아서 영국으로 보내면 만족하겠느냐며 항의했다.(Williams 1944, 10~12) 전체적으로 북미의 영국 식민지로 유입된 인구는 36만~72만 명으로 추산한다. 그런데 이 인구가 지극히 높은 성장률을 보여서 1790년에는 300만 명이 되었다.(Curtin 2000, 11~12) 이것이 가능했던 이유는 남성과 여성이 함께 이주했기 때문이다. 북아메리카에서는 유럽의 모국에서보다 인구 증가율이 훨씬 높았다. 이에 비해 열대 지역은 남성들만 이주해갔기 때문에 자연 증가가 불가능했고, 따라서 메스티소(mestizo) 현상이 시작되어 인구가 안정화 단계에 들어가기 전에는 계속 인력을 공급해야 했다. 게다가 열대 지역에는 상대적으로 질병이 더 많았다는 점도 인구 성장에 불리한 요인이었다.

여러 다른 성격의 식민 시도가 있었고 결국 지역마다 성격이 다른 식민사회가 형성되었다. 예컨대 1607년 버지니아 회사는 두 집단을 보냈다. 하나는 메인(Maine) 지방에 도착했는데, 기후가 워낙 춥고 기대했던 광산도 없어서 정착에 실패했다. 다른 하나는 체서피크만(Chesapeake Bay)에 도착하여 제임스타운을 형성했다. 이주민의 강인함과 회사의 끈기 등으로 정착에 성공했는데, 그것은 현지 원주민과 투쟁하며 정착지를 확보해가는 과정이었다. 포카혼타스(Pocahontas) 이야기는 분명 이 당시 정복의 잔인성을 희석시키는 일종의 신화일 뿐이며 실제 상황을 충실히 반영하지는 못한다.[*] 네덜란드동인도회사에 고용되어 북동 항로를 찾는 임무를 수행하던 헨리 허드슨(Henry Hudson)의 탐험 결과 올버니(1614), 맨해튼섬(1626)에 항구가 만들어졌다. 이 지역이 뉴암스테르담(New Amsterdam)이 된 다음 후일 뉴욕시로 변모했다.[**] 102명의 승객을 태우고 잉글랜드 플리머스에서 출발한 메이플라워호는 매사추세츠

- 포우하탄족 여성 포카혼타스가 처형 직전의 백인 남자를 구해서 그와 결혼한다는 이야기는 여러 버전으로 널리 알려져 있다. 그녀는 남편 존 롤프(John Rolfe)와 아들 토머스와 함께 1616년 잉글랜드에 왔는데, 이때 이미 신화화되어서 앤 여왕과 런던 주교를 만났다. 다음해 고향으로 돌아가려다가 병들어 사망했다. 1830년대 포카혼타스 '공주'라는 신화가 만들어졌다. 이는 정복의 잔인성을 희석시키고 두 민족 간 조화로운 결합 그리고 현지 주민들의 문명화를 강조하는 의미를 띤다. 실상은 전혀 다르다. 처형되기 직전 여성이 구해주는 것은 테세우스 이야기처럼 아주 오래된 신화이며 지어낸 이야기이다. 당시 포카혼타스는 11살에 불과하여 애초에 그런 일을 할 수 없고, 아메리카 인디언 사회에 그런 문화도 없었다.(Havard, 235~239)

- 네덜란드서인도회사(WIC)의 직원 페테르 미나위트(Peter Minuit)는 인디언들에게 60길더, 오늘날 화폐로 24달러에 해당하는 금액을 주고 맨해튼섬을 구입함으로써 역사상 최고의 부동산 거래를 했다. 이곳은 '뉴네덜란드' 식민지가 되어 북아메리카, 카리브해, 유럽 사이의 교역 중심지로 커가는 한편 농사도 짓게 되면서 흑인 노예도 들여왔다. 그 가운데 인구가 가장 많은 지역이 뉴암스테르담이다. 1647년 안에 구타사오섬 시사로 일한 적 있는 스타이버선트(Peter Stuyvesant, 네덜란드어로는 스타위브산트) 지사가 와서 통치했다. 그는 전투에서 한쪽 다리를 잃고 의족을 했는데, 화가 나면 의족으로 쿵쿵 구르며 소리치는 것으로 유명했다. 잉글랜드 국왕 찰스 2세는 뉴네덜란드 식민지를 빼앗아 동생 요크 공(Duke of York, 후일 잉글랜드 국왕 제임스 2세가 되는 인물로 명예혁명으로 축출된다)에게 주고 모피 교역도 차지하려 했다. 잉글랜드군이 공격해오자 스타이버선트는 전투를 벌이려 했지만 주민들이 따르지 않아 전투 없이 넘기는 대신 주민들의 안전한 거주를 약속받았다. 이곳은 요크 공의 이름을 따서 뉴욕(New York)이 되었다. 후일 스타이버선트는 이곳으로 돌아와 농사를 지으며 살았는데, 그의 거주지 바우어레이(Bouwerij, '건축', '건물'의 뜻)가 있던 곳은 현재 바우어리(Bowery street)가 되었다.

15. 제국과 플랜테이션

(Massachusetts)만의 플리머스에 도착하여 뉴잉글랜드의 첫 정착 식민지를 건설했다. 첫 해 겨울 심한 추위로 정착민 절반이 사망했는데, 현지 주민인 티스콴툼(Tisquantum)의 도움이 없었다면 더 큰 피해를 보았을 것이다. 매사추세츠주는 지주와 농민의 칼빈주의적 성소를 만들고자 했지만 환경이 좋지 않아 어업과 상업에 더 치중한다. 보스턴 사람들은 식민지 간 혹은 대서양 무역을 활발히 수행했다. 사우스캐롤라이나의 찰스턴(Charleston)은 1670년 건설했는데, 스코틀랜드-아일랜드 장로교도, 독일 루터파, 특히 1680년대에는 프랑스 위그노가 들어왔다. 그 후 이곳은 카리브 해적과 버커니어(Buccaneer, 에스파냐와 프랑스 선박을 공격하는 해적)의 도피처가 되었다. 퀘이커교도 윌리엄 펜(William Penn)이 1691년 세운 필라델피아에는 스칸디나비아, 네덜란드 외에 독일 멘노파(Mennonite) 등도 들어온다. 북아메리카에는 다양한 식민사회들이 형성되고 있었다.

백인 인구의 급격한 증가와 인디언 인구의 몰락이 동시에 진행되었다. 인디언이 너무 소수가 되어 피지배 노동층으로 삼기에도 부족한 지경에 이르자 노동력 확보가 급해졌다. 제일 먼저 생각한 것은 유럽인 하층민을 소위 '계약제 노예(indentures)'로 들여오는 것이다.• 흑인 노예 이전에 잠깐 동안 '백인 노예제'가 있었던 것이다. 계약 내용은 사용주가 대서양을 건너는 선박 운임을 대주고 아메리

• 계약제 노예(indenture)는 계약 내용을 한 종이에 두 번 쓰고 가운데 부분을 톱니(dent) 모양으로 잘라서 양측 당사자가 나누어가지는 방식에서 유래했다. 문서의 진위 여부를 따질 필요가 생기면 양측이 문서를 대보아 톱니 모양의 자른 부분이 들어맞는지 확인하였다.

카에 온 다음 정해진 기간 동안 음식과 최소한의 의복을 제공하며 계약 기간 후 떠날 때 정착에 필요한 토지와 돈을 주는 것이었다. 유럽의 빈민들로서는 이론상 해볼 만한 계약 조건이라고 할 수도 있겠으나, 실제로는 결코 만족스러운 상태가 아니었다. 식민의 열악한 상황이 알려지면서 대서양을 건너려는 사람이 많지 않았다. 온갖 유인책을 쓰고 심지어 약탈과 납치, 어린이 유괴(kidnapping, '어린아이를 유괴하여 신대륙으로 보내는 범죄 행위'가 원래의 뜻이다)도 서슴지 않았으나 이런 방식으로 노동력 문제를 해결할 수는 없었다.* 남은 길은 흑인 노예를 도입하는 것이었다.

흑인 노예는 주로 사탕수수 플랜테이션과 광산에 고용되었으므로 북아메리카에는 많이 도입되지는 않았다. 아메리카대륙 전체로 보면 1800년 이전에 이주해온 유럽인의 수는 150만 명 정도로 추산되는 데 비해 같은 기간 이주해온 아프리카 흑인 수는 800만 명으

● 대서양 너머 식민지는 쓸모없는 하층민들을 내다버리는 곳 정도의 이미지였다. "아메리카인들은 범죄자 인종들이며, 교수형에 처하지 않은 데 대해 감사해야 마땅하다"는 새뮤얼 존슨의 악명 높은 발언이 그런 점을 말해준다. 실제로 많은 사형수가 식민지로 가서 '계약제 노예'로 일했다. 1618년 존 스로크모튼(John Throckmorton)이라는 10대 청년은 할머니가 애타게 탄원하여 목숨을 살려주는 대신 식민지로 보내졌다. 식민지에서는 저급한 범죄자들이 들어오는 것을 싫어하지만 본국에서는 적극적으로 보내려고 법제화까지 했다. 1717년에 발효된 '해적법(Piracy act)' 혹은 '수송법(Transportation act)'은 이름과 달리 해적에 대한 규정보다는 도둑, 방랑자 등 다른 범죄자 처리에 관한 내용이었다. 범죄자를 수송하는 선장에게는 한 명마다 3파운드를 지급했다. 식민지로 간 사람 중에 학식이 있으면 가정교사를 하는 수도 있지만, 대부분 6~7년의 노예 노동을 해야 했다. 약정된 기간이 지나면 약간의 땅을 받고 풀려나지만 그 전에 많이들 죽었다. 예컨대 체사피크 담배 농장의 경우는 절반도 살아남지 못했다. 미국 식민지가 독립한 이후에는 범죄자를 보내는 것이 불가능해졌다. 그러자 영국은 오스트레일리아를 아예 범죄자들만 보내는 식민지로 따로 정했다.(Christian)

15. 제국과 플랜테이션

로 추산된다. 흑인 이주민 수가 훨씬 많았는데도 1800년 시점에서 보면 백인 인구가 흑인 인구에 비해 압도적으로(10배로 추산된다) 많았다. 그 이유는 백인은 비교적 안정된 삶을 살면서 인구의 자연 증가가 이루어진 데 비해 흑인 노예들은 그렇지 못했기 때문이다. 그다음 19세기에 다시 유럽인이 엄청난 규모로 들어왔다. 1800~1900년에 아메리카에 이주해온 유럽인은 6,000만 명으로 추산된다. 그리고 유럽계 사람들이 동쪽에서 서쪽으로 확산하는 '서부시대'를 거치면서 최종적으로 오늘날의 미국과 캐나다가 형성되었다. 대서양 연안에서 태평양 연안까지 관통하는 데 무려 2세기의 시간이 걸렸다.

다음으로는 상대적으로 더 소수의 사람들이 들어와서 영토국가를 성립시킨 흥미로운 사례로 프랑스계 캐나다에 대해 살펴보자.

프랑스가 처음 북아메리카와 접촉한 것은 1534년에 자크 카르티에(Jacques Cartier)가 생로랑(Saint-Laurent, 영어식으로는 세인트로렌스) 강 지역을 탐사하면서부터다. 그러나 그가 본 곳은 황량하기 그지없어서 그의 일지에 '카인의 땅'으로 묘사했다. 그는 추장 아들 2명을 데리고 귀국해서 이 지역을 유럽에 알렸다. 이렇게 해서 프랑스는 휴런(Huron)족 거주지에 진입하여 이곳에 거류지를 건설하기 시작했다. 스타다코나(Stadacona)가 퀘벡(Quebeck)이 되고(1608년에 샹플랭이 이곳을 상업 거점으로 삼았다) 호슈라가(Hochelaga)가 몽레알(Montréal, 영어식으로는 몬트리올)이 되었다. 인디언들의 따뜻한 환영을 받은 데다가 이곳 날씨가 의외로 따뜻하다는 오해를 했는데, 소위 '인디언 서머(Indian Summer, 늦가을과 초겨울에 일시적으로 날씨가 따뜻한 현상)'에 속은 것이다. 막상 겨울이 닥치자 엄청난 추위와 기근, 괴혈병으로 많은 사람이 죽었다. 그래도 프랑스는 여전히 미련을 버리지 못해서 다음 세기에 더 많은 프랑스인을 보냈으며, 1663년부터는 프랑스 정부가 식민정책을 주관했다. 프랑스 국왕은 그들이 토르데시야스조약에 묶이지 않는다고 선언했다. 그래도 교황에게 정면으로 대드는 것은 모양새가 좋지 않으므로 가급적 선교 목적을 강조했다.(Bitterli 1989, 88~89) 점차 프랑스인의 지배가 강화되었다. 프랑스는 이 지역에서 귀금속과 향신료를 원했으나 그걸 실현할 가능성은 전무했다. 결국 모피가 가장 중요한 교역 상품으로 떠올랐다. 그때까지 그들은 현지 주민들과 미묘하고 때로 위험한 관계 속에서 자신들의 입지를 넓혀갔다.

처음 이 지역에 들어온 것은 샹플랭(Samuel de Champlain) 일행이다. 그들로서는 원주민과의 관계를 잘 설정하는 것이 대단히 중요한 일이었다.(Trigger, 107~141) 1605년 샹플랭은 포르루아얄(Port Royal, 현재 Annapolis Royal, 노바스코티아)에 식민지를 건설한 후, 생로랑강(세인트로렌스강)을 따라 올라가며 거주지를 찾았다. 당시 휴러니아(Huronia, 휴런족의 땅)라고 불리던 이 지역에는 여러 휴런 부족들(곰, 바위, 사슴, 밧줄 등을 부족 이름으로 삼고 있었다)이 연합체를 이룬 채 한편으로 이로쿼이(Iroquois)족과 대결하고, 다른 한편으로 더 북쪽의 부족들과 교역을 하고 있었다. 이런 사실을 어렴풋이 알게 된 샹플랭은 자기 나름의 전략에 따라 휴런족과 손을 잡았고 이로쿼이족과는 적대하게 되었다. 동맹을 맺는 방식은 선물, 담배, 식사 그리고 남녀가 춤추다가 서로 눈이 맞아 육체 관계를 맺는 식이었다(춤

샹플랭의 도착

〈1608년 미래의 퀘벡시 땅에 도착한 샹플랭〉, 조지 애그뉴 리드, 1909.

추다가 남녀가 슬슬 옷을 벗고 따로 춤추는 식인데, 샹플랭은 자기 책에서 이 이야기를 아주 자세하게 하지는 않았다)! 현지 부족들이 하는 행위를 프랑스인도 따라했다.[Thierry, 231~234] 이로쿼이 같은 강력한 부족과 적대 관계가 된 것이 영국과 비교할 때 프랑스의 식민정책이 더 큰 어려움을 겪게 된 원인 중 하나다. 휴런족은 프랑스인이 가지고 온 철물과 무기, 구슬 등의 잡화에 매료되었다. 프랑스인이 비버 가죽을 원한다는 것을 알게 된 휴런족 사람들은 프랑스 상품을 얻기 위해서 그들에게 비버 가죽을 제공해줄 북쪽 부족들과 교역을 더 강화하였다. 원래 이 북쪽 수렵민들과는 휴런족이 곡물과 담배를 주고 가죽을 받아오는 관계에 있었다. 그런데 휴런족이 프랑스와 교역을 하게 되면서 북쪽은 더욱 수렵에, 휴런족은 더욱 농업에 전념하게 되었다. 이런 복잡한 외교 관계 속에서 프랑스는 모든 부족과 친할 수는 없으므로 예컨대 알공킨족, 몬타네족 편을 들고 모호크(Mohawk)족과 싸우게 되었다. 샹플랭은 이런 상황 속에서 가급적 유리한 조건을 갖춘 지역을 찾다가 1608년 퀘벡을 건설했고, 일부 인디언들과 동맹을 맺으면서 '누벨프랑스(Nouvelle France)'를 탄생시켰다.

인디언들과의 관계에서 중요한 역할을 한 것은 전도를 하러 간 예수회 신부들이었다. 모피 교역이 전도에 방해가 된다고 판단한 예수회는 인디언들과의 중개인(coureur de bois)들을 예수회 소속으로 대체했다. 사실 사제들로서도 자신들의 안전 때문에 교역을 해야 했다. 순전히 전도 목적으로만 들어가는 것은 위험하며, 어떤 직무를 수행함으로써 자신들이 받아들여진 후에 설교하는 것이 안전했기 때문이다.

이 관계에서 중요한 전환점이 된 것은 1635~1640년 발생한 괴질(홍역 혹은 천연두로 추정된다)이다. 병세가 아주 심해서 휴런족의 거의 절반이 사망한 것으로 알려졌다. 특히 아이와 노인이 많이 희생되었기 때문에 연로한 부족 지도자와 종교 지도자가 많이 죽었다. 이때 예수회 사제들이 병을 퍼뜨린 마술사로 몰려 몰살 위험에 처하면서 양측 간 갈등이 고조되었다. 1640년에 새로운 캐나다 지사가 도착하고, 마침 괴질도 끝났다. 그는 휴런족에 대해 강경하게 대응하였다. 휴런족은 괴질 이후 세가 크게 약화된 것이 분명했다. 프랑스인들은 더 적극적으로 식민지 건설을 추진했다. 유럽 작물과

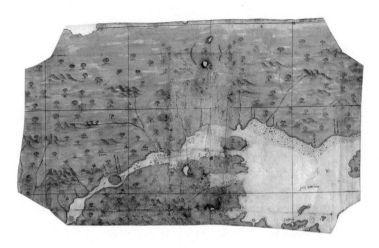

세인트로렌스강

16세기에 에스파냐에서 제작된 세인트로렌스강 유역 지도다. 샹플랭은 북아메리카 동부를 흐르는 세인트로렌스강을 따라가며 거주지를 물색했다.

함께 돼지와 소 등 유럽 가축을 들여왔다. 휴런족 중에도 진실한 개종자가 늘었다. 심지어 자신들의 전통 축제를 금지시키고, 예수회 신부를 마을의 추장으로 임명하는 마을도 생겼다. 기독교 문제는 여러 부족 간의 관계를 더욱 복잡하게 만들었다. 친기독교적인 부족과 반기독교적인 부족 간에 대립이 일어났고 그 결과 휴런족 동맹은 깨졌다.

전체적으로 프랑스 식민지는 정체해 있었다. 영국 식민지와도 갈등을 겪어서 1629년 퀘벡을 일시적으로 상실했다가 1632년 다시 회복하기도 했다. 적대적인 이로쿼이족의 위협이 갈수록 커져서 다른 부족들도 유럽인들과의 거래를 피하려고 하였다. 무엇보다도 이들과 가장 친했던 휴런족이 이로쿼이족에게 완전히 패배한 것이 큰 충격이었다(1649). 위기를 넘긴 것은 루이 14세 시대(재위 1643~1715)에 캐나다를 프랑스의 한 주로 삼고 군대를 파견해서 이로쿼이족을 제압하고 난 다음이다.

프랑스는 남쪽도 탐험했다.(Paine L., 458~459) 1679년 라살(Sieuer de La Salle)이 대륙을 관통하는 아시아 항로를 찾겠다며 루이 엔느팽(Louis Hennepin) 신부와 함께 미시간호에서 서쪽으로 보트로 이동해갔다. 이들은 일리노이강과 미시시피강을 따라 내려가다가 델타 지역에 도착해서 이곳을 '루이지애나(Louisiana, 루이 14세에게 헌정한 땅)'로 명명하고 프랑스령으로 선언했다. 후일 누벨오를레앙(Nouvelle Orléans, 뉴올리언스, '새 오를레앙')이 수도가 된다. 이들이 뗏목을 타고 미시시피강을 탐험해보니 상행은 3~4개월, 내려오는 데는 2~3주가 걸렸다. 이제 프랑스 식민지는 몽레알과 누벨오를레앙, 다시 말해 몬트리올과 뉴올리언스 두 곳에서 접근이 가능해졌으나, 불행히도 두 지점은 3,000마일이나 떨어져 있고, 그 사이에 영국 식민지가 커가고 있으며, 에스파냐령 플로리다가 자리 잡고 있었다.

CHAPTER 16

동인도회사에서 제국으로

많은 연구자가 포르투갈·에스파냐의 해외 팽창 방식과 네덜란드·영국의 해외 팽창 방식 간에 질적인 차이가 있다는 주장을 편다. 에스파냐는 아메리카에서 영토 정복의 경향이 뚜렷했고, 포르투갈은 아시아에서 광범위한 지역에 걸쳐 해상 무역로를 건설하였으나, 그 방식은 아시아의 기존 상업 네트워크의 일부를 빼앗은 다음 군사력을 이용하여 강제 교역을 수행하거나 통행료를 징수하는, 소위 재분배(redistrbution) 방식이었다. 이것은 곧 '근대적인' 자본의 운동 법칙보다는 정치·군사적 힘을 통한 '약탈·수취'의 성격이 강하다는 것을 뜻한다. 반면에 네덜란드와 영국의 동인도회사는 정치·군사적 힘을 곧바로 잉여 수취에 쓰기보다는 새로운 교환 체제를 구축해가는 데에 사용했다. 최근 연구 경향은 두 방식의 차이보다는 유사성을 강조하는 것이다. 낯선 세계를 뚫고 들어갈 때 '폭력'을 사용하는 것이 필수불가결하지만, 그 자체가 목적이 아니라 경제적 '이윤'을 극대화하기 위해 합리적으로 사용했다. 그것은 곧 국가 권력과 자본이 적절하게 결합했음을 의미한다.

네덜란드동인도회사[•]

17세기 초에 영국동인도회사(East India Company, 약칭 EIC)와 네덜란드동인도회사(Vereenigde Oostindische Compagnie, 약칭 VOC)가 설립되었다. 창립 시기는 영국동인도회사가 약간 앞서나 초기에는 모든 면에서 네덜란드동인도회사가 훨씬 크고 강력했다.

우선 네덜란드동인도회사를 살펴보자. 네덜란드동인도회사는 세계 최초의 주식회사이자 200년 동안 세계 최대 기업이었다. 아시아 내에 20여 곳의 상관(商館)을 설치하고 이들을 연결하는 해상 네트워크를 구축하여 사업을 했다. 우리는 흔히 동인도회사는 아시아-유럽 '간' 무역을 주로 했으리라 생각하기 십상이지만, 그보다는 아시아 '내' 무역을 훨씬 더 많이 수행했다. 그런 만큼 이 회사는 아시아 각 지역과 광범위하고도 복합적인 방식으로 교류했다.

1602년 네덜란드동인도회사가 만들어진 것은 포르투갈이 아시아 교역을 100년이나 독점하고 난 다음이다. 왜 네덜란드를 비롯한 여타 유럽 국가들은 그동안 아시아 사업에 뛰어들지 않았을까? 포르투갈 왕실이 후추를 비롯한 아시아 산물들을 들여온 다음 유럽 내 판매는 다른 나라 대상인들에게 위임했기 때문이다. 이 사업 부문을 지속할 수만 있다면 굳이 비용도 많이 들고 위험한 아시아 항해를 할 필요가 없다. 사실 아시아 항해는 결코 쉬운 일이 아니었다. 포르투갈에서 인도까지 왕복 항해는 20개월 정도 소요되며 이 기

[•] 이하의 네덜란드동인도회사 관련 내용은 주경철, 2021을 정리하여 재록했다.

16. 동인도회사에서 제국으로

간 중 사고가 날 확률도 매우 높았다. 17세기 초에 인도로 가는 항해 중 사고 확률은 10퍼센트이고, 귀환 길 사고 확률은 15퍼센트에 가깝다.＊ 아시아 항해는 쉽게 따라할 일이 아닌 것이다. 게다가 포르투갈은 모든 항해 관련 정보들을 철저히 비밀로 지켰다. 1504년 마누엘 1세는 항해일지와 지도를 정기적으로 파괴하라고 명령했다. 다른 나라의 선원과 상인으로서는 아시아 항해를 어떻게 해야 할지 오리무중이었다.

16세기 말에 가서야 드디어 네덜란드와 영국이 아시아 항해를 직접 하기로 결정한다. 지금까지 변방 국가에 속하는 포르투갈이 위험한 모험사업을 하도록 내버려둔 후, 이제 사업성이 확인되자 유럽의 중심 국가들이 움직이기 시작한 것이다. 그러한 계기를 제공한 것은 포르투갈 왕실이었다. 유럽 내 후추 판매를 공개하지 않고 일부 상인들에게만 제한하자, 여기에서 배제된 상인들이 스스로 아시아 항로를 개척하려고 시도하게 된 것이다.

막상 시작하려니 아시아 항해와 상업에 관한 정보를 얻는 게 시급했다. 1590년대에 가장 중요한 정보 제공자는 얀 하위헨 반 린스호텐(Jan Huyghen van Linschoten, 1563~1611)이었다. 1563년 하를렘에서 태어난 린스호텐은 세비야와 리스본에서 몇 년간 상인으로 일

＊ 오늘날 미국이나 유럽으로 가는 비행기 10대 중 한두 대 꼴로 추락한다고 생각해보라. 얼마나 끔찍한 일인가. 인도에서 리스본항구로 돌아온 선박은 "선체에 따개비가 잔뜩 붙어 있고 배 옆면에는 바다풀들이 수염처럼 길게 자라 있었다. 어떤 배들은 좀조개가 너무 쏠아 나무가 스펀지처럼 되어서 배의 형체가 유지되는 것이 신기할 정도였다. 선원들은 항해 중에 많이 죽었고 살아남은 선원들 중에도 질병과 먹거리 부족으로 아주 힘든 상태에 있는 사람들이 많았다."(Masselman, 63)

얀 하위헌 반 린스호텐
16세기 말, 포르투갈의 뒤를 이어 아시아 항해를 결심한 유럽 국가들에게 린스호텐의 책은 최고의 정보를 제공했다.

하다가 고아 대주교의 비서로 일할 기회가 생겼다. 1583년 아시아로 간 후 9년 이상 머물다가 1592년에 엥크회이젠으로 돌아온 그는 아시아 세계에서 했던 경험을 책으로 남겼다. 1596년에 출판한 4권의 두툼한 책《이티네라리오(Itinerario: Voyage ofte schipvaert van Jan Huygen van Linschoten naer Oost ofte Portugaels Indien, 1579~1592)》는 정말로 소중한 정보를 담고 있었다. 예컨대 네덜란드 상인은 아시아로 가서 후추나 향신료를 살 때 아시아 상인이 그에 대한 대가로 무엇을 가장 원하는지 알고 싶어 했는데,《이티네라리오》는 이렇게 답한다.

리스본을 떠나 아시아로 가는 배들은 상품을 거의 싣지 않는다. 약간의 기름과 포도주 외에는 다만 바닥짐뿐이다. 대신 상자에 8레알 은화를 가득 싣고 간다.(Linschoten)

아시아 시장에 팔 수 있는 마땅한 유럽 상품이 없으니, 다른 화물을 싣고 가기보다 아시아에서 수요가 매우 큰 은화를 가져가면 된다는 것은 실로 소중한 정보였다.

이 책은 항해에 대해서도 결정적 정보를 제공했다. 포르투갈 선박은 리스본을 떠나면 브라질 해안에 이르기까지 대서양을 가로질러 간 다음 그곳에서 희망봉 쪽으로 방향을 전환한다. 이것이 가장 위험이 적은 것으로 판명 난 항로였다.

무엇보다 네덜란드인에게 큰 희망을 준 것은 자바에 관한 정보다.

이곳에는 쌀과 모든 종류의 식량이 풍부할 뿐 아니라 정향과 육두구 같은 향신료도 풍부히 나는데, 이곳 사람들은 이것을 말라카로 가져간다. 자바의 중요한 항구는 순다 칼라파(Sunda Calapa, 오늘날의 자카르타)이며 여기에서 순다해협의 이름이 유래했다. 이곳에서는 인도나 말라바르보다 훨씬 품질 좋은 후추가 생산되며, 그 양이 얼마나 많은지 매년 4,000~5,000킨탈을 실어 보낸다. 이곳에서는 포르투갈인들의 간섭 없이 자유롭게 거래할 수 있다. 왜냐하면 포르투갈인들이 이곳에 오는 게 아니라 자바인들이 상품을 말라카로 가져가기 때문이다.(Linschoten)

만일 이게 사실이라면, 네덜란드 선박이 직접 자바로 가면 포르투갈의 간섭 없이 거래하는 게 가능하지 않겠는가.

물론 이런 정보만 믿고 무턱대고 아시아로 모험을 떠날 수는 없다. 그래서 과연 이런 정보가 사실인지 확인하기 위해 암스테르담 상인들이 하우트만(Cornelis de Houtman)이라는 항해인을 잠입시켰다. 그는 신분을 숨긴 채 포르투갈 선박을 타고 동인도로 갔지만 정체가 밝혀져 감옥에 갇혔다. 그러다가 로테르담 상인들의 도움으로 풀려난 뒤 4척의 배를 빌려서 말레이군도를 탐험한 후 1597년 암스테르담으로 귀환했다. 그는 말하자면 산업 스파이 역할을 한 것이다.[브로델 1997, III-1, 292]

이 시기에 동인도 사업 열기가 끓어올랐다. 네덜란드에는 모험적인 회사들이 다수 만들어졌는데, 1602년 통합 동인도회사가 형성되기 이전에 활동한 이 회사들을 선구회사(先驅會社: voor-compagnien)라고 부른다.[Jacobs 1991, 10; Bruijn 외, 1979~1987] 1598~1601년 선구회사 15개가 선박 65척을 아시아에 보냈다. 그중 야코프 판 네크(Jacob van Neck) 제독이 지휘하는 4척의 선단은 이윤이 400퍼센트에 달하는 엄청난 성공을 거두기도 했다. 이 때문에 갑자기 한꺼번에 많은 선단이 몰려가니 자연히 경쟁이 극심했다. 예컨대 암스테르담 회사와 젤란트(Zeeland) 회사 간에 경쟁이 치열해서 암스테르담 측 이사는 선장에게 이런 지시를 내렸다. "현지에 가면 무조건 상품을 구입하라. 만일 우리 배에 상품을 적재하지 못하는 한이 있더라도 무조건 사들여서 젤란트 배가 상품을 사지 못하도록 막으라."[Bruijn 외, 5] 그러니 현지 후추 구매가는 오르고 유럽 판매가는 내려갈 수밖에 없다.

분명 아시아 사업의 수익성은 높지만 회사들 간 경쟁이 워낙 치열해서 공멸할 위험성이 컸다. 이를 해결하는 길은 정부가 나서서 하나의 큰 연합 회사로 뭉치도록 조정하는 것이었다. 각 지역 간의 투자 지분 비율 문제, 네덜란드동인도회사 본부 소재지 문제, 이사진의 배분 문제 등 각종 난제를 해결한 데는 당시 영향력 있는 정치가였던 요한 판 올덴바르너벨트(Johan van Oldenbarneveldt)의 공이 컸다. 그는 정치적 수단들을 총동원해서 이해관계가 엇갈리는 갈등을 강제로 조정하고 1602년 "통합 동인도회사"를 출범시켰다. "통합 동인도회사를 설립해서 적에게 타격을 가하고 조국의 안보에 도움이 되도록 한다"(Boxer 1979, 1)는 그의 주장을 보면 그의 본래 의도가 경제적이라기보다 정치적이었음을 짐작할 수 있다.

1602년 3월 20일, 21년간 유효한 회사 특허장이 발부되었다. 동인도회사가 투자를 모집하자 많은 투자가가 몰려들었다. 자본 총액이 642만 4,588길더였는데, 당대의 신기록이었다.(Bruijn 1979~1987, 9) 회사가 설립되자마자 그동안 준비한 자금으로 선단을 만들어 아시아로 보냈고, 이 선단은 성공리에 사업을 마치고 귀환했다. 이때 거둔 265퍼센트의 이익을 투자자들에게 지불했다. 말하자면 이때까지는 중세적인 회사 조직 방식을 따른 셈이다. 즉 자본을 모아 한 번 사업을 마치면 손익을 나눈 다음 해산하고, 필요하면 다시 자본을 모으는 식이다. 이렇게 해서는 엄청난 규모의 사업을 지속적이고 안정적으로 운영하기 힘들다. 그래서 회사 구성 원칙을 변경했다. 이제 투자자들은 자신의 투자금을 찾고 싶으면 회사에 지불을 요청하는 게 아니라 주식시장(Beurse)에 가서 주식을 판매하면 된다. 자본이 장기적으로 보존되어 회사의 지속성을 확보했고, 회사의 경영과 관련한 중요한 의사 결정은 17인의 이사로 구성된 '17인 위원회(Heeren XVII)'가 담당했다.

이렇게 해서 근대적인 주식회사가 탄생하였다. 그런데 네덜란드 동인도회사는 현대 주식회사와 전적으로 똑같은 게 아니라 매우 특이한 성격도 갖추고 있었다. 이것은 특허장 34조와 35조에서 확인할 수 있다.[Van der Chijs, 118~135] 34조는 동인도회사의 독점권을 공식적으로 인정한 부분이다. 희망봉 동쪽과 마젤란해협 서쪽 사이의 지역에 대한 항해권을 동인도회사에만 독점적으로 부여하고, 이를 어긴 다른 선박의 경우 그 선박과 상품을 압수할 것을 규정하고 있다. 국가가 개별 회사에게 명시적으로 독점권을 공인해준 것이다. 이 독점권을 잘 지킬 수 있도록 국가는 이 회사에 매우 강력한 특권들을 인정해주었다. 35조는 동인도회사가 네덜란드 전국의회를 대신하여 아시아의 국가 및 영주 들과 조약 체결, 전쟁 선포, 요새와 상관 건설, 군인 충원 등의 업무를 할 수 있다는 내용을 담고 있다. 이런 것들은 분명 국가의 관할 사항이 아닌가. 그것을 회사에게 허락했다는 것은 말하자면 동인도회사가 '국가 밖의 국가'가 되었음을 말해준다. 그만큼 네덜란드동인도회사는 자본과 국가가 효율적으로 결합한 사례에 해당한다. 특히 중요한 것은 군사력의 사용에 관한 내용이다. 군사력은 아시아의 지방 세력들 및 유럽의 경쟁 세력들과 동시에 싸워야 하는 이 회사로서는 핵심적인 요소였다. 이 회사가 충원한 군인의 수는 17세기 초에 3,000명 정도였으나 1750년경에는 1만 7,000명에 이르렀다.[Jacobs, 38] 네덜란드 정부는 아시아

16. 동인도회사에서 제국으로

로 가는 선박에 무장도 갖추어주었다. 이런 배들은 강력한 대포를 가지고 있는 데다가 속도도 빨라서 '치명적인 전함이자 동시에 효율적인 상선'이었다. 반면 아시아의 상선들은 무장이 부실하거나 아예 없는 경우가 많아 유럽 배들의 공격에 속수무책으로 당하곤 했다.(Prakash 1979, 44)

네덜란드동인도회사의 아시아 교역

이미 탄탄하게 조직되어 있는 아시아의 상업 네트워크 속으로 새로이 들어가서 경쟁자들을 눌러 이긴다는 것은 쉬운 일이 아니다. 이 시점에서는 포르투갈이 이미 100년 이상 유럽-아시아 해상 교역을 독점하고 있었고, 아시아 상인들로서도 새로운 유럽 세력의 진입이 달갑지는 않았다. 또 무굴제국이나 동남아시아 국가들 모두 만만한 상대가 아니었다. 이런 상황에서 네덜란드동인도회사는 여러 경쟁 세력들과 동시에 치열하게 싸우면서 자기 영역을 확보해나갔다. 약 50년에 걸친 악전고투 끝에 이 회사는 아시아 상업 세계에 성공적으로 자리를 잡았다. 네덜란드동인도회사에게는 다행스럽게도 당시 인도네시아제도의 군사력이 그리 강하지 않았다. 그래서 1605년 암본 점령을 필두로 17세기 내내 차례로 지점들을 차지해나갔다. 이런 과정은 말할 필요 없이 극히 잔인한 행동을 동반한 것이었다. 예컨대 초대 지사였던 얀 피터스존 쿤(Jan Pieterszoon Coen)이 그레이트 반다(Great Banda)제도와 주변의 작은 섬들을 공격했고, 그 결과 2,500명의 반다인들이 기아로 혹은 칼에 맞아 죽고 3,000

명이 섬에서 쫓겨났다. 그리고 그 빈자리를 좀 더 유순한 다른 지역 출신 경작자들로 충원했다.(Tracy 1991, 4)

　17세기에 포르투갈의 에스타도는 쇠퇴의 길을 겪었다. 1612년 시리암(Syriam)항구의 상실로 버마와 인도 사이의 교역 주도권을 상실했다. 1622년에는 영국-이란 연합군에 의해 호르무즈를 상실하여 포르투갈 해외 사업의 전체 구조가 교란되었다.(Steensgaard 1974) 페르시아는 그동안 포르투갈과 여러 지역에서 갈등을 벌이고 있었다. 페르시아는 만일 작전이 성공하면 영국에게 페르시아 견직물 교역을 허락해준다는 조건으로 영국군의 도움을 얻을 수 있었다. 1630년대 들어서면 쇠퇴가 가속화했다. 포르투갈은 힘을 상실하자 해적이나 밀수 쪽으로 손을 댔는데, 그 때문에 현지 지배자들에게 쫓겨나는 악순환이 이어졌다. 인도와 실론의 여러 지역이 포르투갈과 관계를 끊고 네덜란드의 파트너가 되었다. 수익성이 높았던 일본에서는 종교 문제로 포르투갈 상인들이 완전히 축출되었다. 결정타는 1641년 네덜란드의 말라카 점령이었다. 그때까지 상황을 지켜보던 현지 세력들도 포르투갈을 버리고 네덜란드와 손을 잡았다. 콜롬보, 자프나(Jaffna), 나가파티남, 투티코린(Tuticorin), 코친, 콜람, 칸나노르 등이 네덜란드 편으로 넘어갔다. 포르투갈의 에스타도는 최악의 상태에 빠졌다.

　네덜란드가 포르투갈 에스타도 대신 영향력을 확대해가서 17세기 중엽에 이르면 대략 20여 곳의 상관을 차지하고 그곳들을 연결하는 네트워크를 건설하게 되었다.* 이것을 이용해서 여러 상관들 사이에 재화와 화폐 및 귀금속이 교환되는 소위 '현지 무역(country

　　　　　　　16. 동인도회사에서 제국으로

바타비아

1682년 그려진 이 그림에는 네덜란드가 건설한 운하와 교량 등과 함께 유럽인, 아프리카인, 아랍인, 아시아인 등 다양한 지역의 사람들이 눈에 띈다.

trade, le commerce d'Inde en Inde)'이 이루어졌다. 아시아 각지의 교역 거점들을 통합하는 본부는 바타비아에 두었다. 반텐(Banten)왕국 내의 항구도시였던 이곳을 빼앗은 다음 요새를 건설하고 네덜란드인의 전설적인 선조 바타부스(Batavus)의 이름을 따서 바타비아

● 17세기에 네덜란드동인도회사가 아시아에 건설한 상관들은 다음과 같다. 일본의 히라도(1609), 데지마(1641); 타이완의 포트 젤란디아(Fort Zeelandia, 1624); 베트남(1636~1637); 시암의 아유타야(1607); 수마트라의 팔렘방(1619); 인도 코로만델 해안의 폴리캇(1613); 인도 북서 해안의 수라트(Surat, 1616); 아라비아의 모카(1616); 페르시아의 곰브룬, 시라즈, 이스파한(1623~1625); 실론(포르투갈과 평화조약을 맺어서 분할 지배하기로 함, 1644); 말라카해협 양쪽의 여러 지역, 아체, 말라카(1641).(Boxer 1979, 16)

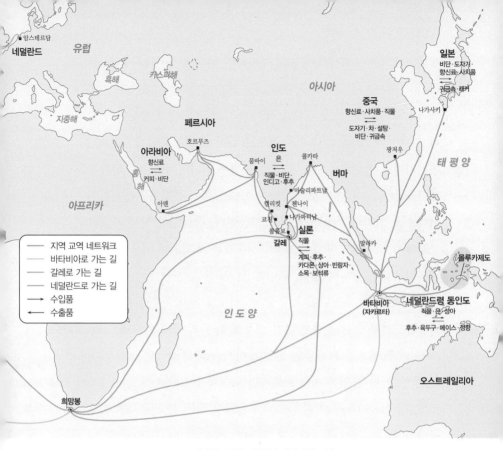

아라비아
향신료
커피·비단

네덜란드

유럽

흑해

카스피해

지중해

아프리카

인도양

희망봉

아시아

페르시아

호르무즈

아덴

일본
비단·도자기·
향신료·사치품

귀금속·래커

나가사키

중국
향신료·사치품·직물

도자기·차·설탕
비단·귀금속

광저우

태평양

인도
은

직물·비단·
인디고·후추

뭄바이

콜카타

버마

캘리컷

마술리파트남

코친

첸나이

콜롬보

나가파트남

갈레

실론
직물

계피·후추·
카다몬·상아·빈랑자
소목·보석류

말라카

몰루카제도

바타비아
(자카르타)

네덜란드령 동인도
직물·은·상아

후추·육두구·메이스·정향

오스트레일리아

지역 교역 네트워크
바타비아로 가는 길
갈레로 가는 길
네덜란드로 가는 길
수입품
수출품

암스테르담

네덜란드동인도회사와 아시아의 교역

(Batavia)라고 명명한 것이다(인도네시아 독립 이후 '자카르타'로 바뀌었
다). 네덜란드인들은 '동양의 여왕(Queen of the Orient)'이라 불린 이
곳에 벽돌집들, 정부청사, 병원, 교회, 운하 등을 건설하고 성벽 안
에 거주했다. 시외에는 중국인 거류지와 동남아시아 상인 거류지들
이 자리 잡았다.

아시아에 들어온 많은 유럽인은 현지 사회에 뒤섞여 들어갔다. 예

16. 동인도회사에서 제국으로

컨대 영국동인도회사 직원들은 걸핏하면 회사 활동 영역 바깥으로 나가서 현지인과 합류하곤 했다. 마술리파트남(Masulipatnam) 지역에서 영국동인도회사는 직원들에게 인도 영주들에게 봉사하지 말라고 자주 경고했으나 그들은 들으려 하지 않았다. 네덜란드인들도 마찬가지로 회사에서 이탈했고, 많은 경우 심지어 무슬림으로 개종했다.(Scammell, 645~647) 이것이 가능한 이유는 현지 세력이 유럽인들의 서비스를 기꺼이 이용하려 했기 때문이다. 유럽인이 항해와 군사 부문에서 뛰어났기 때문에, 현지 영주들은 유럽인이 개발한 인력 네트워크를 이용하려 했다. 유럽인 선장, 선원, 도선사, 군사 기술자, 특히 포병이 환영받았다. 무굴제국의 6대 황제 아우랑제브는 영국동인도회사 출신 용병을 많이 고용했고, 특히 유럽인 포병('Frank gunners')을 선호했다. 유럽인 선원이 아시아 배에 승선한 기록도 자주 접할 수 있다. 일본 배에 포르투갈 도선사들이 타고 있고, 페트루 로베이루(Petro Loveyro) 같은 포르투갈인이 벵골 선박을 타고 스리랑카와 몰디브에서 활동했으며, 프랑스 선장이 수라트(Surat)와 다만(Daman) 사이를 오가는 선박을 지휘하는 식이다. 여행자 타베르니에(Tavernier)는 현지 지배자들이 항해에 대해 잘 몰라 유럽 인력을 많이 고용했다고 설명한다. 유럽인이 아시아 각지를 돌아다니다 보니 역설적으로 아시아 바다에 대한 항해 지식이 더 나을 수 있고, 여기에 더해 무장 능력도 더 뛰어나기 때문이다.

이런 기반 위에서 네덜란드동인도회사는 다양한 사업을 했다. 17세기까지도 여전히 가장 중요한 상품은 후추다. 1619~1621년에 전체 교역액 중 56.4퍼센트, 1648~1650년에는 50.3퍼센트의 비중을 차지했다. 그러다가 17세기 중반 이후 직물이 점차 큰 비중을 차지했다. 전체 교역액 중 직물이 차지하는 비중은 17세기 전반에는 20퍼센트를 넘지 못했으나, 이후 점차 커져서 18세기에는 50퍼센트에 이르러 가장 중요한 품목으로 떠올랐다. 쉽게 표현하면 17세기에는 후추, 18세기에는 직물이 대표적 상품이었다.

후추는 오랫동안 아시아에서 유럽으로 들여오는 가장 중요한 상품이었지만, 수입량이 워낙 많다보니 가격이 장기적으로 계속 하락했다. 1620~1638년에 네덜란드의 후추 수입량은 연평균 250만 파운드였으나, 1664년에는 620만 파운드, 1670년에는 920만 파운드가 되었다.(Glamann, 1958, 78-83) 이 시기가 되면 후추는 이제 최고 수준의 사치품이 아니라 대중 소비품이 되었다. 시간이 지나면서 사치품이 대중 소비품이 되는 현상은 흔히 볼 수 있다. 커피, 설탕, 코코아, 면직물 등이 모두 그렇다. 한때 금값을 주고 샀던 설탕이나 후추를 요즘 누가 사치품이라고 하는가. 정향이나 육두구 같은 향신료는 계속 고급 상품이지만 유럽 내 소비가 감소했다. 정향의 수요는 1620년에 약 50만 파운드였으나 1740년대에는 30만 파운드로 감소했다.(Steensgaard 1990, 121~122)

이런 문제에 대한 해결책으로 독점을 시도했다. 우선 말라카를 군사 거점으로 삼아 후추 거래를 통제하여 중국인이나 영국인 같은 경쟁자들을 배제하려고 했다. 그러나 이런 시도는 처음부터 불가능한 꿈에 불과했다. 후추는 워낙 많은 곳에서 생산하기 때문에 그 모든 생산지를 통제하는 것은 불가능했다.(Das Gupta 1987, 267) 다른 향신료들은 생산 지역이 한정되어 통제가 상대적으로 수월했다고 하지

16. 동인도회사에서 제국으로

만, 모든 밀수 행위를 막을 수는 없었다.[Das Gupta 1987, 267]

네덜란드동인도회사가 직면한 가장 힘든 문제는 몰루카제도의 강력한 저항이었다. 이 회사는 이것을 군사력을 동원하여 잔인하게 억눌렀다. 이는 무모하고 비합리적인 과정의 연속이었다. 정향 생산이 세계 수요의 두 배를 넘길 정도로 과도하게 많아지자 정향나무를 뽑아버리는 과격한 대응을 했고, 여기에 저항하는 사람들에게는 식량 공급을 끊는 식으로 보복을 가했다.[Das Gupta 1987, 268] 이러한 행위는 18세기에도 지속되어 1716년 한 해에만 15만 그루의 어린 정향나무를 뽑아버렸다. 이 때문에 정향의 공급이 지나치게 감소하자 1720년대부터는 오히려 새로운 정향 재배 플랜테이션을 조성해야했다.[Glamann 1958, 92] 이와 같은 식민 지배자들의 횡포는 지역 주민들을 큰 고통으로 몰아넣었다.

직물 교역은 후추나 향신료 교역과는 사정이 또 달랐다. 한마디로 말해서 인도의 중요한 직물 생산지를 지배 혹은 통제할 수는 없었다. 네덜란드동인도회사는 직물을 공급받는 수많은 경쟁자 중 하나에 불과했다.[Van Santen 1991, 87-88] 시장 상황을 훨씬 잘 아는 현지 상인들에다가 그야말로 엄청나게 많은 보따리 장사들을 눌러 이기는 것은 애초에 가망이 없는 일이었다. 게다가 무굴제국 황제 또한 자신의 이익을 먼저 챙기기 위해 자의적으로 시장에 개입하곤 했다. 예컨대 아우랑제브도 수라트와 제다 간 순례 겸 교역 행위에 기꺼이 투자했다.[Prakash 2017, 95]

이처럼 큰 불확실성에 직면하고도 네덜란드동인도회사 상인들이 성공을 거둔 이유는 무엇일까? 몇 가지 요소를 생각해볼 수 있다.

우선은 앞에서 설명한 것처럼 강력한 무력을 행사할 수 있었다. 그런데 여기에서 강조할 점은 단순한 무력행사가 아니라 '합리적 무력행사'였다는 점이다. 약탈적인 무력을 사용하면 단기적으로는 이익을 얻을 수 있으나 장기적으로는 성공할 수 없다. 이들은 시장 거래가 자신들에게 유리하게 잘 작동하도록 만들기 위해서 무력을 사용했다. 쉽게 말해 상대방이 그들에게 바가지를 씌우지 못하도록 만들고 유리한 시장 조건을 강요하는 데 무력을 사용했다. 말하자면 "무력 사용이 합리적 이윤 추구에 복종"하였다.(Steensgaard 1982, 255) 네덜란드 상인들을 두고 '한 손에 칼, 한 손에 주판'이라고 칭하는 이유가 그것이다.

그렇지만 무력행사도 한계가 있는 법이다. 문제가 발생할 때마다 칼을 휘두를 수는 없다. 네덜란드동인도회사는 귀금속을 적절히 사용하는 방식으로 이를 해결했다. 이 회사는 많은 양의 은을 가지고 와서 무역망을 개설하고 거래를 원활하게 만드는 데 사용하였다. 당시 유럽 국가들의 일반적인 경제적 사고는 귀금속이 곧 국가의 부라고 간주하고, 어떻게든 많은 귀금속이 자국에 남도록 해야 한다는 중금주의(重金主義, bullionism)에 머물러 있었다. 이에 비해 네덜란드는 오히려 귀금속을 수출함으로써 더 많은 부를 얻을 수 있다고 판단했다. 이들은 은을 가지고 코로만델 해안에서 직물을 사고, 이 직물을 인도네시아에서 팔아 후추를 얻는 식의 거래를 개척했다.(Arasaratnam, 325~346)

정리해보면 포르투갈이 먼저 아시아에 들어와 자리를 잡았지만, 포르투갈의 무역 체제는 기존의 아시아 교역 체제를 대체했다기보다는 그것과 적절한 공생관계를 유지한 것에 가깝다. 그런데 포르투갈 체제가 위기에 빠지고 난 후 네덜란드는 매우 강력하고도 이질적인 해상 무역 체제를 아시아에 부과했다.[Steensgaard 1982, 255] 아시아 세계에 미치는 영향력도 포르투갈 에스타도에 비해 더 강력했다. 다만 강력한 무력으로 정치 경제적으로 지배권을 행사한 곳은 아시아 전체가 아니라 동남아시아 일부 지역에 해당한다. 적어도 이런 곳에서는 무력을 통해 시장경제 질서를 부과했다. 네덜란드인들은 자신들의 방식을 합리화하는 이론도 만들어냈다.

해양 자유론

자신들의 주장을 이론화한 계기는 포르투갈과의 격렬한 갈등이었다. 그 발단은 야코프 판 네크 제독의 아시아 항해(1598~1600)로 거슬러 올라간다.[Paine L., 443-447] 네크 제독은 중국과 거래 가능성을 타진하기 위해 20명을 중국 해안에 보냈다. 주강(珠江) 입구를 찾아간 사람들은 에스파냐 양식의 건물들을 보고 린스호텐의 책(《이티네라리오》) 내용과 비교한 후에 이곳이 마카오임을 짐작했다. 그런데 포르투갈인들은 이들이 중국 관리들과 접촉하는 것을 막기 위해 3명을 제외하고 나머지 사람들을 모두 살해했다.

그러는 동안 야코프 판 헴스케르크(Jacob van Heemskerck) 제독이 아시아에 들어와서 여러 곳을 탐사하다가 그레시크에 상관을 설치했는데, 이곳에서 우연히 나포한 포르투갈 선박 한 척에서 마카오 사태의 전말을 기록한 편지를 입수했다. 사정을 알게 된 헴스케르크는 말레이반도의 파타니(Pattani)로 가서 여왕으로부터 포르투갈에 대응하는 상관을 설치하겠다고 제안하여 허락을 받고, 싱가포르 해협 근처에서 포르투갈 선박을 기다렸다.

1603년 2월 25일 마카오에서 말라카로 항해하던 포르투갈 상선 산타카타리나(Santa Catarina)호가 걸려들었다. 네덜란드 측은 조호르(Johor) 갤리선의 도움을 받아 이 배를 공격하여 나포했는데, 놀라운 양의 화물이 실려 있었다. 조호르 술탄과 상인 등에게 상당한 액수의 사례를 하고 남은 화물(비단, 캠퍼, 알로에, 설탕, 도자기 등)을 암스테르담에 가지고 와서 팔았는데, 판매 금액이 30만 길더에 달했다. 이 금액은 암스테르담의 저택 50~60채를 살 만한 액수라고 한다. 이때 시장에 풀린 중국 도자기가 유행하여 한동안 중국 도자기를 '카라크선 도자기(Kraakporselein, 나포한 포르투갈 카라크선에서 나온 도자기에서 유래)라 불렀다.

포르투갈은 격렬하게 항의했으나, 헴스케르크는 자신은 단지 자국 시민에 대한 복수를 했을 뿐이라고 주장했다. 네덜란드 법정도 그의 행위가 합법적이라고 판단했다. 그리고 이것을 정당화하기 위해 당시 21세의 천재 학자 그로티우스(Hugo Grotius, 1583~1643)에게 저술을 부탁했다. 그가 쓴 책《노획물에 관한 논저(De Jure Praedae Commentarius)》는 19세기에 가서야 전권이 출판되는데, 그중 한 챕터《해양 자유론(Mare Liberum)》만 1609년 익명으로 출판되었다. 이 책의 핵심 주장은 어느 민족이나 다른 민족과 자유롭게 교역할 권리가 있으며, 포르투갈이 교황의 허락, 영토 획득, 관습 등을 근거로 독점을 주장하는 것은 근거가 없다는 것이다. 게다가 포르투갈 이

전에 에티오피아인, 아랍인, 인도인 등이 그 바다를 먼저 사용했으니 포르투갈이 제일 먼저 발견했다고 주장할 수도 없다. 또 바다는 경계를 그을 수 없으므로 소유권을 주장할 수도 없다.[로즈와도스키, 139] 바꿔 말해 헴스케르크가 네덜란드의 교역을 방해하는 포르투갈인들의 잘못에 대해 복수한 것은 정당한 권리 행사였다는 주장이다. 사실 이 주장을 누구나 반기는 것도 아니고, 심지어 네덜란드 내에서도 그렇게 싸우기보다는 평화적으로 교역하는 것이 이익이라고 주장하는 사람이 많았다. 예컨대 네덜란드 내 멘노파(Mennonites)•는 비도덕적 약탈을 옹호해서는 안 된다고 비판했다. 사실 누가 봐도 자기들에게 유리한 주장을 그럴듯한 논리로 포장한 것에 불과하다고 느낄 법하지 않은가. 팸플릿 내용도 새로운 것이 아니라 고전에서 여러 전례를 찾은 것들이었다.

그동안 이탈리아의 탐험가 조반니 다 베라차노(Giovanni da Verrazzano, 1485~1528)가 노스캐롤라이나로부터 뉴펀들랜드까지 연안 지역을 탐험했고(1524) 자크 카르티에가 세인트로렌스강을 따라 탐험했다(1534~1542). 굳이 따지면 토르데시야스조약 내용을 위반한 것이다. 프랑스 국왕 프랑수아 1세는 에스파냐와 포르투갈이 실질적으로 소유하지 않은 땅에 대해 권리를 주장할 수는 없다며 네덜란드 편을 들었고, 교황 클레멘스(Clemens) 7세 또한 이전의 교황

• 멘노(Menno Simons, 1496~1561) 신부가 주도하여 만든 기독교 일파로, 이전의 재세례파(Anabaptist)에서 유래했으나 박해를 피해 네덜란드로 이주해온 후 평화와 무저항을 기조로 삼았다.

칙령(Inter caetera)을 재해석하여 그 내용은 이미 알려진 대륙에만 적용될 뿐 다른 나라가 발견한 땅에는 적용되지 않는다고 수정했다. 카르티에의 세 번째 탐험 당시 프랑수아는 이렇게 말했다. "태양은 누구에게나 온기를 나누어준다. 아담이 유언장에서 세상을 어떻게 나누었는지 알고 싶다!"(Hugh) 그는 더 나아가서 교황의 영적 권리와 세속적 권리를 구분한 다음, 교황은 세속 군주들 간 영토 사업에 대해 아무런 권리가 없다고 주장했다. 사실 100년 전 에스파냐와 포르투갈에게 세계를 마음대로 분할해준 것을 다른 나라 사람들에게 지키라고 요구하는 것은 무리였다.

프랜시스 드레이크(Francis Drake)가 서인도제도를 탐험하던 시기에 영국 또한 마찬가지 주장을 폈다. 리처드 해클루트(Richard Hakluyt, 1552?~1616)는 바다와 교역은 공동의 것으로 교황이나 에스파냐가 막는 것은 적법하지 않다고 주장했다. 그런데 영국은 조만간 이 논리를 스스로 뒤집었다. 잉글랜드 국왕 제임스 1세는 동시에 스코틀랜드 국왕(이 경우에는 제임스 5세)이었기에 이 지역의 어업 권리를 지켜야 한다. 스코틀랜드로서는 교역보다는 어업이 훨씬 더 중요한 일이었다. 스코틀랜드인은 해안에서 28마일까지 어업권을 가지며 다른 나라 사람들은 이 해역 안에 들어올 수 없다고 주장했다.

존 셀든(John Selden)이 이 논리를 정당화하며 쓴 《바다의 지배 혹은 소유에 대하여(Of the Dominion, or, Ownership of the Sea)》는 대개 그로티우스의 책과 대비하여 '해양 폐쇄론(Mare clausum)'이라고 부른다. 그는 이 책에서 '영해(territorial sea)'라는 용어를 사용하는데,

16. 동인도회사에서 제국으로

원래 강조점은 어업이었다. 영국의 영해는 동쪽과 남쪽으로는 대륙에서 끝나지만 북쪽과 서쪽으로는 광대한 바다 멀리 나아간다. 다시 말해 북아메리카까지 이르는 북대서양에서 자기네들만 생선을 잡을 수 있다는 것이 원래 요지였다.

그런데 네덜란드가 자유 교역이라는 이름으로 해상 무역을 확대하자 이에 대항하여 자신들의 '무역 이익'을 지키는 논리로 이 책을 응용하려 했다. 바다는 누구나 자유롭게 항행할 수 있는 무제한의 공간인가, 어느 한 국가만 이용할 수 있는 해양 공간을 따로 설정하는 게 옳은가? 해양 국가들은 점차 자신들의 주장을 합리적으로 주장할 수 있는 원칙을 찾고자 했다. 예컨대 네덜란드 법학자 코르넬리위스 판 빈케르스후크(Cornelius van Bynkershoek)는 자신의 저서 《해양 주관론(De dominio maris dissertatio)》(1702)에서 외국 선박의 함포가 닿을 수 있는 한계까지 자국 영해 범위로 삼자는 소위 '착탄거리설(着彈距離說)'을 주장했고, 당시에는 많은 호응을 얻었다. 그렇지만 사실 이 이론이야말로 강자의 논리였다. 영국이나 네덜란드 같은 해양 강대국들로서는 3해리까지만 각 나라의 영해로 인정하고 그 너머의 광대한 바다 전체를 모든 나라가 자유롭게 이용하도록 개방하는 것이 훨씬 유리했다.

사실 네덜란드라고 자유 교역을 무조건 지키고자 한 건 결코 아니다. 자신에게 유리할 때는 그런 원칙에 충실할 테지만, 그렇지 않은 경우에는 원칙을 얼마든지 변용시켰다. 유럽 안에서는 자유 교역을 주장했으나, 아시아에서 포르투갈 세력을 축출한 후에는 다른 나라의 진입을 제약하고자 했다. 예컨대 몰루카제도에서는 포르투갈인들을 축출한 뒤 현지 지배자들과 조약을 맺어 강력하게 통제했다. 법 원칙은 언제 어디서나 똑같이 적용되는 게 아니다.

영국동인도회사

이제 영국동인도회사를 살펴보자.

16세기 말 국제 교역 상황을 주시하던 잉글랜드 상인들, 그중에서도 특히 레반트 회사 상인들이 동인도회사 설립을 요청했다. 이에 호응하여 영국 여왕 엘리자베스 1세는 1600년 12월 31일 영국동인도회사를 법인으로 인정하는 특허장을 발급하여 회사를 설립했다(당시 영국이 사용하던 율리우스력의 날짜로 그렇고, 현재 우리가 사용하는 그레고리우스력으로는 1601년 1월 10일이다). 영국동인도회사는 네덜란드동인도회사보다 앞서 설립되어 세계 최초의 동인도회사라는 명예를 얻었지만, 출발 당시에는 네덜란드동인도회사에 비해 모든 면에서 열세를 면치 못했고 회사 조직도 낡은 방식이었다. 이 회사는 한 번 항해할 때마다 자금을 모집하고 배가 귀환하면 판매 대금을 투자 액수에 비례해서 분배하는 전통적인 모험사업 방식으로 운영해서, 그 당시 만들어졌던 다른 회사들, 예컨대 레반트회사나 모스크바회사와 유사했다. 자본 규모도 네덜란드동인도회사의 1/10 수준에 불과한 소규모였다.[Morineau, 11] 같은 해 첫 투자자 218명의 투자금 6만 8,373파운드로 4척의 선박이 아체와 반텐 등지에 가서 거래하고 포르투갈 선박 한 척을 약탈한 후 1603년 9월에 무사히 도착했다. 1604년 6만 450파운드의 투자금으로 2차 항해를 했

　　　　　　　　　16. 동인도회사에서 제국으로

다. 이런 방식으로 1613년까지 12번의 항해를 시도하여 이익률 155 퍼센트를 달성했다.[하네다, 76] 그렇지만 이런 방식으로는 경쟁에서 살아남기 힘들다는 점을 깨닫고 서너 번의 항해를 묶어서 사업을 운영하는 방식으로 바꾸었다. 이것은 영속적인 회사 조직과 1회성 모험사업의 중간 형태인 합본기업(合本企業)을 뜻한다. 모두 세 차례 (1613~1623, 1617~1632, 1631~1642) 합본기업이 조직되었고 이를 통해 아시아에 12곳의 상관을 설립했다.[아사다 2004, 23~24] 영국동인도회사 또한 자본이 일정한 기간 동안 안정적으로 형성되고, 국가가 인정한 독점 사업을 효과적으로 운영하는 단계로 들어간 것이다.

영국동인도회사가 성장함에 따라 네덜란드동인도회사와의 갈등은 필연적이었다. 영국 선박이 향신료를 구매하러갔다가 네덜란드인들에게 무참히 보복당하는 일이 빈발했다. 유럽 본국과 아시아 현지 분위기가 딴판인 경우가 많다. 당시 네덜란드는 에스파냐로부터 독립을 쟁취하려는 80년전쟁(네덜란드 독립전쟁, 1568~1648)의 와중에 있었다. 1609년부터 1621년까지 12년간의 휴전에 합의했다가 휴전 기간이 끝나가는 시점에 다시 전쟁 분위기가 달아올랐다. 이 시기에 영국과 네덜란드는 모두 에스파냐와 적대관계에 있었다. 양국 간 협력이 필요했던 두 나라는 1619년 협정을 체결하여 아시아에서 네덜란드동인도회사와 영국동인도회사 간의 적대 행위를 중단하고, 심지어 두 회사를 합병하자는 안까지 도출했다. 두 회사가 협력하여 공동으로 후추를 구매하되 그동안의 실적을 고려해서 네덜란드와 영국의 지분을 2대 1로 하자는 구체적인 방안까지 나왔다. 그러나 피 흘리며 싸우고 있는 아시아 현지에서는 이런 타협안을 수용할 분위기가 결코 아니었다. 네덜란드동인도회사 지사 쿤은 본국의 지시가 마뜩하지 않았다. 잉글랜드와 함께 마닐라(에스파냐 식민지)를 공격해서 중국 정크선을 공격하고 양국 연합군이 고아를 봉쇄하여 항해를 막는 정도의 협력은 취했으나, 그다음에는 오히려 합병안을 확실하게 거부하기 위해 1623년 암본 학살 사건을 일으켰다.(Bassett) 현지의 상관장(商館長)이었던 헤르만 판 스푈트(Hermann van Speult)의 명령으로 영국동인도회사의 암본 상인 총책이었던 가브리엘 타워슨(Gabriel Towerson)과 10명의 다른 영국인, 10명의 일본인, 그리고 한 명의 포르투갈인을 참수했다.[*] 네덜란드 측은 영국인들이 모반을 저질렀기 때문이라고 주장하지만, 가혹한 고문 끝에 유죄를 이끌어낸 후 곧바로 사형을 집행한 이 사건은 아시아 각지와 영국 내에 엄청난 적대적 여론을 조성했다. 이 사건으로 인해 양국 관계는 19세기 말까지 개선되지 않았다.(Morineau, 24) 양국 간 상업 관계 또한 결정적 전환점을 맞았다. 인도네시아에서 입지가 약해지고 향신료 시장에서 거의 완전히 밀려나게 된 영국동인도회사는 인도 쪽으로 관심을 돌렸다.[**]

이상에서 보듯이 17세기 전반기까지 영국동인도회사는 약세를 면치 못했다. 영국동인도회사가 크게 성장하게 된 전환기는 17세기

---

[*] 아시아에서 필요한 군사력을 충분히 갖추지 못했던 네덜란드동인도회사로서는 현지 용병을 사용할 수밖에 없었는데, 이때 일본 사무라이는 싼 값에 고용할 수 있으면서도 극히 용맹스러운 군인으로 정평이 났다. 쇼군은 네덜란드동인도회사에 사무라이를 기꺼이 제공하려고 했다. 그러나 다름 아닌 이 암본 학살 사건으로 인하여 네덜란드동인도회사의 일본 사무라이 고용 계획은 종말을 맞았다.(Cullow 2007: 15-31)

중엽의 크롬웰 시대이다.(아사다 미노루 2004: 42, 75~76) 이때 네덜란드동인
도회사를 모방하여 조직을 정비, 개선함으로써 근대적인 회사로 탈
바꿈했다. 한 번의 항해 후에 원금과 이익을 모두 분배해버리고 다
시 자본을 모으는 방식 대신 이윤만 배당금으로 주고 원금은 남겨
서 사업을 항시적으로 운영하게 되었다. 1657년 10월에 이런 내용
의 새 특허장을 받은 영국동인도회사는 근대적인 주식회사로 변모
했다.

영국동인도회사에게 도약의 무대는 인도였다. 1608년 인도 서
북부 수라트항에 입항하여 사업을 하다가 무굴제국 황제 자한기
르(Jahangir)로부터 유리한 조건의 무역 허가권을 받아냈다. 이어서
1611년 마술리파트남, 1634년 마드라스파트남(Madraspatnam), 그리
고 1639년 마드라스에 상관을 설치했다. 더구나 지방 영주로부터
요새 건설과 관세 면제, 더 나아가서 다른 상인들이 지불하는 관세
수입의 절반을 받는 파격적인 조건을 제공받았다. 게다가 뜻하지
않게 봄베이까지 얻었다. 찰스(Charles) 2세(재위 1660~1685)가 1661
년 포르투갈 공주 카타리나 드 브라간사(Catarina de Bragança)와 결
혼할 때 신부 지참금 명목으로 아프리카의 탕헤르와 인도의 봄베이

●● 암본은 정향 거래의 중심지였다. 정향은 향신료로 쓰일 뿐 아니라 두통과 안질에 효능
이 좋은 약재이자 성적 능력 증강제로 알려졌다. 무엇보다 구강 청결에 효과가 커서, 중국
황제 앞에 서는 사람은 입에 정향을 물고 이야기하기도 했다. 암본에서 영국인들이 무참히
살해된 사건은 큰 충격을 안겨주었다. 영국인들은 암본 사건을 일으킨 네덜란드인들을 '도
살자(butcher)' 혹은 '식인종(cannibal)'이라 불렀다. 이 사건이 'massacre(대량 학살)'라는 단
어가 일반화하는 계기가 되었다고 한다.(Games) 이 단어는 원래 '도축장'이라는 뜻의 프랑
스어 'macacre', 'macecle'에서 유래했다.

두 도시를 선물 받았는데, 잉글랜드 왕실은 봄베이가 아무 소용이 없는 곳이라 판단하고 영국동인도회사에 양도한 것이다.(Morineau, 32) 이곳이 후일 영국동인도회사의 본부가 된다. 영국동인도회사는 인도에서 이처럼 거점들을 확보한 후 인도 면직물을 수입하여 폭발적으로 성장했다. 네덜란드동인도회사의 압박 때문에 원래 목표로 했던 동남아시아의 향신료 시장에서 밀려난 것이 영국이 인도를 매개로 승리를 거두는 결과를 가져왔으니, 실로 역사의 아이러니라 하지 않을 수 없다. 대신 아시아 내 여러 거점 간에 상품이 오가는 현지 무역은 영국동인도회사 직원이 아닌 불법 상인(interloper)들의 차지가 되었다. 그런데 결과적으로는 이 또한 장점이 없지 않았으니, 이 상인들이 독자적으로 새로운 영역을 개척하곤 한 것이다.

　시대의 대세는 후추가 아니라 면직물이었다. 후추는 이제 너무 많은 양이 수입되어 가격이 계속 하락했고, 다른 향신료 역시 시장 수요가 줄어들었다. 사실 이런 상품의 독점 거래에 매달리고 있는 네덜란드동인도회사는 실제로는 막대한 적자를 보고 있었을 가능성이 크다. 그러나 모든 상황을 정확히 파악하지 못하는 상태에서 일단은 기존 체제를 밀고나가고 있었다. 면직물은 언제나 아시아 내 가장 중요한 상품 중 하나였다. 유럽에서는 중세에는 지중해 지역에서 원면을 생산하여 면직물을 생산했으나 중세 말부터 면공업이 쇠락하기 시작해서 16~17세기에는 면직물을 거의 모르는 상태에 이르렀다가 아시아에 진입해서 다시 면직물을 접하게 되었다. 아시아 교역에서 면직물은 그 자체로도 좋은 상품이지만 다른 상품을 구입할 때 일종의 상품화폐로도 유용했다. 유럽 상인들은 은을 가지고 와서 면직물을 구입한 다음 그것을 가지고 다른 상품들과 맞교환하는 것이 훨씬 유리하다는 것을 간파했다. 네덜란드동인도회사는 이런 방식으로 재미를 보았다. 하지만 기반이 약한 영국동인도회사로서는 그런 사업 방식을 수행하지 못했다. 그래서 면직물을 아시아 시장에 되팔기보다는 차라리 영국에 직수입하는 과감한 시도를 했는데, 결과적으로 엄청난 성공을 거둔다. 1625년에는 22만 1,500필을 수입하는 수준에 불과했으나 17세기 후반 들어 폭발적으로 증가하여 1670년대 57만 8,000필, 1680년대 70만 7,000필이 들어왔다. 인도의 면직물 공업은 기술과 인력 기반이 탄탄해서 수요가 증가하면 농사짓던 인력까지 추가 투입하여 곧장 생산을 늘릴 수 있었다. 워낙 오랜 세월 발전해오던 산업이라, 유럽인이 보면 놀랄 정도로 단순한 도구를 사용해서 품질 좋고 아름다운 직물을 생산했다. 이 인도 면직물을 캘리코(calico)라고 불렀는데, 영국인들 사이에 광적인 열풍을 일으켰다. 캘리코는 가볍고 화사한 색상에 세탁도 편한 데다가 값이 매우 낮았다. 처음에 식탁보, 침대보, 커튼 등으로 사용하던 이 직물은 결국 본격적으로 의류로 사용되었다. '캘리코 열풍'이 불기 시작했다.

수입 캘리코 때문에 모직물, 견직물, 특히 린넨 산업이 큰 타격을 입었다.(아사다 2004, 64~66) 일자리를 빼앗길 위험에 빠진 직공들이 거세게 저항했다. 1719년 6월 11일 스피탈필즈(Spitalfields)의 직공 2,000여 명이 폭도로 변해 런던 근처까지 밀고 왔다. 캘리코를 입은 사람들을 노상에서 공격하는 일도 벌어졌다. 18세기 전반에 영국에서는 캘리코 사용을 규제하는 내용의 법안이 여러 차례 가결되었다(1700

인도 면직물

튤립과 곤충이 있는 인도산 친츠(chintz) 조각으로, 일본에서 발견되었다. 캘리코에 꽃무늬 등을 날염한 면직물을 친츠라고 하는데, 17세기 유럽 캘리코 열풍 가운데 화려한 색상의 친츠도 한몫을 했다.

년에 캘리코 금지법, 1720년에는 캘리코 사용 금지법). 그렇지만 대세를 법으로 막을 수는 없었다. 다시 한 번 역사의 아이러니가 벌어졌다. 인도 직물 수입을 줄이고 국내에서 생산하려고 하니, 인도의 저렴하고 기술력 좋은 장인들과 경쟁하려면 기계화 외에 다른 방법이 없었다. 이것이 장기적으로 산업혁명을 초래했다. 장기적으로는 영국의 면직물이 인도에까지 수출되고, 급기야는 인도 면직물 산업이 심대한 타격을 입게 된다.

영국동인도회사는 17세기 후반에 고배당을 할 수 있었다. 1666년 40퍼센트, 1671~1674년 90퍼센트, 1677년 3월과 10월에 합계 40퍼센트, 1679년 40퍼센트, 1680년 50퍼센트, 1681년 20퍼센트의 배

16. 동인도회사에서 제국으로

당이 이루어졌다. 1671년부터 1681년까지 모두 240퍼센트, 연평균으로는 21.8퍼센트의 배당이 이루어졌고, 그 후 다시 1691년까지는 무려 450퍼센트, 연평균으로는 45퍼센트의 배당이 이루어졌다. 영국동인도회사는 과연 그런 정도로 초우량 기업이었을까? 사실 동인도회사 문서들 대부분은 전혀 체계적이지 않아서 영업 실상을 정확히 파악하는 게 힘들었다. 과연 이 사업이 제대로 이루어지는지 아닌지 회사 임원도 정확히 알 수 없었다. 다만 영국동인도회사의 사업이 전반적으로 호황이어서 고배당이 가능했으리라고 추론할 뿐이다. 어쨌거나 영국동인도회사 주식이 최고의 투자 혹은 투기 대상이 되었다. 급기야 영국의 주식시장은 투기꾼들의 농간이 활개치는 난장판이 되었다. 이로 인해 회사 조직이 다시 한 번 큰 변화를 겪는다.

명예혁명 이후 영국 의회는 독점 반대 경향이 강한 휘그(whig)가 권력을 잡았다.[Morineau, 52~53] 1694년 의회는 '모든 영국 시민이 인도에서 교역할 권리가 있다'고 선언했다. 독점권을 누리던 동인도회사는 돌연 개혁 대상이 되었다. 1698년 신(新) 동인도회사를 설립하고 구(舊) 동인도회사 특권은 3년 후에 취소하기로 하였다. 그러나 구 동인도회사의 경영 상태가 호전되자 폐지보다는 두 회사의 합병으로 방향을 잡았다. 이렇게 해서 1708년에 합동 동인도회사(United Company of Merchants of England Trading to the East India)가 만들어졌는데, 약칭은 이전과 다를 바 없이 그대로 영국동인도회사였다. 이 회사는 15년 적용되는 특권을 받고 차후 의회에서 특권 연장을 심사하는 방식으로 규제한다고 했지만, 결국 1858년까지 존속했다.

합동 동인도회사 설립 이후 주주총회가 이전에 비해 훨씬 강화되었고, 투자자들은 신분이나 국적에 상관없이 누구라도 참여하여 자기 권리를 행사했다. 그러나 실질적으로는 역시나 이사회가 거의 전권을 행사했다. 사실상 종신직이며 대주주이자 전문 경영인인 이사들이 회사의 중요 사항들을 집행해나가면서 사적인 이익을 챙겼다. 예컨대 이들이 개인적으로 수입 상품 경매에 참여하는 특권을 통해 엄청난 수익을 올렸다.

인도에서는 프랑스 세력이 뒤늦게 들어와서 1740년대부터 영국과 본격적인 식민지 쟁탈전을 벌였다. 프랑스동인도회사는 루이 14세 시대인 1664년 콜베르가 설립했다. 이 회사는 부르봉섬(오늘날 레위니옹)과 프랑스섬(오늘날 모리셔스)에 거점을 얻은 다음 18세기에 인도 진입을 시도했다. 초기에는 큰 성공을 거두지 못했으나, 1740년대에 뒤플렉스(J. F. Dupleix)가 공격적인 정책을 펴며 영국군과 충돌했다가 패배하였다. 이후 두 나라의 동인도회사는 정치·군사적 대결을 벌였다. 그러나 프랑스 세력이 인도에서 완전히 축출된 것은 아니고 퐁디셰리와 찬데르나고르(Chandernagor)가 중요한 거점으로 오랫동안 남아 있었다.[Meyer 1991, 110~115·133]

1757년 플라시 전투(Battle of Plassey)가 결정적인 전환점이었다. 원래는 토착 세력 간의 싸움이었으나 영국과 프랑스가 원군으로 참여하는 형식으로 확대되었다. 여기에서 영국이 승리를 거두고 벵골 지방에 대한 자유통상권을 얻었다. 형해화된 무굴제국은 실질적인 통치권을 잃고 외국 회사에 불과한 영국동인도회사에 행정과 군사·치안 업무를 상당 부분 내맡기기 시작했다. 영국동인도회사는

1772년 이래 벵골, 비하르(Bihar), 오리사(Orissa, 현재 이름은 오디샤(Odisha)) 지역의 디와니(징세권)를 얻었다. 징세권을 장악한 영국동인도회사로서는 큰 수익을 올릴 수 있었다. 초대 디완(징세관)이 된 로버트 클라이브(Robert Clive)의 계산에 의하면 제 경비를 뺀 토지세 수입이 연 165만 파운드였다. 영국동인도회사의 경우 영업 실적이 아무리 좋은 해라도 수익이 연 수십만 파운드에 불과했는데, 이제 아무런 비용도 들이지 않고 165만 파운드의 수익을 올린 것이다.[아사다. 177-181] 영국동인도회사의 영업 대상이 아니라 식민 지배의 길이 열린 것이다. 총독 1명과 평의원 4명으로 구성된 벵골 최고회의가 제정되어 벵골 지방의 행정을 책임지게 되었다. 지배권은 곧 인도 전역으로 확대되었다.

19세기가 되면 영국동인도회사는 더 이상 회사가 아니라 본국 식민 지배의 대리 기관처럼 되었다. 원래 이 회사의 주요 업무가 면직물을 수입하는 것이었는데, 본국에서 산업혁명이 진행되면서 캘리코 수입이 불필요해지는 것을 넘어 오히려 본국 경제에 해롭게 되었다. 영국 정부는 1813년 영국동인도회사 무역독점권을 폐지하였고, 1858년 '인도 통치법'이 가결되면서 회사를 해산시킨 다음, 1877년 공식적으로 인도를 영국령으로 만들어서 빅토리아 여왕이 통치하는 인도제국을 성립했다. 인도 전역이 역사상 처음으로 한 단위로 통합되었으나, 역설적이게도 통일의 목적은 외세의 식민 지배였다.

네덜란드동인도회사와 영국동인도회사는 중국과 타이완, 일본 등지로도 활동 반경을 넓히고자 했다. 그러나 중국은 완강하게 서구 오랑캐들에게 문호를 닫아걸었다. 그들이 볼 때 네덜란드인은 해적이나 밀수업자에 불과했다. 1624년 네덜란드인은 중국 대신 타이완에 젤란디아(Zeelandia)성을 건설했다.[Paine L., 448] 원래 이 섬은 주민들이 사람사냥(headhunting)으로 악명을 떨쳐 중국 본토 사람들이 관심을 두지 않았고, 16세기에는 해적 소굴로 변모했다. 다만 사슴 가죽을 얻으려는 소수 상인들이 찾아올 뿐이었다. 그런데 네덜란드인이 젤란디아성을 세운 후 타이완은 중국, 일본, 필리핀, 동남아시아, 바타비아 간 교역의 집산지 역할을 했다. 그와 동시에 동남아시아에서 들여온 사탕수수를 생산하기 시작했다.

1644년 명청 교체 시기에 이르러 중국은 혼란에 빠졌다.[클레멘츠, 6~7 절] 청에 저항하는 많은 유민들이 남쪽과 남동쪽으로 이주해왔다. 저항 세력의 지도자는 정지룡(鄭芝龍) 가문으로, 정지룡은 원래 항저우와 광저우 사이에서 교역 활동을 하던 인물이다. 1646년 항저우를 빼앗긴 이후 청에 항복했지만, 아들 정성공(鄭成功)이 투쟁을 계속했다. 그는 히라도(平戶)에서 정지룡과 일본인 어머니 사이에서 출생한 인물이다. 1646년 난징을 공격했으나 주민들이 따라서 봉기하지 않아 실패하자, 진먼(金門, Quemoy)섬으로 갔다가 1662년 타이완을 점령하고 네덜란드인을 축출했다. 정성공이 선박 400척과 1만 5,000명의 병력으로 네덜란드군 2,000명이 지키는 요새를 9개월간

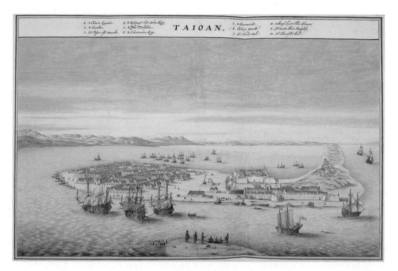

젤란디아 요새
1624년 네덜란드동인도회사는 젤란디아 요새에 타이완 상관을 설치했다. 오른쪽에 보이는 네덜란드 국기가 게양된 건축물이 젤란디아성이다.

포위하자 네덜란드 측은 더 이상 버티지 못하고 항복했다. 살아남은 네덜란드 병사들은 개인 소지품을 챙겨서 바타비아로 후퇴했다. 이로써 38년에 걸친 네덜란드인의 타이완 식민 지배가 종식되었다. 다음해 정성공이 사망했지만 추종자들이 계속 대륙을 공격했다. 이에 대응하여 1683년 강희제(康熙帝)는 저장성, 푸젠성, 광둥성, 광시성 주민들을 해안에서 30킬로미터 내륙으로 들여보내는 천계령을 내렸다. 이런 극단적인 조치로 인해 청의 해외 교역은 약 20년 동안 쇠락을 피할 수 없었다. 1686년 선박 300척과 2만 병력으로 타이완을 정복하고 나서야 주민들이 원 거주지로 돌아갈 수 있었다.

네덜란드동인도회사는 타이완에서 밀려난 대신 일본으로 들어감으로써 어느 정도 만회할 수 있었다. 앞서 살펴본 대로 일본 교역을 먼저 뚫은 것은 포르투갈이었다.[Gerritsen, 246] 1557년 마카오에 거래 거점을 얻은 후 중국과 일본 사이에서 밀무역을 했는데, 1570년부터 나가사키가 교역을 개방했다. 포르투갈은 이곳에 중국 비단, 화기 등을 들여오고 은을 받아갔다. 그 이전에 포르투갈 출신 예수회 신부들이 일본에 들어와서 전도를 하고 있었다. 16세기 말~17세기 초 일본 내 기독교도 수는 적은 게 아니다. 1600년경 일본 주교 루이스 데 세르케이라(Luís de Cerqueira)는 일본 신도 수를 30만 명으로 추산했다.[Kouamé, 259~260] 특히 규슈와 교토 지역에 신도가 많았으며, 다카야마 우콘(高山右近, 1552~1615)을 비롯한 일부 강력한 지도자 및 사무라이들이 개종했다. 이들은 불교 세력을 견제하는 동시에 포르투갈 무역선을 불러들여 해외 교역을 통해 부를 늘리고자 했고, 포르투갈 선교사들은 상층 인사들부터 포교하는 전략을 구사하려 했다. 양측의 생각이 맞아떨어진 것이다. 그렇지만 도요토미 히데요시는 점차 기독교를 의심하기 시작했다. 당시 기독교도 다이묘들이 부하들을 강제로 개종시키고, 또 선교사들과 개종자들이 불교 사원과 신도(神道) 사당을 불태우는 사건들이 일어났다. 게다가 포르투갈인이 일본의 교역을 통제하는 것으로 보였다. 그는 1587년 돌연 태도를 바꾸어 기독교 포교를 금지하고 바테렌(신부) 추방령을 내렸다. 선교사의 재산을 압수하고 나가사키 시민에게 막대한 벌금을 물리고 무기를 빼앗았다. 그리고 모든 성당과 십자가를 부수라고 명령했다. 그러나 이때는 명령이 문자 그대로 실행되지는 않았다. 성당은 일시적으로 폐쇄되었을 뿐 파괴되지는 않았다. 선교

16. 동인도회사에서 제국으로

사들도 일본에 그대로 남았다.(Plutschow, 18~19)

1600년 영국인 윌리엄 애덤스(William Adams, 일본명 미우라 안진, 三浦按針)가 일본에 도착하면서 큰 변화가 일어났다. 1598년 젤란트에서 선박 5척이 선단을 이루어 아시아 항해에 나섰다가 일본 근해에서 사고를 당했는데, 다른 선박들은 다 파선하고 데 리프데(De Liefde)호 한 척만 규슈의 분고(豊後)항에 도착했다. 애덤스는 살아남은 소수 선원 중 한 명이었다. 쇼군 도쿠가와 이에야스(1542~1616)는 애덤스를 조사한 후 예수회 신부들이 일본을 지배하려는 야욕을 가지고 있는 게 아닐까 하는 자신의 생각이 맞는다는 확신을 갖게 되었다. 1605년부터 개종을 전면 금지했고, 1612~1614년부터 '기리시탄' 도당들에 대해 본격적인 탄압 조치를 가하기 시작했다. 1614년 선교사와 일반인 신자 300명을 마카오와 필리핀으로 추방했는데, 이 중에는 다카야마 우콘도 포함되었다. 일본을 떠나라는 당국의 명령에 따르지 않고 몰래 남아 있던 선교사들과 일본인 기독교도들은 발견될 때마다 사형에 처해졌다. 금지 조치는 초기에는 비교적 온건했으나 1620년대부터 갈수록 참혹해져서, 화형, 할복, 참수, 십자가형, 바다에 빠뜨리는 익사, 온천물로 화상을 입혀 죽이기 등 온갖 엽기적인 처형이 이루어졌다. 종교 탄압은 시마바라(島原) 봉기(1637~1638)에서 정점을 맞았다. 기독교도에 대한 고문과 학살에 저항하여 이 지역 주민 3만 7,000명이 봉기하고 하라성(原城)에서 농성하자, 에도 정부는 처음에 4만 명 그리고 이어서 12만 명의 군대를 보내 거의 전원을 살해했다.*

다음해인 1639년 포르투갈인은 축출된 반면 네덜란드인은 오히려 이 기회를 이용해 쇼군의 총애를 받았다. 네덜란드의 통상 대표 쿠크바커(Koeckebacker)는 쇼군이 충성의 표시를 보이라는 말을 하자 드 리프(De Ryp)호를 보내 하라성에 모두 425발의 포격을 가하였다.(Howes, 78) 이전에 동남아시아에 그랬던 것과는 달라도 너무나 다른 비굴한 자세를 보이며 일본 교역 권리를 얻으려 한 것이다.

쇼군은 기독교는 억압하되 교역은 유지하고 싶어 했다. 다만 해외 교역을 자유롭게 하도록 내버려두지 않고 철저히 통제하려 했으며, 그래서 슈인(朱印)이라는 이름의 무역허가증이 있어야 해외 항해가 가능하도록 조치했다. 1604~1635년에 370척이 슈인을 가지

● 에도 정부는 봉기의 배후에 기독교가 있다는 생각에 기독교 세력을 더 확실하게 뿌리 뽑고자 했다. 그들은 십자가와 마리아상을 만들어서 사람들이 지나가면서 밟게 하고, 이것을 거부하는 자는 기독교도로 판명하는 방법을 고안했다. 그리고 네거리에 '악마 같은 종교'인 기독교를 금지한다는 표시판을 세웠다. 이런 반기독교 표시판은 1873년 메이지 정부에 가서야 폐지되었다.(Howes, 78) 이런 극심한 탄압으로 결국 기독교의 정착은 실패로 끝났다. 다만 박해를 피해 기독교를 믿는 사람들은 대단히 특이한 방식으로 지하로 숨는 수밖에 없었다. '가쿠레기리시탄(隠れキリシタン)'이라 부른 이들은 기독교도라는 사실이 발각되어 처형당하는 것을 피하기 위해 마리아상을 관음보살상과 유사하게 만들었다. 이것이 소위 '마리아 칸논(マリア觀音)'이다. 지하로 들어간 기독교도들은 십자가 대신 연꽃을 안고 있는 식의 마리아상을 만들고 여기에 기도를 드렸다. 그래야만 생존이 가능했기 때문이지만, 결국 기독교와 불교가 교묘하게 합쳐진 형태로 나아가게 되었고 기독교의 의미는 많이 옅어지는 결과를 가져올 수밖에 없었다.(Gunn, 106) '일본의 기독교 세기'의 종말을 상징하는 인물로 페레이라(Sawano Chuan, alias Christóvão Ferreira)를 들 수 있다. 그는 예수회 선교사로 일본에 왔다가 참혹한 탄압 조치 당시 배교하여 그 후 나가사키에서 결혼하고 세 아이를 얻었으며, 고타지 소속 불교 승려가 된 다음 도쿠가와 이에미쓰 시대(1623~1651) 박해의 보조 역할을 했다. 승려 자격으로 국가로부터 연금을 받으며 번역과 저술을 했는데, 특히 1636년 기독교 교리의 오류, 모순 등을 비판한 《현위록(顯僞錄)》을 썼다. 다만 이 책이 실제 출판된 것은 300년 후이며, 따라서 당시 이 책이 유통되었는지, 기독교 박해 주역들에게 영향을 주었는지 등은 논란이 있다. 기독교 탄압의 경험은 일본의 사상적 흐름에도 큰 영향을 끼쳤다. 이전에 없던 이단 개념이 생겨났고, 모든 주민을 불교교구에 등록하는 방식이 등장했다.(Kouamé, 259~262)

16. 동인도회사에서 제국으로

고 나가서 교역 활동을 하다가 이들이 필리핀, 베트남, 타이, 미얀마, 수마트라, 자바 등지에 일본인 촌(니혼마치, 日本町)을 만들었다. 니혼마치는 대개 치외법권을 인정받아 자치를 했으며, 일본인 유력자가 치안을 맡았다. 호이안의 하야시 키에몽(林喜右衛門), 캄보디아의 모리 카헤에(森嘉兵衛), 아유타야의 야마다 나가마사(山田長政)가 대표적이다. 특히 야마다 나가마사는 아유타야 손탐 왕의 신임을 받아 고위직에 올랐으나 왕위 계승 싸움에 말려들어 독살당했다. 니혼마치들은 1635년 쇄국정책 이후 일본과 관계가 끊어지고 부녀자 없는 상태에서 점차 쇠퇴해갔다.(서성철, 179-180) 1630년대부터 도쿠가와 이에미쓰는 5년 이상 해외에 거주하면 귀국이 불가능하도록 하는 해금 정책을 시행했다.

한편 윌리엄 애덤스는 출국을 금지당해 일본에 남아 외국인으로는 거의 유일하게 사무라이가 되었고, 대외 정책 분야에서 쇼군의 핵심 컨설턴트가 되었다. 그의 의견이 받아들여져 1603년 네덜란드인들은 교역 권리를 얻었다.(Gerritsen, 244~245) 애덤스와 함께 조난되었던 선원 중 두 명(Jacob Quaeckernaeck, Melchior van Santvoort)은 네덜란드로 돌아가 일본의 교역 허가 사실을 알렸다. 그리고 1609년 히라도에 교역 시설의 설치도 허락받았다. 이 상관의 장은 자크 스펙스(Jacques Specx)였는데, 그는 성품이 상냥하여 일본 당국과 잘 소통해서 좋은 관계를 유지했다.

원래 네덜란드는 이곳에서 중국 상인과 교역하면서 동시에 이곳을 마카오, 마닐라, 나가사키를 오가는 포르투갈 선박을 공격하는 기지로 삼으려는 의도도 있었다. 일본 측이 그와 같은 정책을 그만

두라고 압박하자 네덜란드동인도회사는 평화적 교역에 집중하는 쪽으로 방향을 바꿨다. 본국의 17인 위원회 또한 조심하라고 지시를 내리면서 겸손, 우애, 예의 등을 극구 강요했다. 이제 중세적 십자군 정신과 결별한 것이다. 쇼군이 히라도의 창고 건물 문틀에 기독교 표식인 'Anno Domini 1639'('주님의 해 1639년'의 의미)라고 쓰인 것을 보고는 건물을 허물라고 지시하자

네덜란드동인도회사가 수입한 일본 접시
17세기 후반의 것으로, 접시 가운데에 'VOC(네덜란드동인도회사)'라는 글자가 들어가 있다.

네덜란드인들은 곧바로 건물을 부수었고 일본인들은 크게 만족했다. 네덜란드인들은 매년 에도로 가서 참배를 했는데, 이 기회를 이용해서 자신들의 상품 판매 권리를 요청했다. 이것이 결실을 맺어 1641년 나가사키의 작은 인공 섬 데지마(出島)로 거류지를 옮겨가게 되었다. 이즈음 일본의 쇄국정책이 틀이 잡혀서 일본의 대외 교류는 쓰시마(조선), 사쓰마(류큐), 홋카이도의 마쓰마에(아이누), 나가사키(중국, 타이완, 바타비아), 이렇게 4곳에서만 가능하게 되었다.

데지마는 1641~1860년 서구인에게 열린 유일한 창구였다. 인공 섬 데지마는 축구장 2개 크기의 작은 규모인데, 이곳에 머무는 외국 상인은 현지인과 접촉을 철저히 금지당했다.(Gerritsen, 246~248) 두 지역 사이를 연결하는 다리는 오모테몬바시(表門橋)로, 1년에 한 번 이 다리를 넘어 의식에 참석할 수 있었을 뿐이다. 이때 상관장 외에

16. 동인도회사에서 제국으로

데지마

나가사키항 풍경을 그린 판화로, 아래에 네덜란드 국기가 게양된 곳이 데지마이다. 바다에도 네덜란드 선박들이 보인다.

는 아무도 무기를 소지하지 못했다. 150명에 달하는 공식 통역이 양측을 중개하는 동시에 네덜란드인을 감시했다. 이들을 통해 양측은 지식과 정보를 얻었다. 또 현지 여성들을 알선하여 많은 경우 결혼하고 아이도 낳았다.

　여기에서 주의할 점이 있다. 네덜란드 상인만 활동하는 게 아니라 중국 상인이 매우 중요한 역할을 한다는 점이다. 중국 선박은 네덜란드 선박에 비해 훨씬 수가 많았다. 매년 60~70척이 나가사키를 비롯한 일본 남부 지역에 도착하는데, 네덜란드인과 달리 중국인은 현지인과 접촉할 수 있었다. 명청 교체기가 되자 더욱 많은 사람이 나가사키에 몰려왔다. 중국인은 여러 지방 출신 집단으로 구성되며, 각 집단마다 모시는 신과 사원도 다르다. 중국어 통역도 네덜란드어 통역보다 수가 훨씬 많다. 이들은 중개 역할을 하는 동시에 파벌 간 갈등을 중재하여 중국인 공동체 내의 평화를 유지하기 위한 노력도 했다. 이 통역들은 흔히 수 세대에 걸쳐 형성된 중일 공동체 출신이었다. 네덜란드 상인들은 혼자 사업을 한 게 아니라 이처럼 여러 중간 매개의 협력을 통해 사업을 한 것이다.

한편 일본은 데지마를 통해 서구의 기술, 의학, 학문을 수입했다. 여러 제약이 있는 가운데에도 일본은 캠퍼(Engelbert Kaempfer), 툰베리(Carl Peter Thunberg), 필립 프란츠 폰 지볼트(Philip Franz von Siebold) 같은 탁월한 서구 인물들과 교류가 가능했다.[Plutschow, 195-201] 이곳에 들어온 사람들 혹은 서책들을 통해 일본인이 배운 '네덜란드 학문', 즉 난학(蘭學)은 일본이 근대 초기 서양에 대해 배운 것 가운데 가장 중요한 내용이었다. 난학을 처음 주도한 것은 데지마에서 일하는 번역가들이었다.[Gunn, 182-185] 이들은 높은 사회적 지위를 누렸으며 그들의 직업은 흔히 가문 내에서 계승되었다. 번역가들 가운데에는 네덜란드어 전문가만 있는 것이 아니라 포르투갈어, 베트남어, 시암어, 중국의 3개 방언 등의 전문가까지 있어서, 당시 일본이 외국 사정에 얼마나 관심이 많았는지를 알 수 있다. 물론 서양 학문을 수입하는 데는 네덜란드어가 가장 중요한 언어여서, 오랫동안 일본의 제1외국어 역할을 했다. 네덜란드어를 제일 잘하는 통역으로 알려진 인물은 니시 젠자부로(西善三郎)였다. 그는 1767년 네덜란드어 사전 제작을 시작했다. 그러나 아쉽게도 B 부분을 완성하기 전에 사망했다.[Roland, 106]

해적과 밀수

대항해시대는 곧 해적과 밀수의 시대라 해도 과언이 아니다. 어느 해역에서나 역사 초기부터 해적이 창궐하지 않은 때가 없지만, 1500~1750년의 시기는 해적들이 글로벌한 스케일로 발호했다는 점에서 이전과는 성격이 완연히 달라졌다. 해적 현상은 또한 밀수와 직결되어 있다. 약탈한 화물을 처분해야 해적들도 생존할 수 있고, 또 그러한 약탈 상품에 대한 수요가 많기 때문에 약탈물을 비밀리에 매매하는 밀수가 불가피하게 일어났다. 근대 초에 해적과 밀수는 세계 각지의 상품이 유통되는 중요한 루트 중 하나였다.

해양 패권 여부는 해적 현상의 성격과 직접 연결된 문제다. 인도양과 주변 해역에서 오래전부터 해적이 발호했지만, 사실 이들은 농사와 약탈을 교대로 하는 '좀도둑'에 불과했을 뿐, '근대적 해적'과는 거리가 멀었다. 근대적 해적은 반드시 근대 국가를 상정해야 한다. 개념상 해적은 공권력이 해상을 완전히 통제하지 못하는 상황에서 바다에서 사적인 폭력을 휘두르는 집단이다. 유럽의 경우, 초기에는 바다에서 '국가를 대신하여' 폭력을 휘두르는 집단으로 출발했다가, 다음에는 '국가의 지휘와 통제를 벗어나' 혹은 '국가에 대항해' 폭력을 휘두르는 집단으로 변모해갔다.(Pennell, 27) 정부가 약탈허가증(letter of marque)을 수여하여 적국의 상선을 무장 공격하고 약탈하도록 부추긴 사략선업자(privateer)가 첫 번째 유형이며, 국제관계가 변화한 후 정부가 오히려 사략선업자들을 억압하려 했을 때 자신들의 생존을 위해 국가의 지시를 거부하고 아무 선박이나 공격했던 본격적 의미의 해적(pirate)이 두 번째 유형이다. 1590년대 런던과 남부 해안에서 사략선업자 85명이 활동하면서 잉글랜드 수입품의 10~15퍼센트를 책임질 정도로 사략선 사업은 번성했다. 그런데 제임스 1세가 평화주의를 천명하며 이런 사업을 비난하자 많은 사략선업자들이 문자 그대로 해적으로 변모했다.(Tinniswood) 해적이 지극히 사악한 인간들이라는 것이야 말할 나위가 없다. 사이코패스 기질을 보이는 사람도 많았다. '검은 수염(Blackbeard)'이라는 별칭으로 알려진 에드워드 티치(Edward Teach)는 14번 결혼하고 자기 딸들에게 매춘을 강요했으며, 총알을 실험한다고 선원들에게 무차별 사격을 하기도 했다. 프랑스 해적 장 프랑수아 노(Jean François Naud)는 포로들을 갑판 위에서 뛰게 하고 부하들이 쫓아다니며 칼로 찌르는 놀이를 시키곤 했다. 이와 같은 정신병적 증상 뒤에는 사실 교묘한 계산이 숨어 있다. 잔인하다는 소문을 퍼뜨려서 상대방에게 싸우려 하지 말고 항복하라는 메시지를 전하는 것이다.(Buchet 2015, 136) 아시아에서는 이런 변화와 발전이 그리 뚜렷하지 않다가, 포르투갈을 비롯한 유럽인들이 들어와 해양 패권을 차지하려 시도했을 때 해적 현상도 따라서 발전한 측면이 강하다. 그중 가장 유명한 사례가 헨리 에브리(Henry Every)와 윌리엄 키드(William Kidd) 사건이다.(Burgess Jr., 887~888)

1685년 에브리의 선단이 모카와 수라트 사이를 오가던 순례 선박들을 공격해서 엄청난 규모의 재물을 약탈하고 순례자들을 나포하는 사건이 발생했다. 피해를 본 선박들 중에는 무굴제국 황제 아우랑제브 소유의 간지사와이(Ganj-i-Sawai)호도 포함되어 있었다. 범인 에브리는 붙잡히지 않고 감쪽같이 사라졌다. 분노한 황제는 수라트에 있는 영국인들을 체포했고, 영국동인도회사의 상관들을 폐쇄했다. 영국으로서는 한창 발전하고 있던 글로벌 무역 체제가 큰 타격을 입게 되었다. 이를 피하기 위해 1696년 영국 의회는 에브리를 포함한 모든 자국 해적들을 체포하라는 명령을 내렸다. 영국동인도회사가 황제에게 앞으로 순례 선단을 안전하게 호송할 것을 약속하고 체포된 사람들의 몸값을 지불한 다음에야 억류된 영국인들이 석방되었다.(Stern, 693~712)

프랑스와 전쟁 중이어서 인도양에 전함을 보낼 여유가 없던 영국 정부는 용병을 고용해서라도 이 문제를 해결해야 한다고 판단했다. 이때 결정된 인물이 윌리엄 키드였다. 그는 카리브해에서 버커니어로 활동했고, 북아메리카 식민지에서 지사를 비롯한 고위층 시민들(예컨대 뉴욕의 대상인이자 지주인 로버트 리빙스턴 등)과 친분을 쌓았다. 그런 점에서 무법자·강도라기보다는 '민간 해군업자'에 가까웠던 그는 탁월한 해상 지휘 능력을 인정받아서 식민 모국 정부로부터 해적 소탕이라는 중요한 임무를 위임받은 것이다.

1695년 키드는 런던에 와서 약탈허가증을 받았다. 해군 대신 사략선을 보낸다는 것 자체는 이전부터 해온 합법적인 조치였고, 여기에 투자자들이 돈을 대는 것 역시 늘 있던 일이다. 키드의 사업에 투자한 인물들은 에드워드 러셀, 존 서머즈 경, 헨리 시드니, 찰스 탤버트 등 당시 정권을 잡고 있던 휘그 계열 고위직 인사들이었고, 이 펀딩(funding)을 주관한 인물은 신임 뉴욕 지사로 임명된 벨로몬트 백작이었다.(Wilson, 26~40) 당시 정치 주도권을 잡고 있던 휘그 파당(Whig Junto)은 앞서 언급한 것처럼 독점을 누리던 기존 동인도 회사를 해산하고 새 회사를 만들자는 의견이었다. 새로운 동인도회사를 구성한 후 자신들이 통제한다는 복안이었다. 그러기 위해 일단 당시 벌어지고 있던 인도양 해적 문제를 해결해야 했기에 이들이 주도하여 키드를 고용한 것이다. 키드는 287톤 크기에 34문의 포를 실은 강력한 전함 어드벤처 갤리(Adventure Galley)호를 지원받고 1696년 2월 인도양으로 출항했다.

그가 인도양에서 한 행적에 대한 기술은 사료에 따라 조금씩 다르지만, 주요 내용을 정리하면 다음과 같다.(Zacks) 그는 희망봉을 돌아 인도양에 들어간 후 곧 무차별적으로 선박들을 공격했다. 그 가운데 가장 큰 문제가 된 것은 케다그 머천트(Quedagh Merchant)호 약탈 사건이다. 1698년 2월 1일, 그는 자기 배에 프랑스 깃발을 달아 위장하고 이 선박에 접근했다. 상대편 선박의 선장은 존 라이트(John Wright)라는 영국인인데, 프랑스 깃발을 단 선박이 압박해오자 이에 대처하기 위해 프랑스인 포병을 보내 프랑스 여권을 보여주었다. 그러자 키드는 곧 영국 깃발로 바꿔 달고 이 선박을 나포하려 했다. 그러자 라이트 선장이 직접 나타나 사실은 그 배가 영국 선박이고 화물도 영국 것이라고 설명했다. 그러나 키드의 선원들은 아랑곳하지 않고 약탈을 감행했다. 약탈 화물은 아편 60~80통, 비단 20~30통, 설탕 200~300통, 고급 면직물 500~600통 등이었다. 선박도 빼앗아 '어드벤처 프라이즈(Adventure Prize)호'로 이름을 바꾸고 자신들의 배로 삼았다. 그러나 이 사건에 대한 다른 설명도 있다. 사실 이 배는 아르메니아 출신 무굴제국 궁정인의 소유인

16. 동인도회사에서 제국으로

데, 약탈을 하지 않으면 2만 루피를 주겠다는 제안을 선장이 했는데
도 아랑곳하지 않고 키드 선원들이 약탈을 했다는 것이다. 어느 쪽
이든 문제가 안 될 수가 없었다. 해적을 소탕하라고 보낸 자가 해적
이 되어 하필 무굴제국 선박을 나포한 것이다. 아우랑제브 황제는
다시 영국동인도회사에 책임을 물어 수라트의 영국 상인들을 체포
했다.(Stern, 709)

이 소식이 런던에 전해지자 국왕이 키드를 체포하라는 명령을 내
렸다. 뒤늦게 이 사실을 알게 된 키드는 자신의 후원자이자 투자자
인 벨로몬트가 선처하리라 확신하고 아메리카로 귀환했다. 그러나
정치적으로 몰락하지 않을까 두려워한 벨로몬트 및 휘그 파당은
그를 체포하여 런던으로 압송했고, 키드는 재판에 회부되어 처형
되었다.

키드 사례는 표면적으로 단순한 해적 행위라 생각했던 사건 이면
에 얼마나 복잡한 일들이 돌아가고 있는지 여실히 보여준다. 아시
아 해역에서는 공식적인 사업뿐 아니라 해적과 밀수 등 비공식 부
문의 활동이 빈번하게 이루어지고 있었으며, 아시아인과 유럽인 그
리고 아메리카인이 얽혀 있었다. 선주와 화주(貨主), 상인, 선장과
선원의 국적이 상이한 경우가 허다하다. 선장은 여러 나라의 여권
을 가지고 필요에 따라 국적을 달리 제시한다. 상인과 해적 사이의
경계 또한 모호하다. 영국은 해적 때문에 자국의 국제 무역이 큰 피
해를 입지만, 동시에 이 나라 정부는 약탈허가증을 발행해주어 에
스파냐나 프랑스 선박을 공격하라고 부추기고 있다.

여기에서 또 한 가지 고려할 사항은 밀수와 노예무역이다. 해적으

로서는 약탈한 물자를 빨리 처분하고 물, 식량, 물자 등을 공급 받아야 생존할 수 있다. 1562년 유명한 잉글랜드 해적 호킨스(Hawkins)가 행한 일들을 살펴보자. 그는 아프리카 서안에서 노예를 취득한 후 아메리카의 에스파뇰라로 가서 가죽, 생강, 금, 진주 등과 거래했다. 사실 에스파냐는 잉글랜드의 적국이기 때문에 에스파냐 식민지인 에스파뇰라에서 거래하는 것은 원칙적으로 불가능했지만, 그는 지역 관리로부터 어렵지 않게 거래허가증을 받았다. 본국으로부터 공급이 충분치 않았으므로 에스파냐 관리들은 영국인들과의 거래에 대해 눈감을 수밖에 없었다. 낮에는 적국 선박이라며 무력으로 축출하는 척하지만, 밤에는 자유롭게 거래하도록 방치했다. 교역(trading)과 약탈(raiding)은 이처럼 서로 연결되어 있었다.

약탈과 밀수는 점차 더 큰 범위에서 벌어졌다. 키드 사례는 해적 활동이 대서양과 인도양, 태평양 등 글로벌한 무대로 확대된다는 사실을 보여준다. 그 발단은 카리브해의 해적들이 아시아 세계로 들어온 것이다. 원래 카리브해는 해적 발호의 중심지였는데, 이곳에서 해적 수가 지나치게 늘고 또 이들에 대한 진압이 심해지자 많은 해적들이 인도양과 태평양으로 활동 무대를 옮겼다.

여기에는 세 개의 루트가 있다. 파나마지협을 넘어 태평양으로 가는 루트, 마젤란해협을 넘어 태평양으로 가는 루트, 혹은 희망봉을 넘어 인도양으로 들어가는 루트가 그것이다. 이 해적들은 레위니옹, 마다가스카르 같은 곳들을 근거지로 삼고는 홍해나 말라카해협처럼 많은 물자가 오가는 곳을 중심으로 약탈 행위를 벌였다. 약탈물들은 셍트마리(Sainte-Marie)섬, 코모로제도, 네덜란드령 코친, 영국령 봄베이 등지에서 거래되었다.

이는 동인도회사 독점권이나 항해 조례 내용을 명백하게 위반한 것이지만, 이 지역에서 해외 물품에 대한 수요가 컸기 때문에 매매가 어렵지 않게 이루어졌다. 저렴한 직물부터 북미 부자들이 원하는 사치품까지 다양한 물품이 거래되었다. 그중 상당량은 유럽 물품 구매에 대한 대가로 지불하기 위해 북미에서 유럽으로 재수출되었다. 이런 밀수의 규모가 어느 정도인지 확실히 알 수는 없다. 다만 은밀한 곳에 배를 대고 2만~10만 파운드 물품을 하역하는 일이 비일비재하다는 기록 등을 통해 간접적으로 그 규모를 짐작할 수 있다. 여기에 노예무역도 연결되었다. 무력을 사용하는 기회에 직접 노예를 탈취하든지 혹은 구매하여 상품과 함께 매매한 것이다. 노예는 인도네시아로부터 대서양 각 지역에 이르기까지 광범위하게 매매되었다.

여기에서 특히 주목해볼 지역이 마다가스카르와 그 주변의 셍트마리섬이다.(Bialuschewski, 401~425) 셍트마리섬은 해적이 자유롭게 활동하기에 매우 좋은 환경을 제공했다. 항구 시설도 좋은 편이고, 쌀이나 가축 등 식량도 제공되었으며, 현지인의 도움을 받을 수 있었다. 이곳에서 해적들은 선박을 수리하고 약탈한 화물을 처리하는 대신 보급품을 지원받았다. 이 사업에 필요한 보급은 거의 대부분 뉴욕에서 제공되었다. 북미와 서인도 산 총, 해군 물자, 음식, 술 등이 들어와 판매되었고, 보석, 정금, 도자기, 향신료 같은 약탈 물자들과 교환되었다. 식량으로는 싸고 오래 가고 보관이 편한 이점 때문에 쌀이 중요해졌다. 앞서 살펴본 키드 역시 인도양에 들어온 이후 셍트마리섬을 근거지로 삼았다. 당시 이 작은 섬에 약 300명의 선원이 머무르고 있었다. 그들은 이곳에서 약탈물을 나눈 후 뉴욕에서 들여온 술, 음식 등과 교환하여 흥청망청 썼다. 그러나 조만간 잉글랜드의 진압 선박이 온다는 소문이 들리자 일부 선원들은 서둘러 북미로 귀환했고, 얻은 게 적거나 노름에서 진 사람들은 다시 인도양으로 향했다.

1695~1700년 인도양에는 해적 1,500명이 득시글거렸다. 이 시점이 마다가스카르와 셍트마리를 중심지로 한 해적 활동의 정점이었다. 동시에 글로벌 해적의 전성기이기도 하다. 에스파냐 왕위계승전쟁(1701~1714)이 종식되고 1713~1715년 위트레흐트조약이 체결되어 오랜만에 평화가 찾아왔다. 에스파냐와 프랑스, 영국 간 국제 갈등이 완화되자 이것이 역설적으로 해적의 급증을 불러왔다. 이제 민간 선박에 약탈허가증을 주어 적국 상선을 공격하는 행위가 불필요하거나 더 나아가서 국익을 해치는 행위가 되어 이를 억제했다. 동시에 해전이 중단되어 해군 수가 줄자 실직한 선원들이 넘쳐났다. 이런 요소들이 작용하여 모국과 관계를 끊고 완전한 무법자로서 해상 약탈을 하는 본격적인 의미의 해적이 급증했다. 1720년대 초 대서양-카리브해의 해적 수는 대략 4,000명 정도로 추산된다. 전설적인 해적 바솔로뮤 로버츠(Bartholomew Roberts)는 1719~1722년 400척 이상의 배를 나포한 것으로 알려졌다.(Rediker, 29~33)

1720년대 후반부터 해적이 서서히 사라져갔다. 각국은 해적들을 한편으로는 강하게 진압하고 다른 한편으로는 사면을 제안하여 회유했다. 1701년 효과적인 해적 진압법(Act for the Effectual Suppression

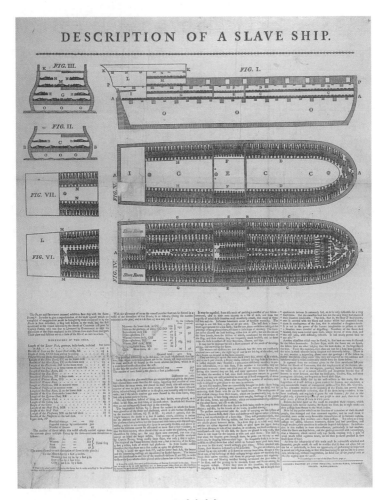

노예 운반선

영국에서는 1807년 '노예무역 폐지법'이 제정되었고 최종적으로 1833년 '노예해방령'이 의회에서 통과되었다. 이런 성과를 얻기까지 노예해방 운동에 헌신한 선구자들로 포츠머스의 퀘이커들이 있다. 이들이 생각해낸 방법 중 하나가 리버풀 노예선 브룩스(Brookes)호의 모습을 그림으로 그려 전한 것이다. 1788년, 노예선 내부의 끔찍한 모습을 나타낸 포스터 형태의 그림은 신문, 팸플릿, 책 등을 통해 전국에 전파되었고, 많은 사람에게 공포감을 안겨주었다. 물론 반대도 심해서 이 방법을 기획한 토머스 클락슨은 돈으로 매수당한 선원들의 공격을 받아 죽을 뻔했다. 그림의 모델이 된 브룩스호는 25년 동안 대서양을 10번 항해하며 총 5,163명의 노예를 운송했는데, 이 중 4,559명이 생존하고 604명이 사망하여 10퍼센트 이상이 중간에 사망했다.[Shaw] of Piracy)은 해적들에게 자신의 상관이나 동료의 이름을 불면 사면 해준다고 약속했다.(Simon) 영국 해군이 카리브해로부터 인도양에 이르기까지 광범위한 해역에서 해적 소탕 활동을 벌였다.(Pérotin-Dumon) '해적 국가'로 출발한 영국이 스스로 해적 진압에 앞장섰고, 조만간 노예무역도 금지시켰다. 이는 '비공식'적인 방식이 매우 큰 역할을 담당하던 단계를 넘어 더 성숙하고 강력한 제국주의 단계로 넘어가는 것을 뜻한다.●

　유럽 해양 세력이 아시아의 해양 질서에 큰 충격을 가하고 변화를 초래하면서 글로벌 네트워크와 연결되도록 만들었는데, 이때 해적과 밀수 같은 '비공식 부문'이 공식적인 교역 방식으로는 다 포괄하지 못하는 영역을 강제로 개방시키는 역할을 했다.

● 1807년 영국 의회는 노예무역을 금지했다. 그리고 이 조치를 실질적으로 이행하기 위해 해군을 동원하여 감시 통제 활동을 했다. 노예무역을 계속하려는 유럽 선박들 혹은 아프리카 통치자들을 압박하고 조사했다. 이때 해군에서 이 활동을 도운 주요 인력이 크루멘(Kroomen)이다. 이들은 서부 아프리카 출신(라이베리아와 코트디부아르 출신)인데, 한때 그들 자신이 노예무역 전문가였다가 이제 반대로 노예무역 단속의 전문가가 된 것이다. 이들은 특히 영국인이 잘하지 못하는 종류의 일, 즉 카누를 타고 선박과 해안 지역을 오가는 일 혹은 제일 먼저 상륙하는 일 등을 맡았다. 자신들이 중요한 일을 한다는 자부심이 매우 강했고 실제 단속에 성공하면 성공 보수가 매우 높아 만족해했다.(Broich)

4부

전 지구적 해양 네트워크의 발전

CHAPTER 17

범선에서 증기선으로

19세기는 인간과 바다의 관계가 이전과는 다른 차원에서 긴밀해지는 시대다. 증기기관을 동력으로 삼는 새로운 선박인 증기선이 등장했다. 노와 돛으로부터 증기기관으로 발전한 것은 인간과 바다의 관계를 근본적으로 변화시킨 계기다. 그렇지만 증기선이 일시에 범선을 대체한 것은 아니며, 그 과정은 오랜 시간을 거쳐 서서히 진행되었음을 기억할 필요가 있다. 19세기 후반에 이르기까지 대양 항해의 대세는 여전히 범선이었다. 무엇보다도 클리퍼(clipper)라는 범선이 최고조로 발전하여, 이것이 전 세계 바다를 연결하는 해양 네트워크를 만들었다. 그 결과 인간과 상품이 광범위하게 소통하여 본격적인 세계화가 시작됐다. 그 뒤를 이어 증기선이 본격적으로 해상 운송에 사용되어 글로벌 네트워크를 더욱 확고하게 만들었다. 인류는 바다를 더 깊이 이해하고 더 잘 이용하며 결국 더 큰 지배력을 행사하게 되었다. 바다를 통해 인류는 더 풍요로운 발전의 길을 밟아갔지만, 동시에 지배와 착취 현상을 심화하고 더 격렬한 갈등과 투쟁을 이어나간다.

바다의 재발견

환희란 내륙의 영혼이
바다로 가는 것,
집들을 지나, 곶을 지나
심원의 영원으로 향하는 것

산속에서 자란 우리가
육지를 떠나 처음 바다로 들어가는
신성한 도취감을
뱃사람들은 이해할 수 있을까?

—에밀리 디킨슨, 〈환희란 내륙의 영혼이 바다로 가는 것〉

에밀리 디킨슨은 다락방에서 눈을 감고 마음속으로만 여행하는 '내륙의 영혼'이었다. 시인은 정작 바다에서 일하는 사람은 느낄 수 없는 숭고함을 바다에서 찾는다. 낭만주의 시대에 바다는 사람들이 자유를 느끼고 자기 영혼의 내면을 고찰하는 색다른 공간으로 의미를 확대했다.

이전 시대에 바다나 해변은 결코 사랑스러운 곳이 아니었다. 바다가 즐거운 오락과 휴식의 장소가 된 것은 오래된 일이 아니다.(Clairay) 선구자는 18세기 영국 귀족 자제들이었다. 이들은 식견을 넓히기 위해 이탈리아나 프랑스의 문화 중심지들을 견학하는 그랜드 투어 (Grand Tour, 여기에서 tourism이라는 말이 나왔다)를 했는데, 그러는 중에 지중해 연안 지역들을 찾아갔다. 그 이전에 바닷가로 놀러가는 사람은 없었다. 거름으로 쓸 해초를 모으러가는 사람이 있는 정도다. 바닷가는 결코 좋은 의미의 공간이 아니었다. 오늘날 브르타뉴는 해변 관광으로 유명하지만 과거 바닷가는 용 같은 괴물들이 출몰하는 곳, 혹은 바그 노즈(Bag Noz, 그해에 처음 죽은 사람이 몰고 가는 밤배인데, 이것을 본 사람은 얼마 안 있어 죽는다고 믿었다) 전설의 대상인 으스스한 곳이었다. 여름에 많은 도시 사람들이 해변에 놀러가기 시작한 것은 19세기 중엽 이후, 특히 파리에서 노르망디와 브르타뉴까지 철도가 부설된 후이고, 본격적인 여름 해양 관광은 1960년대 이후의 일이다.• 갈수록 바다가 친밀한 공간으로 변해갔다.

그러는 동안 바다에 대한 지식은 갈수록 더 깊어졌다. 몇 가지 사례를 보도록 하자.

벤저민 프랭클린은 미국 역사상 가장 다재다능한 인물 중 한 명으로 알려져 있다. 다양한 발명과 발견을 했는데, 그중에는 해류와 해로에 관한 것도 있다.[김경렬, 120] 우체국장으로 일하던 시절, 프랭클린은 영국에서 아메리카로(즉 동쪽에서 서쪽으로) 오는 배가 아메리카에서 영국으로(서쪽에서 동쪽으로) 가는 배보다 항해 시간이 2주나 더

• 원래 바닷가를 찾는 것은 오락보다는 치료가 목적이었다. 이 역시 18세기 영국에서 먼저 시작했다. 1750년 리처드 러셀(Richard Russel)이 해수욕의 치료 효능을 이야기하는 책을 썼다. 국왕 조지 3세도 이 방법을 따랐다. 프랑스는 1820~1830년대부터 치료용 바다 여행이 시작되었는데, 원래 여름이 아니라 겨울에 찾아갔다. 추위를 피해 날씨가 온화한 지방을 찾아간 것이다. 따라서 대서양 쪽이 아니라 지중해 지역으로 갔다. 대서양 해변이 각광받기 시작한 것은 철도의 시대에 가서의 일이다. 이때는 지중해의 '멈춘 물'보다 대서양의 '움직이는 물'이 더 효능이 좋다고 믿었다.[Clairay]

17. 범선에서 증기선으로

걸린다는 사실에 주목했다. 이유가 무엇일까?

포경선 선장인 그의 사촌 티모시 폴저(Timothy Folger)가 자세한 사실을 밝혀냈다. 그의 경험에 의하면 영국에서 출발하여 서쪽의 아메리카로 올 때는 3노트의 해류와 싸우지만 반대 방향으로 갈 때는 그 해류를 타고 간다. 당연히 항해 시간에 차이가 날 수밖에 없다. 단순히 대서양을 건너는 항해만 하는 사람은 이런 사실을 알아채기 어려웠을 것이다. 그러나 포경선 선장처럼 고래를 따라 이리저리 항해를 해야 했던 폴저 같은 인물은 그 사실을 간파할 수 있었다. 고래잡이 선원들은 고래가 유독 특정 해역을 피한다는 사실을 알고 있었고, 그 해역의 색깔과 온도가 주변 해역과 다르다는 것을 파악하게 되었다.(로즈와도스키, 167) 프랭클린과 폴저 두 사람이 발견한 것은 멕시코만류(Gulf Stream)였다. 1770년 그들은 멕시코만류를 표시한 해도를 만들었다. 플로리다반도와 바하마제도 사이에서 시작된 해류가 미국 동부 연안을 따라 올라가다가 해터러스곶(Cape Hatteras, 미국 노스캐롤라이나주 동해안에 위치한 곳)과 체서피크만(Chesapeake Bay) 근처에서 동쪽으로 방향을 바꿔 나아가는 흐름을 그렸고, 그 안에 해류의 폭, 강도, 방향을 기록했다. 미국혁명 시기인 1780년대에 아메리카로 군수물자를 운반해오는 프랑스 선박들에게 도움을 주기 위해 프랭클린은 이 해도를 프랑스에서 프랑스어판으로 출판하여 배포했다.

바다와 해로에 대한 지식 증대의 또 한 가지 중요한 사례로 홍해 해로 탐사를 들 수 있다.(Searight 2003) 영국이 세계의 패권을 장악하는 데는 상품과 원재료, 군대를 수송하는 인도 항로가 핵심 역할을 했

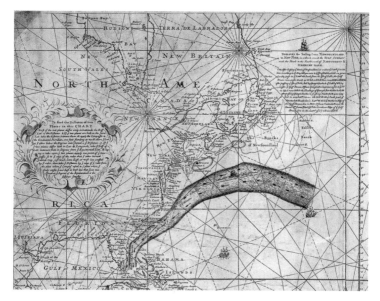

멕시코만류를 표시한 해도

멕시코만류를 발견한 프랭클린과 폴저가 만든 해도로, 북대서양 방면에 멕시코만류를 표시한 것이 보인다. 그들의 해도는 유럽에도 알려졌는데, 위 지도는 1769년 런던에서 제작된 것으로 전체 지도의 북서쪽 부분이다.

다. 아래에서 보듯, 여러 실험 끝에 영국과 인도를 오가는 데는 희망봉을 돌아가는 항로보다 지중해-수에즈지협-홍해-인도양 루트가 더 나은 대안이라고 판단했다. 문제는 홍해 항해가 매우 어렵다는 점이다. 홍해는 길이 2,350킬로미터이고 폭은 평균 300킬로미터이지만 남쪽 끝 지점인 바브엘만데브에서는 30킬로미터에 불과하다. 반대편 북쪽 끝 지점에서는 해로가 둘로 나뉘어 하나는 300킬로미터의 수에즈만이 되고 다른 하나는 180킬로미터의 아카바(Aqaba)만이 된다. 고대 이래 이 바다는 항해가 까다롭기로 유명했다. 영국이

17. 범선에서 증기선으로

나폴레옹과 결전을 벌이던 시기에도 홍해 항로가 문제가 된 적이 있다. 나폴레옹이 이집트 원정을 감행했던 당시 인도 주재 영국군이 배후에서 나폴레옹군을 공격하기 위해 홍해로 항해하려다가 강한 바람과 조류 때문에 실패한 것이다. 이 해역을 정확히 알아야만 아시아와 유럽의 연결이 원활해지므로, 1820~1830년대부터 영국 동인도회사는 정확한 홍해 해도를 작성하고자 했다. 이 일을 수행한 사람은 봄베이 해군(후일의 인도 해군)에 복무하던 모스비(Robert Moresby)와 엘원(Thomas Elwon)이었다. 모스비는 남쪽에서 북쪽으로 올라가며 모든 세부 사항을 기록해갔다. 암초, 항구, 계류장뿐 아니라 물이나 연료 공급 가능성도 확인했다. 이들의 조사 내용은 1834년에 펠릭스 존스(Felix Jones)가 전체적으로 1마일 대 1인치 비율로 표시하되 항로가 복잡한 지역은 1마일 대 10인치 비율로 표시한 해도로 만들어 출판했다. 1839년 아덴을 획득하여 저탄소(貯炭所, 석탄 보급 장소)로 활용할 수 있게 되고, 이집트를 통과하는 육로도 개통하여 지중해 쪽의 알렉산드리아와 홍해 쪽의 수에즈를 연결하면서 영국으로서는 홍해 항로를 더욱 요긴하게 이용할 수 있게 되었다. 이때 이미 준비되어 있던 홍해 해도가 결정적 공헌을 한 것은 물론이다. 더 나아가서 1869년 수에즈운하 개통 이후 이 항로는 영국 제국주의 시스템의 중요한 축으로 작동했다.

미국 해군의 해도 제작관 매튜 폰테인 모리(Matthew Fontaine Maury)는 대양의 바람과 해류를 체계적으로 표시한 지도를 제작했다.[김경렬, 121~122] 1839년 뜻하지 않은 마차 사고로 큰 부상을 당해 더는 배를 탈 수 없게 된 모리는 해군의 해도와 기자재 보관 임무를

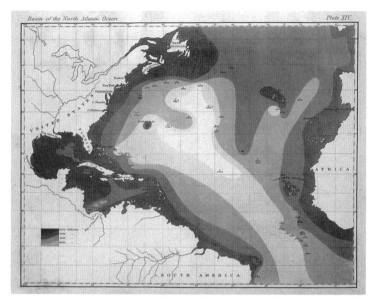

수심 측량 해도

대서양 해저분지 수심 측량치를 기록한 매튜 폰테인 모리의 해도이다. 바다의 깊이를 파악할 수
있게 되면서 해상 항로의 안전성이 높아졌고, 이후 해저 전신 설치에도 기여한다.

맡는다. 이곳에는 해군 창설 이래 군함들이 매일 작성하는 항해일
지가 전부 보관되어 있었다. 모리는 산더미 같은 이 문서들이야말
로 해군을 위한 정확한 해도 작성에 필요한 정보의 보고임을 알아
챘다. 그는 해군과 상선의 선장들에게 그가 고안한 '항해일지 요약'
을 나누어주고 그 뒤에 해류, 바람, 수온 등의 정보를 기입해달라고
부탁했다. 이렇게 모은 자료들을 이용해 〈바람과 해류의 분포도〉가
만들어졌다. 이 덕분에 해상 항로의 효율성과 안전성이 비약적으로
높아졌다. 그리고 부하들과 3년간 집중적인 작업을 하여 1853년 북
대서양 해저분지에 대한 최초의 수심 측량 해도를 작성했다. 이 해

17. 범선에서 증기선으로

도에는 1,000, 2,000, 3,000, 4,000 패덤(fathom=1.8m) 혹은 그 이상의 깊이를 밝기가 다르게 표시했다. 심해로 표시된 해역에서는 선박들이 최고 속도로 운행하는 게 가능해졌다. 1855년에는 이전보다 훨씬 많은 189회의 수심 측량치가 기록된 해도를 발표했다. 수심 측량치는 조만간 해저 전신 설치 후보 선정에도 적용했다.[로즈와도스키, 172-173] 그의 묘비에 적힌 대로 그는 '바다의 길을 발견한 사람'이라 칭할 만하다.

바다를 더욱 잘 이용하고 지배하기 위해서는 우선 바다와 친숙해지고 바다를 잘 알아야 한다. 처음에 낭만주의는 바다를 미약한 인간이 감히 범접하기 힘든 무한의 영역이자 동시에 새로운 자유의 영역으로 그렸다. 곧이어 바다는 아무에게나 열린 게 아니라 깊이 공감하고 제대로 이해하는 사람들에게만 허락된 숭엄한 공간이 되었다. 그런 점에서 과학과 기술의 힘을 갖춘 서구 세력만이 바다를 자유롭게 이용할 수 있다는 제국주의 이념과 내통하게 되었다.

범선의 최전성기

산업혁명 시대에 개발한 증기기관을 장착한 선박이 머지않아 해양 세계에 큰 변화를 초래한다. 그렇지만 그 과정은 점진적이었다. 산업혁명 시대에도 오랫동안 원양항해를 담당한 것은 대부분 증기선이 아니라 범선이었다. 오히려 19세기 중엽 클리퍼(clipper)라는 쾌속 범선이 전성기를 맞았다. 증기선이 범선보다 더 우월해지는 시점은 대략 1860년 이후의 일이다. 다시 말해 19세기 중엽은 범선이 최후의 정점을 맞는 동시에 다음 시대를 책임질 증기선이 발전하던 전환의 시대였다. 이것은 마치 증기기관이 산업의 모든 분야를 석권하기 전에 물레방아가 최고로 발전하고 또 증기기관과 동시에 사용되던 현상과 유사하다.(Allen, 177) 세계의 바다를 연결하는 기본적인 네트워크는 우선 범선으로 구축한 다음 증기선으로 더욱 확실하게 강화했다.

대서양과 태평양 등 대양을 횡단하는 선박의 왕자 자리를 차지한 클리퍼는 미국에서 개발하고 영국에서 완성시킨 선박이다. 일반적으로 마스트 3개에 가로돛을 20개 정도 달고 있어서 미풍으로도 6노트 정도의 속력을 낼 수 있는 빠른 배로 알려져 있다. 다만 클리퍼의 정확한 표준 제원(諸元)을 규정하기는 어렵다. 워낙 짧은 시간에 계속 개량이 이루어졌기 때문이다. 'clip'이라는 말이 '날아가듯 빠르게 간다'는 의미인 데에서 알 수 있듯이, 이 배의 가장 중요한 특징은 무엇보다 속도였다. 클리퍼는 빠른 속도를 내도록 특화된 구조를 갖추었고, 계속 그 방향으로 개선해나갔다.

이 배는 미국에서 등장했다. 식민지 시대 미국인은 경제적으로 영국의 식민지 통제에서 벗어나고자 했고, 그 때문에 해적과 밀수가 중요한 역할을 했다. 사실 미국은 해적의 나라로 출발했다고 해도 과언이 아니다.(퍼거슨) 북아메리카 식민지들은 종주국 영국이 부과하는 과도한 조세에 저항했다. 보스턴 차 사건(1773)에서 알 수 있듯이, 점차 중요한 일상품으로 자리 잡아 가던 차에 높은 세금이 부과되었으며, 이를 피하기 위해 수입량의 90퍼센트 정도가 밀수로 들어왔다. 밀수에 필요한 것이 빠르고 날렵한 배다. 처음에 밀수선으

17. 범선에서 증기선으로

로 크게 활약한 배는 스쿠너(schooner)라 불린 소형 쾌속 범선이었다. 이 배를 미국 동부 지역의 조선소에서 개량한 것이 클리퍼다. 스쿠너의 장점인 스피드를 살리되 대양 항해 사업에 필요한 적재량과 안정성을 제고하기 위해 구조를 개선하여 가로돛을 훨씬 더 많이 장착한 우수한 선박이었다. 특히 이 유형의 배가 볼티모어에서 건조되어 '볼티모어 클리퍼'라는 이름으로 불렸다. 이때 클리퍼라는 용어가 처음 등장한다.

빠른 속도는 군사 작전이나 사략선 활동에도 유리한 점으로 작용한다. 1812년 미영전쟁 때도 약탈허가증을 가지고 영국 선박을 나포·공격하는 고전적인 전투 방식에 클리퍼들을 사용했다.* 전후에 클리퍼는 본격적으로 원거리 교역에 투입되었다. 적은 양의 화물을 싣고 빠른 속도로 대양을 건너는 데 강점이 있어서 가볍고 값비싼 상품을 수송하는 데 적합했다. 대표적인 것이 다름 아닌 차였다. 영국이 중국에서 차를 수입할 때 사용한 배를 특히 '차 클리퍼(tea clipper)'라 한다. 후일 더 작은 배가 '아편 클리퍼'로도 활동했다. 영국과 미국의 클리퍼는 영국과 아시아(인도와 중국), 뉴욕과 샌프란시스코(남아메리카 남단의 혼곶을 도는 경로), 대서양 항해 등에 투입되었다. 네덜란드도 유사한 배를 개발하여 자바의 차를 네덜란드로

● 미영전쟁(1812~1815) 중이던 1814년, 볼티모어에서 영국 해군과 미국 사략선 사이에 전투가 벌어졌을 때, 영국 해군 선박들이 볼티모어항구 근처의 맥헨리 요새(Fort McHenry)에 포격을 가했다. 이를 이겨내고 요새 위에 여전히 펄럭이던 깃발(15개의 별과 15개의 줄이 있는 깃발)을 보고 프랜시스 스콧 키(Francis Scott Key)가 쓴 시가 후일 미국 국가의 가사가 되었다.

수입해오는 데에 썼다. 이후 클리퍼는 더욱 개량되어 갈수록 속도도 빨라지고 크기도 커졌다.

클리퍼 항해의 유용성을 잘 보여주는 사례 중 하나가 포티나이너스(forty-niners, 1849년 금을 찾아 캘리포니아로 몰려든 사람들) 운송 사례다. 1848년 미국과 멕시코 간 전쟁을 매듭짓는 과달루페 이달고(Guadalupe Hidalgo)조약으로 캘리포니아가 미국 영토가 되었는데, 그 직후에 새크라멘토 인근에서 존 서터(John Sutter)와 제임스 마셜(James Marshall)이 금광을 발견했다. 이 소식은 순식간에 퍼져갔고, 다음해인 1849년부터 미국 각지에서 많은 사람이 금을 찾아 캘리포니아로 몰려왔다. 포티나이너들은 실로 엄청난 거리에 걸쳐 험준한 산맥과 사막을 넘는 죽음의 행군을 했다. 미주리(Missouri)까지 가는 여행을 제외하더라도 미주리의 인디펜던스(Independence)에서 시작되는 오리건 트레일(Oregon Trail) 여행만 6개월이 넘게 걸렸다. 지름길을 찾겠다고 낯선 길로 들어섰다가 시에라 네바다(Sierra Nevada) 산맥에서 겨울을 넘기게 된 도너 일행(Doner Party)이 땅에 파묻은 동료들 시체를 파내서 먹으며 버틴 이야기는 서부로 향하는 길이 얼마나 멀고 험했는지 잘 보여준다.(Rarick) 반면 미국 동부에서 서부까지 해로를 이용하면 남아메리카 남단의 혼곶을 도는 먼 거리임에도 훨씬 빠른 시간 안에, 또 더 안전하게 도착할 수 있었다. 이들을 운송해주는 범선은 캘리포니아 클리퍼 혹은 혼 클리퍼(Horn clipper)라 불렸는데, 약 150일이 걸렸다. 1849년 이전까지만 해도 샌프란시스코항은 1년에 배 4~5척만 들어오는 조용하고 한적한 항구였는데, 갑자기 수백 척이 밀려오는 곳으로 변모했다. 1849년 4월

캘리포니아 클리퍼
1855년경 제작된 캘리포니아 클리퍼 '호넷'의
항해 홍보 카드이다.

부터 다음해 1월까지 805척의 배가 입항하고 4만 명이 상륙했다. 타고 온 배를 내버리고 금을 찾아 떠나는 바람에 200척의 배가 만에서 표류 중일 때도 있었다.(Matsuda, 245)

이런 과정들을 거치며 클리퍼는 계속 발전했다. 1847년 클리퍼 '시위치(Sea Witch)'호가 홍콩에서 뉴욕까지 77일 만에 항해했고, 1849년에 기록을 74일로 단축했다. 실로 위대한 범선 항해 기록이라 할 만하다. 이 기록은 2003년에 가서야 72일 23시간으로 갱신되었으나, 물론 이때는 여러 가지 현대 기술(예컨대 일기예보)의 도움을 받았다.(New York Times, 2003 May 29) 또 다른 기념비적인 클리퍼로는 1850년 보스턴에서 도널드 맥케이(Donald McKay)가 디자인한 '스태그 하운드(Stag Hound)'호를 들 수 있다. 이 배는 당시 세계 최대의 상선이었다. 뉴욕에서 캘리포니아까지 120일 만에 항해했고, 최고 기록은 89일이었다.

클리퍼들은 캘리포니아의 곡물, 중국의 차, 오스트레일리아의 곡물과 양모, 영국의 석탄, 인도의 황마(jute), 페루의 구아노 같은 상품을 운반했다. 그 가운데 가장 중요한 교역은 여전히 중국 차 수입이었다(아직 인도의 아삼 차는 대량으로 거래되지 못하던 때다).* 차는 수송 기간이 길어지면 중간에 변질되므로 빨리 운송하는 게 중요했다. 미국 동부 상인들이 클리퍼 선박을 이용하여 이 사업에 도전했다. 마침 1842년 난징조약을 계기로 공행(公行)의 독과점이 폐지되고, 1849년에는 영국 항해법도 철폐되어 아시아와 영국 간 무역도 공개되었다. 소위 양키 클리퍼는 홍콩~뉴욕 항로를 97일 만에 주파했다. 차 수입은 한 번의 항해로 선박 건조 비용의 60~70퍼센트를 메운다고 할 정도로 엄청난 이익이 보장되었다.[미야자키 2017, 200~203]

이런 상황에서 남북전쟁(1861~1865)이 일어났다. 전시에 미국의 수출입 활동이 주춤한 사이에 영국 선박들이 이 상황을 이용하여 차 수송 경쟁에 뛰어들었다. 이즈음 클리퍼들 간 속도 경쟁이 벌어졌다. 먼저 항구에 도착하면 훨씬 더 큰 이익을 얻을 수 있기 때문이다. 같은 시기에 중국을 출발한 선박 중 누가 가장 먼저 영국의 선착장에 화물을 내려놓는지 경쟁하는 경주가 벌어졌다. 1866년의 소위 '차 운송 대경주(Great Tea Race)'가 유명하다. 중국 푸저우를 출발하여 런던으로 항해하는 12척의 선박이 벌이는 숨 막히는 경주 광경을 당시 신문들은 마치 본 듯이 그려냈다. 희망봉을 돌 때는 5척이 선두 그룹을 형성했지만 그중 2척이 뒤쳐져서 태평(Taeping)호, 애리얼(Ariel)호, 세리카(Serica)호 3척이 남았다가, 세리카호가

- 1834년 영국동인도회사가 전문가들로 '차 특별위원회(Tea Committee)'를 구성하여 인도에서의 차 재배 가능성을 연구하도록 했다. 이들의 노력으로 1860년대에 아삼 차가 시장에 본격 등장했지만 아직 중국 차를 대체한 건 아니다.[Himagni] 인도의 차를 저렴하게 대량으로 수입한 인물이 토머스 립턴(Thomas Lipton)이며, 19세기 후반에 립턴 차가 대성공을 거두었다.

뒤처지고 남은 두 척이 마지막까지 경쟁을 벌였다. 1866년 9월 12일자 《타임스(The Times)》는 이렇게 묘사했다.

> 70일 동안 서로의 시야에서 사라졌던 애리얼호와 태평호는 수요일 아침 리저드(Lizard, 잉글랜드 남서쪽 콘월 지방의 남단) 부근에서 서로를 발견했다. 두 쾌속 범선은 강력한 서풍을 받아 최대한도로 돛을 펼치고 막상막하의 속도로 운하로 향했다. 그날 하루 종일 두 배는 거리를 좁히지 않았고 인상적인 방식으로 서로를 견제하며 운하를 향해 전속력으로 달렸다. 가끔씩 파도가 두 배의 기둥 끝까지 처올랐다가 갑판을 쓸어내렸다. 다음날 아침 던즈네스 (Dungeness)의 도선사 주재소에 다가선 두 배는 자신들의 위치를 알리기 위해 파란 불빛을 쏘아 올렸다. 동이 틀 무렵 도선사들은 각 배에 동시에 올라탔고 두 배가 다운즈(Downs, 켄트주 해안 지역에 위치한 정박지)에 도착해 증기예인선에 끌려 강으로 들어설 때까지 흥미진진한 경주는 계속되었다. …… 두 배는 여전히 막상막하였다. 그러나 뜻밖에도 태평호를 끌던 증기예인선의 힘이 우세해 애리얼호보다 일찍 그레이브젠드(Gravesend)에 다다랐다. 세리카호가 그 뒤를 바싹 쫓았다.[세이버리, 137~139]

몇 달에 걸친 대장정은 숨 막히는 레이스 끝에 막판에 30분 차이로 승패가 갈렸다. 결국 태평호가 우승을 차지했으나, 양측은 신사적으로 상금을 나누어가지기로 했다.

1872년 커티 삭호와 서모필레호의 차 운송 레이스도 유명하다.

커티 삭호

1869년 스코틀랜드 남부 클라이드(Clyde)강 연안에서 건조된 차 운반용 클리퍼이다.

'커티 삭(Cutty Sark)'이란 스코틀랜드 민담에 나오는 마녀 나니 디 (Nannie Dee)의 별칭이다.* 커티 삭호가 한때 740킬로미터 앞서다 가 태풍으로 키가 부서지는 바람에 1주일 뒤처지게 되었지만, 그럼 에도 불구하고 끝까지 분투한 점에 사람들은 찬탄을 아끼지 않았 다. 이 배는 현재 그리니치에 '박물관 선박(museum ship)'으로 보존

● 로버트 번즈(Robert Burns)의 시 〈탐오샨터(Tam o' Shanter)〉에 등장하는 허구의 마녀 나니 디가 입은 짧고 에로틱한 속옷이 커티 삭(Cutty Sark)이다. 숨어서 마녀의 춤을 보던 주인 공 탐이 저도 모르게 '좋구나 커티 삭(Weel done, Cutty-sark)' 하고 소리치다 마녀들에게 쫓기게 된다. 차 운반선으로 사용한 커티 삭호는 짧은 속옷을 걸친 이 마녀 모습을 뱃머리 에 장식했으나, 후일 '훌륭한 취향'을 존중해야 한다는 이유로 제거했다. 지금은 유명한 위 스키 브랜드로 이 이름이 사용되고 있다.

17. 범선에서 증기선으로

중이다(지금까지 보존된 클리퍼는 이 배와 오스트레일리아의 애들레이드 시에 있는 시티 오브 애들레이드(City of Adelaide)호 두 척뿐이다).

이 시기가 클리퍼의 전성기였다. 사람들은 날아가듯 빠른 속도로 대양 위를 질주하는 멋진 범선의 모습에 환호했다. 그러는 동안 시대가 바뀌고 있었다. 산업혁명이 진행되면서 많은 산업 분야에 동력원으로 사용되던 증기기관이 선박에도 적용되었다. 이는 증기기관의 힘을 왕복운동이 아니라 회전운동으로 활용할 수 있게 만든 개선 덕분이었다.(Allen, 178) 점차 증기선이 개량되어 범선을 위협했다. 여기에 더해, 1869년 수에즈운하 개통이 범선의 쇠퇴를 불러온 또 하나의 결정적 계기가 되었다. 범선으로는 운하를 통과하는 것이 어려운 반면, 증기선으로 수에즈운하를 통과하면 아시아와 유럽 간 항해 거리가 훨씬 짧아진다. 특히 인도와 실론에서도 차가 재배되자 중국에서 차를 운송해오던 차 클리퍼는 막을 내렸다. 1870년대 이후 범선의 시대가 저물어갔다.

그러나 클리퍼가 곧바로 용도 폐기된 것은 아니다. 이행 과정은 점진적이었다. 사실 1870년경에도 증기선보다 범선이 여전히 많은 장점을 가지고 있었다.(Paine, 522) 증기선에는 엔지니어와 화부가 많이 필요해 범선보다 인력 비용이 더 크고 엄청난 양의 석탄을 필요로 한다. 반대로 범선은 인력 부담도 적고 아예 연료가 필요없다. 게다가 증기선 건조에는 훨씬 더 큰 비용이 든다. 이런 이유로 19세기 후반에도 범선이 더 큰 비중을 차지했다. 1880년에도 영국 상선 중 범선이 전체 톤수의 60퍼센트 이상을 차지했다.

특히 수에즈운하와 거리가 먼 오스트레일리아 양모 수송에는 이후에도 오랫동안 클리퍼를 사용했다. 뒤늦게 양모 운송 클리퍼의 경주가 벌어져 이번에는 커티 삭호가 승리를 거두었다. 이런 일들이 클리퍼 시대의 마지막 장면이라 할 수 있다. 1890년대가 되면 클리퍼 시대가 거의 막을 내린다. 클리퍼가 완전히 사라지기 직전 단계에서 '증기선 클리퍼'가 일시 모습을 드러냈는데, 이는 기본적으로 범선이되 바람이 안 부는 구간에서는 증기기관을 이용하는 '하이브리드' 방식이었으나 역사에 큰 족적을 남기지는 못했다.

증기선의 개발과 확산

마침내 증기선이 시대의 대세로 떠올랐다. 범선을 앞지르게 만든 증기선의 장점은 무엇이었을까? 속도라고 오해할 수 있지만, 사실 초창기의 증기선은 범선보다 결코 빠르지 않았다. 증기선이 가진 장점은 속도가 아니라 규칙성이었다. 자연력에 의존하는 범선으로는 스케줄을 정확히 맞추는 게 불가능하다. 이런 점을 극복한 것이 증기선 시대를 연 요인이었다.

증기기관의 발명은 인류 역사의 흐름을 근본적으로 바꿔놓았지만, 사실 증기기관의 원리 자체는 고대부터 알려져 있었다. 알렉산드리아의 헤론(AD 10~70)은 물을 가열할 때 나오는 수증기의 부피가 크게 팽창하는 성질을 이용해 최초의 증기기관(aeolipile)을 만들었다. 그렇지만 이처럼 원리를 아는 것과 그것을 실제로 산업에 적용하는 것은 천지 차이다. 과학 지식 자체가 모든 것을 결정하는 게 아니라 그것을 실용 기술로 발전시켜 실질적으로 산업에 적용하는 능력이 중요하다. 산업혁명의 영웅들이 한 일이 바로 그런 것들이다. 인건비와 목재가 갈수록 비싸지는 상황에서 풍부하고 값싼 석탄을 사용하는 기계를 만들어 산업 활동을 혁신한 것이다.

여기에서 주목할 점은 개발 단계 초기부터 증기기관을 선박에 이용하려는 시도가 이어졌다는 점이다. 초기 단계에는 프랑스가 앞서 나갔지만 좋은 결과를 얻지는 못하고 대신 영국과 미국이 그 성과를 이어받곤 했다. 예컨대 로버트 보일(Robert Boyle, 1627~1691)과 함께 일하며 증기기관의 이론적 기초가 될 기본 설계 관련 사항들을 정리했던 프랑스의 물리학자 드니 파팽(Denis Papin, 1647~1712)은 증기력으로 피스톤을 움직이는 튜브들을 배 안에 설치하여 톱니바퀴 궤도를 따라 바퀴가 움직이게 하는 아이디어를 구상했고, 1690년 독일 마르부르크(Marburg)에서 실제 실험을 하여 성공을 거두었다. 그렇지만 1707년 베저(Weser)강의 수부들이 자신들의 일자리가 사라질까 우려하여 이 선박을 파괴하였다. 1776년 클로드 드 주프루아 다방(Claude de Jouffroy d'Abbans)은 증기력을 이용하여 야자수 잎과 비슷하게 생긴 노를 움직이는 선박 팔미페드(Le Palmipède)호를 만들었다. 그리고 이 기술을 사업화하기 위해 프랑스의 유명한 은행가 페리에 형제와 함께 회사를 건립했다. 2년 후인 1778년 그는 나무를 땔감으로 사용하여 외륜을 움직이는 증기선 피로스카프(Pyroscaphe)호를 프랑스 동부 지역의 두(Doubs)강에 진수했다. 5년 후에는 리옹에서 45미터 길이의 증기선을 건조하여 손(Saône)강에 띄워 몇 킬로미터를 운항했다. 그동안 론(Rhône)강과 손강에서는 배가 물살을 거슬러 올라가게 하기 위해 말 수천 마리를 동원해서 끌어야 했다. 그렇지만 루이 16세는 이 기술에 전혀 관심을 보이지 않았고, 결국 이 엔지니어는 파산하여 외국으로 망명했다.(김기태. 61) 이처럼 프랑스는 영국과 미국에서 증기선이 본격적으로 실용화하기 전에 많은 실험을 하고 상당한 성과를 거두었지만, 사업화할 수 있는 좋은 기회를 매번 놓쳤다.

프랑스는 중요한 전환기에 해양으로부터 점차 멀어져가며 스스로 쇠락해간 면이 있다.(Attali, 126) 17세기 말만 해도 프랑스는 유럽 내 최강의 해군력을 자랑했다. 아우크스부르크 동맹전쟁(1688~1697) 중 1690년 비치헤드(Beachy Head) 해전에서 프랑스는 막강한 해군력으로 영국-네덜란드 동맹 해군을 누르고 영불해협을 지배했다.(Black) 루이 14세 시대는 프랑스 해군이 상대적으로 매우 강력했던 때다. 그런데 이 이후 프랑스 해군력이 영국에 밀리기 시작했다. 다만 18세기에는 선박의 품질 차이는 없고 단지 수의 차이였다. 7년전쟁(1756~1763) 중 프랑스와 스페인이 동맹을 맺어 영국에 위협이 되었으나 그래도 아직 영국 전함의 수가 우위였다. 이때 초보적인 '2국 표준주의(Two powers standard)' 개념이 나왔다. 영국을 위협하는 적국 두 나라의 군함을 합친 것보다 영국 군함 수가 약간이라도 우위에 있도록 하자는 아이디어다.(Crouzet) 프랑스 해군은 영국에 밀린 뒤 2위 자리라도 유지하려 했으나 상대적으로 계속 쇠퇴해 갔다.(Monaque) 프랑스혁명과 나폴레옹 시기에 일어난 매우 중요한 사건들이 바다와 관련이 있다. 1790년 제헌의회는 '해군형법(Code pénal de la marine)'을 제정했는데, 해상 사무를 제대로 파악하지 못하는 국가 권력이 섣불리 통제하려다가 해군 내 지도력을 붕괴시켰다는 평가를 받는다. 이것은 분명 이후 벌어진 여러 차례의 해전에서 프랑스가 열세를 면치 못하게 되는 원인 중 하나다. 1795년 네덜란드를 침공하여 소위 바타비아 혁명을 일으켜 친프랑스적인 공화국을 세웠는데, 이는 반(反)해양 세력과 결탁하는 의미를 띤다. 1797년에는 나폴레옹이 이집트로 진군했는데, 이는 영국과 인도의 연결을 막아 해양 세력을 약화시키려는 의도에서 행한 일이다. 그러나 역으로 1798년 툴롱(Toulon)에서 프랑스 해군이 타격을 입고, 1805년 트라팔가르 해전에서 결정적으로 패배했다. 유럽의 중심 국가 프랑스는 해양국가와 대륙국가의 성격을 둘 다 가지고 있었으나 점차 해양국가의 요소를 잃어갔다. 이제 프랑스는 부도 권력도 육상 중심으로 생각하는 경향이 강해졌다. 농경과 목축이 두 개의 젖가슴이라고 말한 쉴리(Sully, 1559~1641) 공작의 철학을 이어받은 대륙 근본주의가 더 강해졌다. 심지어 해외 식민지 정책도 그러하다. 바다는 그 자체의 의미보다도 단순히 식민지들을 연결하는 정도로만 생각했다.(Le Drian) 이것이 프랑스 국력의 상대적 쇠락에 중요한 요인으로 작용했다. 제리코(Théodore Géricault)의 그림 〈메두사호의 뗏목(Le Radeau de la Méduse)〉(1818~1819)으로 유명해진 프랑스 전함 메두사호 침몰 사건은 당시 프랑스 해군력의 수준이 어느 만큼 저급했는지 알려주는 상징이라 할 수 있다.

반대로 영국은 세계의 바다를 지배하는 힘을 강화해갔다. 나폴레옹 전쟁에서 이미 최강의 해군력으로 승리를 장악했다. 육군 또한 강력한 해군 덕분에 보급 면에서 큰 도움을 받았다. 웰링턴은 이베리아반도 전쟁에서 승리를 거둔 후 이렇게 말했다. "이 전쟁에 대해 알고 싶은 사람이 있다면 이렇게 말해줄 것이다. 내 군대에 힘을 실어준 것은 우리 해군의 우수성인 반면 적은 그러하지 못했다는 것이다."(Davey) 1815년 빈 조약에서 영국은 이전처럼 승전국으로서 대륙 내의 거점들을 요구하는 게 아니라 전 세계의 주요 해양 거점들을 얻었다. 카리브해에서 지위를 강화하기 위해 네덜란드로부터 기아나를, 프랑스로부터 토바고와 세인트루시아를 얻었다. 인도 항로를 확고히 하기 위해 네덜란드로부터 실론을 얻었고, 북해와 발트해를 통제하기 위해 덴마크로부터 헬골란트(Helgoland)를 획득했으며, 오스만제국을 감시하기 위해 몰타와 이오니아해의 섬들을 얻었다.(Attali, 132) 영국은 유럽대륙 내에 균형 잡히고 안정적인 국제 체제를 조성하고 평화정책으로 비용을 절약한 다음, 에스파냐 식민지나 중국과 같은 새로운 시장 개척으로 방향을 돌렸다. 이제 전쟁·재정국가 성격을 완화하고 해군·상업국가 성격을 강화해간 것이다. 이후 영국은 프랑스·러시아 동맹에 대비하여 해군력의 '2국 표준주의'를 취했지만, 이는 19세기를 경과하는 동안 변화해간다.(Lambert, 93~94)

이상의 과정을 보면 프랑스는 바다를 지배할 역량이 처음부터 없었던 것은 아니지만, 점차 갈수록 기회를 상실해가고 있었다. 기회는 영국과 미국으로 넘어갔다. 이 시기는 엔지니어 와트와 사업가 불턴의 협력을 통해 영국에서 기계혁명이 본격화하던 때다. 선박에 증기력을 이용하는 실험은 미국에서 많이 행해졌다.(김기태, 61~62) 1787년 미국 발명가 존 피치(John Fitch)는 자신이 발명한 증기 동력 기계로 카누의 노를 젓는 것과 유사한 방식으로 나아가는 퍼서비어런스(Perseverance)호를 건조한 후 유료 승객을 태우고 필라델피아 근방

테오도르 제리코, 〈메두사호의 뗏목(Le radeau de la Méduse)〉(1819).

메두사(Méduse, 프랑스 발음으로는 메뒤즈)호는 1810년 건조되어 나폴레옹 전쟁에 참전했다. 부르봉왕조 복고 이후 시기인 1816년 7월 2일, 옛 식민지를 복구하겠다는 프랑스 정부의 계획에 따라 프랑스 관리들과 군 병력을 세네갈의 생루이(Saint-Louis)항에 이송하는 임무를 띠고 출항했다. 쇼마레(Duroy de Chaumareys)는 1792년 이후 25년 동안 선박을 지휘한 적이 없지만, 단지 극단적 왕당파라는 정치적인 이유로 선장 직을 맡게 되었다. 그의 무능력이 큰 화를 초래했다. 항로 1도를 착각하는 실수가 110킬로미터의 오차를 가져왔다. 두 번째 실수는 아직 30킬로미터 떨어진 지점에서 모리타니 해안 가까이 왔다고 잘못 판단한 것이다. 이때 폭풍우를 만났다. 위험한 상황에서 선장이 전속력으로 배를 앞으로 나아가게 만들자 아르긴 사주(Bank of Arguin)에 처박혔고, 다시 폭풍우가 몰아칠 때 배가 파괴되었다. 400명 이상이 탈출해야 했지만, 6척의 구명정으로는 태부족이었다. 그래서 배의 목재를 이용해서 15×8미터 뗏목을 급조하고 6척의 구명정이 이 뗏목을 끌어가는 방안을 마련했다. 고위직 인사들은 구명정에 타고 있고, 허리까지 물이 차오르는 뗏목에는 선원과 병사 147명이 탔다. 줄이 끊어지자 구명정들은 견인을 포기하고 각자 흩어졌고, 뗏목은 바다 위에 내팽개쳐졌다. 뗏목 위에도 계급 구분이 있었다. 장교들은 무장을 한 채 가장 물이 적은 중앙 부근에 자리 잡았고, 나머지 병사들은 가장자리를 차지했다. 큰 파도가 몰아치자 10여 명이 휩쓸려갔다. 물과 포도주는 많이 떠내려가고, 비스킷은 24시간 안에 동났다. 곧 반란이 일어나 69명이 죽었고, 며칠 후 두 번째 반란이 일어나 다시 30명이 사망했다. 1주일이 지나자 30명만 살아남았다. 이들은 사체를 먹고 연명했다. 처음에는 그냥 먹었으나, 곧 살을 밧줄에 널어 말리고 소금을 쳐서 먹었다. 사정이 갈수록 악화되자 '군사회의'를 열어 생존 가능성이 낮다고 판단한 12명을 바다에 던져 넣었다. 바다에서 13일을 헤맨 후 7월 17일 아르귀스(Argus)호가 이들을 발견했을 때 생존자는 15명이었다. 이 중 여러 사람이 생루이항에 도착한 후 사망했고, 끝까지 생존한 사람은 3명이었다. 이 중 의사와 장교 한 명이 생존기를 써서 큰 파장을 불러일으켰다. 후일 선장은 재판에 회부되어 3년 동안 수감되었고, 그 후 평생 비난 속에 살았다. 제리코(Théodore Géricault)가 이 실화를 그림으로 남겼다.[Anthonioz]

에서 운항했는데, 당시 운항 거리를 모두 합치면 수천 킬로미터에 달했다. 마침 필라델피아에서 진행 중이던 제헌의회에 참가한 대표들이 이 배에 승선하기도 했다.[솔로몬. 359] 그런데 그는 뉴저지와 버지니아로부터 독점권을 수여받았음에도 사업에 자금을 대지 못해 결국 무일푼으로 죽었다. 이제 기술 개발과 사업 역량이 동반되어야 성공을 거둘 수 있는 시대가 도래했다. 로버트 풀턴(Robert Fulton)의 기선이 그러한 사례다.

19세기의 가장 창의적 엔지니어 중 한 명인 미국인 로버트 풀턴은 원래 화가의 꿈을 안고 23세에 유럽에 건너갔으나 그 꿈을 이루지는 못했다. 그 대신 유럽에서 20년을 지내는 동안 당대의 여러 선구적인 연구 성과들을 잘 습득했다.[솔로몬. 359~360] 그는 미국 대사관 직원들의 소개로 저명한 미국인들의 도움을 받고 증기선 개발에 관여하며 실력을 쌓아갔다. 심지어 잠수함을 발명하여 당시 영국과 전쟁 중이던 나폴레옹에게 팔려고 시도한 적도 있다. 1806년 미국으로 돌아간 그는 프랑스에서 만난 유력인사 로버트 리빙스턴(Robert Livingstone)과 함께 사업을 펼쳤다. 1807년 제임스 와트 회사에서 구매해 가져온 24마력짜리 증기기관으로 45미터 길이에 두 개의 외륜을 장착한 '노스 리버 스팀보트(North River Steamboat, 후일 클레몬트호로 개칭)'호를 만들어 허드슨강 위에서 뉴욕과 올버니(Albany) 사이를 항해하는 정기노선 사업을 개시했다. 범선으로는 꼬박 4일이 걸리는 240킬로미터 거리를 풀턴의 배로 32시간 내에 주파했다. 미시시피강에서는 한 단계 더 발전한 사업을 시작했다. 이들은 1809년 오하이오강과 미시시피강의 증기선 운송 독점권

노스 리버 스팀보트

1870년 제임스 매케이브가 쓴 책에 실린 삽화로 '풀턴의 괴물을 보고 경악함'이라고 적혀 있다. 여기서 풀턴의 괴물은 노스 리버 스팀보트다. 처음 기차를 보고 놀랐던 사람들처럼 엄청난 속도의 노스 리버 스팀보트의 등장에 아연실색한 모양이다.

을 얻었다. 풀턴의 말대로 "미시시피강은 정복되었다." 이 시기에 뉴올리언스는 면화 수출 항구로서 중요성을 더해갔다. 19세기 말까지 4,000척이 넘는 증기선을 건조하여, '물의 아버지' 미시시피강을 오가며 광활한 상류 지역에서 면화를 대량으로 수송해왔다.*

● 미시시피강의 증기선에 대한 자세한 기록을 남긴 작가는 마크 트웨인이다. 그는 강 위로 증기선이 다니는 것을 보며 자랐고 실제로 이런 배의 도선사로 일했다. 그의 주요 작품인 《톰 소여의 모험》(1876)과 《허클베리 핀의 모험》(1884)은 미시시피강을 주요 무대로 한다. 다만 그가 소설을 쓸 때는 이미 증기선 운항이 사양 사업이 되었고 철도가 그 역할을 대신하기 시작했다.(Thomas Smith) 언제나 그렇듯 성장과 발전이 곧 모든 사람의 행복을 증대시키지는 않는다. 이 강을 통해 100만 명 가까이 노예로 팔려갔고, 이들이 힘겹게 생산한 엄청난 양의 원면이 뉴올리언스를 통해 영국으로 수출되었다.

17. 범선에서 증기선으로

북부의 오대호 지역과 뉴욕항 역시 유사한 발전을 목도했다. 19세기 초반, 올버니에서 버펄로(Buffalo)까지 363마일 거리의 운항 시간은 32일에서 6일로 줄었고, 1톤의 곡물을 버펄로에서 뉴욕으로 수송하는 비용은 120달러에서 6달러로 95퍼센트 감소했다. 이를 통해 엄청난 경제적 효과를 누렸음에 틀림없다. 그동안 영국에서는 1812년 헨리 벨(Henry Bell)의 목조 외륜선 코메트(Comet)호가 클라이드강의 글래스고와 그리녹(Greenock)을 연결하는 항로에 정기 취항했다. 증기선을 이용한 상업 항해가 시작된 것이다. 그 뒤 10년 동안 영국에서 건조된 증기선은 151척에 달했다.[미야자키 2017, 211] 영국과 미국의 강과 호수에서 개발되고 실험을 거쳐 사업에 본격적으로 활용되기에 이른 증기선은 다음 단계로 대양 항해에 도전했다.

해양 네트워크의 확산

영국과 미국 내부의 강이나 호수, 연안 지역을 오가는 데에 증기선을 성공적으로 사용했다고 해도, 대양 항해에 증기선을 투입하는 것은 또 다른 문제다. 일찍이 1819년 사바나(Savannah)호가 31일 만에 대서양을 건넜다고 하나, 실제로 증기기관을 사용한 건 8시간에 불과하고 나머지 항해에는 돛을 사용했다. 이 배는 후일 엔진을 걷어내고 범선으로 돌아갔다. 다른 배들도 위급한 상황을 맞거나 혹은 정박지에서 출항·입항할 때만 증기기관을 사용하곤 했다. 대양 항해 전 구간에 걸쳐 엔진을 사용한 사례는 쿠라사오(Curaçao)호가 처음이다. 이 배는 영국에서 건조하고 네덜란드가 구매한 438톤 크기의 외륜선으로, 1827년 승객과 우편물, 약간의 화물을 싣고 네덜란드령 서인도제도로 항해해갔다. 이후 1830년대 초에 캐나다에서 건조한 증기선 로열 윌리엄(Royal William)호가 다시 대서양을 건넜다. 이 시기에 선보인 초기의 외륜선은 엄청난 양의 석탄을 소비하면서도 고작 6노트 미만의 속도만 냈기 때문에 범선과의 경쟁에서 매우 불리했다. 무엇보다 너무 많은 석탄을 소비하므로 적당한 지점마다 저탄소를 두어야 했다. 지중해에서는 500~600마일마다 석탄을 보급하며 항해하는 게 가능하지만, 대서양에서는 사정이 훨씬 어려웠다.(Graham) 또 대량의 석탄을 싣느라 화물과 여객의 자리를 넓게 마련하지 못했다. 19세기 중엽이 지날 때까지 오랫동안 증기선보다 차라리 범선이 지배적이었던 이유다.(Hatheway)

그럼에도 증기선은 이런 문제들을 극복해가며 서서히 먼 바다로 나아갔다. 물자와 서신 그리고 종국적으로는 많은 사람이 증기선을 이용해 대륙 간 이동을 했고, 그 결과 세계 경제의 발전에 기여했다. 이와 같은 발전에는 국가가 지원하는 정기우편선 사업이 결정적 공헌을 했다. 글로벌 차원에서 자국과 식민지의 방어와 경제 성장을 위해 빠르고 정확한 정보 전달이 중요한 문제로 떠올랐다. 이런 필요를 절감한 일부 국가들은 보조금 정책을 통해 사업을 지원했다. 수익성이 보장되니 선박 회사들로서는 이 사업에 도전해볼 만했다. 영국과 미국을 필두로 정기우편선 회사들이 만들어졌다. 이 회사들은 처음에 범선으로 사업을 시작했다가 점차 증기선을 투입했다. 곧 이 선박들이 승객 운송도 담당했다. 이 과정을 거치면서 증기선이 세계의 바다를 누비게 된 것이다.

17. 범선에서 증기선으로

1822년 영국-인도 정기우편선 사업이 제도화된 것이 첫 무대로, 여기에서 여러 실험이 이루어졌다. 영국에서 인도로 갈 때 아프리카 희망봉을 돌아 직항할 것인가, 아니면 지중해를 지나 육로로 수에즈지협을 건넌 후 홍해에서 다시 선박을 이용해 인도로 가는 방식을 택할 것인가? 수에즈 루트를 이용하면 봄베이(오늘날 뭄바이)가 캘커타보다 무려 1,300마일 더 가깝다. 이 때문에 봄베이에 밀려날 우려가 있는 캘커타는 희망봉 항로를 유지하고자 하는 의도로, 이 항로가 멀기는 하지만 예상치 못하는 정치 불안 요인이 없다는 주장을 펼쳤다. 그리고 희망봉 항로를 활성화하기 위해 8,000파운드를 걸고 공개 경쟁 실험을 제안했는데, 영국에서 캘커타까지 70일 이내에 왔다가 다시 70일 이내에 영국으로 귀환하는 항해가 가능한지 시도하는 것이었다. 1826년 464톤급 증기선 엔터프라이즈(Enterprize)호가 도전장을 내밀었다. 원래는 카보베르데, 희망봉, 모리셔스 세 곳에서 석탄을 보급받고 운행해야 하지만, 시간을 아끼기 위해 배 안의 가능한 모든 공간에 석탄을 채우고 한 번에 주파하는 미친 아이디어를 냈다. 하지만 오히려 석탄 때문에 선체가 너무 무거워져서 113일이 걸려서야 캘커타에 도착했다. 선내는 17명의 승객과 약간의 화물을 제외하고 대부분 석탄으로 차 있어서 도저히 이익을 기대할 수 없었다. 계산해보니 중간에 석탄을 보급했어도 85일 내에는 도착하지 못하는 것이 분명했다. 이 배를 이용해 다시 영국으로 귀국하는 것도 불투명한 상황이 되자, 그 노력을 가상히 여겨 인도 식민 당국이 배를 구매해주었다.

일단 증기선을 이용한 희망봉 항해는 사업성이 너무 떨어지는 것으로 드러났다. 다음에는 수에즈 루트의 사업 가능성을 타진할 차례다. 먼저 1829년 휴 린지(Hugh Lindsay)호로 봄베이에서 수에즈까지 항해 실험을 한 결과 37일 만에 도착했다. 희망이 보이기 시작했다. 1830년에는 토머스 와그혼(Thomas Waghorn, 1800~1850)이 런던에서 수에즈까지 41일 만에 항해하는 데 성공했다. 지중해와 인도양 양쪽 방면에서 항해 가능성을 확인했으니, 이제 그 중간에 위치한 지협을 통과하는 여정을 개발해서 양쪽 항로를 연결하면 된다. 여행객들은 낙타나 당나귀를 타고 알렉산드리아에서 마흐무디아(Mahmoudia)까지 간 다음 이곳에서 보트로 마흐무디아 운하*를 타고 카이로까지 갔고, 이곳에서 며칠 밤을 지낸 다음 베두인의 낙타 캐러밴을 이용해 홍해까지 갔다. 수에즈지협을 통과하는 여행은 불편하지만, 대신 별빛 아래 고요한 밤길을 가기도 하고 신기루를 보는 등 매우 인상적인 감흥을 주기에 충분했다. 물론 낙타 수천 마리로 승객과 짐, 우편물, 게다가 물과 석탄 등을 옮겨야 했고, 무엇보다 석탄 값이 매우 높았으니 비용이 많이 들 수밖에 없었다. 그리고 홍해에서 인도로 갈 때에도 몬순을 거슬러가는 항해가 여전히 쉽지 않았다. 이런 난점에도 불구하고 증기선을 이용한 우편선 사업은 조금씩 자리를 잡아갔다.

이 사업을 본격적으로 수행한 회사가 '피닌슐러 앤드 오리엔탈 스팀 네비게이션사'(Peninsular & Oriental Steam Navigation Company, 약

● 나일강의 마흐무디아항에서 출발하여 알렉산드리아를 통과한 후 지중해까지 가는 운하로, 알렉산드리아에 식량과 식수를 공급하는 용도로 건설했다.

칭 P&O)였다. 1822년 월컥스(Brodie McGhie Willcox) 등이 창립한 이 해운 회사는 증기선을 임차해서 영국과 이베리아반도를 정기적으로 왕래하는 사업을 시작했다. 1830년대 에스파냐에서 내전이 일어났을 때 영국 해군성이 이 회사에 보조금을 제공하며 지원 업무를 맡겼다. 이 덕분에 팔머스(Falmouth)로부터 에스파냐, 포르투갈, 지브롤터로 가는 우편 업무를 독점했다. 1840년에는 다시 해군성의 보조금을 받아서 지브롤터에서 이집트의 알렉산드리아까지 정기 항로를 개설해서 주 1회 선박을 운행했다. 이것이 더 확대되어, 육로를 통해 수에즈항구까지 간 후 그곳에서 다른 배를 이용하여 스리랑카의 갈레(Galle)를 거쳐 캘커타까지 가는 인도 항로 사업을 개척한 것이다. P&O는 1842년 증기선 힌두스탄호로 수에즈와 캘커타 간 정기 항로의 우편 수송 업무를 맡았다. 곧이어 1845년 갈레와 홍콩 사이에 정기 항로를 개설했고, 1847년 갈레-봄베이, 1850년 홍콩 - 상하이, 그리고 1863년에는 상하이, 나가사키, 요코하마도 정기선으로 연결했다. 그리하여 P&O는 영국과 아시아-오세아니아 각지를 연결하는 대표적인 해운 회사가 되었다. 결국 증기선이 인도 항로를 장악하였고, 영국 식민지 경영의 핵심 인프라로 자리 잡았다.(Graham)

이 항로들을 연결하는 과정에서 최대 난제는 여전히 석탄 확보 문제였다. 유럽과 아프리카, 아시아 주요 지점에 저탄소를 두어 중간에 연료를 공급해야 했는데, 당시 이것을 할 수 있는 나라는 영국밖에 없었다. 이런 조건 때문에 상대적으로 볼 때 영국의 세계 해상 지배력이 그 어느 시대 패권국보다 훨씬 강했다. 그러나 곧이어 프랑스가 여기에 도전했다. 1862년 제국우선회사(帝國郵船會社)가 월 1회 마르세유 – 알렉산드리아 – 수에즈 – 사이공을 연결하는 정기 항로를 개설하고 사이공 – 홍콩 지선을 만들었다. 다음해 1863년 홍콩 – 상하이, 1865년 상하이 – 요코하마 항로를 개설했다. 마르세유와 요코하마는 1865년 정기 항로로 연결되었다.[미야자키 2017, 227]

지구적 해운 네트워크의 확산은 조선에까지 닿았다. 1883년 개항 이후 인천은 국제 물류 운송의 요충지였다. 이곳에는 우선 일본 해운 회사들의 본점 혹은 지점이 설치됐다. 호리 리키타로(堀力太郎)가 세운 호리기선회사 본점을 비롯해 일본우선주식회사(日本郵船株式會社) 인천지점, 오사카상선 인천지점 등은 회사 소유 기선으로 인천항의 물류 운송을 독점했다. 이들의 배는 청일전쟁과 러일전쟁 당시에는 병력과 군수물자를 수송하는 선박으로도 사용되었다. 현재도 도쿄에 본사를 두고 해운업을 계속하고 있는 일본우선주식회사는 1885년 10월 우편기선미쓰비시회사(郵便汽船三菱會社)와 공동운수회사의 합병으로 설립되었다. 1886년 7월 일본우선주식회사 인천출장소는 인천지점으로 승격되었다.

우리 자본으로 세운 회사도 등장했다.[한국민족문화대백과사전] 1900년 인천에 설립되었던 대한협동우선회사(大韓協同郵船會社)는 정부 소유 기선인 536톤의 창룡호(蒼龍號)와 709톤의 현익호(顯益號)를 매년 1만 원의 용선료를 납부하기로 하고 정부로부터 세입(貰入)하였다. 창룡호는 외국 항로인 인천과 옌타이(烟臺) · 상하이 사이를, 현익호는 국내 연안 항로인 인천 · 군산 · 목포 · 제주 · 부산 · 북관 간을 각각 취항시켰다. 같은 해 10월 궁내부에 15만원을 납부하고 창룡호와 현

17. 범선에서 증기선으로

익호, 그리고 1,027톤의 차오저우부호(潮州府號)를 구입하였다. 차오저우부호는 한성호(漢城號)라 이름을 고치고 처음에는 옌타이·상하이·나가사키·고베 등 주로 외국 항로에 취항시켰다가 뒤에는 군산·목포·원산·북관 방면에 부정기적으로 취항시켰다. 1901년 5월에는 97톤인 협동호(協同號)를 일본인으로부터 2만 원에 구입해 진남포·만경대·군산·목포 항로에 취항시켰다. 이 선박은 뒤에 순신호(順新號)라 이름을 고쳐 불렀다. 1902년 7월 일본에 주문해 새로 만든 147톤의 일신호(日新號)를 진남포·만경대 항로에 취항시켰다. 그러나 1903년 봄 일본인 회사 호리상회(堀商會)와 경쟁하다가 손해를 입고 경영이 부진해졌다. 1904년 러일전쟁이 발발하자 창룡호와 현익호는 일본군 군수품 수송에, 일신호와 순신호는 일본군 수송에 각각 징발되었고, 경영 부진에 빠지고 말았다.

1905년 8월 〈한국 연해 및 내하 항행 약정〉의 체결로 일본인의 조선 연안 및 하천 항로 진출이 법적으로 인정되면서 상권 경쟁은 일본인의 승리로 끝났다.[하지영, 192] 이후 조선 연안 항로 경영은 일본인 항운업자들에 의해 독점되었는데, 이들은 부산기선주식회사(釜山汽船株式會社), 목포항운합명회사(木浦航運合名會社), 요시다선박부(吉田船舶部) 등 회사를 설립해 정부로부터 항해 보조금을 교부받으며 적극적으로 항로를 경영했다. 이후 1912년 '조선의 산업 개발'을 위해 '연안 항로 통일'을 목적으로 설립된 조선우선주식회사는 조선총독부 지원하에 조선 연안 항로를 독점적으로 경영하게 되었다. 한반도 전 연안에 걸쳐 개설된 연안 항로 노선은 철도망과 연결되는 개항장을 중심으로 편성된 것으로, 식민지 수탈과 함께 일본-조선-

만주 간 연락을 용이하게 하려는 조선총독부의 정치·군사적 목적을 강하게 내포하고 있었다.

대서양의 정기 우편선 노선

대서양 방면에서는 더 일찍 정기우편선 사업을 실험했다. 최초의 회사는 1817년 사업을 시작한 블랙볼 라인(Black Ball Line)으로, 미국 뉴욕의 퀘이커교도들이 만든 회사였다. 이 회사 선박들은 파수대에서 빨리 알아볼 수 있도록 돛에 검은 구슬(블랙볼) 마크를 한 것이 특징이었는데, 1878년 파산할 때까지 60년 동안 이런 모양을 하고 바다를 누볐다. 초기에 이 회사는 클리퍼 선을 사용했다. 그런데 범선은 자연력에 의존하는 이상 언제 항해를 마치고 입항할지 정확히 알 수 없으므로, 이런 시스템으로는 정기선 체제를 효율적으로 운영할 수 없다. 문제를 해결하기 위해 일단은 같은 속도의 우편선(packet ship) 4척을 취항시켜서 매달 같은 날에 출항하는 방식으로 대처하며 리버풀과 뉴욕 사이를 운항했다. 이 배들은 50톤의 작은 배였지만, 점차 더 큰 배들을 투입했다. 사업이 원활해지면서 운임이 싸졌고 더욱 많은 승객을 모집했다. 그렇지만 근본적인 문제는 여전히 미해결 상태로 남았다. 앞서 이야기한 대로 범선을 사용하는 경우 동행(東行)은 25일, 서행(西行)은 43일로 운행 시간 차이가 2주 이상이어서, 운항 시스템이 제대로 작동하기 어려웠다. 이 문제의 해답은 결국 증기선이었다.

대서양 우편선 사업에 증기선을 도입하는 데 중요한 기여를 한

회사는 큐너드사(Cunard, 공식 이름은 The British and North American Royal Mail Steam Packet Company)다. 캐나다 시민 새뮤얼 큐너드(Samuel Cunard)는 보스턴에서 일하다가 자신의 회사를 설립했는데, 대서양 항해에 증기선을 본격적으로 이용할 생각을 했다. 영국 정부가 공고한 사업에 여러 업자들이 로비하며 응찰했는데, 1839년 놀랍게도 큐너드에게 사업권이 돌아갔다. 스코틀랜드에서 건조한 목제 외륜 증기선 세 척을 한 달에 두 번씩 출항시켜 리버풀을 떠나 캐나다 노바스코샤(Nova Scotia)의 핼리팩스(Halifax)를 들렀다가 보스턴으로 가는 사업을 하고, 이에 대한 지원금으로 매년 5만 5,000파운드를 받는 조건이었다. 후일 네 번째 선박이 투입되면서 지원금 액수는 8만 1,000파운드로 올랐다. 이 회사 선박들(Britannia, Acadia, Caledonia, Columbia)은 규모가 비슷했다. 예컨대 브리타니아(Britannia)호는 115명의 승객과 225톤의 짐을 싣고 740마력 엔진으로 8.5노트(15.7km/h)의 속도를 냈다. 이 선박은 대서양을 넘어 핼리팩스까지 가는 항해를 12일 10시간에 주파하여 놀라운 가능성을 선보였다. 일반적인 우편선으로는 여전히 수 주가 걸리던 때였다. 큐너드사가 보조금을 지급받으면서 사업을 운영할 때 원래 핵심 요소는 규칙성이었으나, 점차 속도의 중요성도 커져갔다.(Barker) 그러나 이 배는 증기기관이 고장 나는 만일의 사태에 대비하여 3개의 마스트에 돛을 달고 있었다. 또 하루 석탄 소비량이 38톤이라 총 적재량의 74퍼센트를 석탄이 차지하므로 대량의 화물 운송은 불가능했으며, 따라서 아직은 클리퍼와 경쟁하기가 쉽지 않았다. 그래서 이 회사가 생각해낸 게 고급 서비스 제공이었다. 예컨대 선상에서 젖소를 키워 매일 신선한 우유를 탄 밀크티를 제공했는데, 이것은 육상에서도 하기 힘든 고급 서비스였다. 큐너드사는 이후 로도 빠른 속도와 좋은 서비스로 승부했다.(Hatheway) 1862년에는 큐너드사가 최초의 스크루 증기선 페르시아(Persia)호를 대서양 항로에 투입했다.

한편 1841년에는 미국의 뉴욕·리버풀 우편선회사(New York and Liverpool United States Mail Steamship Company, 일명 콜린스 라인(The Collins Line))도 미국 정부의 지원을 받아 증기선을 이용한 정기우편 수송을 시작했다. 콜린스 라인은 페리(Matthew Calbraith Perry) 제독(다름 아니라 에도 시대 말기 일본에 와서 개방을 강요했던 바로 그 인물이다)의 감독하에 2,000톤 이상의 목조 외륜선 5척을 건조해 큐너드사에 대항했다. 이 선박들에는 1,000마력 이상의 엔진을 탑재했다. 이런 활동의 대가로 정부로부터 연 38만 5,000달러의 지원금을 받았다.(Hatheway) 두 회사 간 치열한 가격 경쟁으로 북대서양 항로의 운임이 반값이 되었으니 미국 이민자에게는 좋은 소식이었다.

19세기 후반 세계의 바다 위에는 갈수록 더 많은 증기선이 운항했다. 거대한 증기선은 국가의 영광을 나타내는 상징이었다. 미국과 영국 두 나라의 자존심이 걸린 경쟁 때문에 양국 신문들은 상대국에 대해 날카로운 비판 기사를 썼고, 정치인들도 가세했다.

분명 성공적으로 사업 확대가 이루어졌으나, 문제는 여전히 높은 유지 비용과 연료 비용이었다. 사실 항해 후에는 매번 엔진이나 선체 등을 수리해야 했다. 이는 곧 당시 선박들의 안전이 확실하게 보장되지 않는다는 의미이기도 하다. 실제 해양 사고로 인한 인명 및

17. 범선에서 증기선으로

물적 손실도 컸다. 1854년 아크틱(Arctic)호가 항해하다가 프랑스 선박 베스타(Vesta)호와 충돌하여 322명이 목숨을 잃은 사건이 대표적이다. 이 사건은 해운 사고에 중요한 선례를 남겼다. 생존자 85명 중 61명이 선원이라는 점에서 승객의 안전을 우선시하지 않는다는 윤리 문제가 제기되었을 뿐 아니라, 무엇보다 구명정이 턱없이 부족했다는 점이 드러났다. 특히 희생자 중에 콜린스 라인의 창업자 에드워드 콜린스(Edward Knight Collins)의 부인과 아들, 딸이 있어서 더욱 큰 충격을 주었다. 그런데 이 선박과 충돌한 철제 선체의 베스타호는 상대적으로 피해가 적어서 수리를 마친 후 다시 항해가 가능했다.● 이 사건으로 철제 선체가 훨씬 안전하다는 점이 분명해졌다. 안전을 강화해야 한다는 데는 모두 공감했지만 1912년 타이태닉(Titanic)호 사고에서 보듯 여전히 많은 문제를 안고 있었다.(Wells)

거대 선박의 등장

대양 항해 사업의 성공을 위해서는 안전한 대형 증기선 개발이 핵심이다.

1830년대 대양 항해 전용 증기선을 건조하겠다는 대담한 계획을 처음 제시한 사람은 역사상 최고의 엔지니어 중 한 명으로 손꼽히

● 아크틱호의 탑승자 약 400명 중 생존자는 선원 61명, 남성 승객 24명이었으며, 여성과 아동은 전원 사망했다. 반면 베스타호의 탑승자 약 200명 중 사망자는 10여 명에 불과했는데, 이들은 성급하게 구명정에 타고 내렸다가 그 구명정이 아크틱호와 충돌하는 바람에 사망했다. 베스타호에 남아 있던 사람들은 전원 무사했다.

는 이점바드 킹덤 브루넬(Isambard Kingdom Brunel)이었다. 브루넬은 교량, 터널, 철도 등 다방면에서 당대 최고의 작품들을 남긴 외에 역사에 남을 거선 3척(그레이트 웨스턴호, 그레이트 브리튼호, 그레이트 이스턴호)을 건조했다.[Pugsley, 7장] 그는 영국의 서부철도회사(Great Western Railway Company)에서 근무하고 있었는데, 이 회사가 런던과 브리스틀 간 기차 노선을 열자 증기선을 이용해 이 노선을 뉴욕까지 연장한다는 대범한 계획을 세웠다. 런던과 뉴욕을 직접 연결하겠다는 아이디어를 구현하는 과정에서 핵심적인 것은 대서양을 안전하고 빠르게 건널 수 있는 선박의 확보다. 브루넬은 길이 72미터, 1,340톤급의 고급 목제 증기선 그레이트 웨스턴호를 건조했다. 그런데 라이벌 항구도시 리버풀도 대서양 횡단 증기선 경쟁에서 뒤처지고 싶지 않았다. 이 도시의 브리티시 앤드 아메리칸 스팀 네비게이션 회사(British & American Steam Navigation Company)는 새로 배를 건조하기에는 시간이 부족하므로 범선 시리우스(Sirius)호를 빌려 증기선으로 개조한 다음 대서양 횡단 항해에 투입하기로 결정했다. 증기선 간 대서양 횡단 경쟁이라는 역사적 대결이 벌어졌다. 결과는 시리우스호의 승리였다. 1838년 4월 4일 아일랜드의 코크(Cork)항을 떠난 시리우스호는 18일 걸려 4월 22일 뉴욕항에 도착했다. 그레이트 웨스턴호는 바로 다음날 도착했다. 사실 그레이트 웨스턴호는 화재 사고가 일어나 수리를 하느라 4월 8일에야 브리스틀항을 떠났으니, 실제 항해 일수는 15일이어서 더 빠른 속도로 항해한 셈이다. 비행기로 반나절이면 대서양을 건너는 현재 시점에서는 이것이 그토록 엄청난 사건으로 보이지 않을지 모르지만, 범선을 이용

17. 범선에서 증기선으로

하여 대서양을 서쪽에서 동쪽으로 건넌 최고 기록이 3주, 멕시코만류를 이기고 가야 하는 반대 방향 항해의 최고 기록이 6주였던 당시 상황을 감안하면, 항해 시간을 보름으로 줄인 것은 획기적인 사건이었다. 이후 그레이트 웨스턴호는 호화 여객선으로서 1838년부터 대서양을 64회 횡단해 증기선 정기 취항을 궤도에 올렸다.[미야자키 2017, 213] 그러므로 진정한 의미의 정기선 운항은 이 배와 함께 시작되었다고 해도 과언이 아니다. 이후 증기선의 항해 속도는 갈수록 개선되었다. 그레이트 웨스턴호에는 450마력 엔진을 장착했는데, 조만간 19세기 말이 되면 5,000마력 엔진을 장착한 선박들이 6~7일에 대서양 횡단을 마칠 수 있었다.[김기태, 69]

증기선의 초기 형태는 외륜선이었다. 제작하기도 힘들고 전함으로 사용하는 경우는 외륜이 적의 표적이 될 것이 분명하다. 이 문제를 해결한 것이 스크루 방식이다. 영국인 프랜시스 스미스(Francis Smith)가 기술 개발에 힘써 1836년 영국해협에서 시험 주행에 성공했다. 1839년 영국 해군성이 소형 스크루 선 아르키메데스호를 보고 매료되었다. 1846년 브루넬은 날개가 여섯 개인 대형 스크루를 장착한 최초의 철제 대형선 그레이트 브리튼호(길이 96.6미터, 폭 15.5미터, 깊이 15.3미터, 3,270톤)를 6년에 걸쳐 건조했다. 당시만 해도 과연 쇠로 만든 배가 물에 뜰까 의심하던 시절이었는데, 이 선박은 철제 대형선이자 동시에 스크루 추진선으로 건조했으니 조선 역사에 길이 이름을 남기게 되었다. 선박 건조에 철을 많이 사용한 이유는 목재 가격이 상승한 데다가 철제 선박의 마찰이 목선에 비해 적어도 20퍼센트 정도 적어서 운항 속도가 더 빠르기 때문이다. 게

그레이트 웨스턴호(위)와 그레이트 브리튼호

19세기 최고의 엔지니어 브루넬이 건조한 거대 선박들로, 목제선인 그레이트 웨스턴호에서 철제
선인 그레이트 브리튼호로 진화했다.

다가 길이 대 폭의 비율이 목선은 5~6대 1인데 비해 철선은 11대 1로 만들 수 있어서 더 좋은 결과를 얻었다.[김기태, 69~70] 그레이트 브리튼호는 1846년 아일랜드 던드럼(Dundrum)만에서 좌초했는데, 선창이 6개 부분으로 나뉘어 있는 데다가 철제 선체가 강인한 덕분에 침몰을 면했다. 모든 승객과 승무원이 안전하게 하선했고, 배는 이후 수리를 거쳐 다시 항해에 사용되었다. 이로써 철선의 우위가 분명하게 입증되었다. 이 배는 오스트레일리아 항로에 투입되었다가 크림 전쟁과 세포이 반란 때는 군사 수송선으로 징발되었고, 그 후 석탄과 양모를 보관하는 창고 선박으로 사용되었다. 이후 완전히 방치되었다가 1970년 브리스틀의 드라이 도크(dry dock) 조선소로 돌아와서 현재 해사박물관으로 사용되고 있다.[미야자키 2017, 214~216]

영국에서는 선박 건조에 철 사용량이 점차 늘어난 반면 미국에서는 계속하여 목재를 고집했다. 영국의 철과 미국의 목재 간 경쟁은 얼마 지나지 않아 영국의 완승으로 판명 났다. 목재는 나무가 가진 크기의 한계 때문에 큰 선박을 만들 수 없었다. 반면 영국에서는 철을 이용하여 더 크고, 가볍고, 튼튼하고, 더 나은 품질의 선체를 만들었다.[Hatheway]

브루넬의 최후 작품은 그 당시 가장 큰 배의 5~6배나 되는 초대형 거함이었다. 엄청난 양의 석탄을 싣고도 승객과 화물을 충분히 실을 수 있을 정도로 큰 배를 만드는 것이 목표였다. 이 배는 건조 중에는 '리바이어던호'라고 부르다가 후일 '그레이트 이스턴호'로 정식 명명되었다. 길이 207미터, 폭 25미터, 깊이 18미터, 총 톤수 1만 8,914톤으로 당시로서는 상상도 하기 힘든 엄청난 거함이었다.

이 선박에는 스크루 말고도 6개의 마스트에 가로돛을 예비로 준비했고, 오스트레일리아에서 돌아오다 갠지스강 지류인 후글리강을 올라가 캘커타항에 기항해야 하므로 얕은 강에서 운항할 때 필요한 직경 18미터의 외륜 두 개도 실었다. 그렇지만 브루넬이 아무리 천재적인 엔지니어라 하더라도, 그 시대의 기술 수준에서 이처럼 거대한 선박을 건조하는 것은 결코 쉬운 일이 아니었다. 브루넬은 한 차례 진수에 실패하는 등 온갖 곤경을 겪다가 끝내 이 배의 건조를 보지 못하고 사망했다. 1860년 완성된 그레이트 이스턴호는 일등선객 800명, 2등선객 200명, 3등선객 800명 등 총 1,800명의 승객을 태울 수 있었다. 건조 후에는 원래 목적지인 오스트레일리아가 아니라 대서양 항해에 취항했는데, 3년 동안 9회 대서양 항해를 했으나 승객이 모이지 않아 적자를 면치 못했다. 1869년 수에즈운하가 개통되었을 때 이 배의 폭이 운하 폭보다 커서 운하를 이용하지 못한다는 사실이 치명적 결함으로 작용했다. 결국 승객을 구하지 못해 경영난에 빠진 결과 경매에 부쳤다. 끝내 리버풀의 머지(Mersey)강변에 계류되어 수상극장으로 쓰이다가 1888년부터 3년에 걸쳐 해체되었다. 이 배가 일종의 놀이공원이 되어 곡예사들이 로프 위에서 재주넘기를 하고 마술사들과 칼 던지는 사람들이 공연을 하고 있다는 소식을 들은 선박 회사 사장 다니엘 구치는 "불쌍하고 낡은 배여, 너는 더 나은 운명을 살 자격이 있다. …… 배가 그런 비천한 용도로 쓰일 바에는 차라리 부숴버리는 게 나을 뻔 했다"고 일기장에 썼다.[캐드버리. 66] 해체하기 전에 이 배를 효과적으로 사용한 적이 있는데, 1865년 이후 대서양 해저 케이블을 설치한 일이다(18장 참

17. 범선에서 증기선으로

조). 원래 목적대로 승객을 운송하는 데는 성공하지 못했지만, 사람들이 모르는 사이에 세계의 거대한 변화를 촉진하는 혁명적인 일을 수행한 것이다.

전염병의 세계화

해운의 발달은 긍정적인 결과만 가져온 게 아니다. 사람과 상품과 함께 병균도 빠른 속도로 대양을 넘어 세계 각지로 퍼져나갔다. 최초의 진정한 팬데믹(pandemic)은 아마도 콜레라일 것이다. 지난 시대에도 흑사병이나 천연두처럼 지구상의 광대한 지역으로 확산해간 전염병들이 있지만 그것들은 낙타 캐러밴이나 범선을 통해 비교적 느리게 퍼져갔다. 반면 콜레라는 클리퍼나 기선, 기차라는 혁신적인 교통수단을 이용해 몇 년 내에 전 세계 각지로 전파되었다.

콜레라는 1817년 인도 갠지스강 유역의 캘커타(현재 이름은 콜카타)에서 처음 발생했다는 것이 정설이다. 캘커타는 수많은 인구가 밀집하여 살아가는 더러운 환경의 대도시인 데다가 상인, 행정가, 군인, 순례자 등이 지속적으로 왕래하는 곳이며, 새로운 도로와 철도, 항로의 기착점이다. 세계를 향해 퍼져나가는 전염성 세균의 입장에서는 이보다 좋은 곳이 없을 것이다.

콜레라는 처음 발병한 후 여섯 번 세계적 유행을 일으켰다. 1817~1824년 일어난 1차 대유행은 주로 동아시아로 확산했다. 육로가 아닌 해로가 주요 전파 경로라는 점에 주목할 필요가 있다. 이병은 캘커타에서 시작되어 말라카해협을 거쳐 중국 동부 연안에 도착했고, 그다음 베이징과 중국 동북부 지방을 거쳐 1821년(순조 21) 8월 13일(음)부터 평안도 지방에 크게 유행했다. 신사년(辛巳年) 괴질 혹은 호열자(콜레라라는 말을 음차한 말로 '虎列刺' 혹은 '虎列拉'으로 표기했다)로 알려진 이 병으로 당시 국내 사망자가 수십만 명에 이른다고 보고되었다. 실제 사망자는 100만 명으로 추정된다고 하니, 조선 전체 인구의 10퍼센트가 한 번에 사망한 셈이다. 병세가 이토록 극심하니 이 병이 퍼지는 곳마다 극심한 공포를 불러일으켰다. 이 병의 원인균인 비브리오 콜레라(Vibrio Cholerae, 진동하는 모습에서 vibrio라는 이름이 붙었다)균이 인체 내에 침입한 후 6시간에서 5일간의 잠복기간을 거쳐 소장에서 콜레라 독소를 증식시키는데, 설사와 구토, 발열, 복통이 동반되며, 대부분 과도한 설사로 인한 탈수로 사망한다. 근육 경련, 쇼크를 보이다가 얼굴이 핼쑥하게 변형되고 모세 혈관 파열로 얼굴빛이 검푸르게 변하며 죽었다. 멀쩡하던 사람이 반나절 만에 이런 처참한 모습으로 갑자기 죽음에 이르니 사람들이 극심한 공포에 휩싸이는 것도 당연했다. 구토와 설사를 통해 나오는 엄청난 양의 세균이 다시 해당 지역의 수원지로 들어가서 여러 사람에게 병을 옮겼다. 19세기에 콜레라 치사율은 50~79퍼센트 이상이었다.[신동원, 37]

1차 유행 당시에는 콜레라가 유럽에까지 전해지지는 않았다. 그때만 해도 열대의 질병이 온대 지역으로 들어오면 맥을 못 출 것이라고 막연히 생각하고 있었다. 그렇지만 1826년 2차 대유행 이후 이 병이 유럽으로 상륙해 들어왔다. 당시 러시아가 페르시아, 터키, 폴란드 등에서 군사 활동을 전개하고 있었다. 이때 중동에서 싸운 러시아군을 통해 들어온 콜레라가 다시 폴란드의 전장으로 옮겨지면서 유럽으로 확산되었다. 병균이 상인과 군대를 따라 옮겨간 것이다. 1830년에는 모스크바에 콜레라가 발병하여 사망률이 50퍼센트에 이를 정도로 큰 피해를 입힌 다음 독일과 폴란드로 전해졌고, 1832년 선박을 타고 영국에 입성했다. 이해 런던에서는 한 달 만에 2,600명이 사망했다. 그 다음에 다시 발발했을 때는 한 달에 1만 1,000명이나 사망했다. 콜레라는 1832년 아일랜드에 도착한 후 몬트리올과 퀘벡으로 이주하는 이민자들을 따라 대서양을 건넜고, 그곳에서 남하하여 미국의 여러 지역에 퍼졌다. 이 병은 이리(Erie)운하를 따라 늘어선 도시들을 덮친 다음 뉴욕을 강타했고, 조만간 멕시코까지 퍼졌다. 한편, 메카로 순례를 떠난 사람들은 1831년 그곳을 휩쓸었던 질병을 멀리 떨어진 고향으로 옮겨왔다.● 카이로에서는 전체 주민 중 약 13퍼센트가 전염병에 걸려 사망했다. 그야말로 전 세계가 콜레라로 고통을 겪고 있었다. 이후로도 유사한 방식으로 여러 차례 콜레라가 유행하며 전 세계로 퍼져갔다. 주요 발병 지역 대부분이 대규모 항구도시 혹은 교통 중심지인 대도시라는 점에서 이 병의 특성을 확인할 수 있다. 기선과 운하, 해로의 발달에 발맞추어 세계화된 전염병이었다.

● 이슬람의 성지 순례(hajj)는 예전부터 있었으나, 증기선이 등장한 이후 훨씬 더 큰 규모로 확대되었다. 극빈층도 싼 표를 얻어 메카로 갈 수 있게 되었고, 대규모의 인구 이동은 곧 전염병 확산으로 이어졌다. 콜레라 발원지인 인도에서 중동 지역으로 너무 많은 순례자들이 이동해오는 데 대해 이슬람 국가 간 혹은 이슬람 국가들과 인도 식민 당국 간에 복잡미묘한 갈등이 일어났다.

당시 의사들이나 학자들은 이 병의 정체를 전혀 파악하지 못하고 있었다. 널리 받아들여진 설명은 장기(瘴氣, 축축하고 더운 땅에서 생기는 독한 기운)로 인해 이 병이 생긴다는 것이었다. 1883년에 가서야 로베르트 코흐(Robert Koch)가 콜레라균을 발견했고, 이후 선진국들부터 상하수도 체제를 개선하고, 상수원의 염소 소독과 콜레라 예방 접종 등이 개발되었다. 런던의 대도시사업위원회(Metropolitan Board of Works)가 중심이 되어 도시 위생 시설과 상수도 체계를 건설해나간 것이 대표적인 사례이며, 곧 미국과 일본도 이를 따라 도시 위생을 개선해갔다. 20세기에 들어와서도 여전히 콜레라의 치사율은 엄청나게 높았고 세계 여러 지역에서 가공할 피해를 입혔지만, 분명 인류는 이런 전염병에 대해 조금씩 정복해나갔다.

그렇지만 이런 합리적인 태도보다는 대개 편견이 더 강하게 작동했다. 수전 손택은 유럽을 특권화된 문화적 실체로 여기는 이유는 부분적으로 콜레라가 아시아에서 유럽으로 전해졌다는 의식과도 관련이 있다는 점을 지적한다.[손택, 183] 토마스 만의 소설 《베네치아에서의 죽음》에서 유럽의 고아한 예술지상주의를 완전히 무너뜨리는 가공할 죽음의 공포는 아시아에서 들어온 병이며, 다름 아닌 콜레라다. 전에 없는 강력한 부와 권력을 쟁취했던 시점에 등장한 콜레라가 그런 것을 무화시키고 문명을 쇠락시킬지 모른다는 위협을 안겨준 것이다.

전염병의 확산은 곧 이민자에 대한 차별로 나타났다. 1892년 러시아 유대인 승객이 가득 탄 마실리아(Massilia)호가 뉴욕항에 도착했다.[Willis] 뉴욕 당국은 이들이 티푸스를 들여올지 모른다고 의심해서, 건강한 사람이든 아니든 상관없이 전원 노스브러더섬(North Brother Island)에 격리하고, 형편없는 의료 서비스와 음식을 제공했다(유대 관습 따위는 누구도 신경 쓰지 않았다). 이해 여름 콜레라가 발병하자 격리 조치가 더욱 강화되었다. 상원의원 챈들러(William E. Chandler)는 이민자들이 "우리 땅에 원래 없는 질병을 들여와서 존경할 만한 미국인들의 건강과 생명을 위협한다"고 주장했고, 동유럽과 러시아 유대인뿐 아니라 모든 이민자들의 유입을 막아야 한다고 주장했다. 그는 자신의 정책에 찬성하는 지지자의 편지 한 통을 소개했다. "우리는 온갖 종류의 병을 퍼뜨리는 더러운 하급 인간들을 더는 원치 않습니다. …… 우리에게는 이미 깜둥이들(Negroes)과 인디언들도 벅찹니다." 1900년 샌프란시스코로 들어오는 모든 중국인에 대해 격리 조치를 취했다. 그나마 이곳은 나은 편이라 할 수 있다. 그해 호놀룰루의 중국인촌에서는 아마도 기획된 총격으로 4,000명이 사망했다. 아시아 공동체가 유독 더 위험하다는 증거는 없지만, 1902년에는 중국으로부터 들어오는 모든 이민을 막는 중국인 배척법(Chinese Exclusion Act)이 발효되었다.

되돌아보면 1860년대는 분명 해상 수송의 일대 전환기였다. 아직은 클리퍼라는 범선이 많이 사용되지만 시대의 대세는 나날이 발전해가고 있던 증기선이었다. 북대서양 항로에서 점차 범선 회사들이 철수했고, 또 스크루선이 외륜선을 대체해갔다. 1880년대가 되면 2축 스크루 대형선이 등장한다. 엔진 하나가 고장 나도 다른 하나로 운행이 가능하므로, 이제부터는 예비로 돛을 준비하지 않아도 됐다. 운송비도 반으로 줄었다. 처음에는 정부가 지급한 보조금 덕분에 원거리 항해가 활기를 띠었으나, 19세기 후반으로 들어가면 보조금의 혜택 없이도 해운 산업이 발전했다. 선박이 더 커진 덕분에 부피가 큰 화물도 적은 비용으로 수송할 수 있었다.(Barker) 분명 새로운 시대가 열리고 있었다.

고대부터 19세기 중반까지 말이나 범선 등을 이용해 하루에 사람이 이동할 수 있는 최고 거리는 160킬로미터 정도였다. 증기력을 이용하게 되었을 때 선박과 철도를 통해 이 거리는 640킬로미터로 늘었다. 운송과 통신의 혁명적 변화로 소위 '거리의 패배(defeat of distance)' 현상이 일어났다.(솔로몬. 286) 증기선은 세계의 대륙들을 연결시켰다. 바다는 더 이상 인간의 활동을 가로막는 강고한 장벽이 아니라 오히려 소통의 공간으로 변모해갔다. 긍정적인 요소든 부정적인 요소든 모두 거침없이 세계에서 세계로 확산해갔다.

CHAPTER 18

글로벌 경제의 성장

범선의 발달과 증기선의 등장으로 세계는 더욱 긴밀하게 연결되었다. 19세기 후반과 20세기 초반, 수에즈운하의 개통과 강력한 엔진의 개발이 시너지 효과를 발휘하며 이 과정은 더 확대·심화되었다. 여기에 더해 해저 전신의 확대로 정보 통신도 이전과는 다른 차원으로 발전했다. 세계화가 크게 진척되었다. 상품의 수출입이 극적으로 확대되었고, 사람들의 이동도 이전과 비교할 수 없이 늘었다. 이런 움직임을 주도한 것은 영국을 필두로 한 서구 세력이었다. 서구는 세계의 바다를 연결하고 경제·군사·정치적으로 새로운 질서를 창출하면서 제국주의적 지배를 굳혀갔다.

수에즈운하의 개통

수에즈운하의 개통은 새로운 해양시대의 개막을 알리는 일대 사건이었다. 공식 개통일인 1869년 11월 17일, 나폴레옹 3세의 황후 외제니 드 몽티조(Eugénie de Montijo)가 탄 호화 요트 에글(Aigle, '독수리')호를 선두로 각국 귀빈들이 승선한 선박 40척이 지중해 측 포트사이드에서 출발했다. 같은 시각 이집트 군함이 홍해 측 수에즈에서 운하로 진입하여 양측이 중간의 팀사(Timsah)호수에서 조우했다. 귀빈 6,000명은 호숫가의 신도시 이스마일리아로 가서 연회에 참석했다. •

프랑스가 주도하여 운하를 건설하고 프랑스 황후가 개통식의 주빈이었지만, 개통 이후 수에즈운하는 영국 식민 제국의 대동맥이 되었다. 사실 영국은 처음에는 이 운하 건설에 반대했다. 나폴레옹의 이집트 침공이 오래된 일이 아니어서 그 어두운 기억이 영국인들에게 우려를 안겼기 때문이다. 프랑스가 영국의 인도 항로를 교란시키려 한다는 의심을 거두지 못했다. 19세기 후반에 이르면 영국 선박들은 런던에서 알렉산드리아까지, 또 수에즈에서 인도 항구들까지 제법 빠르고 안전하게 운행할 수 있게 되었고, 그 중간의 알렉산드리아와 수에즈 구간은 이제 낙타 캐러밴이 아니라 철도로 연결시켜놓았다. '선박-철도-선박'으로 유럽과 아시아를 연결하는 이

● 흔히 베르디의 오페라 〈아이다〉가 수에즈운하 개통을 기념하기 위해 만들어졌다고 이야기하지만 사실이 아니다.[솔로몬, 296]

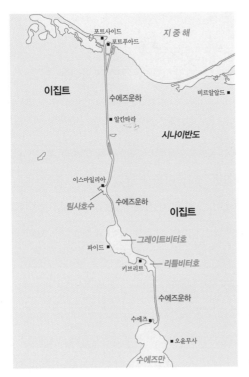

시스템을 그대로 운영하면 군사·경제적 우위를 지속할 수 있는데 굳이 변경할 이유가 없어 보였다. 게다가 이집트 총독 무함마드 알리(Muhammad Ali)는 운하 건설 안에 반대했다. 그는 명목상 오스만 제국을 섬기는 총독이지만 실제로는 독자적으로 이집트를 통치했고, 자신이 군주가 되어 이집트에 새 왕조를 여는 꿈을 꾸고 있었다. 그런데 수에즈운하 건설 사업이 벌어지면 이집트 독립이라는 자신의 꿈이 유럽 강국들 간의 권력 다툼에 휘말려 들어갈 것으로 예측하여 결단코 반대했다. 사실 그의 생각이 근거가 없다고는 할 수 없

을 것이다. 그런데 1850년대 무함마드 알리의 후계자인 사이드(Said Pasha)가 운하 건설에 찬성하는 쪽으로 태도를 바꾸었다. 그 역시 이집트 독립을 꿈꾸었지만 오히려 운하를 통해 자국의 영향력을 크게 키울 수 있을 거라 기대했기 때문이다.[솔로몬, 294~295]

프랑스인 사업가이자 엔지니어인 페르디낭 마리 드 레셉스 (Ferdinand Marie de Lesseps)는 1854년 친분이 있던 이집트 태수 사이드로부터 운하 개통 후 순이익의 15퍼센트를 지불하는 조건으로 운하 건설 허가권과 99년간의 조차권을 획득했다. 자본금 2억 프랑의 수에즈운하회사(Compagnie Universelle du Canal Maritime de Suez)를 설립하고 공사에 착수했다. 회사가 발행한 주식 40만 주 가운데 17만 7,642주는 사이드 태수, 20만 7,000주는 프랑스인, 나머지는 오스만제국이 차지했다(영국인 투자자들도 지분 참여를 제안받았지만, 운하 건설에 반대한 영국 정부가 승인하지 않아 참여하지 못했다).

1859년 4월 착공된 공사는 난관의 연속이었다. 12만 명 이상의 이집트인이 희생되었다. 콜레라가 창궐하여 많은 희생자가 나왔고 이로 인해 강제 동원된 농민들의 봉기가 끊이지 않았다. 엄청난 공사비는 이집트 정부를 거의 파산 상태로 몰아넣었다. 원래 계획했던 시간의 두 배인 11년의 공사 끝에 1869년에 가서야 지중해 측 포트사이드(태수 사이드의 이름을 따왔다)와 홍해 측 수에즈 사이의 162.5킬로미터를 수로로 연결했다. 하상 부분의 폭이 22미터이고 수면 부분의 폭은 60~90미터, 깊이 6미터인 이 운하는 프랑스의 기술과 이집트의 자금 및 인력으로 만들었지만 완공 후 이익의 태반은 영국에게 돌아갔다. 기원전 6세기에 네코 2세가 이집트에 운하를 파면 야만인에게만 이익이 돌아가리라는 신탁을 듣고 사업을 중단했는데, 마치 그 예언이 2,500년 후에 실현된 것 같았다.

당시 수에즈운하 통과 시간은 49시간이었으며 적재 화물 1톤당 10프랑의 요금을 징수했다. 운하가 열리면 마르세유가 세계 경제의 허브 역할을 하리라 기대했지만 실제로는 영국이 훨씬 더 큰 이익을 취했다.(Milne, 290~291) 인도를 향한 수출은 런던보다 대륙의 항구도시들이 많이 나누어가졌으나 선박은 여전히 영국 것을 이용했다. 개통 첫 해 운하를 통과하는 선박의 60퍼센트가 영국 선박이었다.(Paine L., 525) 그 차이는 시간이 갈수록 더 벌어져 20년 후면 영국 선박이 75퍼센트, 프랑스는 8퍼센트에 불과했다. 운하 통과 선박 수는 1870년 486척에서 1900년 3,441척, 1912년 5,373척으로 증가했다. 1890년대에는 수익이 늘어 배당이 20~30퍼센트에 달했다. 런던-봄베이 항로는 9,000킬로미터 이상 줄었다. 희망봉을 돌아 인도로 가는 범선 항해는 3개월이 걸리지만 운하를 이용하는 증기선은 단 3주 만에 갈 수 있었다. 그 결과 운하 개통 1년 만에 인도산 밀이 대량으로 영국에 수출되었다. 영국 식민주의 정책의 폐해로 인도에 극심한 기근이 들었던 1876~1877년에도 밀 수출량이 유지되었다. 1880년대까지 세계 곡물 수출량의 약 10퍼센트가 인도에서 나왔다. 수에즈운하와 철도 덕분에 영국은 역사상 최초로 인도 전체를 통일한 권력이 되었지만, 그 결과 인도는 참혹한 기근에 시달렸다. 악명 높은 1877년 인도의 대기근 당시 수많은 사람이 굶어죽는데 인도의 밀 수출은 사상 최고치를 기록했다. 1875년 인도의 대 영국 밀 수출양은 3,912톤이었는데, 대흉작의 해인 1877년에는 1만 7,894톤으로

급증했다.[데이비스, 50~52] •

　1875년 운하회사 대주주인 태수 이스마엘(Isma'il Pasha)이 이집트의 재정 위기를 극복하기 위해 보유 주식 17만 6,602주를 내놓았다. 전체 주식의 44퍼센트에 해당하는 양이다. 당시 프로이센과 격렬한 전쟁을 치른 후라 프랑스로서는 이 주식을 사들일 여유가 없었다. 영국의 벤저민 디즈레일리(Benjamin Disraeli) 수상이 이 기회를 놓치지 않고 주식 매집에 나섰다. 그는 자신의 친구인 유대인 은행가 너대니얼 메이어 로스차일드(Nathaniel Mayer Rothschild)에게 397만 6,582파운드를 빌려 주식을 구매했다. 엄청난 거액을 빌릴 때 담보가 무엇이냐고 묻자 '영국 정부요' 하고 답했다는 고사가 유명하지만, 과연 이것이 사실인지는 불명확하다. 오히려 로스차일드가 총리에게 먼저 주식 매수 관련 정보를 제공했고, 대출액의 2.5퍼센트에 달하는 커미션에다가 연 5퍼센트의 이자를 받아서 정말로 짭짤한 이익을 챙겼다. 아무런 문서나 담보 없이 두 사람 간 신사협정으로만 이루어졌으니 법적으로 문제가 많은 거래여서 후일 정치적 비판에 직면했지만, 어쨌든 이 파격적 거래 덕분에 영국은 운하의 운영에 지대한 영향력을 행사할 수 있었다.

　영국이 문자 그대로 운하를 지배하게 된 계기는 1882년 이집트에

● 1877년 인도의 상황은 지옥 같았다. 굶주린 아이들이 들판에서 이삭을 줍다가 잡혀 낙인 찍히고 고문을 당했으며 코가 잘렸고 심지어 살해당했다. 농촌 폭도들이 지주들과 촌장들을 공격하고 곡물 창고를 약탈했으며 심지어 가족들을 산 채로 불태워 죽였다. 미친 사람 하나가 무덤을 파헤쳐 콜레라로 죽은 사람의 시신 일부를 먹었고 또 다른 사람은 아들을 죽여 그 시체를 먹었다.[데이비스, 78] 근대 세계의 발전이 모든 사람을 행복하게 만들어주는 건 결코 아니다.

에버 기븐호 사고

2021년 수에즈운하에서 발생한 대형 컨테이너선 좌초 사고로, 배가 인양되기까지 6일 동안 운하 통행이 멈추었다.

서 일어난 쿠데타와 그로 인한 정치적 불안정 사태였다. 영국은 합법적 질서를 회복한다는 구실을 내세우며 출병했고, 알렉산드리아를 포격하며 압도적인 군사력으로 사태를 쉽게 진정시켰다. 이후 운하가 안전해진 뒤에도 영국 점령군은 철수하지 않았다. 영국은 매년 자국군의 점령은 일시적인 것이라고 이야기하면서 결국 20세기 전반 내내 비공식적으로 이집트를 지배했다.[솔로몬. 297] 1888년 국제 분쟁의 위험을 방지하기 위해 수에즈운하 국제 협약을 통해 수에즈운하는 모든 국가에게 열려 있는 국제 수로라고 선언했지만, 제1·2차 세계대전 당시에는 영국과 프랑스 양국이 독일 선박의 통과를 거부했다. 수에즈운하는 그야말로 세계의 급소 중 한 곳이어서, 20세기 중엽 냉전이 본격화하는 시점에 또다시 강대국 간 충돌 무대가 된다(19장 참조).

수에즈운하는 개통 이후 개보수 공사가 진행되어 제1차 세계대전 무렵이면 운하 하상 폭이 처음보다 10미터 넓어져 통과 시간이 16시간 11분으로 단축되었으니, 건설 당시보다 1/3로 줄어든 것이다. 현재는 15만 톤 탱커가 통과할 수 있도록 폭 200미터, 깊이 약 19.5미터로 확대되어 있다. 현재까지도 이 운하는 유럽과 아시아를 연결하는 중요한 해로로 세계 경제의 핵심 지점이다. 2021년 대형 컨테이너선 에버 기븐(Ever Given)호가 운하 내에서 좌초하여 6일 동안 통행을 완전히 막아서 글로벌 물류 대란 직전 상황까지 갔는데, 이것이 역으로 이 운하가 얼마나 중요한 역할을 하는지 각인시키는 계기가 되었다. 수에즈운하는 이후 다른 운하 건설 사업의 지침이 되었다. 세계사에 큰 영향을 끼치는 또 하나의 운하 사업은 파나마 지역에서 이루어진다. 양대 운하는 현대 유럽과 미국의 경제적·제국주의적 팽창의 주요 창구 역할을 했다.(Milne, 285) 파나마운하에 대해서는 아래에서 살펴보도록 하자.

선박 엔진의 발전

운하 개통은 강력한 선박 엔진의 개발과 맞물려 더 큰 효과를 냈다. 아시아와 유럽 사이에 장거리 항로가 열렸지만, 당시의 증기선으로 이 먼 거리를 항해하려면 실로 엄청난 양의 석탄이 필요했다. 세계 각지에 저탄소를 두고 중간에 석탄을 공급해주어야 가능했다.

18. 글로벌 경제의 성장

그러므로 엔진의 효율성을 높여서 석탄 소비량을 줄이는 것이 최우선 과제였다. 석탄은 1960년대 초에 석유로 대체될 때까지 해상 운송의 핵심 연료였다.[Palmer, S., 115]* 19세기 후반부터 새로운 유형의 강력한 엔진이 개발되면서 점차 돌파구가 열렸다.

이 흐름을 타고 앞서간 회사들로는 리버풀과 글래스고 해운회사들을 들 수 있다.[Barker] 리버풀 선주이자 엔지니어인 앨프리드 홀트(Alfred Holt)는 오션 스팀 십 컴퍼니(Ocean Steam Ship Company, 일명 Blue Funnel Line, 1866~1988)를 설립했다. 이 회사는 처음에는 주로 서인도 방향으로 사업을 하다가 이 지역 내 경쟁이 너무 심하다고 판단하여 아시아 쪽으로 눈을 돌렸다. 이 무렵인 1850년대에 존 엘더(John Elder)가 고압 복식 엔진을 개발하여 석탄 소비량을 대폭 줄였다(보통 엔진과 달리 두 번째 저압 실린더를 사용하여 첫 번째 실린더의 증기를 재활용한다). 홀트는 1866년 자기 회사 선박에 이 엔진을 장착했다. 이 엔진 덕분에 이제 선박은 모리셔스까지 논스톱으로 운항한 후 이곳에서 석탄을 보충하고 다시 페낭, 싱가포르, 중국까지 갈 수 있었다. 이 회사 선박은 5,000톤의 화물을 싣고 8,500마일 거리를 10노트 속도로 항해했다. 예컨대 아가멤논(Agamemnon)호는 1866년 희망봉을 돌아 상하이로 가서 중국의 비단, 도자기, 차를 선적하고 돌아왔는데, 다른 어느 배보다도 빨리 귀국하여 새로운 시

● 19세기 이후 석탄 자체가 세계 교역의 중요 상품이었다. 석유가 석탄을 대신하면서 석탄 수요가 감소했지만, 석유 위기가 찾아오는 때면 다시 수요가 늘곤 했고, 특히 서구가 아니라 동유럽에서 산업화가 진행되면서 석탄 사용이 늘었다.[Palmer, S., 120~124]

즌의 차를 먼저 내놓아 프리미엄 가격을 받을 수 있었다. 이런 상황에서 1869년 수에즈운하의 개통은 더할 나위 없는 시너지 효과를 냈다. 수에즈운하를 이용하면 런던 – 봄베이 항로가 (어떤 기준으로 재느냐에 따라 약간 차이가 있으나) 2만 1,400킬로미터에서 1만 1,472킬로미터로 감소한다. 세계 경제의 폭발적 팽창을 가져오는 데는 운하와 강력한 엔진이라는 두 요소 모두 중요하다. 어느 하나라도 없었다면 유럽과 아시아를 잇는 항로는 활기를 띨 수 없었을 것이다.

19세기 말이 되면 중량과 용적이 훨씬 적을 뿐 아니라 진동도 덜하고 고속으로 움직일 수 있는 터빈 엔진이 등장했다. 다시 한 번 기술 혁신이 재점화되었고, 다음 시대에는 가솔린을 사용하는 단계로 넘어간다.[김기태, 7-8쪽] 이제 변화와 혁신이 일상적으로 일어나는 시대로 들어가고 있었다.

각국 해운회사의 대결

오랜 기간 영국이 해운 분야의 선구자로서 강력한 지배력을 유지했지만 독일이 여기에 도전했다. 알베르트 발린(Albert Ballin)은 해양 사업에 호의적인 황제 빌헬름(Wilhelm) 2세와 교감하여 함부르크-아메리카 라인(Hamburg-America Line, HAPAG)이라는 해운회사를 설립했다. 1900년 이 회사는 선박 95척을 소유한 세계 최대 규모의 해운사로 성장했다. 1914년이 되면 선박 수는 2배가 되었고, 세계 350개 항구와 연결망을 유지했다. 세계 2위는 헤르만 마이어(Hermann Heinrich Meier) 등이 1857년 브레멘에 설립한 북독일 로

이드(Norddeutschen Lloyd)사인데, 이 회사는 북대서양 해운에서는 압도적 1위를 차지했다. 미국에서도 존 피어폰트 모건(John Pierpont Morgan)이 인터내셔널 머컨타일 머린(International Mercantile Marine, IMM)을 설립하여 독점적인 지위를 추구했다. 이런 변화에 대응해 영국 정부는 큐너드사를 거액의 차관으로 도와주었다.

이 시대에 빠른 속도를 자랑하는 거함은 국가의 위대함과 명예를 상징했다. 각국 회사들 간에 자국 선박이 최고라는 명예를 과시하고 싶어 했다. 이때 시작된 것이 여객선 간 속도 경쟁이었다. 사실 초기의 여객선은 대서양을 빨리 건너기보다는 차라리 느긋하게 항해를 즐기려는 경향도 있었다. 그렇지만 언제까지나 그런 낭만적 태도를 견지할 수는 없는 법, 1838년 그레이트 웨스턴호와 시리우스호의 경쟁에서 보았듯이 결국은 속도 경쟁이 불붙었다. 당시 항해 속도는 8노트로서 후대에 비하면 매우 느렸다. 점차 엔진의 발달이 가속화되면서 속도 경쟁 또한 심화되었다. 이제 대서양 횡단을 무대로 하여 '블루리본'을 걸고 경쟁하였다. 원래 블루리본은 봉건기사에게 수여하는 가터(garter) 훈장을 가리키는데, 이 시대에는 북대서양 항로를 가장 빠른 평균 속도로 횡단한 선박에게 수여하는 명예 타이틀을 가리키며, 우승 선박을 '블루 리밴드(Blue Riband)'라고 부르게 되었다.° 정해진 대회가 있는 게 아니므로 막연한 규칙 아래 그해에 항해를 가장 빨리 한 선박을 정하는 방식이었다. 출항 항구도 여러 곳일 수 있다. 그래서 난이도가 높은 동쪽에서 서쪽으로 가는 항해를 대상으로 공해상의 평균 속도를 재기로 하였다. 초기에는 영국 선박들이 많이 우승했다. 그런데 1897년 빌헬름 대제호(SS Kaiser Wilhelm der Grosse, 길이 190미터, 총톤수 1만 4,000톤)가 취항하더니 평균 12노트로 항해해서 블루리본을 차지했고, 곧이어 더 큰 여객선 도이칠란트호도 블루리본을 차지했다.

영국으로서는 위협을 느끼지 않을 수 없었다. 당시 세기 말 분위기도 더해졌다. 보어 전쟁(1899~1902) 이후에는 영국의 국력이 점차 쇠락해가는 것 아닐까 하는 불안감이 고개를 들기 시작했는데, 이런 상황에서 독일 증기선이 약진하여 영국 선박보다 우월한 면모를 보이자 영국에서는 '대서양을 다시 찾아와야 한다'는 민족 감정이 들끓었다.(Rieger) 영국 정부는 큐너드사에 보조금을 지급해서 240미터 길이에 총 톤수 3만 2,000톤인 루시타니아(Lusitania)호와 모리타니아(Mauretania)호를 건조하게 했고, 마침내 1907년 루시타니아호가 블루리본을 찾아왔다(이 배는 1915년 독일 잠수함 공격을 받고 침몰했는데, 이것이 미국의 참전을 불러오는 계기가 되었다). 그 후 26노트의 속력을 내는 모리타니아호가 1909~1929년까지 계속 우승을 차지했다. 이처럼 19세기 말~20세기 초반에는 대형 선박들이 경쟁하며 세계의

● 오랫동안 우승 선박이 명예로운 이름을 알리고 마스트에 푸른 천을 휘날리는 것 외에 구체적 물품이 없었는데, 1935년 영국 의회 의원인 해럴드 헤일즈(Harold K. Hales)가 100파운드의 은으로 만든 높이 4피트의 트로피(The North Atlantic Blue Riband Challenger Trophy)를 만들었다. 이탈리아의 여객선 렉스(Rex)호가 첫 번째 수상 선박이 되었다. 제2차 세계대전 시기는 경쟁을 할 여건도 아닌 데다가 무엇보다 이 트로피가 사라졌다. 전후 1952년에 트로피를 되찾아 블루리본 경쟁이 다시 시작되었지만, 이즈음이면 세계적인 열풍을 되살리지는 못했다. 제트 비행기가 등장해 사람들의 이목이 다른 곳으로 쏠린 것이다. 1969년 유나이티드 스테이츠호가 은퇴하면서 트로피를 미국상선박물관(American Merchant Marine Museum at Kings Point, N.Y.)에 기증했다. 그런데 1990년 고속 페리인 호버스피드 그레이트 브리튼(Hoverspeed Great Britain)호가 신기록을 세운 후 트로피를 달라고 요청했고, 재판 끝에 트로피를 받아냈다.(ocregister.com)

18. 글로벌 경제의 성장

프린체신 빅토리아 루이제호(왼쪽)와 모리타니아호

각각 독일과 영국의 배로, 19세기 말~20세기 초 각국의 자존심을 건 대형 선박 경쟁 시기에 탄생한 것들이다.

바다를 질주하는 시대가 열렸다. 함부르크-아메리카 라인(HAPAG)이 운영하는 프린체신 빅토리아 루이제(Prinzessin Victoria Luise)호처럼 전문화된 초호화 크루즈 선도 등장했다. 이 배는 1900년 첫 출항을 했다가 1906년 12월 선장의 실수로 자메이카에서 파손되었는데, 사고 당시 승객은 아무도 희생되지 않았지만 선장 브룬스비히(Brunswig)는 권총으로 자살했다.(New York Times, 1906 dec. 29) 대양 항해가 각국의 명예를 놓고 치열하게 다투는 결전의 장처럼 되었다.

해저 전신 케이블

수송과 함께 통신의 발전 또한 세계화의 진행에 결정적으로 중요한 요소다. 19세기 초 희망봉 항로를 통해 소통하던 시절, 영국과 인도 사이의 소통은 너무 느렸다. 1803년 웰즐리 백작(Richard Colley

Wellesley, 1st Marquess Wellesley, 1798~1805년의 인도 총독)은 이렇게 한탄했다.

올해 나는 7개월 동안 영국으로부터 단 한 줄의 소식도 듣지 못하고 있다. 그래서 거의 참을 수 없을 정도로 비탄에 잠겨 있다. 유럽으로부터 빠르고 믿을 만하며 정기적인 정보를 얻는 게 이 나라의 교역과 통치에 핵심이다.(Searight, 2003)

해저 전신이 이 문제를 해결해주었다. 육상에서는 1830년대에 전신이 등장한 이후 점차 확산해서 1850년대가 되면 어디서든 거의 아무런 문제 없이 사용하고 있었다. 문제는 대륙 간 소통이었다. 사실 전신 기술이 등장한 초기부터 대양을 가로지르는 해저 전신 가능성을 타진하는 선구자들이 많았다. 새뮤얼 모스(Samuel Morse)가 대표적이다. 그는 뉴욕항 바다 밑에 케이블을 설치하여 전신을 보내는 실험을 했다. 이때 심각한 난제 중 하나는 물속에서 사용 가능한 절연 물질을 찾는 것이었다. 이 문제는 1850년대에 구타페르차(gutta-percha, 팔라키움 구타(Palaquium gutta)라는 열대 수목의 수지를 말려 만든 물질)로 해결했다. 보르네오에서 나는 이 물질이 다른 고무보다 해저 환경에서 더 잘 버틴다는 사실을 발견한 것이다. 구리선을 구타페르차로 감싸고 이것을 꼬아서 코어(core)를 만든 다음 이것을 황마(jute)로 감싸고 다시 한 번 그 바깥을 구타페르차로 쌌다. 당시 구타페르차 300톤을 얻기 위해 보르네오에서 나무 2,600만 그루를 벌목했다.(Trentmann) 이 시기에 아일랜드해와 영불해협을 비롯

18. 글로벌 경제의 성장

구타페르차로 케이블을 제조하는 모습

〈그린위치에 있는 전신 케이블 공장에서 탱크로 운반되는 덮개를 씌운 도선의 케이블〉, 로버트 찰스 더들리, 1865-1866.

해 유럽 각국 사이에 점차 해저 전선이 설치되었다.

남은 과제는 유럽과 아메리카 혹은 유럽과 아시아 등 대륙 간 원거리 전선 연결 사업이었다. 우선 대서양 횡단 해저 전선을 설치하는 사업에 도전했다. 1858년, 사이러스 필드(Cyrus W. Field, 1819~1892)라는 미국 사업가가 대서양전신회사(Atlantic Telegraph Company)를 만들어 아일랜드 서부의 발렌티아(Valentia)섬에서 뉴펀들랜드 동부까지 대서양을 횡단하는 전선을 설치하는 데 처음 성공했다.[Cookson] 8월 16일 빅토리아 여왕은 미국의 제임스 뷰캐넌(James Buchanan) 대통령에게 축전을 보냈다. 98단어짜리 이 축전은 미국에 도달하는 데 16시간 반 걸렸다. 미국 대통령의 응답은 143단어였는데, 이번에는 10시간밖에 안 걸리는 좋은 성과를 보였다. 전신이 아닌 다른 수단으로는 아무리 빨라야 가는 데 12일, 오는 데 12일 걸리던 때이니 놀라운 일이라 하지 않을 수 없다. 《타임스(The Times)》는 '캐나다와 영국 간 거리가 사라졌다'고 기사를 썼다. 뉴욕시에서는 사상 최대의 축제를 벌였다. 그런데 이런 행복한 시간은 고작 두 달 만에 끝났다. 갈수록 전신이 끊어지고 꼬이고 사라지는 일들이 빈발하더니 9월 18일 전신이 완전히 중단되었다. 대서양전신회사는 투자금 50만 파운드를 날렸다.

왜 실패했을까? 대서양은 풍랑이 심한 바다여서 여름의 짧은 기간 동안만 설치 작업이 가능했고, 그래서 케이블 제조를 서두르다 보니 불량품이 된 것이다. 거대한 투자 사업이 실패로 끝나자 다시 시도하기가 더 어려워졌다. 다만 그 짧은 기간 동안이나마 오고간 전신 사례를 보면 이것이 현대 사회에 얼마나 중요한 요소인지는 분명했다. 단적인 예로, 노바스코샤에 있는 영국군 62연대에게 인도의 세포이 반란 진압을 위해 런던을 경유해 인도로 가라는 명령을 내렸는데, 상황이 바뀌어 더 이상 군사 지원이 필요치 않게 되었다. 마침 개통된 전신을 이용해 이전 명령을 취소한다는 지시를 신속히 보냈다. 9단어 통신으로 5만 파운드의 자금과 수많은 사람의 노고를 절약한 것이다! 사실 바로 전 해인 1857년에만 해도 이 봉기 사건이 런던에 보고되는 데 40일이 걸렸다. 물론 해저 전신이 없다 하더라도 육상 전신을 이용할 수는 있다. 실제로 크림 전쟁 당시인 1855년에는 육상 전신이 매우 큰 효용을 발휘했다. 그런데 육상 케이블은 여러 나라를 거치는데, 그 과정에서 상대방 국가에게 정보

18. 글로벌 경제의 성장

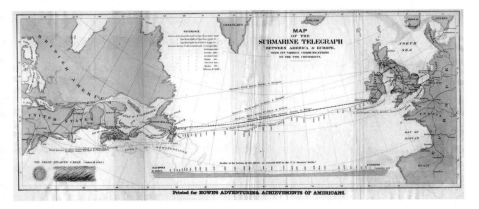

대서양 횡단 케이블 노선 지도

1858년 코프 형제(Korff Brothers)가 제작한 제2판 지도(초판은 1857년)로, 최초에 제안된 대서양 횡단 케이블의 노선을 보여준다. 왼쪽 하단에 1857년식 케이블의 단면도가 보인다.

를 탈취당할 위험이 있다. 이에 비해 해저 케이블은 중간에 제거되거나 도청당할 위험이 거의 없다.

결국 대서양 횡단 해저 전선 설치를 다시 시도하게 되었다. 미국이 남북전쟁 중이지만 사업은 그대로 진행되었다. 이번 시도에 결정적 도움이 된 것이 바로 거대한 선박 그레이트 이스턴호였다. 앞장에서 보았듯이 207미터짜리 초대형 선박 건조는 당시로서는 기적에 가까운 위업이었으나 승객 모집이 부진하여 운송 사업 목적으로는 실패했다. 1863년 경매에 나온 이 배를 헐값에 사들여 다른 장치들을 뜯어내고 케이블 설치 용도로 바꾸어 1865년에 배치한 것이다. 그레이트 이스턴호는 결국 해체되는 슬픈 운명을 맞았으나, 마지막 시기에 해저 전선을 설치하는 일에 사용되었다. 당시에는 잘 몰랐겠지만 사실 승객 수송보다 오히려 역사적으로 훨씬 더 중요한 일을 수행했던 셈이다. 이 선박은 대서양 횡단 케이블을 5번 놓고, 수에즈, 아덴, 봄베이 사이에 케이블을 설치하는 데도 사용되었으니, 뜻하지 않게 현대 경제의 선구자가 되었다.[캐드버리, 1장]

두 번째 시도도 결코 쉽지는 않았지만 1866년 마침내 대서양 횡단 해저 전선 설치를 완수했다. 빅토리아 여왕은 다시 미국 대통령 앤드루 존슨(Andrew Johnson)에게 축전을 보냈다. 그렇지만 당시 미국은 전쟁이 막 끝난 때이고, 이번에는 주로 영국이 전담해서 사업을 완수했기 때문에 반응이 별로 뜨겁지 않았다. 물론 이후 전신은 엄청난 영향을 끼쳤다. 당시 전신은 오늘날 기준으로는 빠르지도 싸지도 않았다. 10여 단어를 보내는 데 1분이 걸렸고, 한 단어 송신에 5달러가 들었다. 그렇지만 세계화의 진전에 결정적으로 공헌한 것은 분명하다.[Trentmann]

이후 세계의 바다에 전선망이 확대해나갔다. 이제 주요 항로를 따라 전선이 깔리는 것이 일반적 법칙이었다. 1870년대 봄베이와 오스트레일리아, 유럽과 미국, 브라질이 전선으로 연결되었고, 20세기에 들어와서는 미국-하와이-필리핀 그리고 캐나다-뉴질랜드·오스트레일리아가 연결되었다. 전선 설치에서도 영국이 앞서 나갔다. 1898년 당시 전 세계에 31만 8,026킬로미터의 케이블망이 깔려 있는데, 영국이 20만 9,000킬로미터를 소유하고 있었다.[Lorenz] 1902년 '전 영국령 연락항로(All-Red-Route)'를 완성해서 영제국 전신선을 통해 전 지구를 연결하는 데 성공했다.[류교열, 250] 이때가 되면 영제국은 쉽게 말해 전신으로 운영되고 있었다.

세계 무역과 경제의 발달

19세기 해운업의 발달은 세계 경제를 변화시켰다.(O'Rourke 2000, 15~18) 1869년 미국, 1885년 캐나다에서 대륙횡단철도가 완공된 후 선박이 철도와 연결되고 원거리 육상 수송과 해상 운송이 더해져서 시너지 효과를 냈다. 국제 교역이 크게 늘고 운송비는 급락했다. 대서양이나 인도양만이 아니라 조만간 세계의 모든 바다와 모든 지역에서 비슷한 변화가 일어났다. 예컨대 일본은 페리 제독의 압박으로 강제 개항을 겪은 이후 국제 교역이 급격히 증가했다. 국민소득 대 무역 액수 비율은 1858년 0퍼센트에서 15년 만에 7퍼센트로 상승했다. 19세기 전반부터 수송 혁명이 경제 체제의 극적인 변환을 가져왔고, 아시아 경제가 세계 경제에 더 긴밀히 연관되는 결과를 초래했다. 리버풀과 봄베이의 면 가격차는 1873년 57퍼센트에서 1913년 20퍼센트로 떨어졌고, 같은 기간 런던과 캘커타의 황마 가격차는 35퍼센트에서 4퍼센트로 떨어졌다. 실론(스리랑카)은 주요 차 수출국이 되어서 매년 1억 2,000만 파운드를 수출했다.(Barker) 뉴질랜드의 양고기 수출은 1882년 8,000마리에서 10년 후에는 190만 마리로 급증했을 뿐 아니라 품질이 떨어지는 냉동고기 수송 대신에 조만간 열대 해상에서도 냉장육(chilled meat) 수송이 가능해졌다.

운송량이 가장 크게 늘어난 것은 유럽과 아메리카 사이다. 대표적인 사례로 미국의 밀을 영국으로 수출하는 현상을 보자.(O'Rourke 2017, 105~108) 과거 두 지역 간 가격 차이는 매우 컸고 변동도 극심했으나 1840년대 이후 증기선과 철도를 이용해 미국의 밀을 수출하면서 가격 차이는 점차 줄어들었고, 20세기 초가 되면 거의 사라졌다. 시카고에서 리버풀로 운송해오는 밀의 가격은 1870년대 11실링에서 1890년대 중반 3실링으로 크게 하락했다. 이는 교통혁명과 자유무역이 결합한 결과이며, 결국 팍스 브리타니카(Pax Britannica)의 경제적 측면이라 할 수 있다. 영국의 수입품 가격 하락은 경제 구조에 큰 변화를 가져왔다. 유럽에서는 채소 재배와 목축업이 곡물을 대체했고, 원면이 싼 가격에 수입되자 면 공업이 더욱 발전했다. 이는 산업혁명의 진행에 매우 중요한 요소였다. 1870년대에 비해 1890년대에 영국 노동자의 임금이 30퍼센트 상승했다. 그 결과 소비 수준도 따라서 상승했고, 특히 음식 수준이 높아졌다. 증기선을 이용한 해외 과일 수입이 늘었다. 1905년 바나나 2~3개가 1페니에 판매됐고, 잼도 많이 먹게 되었다. 이처럼 수송혁명은 연쇄적으로 큰 변화를 불러왔다.

19세기 세계 무역이 성장하는 양태와 그 의미를 이전 시대 및 이후 시대와 비교해보자.(O'Rourke 2017, 106~108) 1500~1800년 세계 무역은 연평균 1퍼센트 성장했을 것으로 추산한다. 그런데 1815~1913년과 1913~1992년에는 이 수치가 각각 3.7퍼센트로 올라갔다. 연평균이 이런 수준이면 중장기적으로는 엄청나게 큰 차이를 보인다. 즉 1500년 이후 300년 동안 세계 무역량이 20배 정도 성장한 데 비해, 19세기와 20세기를 합치면 200년 동안 1,600배(40배×40배)로 비교가 안 될 정도로 크게 성장했다. 그런데 20세기는 19세기에 비해 경제 성장이 훨씬 크다. 이상의 여러 수치를 종합해서 해석하면 그 의미를 이렇게 정리할 수 있다. 첫째, 19세기 이후에는 지난 시대에 비해 무역이 비약적으로 성장했고, 둘째, 20세기와 비교해볼 때 19세기에 무역의 성장이 경제 성장에 훨씬 더 큰 기여를 했다. 다시 말해 19세기는 세계 무역이 급성장하고 이것이 경제의 거대한 도약을 가능케 한 시대다. 국제 무역의 확대가 세계 경제를 결정적으로 변화시킨 시대는 19세기였다.

19세기의 세계화는 이전의 대항해시대와는 성격이 다르다. 이 시기에 이르면 이전 시대와는 달리 저가의 벌키(bulky) 상품들도 원거리 교역 품목이 되었다. 그 의미가 무엇인지 생각해보자.[O'Rourke 2017, 108~113] 미국 중서부, 아르헨티나, 펀자브, 버마, 러시아, 오스트레일리아 등 '노동'에 비해 상대적으로 '토지'가 풍부한 지역이 있고, 반대로 서유럽이나 일본처럼 '토지'에 비해 '노동'이 풍부한 지역이 있다. 19세기가 되면 이처럼 경제 여건이 다른 지역들 간에 교역이 활발하게 이루어진다. 이렇게 생산요소의 부존도(賦存度)가 다른 지역들이 국제 무역을 통해 서로 교류·경쟁할 때 어떤 일이 일어날까? 1870~1913년에 영국('노동'이 풍부한 곳)의 지대는 50퍼센트 정도 하락한 반면 임금은 40퍼센트 상승했다. 그런데 같은 기간에 미국('토지'가 풍부한 곳)에서 임금은 비슷한 수준인 40퍼센트 성장한 반면 지대는 250퍼센트 상승했다. '임금/지대' 비율의 변화를 보면 영국에서는 200퍼센트 상승한 반면, 미국은 50퍼센트 하락했다. 이 의미는 영국에서는 노동자의 처지가 크게 개선된 반면 미국에서는 지주의 처지가 크게 개선되었다는 것이다. 두 지역은 각자 자국에 유리한 요소의 상품을 수출하게 된다. 영국의 공산품과 미국의 밀이 교환되는 식이다. 이 시기에는 토지와 노동이라는 생산요소의 부존도 차이에 따라 무역이 이루어진다는 고전적인 헥셔-올린 (Heckscher-Ohlin) 법칙이 작동한 것이다.

그런데 이런 상황은 한 번 정해지면 그대로 지속되는 게 아니라 시간이 지나면서 변화한다. 앞서 언급한 영국과 미국의 밀 가격 차이가 줄어드는 현상이 대표적이다. 더 일반적으로 말해서 공산품 가격과 농산물 가격 차이가 점차 줄어든다. 수송혁명이 이를 실현해준 것이다. 그러면 요소 가격, 곧 임금과 지대 역시 지역 간 차이가 사라져간다. 그러면 어떤 변화가 일어날까?

영국의 자유무역 체제를 다른 나라들이 쫓아갔다. 예컨대 독일은 1877년경 자유무역 국가가 되었다. 그 결과가 곧 국내의 생산자들에게 큰 영향을 끼치게 된다. 싼 농산물이 들어오면 결국 지대가 하락하고 지주계급이 불리해진다. 정권의 주요 지지 세력인 지주층의 몰락을 용인할 수는 없으므로 오토 폰 비스마르크(Otto von Bismarck)는 관세를 부과하여 싼 농산물 수입을 막으려 했다. 영국이나 덴마크 같은 예외적인 사례를 제외하고 나머지 국가들 역시 점차 보호주의 방향을 취하게 된다. 유럽 대부분 국가에서 지주는 자유무역의 폐해 때문에 보호주의에 찬성하고 보수적인 정당을 지지하는 반면, 싼 농산물 수입의 덕을 본 노동계급은 자유무역에 찬성하며 이들을 대변하는 사회주의 정당들은 자유주의 정책을 지지한다. 자본가들은 자국이 상대적으로 앞선 국가인지 후진 국가인지에 따라 태도가 달라진다. 영국처럼 앞선 국가에서는 자유주의자들과 사회주의자들은 적어도 무역 정책에서는 같은 노선을 지지할 수 있다. 다른 국가들에서는 자본가들과 지주들의 이해가 같은 노선을

18. 글로벌 경제의 성장

따르는 경향이 강하다. 이처럼 수송비 하락과 국제 무역의 증가는 세계 경제를 근본적으로 변화시키고 더 나아가서 각국의 국내 정치에도 깊은 영향을 끼치게 되었다.

고래 기름에서 석유로

해운이 세계 경제의 급속한 발전을 가져왔고 경제 발전이 다시 해운을 더 발전시키는 순환 움직임이 일어났다. 이 과정에서 중요한 요인은 '기름'이다. 1차 산업혁명기의 핵심 물질이 석탄이었다면 그 다음 단계에는 석유가 중요한 자리를 차지한다. 석유는 분명 현대 경제 발전의 근간이 되었다. 석유 경제를 고찰하기 전에 먼저 고래 기름에 대해 알아볼 필요가 있다.

고래는 버릴 것이 하나도 없다고 할 정도로 모든 부위를 다 이용한다. 고기를 식용으로 사용하는 외에 뼈, 수염, 힘줄 등을 이용해 코르셋, 우산살, 비누, 향수, 마가린 등 실로 다양한 상품을 만들었다. 그렇지만 산업화 시대에 가장 중요한 것은 고래 지방에서 얻는 기름이었다. 이는 조명 연료, 윤활유 등으로 이용되었다. 그 때문에 포경업자가 가장 잡고 싶어 하는 고래는 향유고래(sperm whale)였다. 원래 유럽에서는 해안에 떠밀려온 개체를 얻는 정도였지 해상에서 잡기는 힘들었다. 그런데 향유고래에서 얻는 기름이 조명용이나 윤활유로 수요가 커지자 이 고래를 잡는 어업이 활기를 띠게 되었다.(Dyer, 374~379)

포경업은 신생 미국을 상징하는 산업으로 발전했다. 미국에서 나

뉴잉글랜드의 고래잡이
18세기 뉴잉글랜드가 포경업의 중심지로 부상했다. 1856년에서 1907년 사이에 그려진 것으로, 미늘 박힌 작살을 든 선원들이 보인다.

는 나무로 포경선을 건조하여 세계의 바다로 나아가는 것이 국가적 위용의 표시였다. 특히 18세기에 뉴잉글랜드가 포경업의 중심지로 떠올랐다. 이 지역은 토양이 척박하고 바위가 많아 농업에 불리해서 주민들이 일찍이 바다를 이용한 상업과 어업에 주력했다. 원래 롱아일랜드와 케이프 코드(Cape Cod) 연안 지역은 미국의 어업 중심지로 발달했는데 여기에 포경업이 더해진 것이다. 이 지역에서 1820년대부터 포경 도구들이 많이 개량되었다. 특히 루이스 템플(Lewis Temple)이라는 선구(船具) 제조인이 1845년에 개량한 미늘 박힌 작살이 유명한 사례다. 낸터킷(Nantucket)에는 포경선 150척이 활동했고, 이후 그 수는 더 크게 늘었다. 선박마다 대개 한두 명

18. 글로벌 경제의 성장

의 소유주가 있는데, 한 번 출항할 때마다 따로 투자자들을 모아 위험을 분산하는 방식으로 운영했다.[Dyer, 377~383] 한 번 출항하면 2~4년 조업하여 25~65마리를 잡아 수천 톤의 기름을 싣고 왔다. 19세기 중에 이 사업은 물개 잡이로도 확대되었다. 특히 남극해에 사는 코끼리물개(Mirounga angustirostris)는 기름을 얻을 수 있는 종이어서, 포경선들은 고래와 코끼리물개를 동시에 노렸다(다만 가죽을 얻기 위한 물개 잡이는 별개의 산업이었다).

고래잡이의 실상이 어떤지 실감나게 알 수 있는 방법 중 하나는 소설《모비딕》을 참고하는 것이다. 예컨대 향유고래에서 경뇌유를 얻는 과정을 보자. 이것은 향유고래의 지방을 태워서 얻는 액체로, 맑고 노란색이 돌며 약한 냄새가 난다. 기름이라고 부르지만 사실은 액체 성질이 강한 왁스 성분이다. 18~19세기에 경뇌유는 조명 램프 재료나 윤활유로 애용되다가 19세기 말에 가서야 등유를 비롯한 석유 부산물로 대체되었다. 포경선에서 향유고래를 잡으면 배 우현에 목제 플랫폼을 대고 그 위에서 사체를 해체한다. 큰 고래일 경우 이 작업만 며칠이 걸릴 수도 있다. 고래의 몸 전체에서 지방 덩어리를 얻지만, 특히 뇌유기관(spermaceti organ)과 두부의 발성 부분(junk)에서 경뇌유를 많이 얻는다. 큰 고래일 경우 1,900리터까지 얻는 수도 있다. 원래는 고래 지방을 육지로 가져가서 기름을 짜는 과정을 거쳤지만, 1750년경 선상에서 정유를 할 수 있는 일종의 경유(鯨油) 정제 도구(tryworks)가 개발되었다. 이 기구는 고래 지방(blubber)을 태우는 철제 솥을 가리킨다. 이는 마치 돼지 지방을 튀기거나 열을 가하여 라드(lard)를 만드는 과정과 유사하다. 뉴잉글랜

경유 정제 도구

뉴잉글랜드에 속하는 사우스햄프턴 역사박물관에 전시되어 있는 것으로, 고래 지방을 태울 때 사용하는 솥이다.

드 포경선들은 이제 고래 지방을 육상으로 가져갈 필요가 없게 되어 조업을 오래 지속할 수 있었다. 이 장치가 포경선이 다른 어선이나 상선과 다른 가장 특징적인 면모다.《모비딕》에 그 모습이 구체적으로 묘사되어 있다.[멜빌, 95~96장, 507~508]

정유 장치는 갑판에서 제일 널찍하고 여유 있는 부분인 앞돛대와 주돛대 사이에 자리 잡고 있다. 그 밑받침이 되는 목재는 특히 단단해서 길이가 3미터, 너비가 2.5미터, 높이가 1.5미터나 되고 거의 벽돌과 모르타르로만 되어 있는 화덕의 무게를 떠받칠 수 있다. 이 벽돌 구조물의 토대는 갑판을 뚫는 것이 아니라, 무릎 모양으

18. 글로벌 경제의 성장

로 구부러진 무거운 쇠가 사방에서 벽돌 구조물을 단단히 조이고 밑받침 목재에 나사못으로 고정시켜 배 위에서 움직이지 않게 해 준다. 측면은 판자로 덮여 있고, 윗면은 비스듬히 기울어진 커다란 나무 뚜껑으로 완전히 덮여 있다. 이 뚜껑을 열면, 용량이 몇 배럴이나 되는 거대한 기름 솥 두 개가 나타난다.

이 기름 솥에 지방 덩어리를 넣고 그 밑의 아궁이에 불을 피워 기름을 태운다. 고래의 지방 덩어리는 가능한 한 얇게 썰어 넣어야 한다. 그래야 기름을 끓이는 작업이 훨씬 빨라지고 양도 늘어나며 품질이 좋아지기 때문이다. 그래서 항해사들은 고래 써는 사람에게 '성서 책장(bible leaves)' 하고 외친다. 성서 낱장만큼 얇게 썰라는 주문이다.

미국의 포경업이 정점에 이르렀던 1840년대에는 포경선 600척 이상이 활동했다. 이 배들은 중간에 아조레스제도, 하와이, 타히티 등지에 가끔 입항하여 보급을 받아야 했으며, 태평양의 광대한 해역을 돌아다니다 보면 일본 근해까지 도달했다.(Dyer, 384) 미국혁명 시기에 포경업이 위기에 처하자 영국 정부가 보조금을 지급하며 자국의 포경산업을 발전시켰다. 그렇지만 고래잡이가 지나치게 극성을 부리자 결국 고래의 멸종 위기를 피할 수 없게 되었다. ● 1937년 9개

● 세계 경제의 발달로 18~19세기 태평양 생태계는 큰 타격을 받았다. 이전 시기에 이미 대구가 남획되었고, 고래와 모피 동물들의 수난이 이어졌다. 물개 개체 수는 200만 분의 1로 감소했다. 태평양은 거대한 살육의 바다로 변모했다.(McNeil)

국이 고래보호협약을 체결했고, 1946년 국제포경위원회(International Whaling Commission)가 만들어졌다.●

　고래는 산업혁명 초기 경제 성장을 뒷받침하는 중요한 역할을 했다. 그리고 고래잡이를 위해 장기간 세계의 먼 바다를 항해해 다니는 작업 자체가 인간이 바다를 더 잘 알고 지배하는 중요한 계기가 되었다. 앞에서 본 것처럼 폴저 선장이 멕시코만류를 찾아낸 것이 대표적인 예다. 그렇지만 고래잡이에 의존해 현대 경제를 일궈낼 수는 없는 일이다. 고래 기름은 많은 부분 석유 및 그 부산물로 대체되었다. 석유산업이라는 다음 단계로 이행하는 것은 정해진 일이었다.

석유산업

　석유와 자연 부산물들인 역청(타르), 나프타, 아스팔트 등은 고대부터 이용했다.(Milza) 바빌로니아는 조명용으로, 아시리아는 횃불로, 이집트는 역청을 사체 보존용으로, 로마는 치료약으로(류머티즘, 천식, 심지어 간질에도 사용했다), 비잔틴은 무기(그리스의 불)로 사용했다. 1856년 러시아, 1857년 루마니아에서 석유를 이용한 기록이 있으나, 본격적인 산업용 시추는 1859년 8월 27일 펜실베이니아 타이

● 국제포경위원회(IWC)는 원래 전면적인 포경 금지가 아니라 고래 개체 수의 적절한 관리가 목적이었으나, 고래 수가 급격하게 줄어들자 정책 방향을 바꾸었다. 2018년 플로리아노폴리스 선언(Florianópolis Declaration)을 통해 포경을 전면 금지하기로 결정했다. 그러자 일본은 IWC가 원래의 목적(개체 수 유지가 가능한 정도의 포경, sustainable hunting)을 변경했기 때문에 탈퇴한다고 선언하였다. 일본은 2019년부터 자신의 영해와 EEZ에서 포경을 재개하되 남반구에서는 하지 않기로 결정했다.

터스빌(Titusville)에서 시작했다. 로크 석유회사(Rock Oil Company)가 만들어져 원유를 추출한 후 양초와 기름을 대체하여 조명용으로 이용했다.* 조만간 전기 조명이 개발되었지만, 조명 재료만으로도 엄청난 이익을 누렸다. 1862년 록펠러가 스탠더드 오일(Standard Oil)을 만들고 이 산업을 지배하는 트러스트를 결성했다. 수송, 파이프라인, 정유 등 연관 직종들을 사실상 독점한 것이다. 이 회사는 후일 1911년 대법원의 분할 명령에 따라 30여 개 회사로 쪼개진다.

펜실베이니아 유전 발견 이후 등유(kerosen)가 개발되었는데, 이것이 19세기 말까지 가장 중요한 석유 제품으로서, 조명과 초기 내연기관 연료로 쓰였다.(Alderton, 295~297) 이때 부산물로 얻는 것이 휘발유(gasoline)였다. 그런데 카를 벤츠(Karl Benz)가 1878년 고속 엔진을 발명하고 1885년 최초의 가솔린 엔진을 이용한 3륜차 모토바겐(Motorwagen)을 만든 이후 가솔린이 진가를 발휘했다. 1893년 독일의 엔지니어 루돌프 디젤(Rudolf Diesel)이 개발한 디젤엔진은 트럭이나 선박을 움직일 정도로 강력한 힘을 냈다.(Milza)

이때까지 줄곧 미국이 석유산업을 주도했으나, 이즈음 유럽 국가들도 도전했다. 예컨대 흔히 쉘(Shell)이라 부르는 로열 더치 쉘 그룹(Royal Dutch Shell Group)의 전신인 회사들이 이 시기에 등장했다.(주 경철 2003, 74) 1890년 수마트라의 유전(Pangkalan Brandan) 개발을 위하

● 1860년 펜실베이니아의 한 팸플릿에는 이렇게 쓰여 있다. "돌기름(rock oil)은 세상에서 가장 밝고 가장 싸면서도 얌전한 빛을 낸다. 그 빛은 왕과 왕당파뿐 아니라 공화파와 민주파에게도 어울리는 빛이다."(Rhodes)

여 네덜란드에 로열 더치 석
유회사(Koninklijke Nederlandse
Petroleum Maatschappij)가 설립
되었고, 1897년 영국의 새뮤얼
상회가 보르네오의 유전을 획
득하여 쉘 무역운송회사(Shell
Transport and Trading Company
Limited)를 세웠다(회사 창업
자의 아버지가 조개류 수입 회사
를 운영한 데서 이 이름이 유래
했다). 두 회사는 1903년부터
함께 사업을 운영하다가 스탠
더드 오일과 경쟁하기 위해서

굴벤키안
유럽의 석유 재벌이자 대단한 예술품 컬렉터
였다.

1907년 자산을 합쳐 수송·판매를 위한 앵글로색슨 석유회사를 영
국에, 채유·정제를 위한 바타비아 석유회사를 네덜란드에 설립하
고, 따로 지주회사를 설립함으로써 로열 더치 쉘 그룹을 형성했다.
이 회사의 경영인이었던 헨리 빌헬름 아우구스트 데테르딩(Henri
Wilhelm August Deterding)이나 아르메니아계 터키인 칼루스트 굴벤
키안(Calouste Gulbenkian) 같은 '석유 거인'들이 등장했다. 굴벤키안
은 모술 지역 유전을 개발하여 엄청난 부를 쌓았는데, 제2차 세계대
전 이후 리스본에 정착한 뒤 그동안 조성한 세계 최고 수준의 예술
품 컬렉션을 기증하여 굴벤키안 박물관을 건립했다.

이후 세계 여러 지역에서 새로운 유전이 개발되었다. 러시아 카스

18. 글로벌 경제의 성장

피해 지역을 비롯해 버마, 중동 등 여러 지역에서 석유를 산출했다. 1902년경 멕시코와 베네수엘라가 산유국이 되었다. 중동 지역으로 는 프랑스, 영국, 독일 정부가 개입해서 서로 갈등을 일으켰다.(Barker)

이런 과정을 거치며 석유 생산량이 급증했다. 1861년 6만 7,000 톤에 불과했던 생산량은 1880년 400만 톤, 1890년 1,000만 톤, 1900 년 2,100만 톤, 1910년 4,400만 톤, 1913년 5,000만 톤이 넘었다. 이 때도 여전히 미국이 전 세계 생산량의 2/3를 차지했다. 이 시기에도 아직 석탄이 압도적 우위를 차지하지만(20세기 초 미국의 전체 연료 중 석탄이 93퍼센트 이상을 차지했다) 석유의 중요성이 갈수록 커져갔 다. 우선 자동차, 선박, 비행기 등 운송 수단에 사용되었고, 1920년 대부터 석유화학공업도 발전했다. 디젤엔진은 원래 석탄 가루를 사 용하는 엔진이었지만, 재가 실린더와 피스톤을 더럽혀서 결국 석유 연료로 대체했다.(Rhodes)

석유는 액체이기 때문에 운송비가 더 저렴한 것은 분명하지만, 석 유 산지에서 소비 장소로 운송하는 것이 힘들어 이를 해결하는 것 이 중요한 과제였다.(Paine, L., 543) 처음에는 5갤런 캔으로 석유를 운반 했다. 상자에 캔 2개씩 넣어 운반했는데, 무게가 너무 커지는 데다 가 석유가 증기 형태로 고였다가 폭발할 위험이 컸다. 이 문제에 대 한 해결책을 찾은 인물이 루트비히 노벨(Ludwig Nobel, 다이너마이트 개발자인 알프레드 노벨의 형)이다. 바쿠 유전을 개발하여 한때 세계 석유 생산의 50퍼센트를 차지했고 러시아 석유산업의 아버지라 불 리며 세계 최고 부자 반열에 올랐으나, 볼셰비키 혁명 이후 러시아 내의 재산을 몰수당했다. 일찍이 1878년 그는 최초의 탱커(석유 운반선)인 조로아스터(Zoroaster)호를 개발했다. 그 후 1885년 훨씬 개량되고 원양항해가 가능한 탱커인 글뤼크아우프(Glückauf)호가 개발되었다. 조만간 석유 수송의 99퍼센트를 탱커가 담당했다. 20세기후반에 가서야 석유 운송에서 파이프라인이 큰 역할을 하게 된다.•

석유와 전쟁 그리고 국제정치

20세기는 석유 경제의 시대가 될 터인데, 그 중요성을 먼저 확인한 계기는 전쟁이다. 석유는 선박 연료로서도 석탄에 비해 여러 장점이 있다.(Alderton, 304) 석유의 열 함량이 더 커서 보일러가 작아질수 있고, 그래서 배가 길어질 수 있다. 1911년 10월 제1해군상(First Lord of the Admiralty) 처칠은 해군 함정에 석탄 대신 석유를 사용하기로 결정했다. 그 덕분에 영국 함대는 급성장하는 독일 함대보다파워, 스피드, 효율성 면에서 우위를 차지했다. 처칠은 석유 사용 함선의 장점으로 더 빠르고, 연기가 적어 적에게 빨리 노출되지 않으며, 배의 빈 공간 아무 곳에나 석유를 저장하는 게 가능해서 선박디자인이 유연해지며, 연료를 파이프로 채울 수 있으므로 인력(화부)이 적게 들고, 바다에서도 연료 공급이 가능하다는 점을 들었다.

석유가 중요해지면서 유전지대는 국제 정치의 갈등 무대가 되었

• 현재는 매년 3만 2,000킬로미터 정도의 파이프라인이 증설되는데, 이 중 절반 이상이 북미와 남미에 부설된다. 이 중 64퍼센트는 천연가스, 19퍼센트는 석유 제품, 17퍼센트는 원유수송을 담당한다.(Alderton, 297)

다. 페르시아에서 석유가 나오자 영국은 1909년 영국-페르시아 석유회사(Anglo-Persian Oil Company)를 설립하고 오스만제국을 압박하여 75퍼센트를 지배했다.[*] 1912년 130마일에 달하는 파이프라인을 건설해서 아바단(Abadan)의 정유 시설까지 연결했는데, 이해에는 페르시아의 석유 수출량이 연 750톤에 달했다. 제1차 세계대전 전 해인 1913년 처칠은 페르시아 회사와 협상하여 석유 물량을 더 확실하게 확보하고자 했다. 다만 석유 사용 선박은 초기 비용이 높기 때문에 이후로도 석탄 사용 선박이 오래 지속되었다(1935년에도 80퍼센트를 차지했다). 제1차 세계대전 말에도 영국의 해외 저탄소가 181개소에 달했다.[**]

제1차 세계대전 중 석유를 사용하는 각종 차량과 탱크가 등장해서 석유의 위력이 여실히 드러났다. 무엇보다 잠수함은 전함 80만 톤, 상선 1,000만 톤을 침몰시켜 핵심 전쟁 도구로 올라섰다. 1918년에 가면 전투기가 하늘을 휘젓고 다녔다. 초기에 프랑스는 석유의 중요성에 대해 잘 인지하지 못한 게 분명하다. 클레망소는 "나

---

[*] 페르시아에서 석유를 발견했을 때 발굴단은 테헤란 소재 영국공사관에 이런 전문을 보냈다. "시편 104장 13절, 114장 8절을 보라." 그 내용은 다음과 같다. "땅에서 …… 사람의 얼굴을 윤택하게 하는 기름과 사람의 마음을 힘있게 하는 양식을 주셨도다(bringing forth food from the earth, wine that gladdens human hearts, oil to make their faces shine)."

[**] 석탄은 근대화와 산업화의 핵심 물질이자 노동 착취의 상징으로, 에밀 졸라의《제르미날》처럼 19세기 문학 작품의 주요 소재였다. 그러나 노동 문제에 더해 환경 문제가 제기되면서 점차 탈석탄화가 진행되었다. 그런데 실제로는 21세기에도 석탄 생산량이 급증하고 있다. 중국을 비롯한 개도국에서 여전히 석탄 수요가 많기 때문이다. 2019년 중국은 화력발전소가 2,363개소, 인도는 589개소가 있다. 오스트레일리아와 인도네시아에서 석탄을 수입하는 외에 중국의 자체 생산량도 36억 8,000만 톤에 이른다.[Bonin]

는 기름이 필요하면 내 식료품상(épicier)에게 부탁한다오"라고 말했는데, 기름이라고 하면 석유가 아니라 올리브기름이 더 중요하다고 농담한 것이다.(Conlin) 그렇지만 전쟁 상황이 되자 그런 한가한 농담을 하고 있을 처지가 아니었다. 제1차 세계대전 초 프랑스군은 트럭, 자동차, 트랙터, 비행기를 합쳐서 316대에 불과했지만 1918년에는 9만 7,279대로 상승한다. 이제 석유가 없으면 전쟁 수행이 불가능해진다. 그런데 프랑스에서는 동부의 페셸브론(Pechelbronn)에서 석유가 조금 생산되지만, 그나마 독일과 너무 가까운 지역이라 위험했다. 에너지 안보 문제의 심각성을 깨달은 클레망소는 석유가 피만큼 중요하다고 선언했고, 미국 대통령 우드로 윌슨에게 석유 공급을 늘려달라고 부탁하지 않을 수 없었다. 이제 석유는 핵심 자원이고 유전 지배는 전략적 핵심 문제가 되었다.

에스파냐 내전과 제2차 세계대전은 말할 나위 없이 석유의 전쟁이 되었다. 독일은 석유 부족이라는 치명적 약점을 안고 있었다. 전격전(Blitzkrieg)도 그런 배경에서 나온 것이다. 루마니아의 플로이에슈티(Ploiesti) 같은 유전지대를 점령하는 것이 중요한 전략적 목표가 되었다. 독일군의 러시아 공세도 모스크바 대신 코카서스, 더 나아가서 중동으로 방향을 돌렸으나 스탈린그라드에서 좌절했다. 해전에서도 원유 수송선을 호위하고 공격하는 임무가 지극히 중요해졌다.

1916년에는 사이크스-피코(Sykes-Picot)협정을 통해 제1차 세계대전 이후 오스만제국 영토를 어떻게 분할할 것인지를 정했다(오늘날 중동 갈등의 먼 원인으로 흔히 이 비밀협정을 지목한다). 페르시아만, 시나이반도 동부, 아나톨리아 남부 지역 등을 놓고 영국-프랑스 간 일종의 관할 지역을 정한 것인데, 당시는 정확한 석유 매장량 파악이 힘들었기 때문에 클레망소는 모술 지역을 영국에 넘기는데 쉽게 동의했다. 결국 영국이 최대 수혜자가 되었다. 종전 무렵 페르시아는 영국 해군의 주요 석유 수입원이 되어서, 1918년 40만 톤을 공급했다. 전후 영국 외상 커즌(George Nathaniel Curzon)은 자국의 강력한 영향력을 발휘해서 페르시아에서 전략적 우위를 차지해야 한다고 주장했고, 페르시아를 사실상 보호령화했다. 이제 석유는 영국 외교의 핵심 요소로 떠올랐다. 1941년 독일이 페르시아를 침공할 가능성이 있고, 또 이를 위해 중앙정부에 저항하는 부족들에게 영국에 저항하도록 봉기를 획책할 가능성도 있어 보였다. 그러자 영국이 먼저 이 나라의 내정에 개입하여 레자 샤(Reza Shah, 재위 1925~1941)의 아들 팔라비(Pahlavi, 재위 1941~1979)를 왕좌에 앉혔다. 1945년 이후 페르시아 내에 외세에 저항하는 움직임이 일어나자 영국은 1953년 미국과 함께 비밀공작으로 와해시켰고, 대신 미국이 40퍼센트의 몫을 가져갔다.

세계는 더욱 빠른 속도로 변화해갔다. 문제는 그 성격이 갈수록 더 침략적이고 전투적으로 바뀐다는 데 있었다. 세계의 바다는 경제·군사적으로 강한 세력이 다른 지역으로 밀고 들어가서 지배하고 착취하는 공간으로 변모해갔다. 다음 장에서 이 문제를 본격적으로 고찰하도록 하자.

CHAPTER 19

제국주의의 바다

1750년경 인도를 지배하게 된 서구는 19세기에 가면 중국 역시 압도했다. 서구는 산업혁명을 경과하며 경제적으로 크게 성장했고, 확고한 군사적 우위를 누리게 되었다. 이런 힘들을 구체적으로 구현한 대표적인 사례로 아편전쟁에서 막강한 힘을 과시한 철제 증기선을 들 수 있다. 중국은 늘 육상의 위협에 시달렸지 바다로부터의 위협은 해적 외에는 문제될 것이 없었다. 청제국은 근대 세계에서 바다가 안보와 경제 번영의 핵심 요소라는 사실을 이해하지 못하고 있었다. 반면 일본은 서구를 따라잡으려는 노력을 기울였고, 머지 않아 지대한 성공을 거둔다. 서구의 힘은 그동안 상대적으로 느슨하게 방치했던 태평양 세계로까지 들어왔다. 서구는 세계의 바다를 통제하게 되었다.

영국의 인도 정복

대항해시대 초기에 아시아에 들어온 유럽인들은 일단 교역 거점들을 확보하고 그 거점들을 연결하는 네트워크를 통해 수익을 얻는 데에 치중했다. 이후 해양 지배를 점차 확대·강화해가던 서구 국가들은 강력해진 힘으로 내륙으로 진입해 들어갔다. 18세기에 먼저 인도가 영국의 지배하에 들어갔다. '인도(India)'라고 이야기하지만 사실 이 전체가 하나의 통합된 단위가 된 것은 이 지역의 오랜 역사의 산물이라기보다 역설적으로 영국 지배의 산물이었다. 영국이 식민 지배를 한 지역 전체가 한 단위의 국가로 만들어져 후일 독립했기 때문이다. 바꾸어 이야기하면 인도 전체가 통합성을 갖추지 못한 점이 침략자들에게 유리하게 작용했다.

인도양 주변 지역들 일부는 유럽인들로부터 영향을 받아 무력을 증강시켜나갔다. 1715년 영국 측의 증언에 의하면 "무스카트 선단의 선박 중에 한 척은 대포 74문, 두 척은 60문, 다른 한 척은 50문, 그리고 18척은 12~32문의 함포를 적재해 가지고 있으며. …… 이런 무력으로 이곳의 아랍인들이 코모린(Comorin)곶에서 홍해에 이르는 지역까지 테러를 자행하고 있다."(Buti 2013; Hamilton) 그중에서도 마라타가 대표적인 사례다.(Buti 2016, 338) 마라타인들은 원래 데칸 북서쪽 지역에서 농경과 상업을 하는 사람들이었으나, 1620년부터 무굴 제국 팽창에 저항하는 전사 민족으로 변화해갔다. 이들은 몇몇 강력한 가문들을 중심으로 응집하여 세력을 키워갔는데, 그중 특히 시바지(Shivaji Bhonsle, 1630~1680)가 제일 강력한 집단을 형성했다.

그는 황제의 권위에 대담하게 도전했고, 각지에서 강력한 공격을 감행했다. 1664년에는 수라트항구를 약탈하고 파괴했다. 이후 이들은 광범위한 인도 서부 해안 지역을 통제하며 해적 활동을 벌였다. 유럽인들로부터 배운 실력으로 선박도 건조했다.

여기에 더해 1690년대에는 인도양의 강력한 해군 지휘관이었던 칸호지 앙그레(Kanhoji Angre, 1669~1729)가 마라타 편에 자신의 함대를 빌려주었다.[Scammell, 642] 그는 인도 연안 지역에 근거지를 둔 지도자로, 무굴제국 및 무굴과 결탁한 외국 세력에 항거하여 투쟁했으며, 특히 봄베이 주재 영국인들에게 큰 위협이 되었다. 라자 람(Raja Ram)이 마라타국을 통치하던 시기인 1698, 칸호지 앙그레는 봄베이 인근의 섬 비자이두르그(Vijaydurg)를 탈취하고 이곳에 요새를 건설했다. 이곳은 마라타국의 수도이자 인도에서 가장 오래되고 또 가장 강력한 요새 중 하나로 이름을 날렸다. '인도 서해안에서 가장 강력한 해군 수장'으로 알려진 칸호지 앙그레는 영국군과 네덜란드군의 공격을 여러 차례 격퇴하여 요새를 수호했다. 영국인들은 갤리엇(Galiots) 20척으로 구성된 선단(Bombay Marine)을 만들어 대항했고, 시 주변에 성곽을 설치해야 했다. 영국인들은 칸호지 앙그레 세력을 진압하기 위해 1717년과 1722년 두 번에 걸쳐 마라타국 항구들을 포격했지만 진압에 실패했다. 또 1724년과 1728년에는 네덜란드인들이 칸호지 앙그레가 지배하는 주요 지역들을 포위했지만 이번에도 정복에 실패했다. 아마도 그가 지휘하는 마라타의 해군이 외국 세력에 저항할 수 있는 능력을 갖춘 인도 내 유일한 해양 세력이었을 것이다. 1729년 그가 사망한 후 다섯 아들이 승계

비자이두르그 요새
강력한 해군 수장 칸호지 앙그레가 건설한 요새이다. 17세기 마라타국 편에 서서 무굴제국과 그
에 결탁한 영국, 네덜란드 등의 외국 세력에 항거했다.

권을 놓고 다툰 끝에 툴라아(Tulaji)가 승리하여 권력을 이어받은 후
투쟁을 지속했다.

　이상에서 간략히 보았듯이, 인도 내 여러 세력의 무력이 결코 무시
할 만한 수준은 아니다. 외국 세력이 인도로 들어와서 곧바로 쉽게
이겼으리라고 생각해서는 안 된다. 다만 영국동인도회사는 기세에서
결코 뒤처지지 않고 상대방을 힘으로 눌러야 한다는 의식이 강했다.
무굴제국이 조세를 부과하려 했을 때, 이를 자신들에 대한 도전으
로 간주하고 무력으로 해결하고자 했다. 그러나 결과는 정반대였다.
19척의 배로 군을 파견하여 1686~1690년에 전투를 벌였으나 참담

하게 패퇴했다. 함대는 흩어지고 군인들은 포로로 잡히거나 쫓겨났다. 무굴 병사들은 영국군을 '아침식사로 잡아먹었다'고 표현했다. 영국은 평화를 구걸할 수밖에 없었고, 무굴제국은 영국동인도회사가 사업상 좋은 동맹이 되리라 기대하고 다시 받아주었다.[Wilson]

18세기에 들어가서 사정이 변화했다. 제국이 점차 쇠락해가고, 대신 지방 세력이 강성해졌다. 이런 상태에서 1740년경까지는 영국 측이 인도의 정세를 지배하지 못했다. 여기에 큰 변화가 찾아온 데는 뜻밖의 외부 요인이 작용했다. 페르시아의 강력한 전사 나디르 샤(Nader Shah, 1688~1747)가 인도로 침공해 들어와서 수도 델리를 약탈한 것이다. 그는 1736년 아바스 3세를 폐하고 아프샤르왕조를 세우면서 나디르 샤라는 이름으로 왕위에 오른 후 아프가니스탄의 칸다하르·카불 등을 점령하더니 1739년 무굴제국으로 공격해 들어와서 카르날 전투(Battle of Karnal)에서 쉽게 승리를 거두었다. 전리품으로 유명한 공작 왕좌(Peacock Throne)와 코이누르(Kohi-noor) 다이아몬드 등을 비롯해 어찌나 많은 재보를 약탈했던지, 이후 페르시아에서 3년 동안 세금을 거두지 않았다. 이제 동쪽에서는 소기의 성과를 충분히 거두었다고 판단하고 서쪽 오스만제국과 전투를 벌였다(오스만-페르시아 전쟁, 1743~1746).

이 상황을 지켜본 영국동인도회사는 무굴제국이 지극히 약해졌다는 것을 알게 되었고, 권력의 공백을 차지하였다. 만일 나디르 샤의 침범이 없었더라면 인도 내 영국의 지배는 다르게 진행되었거나 혹은 없었을 가능성도 있다. 혼란 상황은 일부 인물들에게 호기로 작용했다. 로버트 클라이브(Robert Clive)는 인도 남동부 지역 지배

19. 제국주의의 바다

자인 아르코트 나와브(Arcot Nawab)를 위해 봉사하다가 곧이어 마라타의 동맹으로 활동한다.

인도의 여러 세력이 분열되어 있었다는 것이 서유럽 세력의 침입에 유리하게 작용한 것은 분명하다. 1757년 플라시 전투에서 영국 동인도회사군이 벵골 태수 시라지 웃 다울라(Siraj Ud Daulah)의 군대에 결정적 승리를 거두고 벵골의 지배권을 확립하여 사실상 인도를 식민지화했다. 그런데 그 전해에 비자이두르그 요새가 영국군에 넘어간 것이 식민 지배의 시발점이라 할 수도 있다. 마라타와 무굴 제국 간 투쟁이 지속되고, 또 마라타 내부적으로도 권력 투쟁이 지속되어 결국 서구 세력의 도전을 이겨낼 수 없었던 것이다. 1756년 영국의 해상 침입을 이겨내지 못하고 이 요새를 상실함으로써 인도 세력의 저항이 마지막으로 무너졌다.(Goldrick, 329~330) 인도는 내륙에서 무너지는 동시에 해상 방어도 깨진 것이다.

영국동인도회사 해군은 그리 강하지 않았다.● 19세기에도 마찬가지여서, 영국 해군이 대신 역할을 수행했다. 동쪽이든 서쪽이든 인도의 해상 교역 또한 영국에서 건조하고 영국 측이 소유한 선박들로 수행했다. 그나마 인도인이 원거리 항해 선박 건조를 시작한 것도 19세기 말의 일이다. 인도는 팍스 브리타니카(Pax Britannica)에

● 1612년 동인도회사 해군(East India Company's Marine)이 창립된 후 이름이 자주 바뀌었다. the Bombay Marine(1686), the Bombay Marine Corps(1829), the Indian Navy(1830), Her Majesty's Indian Navy(1858), the Bombay and Bengal Marine(1863), the Indian Defence Force(1871), Her Majesty's Indian Marine(1877), the Royal Indian Marine(1892), the Royal Indian Navy(1934). 이름이야 어떻든 실제 해군력은 보잘것없었으며, 제2차 세계대전이 되어서야 강화되었다.

의존하고 있었던 셈이다.(Goldrick, 330~332) 아시아-인도양 세계의 중심부를 차지하는 인도가 군사적으로나 상업적으로나 해양 통제력이 전반적으로 매우 약했다는 점이 서구 제국주의 세력의 팽창에 유리한 요소로 작용했다.

중국과 일본의 개방

18세기에 인도를 식민지화한 서구는 19세기에 중국마저 압도했다. 세계에 문을 닫아걸다시피 한 중국은 19세기에 돌연 강력한 서구 해양 세력들과 맞닥뜨렸다. 1805~1820년 동아시아와 동남아시아에서 활동하는 중국 선박은 8만 5,000톤으로 추산되는데, 동인도회사 선박들만 해도 그 세 배에 달했다. 중국은 이런 상황에서 이전 체제를 유지하려다가 군사·외교적으로 곤경에 빠지게 된다.

청나라 때 중국의 대외 교역은 소위 일구통상체제(一口通商體制, Canton system)로 돌아갔다. 1757년 건륭제(乾隆帝)의 칙령으로 외국 교역 장소를 광저우 한 곳으로만 한정했다. 외국인 활동 구역은 시 성벽 바깥 주강 연안의 특별 구역으로 제한되었는데, 13개의 상관(factory) 혹은 창고들이 몰려 있었다. 이 지역에서는 10월~3월의 교역 기간에는 계약과 거래 활동으로 분주하다가, 여름 시즌이 되면 외국인들은 마카오의 유럽인 거류지로 돌아가야 했다. 1842년 이 제도가 폐지될 때까지 모든 공식 무역은 정부의 특별 허가를 받은 중국인 회사인 항(行)을 거쳐야만 했다. 정부로부터 독점을 인정받고 월해관부(粤海關部)의 지도를 받는 이 상인들은 일종의 카르텔

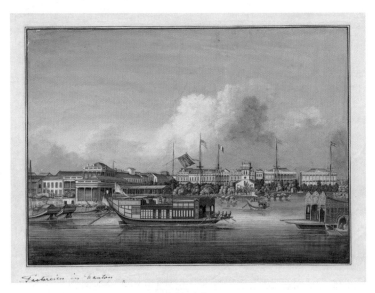

광저우 상관들

1757년 이후 외국 상인들은 광저우에서만 무역할 수 있어 13개 상관이 한곳에 모여 있었다. 1850년경의 광저우 상관 그림으로, 미국, 프랑스, 영국, 덴마크 등의 국기가 보인다.

을 구성했는데, 외국 상인들은 이들을 공행(公行)이라 불렀다. 이들은 광저우를 드나드는 모든 상품들에 대해 독점 가격을 부과했다. 제국의 대외 무역을 몇 사람이 과점하다보니 이들 중 일부는 실로 엄청난 부를 쌓았다. 저택 안에 있는 작은 운하에서 곤돌라를 타고 논다든지, 창고가 불탔더니 은이 녹아 강처럼 흘렀다는 식의 이야기가 돌았다.

　동시에 국제 무역을 중개하는 매판(買辦, comprador)이 갈수록 중요한 역할을 했다.[하오옌핑, 4장] 원래 이들은 상사(商社)의 대리인으로 외국 상인을 위해 집사, 요리사, 청소부 등을 안내해주고, 각종 식자재를 알선해주던 사람들이었다. 점차 다양한 업무를 맡아서 하다가 1840년대에 공행 체제가 무너지자 외국 상인과 협력하는 핵심 인물들로 진화했다. 비즈니스 관리, 은행 업무, 회계 업무, 선적 스케줄 관리, 지역 내 거래 등을 총괄하고, 사업 파트너에게 돈을 빌려주거나 관리에게 여흥을 제공하는 일까지 담당했다. 무엇보다 외국인이 들어갈 수 없는 내지로 들어가 차와 비단을 구매하는 일을 맡아서 해주었다. 이들 역시 과거 공행 상인들과 마찬가지로 국제 교역을 보조해주는 대가로 상당한 부를 쌓았다.

18세기 이후 중국 수출품으로는 갈수록 차가 중요해졌다. 차가 유럽에 알려진 것은 문헌 자료에 따르면 16세기이지만, 대체로 17세기부터 귀족과 상류층이 즐겼다.[세이버리, 125~128] 중국 차에 관한 영국 기록은 1658년 영국 신문에 실린 광고가 처음이다. 1660년에는 유명한 문인 새뮤얼 피프스(Samuel Pepys)를 묘사한 그림과 함께 "지금껏 한 번도 마셔본 적 없는 중국 차를 한 잔 가져오게 했다"는 문구를 광고로 썼다.● 물론 모든 사람이 차를 잘 아는 건 아니었다. 몬머스(Monmouth) 공작부인이 스코틀랜드에 사는 한 친척에게 아무런 설명 없이 1파운드의 차를 보내자, 요리사는 찻잎을 끓여 물은 다 버리고 찻잎을 시금치처럼 요리해 내놓았다. 맛이 하나도 없다는 평가를 받았음에 틀림없다.[세이버리, 133~135] 18세기에 들어오면 영

● 피프스 당시에는 영국의 커피 소비량이 차 소비량의 10배였으나 1730년경 정반대가 된다. 차 소비는 18세기에 크게 증가했는데, '게으른 관습'이며 '부조리한 소비'라는 식의 비판이 적지 않았다. 그러나 그 후 차는 알코올을 대신하는 건강 음료라는 식으로 이미지가 크게 바뀌었다. 조지 오웰은 영국의 특성으로 축구, 펍, 차 세 가지를 들었다.[Moore]

19. 제국주의의 바다

국에서 차는 문화와 사교의 중요 상품이 되었고, 토머스 트와이닝 (Thomas Twining) 같은 유명한 차 상인들이 활약했다.[•] 차와 함께 고가의 다기도 수입량이 엄청났다. 차의 독점 판매가 시작된 1684년부터 도자기 수입을 중단한 1791년까지 수입된 자기는 2만 4,000톤, 개수로는 2억 개가 넘었다. 이는 10세 이상 영국인 1명당 5개꼴이었다.(흡하우스, 194)^{••}

영국으로서는 차 수입 액수가 갈수록 너무 커져서 무역적자가 중대한 문제가 되었다. 수입액은 매년 3,000만 파운드에 달했지만 이에 대응하여 판매할 상품이 부족했다. 모직물, 일부 공산품, 그리고 인도의 면직물, 태평양 지역에서 나는 목재, 가죽, 해산물 등으로는 태부족이어서 차액을 은으로 지불했다. 은 유출 액수가 너무커지자 영국은 이 문제를 해결하기 위해 1793년 조지 매카트니 경 (George Lord Macartney)을 단장으로 하는 사절단을 파견하였다. 군사·측량·항해 등 다방면의 전문가를 포함해 100여 명으로 구성된 매카트니 사절단의 파견 목적은 청 조정으로부터 교역과 외교상의

● 1706년 토머스 트와이닝이 런던의 트라팔가르 광장에서 커피하우스를 열면서 시작되었다. 여성의 커피하우스 출입이 금지되었던 1717년 당시 여성을 위해 홍차만을 판매하는 골드라이온이라는 별도의 매장을 열어 큰 인기를 끌었는데, 지금까지도 골드라이온을 상징하는 황금사자상이 매장 앞에 자리 잡고 있다.

●● 폴란드 국왕 아우구스트(August)는 중국 도자기 3만 점을 수집해 가지고 있었다. 그는 중국 도자기 제조 기술을 알고 싶어 연금술사 뵈티거(Johann Friedrich Böttiger)를 감금하고 비밀을 알아내라고 지시했으나 성공하지 못했다. 중국 도자기 생산자들은 유럽 수출용으로는 유럽인이 원하는 문양을, 미국 수출용으로는 대머리독수리나 조지 워싱턴 등 미국인이 좋아하는 애국적 문양을 그렸다. 18세기 전성기 때 중국 징더전(景德鎭)에는 가마가 3,000개에 달하고 100만 명이 일하고 있었다고 한다.(Ford)

매카트니 사절단

1793년 청나라 건륭제를 알현하는 영국 사절단을 그린 윌리엄 알렉산더의 스케치이다. 매카트니가 영국식 예법에 맞춰 인사하며 건륭제에게 조지 3세의 친서를 전하고 있다. 스케치 오른쪽 상단에는 사절단의 주요 인물의 이름이 적혀 있다.

특권을 얻는 동시에 중국에 대한 정보를 수집하는 일이었다. 그렇지만 청 조정은 영국의 요청 사항, 즉 사절 파견, 주산(珠山)·닝보(寧波)·톈진(天津) 등지에서 상선의 상륙 후 자유로운 교역, 베이징에 점포 개설, 규정된 액수의 관세 부과 등을 모두 거절했다. 중국은 지대물박(地大物博, 땅이 넓고 물자가 풍부하다)하여 오랑캐와 물품을 교환할 이유가 없다는 건륭제의 답변이 그들의 태도를 잘 보여준다. 사절단은 굳이 와서 장사를 하려면 중국의 법규를 준수해야 하며 그렇지 않을 경우 즉각 추방한다는 내용의 칙서를 받고 영국으로 귀환하였다. 중국을 보고 온 매카트니의 의견은 어땠을까? "중국은 여러 방면에서 서방 국가들에 비해 낙후하며 청조는 외형은 강

19. 제국주의의 바다

한 것같이 보이나 실은 부패가 심하고 쇠약한 나라이므로 일격에 공략할 수 있다"는 내용이다.(정수일, 221~222) 교역 특권을 얻는 데 실패한 후 영국이 생각해낸 것이 아편이다.

아편전쟁

유럽은 오랫동안 중국 상품을 수입하고 그 대금으로 막대한 양의 은을 지불해왔다.* 18세기에 들어오자 차와 도자기 수입량이 크게 늘어 이전과는 차원이 다르게 거액이 필요하게 되었다. 반면 은의 확보는 오히려 힘들어졌다. 유럽이 아메리카의 사탕수수, 담배 등을 많이 수입하게 되어 이 지역으로도 대금을 지불해야 했기 때문이다. 이런 심각한 결제 수단 부족 문제를 해결해준 것이 다름 아닌 아편 무역이었다.(Butel, 113)

바르셀로나 근처의 신석기 매립지에서 아편 사용 흔적을 발견했다고 하니, 아편은 실로 인류가 초기부터 사용한 물품이다. 아랍 학자들이 의학적 용도로 오래전부터 사용한 사실도 잘 알려져 있다.(Peakman) 7세기에 아랍 상인이 중국에 아편을 들여왔다. 전통적으로 아편은 말라리아 등의 질병에 치료제로 사용되었으며, 진통제로

● 그나마 식민지 인도에서 차를 생산할 수 있게 된 것이 영국으로서는 다행이었다. 1820년대 아삼 지방에 야생 차나무가 자라는 것을 발견하고 차 재배를 시도했다. 그런데 인도 차는 맛이 너무 쓰고 강해서, 중국 차와 섞어 제품을 내놓으며 점차 영국인 입맛을 조정해가고자 했다. 그런 의도에서 중국 차를 비방하고 '제국 차'의 좋은 점들을 과장 광고했다. 실론에서도 차 재배에 성공했다. 실론 티의 아버지라 불리는 제임스 타일러(James Taylor)가 1860년대에 실론에서 차 사업을 크게 성공시켰다.(Moore)

탁월한 효능이 있다는 사실이 잘 알려졌다. 동시에 마약성 기호 상품으로도 사용되었다. 유교 관리들은 아편을 풍속을 저해하는 독극물로 규정하고 1729년 이후 의료용이 아닌 아편 사용을 금지해왔다. 그러나 오히려 1790년대 즈음이면 중국 내에 아편을 담배처럼 피는 행위가 아주 널리 퍼졌다. 이즈음 인도와 중국을 직항하는 아편 클리퍼가 말라카해협을 빈번하게 통과했다. 말라카해협을 장악하고 있던 네덜란드가 이를 묵인한 것은 영국의 아편 체제에 동참했음을 의미한다.(강희정 2019d, 140) 청나라 당국은 이 사악한 행위를 근절하기 위해 아편의 재배 혹은 거래를 완전히 금지했으나 상인들은 계속 거래를 했다. 1811년에는 미국인이 터키 아편을 들여오기 시작했다. 이런 배경에서 영국령 인도는 무역수지 개선을 위해 아편을 판매하였다. 1805년부터는 더는 중국에 은을 수출하지 않았고, 2년 후부터는 오히려 중국에서 은을 받아올 정도가 되었으며, 1830년대가 되면 재정의 핵심 요소가 되었다. 영국의 상공업자들은 동인도회사만 아편 무역을 하는 데 대해 강력하게 항의하며 '교역의 자유'를 주장했다. 일부 의원들의 도움으로 결국 동인도회사의 독점이 깨지고 유력 상인들이 중국 아편 무역 사업에 뛰어들었다. 심지어 중국 관리들에게 접근하여 아편 무역을 공식적으로 열어달라고 요청했으나 중국은 더 강고하게 광저우의 문호를 닫아걸었다.

영국 상인들은 중국이 무역의 자유를 제약한다고 강변했다. 아편이라는 독극물을 판 것에 대한 도덕적 책임에 대해서는, 자신들은 아편을 다만 중국 해안까지 수송했을 뿐이고 중국 선박이 상품을 인수한 다음부터는 자신들과는 아무 관련이 없다는 가증스러운 주

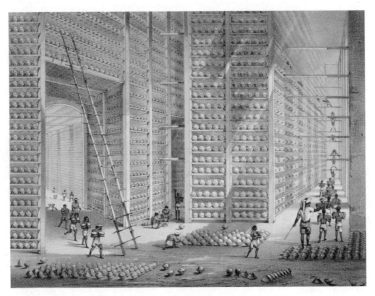

영국동인도회사의 파트나 아편 창고

인도 파트나에 있는 아편 공장으로 분주한 적재실의 모습을 담고 있다. 파트나 아편은 싸고 강력해 고가품이었던 아편을 널리 보급하는 데 결정적으로 공헌했다.

장을 했다. 물론 영국인들도 아편의 해악을 명백하게 알고 있었다.[•] 인도의 식민지 총독 워런 헤이스팅스(Warren Hastings)는 "아편은 파멸적인 사치품이다. 이것은 오직 외국 무역의 대상으로서만 허가해야 한다. 앞날을 내다보는 정부의 과제는 국내 시장에서 아편을 추

● 영국에서도 아편을 치료제로 사용하고 있었다. 아편으로 만든 로더넘(Laudanum)은 진통제이자 동시에 진정제로 사용하였다. 그렇지만 마약으로 사용하는 사람도 생겨났다. 새뮤얼 콜리지(Samuel Taylor Coleridge) 같은 문인들을 비롯해 중독자들이 생겨났고, 런던의 라임하우스 구역(The Limehouse area, 동쪽 이스트엔드의 빈민가) 같은 마약 소굴도 형성되었다.

[표 2] 인도의 수출 통계 (1836) (Trocki, 97)

상품	양	가치(파운드)
아편	24,000통(1,640톤)	2,880,000
인디고	10,000,000lb	2,500,000
원면	10,000,000lb	1,500,000
면직물	불명	250,000
원견	1,600,000lb	950,000
견직물	불명	200,000
곡물	468,750 qrs	375,000
설탕	16,000톤	256,000
초석	14,000톤	160,000
합계		9,071,000

방해버리는 일이다"라고 말했다.(쉬벨부쉬, 244) 그의 의견대로 영국은 부족한 결제 수단을 확보하기 위해 중국에 아편을 대량으로 수출하는 후안무치한 정책을 시행했다.

1729~1800년에 아편 수입량은 20배 정도 증가했다.(Trocki, 91~92) 중독자가 10만 명에 달했지만 이런 정도라면 아직 중국 사회와 국가를 붕괴시킬 정도는 아니었다. 적어도 1830년 이전에는 아편이 주로 진통제(pain-killer)로 사용되었다. 워낙 고가품이라 마약으로 사용하는 사람은 극히 부유한 소수에 불과했다. 그러나 1818년에 더 싸고 강력한 파트나(Patna) 아편이 개발되면서 문제가 달라졌다. 영국령 인도에서 생산되는 파트나는 아시아 전역에서 판매되었다. 파트나라는 말은 아편의 대명사가 되었다. 1839년 중국의 수입량은 이미 1,000만 명의 중독자가 사용할 양이었다. 20세기 초에는 중국에 4,000만

명의 중독자가 생겼다. 중국이 수많은 시민이 폐인으로 전락하는 최악의 사회 문제를 떠안게 된 반대급부로 인도는 막대한 양의 은을 얻었고, 이것을 영국으로 송출하여 무역적자를 해소할 수 있었다. 1836년 인도의 수출 자료를 보면, 아편이 전체 수출액의 1/3을 차지하여 가장 중요한 수출 품목임을 확인할 수 있다.

이해에 중국의 아편 수입액은 1,800만 달러(400만 파운드)로, "단일 품목의 교역으로 19세기에 가장 큰 것"이었다.[Trocki, 94·98] 전반적으로 세계 각국이 은 공급 부족에 시달리던 이 시기에, 영국은 아편 무역으로 이 문제를 상당 부분 해결하면서 식민 제국을 운영하였다. 1910년의 통계 자료를 통해 이 점을 확인할 수 있다.[Pomeranz, 104] 이해에 영국은 대서양 방면에서 1억 2,000만 파운드의 무역적자를 기록하였으나, 대신 중국에 대해 1,300만 파운드 그리고 인도에 대해 6,000만 파운드의 흑자를 기록했다. 그런데 인도는 중국과의 교역에서 막대한 흑자(2,000만 파운드)를 기록하였고 다른 아시아 국가와의 교역에서도 거액의 흑자를 기록하였다. 이를 합치면 4,500만 파운드에 달한다. 결과적으로 인도는 중국을 비롯한 아시아 국가들에 아편을 팔아 모은 돈을 영국에 제공하고 있었다.

중국이 이 문제에 대해 강경 대응으로 맞선 것은 당연한 일이었다. 1839년 황제는 임칙서(林則徐)에게 아편 무역에 대한 대응 조치를 취하라고 지시했다. 그는 근엄하고 성실한 유교 관리의 모범 인물이었다. 흰 수염을 길게 드리운 모습부터 그러하다. 그는 영국 법과 문화 관련 책들을 연구하도록 지시하고, 마카오를 직접 방문하여 유럽 '오랑캐'들의 생활과 회사 운영 등을 관찰했다. 더 나아가서

몰수한 아편을 파괴하는 장면
1839년 임칙서는 몰수한 아편을 처리할 방법을 궁리하다 아편이 소금과 석회에 반응해 중화된다는 것을 알았다. 큰 구덩이를 판 후 소금물과 석회를 넣어 아편을 파괴하는 작업을 그린 그림이다.

영국 무장 상선을 구매해서 그 상태를 연구했다. 임칙서는 분명 반듯한 유교 관리였지만 세계 정세를 정확히 파악하지는 못했고, 그저 오랑캐가 못된 짓을 한다고 생각했다. 임칙서는 2만 1,000상자의 아편을 몰수하여 없애버리고 아편 상인들을 국외로 추방했다. 영국 국왕(빅토리아 여왕)이 20세를 갓 넘긴 처녀라는 것을 알고 이 여인에게 훈계를 해서 과오를 뉘우치게 하고자 했던 것 같다. 그래서 여왕에게 도덕적 교훈이 가득한 서한을 써서 보냈다.

하늘의 도는 어느 한쪽으로 치우치는 법이 없어서 한 사람이 자기 이익을 위해 다른 사람을 해치는 것을 용납하지 않는다. ……

귀국에서도 아편을 피우면 무거운 벌로 다스린다고 들었다. 그러나 흡연을 금지하려면 판매를 금지해야 하고, 판매를 금지하려면 제조를 금지해야 한다. 자신은 피우지 않는 아편을 만들어 중국의 우둔한 백성들에게 파는 것은 다른 사람을 죽음에 빠뜨리면서 자신은 잘살겠다는 생각의 소치이다. 이것은 모든 사람이 한스럽게 생각하고 하늘의 도가 절대로 허용하지 않을 것이다.(서경호, 254~255)

이 편지는 여왕에게 전달되지 않았을 가능성이 높다. 여왕이 하늘의 도를 무서워하고 과오를 뉘우치는 일은 일어나지 않았다. 대신 전쟁이 터졌다. 임칙서의 대응은 미국의 보스턴 차 사건을 연상시키지만 결과는 정반대여서 중국이 영국의 힘에 압도당했다.

영국은 1840년 6월 16척의 배와 4,000명의 병사를 보내 광둥을 비롯한 여러 항구를 봉쇄하며 압박을 가했다. 특히 대포로 무장한 외륜 증기선 네메시스(Nemesis)호가 양쯔강 하구에서 가공할 위력을 떨쳤다. 중국인에게 이 배는 조류나 풍향과는 상관없이 물 위를 날아다니는 것으로 보였다. 승패를 가리는 일은 대여섯 번의 전투로 족했다. 전투가 벌어지자 중국 측이 300명 넘게 전사하고 600명 넘게 부상을 입는 동안 영국 측은 20여 명이 부상을 당하는 데 그쳤다. 청군 지휘자 양방(楊芳) 장군은 과거에는 탁월한 능력을 발휘했지만, 당시는 71세의 노인으로 청력을 잃어 필담으로 소통해야 했고, 도술에 심취해서 영국군에 대한 작전도 도교 논리로 폈다. "저들 대포는 우리를 맞히지만 우리 대포는 맞히지 못하는 까닭은 저들이 사술(邪術)을 쓰기 때문이다. 사술에는 음기(淫氣)로 맞서야 한다."

이런 결론을 내린 양방은 여인들이 사용한 요강들을 수집해서 뗏목 위에 쌓아 올리고, 그 뒤에 인화 물질을 가득 채운 화선을 배치했다. 요강들이 음기를 발산해서 오랑캐의 눈을 가리게 해 대포를 무력화시킨 다음, 화선들을 돌격시켜 적선을 불태우자는 계획이었다. 효과가 있을 리 만무했다.[서경호, 360-361] 1839~1842년 영국 선박들은 강 위로 거침없이 올라가서 상하이를 점령하고 대운하가 강과 만나는 요충지를 차지하여 조운선을 나포함으로써 베이징으로 가는 식량 운송을 방해했다. 1842년 8월 난징이 위태로워지자 결국 굴욕적인 난징조약을 맺지 않을 수 없었다.[Paine, S., 313] 중국은 2,100만 달러의 배상금을 물었다. 그리고 광저우를 비롯한 5개 항구를 개방하고, 영국이 원하는 곳 어디서나 교역할 수 있는 자유를 인정했으며, 홍콩을 할양했다. 아편 때문에 발생한 전쟁이었지만 난징조약 문안에 아편에 관한 내용은 포함되지 않았다. 협정서는 영문과 중문으로 작성했는데, 양측의 상호 양해하에 표현이 조금 달랐다. 중문 협정문에서는 황제의 체면을 살리기 위해 모든 항목을 황제가 허가하는 사항으로 만들었다. 황제가 영국 측에 배상금 지불을 허가하고, 개항과 영사관 설치 및 외국인 거주도 허가하며, 홍콩은 먼 거리를 항해한 외국 선박의 수리를 위해 영국이 관리하도록 허가한다는 식이다.[서경호, 454] 곧이어 프랑스와 미국, 그리고 독일, 러시아, 이탈리아가 같은 권리를 얻었다. 어쩌면 그보다 더 큰 충격은 이제 영국을 청제국과 동등한 국가로 인정하고 항구에 치외법권을 인정했다는 사실이다.

이것으로 끝이 아니다. 중국은 더 큰 혼란 상태로 빠져들었다. '예수의 동생'을 자처하는 홍수전(洪秀全)이 태평천국의 난을 일으켰다. 그로 인해 1850~1864년 중국은 엄청난 내전에 휘말려 들었는데, 그 와중에 또 전쟁이 일어났다. 난징조약 이후 생각보다 큰 이익을 보지 못한 영국은 애로호 사건이라는 생트집에 가까운 이유를 들며 제2차 아편전쟁(1856~1860)을 일으켰다. 베이징 인근까지 쳐들어와 행패를 부리는 서구 세력 앞에 중국 정부는 굴복하지 않을 수 없었다. 1858년 영국, 프랑스, 미국, 러시아와 톈진조약을 맺었는데, 여기에는 10개 항구를 더 개방하고, 베이징에 외국 대표가 주재하며, 외국인이 자유롭게 중국 내지를 여행할 수 있다는 등의 내용이 들어갔다. 조약 내용을 전해들은 황제가 이 조약의 승인을 거부했지만 이것은 곧 더 큰 전쟁 피해를 초래했을 뿐이다. 결국 베이징조약(1860)을 체결할 수밖에 없었고, 여기에 편승한 러시아에게 우수리강 이동의 연해주를 내주어야 했다. 중국인 노무자 쿨리의 출국 허용도 이때 결정되었다. 이처럼 바다로부터의 대규모 침략은 중국으로서는 역사상 거의 겪어보지 못한 변란이었다.

중국은 바다를 폐쇄하고 대운하라는 내륙 수로로 제국 질서를 지탱해왔다. 그런데 이제 바다는 외국 세력이 압박하고 침략해오는 공간으로 변모한 반면, 내륙 수로 시스템은 크게 흔들렸다.[솔로몬. 158] 1849년에 이 세기 최악의 홍수가 발생하여 양쯔강 하류 지역이 파괴되었다. 1850년대에 북쪽 지역 황허의 큰 물길이 바뀌었을 때 대운하에 큰 균열이 생겼다. 운하 북쪽 부분들은 수리하지 못한 상태로 남았으며, 특히 베이징에 공급을 담당하는 핵심 수로는 1850~1860년대에 일어난 태평천국의 난을 비롯한 여러 반란 때문에 완전히 방치되었다. 제방 관리와 수자원 시설 유지가 제대로 이루어지지 않은 19세기 후반에는 홍수 피해가 더 커졌으며, 이것이 청왕조의 종말을 촉진했다. 청제국은 1911년 신해혁명으로 막을 내렸다. 운하가 다시 재건되는 건 마오쩌둥이 지도하는 공산 체제가 건설된 이후의 일이다.

아편전쟁 패배 후 중국 엘리트들은 서양인을 오랑캐(夷)라 표기하지 않고 서쪽 큰 바다를 건너온 사람(洋)으로 표기하기 시작했다. 이들은 무엇보다 과학기술 부문에서 강력한 힘을 가지고 있음이 분명했다. 이것을 배워야 한다고 자각하게 된 것이다. 특히 군사력 강화 방법을 찾았다.(Paine, S., 314) 일종의 리버스 엔지니어링으로, 서구 무기를 연구하고 해외에 유학생을 보내고 외국 용병을 고용해 중국 군대를 훈련시켰다. 그러나 이런 식으로는 문제를 근본적으로 해결할 수 없었다. 1871~1882년 베이징 주재 영국 대사를 지낸 토머스 프랜시스 웨이드 경(Sir Thomas Francis Wade, 중국어의 로마자 표기법 '웨이드-자일스 표기법'을 개발한 인물이기도 하다)은 중국 엘리트들이 말하는 소위 중체서용(中體西用), 즉 '중국의 유교 문화를 바탕으로 하되, 서양의 과학과 기술을 도입하여 부국강병을 꾀한다'는 태도로는 서구를 따라잡는 게 불가능하다고 지적했다. 문화적 기반 없이는 과학기술을 얻지 못한다는 것이다. 서구의 기계(西器)는 그 아래 놓인 서구 사상의 과실일 뿐이다. 이런 점을 일본은 훨씬 더 첨예하게 인식하고 있었다.(Paine, S., 315) ●

일본의 개항

일본은 1630년대에 쇄국정책을 시행하고, 네덜란드인과 광둥인만 예외적으로 입국할 수 있도록 조치했다.[박영준, 69] 도쿠가와 막부는 1631년과 1635년 두 번에 걸쳐 봉서선(奉書船, 슈인선 가운데 쇼군과 로주의 주인장(朱印狀)과 봉서를 받은 선박) 외 일본 선박과 일본인의 해외 도항을 금지시키고, 1635년 무가법제도(武家法制度) 17조에서 아예 '500석 규모 이상 함선의 건조 정지'를 규정하여 내국인의 해외 장기 항해를 금지하는 조치를 취했다. 이런 상태는 1854년까지 지속했다. 원칙적으로 일본은 외국에 대해 문을 닫아건 상태라 할 수 있다.

그렇지만 외국인이 전혀 들어오지 못한 건 물론 아니었다. 18세기 중엽 이후 무엇보다 북쪽에서 러시아인이 일본에 접근해서 문호를 열려고 했다.[박영준, 75-78] 17세기 중엽 코자크인이 시베리아를 횡단하여 오호츠크에 도달한 다음 계속 남하하여 1689년 청과 네르친스크조약을 체결하고 아무르강 유역에 대한 관할권을 확정했다. 이후 극동 지역에 대한 러시아의 관심이 높아졌다. 1739년 슈판베르크(Martin Spanberg)가 지휘하는 3척의 함선이 캄차카를 출항하여 일

● 중국의 중체서용(中體西用), 한국의 동도서기(東道西器)에 대응하는 것이 일본의 화혼양재(和魂洋才)이며, 이것은 성공적인 문화 수용 전략이었다는 평가를 받기도 한다. 그렇지만 이 슬로건이 실제 서구 제도와 조직의 도입이나 기술의 도입과 개발 현장에서 어떠한 역할을 했는가에 대해 많은 연구가 이루어지지는 않았다. 화혼양재는 현장에서 사용할 수 있는 문화 수용의 지도 원리라기보다는 구호와 상징으로서 더 중요했던 것 같다.[한경구, 46]

본의 이와테(岩手), 아와(阿波) 등에 기항했다. 이어 1771년에는 소위 베뇨프스키(Maurice Benyowsky) 사건이 일어났다. 베뇨프스키는 원래 헝가리 출신으로 러시아의 포로가 되었는데 탈출하여 배를 타고 쿠릴열도를 지나 일본 바다로 진입한 것이다.[Godefroy, 332~333] 탈출한 죄수들의 지휘관인 베뇨프스키는 심지어 러시아가 곧 일본을 침략할 거라는 내용이 담긴 서한을 네덜란드 상관장에게 주어 일본의 식자들을 놀라게 했다. 그동안 러시아가 네덜란드 북쪽에 있다고 생각하고 있던 일본은 이 우연한 사건으로 러시아 기지가 생각보다 훨씬 가까이, 바로 국경 근처에 있다는 사실을 알고 놀랐다. 북쪽 변경 지역에 살고 있는 아이누족에 대한 방어를 마쓰마에(松前) 가문에게 맡겨놓았던 쇼군은 불안감을 느끼지 않을 수 없었다.● 우선 이 지역 상황을 파악하는 게 급선무라고 판단하여 1785년 일본 역

● 홋카이도(北海道)는 원래 에조치(蝦夷地)라고 불렸으며, 선주민인 아이누인이 수렵과 어로, 채집 등을 영위하며 살고 있었다. 14세기 이후 화인(和人, 홋카이도 이남의 일본인)이 혼슈 동북 지방의 아이누를 정복하고 홋카이도 남부까지 진출하기 시작했다. 16세기 말부터는 마쓰마에 가문이 이 지역의 실질적 지배자로 나타났다. 마쓰마에번(藩)은 1604년 막부에게 아이누와의 독점적 교역권을 인정받았고, 화인 상인과 연합하여 아이누인을 경제적으로 수탈하였다. 아이누인의 저항은 힘으로 진압되었지만, 그래도 그들은 자율성을 인정받으며 전통 문화를 지키며 살아갔다. 18세기 후반 러시아의 극동 진출이 활발해지면서 일본의 에조치 정책에 변화가 생긴다. 아이누인이 러시아 편으로 넘어가는 것을 막기 위해 막부는 1799년 에조치를 직접 통치하는 막령화(幕領化)를 단행하였고, 아이누에게 개속(改俗)이라는 명목으로 일본어를 사용하고 일본 풍속을 따를 것 등을 강제하는 동화 정책을 실시하였다. 메이지유신 이후, 정부는 1869년 개척사(開拓使)를 설립하고 에조치의 명칭을 홋카이도로 바꾸고 아이누인에 대해 민족 말살의 동화 정책을 펼쳤다. 선주민의 토지를 수탈하고 혼슈 등지의 농민들을 대거 이주시켰으며, 이 과정에서 대대적인 학살과 약탈을 자행했다. 1997년에 와서야 '아이누 문화 진흥과 아이누 전통 등에 관한 지식의 보급 및 계발에 관한 법률(アイヌ文化振興法)'이 제정되어 아이누 문화 보존으로 정책을 바꾸었다.[두산백과]

19. 제국주의의 바다

사상 거의 처음으로 탐험대를 파견해서 쿠릴열도 남쪽과 사할린 남쪽을 살펴보게 했다. 보고 내용은 이곳에 러시아인과 밀수 조직이 있다는 것이었다.

이즈음 북쪽 지역에서 심상치 않은 여러 일들이 동시에 벌어졌다.[Godefroy, 332] 1780년대에 기근 사태가 벌어져 1789년 홋카이도 북동쪽과 쿠릴 남쪽에서 아이누족이 봉기를 일으켰다. 당시 이런 사태를 지켜보던 유럽인들은 아이누 땅에 관심을 가지고 탐험대를 보냈다. 특히 1787년에 장프랑수아 드 갈로 드 라페루즈 백작(Jean-François de Galaup, comte de Lapérouse), 10년 뒤에는 윌리엄 로버트 브로튼(William Robert Broughton)의 탐험대가 이 지역을 방문하려 했다. 같은 시기에 예카테리나 2세(재위 1762~1796)가 일본에 사절단을 파견했다. 러시아는 청의 교역 억압 조치로 곤란을 겪고 있어서 시베리아를 넘어 원거리에 식량 보급을 하는 게 힘들기 때문에, 일본과 협력하여 해결책을 찾으려 했다. 1792년 러시아는 일본과 우호 관계를 맺으려는 의도로, 알류샨열도에서 침몰한 일본 선박 피해자들을 구조하여 이들을 대동하고 예카테리나호를 타고 네무로(根室)에 들어왔다. 이들은 일본과 통상 관계를 맺고 싶다는 예카테리나 2세의 의사를 전달했다. 일본이 이에 응하여 1804년 니콜라이 레자노프(Nikolai Rezanov)가 지휘하는 배가 나가사키에 입항했다. 그는 나가사키 등 일부 항구에 기항과 교역 권리를 요구했다. 그러나 러시아와 통상할 생각이 없었던 일본은 나가사키에 들어온 일행을 거의 구금하다시피 하더니 통상 조약을 맺지 않고 떠날 것을 명령했다. 분노한 러시아 일행은 복수심에 홋카이도 북부 지역을 공격했다. 주목할 점은 러시아의 선박들은 캄차카나 오호츠크 지역에서 건조된 것들이며, 이는 러시아 태평양함대의 힘이 성장하고 있었음을 증언해준다는 것이다.

일본은 완전히 폐쇄적인 세계만은 아니었던 것이다. 앞서 본 대로 난학의 발전으로 서책으로나마 해외 정보를 입수하고 있었다. 일본의 식자들은 여러 경로를 통해 유럽과 러시아의 해상 팽창에 대해 어느 정도 파악하고 있었다.[박영준, 80-85] 예컨대 하야시 시헤이(林子平, 1738~1793)는 《해국병담(海國兵談)》에서 러시아('무스카비아(莫斯哥未亞)'라는 용어를 쓰고 있다)의 시베리아 팽창과 캄차카 점령 등을 파악하고 있고, 유럽 국가들이 강력한 함선과 화기를 운영하고 있다는 사실도 잘 알고 있었다.

18세기 말 이노 다다타카(伊能忠敬)라는 지도 제작자는 일본 전역에 대한 측량을 시도해서 16년의 노력 끝에 일본 해안선 전체를 그리는 데 성공했다.[Godefroy, 335] 1821년 다카하시 가게야스(高橋景保)는 지볼트(Philip Franz von Siebold, 나가사키에서 활동하던 바이에른 출신 의사)에게 이 지도를 넘기고 대신 외국 서적을 얻으려 하였다. 그러나 결국 발각되어 지볼트는 추방되고 다카하시는 연금되었다. 그럼에도 이 지도는 유럽으로 보내져서 19세기 말까지 일본에 관한 기본 지도로 기능한다.

이후 러시아는 아마도 나폴레옹 전쟁 때문에 경황이 없어서인지 일본 연해에 나타나지 않았다. 이후에는 영국과 미국이 일본의 문을 두드렸다. 미국은 1792년 네덜란드 선박을 임차하여 교역을 한 적이 있다. 영국 전함도 1808년과 1824년 일본 근해로 진입을 시도

19. 제국주의의 바다

했다. 미국 해군도 1846년과 1849년 일본에 파견되었다가 난파당한 선원들만 구출한 후 축출된 적이 있다. 가장 극적인 사건은 1837년 일단의 선교사들이 마카오의 미국 상선 선장의 도움을 받아 일본에 들어오고자 한 일이다. 이들의 전략은 예전에 난파당해 외지에서 살게 된 일본 선원들과 어부들을 데리고 가서 호의를 얻어 일본으로 들어가는 것이었으나, 쇼군은 총포를 쏘며 이들을 쫓아냈다. 일본 선원들 모두 귀국하지 못하고 해외 생활을 계속해야 했다. 그중 한 명인 야마모토 오토키치(山本音吉)는 1834년에 다른 두 명의 일본인(이와키치·규키치)과 함께 난파 사고를 당했는데, 이 배가 일본 근해로부터 흘러가서 북서태평양을 가로질러 아메리카까지 갔다.[Tate] 이곳에서 마카(Makah) 인디언에게 발견되어 노예 생활을 하다가 허드슨만에서 미국인 선장에게 인도되어 영국, 중국을 거쳐 일본으로 귀국하려 했다. 그러나 1837년 쇼군이 그의 입국을 거부하자 동남아시아 여러 곳을 전전하며 영국 여인 및 말레이 여인과 결혼했고, 상하이에 머물며 영국 회사의 통역으로 일했다. 그러던 중 1849년에 중국인으로 위장하고 나가사키를 방문한 적도 있었다. 1851년 영국이 일본에 화친조약 체결을 요청할 때 그는 제임스 매튜 오토슨(James Matthew Ottoson)이라는 이름을 사용하며 영국 측 통역으로 활동했다. 그 후 사정은 불명확하나 일본에 들어와 정착한 듯하다.[Roland, 106~108] 나카하마 만지로(中濱萬次郎) 역시 유사한 사례다. 어부였던 그는 1841년에 난파하여 무인도에서 살다가 미국 포경선에 발견되어 매사추세츠로 갔으며, 이후 영어를 배운 후 다시 포경선에서 일하면서 세계를 일주했고(그는 세계 주항을 한 최초의

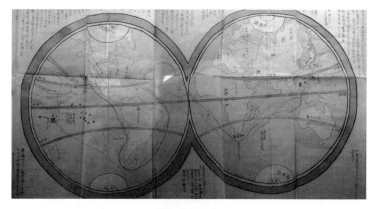

만지로의 여행 지도

1850년대에 만들어진 것으로, 어선 난파로 미국 포경선에 구조된 뒤 하와이와 태평양, 대서양과
아프리카, 인도양 등 세계를 한바퀴 돈 만지로의 여행 경로가 표시돼 있다.

일본인이다), 천신만고 끝에 고향으로 돌아와 메이지유신 시기에 일
본 사회에 영어와 포경업, 조선 그리고 미국 정치 체제와 문화 등을
소개했다.[Stanley]

　한편 아편전쟁 소식은 일본에도 큰 충격을 주었다. 최강의 제국이
라 믿었던 청이 영국 해군에게 완패를 당해 항구들을 개방하는 것
을 목도한 일본은 서구 세력에 대해 큰 위협감을 느끼지 않을 수 없
었다. 그런 마당에 이들도 거선의 내도를 직접 겪는다.

　1853년 7월 8일 오후 5시경 페리 제독이 이끄는 미국 군함, 소위
흑선(黑船, 구로후네) 4척이 에도 앞바다에 들어오면서 일본은 거대
한 변화의 물결에 휩쓸렸다. 무엇보다 말로만 듣던 외륜 증기선 2척
이 주목을 끌었다. 식자들은 이미 증기선의 존재에 대해 들어 알고
있었으나 그 실체를 접한 것은 처음이었다. 페리 제독은 난파당한

미국 선원들의 보호와 미국 선박들에 대한 석탄과 보급품 제공을 일본 막부 측에 요청했다. 당시 하와이에서 중국 연안까지 포경선과 상선이 오가고 있던 터라 보급 지점들을 확보할 필요가 있었던 것이다. 이미 일본에 대해 연구를 하고 온 그는 아무도 배에 오르거나 자신을 보지 못하게 한 후, 미국 밀러드 필모어(Millard Fillmore) 대통령의 친서를 천황에게 전달해줄 것을 요구했다. 그가 직접 황궁까지 진군해가겠다고 협박을 하자, 일본 관리들은 친서를 전달하겠다는 약속은 하되 다만 답신을 바로 받지는 못하니 돌아가라고 요구했다.

페리는 홍콩으로 돌아와 당시 벌어지고 있던 태평천국의 난에 휘말리지 않도록 조심하면서 더 강력한 선단을 꾸린 후 1854년 2월 다시 에도만(현재의 도쿄만)으로 향했다. 이때 미국인들은 축포를 쏘고 팡파르를 울리며 병사 수백 명이 행진하고, 또 회의가 진행되는 동안 선진 문물의 모형을 전시하는 한편 흑인 병사들의 춤과 노래 같은 쇼를 하자, 이에 대응하여 일본은 스모 선수들을 보여주며 힘자랑을 했다. 드디어 1854년 3월 31일 가나가와조약(미일화친조약)을 통해 미국은 일본의 문호를 개방했다. 그 내용은 선원들에게 보급, 석탄 등을 제공하고 영사관을 설치하며 최혜국 대우를 승인받는 것이지만, 일본이 꺼리는 무역에 관한 사항은 포함하지 않았다. 이 조약으로 시모다항과 하코다테항을 미국에 개방했고, 곧이어 영국, 러시아, 네덜란드에게도 같은 권리를 인정해주지 않을 수 없었다.

이때 페리 일행이 보고 놀란 것은 모리야마 에이노스케(森山榮之

助)라는 인물이었다. 그는 네덜란드 상인에게서 네덜란드어와 영어를 배워 매우 능통했기 때문에, 미국 선원 중 한 명은 "다른 통역이 필요 없을 정도로 영어를 잘했다"고 증언했다.(Schodt, 288~289) 또 앞서 언급한 만지로도 조약 체결 당시 들어왔다. 그는 1851년 오키나와에 들어와서 몇 차례 조사받은 후 풀려나와 고향으로 돌아갔는데, 페리가 도착했을 때 에도로 다시 불려왔다. 그는 조약을 논의하는 곳 옆 비밀 방에서 미국 측 대화를 엿듣고 곧바로 통역을 해주었다.(Roland, 107)

1858년 초대 일본 영사 해리스(Townsend Harris)와 막부가 미일수호통상조약에 서명하자, 이제 일본은 본격적으로 문호를 개방했다. 데지마의 소세계는 종식되었다. 곧이어 1868년 메이지유신이 시작되고, 1899년 2월 천황에게 국가의 거의 모든 권한을 부여하는 내용의 '대일본제국헌법(메이지헌법)'이 반포되어 제국이 되었다. 이 시기에 일본 내에서는 쇄국과 개방을 놓고 엘리트들 간에 논쟁이 벌어졌다.

서구 제국주의 세력의 침략 앞에서 일본은 중국과 다른 방식으로 대응했다. 중국이 서구 세력에게 처참하게 당하는 것을 지켜본 일본은 메이지유신을 거치며 과감한 개방 정책으로 전환하였다. 일본의 과감한 개혁을 상징하는 인물로는 요시다 쇼인(吉田松陰)을 들수 있을 것이다. 막부가 개혁에 미온적인 태도를 보이자, 그는 밀항하여 서구 문물을 직접 배우고 싶다며 1854년 3월 27일 작은 어선을 타고 시모다항에 정박 중이던 미군 함선 미시시피호로 무작정 다가갔다. 미국 수병에게 옆의 선박 포하탄호로 인계되었고, 그곳에서 일본어 통역 윌리엄스와 대화하며 자신의 뜻을 알렸으나 결국 거절당하고 조슈번에 돌아와서 투옥되었다. 출옥 후 고향 하기(萩)에 쇼카손주쿠(松下村塾)를 운영하며 이토 히로부미를 비롯하여 훗날 메이지정부의 주요 인물들을 키워냈다.[박훈, 66~71] 주목할 점은 요시다 쇼인은 무조건 양이(洋夷)를 쫓아내자고 한 게 아니라 오히려 양이로부터 배워서 힘을 배양한 뒤에 그들을 축출하자는 '양이개혁론'을 주장했으며, 쇄국론을 철저히 반대했다는 점이다. 그가 가장 중요시한 점 중 하나는 일본 해군을 육성해야 하며 특히 거함을 갖춰야 한다는 것이었다.[박훈, 81~83]

일본 해군의 발전

페리 제독의 충격 이후 일본은 해군 발전을 도모했다.[박영준, 2장] 페리의 1차 도래 이후 아베 마사히로(阿部正弘) 막각(幕閣)이 막부 관료들과 각 번의 번주들에게 의견을 물었는데, 이때 모아진 의견은 막부뿐 아니라 주요 번에서도 대선(大船)을 획득하여 해군을 육성하자는 것이었다. 물론 당장은 서양식 거함을 만들 방법이 없기 때문에 매입하거나 혹은 서구 국가로부터 기술 이전을 받자는 구체적 아이디어도 나왔다. 결국 아베 마사히로는 그동안 금지했던 대선 건조를 허락하고 이를 통해 해안 방어로 방향을 잡음으로써 '일본 해군의 아버지'라는 별칭을 얻게 되었다. 곧 막부 주도로 서양식 범선과 증기선의 건조를 시도하였다. 7~8개월의 건조 기간을 거쳐 1854년 5월에 호오마루(鳳凰丸)호가 건조되었는데, 이 배는 마스트 3본의 형태에다가 용골을 붙인 선체 구조를 하고 있어서 최초의 서양식 범선이라 할 만했다.[박영준, 2011] 또한 이해 11월부터는 헤다(戶田)에서 표류한 러시아 사관과 선대공들에 의해 스쿠너 범선도 건조했다. 다음으로는 미국을 방문했던 나카하마 만지로 등의 경험을 살려 증기선 건조도 시도했다. 아직 기술이 없어서 증기선을 실제 건조하는 데는 성공하지 못했지만 본격적으로 준비 단계에 들어갔다. 그러는 동안 네덜란드로부터 증기선을 구입하고 해군 운용 등에 관한 지식을 전수받자는 의견이 제시되었다. 1854년 9월 나가사키 부교 미즈노 다다노리(水野忠徳)가 나가사키 주재 네덜란드 상관장 퀴르티위스(Janus Henricus Donker Curtius)에게 코르베트(corvette)선을 비롯한 전함 구입 의사를 밝혔고, 퀴르티위스는 본국에 이 사실을 알렸다. 네덜란드 국왕은 호의를 발휘하여 증기선 숨빙(Soembing, 자바의 화산 이름에서 유래)호를 일본 측에 선사하는 동시에 해군에 필요한 지식과 기술을 전수하는 인력을 파견했다.[박영준, 252~253] 우선 선장차관(船將次官) 헤르하르뒤스 파비위스(Gerhardus Fabius)에 의해 두 달간의 단기 기술 전수가 진행되었다(1854. 윤 7~9). 다음해 파비위스는 22명의 교관단과 함께 다시 나가사키에 입항했고, 네덜란드 국왕의 뜻에 따라 본격적인 해군 전습을 시행했다(1855. 6~1857. 8). 22명의 교관단은 '교육 일체를 관리'하는 코만단트 1인, '증기기계, 함선 운용, 포술, 항해술, 지리, 네덜란드 어학, 함선 내 취사 교육' 담당 3인, 증기기관 담당 2인, 화력 담당 겸 대장장이 4인, 조선 기술자 1인, 돛 담당 1인, 병졸 대장 겸 소통 담당 1인, 총검술 병졸 1인, 수부 대장 1인, 소형선 운용 담당 1인, 수부 6인 등이었다. 초기에는 일부 번들만 참가했지만, 전습이 궤도에 오르자 많은 번들이 참여하고 서로 경쟁하는 분위기가 만들어졌다.

1857년에는 네덜란드에 주문한 증기선 군함 야판(Japan)호가 제 2차 교관단과 함께 들어왔다.[Souyri 2019, 394] 이 배는 마스트 3본의 형태에 외륜이 달린 목제 모터선으로, 모터는 항구를 드나들 때만 사용한다. 곧 이름을 《역경(易經)》에서 따온 '간린마루(咸臨丸)'로 바꾸었다. 이번에는 카텐다이크(R. H. van Kattendyke) 단장을 비롯해 총 37명이 지식과 기술을 전수했다. 막부는 1진의 전습생들이 1년 반의 교육을 받고 에도로 귀환하자, 1857년 군함교수소(軍艦敎授所) 를 창설하고 이들을 교관으로 활용하여 신입생을 가르쳤다. 이것이 일본 근대 해군의 첫걸음이었다.

1859년 평화 우호 통상 조약을 조인받기 위해 워싱턴에 대사를 파견하기로 결정되었을 때, 쇼군은 지난 5년의 노력이 결실을 맺어 일본도 근대 선박을 운용할 수 있음을 확인하고 싶었다.[Souyri 2019, 395-396] 선원들 또한 그동안 갈고닦은 원양항해술을 직접 실험하고 싶어 했다. 그래서 간린마루호로 태평양을 건너기로 결정했다. 그런데 미국 측이 보기에는 너무 위험한 실험이었다. 그래서 간린마루호는 시험용 항해를 하고, 사절 일행은 미국 선박 포우하탄 (Powhatan)호로 가기로 결정했다. 간린마루호는 1860년 2~3월 중에 태평양을 건너서 캘리포니아에 도착했고 몇 주 후 다시 귀국길에 올랐다. 선장은 사무라이 출신으로 해군학교 사관 출신이며 나중에 메이지정부에 참여하는 가쓰 가이슈(勝海舟)였다. 이 배의 선원 100여 명 중에는 후쿠자와 유키치(福澤諭吉)도 끼어 있었다! 그는 서구

간린마루호로 미국에 간 일본 사절단

1860년 간린마루호의 태평양 왕복 항해는 일본에 '우리도 서구 열강들처럼 해낼 수 있다'는 자신감을 심어줬고, 이후 일본의 조선업과 해군은 비약적으로 발전하게 된다.

를 직접 보고 싶다고 고집을 부려 이 배에 탄 사람들 중 한 명이다. 미국 여행은 이들에게 지대한 영향을 끼쳤다. 후쿠자와가 자서전에서 한 말에 따르면, 캘리포니아에서 과학 기술은 그리 큰 흥분을 주지 못했다. 철도의 크기나 속도 등은 책에서 배울 수 있으니 별로 놀랄 것이 없다. 그가 주목한 것은 제도의 작동이다. 그는 미국인과 대화하며 미국 초대 대통령 가문의 후손에 대해 물어보았다. 일본은 도쿠가와 가문의 자손이 2세기 반 동안 통치하지 않는가. 미국인은 당연히 그런 질문에 아무런 관심도 두지 않았다.[•] 가쓰 선장도 미국에서는 신분이 큰 의미가 없고 오직 능력이 중요하다는 점에 감동을 받고, 후일 개혁운동의 일원이 되었다. 그리고 미국에서 들

19. 제국주의의 바다

었던 '레이디 퍼스트(ladies first)'라는 말을 일본에 퍼뜨렸다.

한편 공식 사절인 77명의 사무라이는 미국 배를 타고 태평양을 무사히 건넌 다음 기차를 타고 파나마지협을 넘었다.(Souyri 2019, 396) 이들은 일본 최초로 기차를 타 본 사람들이었다. 모두 소음, 연기, 속도, 차량의 편안함 등에 대한 감상을 기록했다. 그리고 다시 배를 타고 워싱턴에 도착해서 5월 17일 대통령 제임스 뷰캐넌을 만났다. 이때 그들은 에보시(烏帽子, 남성이 쓰는 검은 모자)를 쓰고 비단 기모노 위에 사냥 의상을 착용했으며 두 자루의 칼을 차고 있었다. 그런데 미국 측 인사들이 소박한 프록코트를 입고 있고 여자들도 함께 따라 나온 데다가 식사 후에 남녀가 춤추는 광경을 보고 놀라움을 감추지 못했다. 며칠 후에는 의회에서 격렬한 논쟁이 벌어지는 모습을 보고, 자기네 같으면 벌써 칼을 뽑았을 거라고 생각했다. 이후 미국 여러 도시를 돌며 병원, 천문대 등을 둘러보고는 문화적 충격을 받았다. 이후 이런 식으로 외교 사절이 6번, 학생들이 4번 미국과 유럽을 방문했다. 1860년부터 쇼군 체제가 몰락하는 1867년까지 300명이 해외 방문 경험을 했다. 수는 많지 않지만 정치와 과학 등 해당 분야 최고 엘리트들을 보낸 것이라 그 영향이 적지 않았다.

한편 간린마루호가 태평양 왕복 항해를 한 사실 자체도 엄청난 위업으로 칭송받았다. 서구인들처럼 최신 기술을 구사할 수 있다

● 후쿠자와 유키치는 샌프란시스코에서 사진관을 찾았다가 그 집 딸과 함께 사진을 찍었다. 귀국한 후 사람들에게 젊은 서구 여자와 찍은 사진을 보여주며 자랑했다. 그때까지 일본인은 서구 여성을 본 적이 없었다.(Souyri, 397)

는 자신감을 얻은 것이다. 사실 이 배가 출항하기 전까지만 해도 선원들의 경험이 부족하다는 이유로 갈등이 많았다.(Souyri 2019, 397) 죽을 걱정 때문에 많은 사람이 탑승을 정중히 거절했다. 후쿠자와는 그 때문에 쉽게 선원이 될 수 있었던 것이다. 사실 미국 측도 걱정이 되어 항해 엔지니어 브루크(Brooke)와 10여 명의 미국 선원을 그 배에 태웠다. 선장 가쓰 가이슈와 사무라이들은 이 결정에 지극히 불만이었다. 반면 브루크는 일본 선장과 선원들의 항해 실력이 형편없었다는 기록을 남겼다. "바다로 나가자마자 선장과 단장은 병이 났다. 배가 쿠로시오해류를 타자 롤링이 심해졌다. 모든 일본 선원들이 병이 났다. …… 안개가 끼어 시계가 안 좋았다. 일본인들은 닻을 잘 조정하지 못했다. 사관들은 무능력했다. 아마도 이들은 악천후에 대한 경험이 없는 것 같았다. …… 높은 파도가 일자 단장과 선장 모두 캐빈에서 나오지 않아서 선원들이 알아서 해야 했다. 그렇지만 선원들은 완전히 우리에게 의존했다. …… 잔과 접시 들이 침대 위에서 뒹굴었다. 그들은 모든 것을 등한시했다."(Souyri 2019, 397) 귀국할 때도 브루크가 다섯 명의 미국 선원을 데리고 탑승한 것을 보면 일본인들도 이들의 필요성을 인정한 것 같다. 그러나 다행히 귀국길에는 항해 여건이 아주 좋아서 별다른 사건 없이 무사히 귀환했다.

아직 갈 길이 멀지만 중요한 첫걸음을 뗀 것은 분명하다. 이후 일본은 거침없이 발전하여 동아시아 최강의 해양 세력으로 올라섰다. 일본은 영국과 프랑스에 도움을 요청하여 해군 발전을 도모했다. 1875년 이와사키 야타로(岩崎弥太郎)는 미쓰비시 증기선회사를 설

19. 제국주의의 바다

립하고 상하이 노선을 열었다. 당시 일본 정부는 타이완 정복에 필요한 군사와 물자를 타이완에 보내기 위해 선박들을 구입했다가, 후일 미쓰비시 증기선회사에 넘겨주었다. 이 회사는 그에 대한 보답으로 1877년 사쓰마 봉기 진압군을 수송해주었다.

정부와 유착 관계에 있던 미쓰비시 증기선회사는 곧 정부로부터 나가사키 조선소를 인수받아 조선 회사로 발전시켰다. 이것이 일본이 세계의 주요 증기선 조선 국가로 발돋움하는 시초가 되었다.

이민의 시대

해운업 발달은 사람들의 대륙 간 이주를 가능케 했다. 1815~1930년 기간 중 유럽인 5,600만 명이 해외로 이주했다.[Paine, L., 528] 영국(1,140만 명), 이탈리아(990만 명), 아일랜드(730만 명) 등이 여러 이유에서 인구 유출이 많은 국가였다. 인구 유입 국가 중에는 이 기간 중 3,260만 명이 들어온 미국이 최대 규모였고, 그 외 캐나다(500만 명), 오스트레일리아(340만 명) 등이 잘 알려져 있다. 그런데 브라질(440만 명), 아르헨티나(650만 명) 등은 엄청난 규모의 인구 유입이 일어났는데도 잘 알려져 있지 않다. 또 쿠바의 인구가 폭발적으로 증가하는데(1763년 15만 명에서 1860년 130만 명), 이는 노예, 중국인 쿨리 그리고 주변 지역의 탈출 인구 등이 유입된 결과다.

아일랜드는 기근에 시달린 끝에 대규모 해외 이민을 간 사례다. 유럽 내 최빈국이었던 아일랜드는 17세기에 감자를 주요 작물로 받아들였다. 감자는 곧 축복이었다.[주커먼, 2장] 생산력이 워낙 좋은 감자는 그동안 굶주림에 시달리던 가난한 농민들을 기근으로부터 구원했다. 소출이 좋고 조리도 쉬운 덕분에(이 나라에서는 "갓 돌이 지난 아이도 감자를 구울 수 있다") 감자가 주식이 된 이후에는 결혼도 늘고 그 결과 인구가 급증했다. 그렇지만 단일경작(monoculture)은 늘 큰 위험을 안고 있다. 지나치게 한 가지 작물에 의존하다가 큰 위기를 맞을 수 있다. 아일랜드가 바로 그런 상황에 빠졌다.[주커먼, 9장] 1845년부터 유럽에 몰아닥친 감자 마름병은 영국, 벨기에, 독일, 폴란드 등지에 도달했지만, 가장 큰 피해를 입힌 곳은 아일랜드다. 1845년에는 수확량이 40퍼센트 줄었고, 1846년에는 90퍼센트가 줄었다. 굶주림과 질병으로 수많은 사람이 죽고, 1847년부터는 이민자가 늘었다. 대기근 전에 아일랜드 인구는 대략 820만 명 정도였는데, 1845~1849년에 100만 명 이상이 아사(餓死)한 것으로 보인다. 같은 기간 중 130만 명이 관선(棺船, coffin ship, 아일랜드어로 long cónra)에 실려 미국으로 갔다. 이 중 20퍼센트 이상이 도중에 사망한 것으로 보인다. 1911년경 이 나라 인구는 440만 명으로 줄었다.

다른 나라 빈민들도 일자리를 찾아 이민을 가거나 혹은 돈을 벌기 위해 해외로 나갔다가 다시 귀국하였다. 데 아미치스의 명작 동화집 《쿠오레》의 〈압뻰니니산맥에서 안데스산맥까지〉(우리나라에서는 '엄마 찾아 삼만리'로 더 잘 알려져 있다)가 그런 배경에서 나왔다.[아미치스, 26] 어려운 가족의 생계를 꾸리기 위해 아르헨티나의 부유층 가정부로 간 어머니와 연락이 끊기자 13세 소년 마르코가 어머니를 찾아가는 긴 여정을 그린 작품이다. 이탈리아 북부 제노바에서 출발하여 지중해를 거쳐 지브롤터해협을 통과하여 대서양을 종횡하는 25일간의 대 항해를 하고 다시 내륙의 기나긴 여정 끝에 어머니를 찾는다는 내용이다. 그의 여행 도상에서 많은 이탈리아인 노동자들이 어린 마르코를 돕는 내용이 나온다.●

이주민들은 해상에서 큰 위험에 처하곤 했다. 1853년 3월 24일 윌리엄 앤드 매리호가 208명의 이민자를 태우고 리버풀을 떠나 뉴올리언스로 출항한 사례를 보자.[Hoffs] 승객들은 스코틀랜드, 아일랜드, 잉글랜드, 네덜란드 출신의 빈민이 다수였으며, 당연히 좋은 대접을 못 받으며 항해하는 조건이었다. 스틴슨(Stinson) 선장은 항해 중 식량을 적게 주어 사람들을 굶고 병들게 만들었다. 열병이 든 환자에게 약 대신 베이컨을 주는 식으로 적당히 대처하다가 14명이 병사했고(전염병이 없는 상황에서 이 정도면 사망자 비율이 꽤 높은 편이다) 사체는 바다에 던져졌다. 승객들이 조리사에게 사정해서 음식을 더 달라고 했는데, 그가 선장의 디저트를 나누어주었다가 발각되어 '펄프가 되도록' 맞는 일도 있었다. 이 배는 바하마제도에서 부주의하게 항해하다가 암초에 충돌했다. 구조선이 부족한 상태였는데, 선장과 선원들은 보트 하나에 식량을 싣고 탈주했다. 175명의 승객이 물이 새서 침몰하기 시작하는 배에 남겨졌다. 일부 승객이 헤엄쳐서 구명정에 오르려 하자 손도끼로 쳐서 살해했다. 다행히 지나던 스쿠너 선이 이들을 구조해서 이웃 섬에 데려다주어 목숨을 구할

● 이 작품은 일제강점기에 〈어머니를 차저 삼천리(三千里)〉라는 이름으로 번안되었다. 원작에서는 제노바에서 아르헨티나 내륙 도시 두쿠만까지 여정이 펼쳐지는데, 번안 작품에서는 원산에서 출발하여 부산, 초량정, 경성을 거쳐 부채말이라는 금광촌에서 모자가 상봉하는 것으로 이야기가 전개된다.[송하춘] 원작의 글로벌한 조망이 한반도 내부로 좁혀졌다.

수 있었다. 그 사이에 뉴욕에 도착한 선장과 선원들은 배와 승객들이 그들이 보는 앞에서 가라앉았다고 거짓 보고를 한 후 뿔뿔이 흩어졌다. 나중에 생존 승객들이 이야기하여 그 실상이 알려졌다. 놀라운 것은 그 후에도 선장과 선원들 중 누구도 법정에 서지 않았다는 것이다. 스틴슨은 그 후 바다에는 나가지 않고 페인트공으로 여생을 살아갔다.

일본인의 브라질 이민도 주목할 만하다.(Sasaki, 54~55) 1880년대 메이지정부는 급격한 인구 증가와 농촌 정책 실패의 해결책 중 하나로 해외 이민 정책을 폈다. 그런데 북아메리카에서 아시아인 유입에 대한 반대 운동이 거세게 일어나자 일본 정부는 남아메리카, 특히 브라질 이민을 권했다. 그 결과 브라질이 일본 이민의 최대 규모 지역이 되었다. 1908년 가사토마루(笠戸丸)호가 상파울루의 산투스(Santos)에 도착한 이래 일본 정부는 브라질 이민을 적극 권장하여 1941년까지 33년 동안 총 18만 8,209명이 입국했다.* 이들은 거의 대부분 농민으로서 시골의 커피, 면화, 비단 작업장에서 일했다. 브라질에서는 1888년 노예제가 폐지되었지만 여전히 그 유제가 남아 있어서 일본인은 마치 노예 같은 대접을 받았다. 1930년대 브라질 대통령 제툴리우 바르가스(Getúlio Vargas)는 외국 출신자에 대한 엄격한 통제 정책을 시도하여 외국어 교육과 출판을 금지시켰다. 더

● 1899~1941년 기간 중 일본의 이민자 수는 미국 8만 7,748명, 하와이 16만 5,106명, 캐나다 3만 1,052명, 브라질 18만 8,209명, 필리핀과 괌 5만 3,120명, 기타 9만 3,023명으로 합계 61만 8,358명에 이른다.(Sasaki, 54)

19. 제국주의의 바다

구나 1941년 태평양전쟁 발발 이후 양국 간 외교 관계가 끊어지자 브라질 내 일본인은 완전한 고립 상태에 빠졌다. 전후 1953년에 양국 관계가 호전되어 1973년까지 다시 6만 명이 브라질 이민을 떠났다. 브라질 이민자 대부분은 농민이었으나 다음 세대가 되면 정치, 법, 경제, 과학, 의학 부문에서 자리 잡은 사람이 많이 나왔다. 브라질 전체 인구 중 일본계 주민은 약 1퍼센트인 140만 명이지만, 그 수에 비해 브라질 사회에 중요한 영향을 미친다.

블랙버딩과 쿨리 그리고 백색노예

자유노동자보다는 강제노동자로서 이주를 하는 경우도 많았다. 대표적인 것이 태평양 섬 지역 주민들을 납치하여 플랜테이션으로 송출하는 블랙버딩(blackbirding)과 쿨리 이주다.

처음에 태평양의 여러 섬에 접근한 것은 목재와 선상 물품 보급이 목적이었다. 그 후 단순한 자원 약탈 방식보다 사탕수수나 면을 재배하는 플랜테이션 방식으로 전환했다. 문제는 노동력 부족 현상이었다. 소규모 자가 농업에서 대규모 플랜테이션으로 바뀌면서 더 많은 인력이 필요해졌지만 오히려 현지 인구가 크게 줄었다. 이것은 낯선 이방인과 접촉할 때 흔히 발생하는 전염병의 확산과 관련이 있다. 마지막 고립 지대인 태평양의 섬들이나 하와이 등지에 뒤늦게 홍역, 천연두, 인플루엔자 등 유럽의 전염병이 퍼져서 인구가 궤멸되는 현상이 나타났다.(Campbell 1983, 536~556) 이미 18세기에 제임스 쿡 선장과 부하들이 폴리네시아를 방문했을 때 결핵을 옮겨서 큰 피해를 준 바 있었다. 1853년 하와이, 1874~1875년 피지에 홍역이 전해졌을 때는 현지민의 20퍼센트 정도가 이 병으로 죽었다.(Stannard, 325~350) 피지제도의 인구 15만 명 중 4만 명이 사망했다.

인구 부족에 따른 노동력 문제는 우선 섬 주민을 납치해 강제 노역을 시키는 일종의 '노예화' 방식으로 해결하려 했다. 뒤늦게 노예화와 노예무역의 재판(再版)이 벌어진 것이다. 1863년 6만 명의 멜라네시아인 노동자들이 오스트레일리아 플랜테이션 노동자로 들어오는 것이 한 예다.(Matsuda, 220) 그 방법은 단순무식한 납치, 소위 '블랙버딩(blackbirding)'이었다. 큰 배가 와서 탐나는 상품들을 흔들어 대며 유혹하면 현지인들이 카누를 타고 접근하여 거래하려 한다. 이 사람들을 배 위에 오르게 하고는 짐칸으로 잡아넣는 식이다. 가까이 온 보트가 더 이상 접근하려 하지 않으면 무거운 쇳덩어리를 던져 보트를 가라앉힌 다음 사람들을 잡아 가두기도 했다. 때로는 선교사로 가장하여 사람들을 속여 잡아오는 일도 있었다.

블랙버딩으로 잡은 멜라네시아인들을 보내는 곳 중 하나가 피지 플랜테이션이다.(Matsuda, 223) 남북전쟁으로 미국 남부의 면 공급이 중단되자 영국은 대체 공급지를 필요로 했다. 그중 한 곳이 피지였다. 이곳에 노동력 공급을 주도한 인물 중 한 명이 로버트 타운즈(Robert Towns) 선장이다.(Druett) 그는 원래 잉글랜드 출신 선장으로 오스트레일리아를 비롯한 여러 지역에 상품을 수송하는 일을 했다. 바누아투(Vanuatu)에서 많이 나는 바다민달팽이(sea slugs, 아시아 여러 지역에서 정력제로 알려져 수프 만드는 데 사용된다)를 사서 공급하기도 했다. 이런 이유로 그는 태평양의 여러 섬 지역을 잘 알고 있었다. 인

남해 섬 주민들의 강제 노동
1870년대 초 오스트레일리아 퀸즐랜드의 허버트강 하류에 있던 플랜테이션에서 일하던 '남해(남태평양)' 섬 청소년들의 모습이다.

력 수요가 커지자 그가 이 사업을 맡았다. 1863년 기록에는 "타운스 선장이 73명의 '남해 섬 주민들(South Sea Islanders)'을 데리고 왔다"고 한다. 그런데 이때 노동자들은 자발적으로 왔고, 타운스 선장을 잘 알며, 계약 내용은 한 달에 10실링을 받고, 음식, 의복, 주거를 보장받으며, 1년 후 귀국한다는 것이었다. 계약 내용은 충실히 잘 지켜졌다. 따라서 이때까지는 아무 문제가 될 것이 없었다. 악당들이 뛰어드는 것은 지금부터다. 플랜테이션 경영자들은 거짓 계약이나 허황된 약속으로 섬 주민을 납치해오는 데 대해 전혀 개의치 않았다. 이런 사악한 짓을 할 선장도 부지기수다. 그중 한 명이 다름 아닌 타운즈 선장의 조수였던 로스 루인(Ross Lewin)이라는 인물이다. 그는 존 패터슨 주교(Bishop John Patterson)라는 거짓 이름의 선교사로 위장한 후, 설교를 들으러온 사람들을 납치했다. 카누를 타고 접근하는 사람들에게 돌을 던져 가라앉힌 다음 나포하기도 했다. 선장들은 플랜테이션 업자들로부터 잡아오는 사람 한 명마다 정해진 금액의 상금('head money')을 받았다.

멜라네시아인들은 대개 3년 계약을 체결하고 약간의 임금을 받는 것으로 되어 있으나, 많은 경우 폭력적인 방식으로 잡혀 와서 팔려가곤 했다. 당시 멜라네시아인들의 처지는 사실상 노예 상태였다. 저임금 혹은 무임금에 중노동을 강요하고 자의적인 처벌을 가하곤 했다. 극소수만이 계약 기간을 무사히 끝내고 고향으로 돌아갈 수 있었다. 3년 후 고향으로 되돌아가게 해주어야 했지만 고향에서 먼 곳에 내려놓기 일쑤였다.

1874년 피지는 영국령이 되었다. 그런데 바로 다음해인 1875년 피지에 악성 홍역이 돌아서 당시 의사의 서술에 의하면 1,000명 당 540명 비율로 사망했다. 노동력이 부족해지자 총독인 아서 고든 경(Sir Arthur Gordon)은 한편으로 더 악랄한 방식으로 카나카(kanaka, 남태평양 제도 원주민) 노동력을 확보하는 동시에, 다른 한편 인도 쿨리를 확보하는 안을 내놓았다. 1879년 인도인이 도착하기 시작했다.[Matsuda, 224] 그러나 이 경우 비용이 높기 때문에 멜라네시아인 약탈이 1880년대에도 지속되었을 뿐 아니라 오히려 더 먼 섬에까지 확대되었다. 이 시기에는 사탕수수 플랜테이션이 시작되어 노동력 수요가 더 커졌기 때문이다.

1890년경 인도 쿨리 비중이 더 높아진다. 다음 40년 동안 인도인 약 6만 명이 피지에 들어왔다. 이들은 5년 동안 잔혹할 정도로 노동을 착취당한 후 인도로 돌아가는 티켓을 벌기 위해 다시 5년을 더 일해야 했다. 많은 경우 결국 고향에 돌아가지 못하고 이곳에 남게

19. 제국주의의 바다

친차제도의 구아노 개발

친차제도 해안의 구아노 채굴 작업장 모습이다. 구아노는 건조한 해안지방에서 바닷새의 배설물이 퇴적되어 만들어진 것인데, 수익성 좋은 자원이었음을 알려주듯 연안에 수많은 선박이 보인다.

되었다.

또 하나 중요한 것이 구아노(바닷새의 배설물이 바위 위에 쌓여 굳어진 덩어리로, 비료로 사용되었다) 채굴 작업장 사례다.(Matsuda, 226~227) 페루 연안에는 거대한 구아노 충적 섬들이 있었다. 특히 친차(Chincha)제도에는 100피트 넘는 구아노층도 있었다. 인공 비료가 개발되기 이전인 이 시기에 질소와 인이 풍부한 구아노는 포토시의 은만큼이나 수익성이 좋은 자원이었다. 미국은 1856년 구아노제도법(Guano Islands Act)을 통과시켰는데, 미국 대통령은 군을 통해 구아노 산지를 보호할 수 있다는 내용이었다. 1864~1866년 페루와 칠레는 구아노를 지키기 위해 연합하여 에스파냐에 대항하는 친차제도 전쟁을 벌였고, 1879년에는 페루와 칠레가 초석과 구아노를 놓고 전투에 들어갔다. 태평양전쟁(Guerra del Pacífico) 혹은 초석 전쟁(Guerra del salitre)으로 불리는 이 전쟁은 1884년까지 진행된 끝에 칠레가 승리하여 자원이 풍부한 여러 지역을 획득했다. 페루에서는

1854년 노예제가 폐지되자 노동력을 확보하기 위해 외국인 노동자를 들여왔다. 가장 손쉽고 사악한 방식은 여전히 납치였다.

가장 악랄한 사례가 라파 누이(Rapa Nui, 이스터섬 사람)였다. 이 사람들은 그야말로 쉬운 먹잇감으로 전락했다.[Laurière, 303~306] 1722년 네덜란드 항해인 로거베인(Jacob Roggeveen)이 이 섬에 도착해서 도착한 날의 이름을 따서 이스터섬이라 명명했다. 이후 서구인과 간헐적으로 접촉하는 동안 환경, 특히 질병, 사회 정치 제도 등에서 큰 변화를 맞았다. •

• 이스터섬(라파 누이)에 서 있는 거대한 석상들에 대해서는 아직도 많은 논란이 진행 중이다. 1722년 로거베인이 이 섬에 대해 처음 서술한 내용은, 섬에 나무가 거의 없으며 따라서 도구나 밧줄 등을 만들 재료가 없는데 거대한 석상을 어떻게 만들고 옮겼을까 의문이 든다는 점이었다. 지금까지 제시된 주요 견해들을 정리하면 다음과 같다. 처음 이 섬에 사람들이 도착했을 당시에는 숲이 울창했으며, 주민들은 오랫동안 이 자원을 이용해 농사와 어업 그리고 사냥을 했을 것이다(돌고래 뼈와 새 뼈가 많이 발견된다). 그런데 숲이 완전히 남벌된 뒤 더 이상 어업이 불가능하고 숲속의 새들고 사라졌으며 토양 유실로 농사도 힘들어졌을 것이다. 숲의 감소에 대해서는 인간의 무분별한 자원 약탈 그리고 인간과 함께 들어온 쥐의 피해를 거론한다. 이런 점들을 거론하며 다이아몬드는 이 섬에서 일어난 일이 생태계 파괴(ecocide)의 전형이며, 인류의 미래를 예견하는 모델이라고 이야기했다.[다이아몬드 2005] 반면 영국의 고고학자 폴 레인버드(Paul Rainbird)는 태평양의 다른 섬들도 유사한 조건인데 유독 이곳만 폐허가 되었다는 점을 들어 유럽인 도래 이후의 약탈과 파괴가 결정적 요인이며, 따라서 생태계 파괴가 아니라 인종학살(genocide)이라고 주장했다. 또 다른 영국의 인류학자 베니 페이저(Benny Peiser)는 유럽인이 들여온 병균이 파괴의 원인이었다고 주장한다. 한편 프랑스 학자 카트린과 미셸 오를리악(Cathrine et Michel Orliac)은 탄화된 나무 2,300점을 연구한 끝에 기후 변화, 특히 엘니뇨현상을 몰락의 주 원인으로 보았다. 결론을 내리기에는 아직 이른 듯하다. 다만 다이아몬드가 주장하듯 선주민의 지나친 자원 약탈로 삶의 터전이 완전하게 붕괴된 사례라고 단순화하기는 힘들 것 같다. 그의 책 《문명의 붕괴》는 너무 도덕적 교훈을 이끌어내려 한다는 느낌을 준다. 1722년 로거베인이 처음 이 섬을 방문했을 때 현지인 한 명이 쪽배를 타고 5킬로미터 해상으로 나와 이들을 맞이했고, 1774년 쿡 선장이 이 섬을 방문했을 때 현지인들은 바나나를 비롯한 과일들을 주고 고구마, 닭과 서구 상품들을 교환하였다. 마지막 석상 모아이는 1838년에 세웠다. 생태계 붕괴를 너무 과장해서는 안 된다.[Bahn]

19. 제국주의의 바다

그런데 1862년 12월, 완벽한 파괴의 새 역사가 시작되었다. 영국과 미국 선박들이 해안에 상륙하여 무도한 방식으로 섬 주민을 납치해간 것이다. 사람들에게 자잘한 장신구들을 보여주어 그들이 무릎 꿇고 그것들을 들여다볼 때 잡아가서는 여러 배에 분산 수용했다. 그리고 목줄을 매고 이마에 번호를 타투하여 처분한다. 끌려간 사람들 중 다수가 구아노 섬들로 가서 큰 희생을 치렀다. 이는 태평양상 가장 극심한 인간 감소의 역사에 해당한다. 9년 만에 인구의 90퍼센트 이상이 죽거나 끌려갔다. 4,000명이었던 인구가 1872년 111명으로 감소했다. 종교 지도자들이 사라지고 그들과 함께 문화도 모두 사라졌다. 1878년 섬 주민들이 전통적 의례로 알려진 '인간-새' 선출을 시행했으나, 이제 누구도 이 의례의 정확한 의미를 이해하지 못했고 한 사람의 가수가(그나마 그는 기독교도였다) 노래 부르는 것으로 진행했다. 그들의 기억은 완전히 파괴되었다.

1868년 이 땅의 탈신성화가 시작되었다. 타히티에 근거지를 둔 프랑스 회사가 이곳에 양 목축지를 조성한 것이다. 양들은 이전의 성스러운 장소들을 짓밟고 다녔다. 칠레는 1888년 이후 공식적으로 이 섬을 통치하지만 이 섬에 대한 책임은 회피했다. 1880년대 과학적 탐사대들이 찾아와서는 모아이에 매료되었다. 이들은 예전의 숭배 물품, 롱고롱고(Rongorongo) 나무 조각 같은 것들을 연구한다는 명목으로 실어내가서 유럽 박물관으로 보냈다. 대신 현지에는 모조품 제조 산업이 등장했다. 1910~1920년대가 되면 일부 노인들만이 옛날 일들을 희미하게 기억하지만, 이들이 나병촌에서 죽어가는 동안 누구도 그들의 이야기를 들어주지 않았다. 그러기까지 섬 주민 다수는 피스코(Pisco)의 구아노 광산에서 일하다가 이 중 90퍼센트 이상이 학대, 탈진, 암모니아 중독으로 사망했다.

이런 납치 방식으로 노동력 확보가 어려워지자 인도와 중국의 쿨리(苦力, Coolie)를 들여왔다. 중국인과 인도인은 먼 바다를 건너와 힘든 노동을 해주는 인부로서 힘겨운 삶을 이어갔다. 쿨리를 이송하는 선박에서 일어나는 참상은 이전 노예선의 비극과 별반 차이가 없는 경우가 많다. 운항 중 사망률은 평균 12퍼센트지만 배에 따라 40~50퍼센트에 이를 때도 있다. 그중 특별한 한 가지 사례로 돌로레스 우가르테(Dolores Ugarte)호의 경우를 보자.[Fowler, 1872. 02. 16]

1871년 5월 돌로레스 우가르테호는 656명의 중국인 쿨리를 태우고 마카오에서 페루로 항해해갔다. 명확하게 밝혀지지 않은 이유로 가는 도중에 반란이 일어났고, 갑판 승강구가 닫혀 있는 상황에서 불이 나자 진화가 어렵다고 판단한 선장은 배를 버리기로 결정했다. "배 안에 갇힌 600명의 쿨리는 운명에 맡기고 선원들과 마침 선상에 있던 쿨리 일부만 보트를 타고 탈출했는데, 이 보트는 40명만 태울 수 있었다. 생존자들의 증언에 따르면 이 사람들은 마카오에서 일자리를 준다는 아는 사람들의 속임수에 넘어가서 배에 탔다. 실제로는 그들의 바람과 달리 이민 담당자들이 가혹하게 취급하고 협박하여 서류에 서명했는데, 그 내용에 대해서는 설명도 해주지 않고 읽어주지도 않았으며 설사 읽어준다고 해도 무슨 말인지 이해하지 못했을 터이다. 이런 상태에서 이들은 의사에 반해 배에 타게 되었다." 36세의 한 남성은 홍콩으로 보내준다는 친구의 말에 속아 마카오의 수용소에 끌려갔는데, 친구가 어떤 사무실로 데려가더니

19. 제국주의의 바다

일자리를 얻으려면 무조건 '예(Yes)'라고 말하고 서류에 서명해야 한다고 해서 그대로 했다고 증언한다. 끝내 자신이 어디로 가는지도 모르는 상태에서 배를 타고 가다가 15~16일째 되는 날 화재가 일어난 것이다. 다른 사람들의 증언도 유사하다. 무조건 '예'라고 답하면 8달러를 준다는 말에 그대로 답하고 누군가가 손을 잡아 손도장을 찍게 한 다음 배에 올라탔다는 식이다.•

이들이 가게 되어 있던 곳은 친차제도였는데, 이곳의 비참한 사정은 말로 다하기 힘들 정도다. 이 섬들은 아주 깊이 구아노로 덮여 있는 불모의 땅이다. 비료로 쓰는 이 물질을 캔 다음 선적 장소로 옮기는 일은 중국인이 맡아서 했고, 흑인들 그리고 카야오(Callao)와 리마(Lima) 출신의 혼혈인들은 화물을 싣는 일을 했다. 중국인들은 그럴듯한 조건을 내세운 채 3년 동안 일하기로 했으나, 역겨운 먼지와 암모니아 악취가 몸에 지독하게 안 좋아서 그 기간을 채우고 살

• 영어의 '쿨리(coolie)'는 힌두어 'kuli'에서 나온 말이며 한자로는 '고력(苦力)'이라고 쓴다. 이 말이 쓰이기 전에는 '저자(豬仔, 새끼돼지)'라고 불렸으며, 그래서 중국 노동자 송출을 '돼지무역(pig trade)'이라고도 한다. 중국 남자의 변발이 돼지 꼬리처럼 생겨서 그런 말이 나온 듯하다. 중국에서는 1860년 베이징조약 이후 대진율례(大津律例)의 해외 도항 금지가 풀려 중국인 이주가 자유화되었다. 중국 남부 연안 지역에서는 외상 뱃삯 등 여행 경비와 숙소를 제공하는 방식으로 노동자를 모집하여 보내는 쿨리 무역 조직이 생겨났다. 쿨리를 모집하고 목적지까지 운송을 책임지는 쿨리 중개인을 저자두(豬仔頭) 혹은 객두(客頭), 고력두(苦力頭)라고 한다. 이들이 쿨리의 뱃삯을 대주고 숙박과 승선 수속을 대행해주며, 이주 지역에서 고용까지 알선한다. 19세기 중국 남부 일대에 저자두가 2,000명이나 되었다고 한다. 이들은 수하에 모집인을 두는데, 모집인은 쿨리 1명당 1달러의 수수료를 받았다. 이 때문에 유괴와 납치가 끊이지 않았다. 농민과 어부를 강제로 끌어오기도 하고, 도박판에서 빚지게 만들거나 미인계, 약, 술을 이용하기도 한다. 모집된 쿨리는 목적지로 떠날 때까지 저자관(豬仔館) 혹은 객잔(客棧), 초공관(招工館)이라는 숙소에 감금된다. 저자두는 쿨리와 함께 목적지로 가서 고용주와 가격 흥정을 한 뒤 쿨리를 팔았다.[강희정 2019, 152~156]

아남는 사람이 드물었다. 선장은 이곳에 데려오는 중국인 한 명마다 거액을 받았다. 섬에서 중국인들은 무장한 사람들의 감시를 받는 가운데 비참한 오두막에 살며 노동을 완수해야만 식량을 받았다. 한 중국인은 일하다가 실수로 연장을 망가뜨렸는데, 자신이 당할 가혹한 처벌이 무서워서 높은 바위 위에서 떨어져 산산조각이 나 죽음을 맞았다. 섬에서는 늘 가혹한 고문이 자행되고 있었다. 허리에 로프나 체인을 묶어 공중에 매달아놓고 밥을 주지 않은 채 하루, 이틀 혹은 그 이상 지내게 했다. 반쯤 몸이 잠기는 곳에 있는 부표(buoy)에 묶어서 열기와 추위를 번갈아 겪게 만들었다. 페루의 다른 지역도 사정이 나쁘기는 마찬가지였다. 영국과 미국은 노예제도를 폐지했다고 하지만 사실 페루에서는 중국인을 그보다 더 나쁜 상태로 착취하고 있었다.

글로벌 교통 네트워크의 발달로 인해 오히려 가혹한 운명에 몰린 사람들은 남성뿐만이 아니다.[주경철 2015, 263-275] 19세기부터 백색노예(white slavery) 혹은 백색노예무역(white slave trade)이라는 말이 사용되기 시작했는데, 이는 많은 여성이 '성 노예'로 전락하여 먼 지역으로 팔려가는 현상을 가리킨다.● 이 시대에 남유럽과 동유럽 출신의 가난한 독신 남성들이 미국, 캐나다, 아르헨티나, 남아프리카 등지의 개척 지역으로 이민을 많이 갔는데, 이런 지역에서는 대개 남녀 성비

● 백색노예라는 말은 원래 아프리카 흑인 노예와 대비하여 백인들이 노예 상태로 떨어진 것을 가리키는 의미였다. 그러나 이제는 유럽계 여성이 성적 노예로 팔려가는 경우에 이 용어를 많이 사용한다.

의 불균형이 심하여 매춘 수요가 늘어날 수밖에 없었다. 자연히 그런 곳으로 유럽의 가난한 여성들이 팔려가는 일이 빈번히 일어났다.

대체로 1870년대 무렵 백색노예무역이 전 세계로 확대되었다.[Guy] 그런데 여기에서 특기할 점은 유대인 조직이 전 세계적인 매춘업 확대를 주도했다는 점이다. 뉴욕이나 부에노스아이레스, 남아프리카의 케이프타운 등이 대표적이다. 뉴욕에서는 1890년대가 전성기로, 1896년 유대인 매춘업자들이 협회를 조직하여 자신들의 사업을 보호했다. 이들은 룰을 따르지 않는 자들을 잔인하게 살해하는 것으로 악명을 떨쳤다. 1914년 뉴욕에는 유대인 기둥서방이 6,000명이고 거기에 딸려 일하는 유대인 여성이 3만 명으로 추산되었다. 이는 북아메리카 전체 매춘부의 1/5을 차지하는 엄청난 수치이다.

유대인 매춘 사업은 아시아와 아프리카까지도 확대되었다. 특히 남아프리카의 요하네스버그는 새로운 중심지로 떠올랐다. 이곳에서 금광이 개발되고 철도 건설이 시작되자 많은 이주 노동자들이 들어왔고 당연히 성매매 사업이 번창하게 되었다. 독일, 오스트리아-헝가리, 프랑스, 벨기에 여성들이 이곳에 몰려들었고, 뉴욕의 유대인 매춘부들도 그곳 사업이 기울어가자 이곳으로 찾아왔다. 20세기 초 요하네스버그에는 약 1,000명의 매춘부와 250명 정도의 기둥서방이 있었는데, 이들 중 40퍼센트 정도는 유대인이었으며, 특히 뉴욕 출신이 많았다.

백색노예무역으로 가장 악명을 떨친 곳은 아르헨티나의 수도 부에노스아이레스였다. 이 도시에서는 1875년 1월에 시 의회가 공창제도를 합법화했다. 당시 10여 년 동안 빠른 도시화와 인구 증가가 계속되어 미혼 남성이 늘어났고, 이것이 심각한 사회 문제와 공중 보건 문제를 야기했다. 시 의회는 창녀촌을 합법화하고 위생 문제를 규제하는 것이 현실적인 방안이라고 주장했지만, 막대한 허가비를 챙겨서 시 예산을 늘리는 것도 분명 중요한 이유였을 것이다. 시는 매춘 여성들을 등록시킨 다음 성병 검사 병원에서 2주에 한 번씩 정기 검진을 받도록 강제하였다. 성매매를 하는 여성들은 각종 규제에 묶여 사실상 죄수 혹은 노예와 유사한 상태였다. 이곳에는 유럽 하층 여성이 많이 들어왔다. 1877년 처음 등록된 창녀의 50퍼센트가 외국에서 출생한 여성이었으며, 1889년과 1901년에는 75퍼센트까지 상승했다. 부에노스아이레스의 창녀촌 합법화는 분명 유럽 내 백색노예무역과 긴밀하게 연결되었다.

동유럽의 유대인 지역에서 여성들을 유혹하여 아르헨티나로 데려오는 갱스터 조직으로는 즈비 미그달(Zwi Migdal)이 유명하다. 공식적으로 1860년대부터 1939년까지 활동한 이 단체는 원래 바르샤바의 유대인 상호부조 조직이었으며, 1906년에 창립자의 이름을 따서 즈비 미그달로 개명했다. 제1차 세계대전 이후 1920년대가 전성기였는데, 이때는 아르헨티나의 조직원만 400명이었다. 당시 이 조직이 관리하는 기둥서방이 430명이고 2,000개소의 창녀촌에 매춘부가 4,000명이었다. 이 방대한 사업을 운영하는 이 조직의 원칙은 "질서, 규칙, 정직"이었다! 이들은 폴란드나 러시아 등지의 유대인 마을에 가서 아르헨티나의 부유한 가정에서 일할 젊은 여성을 구한다고 하든지 혹은 결혼할 사람을 구한다는 식으로 젊은 여성들을 속여서 배에 태워 보냈다. 19세기 말에 타락한 범죄인이라는 유대인의 이미지가 굳어졌는데, 20세기에 반유대주의가 확산되는 데에 이런 요소도 분명 작용했을 것이다.

당연히 부에노스아이레스의 이런 행태는 국제적으로 비난받았다. 조만간 매춘사업의 확대에 대한 통제와 제재가 본격화되었다. 부에노스아이레스에서는 1910년부터 선박에 대한 검사를 철저히 해서 불법 입국을 막으려 했다. 같은 해에 시카고의 검사는 국제적인 범죄 조직 집단이 유럽에서 소녀들을 유괴하여 시카고의 창녀촌으로 유입시키고 있다고 비난했다. 이것이 일반 여론을 크게 움직여서 '백색노예 운송제재법(White-Slave Traffic Act)'이 통과되었다. 이런 조치들이 분명 효과를 발휘하여 유대계 창녀촌의 세계적 확산은 어느 정도 통제되었다. 1924년에 국제연맹의 위원회가 이 도시를 방문하여 현지 조사를 수행했고, 비인간적인 행태를 비판하였다. 그렇지만 이런 인신매매는 제2차 세계대전이 시작되어 대륙 간 교통이 막힐 때까지 지속되었다.

하와이

하와이는 '대서양 방식'이 태평양으로 확산되는 중간 거점으로서 매우 흥미로운 역사를 보여준다.(Matsuda, 242~243) 1874년 데이비드 칼라카우아(David Kalakaua)가 하와이 왕으로 등극했다. 제국주의시대에 하와이를 노리는 세력들이 자주 출몰했다. 특히 프랑스 전함들이 1860년대 호놀룰루를 찾아와 압박했다. 이런 상황에서 국왕은 세계 여행을 하며 전략을 가다듬으려 했다. 아마 그는 세계일주를

칼라카우아 왕의 일본 방문

하와이의 칼라카우아 왕은 하와이를 제국주의에 편입시키려는 세력들에 저항할 전략을 구상하며 해외 순방을 했다. 첫 방문지 일본에서 찍은 사진으로, 앞줄 가운데가 칼라카우아 왕이다.

한 최초의 왕일 것이다. 그가 최초로 방문한 나라는 일본이었다. 사실 그는 자신의 구상에서 일본의 힘에 주목했다. 1881년 3월 도쿄만에 입항했는데, 메이지 천황은 그를 최초로 공식 방문한 해외 정상으로 맞이했다. 칼라카우아는 2주 동안 화려한 의전 속에 잘 지낸후 일본에 중요한 제안을 했다. 왕실 간 결혼, 즉 일본 황자와 하와이 공주의 결혼을 제안한 것이다. 하지만 거절당하자 이번에는 일본을 중심으로 태평양 국가들 간 동맹을 맺어 서구 제국주의 세력에 맞서자고 제안했다. 일본이 국토도 크고 인구도 많고 의지도 굳건하니 앞장서면 하와이가 기꺼이 부하가 되겠다는 것이다. 듣기는

19. 제국주의의 바다

좋으나 장차 칼라카우아가 방문할 시암, 버마, 인도, 중국이 일본의 영도를 따르지 않으리라는 것을 잘 아는 일본 측은 이 제안을 거절 했다. 그 후 국왕은 이집트, 이탈리아, 벨기에, 독일, 오스트리아, 프 랑스, 에스파냐, 포르투갈, 영국, 미국을 차례로 방문했다. 돌아와서 내린 결론은 그 자신이 주도하여 동맹을 추구한다는 것이다. 어쩌 면 이것이 역효과를 냈을 수 있다. 서구 세력들이 아연 긴장하고 태 평양 지역에 대한 공세를 가속화한 것이다.[•]

1891년 칼라카우아가 사망하여 딸 릴리우오칼라니(Liliʻuokalani) 가 여왕이 되지만, 미국은 1893년 그녀를 폐위시켰다. 미국 전함 보 스턴호가 호놀룰루에 와서 현지 왕가를 억누른 후 1898년 병합하고 1900년 미국 영토로 만들었다.

[•] 사모아가 첫 번째로 희생되었다. 19세기 전반부터 미국 상선과 포경선이 찾아와서 물, 연 료, 식량 등을 구매하고 현지 주민을 선원으로 채용하기도 했다. 미국은 하와이와 연결된 상업을 고려하여 이 섬을 탐냈다. 독일도 열대작물 재배를 목적으로 이 섬에 관심을 두었 고, 영국 역시 미래의 사업 가능성을 염두에 두고 함대를 파견했다. 결국 세 국가가 개입된 내전이 일어났다. 이들은 자국에 호의적인 파당에 무기를 제공했다. 급기야 1889년 세 나 라 함대가 직접 충돌할 위기에 직면했으나, 갑자기 불어 닥친 폭풍으로 함대들이 크게 파 손되어 군사 충돌을 피하게 되었다. 10년 동안의 국제적 그리고 국내적 갈등 끝에 세 강대 국이 타협안을 내놓았다. 이에 따르면 동부 섬들은 미국이, 서부 섬들은 독일이 지배하고, 영국은 사모아에서 손을 떼는 대신 독일이 통가에 대한 권리를 포기하는 조건으로 만족했 다. 이런 상황을 기록한 작가가 로버트 루이스 스티븐슨이다. 그는 1889년 이 섬에 정착하 여 이름도 투시탈라(Tusitala, 현지어로 '이야기꾼'의 의미)라고 정했다. 그렇지만 곧 현지의 정치 상황을 목도하고, 괴뢰정부를 설립하면서 제국주의 지배를 하려는 관리들을 비판하 고 현지 통치자에게 힘을 실어주는 글을 썼다. 이것이 《역사에 대한 각주, 8년간의 사모아 의 고통(A Footnote to History: Eight Years of Trouble in Samoa)》이다. 이 책의 첫 문장부터 그런 점을 읽을 수 있다. "내가 하는 이야기는 이 글을 쓰는 지금도 진행 중이다. …… 그것은 가장 엄밀한 의미의 현대사다." 스티븐슨은 1894년 44세 나이에 뇌출혈로 죽어 사모아에 묻혔다.

칼라카우아의 일본 방문 이후 두 형제(James Hakuole, Isaac Harbottle)가 도쿄에서 일본어와 일본 문화를 공부한 후 일본인 노동자의 하와이 이민 프로그램을 만들었다. 여기에 중국인을 비롯하여 한국인, 필리핀인, 포르투갈인, 푸에르토리코인, 노르웨이인, 독일인, 미크로네시아인이 참여했다. 포르투갈, 일본, 한국, 중국, 하와이, 필리핀 사람들은 저임금을 받으며 중노동에 시달렸다. 노동자들은 이름 대신 목에 달린 번호표의 번호로 불리고 채찍질 당하며 일했다. 결과적으로 이런 고난의 과정을 거치며 독특한 하와이 혼종 문화가 생겨났다.

하와이에 먼저 들어온 중국인과 일본인 노동자들이 갈등을 일으키고, 관리인들은 이 와중에 여러 민족 간 증오를 부추기며 관리했다. 일본인이 특히 과격하게 항의하고 거칠게 파업을 일으키자, 그에 대한 대응으로 더 양순할 것으로 기대되는 한인 노동자들을 유입시키고자 했다.

1896년 하와이 사탕수수 농장주 조합의 주도로 다인종 노동력 도입 계획을 세웠다. 미국의 하와이 병합 기운이 높아지자 농장주들은 한 인종이 농장 노동력의 대부분을 장악하는 것을 피하고자 했다. 당시 노동력의 2/3는 일본인이었고, 이들의 거친 세력화를 막기 위해 중국인 쿨리를 들여왔지만, 미국 합병이 실현되면 본토의 중국인 이민금지법(1882)이 적용되어 더 이상 중국인 노동력의 유입이 힘들어진다. 그리고 더 높은 임금을 주는 캘리포니아로 떠나가는 것을 막기 힘들어진다. 일본인 노동자들은 순종적이지 않았고 불법 파업을 주저하지 않았다. 그런데 파업이 합법화되면 통제가 더 힘들어질 것이다. 따라서 일본인 노동자들을 견제하기 위해 조선인 노동자 도입을 고려하게 되었다. 실제로 미국의 하와이 합병이 이루어지고 난 후 본격적으로 한인이 들어온다. 1902년 주한 미국 공사 호러스 알렌(Horace Allen)이 호놀룰루에 도착했을 때 농장주들이 그에게 지원을 요청했다. 하와이 이민은 그의 노력 그리고 구체적으로 실무를 맡은 모집인 데이비드 데슬러(David Deshler)의 작품이라 할 만하다. 1902년부터 3년 동안 약 7,500명의 한인이 하와이로 갔다. 그러나 일본이 1905년 한인 이민을 봉쇄하도록 압박을 가하여 여기에서 그쳤다.

1853~1900년에 중국인 5만여 명, 1885~1907년에 일본인 18만 명이 입국한 반면, 한인은 1903~1905년 3년 동안 7,500명 입국에 그쳤다. 일본인은 대부분 히로시마, 아카야마, 야마구치, 오카야마 등 일본 서부의 농민 출신이었고, 중국인은 대개 광둥 출신 농사꾼이었다. 이에 비해 한인은 모집 자체가 항구와 도시에서 진행되어 도시 출신이 많았기 때문에 일이 능숙하지 못했고, 결국 미국에서도 도시에 많이 진출했다. 그리고 일본과 중국은 대개 같은 지방 출신이 몰려온 반면 한인은 한반도 각지의 다양한 곳에서 왔다. 출신성분도 소수의 양반 출신부터 하층민까지 다양했다. 한인은 무엇보다 미국 선교사들과 접촉이 많은, 기독교와 관련이 깊은 사람들이 많았다. 대개 고향에서 힘든 생활로 고난에 처했던 사람들이 꿈을 좇아 온 경우가 많았다. 1905년 농장에서 일하는 한인 숫자는 5,000명에 달했고, 전체의 11퍼센트를 차지했다. 66퍼센트의 일본인 다음이고 9퍼센트의 중국인보다 위다. 한인은 일본인과 한편으로

협력했지만(일본인에게서 채소를 구매하여 먹었다) 동시에 갈등도 많았다.

한인은 하와이가 미국에 합병된 다음에 왔기 때문에 상대적으로 운이 좋았다. 계약노동자가 아니라 자유노동자로 입국했고, 파업도 가능하며 노동 조건이 개선되어가던 시기였다. 그럼에도 악조건에서 힘들게 일해야 했다. 새벽 4시 반에 기상, 6시에 작업 시작, 점심시간 30분을 제외하고 오후 4시 반까지 하루 10시간 더운 기후에 힘든 노동에 시달렸다. 같은 노동을 하는데 포르투갈인은 임금이 더 높았다. 친절한 지배인이 없지는 않지만 악랄한 인간을 만나면 고생이 심하다. "허리가 아파서 펴려고 하면 소리 지르고 회초리로 때린다."[장 외, 47] 늘 '비키 비키(Biki Biki, 빨리 빨리)' 하고 재촉한다.

하와이 농장주들은 한인 노동자들이 파업을 안 하고 유순하게 일을 잘 하리라고 기대했다. 실제로 1904년 12월 와이알루아(Waialua) 농장의 일본인 노동자 2,500명 중 절반이 파업에 참가했을 때, 농장주는 여러 농장으로부터 한인 250명을 모아 대신 투입했다.[장 외, 51] 1905년 가을 마우이(Maui)의 라하이나(Lahaina)에서 일본인들이 임금 인상을 요구하며 파업을 감행했을 때에도, 한인이 가담하지 않아 실패로 돌아갔다. 그래서 일본인이 한인을 위협하는 일이 벌어졌다. 게다가 일본인이 더 높은 임금을 바라고 캘리포니아로 많이 떠나갔다. 이런 사정에서 하와이 농장주들은 순종적이고 안정적인 한인을 좋아하게 된다.

그러나 한인이 그렇게 유능한 노동자가 아니라는 점이 곧 밝혀져 인상이 달라진다. 왜 일을 잘하지 못하는가? 농민 출신이 아니기 때문이다. 그토록 힘든 일을 처음 해보는 많은 한인들이 사탕수수 밭에 앉아 어린아이처럼 울고 있다는 식의 서술이 꽤 보인다. 특히 학생이나 양반 출신이 힘들어 한다. 그리고 한인들 역시 1905년부터는 캘리포니아로 떠나기 시작한다. 그러나 1907년 시어도어 루스벨트(Theodore Roosevelt) 대통령이 행정명령 589호를 발표해서 한인과 일본인이 하와이에서 본토로 가는 것을 금지시켰다. 이때 유이민 중 1/6 정도는 귀국했고 나머지 사람들은 하와이에 남았다. 이 사람들은 점차 적응하면서 사정이 나아졌고, 고국으로 송금도 하기 시작한다. 정착민이 되어간 것이다. 이들은 조국보다는 차라리 이곳이 낫다고 판단한 것 같다. 이들은 이제 귀국을 바라지 않거나 혹은 돌아가는 것이 불가능하게 되어 더 악착같이 일하고 돈을 모으는 식으로 생각을 바꾸었다. 반면 중국인과 일본인은 돌아갈 대안이 있었다. 한인들은 곧 침대에서 자고 한복을 버리고 현지 의복을 입었다(처음 올 때는 상투에 갓 쓴 사람도 있었다). 고국의 부패에 비하면 하와이나 블라디보스토크 등 이민 사회 한인들이 더 깨끗하고 빨리 적응하여 잘 살아간다. 한인은 다른 민족에 비해 가장 먼저 농장을 떠나 도시로 가서 적응하고, 2세에게 많은 교육을 시켜 전문직을 많이 하게 하고. 결국 잘 살게 되었으며 또한 자유 평등 사상에 경도되곤 했다.

CHAPTER 20

해군의 발전

근대 세계사는 전쟁의 역사라고 해도 과언이 아니다. 19세기부터 20세기의 양차 대전까지 세계의 군사력은 빠르게 발전했다. 이 현상은 육상뿐 아니라 어쩌면 해상에서 더 뚜렷하게 진행되었다고 할 수 있다. 해군력의 발전을 장기적으로 보면 19세기 중엽이 큰 단절점이었다. 19세기 중엽 이후, 함포를 탑재한 강철 증기선이 등장하면서 이전과는 비교할 수 없는 강력한 전함이 해양을 누비고 다녔다. 테미스토클레스의 '목제 성채'는 처칠이 말한 '강철 성벽(castels of steel)'으로 진화했다. 이 시기의 발전은 그 이전 2,500년 동안 누적된 변화보다 훨씬 더 컸다. 제2차 세계대전 말기에는 해수면뿐 아니라 해저와 공중에서 동시에 전개되는 군사력까지 더해져 더 강력한 힘들이 충돌했다. 해전은 훨씬 더 치명적이 되었다. 1652~1815년 영국 해군 선박 1,452척 중 전시에 침몰한 배는 204척(14퍼센트)이었지만, 제2차 세계대전에 참전한 선박 중 81퍼센트가 침몰했다. 세계의 바다는 갈수록 더 가공할 폭력의 무대가 되었다. 세계 패권의 향방이 점차 바다에서 결정되기 시작했다.

증기기관은 개발되고 나서 곧 선박의 동력으로 이용되었고, 이어서 전함에도 적용되었다. 그렇지만 그 과정은 점진적이었다. 아직 기술적으로 불안정하던 시기에 증기선을 위험한 전투에 사용하기에는 무리라고 판단했을 것이다. 사실 증기선을 상선으로 사용하는 경우에도 먼 바다에서 기관이 고장이 나면 생명이 위험할 수 있으므로, 최후의 수단으로 범포를 사용할 수 있는 의장(艤裝)을 가지고 다니던 때다. 또 외륜선은 적의 공격에 취약하다고 여겨서 예인선으로만 쓰였다. 증기선이 해군의 주목을 받은 것은 스크루 추진 방식이 나오고 난 후의 일이다. 이때에도 대다수 전함은 여전히 범선이었는데, 그 이유는 증기기관을 탑재하는 비용이 범선에 비해 더 컸기 때문이다. 1852년의 경우 90문의 포를 갖춘 500마력의 스크루 기선은 같은 규모의 범선보다 40퍼센트 더 비쌌다. 그래서 1861년까지도 영국과 프랑스는 새 증기선을 건조하기보다 기존 범선에 기관을 새로 장착하는 식으로 전함을 준비했다.[Paine, L., 547]

19세기 후반부터 더 안정되고 강력한 전함들이 등장했다. 강철을 조선 재료로 사용하고 수에즈운하가 개통되면서, 특히 영국의 해군력이 일취월장했다. 앞에서 보았듯이 증기선 전함이 압도적인 힘을 과시한 첫 번째 사례는 제1차 아편전쟁이다. 1839년에 건조된 네메시스호는 아편전쟁에 동원되어 1840년 가을 중국 해안에 도착했다. 이 배는 최초로 대양 항해를 수행한 영국의 철선으로 기록되었다. 당시 영국은 증기기관 전함의 위력이 해전에서 어느 정도인지 시험

네메시스호

1841년 1월 7일, 동인도회사의 강철 증기선 네메시스호가 중국 군함을 파괴하는 모습을 그렸다. 에드워드 덩컨의 1843년작이다.

하려는 의도도 있었다. 그들 입장에서 보면 결과는 대단히 만족스러웠을 것이다. 네메시스호는 60마력 엔진을 장착한 외륜선이었다. 거기에 두 개의 마스트가 설치되어 있어서 범선과 증기선의 기능을 혼합해서 갖추었고, 철판으로 둘러싼 철선이었다. 선수에서 선미까지 평평하고 배 밑바닥도 평평해서 만재 상태에서도 흘수선 아래 6피트밖에 잠기지 않기 때문에 수심이 얕아도 항해가 가능했다. 대포는 갑판 밑에 고정된 게 아니라 갑판 위의 회전식 포대에 얹혀 있어서 어느 방향으로든 사격이 가능했다. 처음 출발할 때는 목적지가 군사 비밀 사항이므로 흑해의 오데사항으로 간다고 공시하고는 케이프타운을 거친 다음 오스트레일리아로 행선지를 바꾸고 실제로는 광저우로 향했다. 242일 만에 광저우만에 모습을 드러낸 이 배는 중국 해안에 나타난 최초의 철선이었다.[서경호. 339~340] 네메시스호는 1841년 1월부터 본격적인 전투에 들어가 기대 이상의 활약을 했다. 2월 27일 중국이 동인도회사로부터 구입하여 정비한 낡은 선박 케임브리지(Cambridge)호를 파괴했다. 네메시스호는 흘수선이 낮기 때문에 얕은 바다를 항행하며 정확한 포격으로 바다와 해안가의 모든 저항을 분쇄했고, 광저우 정복에 절대적인 공헌을 했다. 과거 범선의 공격은 해안선에 포격을 가하는 정도였지만, 기선 포함들은 적국 중심부까지 깊숙이 침투할 수 있었다. 아편전쟁은 그와 같은 서구 해군의 힘을 확실히 보여주는 계기였다. 중국 당국은 이전에 전혀 경험하지 못한 전쟁에서 패배를 겪었다.[베스타. 53]

증기선 함선이 위력을 발휘하기 시작한 전환기는 1854년 크림 전쟁이었다. 1854년 발트 함대는 거의 대부분 범선인 데 비해 영국 해군은 315척이 범선이고 217척이 증기선으로, 그중 97척이 스크루선, 114척이 외륜선이었다.[Lawrence] 포화의 위력도 더욱 강력해졌다. 1852년에 건조한 아가멤논호는 80문의 포를 구비했다. 아직은 목제 선박이 많았지만 대세는 철제선으로 기울어갔다. 두꺼운 철갑을 두르면 당연히 적선의 포격을 더 잘 막을 수 있다. 그러면 곧 더 큰 함포로 공격하려 하고 그러면 철갑을 더 두껍게 하여 대비하므로, 당분간 포 주조공과 조선업자 사이에 경쟁이 이어졌다. 1880년대에는 강철이 주철을 대신하게 되어 장갑은 더욱 탄탄해졌다. 동시에 포탑(turret)이 개발되어 함포 사격을 더 발전시켰다. 말하자면 창과 방패가 동시에 발전해간 셈이다.

어뢰에 대해서는 오랫동안 부정적이었다. 명예롭지 않은 무기라는 것이다. 일찍이 로버트 풀턴이 자신이 고안한 어뢰를 제시했을 때 테스트는 성공적이었으나 영국 정부는 결국 거절했다. 그렇지만 크림 전쟁에서 러시아 측이 이 무기를 사용하고, 미국이 남북전쟁에서 더 유용하게 사용함으로써 분위기가 바뀌어갔다. 1867년 중어뢰(화이트헤드 어뢰, Whitehead torpedo)가 테스트에 성공한 뒤 영국 해군에 수용되었고 어뢰정도 개발되었다. 1891년에는 실전 배치가 가능한 잠수함이 등장했다.

영국 해군은 19세기 중 놀라운 정도로 발전을 거듭했다. 이것을 과시하는 기회가 관함식(Fleet Review)이다. 영국은 이런 행사를 자주 했는데, 빅토리아 여왕 재임 시에는 17번이나 개최했다. 특히 빅토리아 여왕 즉위 60주년제(Diamond Jubilee) 행사로 열린 사열이 유명하다. 1897년 6월 26일 영국 남해안의 스피트헤드(Spithead) 정박지에서 웨일스 공(Prince of Wales, 후일의 에드워드 7세)이 주관한 이 행사에서(당시 여왕은 건강 상태가 좋지 않아 참관하지 않았다) 영국 해군은 막강한 전함들을 과시했다. 50척의 전함을 포함하여 170척의 선박이 7마일에 걸쳐 두 줄로 도열했다. 그중 일부 선박은 실로 강력한 무력을 뽐냈는데, 예컨대 퀸호(H. M. S. Queen)는 배수량 3,000톤의 거함으로 포 120문을 갖추고 있었다. 또 저명한 엔지니어 찰스 앨저넌 파슨스 경(Sir Charles Algernon Parsons)이 개발한 터빈 엔진 전함 터비니아(Turbinia)호가 예정에 없이 등장하였다. 이 배는 다음 세대 전함의 표준이 된다. 저명한 문인이자 정치인인 맥스웰 경(Sir Herbert Eustace Maxwell)은 이 행사에 대해 이런 평을 내놓았다. "우리의 해

20. 해군의 발전

터비니아호

1897년경에 촬영된 영국의 터빈 엔진 전함 터비니아호의 모습이다. 빅토리아 여왕 즉위 60주년제 관함식에 돌발 등장한 터비니아호는 두 줄로 도열한 대형 전함 사이를 쾌속 질주하며 영국 해군 경비정을 따돌리고 성능을 뽐냈다.

상 위엄을 여태 소문으로만 들어 알고 있던 각국 대표들은 그와 같은 엄청난 전함들을 보고 경악과 절망을 느꼈을 것이다."(Lawrence)

팍스 브리타니카의 기반에는 무엇보다 세계 최강의 전함들이 있었다. 그러나 곧 여기에 도전하는 세력들이 등장한다.

미국 해군의 성장: 남북전쟁 그리고 태평양으로의 확산

증기선이 전함으로 굳건히 자리 잡는 데 결정적 계기가 된 것은 남북전쟁이다. 이 전쟁의 경험으로 전함이 전면적으로 개선되었고, 어뢰정, 잠수함, 기뢰, 포탑 등 새로운 해상 무기들이 등장하거나 개선되었다.(Symonds, 268-269) 주요 전투는 육상에서 일어났다 해도 해안에서 벌어진 해전이나 해군의 상선 공격 등이 전체 전쟁의 흐름에 큰 영향을 미쳤다. 해군은 분명 승리의 중요 요인이었다.

북부(Union)는 조선 전문가, 산업 기간 시설, 인력이 있어서 선단을 갖추었지만, 남부(Confederacy)는 원래 북부에 선박을 의존하고 있었기 때문에 해군 측면에서는 애초 비대칭 불균형 상태에서 전쟁을 시작한 셈이다.(Symonds, 265) 남부는 스스로 원면 수출을 중단하여 영국을 압박하려 했다. 원면 부족에 시달리게 되면 영국이 남부를 지원하리라 기대했는데, 생각과는 달리 영국이 인도와 이집트로 수입선을 바꾸었다. 남부 대통령 제퍼슨 데이비스는 상선들에게 적선 약탈허가증(letter of marque)을 발행하는 구식 방식을 사용했다. 이에 비해 북부는 남부를 해상 봉쇄하는 소위 아나콘다 계획(Anaconda Plan)을 시행했다. 이 작전에는 많은 전함이 필요했으므로 북부 주들은 상선을 약간 개량하여 전함으로 만들었다(이런 식으로 상선을 전함으로 쉽게 개조한 역사상 마지막 사례일 것이다). 버지니아에서 텍사스까지 2,500마일 연안의 항구들을 봉쇄한 결과, 남부는 면 수출과 군수품 조달에 지장을 받았다. 이 전략이 북부의 승리를 가져온 결정적 요인이라고 할 수는 없지만, 남부의 위반 선박들을 많이 나포함으로써 상당한 타격을 가한 것은 분명하다. 북부의 승리 뒤에는 강력한 해군력이 있었다. 흔히 이야기하듯 해군이 승리의 결정적 요인은 아니라 하더라도 승리를 가능케 한 요인이다.

남북전쟁 종결 시 미국은 671척의 해군 함정을 지닌 막강한 해군국가인 듯 보였지만, 이 가운데 많은 수는 원래 상선이거나 강에서

20. 해군의 발전

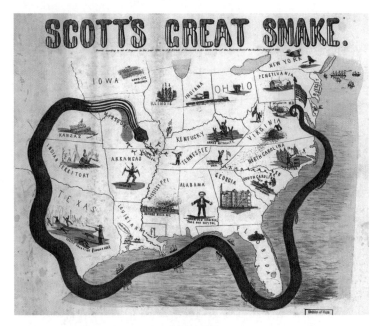

아나콘다 계획

해상 봉쇄를 통해 경제적으로 남부를 분쇄하려는 윈필드 스콧 장군의 계획을 보여주는 만화 지도다. 이 지도에 등장하는 아나콘다 때문에 "아나콘다 계획"으로도 불린다.

쓰는 어선이어서, 조만간 이런 것들을 처분하고 나니 1870년에는 해군 함정이 52척으로 줄어 있었다. 미국이 다시 막강한 해군력을 보유하려면 1890년까지 기다려야 한다.(Symonds, 273)

미국의 6대 대통령 존 퀸시 애덤스(John Quincy Adams, 재직 1825~1829)는 이미 19세기 초반에 미국이 서부로 팽창해가지 않으면 멸망한다고 믿었다.(Preston, 617) 미국은 태평양 세력으로 전환해갔다. 1846년 영국과 오리건 지방의 갈등을 정리하며 북위 49도 지역까지 확보하고, 1848년 멕시코 전쟁이 끝나면서 캘리포니아를 얻었으며, 다음에 캘리포니아(1850), 오리건(1859), 워싱턴(1889) 지역들을 미국의 주로 받아들였다. 이어서 1867년 러시아로부터 알래스카를 구입했다.(Lay) 러시아와 영국은 1853년부터 크림 전쟁에서 충돌했는데, 이 갈등은 멀리 태평양 지역까지 확산했다. 러시아 극동함대가 영국이 캘리포니아와 교역하는 것을 위협할 수도 있으므로, 영국과 동맹국 프랑스의 소함대가 1854년 호놀룰루를 떠나 알래스카로 가서 위협했다. 이 상황에서 러시아로서는 알래스카는 방어하기도 어렵고 큰 이익을 얻을 수도 없는 동토로 보였기 때문에, 차르 알렉산드르 2세는 매각을 결심했다. 영국은 큰 관심이 없는 반면 남북전쟁을 끝낸 미국이 관심을 보였다. 미국의 국무장관 윌리엄 슈어드(William Seward)는 텍사스 영토의 두 배나 되는 영토를 얻는 것이 이익이 되리라 판단했다. 양국이 밤새 협상한 결과 720만 달러(현재 가치로는 1억 2,000만 달러 정도)로 낙착을 보았다. 당시 사람들은 쓸모없어 보이는 이 땅을 두고 '슈어드의 광기' 혹은 '슈어드의 얼음 창고'라고 놀렸다. 1867년 10월 18일 영토를 이양하는 의식을 치렀는데, 1896년 클론다이크(Klondike)에서 금이 발견되고 나서 새로운 거주자들이 몰려들었다. 그리고 1959년에 가서야 미국의 49번째 주가 되었다.

19세기 말 미국은 해양을 통해 중국에 접근 가능하게 되었으며, 에스파냐에게서 필리핀을 빼앗은 시점에서 태평양의 강국으로 부상했다. 후일 진주만(Pearl Harbor) 사건 이후 일본을 누른 뒤에 알래스카에서 오스트레일리아까지, 캘리포니아 연안에서 중국 해역까지 태평양을 미국의 호수로 만들기까지 장기간의 과정을 밟아나가게 된다.

1899년 존 헤이(John Hay) 국무장관은 "폭풍의 중심지가 중국으로 옮겨갔다. 강력한 제국은 앞으로 5세기 동안 세계 정치의 열쇠를 쥐고 있다"고 말했다.(Preston, 618~619) 1903년 시어도어 루스벨트 대통령은 이 말을 받아 "이제 열린 새 세기는 태평양의 교역과 통제가 세계사의 지극히 중요한 모멘텀이 될 것"이며 미국의 지리적 위치로 인해 장래에 태평양을 평화적으로 지배할 수 있을 것이라고 주장했다. 미국은 태평양을 선점하기 위해 소위 문호개방정책(Open Door Policy)을 주장했다. 1899~1900년 존 헤이 국무장관의 선언에 따르면, 중국은 모든 국가들과 개방적인 교역을 해야 하고 식민화나 병합에서 자유로워야 한다. 이후 제2차 세계대전에 이르기까지 태평양은 미국의 패권 확립의 무대로 떠올랐다.

미국은 상대적으로 소규모의 상비군(육군)을 두는 대신 대규모 상비 해군과 다양한 상선단을 보유한 점에서 17세기 네덜란드나 19세기 영국과 유사한 성격을 가지고 있었다.(Preston, 619) 제2차 세계대전 이전에 식민지로 보유하고 있던 필리핀, 괌, 하와이, 알래스카는 아시아로 가는 태평양상의 징검돌 역할을 하고, 일본을 공격하는 기지 역할을 했다. 1942년 미드웨이 해전에서 일본의 팽창을 저지한 다음 반대로 일본을 후퇴시키고 최종적으로 1944~1945년의 공습과 핵폭탄으로 짓눌렀다. 1945년 9월 2일 일본의 정치 군사 지휘관들이 미주리호 선상에서 항복 문서에 서명했을 때, 태평양의 지배권이 미국으로 넘어왔다. 존 헤이 국무장관의 희망이 실현된 것이다. 이처럼 미국의 장기적인 군사적 상승의 역사는 태평양을 중심으로 진행되었다.

남북전쟁 베테랑인 앨프레드 세이어 머핸(Alfred Thayer Mahan)은 전쟁 경험에서 얻은 교훈을 이론화하여 미국 해군의 핵심 전략을 구성했다.(Hagan, 38) 그는 1886년 창립된 미국 해군대학(Naval War College)에 교수 요원으로 참여했고, 곧 박식한 역사 경험에 기초한 이론화로 명성을 떨쳤다. 그에게 가장 중요한 역사상의 모범은 허레이쇼 넬슨(Horatio Nelson) 제독 시대의 영국이었다. 그는 역사에서 교훈을 얻어 일반화할 수 있다고 믿었다. 설사 선박과 무기 등이 크게 변화했다고 해도 기본적인 법칙은 그대로 작용한다는 주장이다. 1890년에 발표한 대표 저서 《해군력이 역사에 미치는 영향(The Influence of Sea Power upon History)》에서는 해군력이 전쟁의 결정적 요소라고 주장했다.(머핸) 그는 이 책에서 해양 세력의 부흥과 쇠퇴 과정을 추적했고, 특히 17~18세기 유럽 사례를 면밀하게 관찰했다. 결론은 해상 우위가 국제 무역의 성공과 번영, 국가의 위대함을 결정짓는 열쇠라는 것이다. 그러니 전 세계의 항로와 전략적으로 중요한 길목의 통행을 통제하기 위한 경쟁에서 승리해야 한다. 결국 그의 주장의 요지는 위대한 국가가 되려면 상비 해군을 두어야 한다는 것이다. 해군은 해외 교역과 식민지를 보호하고 적을 봉쇄함으로써 경제 수호에 핵심적 역할을 하기 때문이다.

그가 말하는 해군력 증강의 요체는 강력한 주력함(capital ship)의 건조다. 당대의 청일전쟁(1894~1895), 미서전쟁(1898), 러일전쟁(1904~1905) 모두 머핸의 정당성을 입증하는 듯했다. 이 전쟁들은 모두 근대적 함대를 동원해서 단기간에 일방적 승리를 거둔 사례들이다. 머핸의 주장은 20세기에 들어와서 미국의 세계 전략에 중요한 지침이 되었고, 다른 열강들에게도 지대한 영향을 미친다. 다만 그의 '거함 거포 전략'은 제2차 세계대전까지 영향을 미치지만, 그것을 문자 그대로 따르는 경우 오히려 시대의 흐름에 뒤처져서 발목을 잡힐 수도 있었다. 뒤에서 보겠지만, 일본 해군이 대표적이다.

제국주의시대의 전략가답게 그는 미국이 바다를 통해 주변 지역을 통제하고 세계에 힘을 과시해야 한다고 주장했다. 구체적으로 카리브제도 해역과 하와이제도의 지배를 주창했고, 특히 파나마지협에 운하를 개통해야 한다고 주장했다. 대서양과 태평양을 연결하는 운하를 만들면 카리브해는 해상 소통의 종착점이나 막다른 골목이 아니라 고속도로가 될 것이며, 전 지구적 영향력을 행사하려는 미국의 '공격적 충동'이 발현되리라고 예견했다.

그의 주장은 타당할까? 고대부터 현대까지 해상력이 얼마나 중요한가를 설파하는 내용은 분명 당대 상황에 대해서도 중요한 시사점을 줄 수 있다. 그렇지만 그가 주로 다룬 부분이 중상주의시대여서 그 연구로부터 얻어낸 결론이 제한적일 수밖에 없다는 점 또한 분명하다. 그는 산업화와 자유무역에 기반을 둔 번영의 사례를 과소평가했다. 중요한 것은 그의 역사 해석과 그로부터 끌어낸 주장들이 학술적으로 타당한가가 아니라, 강대국 지도자들이 그의 이론에 근거를 두고 전략과 정책을 펼쳤다는 데에 있다. 이 책은 한 세대 지도자들의 정책적 사고에 깊은 영향을 주었다. 미국만이 아니라 영국과 독일, 일본 등에도 마찬가지다.

머핸의 지지자로서 중요한 인물이 시어도어 루스벨트이다. 31세에 머핸의 책을 접한 그는 《애틀랜틱 먼슬리(Atlantic Montly)》에 극찬의 서평을 실었다. 이후 두 사람은 친밀한 관계를 이어갔다. 매킨리가 대통령이 되었을 때 루스벨트가 해군 차관보가 된 데는 머핸의 추천이 작용했다. 해군 차관보로서 루스벨트는 강력한 해군 건설과 그것을 이용한 단호한 외교를 밀어붙였다. 1898년 쿠바의 반에스파냐 봉기 때 미국이 에스파냐에 선전포고를 하여 승리하고, 필리핀에서도 에스파냐 선단을 공격하여 궤멸시키는 행동을 한 데는 루스벨트의 영향이 크게 작용했다. 직접 참전한 루스벨트는 전쟁 영웅이 되었다. 부통령이 된 그는 1901년 "말은 부드럽게 하되 큰 몽둥이를 하나 가지고 다녀라. 그러면 성공할 수 있다(Speak Softly and Carry a Big Stick; you will go far)"는 서아프리카 속담을 인용한 연설을 했다. 그리고 2주 후 매킨리 대통령의 암살로 42세의 나이에 미국 최연소 대통령이 된다. 그는 언제든지 큰 몽둥이를 휘두를 태세가 되어 있었다.

미서전쟁은 해군력 증강의 필요성 그리고 운하의 필요성을 인지하는 계기가 되었다. 급박한 전시 상황에서 태평양 해역의 전함인 오리건호는 남아메리카 남단의 혼곶을 돌아 2만 6,000킬로미터를 항해한 끝에 카리브해에 매우 늦게 도착했다.* 이런 일들을 겪은 후 대통령이 된 그는 운하 건설을 최우선 정책으로 내세웠다. 이미 1531년 에스파냐의 정복자 바스코 누녜스 데 발보아(Vasco Núñez de Balboa)가 파나마를 가로질러 유럽인 최초로 태평양을 발견했을 때부터 중앙아메리카에 운하를 건설하는 꿈이 시작되었다. 황제 카를

THE BIG STICK IN THE CARIBBEAN SEA

큰 몽둥이 이데올로기
카리브해에서 몽둥이를 들고 있는 시어도어 루스벨트를 그린 윌리엄 앨런 로저스의 그림(1904)
으로 '카리브해의 큰 몽둥이'란 제목이 달려 있다.

5세(에스파냐 국왕으로서는 카를로스 2세)는 1534년 운하 건설을 위한
조사를 지시했다.(M. Parker) 이 꿈이 드디어 실천에 옮겨진 것이다.

수에즈운하의 완성을 목도한 미국인들은 운하 건설을 서둘렀다.

● 1898년 하바나항에서 무장 순양함 메인호 폭발 사건이 일어나서 미국과 에스파냐 간 갈
등이 고조되었다. 미 해군은 서해안에 있던 오리건호에게 북대서양소함대(North Atlantic
Squadron)의 지원을 위해 즉시 미국 동해안으로 갈 것을 지시했다. 이 함정은 3월 9일 샌프
란시스코에서 무기를 실었고, 10일 후에 항해를 시작했다. 이후 페루에 도착해서 석탄을 싣
고 마젤란해협을 통과한 후 브라질의 여러 항구를 거쳐 5월 24일 플로리다에 도착했다. 이
배는 66일 동안 1만 4,000해리(2만 6,000킬로미터)를 항해한 끝에 목적지에 도착했다.

중앙아메리카 각지에 탐험대를 파견하여 조사한 결과 1876년에는 니카라과가 가장 적지라고 결론을 내렸다. 그렇지만 실제 운하 건설을 주도한 인물은 수에즈운하를 성공적으로 건설한 레셉스였다. 카리스마 넘치는 이 노인은 파나마에 해수면 높이의 운하를 건설하겠다는 계획을 가지고 있었고, 이미 콜롬비아 정부와 계약도 맺었다. 그의 생각에 파나마운하는 제2의 수에즈운하가 될 것이며, 똑같은 기술을 사용하여 수에즈운하의 절반 길이인 80킬로미터만 파면 되므로 훨씬 쉬울 것으로 보았다. 그러나 막상 공사를 시작하니 완전히 딴판이었다. 이집트 지역은 평탄한 사막 지형인 반면 파나마는 호수 고도가 다르고 산악 정글 지역이기 때문에 같은 방식을 사용할 수가 없었다.(Milne, 288~289) • 가장 큰 곤경은 예상치 못했던 전염병이었다. 말라리아와 황열병 때문에 많은 사람이 사망했다. 게다가 폭우가 쏟아지면 차그레스강 수면이 9미터나 상승하여 도저히 통제할 수 없는 지경이 되었다. 강 수위를 조절하려면 세계 최대 규모의 댐을 건설해야 하고, 산악지대를 뚫고 나가려면 실로 엄청난 양의 땅을 굴착한 다음 산 같은 흙들을 이동시켜야 했다. 결국 레셉스는 12년 동안 땅을 파고, 엄청난 자금을 까먹고, 카리브 지역, 중국, 아일랜드 출신 노동자 2만 명의 생명을 잃은 후에야 포기했다. 민

● 파나마운하를 거론할 때 태평양과 대서양의 해수면 차이를 지적하는 경우가 많다. 홍해와 지중해는 해수면 높이가 같아서 수에즈운하 건설이 대체로 쉬운 편이었지만, 파나마운하를 건설할 때는 태평양과 대서양의 해수면 높이가 달라 갑문 방식 운하로 건설해야 했기 때문에 훨씬 힘들었다는 주장이다.(Milne, 288~289) 그러나 이는 사실이 아니다. 갑문을 둔 이유는 내륙 호수들의 고도가 차이가 나기 때문이다.

20. 해군의 발전

간 부문에서 이 공사를 한다는 것은 무리라는 사실이 분명했다. 미국 정부가 4,000만 달러에 운하 건설 사업을 인수했다. 니카라과 안과 파나마 안을 놓고 격렬하게 대립했지만, 최종적으로는 루스벨트의 생각대로 다시 파나마에 운하를 건설하는 쪽으로 가닥이 잡혔다. 그런데 운하 건설 조건을 놓고 콜롬비아 정부와 의견 충돌이 있었다. 1903년 루스벨트는 파나마 분리주의자들을 사주해서 가짜 혁명을 만들어 파나마 지역을 국가로 독립시키고, 곧바로 신생 공화국과 운하 설립 조약을 맺었다. 루스벨트의 커다란 몽둥이에 콜롬비아가 당한 것이다.

7년에 걸친 지난한 공사 끝에 1914년 드디어 운하가 완공되었다. 특히 가툰호와 미라플로레스호라는 두 호수를 연결하는 '쿨레브라 수로(Culebra Cut)'를 뚫는 공사가 가장 힘들었다. '지옥의 목구멍(Hell's Gorge)'이라는 별칭으로 불린 이곳에 76마일의 철로를 개설하고 160편의 열차로 흙을 운반해야 했다. 노동력은 주로 바베이도스인이 제공했다. 이 나라 국민 20만 명 중 4만 5,000명이 공사 인부로 일했는데, 이들은 거의 노예 취급을 당하며 가장 힘들고 위험한 일에 내몰렸다.(Parker, M.)(1914년 8월 15일로 예정되었던 경축 행사는 제1차 세계대전 발발로 취소되었다). 결과는 혁명적이었다. 바다가 경계가 아니라 고속도로가 되는 대항해시대의 흐름이 이 운하로 인해 완성되었다. 미국은 이 운하를 이용해 경제와 군사 양면에서 급속하게 성장해갔다. 수에즈운하가 영국의 시대를 열었다면 파나마운하는 미국의 세기를 열었다고 할 수 있다. 파나마운하의 완공은 현대 세계사의 중요한 변곡점 중 하나다. 운하는 샌프란시스코와 뉴

파나마운하 개통과 뉴욕-샌프란시스코 간 항로의 변화

욕 간 항해 거리를 1만 3,000마일에서 5,300마일로 축소시켰다. 서
부 지역과 동부 지역이 바다를 통해 연결되어 경제적 통합성이 커
졌고, 그 결과 미국 경제의 획기적 발전이 가능해졌다. 운하는 서부
의 광물과 농업 자원을 미시시피 유역, 오대호, 동부 해안 지역의 시
장과 연결시켰다. 만일의 경우 해군력 운용에서도 지대한 공헌을

할 수 있었다. 태평양 쪽 함대와 대서양 쪽 함대를 통합 관리할 수 있기 때문이다. 대서양과 태평양이 연결됨으로써 그야말로 세계의 바닷길이 연결되었다. 미국은 세계의 바다를 연결하고 그 바다를 통제하고자 했다.

운하는 큰 상징성을 띤다. 영국, 프랑스, 미국은 운하 소유가 자국의 위엄을 높이는 대상이지만 같은 이유로 운하가 반제국주의의 대상이기도 하다.(Milne, 292-294) 영국이 수에즈운하 주식의 지분을 사들이고 1880년대 이집트로 진군하여 운하를 수호하겠다고 선언한 것이 광적인 민족주의 열기로 이어졌다. 시어도어 루스벨트는 구대륙이 지배하지 못하는 세상에 오직 미국이 그런 힘을 가지고 있다는 식의 세계관을 가지고 있는데, 그것을 구현한 것이 바로 파나마운하였다. 반대로 1950년대 영국이 운하 통제에 실패한 것은 영국 제국주의의 종말을 상징했다.

제1차 세계대전까지의 해군 경쟁

19세기 영국의 해군 전략은 지중해의 주요 거점을 통제하는 동시에 프랑스·러시아 동맹보다 우월한 힘을 유지하는 데 초점이 맞춰져 있었다. 그런데 후발 산업국이며 군국주의로 기운 독일이 급격히 부상하면서 판세가 복잡하게 바뀌었다. 19세기 말부터 각국 간에 해군력 강화 경쟁이 불붙었다. 영국은 1906년 재키 피셔(Jackie Fisher) 제독이 주도하여 크고 빠른 데다가 대포들이 빽빽이 차 있는 강력한 포함(all-big-gun ship)인 드레드노트(dreadnought) 전함을 내놓았다. 석유 연료를 사용하는 거대한 터빈 기관을 장착하고 강화 합금강으로 무장한 이 전함들은 다른 전함보다 속도가 10퍼센트 빨랐으며, 장거리 사거리에 정확하고 강력한 화력을 갖추었다. 그러자 다른 나라들도 곧 드레드노트급 전함을 개발했다.

제1차 세계대전 시기까지 영국이 여전히 앞서나가되 미국, 일본, 독일이 추격했다. 이 경쟁에서 뒤처진 중국 같은 나라는 제국주의 쟁탈전에서 곧바로 쓴맛을 보게 된다. 중국도 자강운동을 통해 해군을 강화하려 했지만 성공하지 못했다. 반면 일본은 더 성공적이었다. 일본은 영국과 프랑스의 도움으로 조선업을 발전시켰고, 1869년 해군병학교(海兵)를 창립했다. 이후 타이완, 류큐, 조선으로 팽창해나갔다.

일본은 조선업에서 지속적으로 약진하여 1930년대에 이르면 세계 유수의 조선 강국으로 발돋움했다.([표 3]) 이렇게 발전하는 데는 정부의 지원, 특히 해군 선박 건조가 중요한 역할을 했다. [표 4]에서 이 점을 볼 수 있다.

일본과 중국의 차이는 결국 청일전쟁(1894~1895)으로 결판이 났다. 승패를 가른 것은 해전이었다. 아산만 앞바다에 있는 풍도(豊島)에서 청의 육군을 싣고 오는 함정을 일본군이 습격하여 청의 군사 1,200여 명을 익사시켰다. 평양 전투, 압록강 어귀에서 벌어진 해전을 거쳐 랴오둥반도의 뤼순(旅順) 함락까지 일본군이 연전연승했다. 일본 해군은 산둥반도의 웨이하이웨이(威海衛)까지 점령한 후 최후로 류궁다오(劉公島)의 함대를 격파하여 북양함대(北洋艦隊)를 전멸시켰고, 북양수사제독(北洋水師提督) 정여창(丁汝昌)은 항복

20. 해군의 발전

[표 3] 각국의 조선 톤수(단위 1,000톤)(Fukasaku, 32)

	영국	독일	미국	일본	네덜란드	프랑스
1912~1913	3,670	840	422	122	203	286
⋮						
1921~1923	2,914	1,379	1,197	383	461	491
1924~1927	4,389	1,105	408	173	355	320
1928~1931	4,949	974	602	503	626	367
1932~1935	1,279	423	211	426	156	182

[표 4] 일본 해군 선박(Fukasaku, 33)

	수입		해군 조선소 건조		민간 조선소 건조	
	선박 수	총 톤수(%)	선박 수	총 톤수(%)	선박 수	총 톤수(%)
1868~1883	13	16,446(75.0)	9	5,495(25.0)	–	–
1884~1903	81	216,049(87.6)	38	30,035(12.2)	1	614(0.2)
1904~1921	11	100,593(13.4)	85	455,326(61.6)	54	189,569(25.6)
1922~1928	4	22,050(9.6)	11	58,125(25.4)	40	118,292(65.0)

문서와 함께 모든 군수물자를 일본에 양도하고 자결하였다. 중국의 승패는 매번 해전에서 갈렸다. 중국이 대대적으로 강력한 해군을 기른 것은 1990년대의 일이다.

일본의 성장은 동아시아 및 태평양 세계 역학 관계의 변화를 초래했다. 우선 시베리아 횡단철도를 부설하고 블라디보스토크를 건설하며 동방 팽창 정책을 기획하던 러시아와 충돌 가능성이 커졌다. 일본은 러시아의 팽창 정책에 제동을 걸려고 했던 영국과 동맹을 맺었고(영일동맹, 1902), 미국과의 충돌을 피하기 위해 미국의 필리핀 공격을 승인했다. 결국 러일전쟁이 발발하여 일본이 승리를 쟁취했다. 1904년 일본군 제독 도고 헤이하치로가 기습 어뢰 공격을 감행하여 러시아의 전(前)드레드노트급(Pre-dreadnought battleship) 전함 2척과 순양함 한 척을 격침시켰다. 곧 러시아 군함 두 척이 기뢰 때문에 침몰하거나 큰 손실을 입었고, 일본 전함 두 척도 마찬가지로 기뢰 때문에 피해를 입었다. 러일전쟁은 사망자가 13만 명에 달하고 현대식 무기가 동원되어 최초의 현대전으로 간주되기도 한다.(Hudson) 미국은 이제 지난 시대의 해양 세력 에스파냐보다는 신흥 해양 세력 일본과의 갈등을 예감했다. 시어도어 루스벨트 대통령은 장차 하와이제도를 놓고 일본과 경쟁하리라 예상했다. 미국으로서는 대서양과 태평양 두 해양에서 벌어지는 전쟁에 대비할 필요가 있었다. 그리하여 러일전쟁 직후부터 더더욱 파나마운하 건설에 주력했던 것이다.•

일본의 러일전쟁 승리는 세계의 주목을 끌었다. 이슬람권 전체, 그중에서도 특히 터키에서 부쩍 관심이 커졌다. 비유럽 국가가 유럽 국가를 상대로 거둔 승리였기 때문이다. 게다가 입헌정치제도를 꿈꾸던 청년튀르크당 입장에서는 러시아가 패전을 겪고 두마(의회)를 개최한 것 또한 관심 있게 본 대목이다. 그들은 1908년 혁명에

• 러일전쟁 이후 일본은 미국 해군을 가상의 적으로 상정하고 군비 강화 대책을 마련했다. 영국과 같이 최신형 드레드노트급 전함을 배치할 수 없으므로 전함 8척, 순양전함 8척으로 구성하는 소위 88함대를 건설하여 미국 해군력의 70퍼센트 정도를 갖추는 것을 목표로 했다(對米7割). 미국과 전쟁이 일어나면 미 해군이 태평양을 항해해오는 도중 순양함이나 구축함 등 보조함으로 3할 정도 감소시킨 다음(漸減邀擊作戰) 대등한 전함으로 방어전을 펼친다는 계획이다. 그러나 1921년 워싱턴 군축조약 이후 계획을 일부 수정했다.

20. 해군의 발전

성공한 후 '터키는 중동의 일본'이라고 선전했다. 이때 압두레시드 이브라힘(Abdurresid Ibrahim)이라는 무슬림 활동가는 일본식 근대화를 터키에 수입해야 한다고 생각했다. 그가 보기에 일본의 경제·군사적 성공은 다른 나라들이 배워야 하는 놀라운 기적이다. 더구나 근대화를 이루었으면서도 동시에 자국의 정체성을 유지한 점에 주목했다. 말하자면 기독교만이 근대화와 연결된 게 아니라는 자각을 한 것이다. 분명 이슬람 문화를 간직하며 근대화할 수 있는 가능성을 보았을 테고, 말하자면 화혼양재의 이슬람 버전을 생각했던 것 같다.(Georgeon, 450~453) ●

20세기 이후 군사적 변화

20세기 초에 군사적 측면에서 가장 앞서 나간 국가는 영국이었다.(Beeler, 137) 영국은 2국 표준주의를 원칙으로 삼았다. 이는 1889년 해군방위법(Naval Defence Act)으로 공식화했다. 영국이 1위의 해군력을 보유하고 있는 것은 분명하다. 그런데 어느 정도 우위를 차지하면 좋단 말인가? 국가 예산을 전부 해군에 투입할 수도 없으니 기준이 필요하다. 그래서 그 수준을 2위와 3위의 해군력을 합친 정도

● 압두레시드 이브라힘은 러시아 출신 무슬림 활동가로 차르 정부의 압박을 피해 아시아 각지를 여행했다. 1909년 블라디보스토크를 거쳐 일본에 입국하여 요코하마와 도쿄에서 여러 시설을 찾아가고 많은 사람을 만났다. 이 경험을 살려 출판한 책이 터키에 알려졌다. 반대로 그는 일본에 이슬람교 전도가 가능하리라고 판단했다. 후일 도쿄에 최초의 모스크를 건립하고 1934~1944년 최초로 이맘이 되었다.(Georgeon, 450~453)

로 유지하자는 것이다. 원래 영국이 상정한 상대국으로는 우선 프랑스가 꼽혔고 그다음 상대는 러시아였지만, 20세기 초에 사정이 급변했다. 영국은 1904~1907년 프랑스 및 러시아와 외교 관계를 개선했다. 대신 독일이 위협적인 세력으로 부상했다. 독일은 알프레트 폰 티르피츠(Alfred von Tirpitz) 제독의 지휘하에 해군을 육성했다. 영국 해군은 전 세계에 널리 분산되어 있는 반면, 독일은 자국 바다에 집중한다는 점에서 유리했다고 하지만, 그럼에도 주력함 경쟁에서 영국을 따라잡기는 벅찼다. 따라서 독일은 다른 전략을 세울 필요가 있었다. 어뢰정에 집중하는 방안이 그것이다.

영국은 해군력의 우위를 유지하기 위해 노력했다. 영국 군함의 함포 사거리는 1900년경 5킬로미터에 이르렀고, 제1차 세계대전 중에는 15킬로미터로 세 배 증가했다. 잠수함과 어뢰는 제1차 세계대전 중 치명적 무기로 성장했다. 1866년 영국 기술자 로버트 화이트헤드(Robert Whitehead)가 발명한 어뢰는 점차 개선되어 1866~1905년 사거리가 10배 급증하여 1.6킬로미터에 이르렀고, 이후 10년 동안 다시 10배 성장하여 거의 18킬로미터에 이르렀다.[솔로몬, 291] 무엇보다 영국이 개발한 드레드노트 전함은 바다의 제왕으로 군림하기에 충분해보였다.

제1차 세계대전이 발발했을 때 독일은 영국과 직접 해상 교전을 벌이기에는 아직 미약했다. 1916년의 유틀란트 해전(Battle of Jutland, 1916. 5. 31~6. 1)은 제1차 세계대전 중 벌어진 유일한 해군 전면전이다. 영국의 대함대와 독일의 대양함대는 대략 8:5 정도로 영국이 앞선 것으로 추산한다. 영국은 한편으로 독일 함대를 누르고 북해의 제해권을 장악하는 동시에, 현재의 함정 세력을 가능한 한 피해 없이 유지해야 한다는 상반된 목표를 가지고 있었다. 그 때문에 영국의 존 젤리코(John Jellicoe) 제독은 실전에서 지나치게 신중한 작전을 펴다가 실기하여 승리의 기회를 놓쳤다. 1916년 5월 31일부터 이틀 동안 벌어진 대결에서 영국 측 피해가 더 컸기 때문에 적을 전멸시켜야 한다는 영국의 전통적인 사상으로 볼 때 실망감이 컸고, 반면 독일 함대는 승리의 감격을 안고 귀향했다. 그러나 독일 해군은 영국 해군과 다시 전면전을 벌여 승리할 가능성이 없다고 판단하고 이후 더는 위험한 교전을 피하였으며, 그 때문에 영국은 전쟁 기간 내내 독일 해안을 봉쇄했다. 독일은 잠수함에서 돌파구를 찾으려 하였으며, 육군 인원을 차출하여 잠수함 근무로 전환시켰다.(조덕현, 257~269)

제1차 세계대전이 끝난 후 평화를 확립하기 위해 많은 노력을 기울인 것은 분명하다. 그렇지만 강대국들은 상대방이 강력한 무장을 추구하지 않을까 서로 의심을 거두지 않았다. 미국은 아직도 영국을 최대의 잠재 위협으로 보았다. 영국은 프랑스가 잠수함과 순양함을 유지하려 한다고 의심했다. 미국과 일본은 필리핀, 마셜제도, 미크로네시아, 캐롤라인제도 등을 놓고 서로 상대를 의심했다. 이런 상황에서 나온 아이디어가 강대국들 간 무력을 일정 비율로 묶어두자는 것이다.

1922년 워싱턴 군축회의에서 체결된 해군군축조약에 따라 영국·미국·일본·프랑스·이탈리아는 해군력을 제한하기로 합의했다(독일과 소련은 회담에서 배제되었다). 특히 중요한 내용은 10년 동안 주력함(전함) 건조를 중단하고, 영국·미국·일본·프랑스·이탈리아의 주력함의 총 톤수를 5 대 5 대 3 대 1.75 대 1.75의 비율로 제한한다는 것이다.

영국과 미국은 각각 주력함을 52만 5,000톤으로 유지하게 되었다. 영국·미국의 60퍼센트 수준으로 제약을 받게 된 일본은 분개하는 국내 여론이 비등했다. 게다가 미국은 1902년에 체결한 영일동맹 폐기를 요구했다. 이후 워싱턴 군축회의 내용을 보충하는 조약이 잇따랐다. 워싱턴 군축회의 당시 순양함 이하 보조 함정에 대해서는 건조 수에 제한을 두지 않았기 때문에, 각국은 고성능함, 이른바 '조약형 순양함'을 건조하게 된다. 그래서 1927년 제네바 해군군축회담에서는 보조함 제한에 대해 논의가 이루어졌지만, 쉽게 의견이 모아지지 않았다. 그 후 영미 간 예비 협상에서 진전이 있었기 때문에, 1930년 각국을 초청하여 런던 해군군축회의(London Naval Conference)를 개최하게 되었다. 이 회의는 1922년 워싱턴 해군군축조약으로 결정된 사항을 재확인하는 의미였다. 이때 영국·미국·일본의 전함 건조 비율을 5 : 5 : 3으로 정했는데, 불만을 품은 프랑스와 이탈리아는 서명을 거부했다. 그 후 1935년 영국·독일 간 해군협정에서는 독일이 영국의 35퍼센트 이하 수준으로 해군력을 키우는 것을 허락받았다. 그로부터 4년 후 히틀러는 이 협정 내용마저도 부인했다.

이런 일련의 군축조약에서 놀라운 점은 잠수함에 대한 논의를 하지 않았다는 점이다. 이는 간접적으로 머핸의 영향을 받았기 때문이다. 1914년에 사망한 머핸은 제1차 세계대전에서 벌어진 일을 알 수 없었다. 그가 활동하던 시대에는 해군력에 대해 전함 위주로만 사고했기 때문이다. 그는 무기와 선박이 바뀌어도 기본적인 법칙은 같다고 생각했지만, 사실은 그의 예상과 달리 무기와 선박의 발전이 매우 강력한 영향을 미쳤던 것이다. 이제 잠수함이나 비행기가 새로운 강력한 무력 자산이 되었다. 1910년 라이트 형제의 비행기 개발 이후 7년이 지났을 때 이미 선상에서 비행기가 이륙했다. 이 시기에는 닻을 내린 버밍엄호(USS Birmingham)의 갑판에서 비행기가 날아올랐다. 1917년 8월에는 비행기가 퓨리어스호(HMS Furious)에 착륙했는데, 더구나 이때는 배가 운항 중이었다. 이 배는 전함이자 동시에 최초의 항공모함이라 할 수 있다. 실제로 다음해에 퓨리어스호에서 7대의 비행기가 이륙해서 독일 체펠린(Zeppelin) 기지를 공격했다. 조만간 다른 나라도 항공모함을 만들기 시작했다. 일본은 1921년 세계 최초의 본격적인 항공모함 호쇼(鳳翔)호를 건조했다. 1930년 당시 전 세계에 항모 11척이 건조 중이었다. 따라서 제2차 세계대전은 이전 전쟁과는 완전히 다른 차원에서 전개되었다.

제2차 세계대전 시작 시점에서는 여전히 전함의 중요성이 거론되었지만, 종전 시점에서는 항공모함, 잠수함, 구축함, 선단호위함, 상륙함의 중요성이 커졌다. 일본은 현실과 괴리된 방향으로 가고 있었으니, 야마토(大和)호와 무사시(武蔵)호 등 괴물 같은 거대 전함을 건조했다.[Paine, L., 571] 소이탄을 발사하는 46센티미터(18.1인치) 주포는 당시까지 함선에 탑재했던 역사상 최대의 함포였다. 이게 과연 전투에서 효율적이었을까? 야마토호에 탄 한 하급 장교는 이렇게 평했다. 세계사에 3대 바보짓이 있으니, 만리장성, 피라미드, 그

야마토호

1941년 10월 30일, 스쿠모만 앞바다에서 시험 운행하는 일본 제1전함 야마토호 모습이다. 거대 전함 구축은 당시 해군력 발전 방향에 역행하는 것이었다.

리고 야마토호! 이 초대형 전함은 1945년 4월 7일 오키나와에서 출항했다가 미군 항공기 300대의 공격을 받아 침몰했다. 승무원 3,000여 명 중 270여 명만 생존하고 대부분 사망했다.

사실 미 해군은 제2차 세계대전 발발 이전에 일본의 동향을 비교적 잘 파악하고 있었던 것 같다. 1939년의 보고서에는 일본이 경고 없이 주요 함대를 공격할 가능성이 있으며, 아마도 진주만 함대를 공격할 수 있다고 기록하고 있다. 실제로 청일전쟁, 러일전쟁 등 지난 전쟁에서 일본이 보인 행태는 모두 기습공격 위주였다. 이런 걸 미리 다 알고 있으면서 왜 당했을까 의심이 들 정도다. 다만 전쟁 계획이 완벽하게 준비되지는 않았다. 미국은 제1차 세계대전 이후 일본과 전쟁이 벌어졌을 때를 대비하여 오렌지작전계획(War Plan

20. 해군의 발전

Orange, 혹은 Plan Orange)을 준비해두고 있었다. 이에 따르면, 개전 직후에는 필리핀과 그 밖의 태평양상의 미군 기지들이 봉쇄될 것으로 예측했고, 태평양 함대가 캘리포니아나 하와이에서 출발하여 도착할 때까지 자력으로 지탱하도록 하고, 무엇보다 파나마운하를 지키는 것을 1차 임무로 생각했다. 평화 시에는 해군 전력을 절반밖에 유지하지 않으므로, 전시에 나머지 반을 동원한 후 함대가 출항하여 필리핀과 괌 등 미군 기지를 구원하고, 그 후 북쪽으로 방향을 바꾸어 일본 주력군과 전투를 벌인 다음 일본열도를 봉쇄한다는 것이 작전 계획의 큰 흐름이었다. 이 계획은 머핸의 아이디어에 따라 주력 함대 간에 결정적 해전이 일어나리라 예측했지만, 실제 태평양전쟁은 다른 양상을 보였다. 작전 수립 당시 잠수함, 항공모함 같은 기술상의 변화를 예측하지 못했기 때문이다.

1941년 12월 7일 진주만 기습은 어떤 의미에서는 사전에 충분히 예상했으면서도 기습을 당한 기이한 사건이다. 마침 미국 항공모함들이 현지에 없어서 파괴를 피한 것이 미군 측으로서는 다행이라 할 수 있다.

대서양에서는 독일 유보트(U-boat)가 중요한 요소였다. 1941년 북대서양에서 1,000척 이상의 배가 침몰했다. 소위 '이리 떼(Wolf Packs, 독일 되니츠가 한 원래 표현은 Rudeltaktik)' 공격으로 인한 피해였다. 잠수함들이 본부와 라디오로 송수신하며 효율적으로 공격을 수행했다. 연합군은 엄청난 피해를 입었지만, 곧 이 방식을 배워서 일본 공격에 사용했다.

1942년 9월 독일 잠수함 U156(German submarine U-156)이 영국

여객선*을 공격했을 때, 1,800명의 이탈리아 포로가 사망했다. 당시 독일군은 생존자 구출용 구명정을 안전한 곳으로 인도하겠다고 무전으로 알렸지만, 미국 항공기가 이를 무시하고 공격하여 독일과 이탈리아 잠수함들이 피격됐다. 이때 칼 되니츠(Karl Dönitz)는 "침몰 선박의 선원 구조를 중단하라"는 명령을 내려 나중에 뉘른베르크 재판에서 문제가 되었다. 그렇지만 사실 미국 해군의 체스터 윌리엄 니미츠(Chester William Nimitz) 제독 역시 작전을 계속 수행하는 데 문제가 있거나 위험이 크다면 적의 인명 구조를 하지 않아도 된다는 발언을 한 바 있다.

유보트로 인한 피해가 컸지만 동시에 유보트 자체의 피해도 엄청났다. 유보트 863척 중 754척(87퍼센트)이 침몰했고, 승무원 2만 7,491명이 사망했다. 어뢰 불량 문제도 심각해서 1/4은 미리 터지거나 불발탄이었다.

전쟁이 장기화되자 결국 물량 경쟁으로 갈 수밖에 없었다. 1941년 미국은 '대통령이 판단하기에 그 나라의 방어가 미국의 수호에 핵심적인 경우 그 나라에 무기, 보급품, 항공기, 선박을 판매할 수 있다'는 내용의 무기대여법(Land-Lease Act)을 발표했다. 미국 산업이 총동원되면서 대체로 1943년 이래 연합군의 방어 능력이 향상되었다. 반대로 적국들은 물자 부족에 시달리게 되었다. 일본은 식량과 연료 부족으로 힘들어 하고 있었다. 특히 미국 잠수함 공격이 큰

● RMS 라코니아. 본래는 여객선이나 제2차 세계대전 때 영국 해군에 징발되어 수송선으로 사용되었다.

효과를 발휘하여, 일본은 이에 대한 호위대의 대응이 늦게 이루어졌다. 피해 선박 55퍼센트는 잠수함 공격으로 인한 것이었다. 전후 연구에 의하면 일본 항복의 핵심 요소는 미국 잠수함으로 밝혀졌다.[Paine, L., 575]

제2차 세계대전 말기에 이르면 전쟁은 양과 질에서 또 다른 차원으로 바뀌어갔다. 수천 년 지속된 '목제 성벽', 다시 말해 목제 범선 전함은 이 3~4세대 만에 완전히 사라졌다. 전시에 새로운 기술과 기법도 많이 개발되었다. 수중음파탐지기(sonar radar), 상륙정 등이 그런 사례다.● 독일의 에니그마(Enigma, 전자 기계식 암호화 장치)를 입수하여 독일 암호 송신을 해독한 것도 중요한 요인이다. 폭격기에 의한 해군 함선 공격도 크게 증가했다. 1944년 11월 12일 노르웨이의 트롬쇠(Tromsø) 근해에 정박해 있던 독일 해군의 티르피츠(Tirpitz)호를 영국 공군이 공격하여 침몰시켰고, 1944년 10월 24일 레예테 해전에서는 일본의 거함 무사시호를 미국 폭격기가 침몰시켰다.[Monaque]

미국과 일본 간 결전은 마지막으로 치달았다. 미드웨이 해전 이후 전세는 미군 쪽으로 기울었다. 태평양상의 섬들을 차례로 정복해나갔고 결국 일본 공습이 가능해졌다. 일반 폭탄과 소이탄을 이용한 도쿄 대공습으로 하룻저녁에 10만 명이 사망했다. 한 소설 작품은

● 뉴올리언스 조선업자 앤드류 히긴스(Andrew Higgins)가 개발한 상륙정 히긴스 보트(Higgins boat, 공식적으로는 LCVP=landing craft, vehicle, personnel), 아이젠하워는 이것이 승전의 핵심 요소라고 말했다.

이 시기의 경험을 이렇게 표현한다. 주인공 이자와는 방공호가 없는 집에서 벽장 안에 기어들어가 이웃집 백치 여자와 함께 이불을 방패삼아 격렬한 폭격을 맞는다.

지축과 함께 집 전체가 흔들렸고 폭격 소리와 동시에 호흡도 사념도 중단되었다. 똑같이 떨어져 내리는 폭탄이라 해도 소이탄과 폭탄은 그 위력에 있어 구렁이와 살무사만큼의 차이가 있었다. 소이탄은 달가당달가당하는 아주 특이하게 기분 나쁜 효과음이 장착되어 있었지만 지상에서의 폭발음은 없었기 때문에 소리는 공중에서 잦아들며 사라졌다. …… 폭탄이라는 놈은, 낙하 소리 자체는 작고 낮았지만 쏴아 하고 비 내리는 소리 같은 단 한 줄기의 소리가 결국 마지막에는 지축을 뒤흔들며 세상을 갈가리 찢어대는 듯한 폭발음을 일으켜, 그 단 한 줄기 소리에 담겨 있는 충일한 위력이란 실로 대단하다고밖에는 표현할 길이 없었고, 쏴아, 쏴아, 쏴아하며 폭탄의 발소리가 가까워질 때의 절망적 공포란 말 그대로 살아 있다는 느낌마저 앗아갈 정도였다. 게다가 비행기의 고도가 높아 머리 위를 날아가는 미군기의 붕붕대는 소리는 지극히 희미하고 또 태연스럽게 들리기 때문에, 폭격은 마치 한눈팔고 있는 괴물에게 느닷없이 커다란 도끼로 당하는 격이었다.(사카구치, 114~115)

얼마 후 이 괴물은 본격적으로 커다란 전부(戰斧)를 두 번 휘둘러 일본을 까무러치게 만들었다. 1945년 8월 6일, B-29 폭격기 에놀라 게이(Enola Gay)호가 히로시마에 원자폭탄을 투하했다. '리틀 보이

(Little Boy)'라 명명한 이 한 발의 폭탄으로 7만 명이 사망하고 14만 명이 부상당했으며, 이들 중 다수가 몇 달 내로 사망했다. 며칠 후 두 번째 원자폭탄 '팻맨(Fat Man)'이 나가사키에 투하되었다. 인류는 차원이 다른 폭력의 시대로 진입해 들어갔다.

종전 그리고 냉전

하와이제도의 오하우(O'ahu)섬에 위치한 진주만의 국립공원에는 미주리호 박물관 선박과 애리조나호 기념관(USS Arizona Memorial)이 마주보는 형태로 배치되어 있다. 전함 애리조나호는 일본의 진주만 기습 공격 당시 침몰되었는데, 그 후 인양하지 않고 침몰된 상태 그대로 두고 있다가 1962년 침몰선을 내려다볼 수 있는 선상에 기념관을 지었다. 한편, 전함 미주리호는 제2차 세계대전 말기에 건조되어 곧바로 전투에 투입되었고 태평양전쟁에서 큰 공을 세웠다. 일제가 무조건 항복을 선언하자, 도쿄만에 정박한 미주리호 선상에서 연합군 총사령관 더글러스 맥아더 장군과 연합군 참전국 대표들이 도열한 가운데 일본 대표인 외무성 장관 마모루 시게미쓰(重光葵)가 항복 문서에 서명했다. 이때 미국은 아주 오래된 미국 국기를 가져와 그 아래에서 서명하도록 했다. 그 깃발은 1853년 페리 제독이 사용했던 성조기였다. 그 후 미주리호가 완전히 퇴역한 다음 진주만으로 가지고 와서 애리조나호와 마주보는 위치에 두고 기념관으로 사용하고 있다. 한 척은 진주만 기습공격으로 참담한 피해를 입은 채 태평양전쟁에 돌입한 것을 상징하고, 다른 한 척은 완벽한

승리를 거두면서 전쟁을 마무리한 것을 상징한다. •

　이제 세계의 역사는 다시 한 페이지를 넘겨 새로운 시대로 들어 갔다. 맥아더는 "지난 과거의 유혈과 학살에서 벗어나 더 나은 세계 가 등장하리라는 진정한 희망"을 피력했지만 그런 희망은 실현되지 않았다. 오히려 정반대 상황이 벌어진 듯하다. 새 시대는 평화의 시 대가 아니라 여전히 참혹한, 그리고 아마도 훨씬 더 극심한 폭력의 시대로 들어갔다. 패권 경쟁의 틀이 바뀌고 더 심화되었다. 이제는 단지 바다 위에서 전투를 벌이는 정도를 넘어, 바다 속에서 그리고 하늘과 우주에서 전투를 벌이고, 더 나아가서 바다를 통째로 지배 하려는 단계로 들어가려 한다. 해양은 갈등의 장소로 변모했다. 20 세기 후반 이후 세계는 '냉전과 열전 사이'를 오갔다.

● 미주리호에는 40센티미터 포탄을 발사하는 거대한 함포 9문이 장착되어 있다. 이 배는 과 거 거함 거포 시대의 거의 마지막 작품이라 할 만하다. 이 배는 태평양전쟁 말기 이오지마 전투와 오키나와 전투 등 중요한 해전에서 거포를 이용하여 일본군에 큰 타격을 가했다. 그 후 다시 한국전쟁에 투입되어 특히 흥남 철수 작전을 성공적으로 이끄는 데 결정적 공 헌을 했다. 그 후 퇴역했던 이 전함은 1991년 걸프 전쟁 당시 사막의 폭풍 작전에 투입되 었고, 함포 외에 토마호크 발사대까지 갖추어 마지막으로 활약하고 최종적으로 퇴역한 후 박물관 선박(museum ship)이 되었다.

　　　　　　　　　　　　　　　　　　　20. 해군의 발전

5부

해양의 오늘과 내일

CHAPTER 21

바다의 현대사

20세기 후반은 인간과 바다의 관계가 또 다른 차원으로 심화된 때이다. 바다의 이용 혹은 바다에 대한 인간의 '지배'가 극대화되는 방향으로 나아가고 있다. 수송, 어업, 자원 채취, 정보 이동 등 인간은 그 어느 때보다도 훨씬 광범위하고도 심층적·다차원적으로 바다를 이용하고 있다. 바다는 인간의 삶을 훨씬 더 풍요롭게 해줄 가능성을 품고 있다. 그와 동시에 바다는 그 어느 때보다도 악용되고 있다. 밀수와 해적이 활개를 칠 뿐 아니라, 바다 자체를 독점하려는 군사 충돌 가능성이 커지고 있다.

제2차 세계대전은 끝났지만 갈등은 해소되지 않고 오히려 잠재적으로 더 격화했다. 전시에 동맹이었던 미국과 소련은 전후 세계 패권을 놓고 다투는 적으로 바뀌었다. 아이젠하워 대통령은 소련의 세력 확장을 원천 봉쇄하기 위해 가능한 한 많은 국가와 방어 동맹들을 맺었다. 42개국과 동맹을 맺고 100개 가까운 나라와 조약을 체결한 이 시기는 그야말로 광적인 조약 체결(pactomania)의 시대였다. 결과적으로 미국이 주도하는 서구 해양 세력이 소련이 주도하는 사회주의권 대륙 세력을 포위하는 형국이 되었다.[Attali, 251] 이 현상은 대서양 지역에 이어 동아시아에도 반복되었다. 1949년 중국 공산당이 내전에서 승리를 거두자 태평양의 정치 환경이 급변했다. 게다가 이해에 소련도 핵무기를 개발하여, 이제 세계는 글로벌 차원에서 핵전쟁이 가능한 극단적 갈등의 시대로 들어갔다.

1947년 미국 해군의 니미츠 제독은 제2차 세계대전에서 승리하고 특히 태평양전쟁에서 승리를 거둔 것은 해군력에 기인했다고 선언했다.[Till, 708] 머핸과 코르벳(Sir Julian Stafford Corbett)의 주장을 재확인한 셈이다.[코르벳] 그러나 곧 반론이 제기되었다. 소련의 해군 총사령관 세르게이 고르시코프(Sergey Gorshkov)는 원자력 쇼크(atomic shock)가 일어났다고 주장했다. 앞으로 전쟁은 핵 무력을 사용해 단기간에 결판나기 때문에 해군은 이전만큼 영향이 크지 않으리라는 것이다. 어느 쪽 주장이 더 타당할까? 현실은 니미츠 제독의 주장과 비슷하게 전개되고 있다. 해군은 새로운 발전 경향을 흡수하였다.

미국의 원자력잠수함 노틸러스호(왼쪽)와 핼리버트호

노틸러스호는 1955년 미국에서 만들어진 최초의 원자력잠수함으로, 장시간 깊은 곳까지 잠수가
가능해 북극점을 통과하는 잠수 항해에 최초로 성공했다. 1960년 원자력잠수함 핼리버트호의 대
륙간탄도미사일 발사 성공으로 바다에서 강대국들 간 핵 경쟁 시대가 열렸다.

해상에서 핵을 억제하고, 육상과 해상에서 동시 작전을 펼치며, 더
나아가서 '우주전'으로 확대하고 있다. 이제 바다에서, 어쩌면 바다
속에서 싸우는 전투가 갈수록 더 치명적이 되었다.

　냉전시대에 미국은 소련과 블록 국가들을 바다에서 봉쇄하는 전
략을 취했다. 그러기 위해서는 병력이 오랜 기간 해상에서 머물러
야 한다. 이 조건을 만족시키기 위해 핵 추진 전함, 그리고 특히 핵
추진 잠수함의 개발을 서둘렀다. 1946년 하이먼 리코버(Hyman G.
Rickover) 제독이 처음으로 핵 추진 개념을 제시했다.[Paine, L., 596] 후
일 퇴역 후에는 역설적이게도 원자력의 평화적 이용에 관심이 깊
어 핵 확장 경쟁에 극히 비판적인 입장을 취했으나, 현역일 때는 원
자력잠수함 개발에 힘써 1955년 1월 노틸러스호(USS Nautilus SSN-
571)를 진수하는 데에 결정적 역할을 했다. 핵 추진은 연소 방식이
아니므로 산소가 불필요하기 때문에 이론상 거의 무한정 잠수 운항

　　　　　　　　　　　　　　　　　　　　　　21. 바다의 현대사

이 가능하다. 1960년 트리튼호(USS Triton SSRN-586)는 61일 동안 2만 7,723마일을 잠항하여 해저 세계 주항에 최초로 성공했다. 다음에 핵 추진 잠수함에 탄도미사일을 탑재한 것이 결정적 도약이다. 1959년 조지 워싱턴(George Washington)호급 잠수함이 나오고, 1960년 잠수함 핼리버트호(USS Halibut, SSGN-587)가 미사일 발사에 성공했다. 핵 추진 핵미사일 발사 잠수함이 게임체인저(Game Changer)가 되었다. 상대방으로서는 핵미사일 발사 기지로 변한 잠수함들을 완전히 찾아내서 파괴하는 게 거의 불가능하다. 이후 미국의 세계 전략에서 해군은 핵심 역할을 담당하였다. 문제는 미국만이 이를 독점한 게 아니라 소련과 중국, 프랑스 등도 조만간 개발 경쟁에 뛰어들어 성공을 거두었다는 것이다.

이 시기에 나온 군사·안보 개념이 상호확증파괴전략(Mutual assured destruction, MAD)이다. 상대방을 불신하고 증오하는 핵 경쟁의 시대에 강대국들은 그야말로 미친 경쟁을 하고 있었다. 1960년대 초에 미국 국방장관 로버트 맥나마라(Robert Strange McNamara)가 처음 사용한 이 용어는 강력한 무기를 사용하겠다는 위협을 통해 적이 똑같은 무기를 사용하지 못하도록 억제한다는 독트린을 가리킨다. 쉽게 말해 적이 핵 공격을 해서 우리를 전멸시키려 하는 경우 우리 역시 제2격(Second Strike), 즉 핵 반격으로 상대방을 전멸시킬 대비가 되어 있다는 사실을 노출시켜서, 애초에 적이 그런 공격을 감행하지 못하도록 막는다는 것이다. 이 전략은 장거리 핵폭격기가 등장하면서 가능해졌다. 소련 상공에 폭격기를 항시 띄워놓아서 소련이 미국을 공격하면 바로 반격을 가하도록 준비했다. 그렇지만 이는 비용도 많이 들고 실패 가능성이 없지 않다. 결국 폭격기 대신 대륙간탄도미사일이 전면에 등장했고, 이후 핵 추진 핵미사일 발사 잠수함이 나온 뒤에 이 전략이 완성되었다.

연속되는 위기

냉전시대는 아슬아슬한 위기 상황의 연속이었다.

수에즈 위기가 대표적이다.[개디스, 179~181] 1952년 이집트에서 군사 쿠데타로 가말 압델 나세르(Gamal Abdel Nasser)가 권력을 잡았다. 나세르는 아스완에 거대한 댐을 건설하여 관개시설을 정비하고 전력 공급을 늘리려 했다. 중립 정책을 표방하면서 엄청난 댐 건설 비용을 놓고 서구와 소련 사이에서 협상을 벌였지만, 내심 서구 자본을 조달하고자 했다. 그러면서도 1955년 미국 무기 구매를 거절하고 소련 블록에서 200대의 전투기와 275대의 탱크를 구매해서 미국과 이스라엘의 분노를 샀다. 미국이 지원을 거절하자 나세르는 소련과 계약한 후 수에즈운하 국유화를 선언했다. 운하 통행료로 아스완댐 건설 비용을 대겠다는 것이다. 이 상황에서 먼저 움직인 것은 영국과 프랑스였다. 이대로 두면 이집트가 중동에서 유럽으로 들어오는 유조선을 통제하여 경제적으로 큰 피해를 입힐 뿐 아니라 다른 식민지들도 유사한 행동을 하리라고 판단한 것이다. 양국 군대는 이스라엘군과 함께 이집트로 공격해 들어갔다. 1882년 영국의 이집트 출병과 유사한 사태가 재발할 것인가?

그러나 세상은 이미 1882년과는 달라져 있었다. 이집트는 원유 수송을 막았고, 소련은 이집트 편으로 개입하겠다고 선언했다. 아이젠하워 대통령은 헝가리 사태로 인해 자칫 제3차 세계대전 같은 엄청난 사태가 터지지 않을까 두려워하던 차에 영국과 프랑스가 미국 몰래 공모하여 이와 같은 작전을 편 데 대해 분개했다. 미국은 곧장 영국과 프랑스를 압박했다. 영국은 경제적 압박에 못 이겨 철수했고, 혼자서는 버틸 수 없었던 프랑스 역시 철군했다. 세계는 이제 영국과 프랑스가 아니라 미국과 소련이 글로벌 게임을 하는 시대로 진입한 것이다. 나세르는 운하 통제권을 다시 장악했고, 범아랍주의 운동의 지도자로 각광받았다. 소련은 중동에 중요한 거점을 마련할 수 있었다. 운하 입구에 서 있던 레셉스의 동상은 흥분한 이집트 군중들이 파괴했다.

1962년 쿠바 미사일 위기는 핵전쟁에 가장 가까이 다가갔던 시점이다.[개디스, 111~115] 미국이 이탈리아와 터키에 미사일을 배치하고 1961년 피그스만 침공을 시도한 데 대한 대응으로, 흐루쇼프는 피델 카스트로의 요청대로 쿠바 내에 핵미사일을 배치하는 데 동의했다. 비밀리에 미사일 발사대를 설치하고 핵미사일은 부품으로 분해하여 들여와서 다시 조립했다. 미군은 U-2 정찰기가 찍은 항공사진을 통해 미사일의 존재를 인지했다. 케네디 행정부는 처음에 쿠바를 공습하고 상륙작전을 펴는 방향으로 계획을 세웠다가 쿠바 봉쇄로 전환했다. 후일 맥나마라와 카스트로가 만나 대화한 내용을 보면, 당시 쿠바에는 이미 17기의 핵미사일이 들어와 있었고 카스트로는 흐루쇼프로부터 미국 주요 도시들에 핵미사일을 발사해도 된다는 허락을 받은 상태였다. 대부분의 사람들은 모르고 지나갔지만

핵전쟁으로 인한 인류 멸망 단계 직전까지 가 있었던 것이다.(Morris)
극도의 위기감 속에 미국과 소련이 밀도 있는 협상을 벌인 끝에, 미
국은 쿠바 침공을 포기한다는 공식 선언을 하고 터키에 배치한 미
사일을 철수시켰으며, 소련 역시 쿠바 미사일을 해체하기로 합의했
다. 1962년 11월에 가서야 쿠바 봉쇄를 풀어 위기 사태가 끝났다.
일단 긴박한 위기는 넘겼으나 이후 양국 간 핵 경쟁은 더 격화했다.
미국은 항공모함 11척을 포함하여 핵 추진 선박 35척과 잠수함 500
척을 더 건조했다.

반핵운동

미국은 1946~1958년에 태평양 중서부에 있는 마셜제도의 비
키니 환초(Bikini Atoll)에서 대규모로 핵폭발 실험을 했다.(Matsuda,
316~322) 1944년 일본이 마셜제도에서 철수한 후 이곳은 미국의 신탁
통치령이 되었다. 핵실험 장소를 찾던 미국은 비키니 환초가 최적
의 장소라고 판단했다. 군정 당국은 비키니 주민들을 찾아와 "인류
의 행복을 위해 그리고 모든 세계 전쟁을 끝내기 위해" 하는 일이니
'일시적으로' 자리를 비워달라고 말했다. 167명의 주민이 남동쪽에
있는 롱게리크 환초(Rongerik Atoll)로 이주한 후, 1946년 7월 비키
니섬에서 핵실험을 시작했다. 이후 1958년까지 비키니 환초의 핵실
험 23번을 비롯해 태평양 지역에서 모두 106번 핵실험을 실시했다.
1952년 비키니 서부의 에네웨타크(Enewetak)에서 시도한 첫 수소폭
탄 실험은 10.4메가톤의 위력을 선보였다. 히로시마 원자폭탄의 수

캐슬 브라보 실험의 핵구름

캐슬 브라보의 위력은 히로시마 원자폭탄의 1,000여 배에 달했다. 미국은 1946~1958년 사이 비키니섬 등이 있는 마셜제도에서 집중적으로 핵실험을 진행했는데, 그 결과 현재까지도 마셜제도 여러 섬의 토양과 식물에서 매우 높은 수치의 방사능이 검출되고 있다.

백 배 위력에 해당하는 이 폭발로 섬 하나를 없애고 175피트의 큰 구멍을 만들었다. 1954년에 '캐슬 브라보(Castle Bravo) 핵실험'이라는 이름으로 두 번째 수소폭탄 실험을 했다. 이 폭탄은 히로시마 원자폭탄(15킬로톤의 TNT에 해당)의 최소 1,000배 위력인 15메가톤의 위력을 나타냈다. 당시 모든 측정 기기들이 작동하지 못했을 정도로 이 실험은 통제를 벗어난 수준이었다. 이 지역 환초 중 하나는 완전히 증발해버렸고, 버섯구름이 160킬로미터 이상 날아가 바다로 떨어졌다. 수백만 톤의 오염된 모래와 산호 부스러기가 주변 지역으로 날아갔고, 주변 섬에는 오염 물질이 2인치 두께로 쌓였다. 인근 해역에서 참치 잡이를 하던 일본 국적 어선 다이고후쿠류마루(第5福龍丸)호의 선원 23명은 낙진 가루를 온몸에 뒤집어쓰는 사고를 당했으며, 무선사 구보야마 씨는 결국 그해 9월 사망했다.

그러는 동안 비키니 환초의 주민들은 굶주림에 시달리며 여러 섬을 전전했다. 이들은 1974년 고향인 비키니 환초로 돌아갔지만 방사능에 오염된 생선, 게, 코코넛 등을 먹은 결과 몸에 심각한 오염 증상이 나타나서 1978년 다시 고향을 떠나 마셜제도와 그 외 여러 섬에 분산되었다. 많은 사람이 머리가 빠지고 구토와 설사 증상을 보이며 쓰러졌다. 1958년 미국이 마셜제도에서 핵실험을 중단했으나, 그 다음 4년 동안 영국이 태평양 중부와 오스트레일리아 지역에서 20여 차례 핵실험을 했다. 미국은 1963년 조약을 통해 태평양상에서 핵실험을 중단하기로 결정했다.

프랑스는 알제리에서 핵실험을 하다가 알제리가 독립한 후부터는 프랑스령 폴리네시아로 장소를 변경했다.[브라운, 113~127] 1966년 이후 모루로아(Moruroa)와 팡가타우파(Fangataufa) 등지에서 200회 가까이 핵실험을 수행했다. 이 시대는 오세아니아 지역에 독립 국가들이 많지 않던 시절이라 공식적인 핵실험 반대가 쉽지 않았다. 1970년부터 피지와 통가가 이의를 제기했고, 남태평양 포럼(South Pacific Forum)이 프랑스 정부에 대해 핵실험 중단을 요구했다. 오스트레일리아와 뉴질랜드 정부 역시 핵실험에 따른 오염 문제에 민감하지 않을 수 없었다. 가두시위가 빈발했고 노동조합은 프랑스 선박의 화물 하역을 거부했다. 1972년 6월, 반핵 행동가들이 요트 베가(Vega)호를 타고 프랑스의 핵실험 장소인 모루로아 암초 해역으

21. 바다의 현대사

로 들어가 반대 활동을 하려다가 프랑스의 어뢰소해정에 저지당했다. 이 사건은 전 세계에 큰 이슈가 되었고, 그린피스(Greenpeace) 조직의 중요한 계기가 되었다.

뉴질랜드 정부는 프랑스에 대해 태평양상의 핵실험을 중단하라고 요구하고 핵실험 해역으로 진입해 항의하려 했지만, 프랑스는 장소를 옮겨 핵실험을 지속했다. 1975년 뉴질랜드는 '핵 없는 남태평양 구역(South Pacific Nuclear free Zone)'을 제안했다. 이후 태평양 섬나라 주민들의 반전·반핵 운동이 확대했다. 1983년 바누아투의 수도 포트빌라(Port Vila) 회의에서 "태평양 주민들에 대한 억압, 착취, 굴종을 즉각 중단하라"는 인민헌장이 발표되었다. 마셜제도에서는 눈 없고 머리 없고 팔 없는 아이들, 소위 '해파리 아기(jelly-fish babies)' 문제를 제기했으며, 세계 여성운동 조직들이 특히 강한 지지를 보냈다.

그럼에도 전혀 반응하지 않고 핵실험을 고집하던 프랑스 정부가 결정적으로 흔들린 것은 1985년 그린피스 레인보우 워리어(Rainbow Warrior)호 사건 때문이다. 이해 봄 반핵 운동가들이 오클랜드항구에 들어가서, 프랑스가 모루로아 암초에서 수행하려는 핵실험에 반대하는 운동을 준비하고 있었다. 그런데 7월 10일, 오클랜드항구에서 두 번 폭발이 일어나 레인보우 워리어호가 침몰했고 사진사 한 명이 사망했다. 프랑스 정부는 이 사건에 아무런 관련이 없다고 부인하면서, 원래 레인보우 워리어호 승무원들이 소련에 찬동하는 자들이라는 식으로 둘러댔다. 그렇지만 곧 위조 여권을 지닌 프랑스 정보부원이 체포되고 진실이 밝혀졌다. 프랑스군의 다이버가 배 아래에 폭탄을 설치해 폭파시킨 후 잠수함을 이용해 도주했고 그린피스 운동원 중 한 명은 프랑스 스파이라는 사실이 드러났다. 세계적인 항의가 빗발쳤으나, 프랑스 정부는 의미 없는 사과에 그치고 심지어 뉴질랜드 상품의 유럽 수출을 막겠다는 위협까지 했다. 사건 주범들은 영웅이 되어 귀국했다. 1995년 프랑스는 핵실험을 지속하려 했지만, 타히티 측의 강력한 항의를 받았고 세계 각지의 길거리에서 프랑스 포도주를 쏟아버리는 식의 항의가 이어졌다. 1996년에 가서야 프랑스와 미국, 영국은 '핵 없는 남태평양 구역'에 동의하는 서명을 했다. 마침내 이해에 유엔은 포괄적 핵실험금지 조약을 발표했다.

전쟁 위험이 가득한 아시아의 바다

아시아에서 냉전과 열전 상황이 반복되었다. 1차 인도차이나 전쟁(1946~1954), 한국전쟁(1950~1953), 2차 인도차이나 전쟁(1964~1975)이 일어났다. 미국은 중국이 동아시아를 지배하지 못하게 막고 아시아가 친미적인 세계 안에 남게 하기 위해서는 강력한 군사력이 필수라고 확신했다.(Preston, 620)

소련이 붕괴한 바로 다음해인 1993년 중국이 핵잠수함을 발진시켰다. 이제 미소 간 경쟁에서 미중 간 경쟁으로 판이 바뀌었다. 아시아의 바다가 무력의 결전장으로 변모해갔다. 탄도미사일의 사정거리는 1990년대에 이미 6,000마일이 넘었다. 잠수함은 돌아다니는 핵미사일 발진 기지가 되었다.

한 가지 고려할 점은 인도 해군의 취약성이다.(Goldrick, 333~338) 20세기 중반 이후 인도 해군은 소련 선박들을 얻고 기술을 도입하여, 그나마 파키스탄과의 갈등에서 유리한 위치를 차지했다. 그렇지만 인도의 항구들, 특히 뭄바이(1995년 봄베이를 뭄바이로 개명)는 무능과 비효율의 전형으로 손꼽혔다. 변화가 찾아온 것은 1980~1990년대 이후 노력의 결과다. 그럼에도 인도는 해상 세력으로서는 갈 길이 멀다. 인도가 바다와 절연했다고 말할 수는 없으나 제2차 세계대전 이후 여러 기회를 놓친 것은 분명하다. 더 나아가서 세계 경제로부터 스스로 소외되려는 정책을 시행했다. 결과적으로 인도는 인도양 세계의 핵심 위치를 점한 거대 국가치고는 해양 세계에서 차지하는 비중이 매우 작다.

아시아에서 충돌 위험이 가장 큰 바다 중 한 곳은 중동 해역이다.(Navias) 수십만 명의 사상자가 발생한 1980년대 이란-이라크 전쟁은 참호전, 대규모 돌격, 화학무기 등 제1차 세계대전을 연상시켰다. 전쟁은 바다로도 확대되어 서로 상대방 상선과 유조선을 공격하여 큰 피해를 입혔다. 원래 두 세력의 갈등은 역사적으로 오래된 문제이지만 석유 생산 이후 크게 증폭되었다. 특히 석유 수출을 위해 중요한 두 핵심 지역을 놓고 갈등을 벌이곤 한다. 하나는 샤트알아랍(Shatt al-Arab)강이다. 유프라테스강과 티그리스강의 하류가 합류하여 만들어진 약 200킬로미터의 강은 내륙의 석유 생산 및 정유 지역들과 항구들을 연결하는데, 문제는 이 강이 이란-이라크 국경 갈등 지역에 걸쳐 흐른다는 것이다. 다른 하나는 호르무즈해협 남쪽 해역이다. 페르시아만과 오만해-아라비아해를 연결하는 병목 지점으로, 통과하는 배들은 아주 좁은 해로를 지나야 하기 때문에 위험에 직면할 수 있다. 1960년대에는 미국이 이란의 샤를 지원하였는데, 이란은 미국의 힘을 등에 업고 '페르시아만의 수호자'를 자처하면서 이라크의 해운을 통제하며 압박했다. 특히 전략적으로 매우 중요한 대툰브섬과 소툰브섬(Greater and Lesser Tunb)을 장악했고, 이라크 내 쿠르드족 봉기를 이용하기도 했다. 그리하여 1970년대 내내 강력한 이란 해군이 호르무즈해협을 통제했다.

그런데 1979년 이란 혁명으로 상황이 일거에 바뀌었다. 1980년대에 사담 후세인이 지도하는 이라크가 반격의 기회를 노리고 이란을 압박했다. 1982년 5월, 이라크는 프랑스제 엑조세 미사일로 이란 선박들을 공격했다. 곧 해상 패권을 장악할 줄 알았는데 의외로 시간이 걸리자, 전략을 수정하여 다른 나라 유조선들도 공격함으로써 이란을 압박하려 했다. 이란산 석유를 싣고 운행 중인 터키 유조선 아틀라스(Atlas 1)호 그리고 라이베리아 유조선 넵튜니아(Neptunia)호가 피격됐다. 그러자 이란도 같은 방식으로 반격에 나서서 중국의 실크웜(silkworm, CSSC-2) 미사일을 도입하여 공격했고, 쿠웨이트 같은 이웃 국가들도 피해를 입었다.

1987년 이라크가 실수로 미국의 스타크(Stark)호에 엑조세 미사일을 발사하여 37명이 사망한 사건을 계기로 미국이 개입했다. 미국이 이란의 공격을 억제시키고 평화협정 체결을 압박하자, 1988년 양국은 적대행위 중단을 약속했다. 이 전쟁 이후 이란 혁명수비대는 잠수함, 기뢰, 대함 미사일 등을 도입하여 해군력을 강화했다. 석유경

남해 9단선
필리핀 주장 영유권
말레이시아 주장 영유권

중국이 영유권을 주장하는 남해 9단선

제의 시대인 20세기에 산유국들 간 갈등을 안고 있는 중동의 바다
는 언제 전쟁이 발발할지 모르는 위험한 지역이 되었다.

중동 지역보다 더 큰 규모의 전쟁 위험이 도사리고 있는 곳은 중국을 둘러싼 바다, 곧 남중국해와 동중국해다.

중국은 소위 남해 9단선(南海九段線, nine dash line)을 긋고 광대한 남중국해 전체에 대해 영유권을 주장한다. 중국이 남중국해 주변에 그은 9개의 해상경계선을 이으면 알파벳 U자 형태를 이루는데, 이 안은 둥사군도(東沙群島, Pratas Islands)·시사군도(西沙群島, Paracel Islands)·난사군도(南沙群島, Spratly Islands)·중사군도(中沙群島, Macclesfield Bank)를 포함하여 남중국해 전체 해역의 약 90퍼센트를 차지한다. 중국이 9단선을 주장하는 가장 중요한 근거는 고대로부터 이 지역을 통치해왔다는 '역사적 권원(權原)'이다.

그 근거로 중국 고대 한나라 때의 해상 실크로드 개척이나 명나라 초의 정화 원정을 든다. 그렇지만 중국 당국이 이런 섬들에 대해 실질적으로 큰 관심을 가진 것은 사실 오래전 일이 아니다.(Hayton) 1909년 일본 사업가 니시자와 요시지라는 인물이 홍콩과 타이완 중간에 위치한 프라타스섬(Pratas, 16세기에 포르투갈인이 은쟁반같이 생겼다고 해서 Ilhas das Pratas로 명명했다. 현재 중국 명칭은 둥사섬(東沙島))에서 구아노 채굴 사업을 벌였는데, 이에 대해 중국 민족주의자들이 분개했다. 이때 중국 당국이 처음으로 파라셀제도에 선박을 보내 중국 소유라고 주장하기 시작했다. 파라셀제도는 이전 세기에 프랑스인과 영국인에게 잘 알려져 있었으며, 이곳 섬들을 동인도회사 직원 이름(Drummond, Pattle 등)이나 선박 이름(Antelope, Investigator, Discovery)을 따서 명명하고 지도에 표시해놓았다. 중국은 20세기 전에는 이런 섬들에 대해 거의 의사를 밝히지 않았으나, 프라타 사건 이후 '고대 이래' 자국 소유였다고 주장하기 시작했다.

21. 비다의 현대사

1920~1930년대에는 프랑스, 중국, 일본이 이런 곳들의 소유권을 놓고 다투기 시작했다. 특히 1933년 프랑스가 파라셀제도 수백 마일 남쪽에 위치한 스프래틀리제도의 섬 6개를 점령하자 이곳에 관심이 쏠리기 시작한다.● 이해에 중국은 국경을 획정하고 지도를 작성하는 계획을 세웠다. 그러나 사실 중국 당국은 현지답사를 할 처지가 못 되어 다른 지도를 베껴 자기 영토를 표기하는 수밖에 없었다. 이때 영국식 이름을 번역하면서 몇 가지 실수를 범하는데, 이 때문에 이들이 참고한 것이 1906년 영국에서 발행한 지도(China Sea Directory)라는 사실이 분명해졌다. 당시 중국 당국은 보르네오에서 100킬로미터 떨어진 곳까지 자국의 소유라고 주장했다. 이때 제임스 숄(James Shoal), 밴가드 뱅크(Vanguard Bank) 같은 곳을 자국 소유 섬으로 표시하는데, 사실 shoal, bank라는 단어의 뜻에서 이미 알 수 있듯이 이 두 곳은 해저 암초다. 중국은 그런 사정을 모르고 이곳을 섬으로 지도에 표시했다.

1949년 공산정권 성립 이후에도 중국은 같은 주장을 폈다. 그러는 동안 제2차 세계대전을 거치며 여러 나라가 섬들을 장악하게 되어 사정이 더 복잡해졌다(예컨대 중국과 프랑스가 파라셀제도를 절반씩 차지하고 있었다). 1974년 중국이 베트남이 지배하던 파라셀제도 일부 섬들을 빼앗았는데, 현재까지 이 상태가 지속되고 있다. 1988년 중국은 스프래틀리제도에 선박들을 보내 섬 6개를 점령하고 1994

● Spratly는 런던 출신 고래잡이 선장 이름에서 유래했다. 말레이시아와 브루나이는 '스프래틀리제도', 필리핀은 '칼라얀군도', 베트남은 '쯔엉사군도', 중국은 '난사군도'로 부른다.

년 7번째 섬을 차지했으며, 이곳에 군 기지를 건설했다. 현재 베트남이 스프래틀리제도의 섬들 가운데 절반 이상(28개)을 지배하고 있고, 필리핀이 10개, 중국이 7개, 말레이시아가 5개를 지배하고 있다.

이곳은 해상 무역의 중심이자 석유·가스 등 천연자원이 풍부하게 매장된 지역이다. 이 바다에 면한 베트남·필리핀·말레이시아·브루나이·타이완 등 각국은 남해 9단선이 자국의 배타적경제수역(EEZ)을 침해한다며 중국과 분쟁을 벌이고 있다.

이 해역 내 국제 갈등은 현재 진행형이다. 수비 암초(Subi Reef)의 경우를 보자. 수비는 필리핀령 티투(Thitu)섬에서 26킬로미터 남서쪽에 위치한 스프래틀리제도의 암초 섬이다. 필리핀은 2013년 1월 상설중재재판소(PCA)에 자국의 배타적경제수역 내 개발권을 명확히 가려달라는 취지로 제소하였다. 그러자 중국은 2015년 이 지역에 3.95제곱킬로미터의 인공 섬을 축조하고 활주로, 항공기 격납고, 레이더 설비, 미사일 요새 등 군 시설을 설비한 후 군부대를 주둔시켰다. 그렇지만 2016년 7월 12일 재판소는 남해 9단선 내의 생물 및 비생물 자원에 대하여 역사적 권원을 갖고 있다는 중국의 주장은 법적 근거가 없으며, 섬이 아닌 바위 또는 간조노출지(干潮露出地, 썰물 때 드러나고 밀물 때 잠기는 땅)에 인공 섬을 건설하는 행위는 불법이라고 판단하였다. 그러자 중국은 이 판정을 인정하지 않는다고 선언했다. 더 나아가서 2020년 5월에는 중국《인민일보》자매지인 중국《환구시보(環球時報)》가 "중국 해군이 시사군도(파라셀제도)에서 750킬로그램의 채소를 수확하기 위해 새로운 농업 기술을 사용했다"고 보도했는데, 이는 "채소 재배는 이곳이 인공암초가 아닌 섬임을 입증한다"는 중국 정부의 주장을 의미한다. 베트남 외교부는 이를 불법 행위로 규정하고 철회를 요구했다.(파이낸셜타임스)

이처럼 현재 가장 크게 위험이 고조되는 곳은 중국 근해들이다. 그 이면에는 미국과 중국 간 패권 경쟁이 도사리고 있다. 이 문제에 대해서는 다음 장에서 다시 검토해보도록 하자.

해적과 밀수

현재 미국과 중국을 비롯한 강대국들이 막강한 해군 전투력을 보유한 것은 분명하다. 그러나 역설적이게도 이런 강력한 군사력은 현실 문제에서는 별로 쓸모가 없는 경우가 많다. 미국과 중국이 보유한 치명적 무기들은 어찌 보면 상호 '협박용'이며 실제 사용하지 않을 가능성이 높다(실제 사용하는 일이 없기를 바랄 뿐이다). 현실에서 더 자주 맞닥뜨리는 것은 양국 간 전면전보다는 해적이나 밀수, 테러 같은 다른 종류의 문제들이다. 항공모함으로 밀수선을 단속할 수는 없지 않은가. 해적과 밀수 등의 문제는 어느 한 국가가 아니라 여러 국가 간 공동의 책임(shared responsibility) 없이는 해결하기 불가능한 지경에 이르렀다. 오늘날은 실로 복합적인 갈등의 시대가 된 것이다.

세계가 직면한 심각한 문제 중 하나가 해적이다. 해적은 19세기 말에 크게 줄었다가 1945년 이후 다시 늘어났다.(Murphy, 658) 해적이 줄어들었던 이유는 우선 기술적 요인에서 찾을 수 있다. 전함과 상선 모두 증기선으로 변화해가는데 해적선은 그 높은 비용을 대지 못했기 때문이다. 현대적인 무기 역시 마찬가지다. 해적이 기술적으로 열세일 수밖에 없는 이유다. 이 상황에서 영제국이 해적을 '모든 인류의 적(hostes humanis generis)'으로 규정하고 적극적으로 제거하겠다는 정치적 의지를 드러냈다. 세계에 제국 질서를 부여하고 힘으로 세계의 바다를 평정하려는 그들의 노력 덕분에, 해적이 한동안 주춤한 것은 사실이다. 그런데 1945년 이후 영제국이 패권을 상실하여 제국(주의)적 힘으로 바다의 평화를 지키는 체제가 더 이상 작동하지 못하게 되었다. 그러나 그것을 대체하는 새로운 국제 체제가 만들어지지는 않았다. 연안 해역의 치안력은 부실한데 비싼 화물 운송이 증가하니, 해적이 발호할 여건이 만들어진 셈이다.

제2차 세계대전 중에도 아시아와 아프리카 해역에서 계속 해적 활동이 만연했는데, 1945년 이후에는 그런 현상이 갈수록 심각해졌다.(Murphy, 659~660) 그런데 국제해사기구(International Maritime Organization, IMO)는 1983년에 가서야 해적 문제에 대해 공식적인 대응을 촉구했다. 해적에 대한 국제법적 규정 자체가 모호한 면이 있다. 유엔해양법협약에 따르면, 해적 행위는 '민간 선박 또는 항공기의 승무원이나 승객이 사적 목적을 위해 i) 공해에서 다른 선박이나 항공기 또는 그 선박이나 항공기 내의 사람이나 재산 ii) 국가의 관할권 밖에 있는 선박·항공기·사람이나 재산 등에 대하여 행하는 폭력(violence)·억류(detention) 또는 약탈 행위(depredation)'로 정의한다(협약 제101조). 이런 규정 때문에 우리가 통상적으로 생각하는 바와 국제법상의 해적 행위가 다르다. 우선 해적 행위의 발생 장소를 '공해 혹은 국가 관할권 밖'으로 제한한다. 국가의 관할권 내에서 일어난 약탈 등 불법 행위는 '해상 강도'나 '해상 절도'이지만 해적 행위는 아니다. 따라서 아주 소수만 국제법상의 해적 행위에 해당한다. 또 해적 행위가 성립하기 위해서는 피해 선박(Victime vessel)과 해적선(pirate vessel)이 있어야 한다(Two-Ship Rule). 따라서 선박 안에서 일어나는 탑승자에 의한 선박 납치·감금·폭력 행위는 해적 행위에 해당하지 않는다. 이런 경우는 국내 범죄로서 연안국의 국내법에 따르게 된다. 이런 사정 때문에 해운업계에서는 국제상공회의소의 국제해사국(IMB)의 정의('무력을 사용하여 절도 및 다른 범죄를 저지르기 위한 의도로 선박에 승선하거나 승선하여 저지르는 행위')에 따라 해적 행위를 폭넓게 규정하고, 해적 발생 현황을 분석한다.[김석균, 460~465]

사실 그 이전부터 심각한 해적 문제가 계속 보고되고 있었다. 1973년 석유 위기 이후 유가가 크게 오르면서 유조선을 노리는 공격이 빈발했다. 나이지리아의 라고스항에 정박 중이던 선박들에 대한 공격들이 그런 사례다. 당시 라고스는 원자재 가격 상승으로 항구 시설을 개선하지 못해 선박들이 바다에서 대기해야 했기 때문에 심각한 위험에 온전히 노출되고 있었다. 1975년 베트남 공산화 이후 바다로 탈출한 보트 피플에 대한 무자비한 약탈 행위도 악명을 떨쳤다. 중국에서는 덩샤오핑이 집권한 이후 권위주의적 경제 성장 정책을 펴자 중국 남부 지방에 부패 현상이 극심하여 선박 강탈 행위들이 일어났다. 1980년대 중국에 근거지를 둔 갱단들이 말라카해협 등 동남아시아의 위험 해역에서 강탈한 선박을 중국 항구로 끌고 가 화물을 팔아치웠고, 심지어는 선박 이름을 바꾸어 다른 범죄에 사용하는 소위 '유령선(phantom ship)' 현상도 일어났다.● 중국 연안 지역에서 화물선을 공격해서 화물을 탈취한 후 부패한 관리들과 갱들의 협조하에 상품을 파는 범죄도 빈발했다.

국제해사기구가 해적 신고 기구를 만들었지만, 항구와 근해의 치안 상태가 좋지 않은 국가들에서 만들어진 통계는 신빙성이 떨어진다는 평가를 받는다.[Murphy, 661~663] 소형 보트를 이용한 해적 행위들은 신고가 되지 않아서, 공식 기록은 실제 해적 행위의 절반 정도일 것으로 추산한다. 해적으로 인한 피해는 막대하다. 2005~2013년에 소말리아 해적이 인질 석방 명목으로 받아낸 돈은 4억 달러 수준인 반면, 이로 인해 세계 경제가 입은 피해액은 180억 달러가 넘을 것으로 추산한다.

현재 해적 위험이 큰 지역으로는 말라카해협, 소말리아, 카리브해, 중남미 해안, 기니만 지역을 들 수 있다.[Buchet 2015, 138~141] 길이 800킬로미터의 말라카해협은 가장 폭이 좁은 곳은 2.8킬로미터에

● 1998년 9월 25일 발생한 텐유호 사건이 대표적이다. 일본인 소유의 파나마 선적 2,600톤급 화물선 텐유호는 알루미늄 3,000톤을 싣고 인도네시아 쿠알라 탄정(Kuala Tanjung)항에서 인천항을 향해 출항한 지 3시간 만에 말라카해협에서 무장 해적에게 탈취되었다. 이후 미얀마에서 선체가 개조되고 선명이 빅토리아호로 바뀐 채 발견되었다. 당시 선원들은 모두 인도네시아인으로 교체되었다. 기존의 선장 등 선원 14명은 전원 실종된 상태였고, 알루미늄 화물은 중국 회사에 매각되었다. 그 후 다시 개조되어 선명이 산에이호로 바뀐 채 중국을 향하다가 장쑤성 장자강(張家港)에서 발견되었다. 중국 공안당국은 이 화물선의 엔진 번호가 텐유호와 같다는 사실을 확인했다. 발견 당시 중국의 한 회사로 운송하던 팜유 3,000톤이 실려 있었는데, 이것은 전년 실종된 퍼시피카호에 실려 있던 화물이었다. 체포된 인도네시아 선원 16명 중 2명은 1995년 해적 행위 가담자로 밝혀졌다. 이 사건에서 보듯 '유령선'형 해적은 대개 계획된 국제 범죄로서 잘 훈련되고 중무장한 해적들이 동원된다.[김석균, 466~468]

불과하며, 섬이 수없이 많고 맹그로브로 덮인 지역이 많아 매우 위험한 환경이다. 이런 곳을 매년 5만 척의 배가 지나가니 해적이 발호하기에 최적의 여건인 것이다. 해적들은 새벽 혹은 저녁에 25노트 속도의 빠른 보트를 타고 로켓포로 위협하며 유조선이나 화물선을 공격한 후 나포한 선원들의 신속금을 받거나 화물을 팔아치운다. 말라카해협에서 벌어지는 범죄 행위들은 1990년에 급증하여 2000년에 절정을 맞았다. 이곳에서는 인도네시아 무장 세력인 TNI, 아체 독립운동 조직인 GAM 같은 조직들이 가담하여 더 극성을 부렸다(인질을 잡고 흥정하던 GAM 조직은 2004년 인도양 쓰나미가 아체 인근 지역을 강타한 이후 인도네시아 정부와 평화조약을 맺었다). 이 지역의 소규모 해적 행위는 그 후에도 그치지 않았으나, 주변 국가들과 일본 등이 매우 강경하게 대응하여 수가 줄어든 것으로 보인다. 그러자 다음에는 소말리아에서 해적 행위가 급증했다. 유럽에 공급하는 석유의 30퍼센트가 이 지역을 통과하는데, 격렬한 정치 투쟁 상황에서 자금을 필요로 하는 각 파당들이 해적 행위에 적극 참여하므로 현재 이 지역이 가장 위험한 바다로 알려졌다.

나이지리아 또한 상황이 심각하다. 이 나라는 엄청난 자원의 축복을 받았지만 동시에 지독한 부패 국가이기도 하다.(Buchet 2015, 146~148) 이 나라는 가난한데도 인구는 폭발 중이며, 실업 문제가 극심하여 범죄로 향하는 경향이 강하다. 이처럼 극심한 가난과 무정부 상태가 해적 활동을 만들어낸 기본 요인이다. 국제 석유회사들과 부패한 관리들이 고수익을 누리는 동안, 가난과 환경오염에 시달리는 주민들이 석유회사 직원들이나 어부들을 살해하거나 납치하여 신속금을 받아낸다.[아이흐스테드, 108~109, 162~163] 때로 더 조직적이고 정치적인 공격 행위도 일어난다. 나이지리아 델타 해방기구라는 조직이 쉘 석유회사 소유의 저유 시설을 공격한 것이 한 사례다. 또 파이프라인에서 원유를 훔치는 행위도 만연해 있다. 이런 현상 이면에는 석유회사들의 무책임한 태도가 있다. 이들이 환경오염을 방치하는 바람에 물과 토양이 심하게 오염되어 현지인의 생활 여건이 악화되었다. 무장저항운동의 발생과 이에 대한 극심한 탄압이 반복된다. 예컨대 정부는 군을 동원하여 오고니(Ogoni) 인민생존운동을 탄압했다. 30개 마을이 쑥대밭이 되고 수백 명이 체포되었으며 200명이 살해되었다. 그 후 이 운동의 지도자들에 대한 사형을 집행했다. 이런 상황에서 해적 행위는 훨씬 강력해졌다. 어부들이 요트를 공격하던 수준은 이미 지난날 이야기이며, 이제는 완전히 사업화되었다. 효율적인 일본제 스피드보트, 불법으로 유통되는 무기들, 그리고 조직적인 공격을 가능케 하는 핸드폰, GPS 장비 등이 이용되고 있다. 이처럼 해적이 갈수록 기업화하는 경향을 보인다. 전문 인력들이 기획·정보 입수·실행·몸값 협상 등 해적 행위의 전 과정에서 업무를 분담하여 체계적으로 움직이며, 주변국의 기업가들과 재정 후원자들이 운용 자금을 대고 있다. 정보 입수 과정에서는 국제적 네트워크가 작동하고 있다. 런던에 있는 정보원들과 정기적으로 정보를 교환하고 있고, 영국의 협상 전문가가 관여하여 피해국과 해적 양측으로부터 수수료를 받고 있음이 밝혀졌다.[김석균, 480~481]

소말리아의 상황도 비슷하다. 이들이 저지른 나포 사건 중 대표적인 것은 2008년 시리우스 스타(Sirius Star)호 사건이다. 케냐 몸바사

시리우스 스타호

원양에서 소말리아 해적에게 나포된 초대형 유조선이다. 시리우스 스타호의 나포는 전에 없던 해적들의 활동 범위와 규모로 충격을 주었다.

동남쪽 830킬로미터 떨어진 인도양 해상에서 일어난 이 사건은 연안에서 작은 먹잇감만 노리던 해적이 처음으로 먼 바다에서 유조선이라는 거선을 노린 획기적 사건이었다. 나포된 선박 자체의 가치가 1억 5,000만 달러이고, 여기에 원유 200만 배럴이 실려 있어 상품 가치가 약 1억 달러로 추산되었다. 해적들은 공해상에 모선을 띄워놓고 위성전화와 지리정보시스템, 로켓포 등을 이용해 대형 선박을 공격하는 선례를 남겼다. 해적들은 신속금 2,500만 달러를 요구하다가 결국 300만 달러로 협상을 마쳤다. 배에서 떠난 해적들은 곧바로 풍랑에 휩싸여 5명이 익사했고, 며칠 후 시체 한 구가 떠올랐는데 비닐 백에 15만 3,000달러를 소지하고 있었다.(Buchet 2015, 142)

해적 행위에 어떻게 대처할 것인가? 우선 선박 자체의 방어 태세를 강화할 필요가 있다. 최근 선박들은 자체 무장과 보호 방법을 강화했다. 안전 캐빈(만일의 사태에 선원들이 모이는 공간으로, 완벽하게 안전한 데다가 이곳에서 선박 전체를 감시할 수 있고 외부와 통신이 가능하다)을 설치하고, 전기 방벽, 방해 그물, 물 대포, 소리 대포를 갖추었으며, 사설 용병을 선상에 고용하기도 한다.[Buchet 2015, 150~151] 여러 나라는 해적에 강경 대응하는 특수 부대를 창설했다. 미국은 태스크포스151(Task Force 151)을 구성했고, 나토(NATO) 중심으로 해적 퇴치 군사 훈련인 해상방패작전(Operation Ocean Shield, 2009~2016년)을 수행했다.[Buchet 2015, 143~145] 해적에 공동으로 대처하는 국제 조직도 만들어지고 있다. 유엔 안전보장이사회 주도로 국가의 체계적인 통제가 이루어지지 않는 위험 해역들을 관리하는 지역 기구의 창설을 추진하고 있다.[Murphy, 668]

마약 밀수 문제 또한 심각하다. 마약 밀매의 규모가 어느 정도인지 정확하게 알기는 어렵지만 매년 20억~40억 달러일 것으로 추산한다.[Chalk, 670~672] 세계에서 유통되는 헤로인의 80퍼센트를 생산하는 아프가니스탄, 세계 2위의 아편 제조국이자 암페타민 유형 자극제(ATS)의 주요 생산국인 미얀마, 모든 정제 코카인 원료의 90퍼센트를 제공하는 콜롬비아, 코카 잎 생산국 페루 등이 문제의 국가들이다. 불법 밀무역의 대부분은 바다를 통해 이루어진다. 예컨대 라틴아메리카에서 생산되는 헤로인의 80퍼센트는 해로로 확산된다. 미국과 캐나다로 가는 밀수 선박은 태평양 중부 연안으로 가거나 카리브해의 여러 섬을 지난 후 멕시코를 거쳐 미국으로 들어간다. 미주 이외 지역의 경우, 화물선이 베네수엘라에 정박하면 그 안에 숨긴 마약 제품들이 이곳에서 리스본, 안트베르펜, 로테르담, 바르셀로나 항구로 직접 가거나 기니만의 중개 지역을 통해 북아프리카나 지중해 연안 지역들로 운반된다. '10번 고속도로(Highway 10, 북위 10도의 대서양 해로를 따라 남아메리카에서 아프리카로 가는 길)'가 중요한 밀수 루트이다.

마약 밀수 방식은 놀라울 정도로 빠르게 발전하고 있다.[Buchet 2015, 155~156] 원래 밀수선은 느린 대신 위장을 철저히 했다. 그런데 단속에 자주 걸리자 단거리용 쾌속 보트(일명 go-fast)를 사용하기 시작했다. 엔진을 여러 개 붙여서 60노트(시속 110킬로미터)까지 올릴 수 있었다. 당국이 이런 선박을 레이더로 추적하자 이를 피하기 위해 다양한 선박을 개발했다. 밀수 조직이 사용하는 부양정, 반잠수정, 자동 잠수정 등은 영화보다도 오히려 더 빠른 발전을 보인다고 한다. 200톤의 마약을 싣고 3,000킬로미터를 항해할 수 있는 선박이 나오고, 수심 2,600미터로 잠항 가능한 잠수정, 원격 조정이 가능한 배도 등장했다. 목적지에 잘 도착하면 안전을 위해 이런 배들을 가라앉힌다. 한 달이면 이런 배를 다시 만들 수 있기 때문이다. 태평양 동부에서는 자체 추진 반잠수정(SPSS, Self-propelled semi-submersible)을 애용한다.[Chalk, 672] 이들은 적발되었을 때 단 12분 만에 바다에 가라앉히는 자침(自沈) 장치를 달고 있고, 운반책들은 곧바로 바다에 뛰어들기 때문에 단속이 매우 어렵다. 이 때문에 2008년 콜롬비아 의회는 반잠수정 자체를 불법화하였다. 2019년에는 잠수정을 통해 1억 2,100만 달러 규모의 코카인 3톤을 밀수하다 적발된 사례도 있다. 7,690킬로미터를 운항하여 대서양을 횡단한 20미터 크기의 잠수정은 가격만 약 32억 원에 달하기 때문에 배후에 큰 규모의 조직이 있을 것으로 추정한다.(중앙일보, 2019. 11. 28)

어선이나 화물선에 마약을 숨겨서 운반하는 고전적인 수법도 여전히 사용된다.(Chalk, 672-673) 항해 장비가 좋고 원거리 항해를 할 수 있으며 많은 물품을 실을 수 있는 참치 잡이용 트롤 어선을 대륙 간 마약 이동에 이용하는 식이다. 컨테이너선의 정식 화물 사이에 숨겨서 옮기기도 하는데, 컨테이너선은 5퍼센트 미만만 검사하기 때문에 단속이 어렵다. 최근에는 코카인을 액화하여 연료 속에 숨기거나 바닥짐 사이에 숨기기도 한다. 2014년 5월 멕시코의 유카탄반도에서 적발된 사례를 보면, 시중가 4,000만 달러에 해당하는 마약을 절연유에 섞어 반입하려 했다. 현재 세계 화물 운송량의 80~90퍼센트를 컨테이너선이 담당하며, 통제하기 힘들 정도로 복잡한 관계망 속에서 화물 운송이 수행되기 때문에, 이 틈새를 이용하는 마약 밀매를 발본색원하기는 힘들어 보인다.(Chalk, 674-675)

한 국가가 해안 경비를 아무리 성실하게 수행한다 해도 국제적인 공조가 없으면 해적이나 밀수 문제에 대처하기는 지극히 어렵다. 베네수엘라는 콜롬비아와 국경 2,000킬로미터를 공유하는 데다가 국정이 마비 상태라 단속을 포기하는 지경이다. 콜롬비아에서 국경을 넘어 베네수엘라로 간 뒤 '10번 고속도로'를 이용해 서아프리카로 가면 이곳에서 사헬을 거쳐 모로코 등지를 거쳐 지중해를 넘어 유럽에 도착한다. 미국의 키웨스트(플로리다)에 본부를 둔 조인트 인터에이전시 태스크포스 사우스(Joint InterAgency Task-Force South)

21. 바다의 현대사

같은 특수 부대와 국제 공조로 단속을 강화하려 하지만, 어느 정도 성공을 거둘지 아직 미지수다.(Buchet 2015, 164~168) 세계의 바다는 갈수록 오남용되고 있다.

어업, 인류의 미래 식량

물론 바다는 오남용 이전에 인류의 생존에 매주 중요한 긍정적 기여를 하고 있는 게 분명하다. 가장 먼저 어업을 생각해볼 수 있다. 세계 인구가 100억 명까지 늘어날 가능성을 고려하면 미래의 식량 문제 해결에 수산 자원이 갖는 중요성은 갈수록 커질 것이다.

바다 속에는 바이오매스(biomass) 10억 톤의 생물이 존재하며 그 대부분을 인간이 섭취할 수 있다.(Attali, 7장) 일부 문명권에서 금기시하는 것들이 있으나(힌두교는 모든 생선, 유대교는 비늘과 지느러미 없는 것들과 어패류, 이슬람은 산 채로 잡지 않은 생물, 그리고 문화와 감수성의 차이로 인해 유럽인이 기피하는 복어나 산낙지 등) 대부분의 사람들은 해산물을 잘 먹는다. 역사상 가장 많이 잡은 어종으로는 정어리, 청어, 안초비, 고등어, 대구, 참치 등을 들 수 있다(민물고기로는 틸라피아가 있다*).

현대에 들어와서 대형 어선이 나오기 전까지 어업은 대개 소형 선박을 이용해왔으며 지극히 위험한 직종이었다. 월터 스콧(Walter

---

● 틸라피아는 아프리카 원산의 잉어 종류로, 현재는 중국, 이집트, 브라질, 인도네시아, 필리핀에서 연 430만 톤을 양식한다.

Scott)의 작품 중 한 주인공이 말하듯 "당신이 사는 건 생선이 아니라 사람들의 목숨(It's no fish ye're buying — it's men's lives)"이라고 할 정도다.(Scott) 지금도 어업은 가장 위험한 직업에 속한다. 미국에서는 어부의 사망률이 평균보다 34.6배 높고, 프랑스에서는 소방관보다 16배 높은 것으로 나타났다.(Buchet 2015, 72) 작은 어선으로 근해에서 수행하던 어업 활동에 큰 변화가 온 것은 19세기에 증기선이 등장하고 더 큰 트롤과 그물을 사용하면서부터다. 이후 먼 바다 어디로든 생선 떼를 추적할 수 있게 되었다. 여기에다가 기차를 비롯한 운송 수단의 발전으로 해안에서 내륙 지역까지 생선을 수송할 수 있는 길이 열리자 수요가 급증했다. 이처럼 수요는 급증하되 해양 자원은 원래 그대로 풍부했던 19세기 후반~20세기 초반이 어업의 황금기였다. 항구에 생선을 내리는 모습을 찍은 19세기 사진을 보면 상자마다 엄청나게 큰 생선이 넘쳐나는 것을 볼 수 있다.* 그야말로 엄청난 양의 어획고를 보이는 현상은 20세기 전반까지 지속했다. 과거 영국 통계 자료에 대한 연구를 보면, 자료가 수집되기 시작한 1893년 이후 어획량이 지속적으로 늘어나 1938년에 정점에 이르렀고, 제2차 세계대전 중에 감소한 후 20세기 후반에 다시 크게 늘어난다.(Roberts, 40~49) 이 수치를 해석할 때 주의할 점이 있다. 총량은 시간이 갈수록 크게 늘지만, 선박 한 척 혹은 선원 일인당 어획량을 기준으로 보면 오히려 크게 감소한다는 점이다. 과거에는 상대

---

* 1886년 캐나다에서 잡은 바닷가재의 수는 9,000만 마리였다.(Earle, 95) 당시 미국에서는 죄수들에게 매일 바닷가재를 주어 한때 이것을 거부하는 폭동이 일어났다고 한다.

21. 바다의 현대사

적으로 적은 노력으로 더 많은 생선을 잡을 수 있었다는 이야기다. 그만큼 수산 자원이 풍부했음을 알 수 있다. 추산하기로는 19세기 말에는 현재보다 넙치는 36배, 해덕대구는 100배, 큰넙치(halibut) 는 500배 많았을 것으로 보인다. 가장 극적인 사례로는 멘해이든 (menhaden) 어업을 들 수 있다. 청어의 일종으로 주로 기름을 얻는 데 쓰는 이 물고기는 1913년 미국에서 10억 마리를 잡았는데, 여기 에서 얻은 기름 650만 톤과 비료 9만 통을 한 줄로 세우면 지구 둘 레를 6바퀴 돌 정도였다.

그 후 일어난 일은 모순적이다. 훨씬 발전한 방식으로 더 많은 생 선을 잡지만 대신 더 많은 자원과 인력을 쏟아부어야 하고, 결과적 으로는 수산 자원의 고갈을 초래하고 있다. 1950년대까지는 이전 방식을 개선하는 수준이었으나, 그 이후 기술 발전으로 큰 변화가 일어났다. 대마나 아마로 만들던 그물은 화학 섬유(monofilament, 굵 은 단섬유)로 만들어 더 튼튼해졌고, 음향측심기(echo sounder)로 고 기떼를 추적하게 되었으며, 1980년대부터는 컴퓨터, 위성까지 동원 했다. 그 결과 남획이 이루어져 일부 어종은 개체 수가 급격히 감소 했다. 현재 미국 통계에 따르면 528종 가운데 275종은 데이터가 없 는데, 그 이유는 아예 안 잡히기 때문이다.

인간의 활동으로 생선의 '씨를 말리는' 일이 가능할까?

토머스 헉슬리(Thomas Huxley)는 사람이 어업을 통해 생선의 씨를 말릴 가능성은 없다고 단언했다. 해양 자원은 무한(inexhaustible)하 다는 것이다. 그는 특히 청어 잡이를 예로 들었다. 그렇지만 실제로 청어를 비롯해 많은 생선의 수가 급감했으며 일부는 멸종 위기에

몰렸다.(Earle, 53-54) 바다의 어패류는 결코 무한하지 않다는 것이 분명
해졌다. 존 캐벗이 처음 뉴펀들랜드에 왔을 때는 배가 나아가기 힘
들 정도로 바다에 대구가 많았다고 하는데, 그 당시와 현재를 비교
해보면 개체 수가 97퍼센트 줄었고, 이 상태라면 2050년 멸종할 수
도 있다고 본다.(Buchet 2015, 73) 사실 인간은 이전부터 생선 수를 감소
시켜왔다. 1800년경이면 유럽 인근 북대서양 어장에서 대구가 크게
줄었고, 그래서 뉴펀들랜드 어장이 더욱 중요해졌다. 그리하여 북아
메리카 인근 어장으로 몰려가 대구를 잡은 결과 이곳 역시 개체 수
가 크게 감소하기에 이른 것이다.

주요 어업 해역은 북대서양(아이슬란드, 북해), 남대서양(서아프리
카 먼 바다), 북태평양(베링해와 쿠릴열도 해역), 중서부태평양, 동인
도양이며, 특히 남동태평양의 안초비, 알래스카와 북태평양의 대구,
북대서양의 청어 어장이 중요하다. 어업량은 1950년대 2,000만 톤
에서 점차 늘어나 2016년 9,500만 톤에 달했다가 이후부터 오히려
감소하는 추세다. 지역별로는 아시아가 52퍼센트를 차지한다. 2017
년 전 세계의 어선 460만 척 중 3/4이 아시아에 있고, 특히 중국이
70만 척을 차지한다.● 이에 비해 유럽은 6만 5,000척에 불과하여
비중이 매우 작다. 유럽은 소비하는 생선의 많은 부분을 수입에 의
존하고 있다. 예컨대 대구 요리는 포르투갈의 국민 음식이지만(365

● 관련 통계에 의하면 2018년부터 중국 수산물 총생산량이 처음으로 감소한 것으로 나타난
  다. 중국 정부가 어획 생산량 감소 및 수산업 구조조정, 불법 어획 단속 등을 추진했기 때
  문이라고 한다.(한신용)

21. 바다의 현대사

가지의 요리 방법이 있다고 자랑한다) 지난날과 달리 현재 자국에서 잡는 대구는 거의 없다. 소비·어획·수출 모두 최대 국가는 중국이며, 그다음으로 노르웨이, 베트남, 타이 순이다. 최대 수입 지역은 유럽연합(EU), 미국, 일본 순이다.

어업 부문에서는 극단적인 양극화가 진행 중이다. 어선 대부분은 소형 무동력 선박이며, 길이 12미터 이하의 배가 400만 척이다. 그런데 고작 1퍼센트에 불과한 '공장형 어선(factory ship, 선내에 가공 설비를 갖춘 대형 어선)'이 어획량의 50퍼센트를 차지한다. 대형 어선이 사용하는 그물은 넓이가 2만 3,000제곱미터로 축구장 3개보다 큰 크기이며, 한 번에 500톤의 생선을 잡는다. 낚싯줄은 100킬로미터에 달한다! 이렇게 잡은 생선을 자체 설비로 가공하고 남은 것은 바로 바다에 버린다. 크릴새우를 잡은 어선은 배에서 바로 기름과 양식 사료 가루를 생산한다. 이런 식의 어업은 당연히 해양 생물의 씨를 말리는 경향이 있다. 캐나다의 생물학자 마이어스(Ransom Meyers)와 웜(Boris Worm)은 이렇게 진단했다. "산업화된 어업은 15년이면 바이오매스를 80퍼센트나 줄인다. 그에 대한 보상으로 급속 성장하는 어종이 늘어나는 현상이 관찰되지만 이 역시 10년이면 역전된다. …… 대형 육식종 어종은 산업화 이전에 비해 10퍼센트 수준으로 떨어졌다."(Earle, 67) 1990년대부터 북대서양의 대구 어장이 종말을 맞을 가능성이 제기되어 유럽인들이 큰 충격을 받았다(영국인들도 더 이상 피시 앤드 칩스를 먹을 수 없을지 모른다고 하여 꽤나 큰 상심에 빠져 있다).

과도한 어획은 생선의 크기가 전반적으로 작아지는 현상을 초래했다. 크기가 큰 것을 주로 잡다보니 생선이나 조개 모두 작은 것만 남게 되었기 때문이다. 윌슨(E. O. Wilson)의 논리에 따르면 크기가 큰 생물일수록 인간에게 희생당할 가능성이 크다.[Earle, 37] 오래 살면서 성숙하여 크고 건강한 알을 낳는 개체들(120살까지 사는 황새치 같은 경우가 그러하다)일수록 사람에게 잡힐 가능성이 커서 더 빨리 사라져가고, 대신 어린 나이에 일찍 성숙하여 저품질의 알을 낳는 개체가 늘어난다. 이 경향이 더 지속되면 점차 작은 생선까지 잡게 되어 생태계가 더욱 안 좋은 방향으로 가게 될 우려가 크다. 만일 이 상태가 극단적으로 진행되면 인류가 먹는 수산 자원은 아주 작은 생선 혹은 새우나 크릴 종류만 남을 수 있다. 크릴은 과연 인간에게 남은 마지막 식량 자원이 될 수 있을까? 크릴이 엄청난 바이오매스를 유지하는 것은 분명하지만, 이것이 해양 생태계를 유지하고 더 나아가서 지구 기후와 연관된 매우 중요한 역할을 한다는 것이 밝혀지고 있어서, 크릴을 마구잡이로 잡아서는 안 된다는 공감대가 형성 중이다.

어업의 산업화 이후 점점 더 멀리 더 깊이 생선을 싹쓸이했고, 한 종이 사라지면 다음 종을 공격하는 양태가 벌어졌다. 20세기 후반에는 해양 세계 전체를 대상으로 원양어업이 발전했다. 일본이 선구였고, 그 후 소련, 타이완, 스리랑카, 중국, 한국 등이 뒤를 이었다. 범위가 더욱 확대하여 이제는 남극해의 물고기, 심해 물고기까지 남획의 대상이 되었다. 주요 어업 대상 어종은 자연 상태에 비해 75~95퍼센트 감소한 것으로 추정한다. 참다랑어(bluefin tuna)는 1970년과 현재 상태를 비교하면 2/3 감소했으며, 고대부터 비교하

21. 바다의 현대사

면 95퍼센트 감소했다.

마구잡이로 생선을 잡다 보면 원래 의도치 않았던 다른 어종까지 잡는 부수어획(bycatch)이 일어나는데, 그 비중을 전체 어획량의 7퍼센트로 추산한다. 1960년대에는 100미터 깊이로 조업했는데 최근에는 300미터 깊이로 조업을 하며, 심지어 800미터 아래의 어획은 해양 생태계 보호를 위해 자제하자고 호소하지만 잘 준수되지 않고 있다. 그 때문에 후진국 어민들은 갈수록 더 힘든 상태에 놓인다. 예컨대 애틀랜틱 돈(Atlantic Dawn)호는 한 번 출어하면 전통적인 어부 7,000명이 1년 동안 잡는 생선을 잡는다. 모리타니 앞바다에는 이런 배들이 250척 이상 조업을 하고 있다. 주로 중국과 러시아 어선들이 이런 식으로 많이 몰려와서 아프리카 해안의 어업 자원을 고갈시키는 경향이 크다.(Buchet 2015, 79) 모리타니 근해 소형 어선이 잡는 양은 2005년에는 한 시간에 20킬로그램 정도였으나, 현재는 3킬로그램에 불과하다. 이것이 이 지역 어민들을 가난으로 몰아 해적이 되라고 부추긴다.(아이흐스테드, 56~61)

북태평양 청어, 페루 안초비, 남태평양 정어리(pilchard) 그리고 참치, 대구 같은 어종이 과도한 어획의 결과 고갈의 위험에 처해 있다. 참치의 경우 생물학적으로 지속 가능 상태를 유지하기 위한 적정 어획량이 1만 톤이지만 2013년에 6만 1,000톤을 잡았다. 고등어도 최대치를 넘었고, 특히 북태평양은 이미 남획 단계에 들어갔다. 중국, 인도네시아, 인도, 에스파냐 어선들은 한 해에 1억 마리의 상어를 잡는다. 고래 역시 1800년에 비해 현재 개체수가 1/10로 감소하여 위험에 처해 있지만, 전통적으로 아이슬란드, 노르웨이가 고래잡이를 지속하고 있으며, 앞서 이야기한 대로 2019년 일본은 국제포경위원회를 탈퇴한 후 그동안 중단했던 고래 어업 재개를 선언했다.

생선 개체 수의 급격한 감소를 막기 위해서 도입된 개념이 '최대지속적생산(maximum sustainable yield, MSY)'이다. 이 용어의 사전적 정의는 "주어진 특정 자원으로부터 물량적 생산을 최대 수준에서 지속적으로 실현할 수 있는 생산 수준"이다.[해양수산 용어사전, 2020. 5.] 적정 수준의 어획을 하면 생물 자원이 완전히 고갈되는 일 없이 영속적으로 최대 생산을 올릴 수 있다는 것이다. 그러나 이 개념은 잘못된 가정을 전제로 하고 있다. 다량의 어획으로 일시적으로 생선 수가 줄 수는 있으나, 그렇게 되면 바닷속의 다른 생선들에게 더 많은 공간과 더 많은 먹이가 주어지므로 곧 자체 재생산이 이루어져 개체 수가 다시 회복되리라는 것이다. 그렇지만 실제로 일어난 일은 지속적인 남획이었으며, 오히려 이 개념이 남획을 정당화하는 데 쓰인 면이 있다.

일부 국가는 해양 생물을 보호하기 위한 조치를 강구 중이다.[신효정] 샥스핀 요리는 미국의 캘리포니아와 일리노이 주에서는 이미 금지된 음식이다(원래 중국에서 황제와 최고 수준의 엘리트만 먹는 음식이었는데 부가 쌓이면서 수요가 폭증했다). 이 조치는 미국 전역으로 확대될 전망이다. 조만간 미국 전역에서 상어 지느러미의 판매를 금지할 가능성이 있다. 벨루가 캐비어(Beluga caviar)는 쉽게 접하기 힘든 최고급 음식이며 그 때문에 부유층의 수요가 늘지만, 미국에서는 멸종위기종에 대한 보호 차원에서 금지된 음식이다. 벨루가는 몸집이 가장 큰 철갑상어로 알 역시 굵어 최상품의 캐비어로 취급된다. 철갑상어는 주로 카스피해와 흑해에서 발견되는데, 최근 개체수가 급속도로 감소하고 있어 국제적 멸종위기종으로 분류된다. 밀렵을 줄이기 위한 노력의 일환으로 미국은 2005년부터 벨루가 캐비어 매매를 금지했다.

중국인에게 보양 음식으로 인기가 높은 생선 토토아바(Totoaba) 또한 문제가 되고 있다.[이영희, 2018] 민어과의 토토아바는 캘리포니아만 일대에만 서식하는 생선인데, 중국인들 사이에 토토아바의 부레가 피부 미용에 좋고 관절염, 산통 등에 효과적이라는 소문이 나면서 가격이 치솟았다. 개체 수 감소로 1975년에 이미 어획이 금지되었지만, 불법으로 잡힌 토토아바의 부레가 계속 암시장으로 흘러들어가고 있다. 중국 광저우시 암시장에서 토토아바 한 마리의 부레는 2만 위안(약 340만원)에서 13만 위안(약 2,200만원) 사이에 거래된다. 이처럼 비싼 가격에 팔리다 보니 '바다의 코카인'이라는 별명을 얻게 된 토토아바를 얻기 위해 멕시코 밀어꾼들이 앞바다로 몰려들어 불법 조업을 하다가 서로 총격전까지 벌이고 있다. 이 때문에 멕시코 북서쪽 캘리포니아만이 '공포의 바다'로 변하고 있다. 게다가 토토아바를 잡기 위해 설치한 그물에 멸종위기종인 바키타 돌고래가 걸려 죽는 일도 일어난다. 멕시코 당국이 두 바다 생물을 보호하기 위해 산펠리페(San Felipe) 앞바다 1,300제곱킬로미터를 조업금지 구역으로 설정하자 어민들이 밀어꾼으로 변했다. 여기에 마약조직이 결탁한 것으로 보인다. 마약과 토토아바 부레는 같은 네트워크와 밀매 경로를 통해 외국으로 흘러나가고 있다.

어획의 문제를 피하는 방법 중 하나는 양식이다.[FAO] 이로 인해

탈라피아 요리

탈라피아는 사람들이 가장 많이 잡는 아프리카 원산의 민물고기다. 한국에서는 보통 '역돔'이라 부르지만, 도미과에 속하지는 않는다. 현재 중국, 이집트, 브라질, 인도네시아, 필리핀에서 연 430만 톤을 양식한다.

해산물 소비도 크게 늘었다. 전 세계 인구의 1인당 생선 소비량은 1960년대 평균 9.9킬로그램이었다가 1990년대에 14.4킬로그램으로 늘었고, 2013년에는 19.7킬로그램, 2015년 이후에는 20킬로그램의 벽을 넘었다. 전체 생선 소비량 중 양식의 비중은 1974년에 7퍼센트였는데 1994년 26퍼센트, 2004년 39퍼센트가 되었으며, 현재는 이미 50퍼센트를 넘었다(다만 연구자들은 중국이 어획량 신고를 줄이기 위해 양식 수치를 부풀릴 가능성을 제기한다). 양식으로 얻는 생선의 양은 2017년 현재 6,000만 톤이 되었다. 양식 어종으로는 잉어, 틸라피아, 메기, 연어, 장어가 85퍼센트를 차지한다.

21. 바다의 현대사

양식 중 1/3은 사람이 먹는 게 아니라 다른 양식의 사료용으로 사용한다.[Le Puil] 전 세계에서 생산되는 생선가루 중 57퍼센트가 생선 양식에 쓰이고, 22퍼센트는 돼지 사료, 14퍼센트는 닭 사료로 사용된다. 엄청난 공장식 어선들이 후진국 바다로 들어가 남획한 생선들을 고급 어종(참치, 도미 등) 양식에 쓴다. 연어 1킬로그램을 얻기 위해 다른 생선 5킬로그램이 필요하며, 참치 1킬로그램을 얻기 위해서는 8~10킬로그램이 필요하다. 다만 양식 어류에 문제가 있을 수 있다. 예컨대 '바다 이(sea lice)'는 양식 연어에 많이 기생하는 외부 기생충인데, 현재 수산 양식업이 직면하고 있는 가장 큰 위협 중 하나가 바다 이의 확산이다. 그 때문에 오스트레일리아와 뉴질랜드에서는 양식 연어를 금지 음식으로 분류했다.[신효정]

어업은 갈수록 더 중요한 의미를 띠게 될 것이다. 현재와 같은 약탈적 방식이 아니라 환경에 피해를 주지 않으면서 지속 가능한 방식을 발전시킬 과제가 남아 있다.

제2차 세계대전 이후의 교역과 경제

제2차 세계대전 이후 세계 경제의 장기 성장기가 시작되었다. 무엇보다 국제 무역이 천문학적으로 증가했다. 엄청난 물량의 상품 운송은 해운이 주도할 수밖에 없다. 현재 세계 화물 운송량의 80~90퍼센트를 컨테이너선이 담당하며 6,591개의 글로벌 항구들이 연결되어 있다.[Chalk, 674~675] 매 순간 바다에 1,200~1,500만 척의 컨테이너선이 항해 중이다. 역사상 초유의 대규모 성장은 해운 없

[표 5] 세계 해상 무역의 성장, 1970~2035(OECD report)

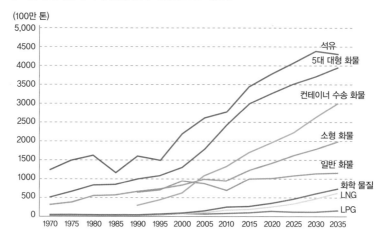

(100만 톤)

이는 설명이 불가능하다.(worldshipping.org)

해운 선박은 여러 종류가 있지만 여기에서는 특히 컨테이너선을 주목해보기로 하자. 컨테이너는 세계 물류에 혁명적 변화를 가져왔다. 이를 가능케 한 선구자가 미국 노스캐롤라이나 출신의 트럭 회사 사업가이자 엔지니어인 맬컴 맥린(Malcom P. McLean)이다. 《포브스(Forbes Magazine)》가 맥린에 대해 "세계를 변화시킨 몇 안 되는 인물 중 하나"라고 표현한 것은 분명 과장이 아니다. 맥린의 장례식 날 전 세계의 컨테이너선이 기적을 울려 그의 명예를 기린 것도 흥미롭다.(Saxon)

제2차 세계대전 이후 무역 규모는 엄청나게 증가하는 데 수송 수단이 이를 충분히 소화하지 못하고 있었다. 어디에 문제가 있는 것일까?(레빈슨, 86~88) 1950년대 초에 화물 터미널은 교통 정체로 몸살을

21. 바다의 현대사

[표 6] 워리어호가 운송한 해외 화물(레빈슨, 86)

	수량(개)	무게 비율(%)
케이스	74,903	27.9
종이 상자	71,726	27.6
가방	24,036	12.9
박스	10,672	12.8
다발	2,880	1.0
포장 상품	2,877	1.9
개별 상품	2,634	1.8
원통	1,538	3.5
깡통	888	0.3
통	815	0.3
바퀴 달린 장치	53	6.7
대형 상자	21	0.3
트랜스포터	10	0.5
감개	5	0.1
분류 불가능	1,525	0.8
합계	194,583	98.4

앓았다. 1954년 미국 정부는 이 문제에 대한 특별 연구를 수행했다. C-2 유형의 화물선(다섯 개의 선창을 가진 길이 140미터 내외의 화물선)인 워리어(Warrior)호를 대상으로 화물의 품목 및 항해 과정에 대해 세부 사항까지 꼼꼼하게 확인해본 것이다. 이 선박에 싣는 화물은 미국 151개 도시에서 온 것들로 총 1,156차례에 걸쳐 브루클린(Brooklyn)으로 배송됐다. 모두 5,000톤에 달하는 화물은 19만 4,582단위(통, 배럴 등)로 되어 있었다. 이 화물을 워리어호에 적재하는 데 6일이 걸렸고, 이 작업에 들어간 목재와 밧줄 가격만 5만 31달러 69

컨테이너를 사용하기 전 항구의 모습

1930년경 영국 런던 캐닝타운의 로열 빅토리아 항구에서 화물을 선적 또는 하역하고 있다.

센트였다. 이후 대서양을 건너는 데 10.5일이 걸렸고, 독일 브레머하펜(Bremerhaven)항에서 하역하는 데 4일이 걸렸다. 워리어호는 전체 일정의 절반을 항구에서 보낸 셈이다. 하역된 화물 중 맨 마지막 물품이 목적지에 도착한 것은 워리어호가 브레머하펜항에 도착한 지 33일 뒤였다.

워리어호가 전체 화물을 운송하는 데 들어간 총 비용은 23만 7,577달러였다. 이 가운데 항해에 들어간 비용은 11.5퍼센트인 반면, 출발지와 도착지 양쪽에서 적재와 하역에 들어간 비용이 36.8퍼센트였다. 흔히 이 비율이 50퍼센트 이상이라고 이야기해왔으나 그보다는 적은 것이 사실이다. 그렇지만 당시는 독일 부두 노동자의

21. 바다의 현대사

임금이 인상되기 전이라 미국 부두 노동자의 1/5도 되지 않는 급료를 받고 있었기 때문일 것이다. 결론적으로 화물을 접수하고 임시 창고에 보관하고 배에 싣거나 내리는 일련의 과정에 들어가는 비용을 줄이는 것이 급선무였다.

맥린의 컨테이너화가 이 문제를 근본적으로 해결했다.[레빈슨, 117~120] 규격화된 철제 박스, 즉 컨테이너에 화물을 넣고 이 박스들을 그대로 배에 집어넣는다는 아이디어다. 사실 컨테이너가 이전에 없었던 것은 아니다.[WorldShipping.org] 그렇지만 현재와 같은 컨테이너를 본격적으로 사업화한 것은 분명 맥린의 공헌이다. 그의 이론은 다양한 운송 수단을 복합적으로 이용해 수송의 효율성을 극대화한다는 '인터모달리즘(Intermodalism)'에 근거한다. 즉 같은 컨테이너를 선박, 트럭, 기차 등을 이용해 연속적으로 이동시키는 것이다. 이것이 1960년대 이후 물류의 혁명적 변화를 초래한 핵심 요소다.

1956년 그는 유조선 한 척을 사서 컨테이너 58개를 싣도록 개조한 후 배 이름도 아이디얼 엑스(Ideal-X)호로 개명했다. 이 배로 새로운 방식의 화물 운송 방식을 실험했다. 4월 26일 관련 업계 저명인사 약 100명이 뉴어크(Newark)항에 모여 크레인이 컨테이너를 7분에 한 개씩 아이디얼 엑스호에 싣는 작업을 지켜보았다. 그리고 이 배는 휴스턴으로 가서 컨테이너를 하역했다. 운송 비용의 분석 결과는 놀라웠다. 그해에 일반 화물을 중간 크기의 화물선으로 운송하는 비용은 1톤당 5.83달러였으나 아이디얼 엑스호에 컨테이너 방식으로 운송할 때는 15.8센트밖에 들지 않았다. 화물 운송 비용을 극적으로 낮추는 시스템이 개발된 것이다.

초대형 컨테이너선 HMM 알헤시라스호

약 2만 4,000TEU급 선박인 알헤시라스호는 2021년 기준 세계 최대 규모의 컨테이너선으로, 선박 길이(약 400미터)가 에펠탑 높이(320미터)보다 길다.

초기에 사용한 컨테이너는 20×8×8.5피트 규모로 이것이 컨테이너선의 크기를 이야기하는 기본 단위(TEU, twenty-foot equivalent unit)가 되었다. 다만 현재는 그 두 배인 40피트 길이의 컨테이너를 더 많이 쓰긴 하지만, 단위는 전통적인 TEU를 그대로 사용한다. 최근 건조한 초대형 컨테이너선은 2만 TEU를 넘기도 하니 얼마나 엄청난 양의 화물을 수송하는지 짐작할 수 있다. 컨테이너선의 크기는 대개 7개 범위로 나눈다(Small Feeder, Feeder, Feedermax, Panamax, Post-Panamax, New Panamax, Ultra-Large). 파나맥스(Panamax)는 원래 파나마운하의 크기에 제한을 받아 통상 전장(全長) 294.1미터, 전폭(全幅) 32.3미터, 흘수 12.04미터 이하의 선박을 가리킨다. 그런데 2016년 파나마운하의 확장 공사로 뉴파나맥스급 선박의 규모는 전장 366미터, 전폭 49미터, 흘수 15.2미터로 상승했다.

21. 바다의 현대사

그 이상의 최대 규모 선박은 VLCS(Very Large Container Ships)급 혹은 ULCV(Ultra Large Container Vessel)급 선박으로 구분하는데, 1만 TEU 이상의 대형 선박이다. 2017년 한국에서 건조한 컨테이너선 OOCL 홍콩호는 2만 1,413TEU이고, 2020년 역시 한국에서 건조한 알헤시라스호(HMM Algeciras)는 2만 3,964TEU를 기록했다.

항구 시설 또한 진화해갔다. 과거에는 무수히 많은 노동자가 부두에서 크고 작은 짐들을 배에 싣거나 내리는 일을 해야 했다. 19세기 이래 항구 노조가 제일 강경했다. 그런데 컨테이너가 등장하면서 노동자 수가 감소하자 격렬히 저항했으나 시대의 대세를 막을 수는 없었다. 화물선이 커지면 수천 개의 컨테이너를 어떤 순서로, 어느 자리에 쌓아올리는 게 최적인가 하는 복잡한 문제가 제기된다. 그리고 철도, 고속도로, 트럭 등 각종 수송 수단을 어떻게 연계하느냐 하는 것 또한 중요한 문제다. 현대의 주요 항구들은 4차 산업혁명 기술을 이용한 스마트 자동화 터미널로 변신했다. 즉, 컴퓨터를 이용한 알고리즘으로 가장 효율적인 방식으로 처리하고 있다. 이처럼 자동화가 발전하여 현재 세계적으로 세계 인구의 0.5퍼센트가 90퍼센트의 화물을 담당한다. 해운업은 지극히 효율적인 산업이라 할 수 있다.(Paine, L., 583~587)

40년 동안 5번의 이데올로기적·지정학적 전쟁들(중일전쟁, 태평양전쟁, 국공내전, 한국전쟁, 인도차이나 전쟁)을 거치고 난 후, 동아시아와 동남아시아는 1970년대에 상대적인 평화 시기를 보내면서 놀라운 경제 성장을 이루었다. 무엇보다 미국의 소비 시장과 연결되었기 때문에 가능한 일이었다.(Preston, 624) 이는 국가별 컨테이너 물

동량 통계에서 드러난다.[WorldShipping.org] 2014년의 경우 컨테이너 상품 수출 순위를 보면 중국(3,600만 TEU), 미국(1,190만 TEU), 한국(593만 TEU), 일본(528만 TEU), 인도네시아(400만 TEU), 타이(392만 TEU), 독일(332만 TEU), 타이완(325만 TEU), 인도(307만 TEU), 베트남(294만 TEU) 순이며, 수입 순위를 보면 미국(1,960만 TEU), 중국(1,470만 TEU), 일본(655만 TEU), 한국(509만 TEU), 인도네시아(317만 TEU), 독일(300만 TEU), 영국(264만 TEU), 타이완(253만 TEU), 오스트레일리아(252만 TEU), 베트남(247만 TEU) 순이다.

컨테이너선이 발전하면서 미국과 아시아 국가들의 항구들은 큰 화물선이 들어올 수 있도록 인프라를 새롭게 구축해갔다.[Preston, 622] 미국 서해안의 시애틀, 포틀랜드, 샌프란시스코, 산호세, 로스앤젤레스 등지에서 금융, 정보 부문 등 주요 산업들이 발전하였고, 도쿄, 서울, 싱가포르에서 마닐라까지 유사한 도시들의 교역을 증가시켰다. 현재 세계에서 가장 활기찬 항구도시들은 대개 중국 연안에 있다. 여기에 싱가포르, 홍콩, 부산 등이 더해진다.

1990년대 이래 미국의 태평양 헤게모니에 중국이 도전 중이다.[Preston, 625] 처음 중국이 세계 경제에 들어왔을 때 미국은 거대 시장의 개방이라는 점에서 환영했다. 월트 디즈니사(The Walt Disney Company)의 마이클 아이스너(Michael Eisner) 회장은 중국이 미국의 넘버원 시장이 될 거라며 반겼다. 다른 미국 산업인들도 똑같이 생각했을 터이다. 이는 마치 100년 전 존 헤이의 문호개방정책의 재판이라 할 만하다. 중국은 1960년대 일본, 1980년대 한국처럼 저가 상품들을 수출하여 번 돈을 미국 자산에 투자했다. 중국이 미 국무성 채권에 투자함으로써 미국의 이자율이 낮게 유지되어 결과적으로 태평양 경제가 더 크게 번영을 누렸다. 이 과정에서 중국이 세계의 공장이 되었다. 상품과 원재료의 운송을 위해 항구들이 성장했다. 세계 20대 항구에 대한 자료를 보면(WorldShipping.org), 상하이, 싱가포르, 선전, 닝보, 홍콩, 부산, 광저우 등 최정상급 항구들은 모두 아시아, 특히 중국과 한국 및 그 인근 항구임을 알 수 있다. 세계 1위를 차지한 상하이의 경우 2008년에 2,700만 TEU를 소화했고 10년 후인 2017년에는 4,000만 TEU를 소화해 144퍼센트 성장했다. 2위인 싱가포르는 2008년 2,992만 TEU에서 2017년 3,367만 TEU로 133퍼센트 성장했다. 6위를 차지한 부산항은 2008년 1,345만 TEU에서 2017년 2,049만 TEU로 152퍼센트 성장했다.

그러나 중국은 갈수록 미국의 파트너보다는 라이벌 성격이 강해져간다. 아시아권뿐 아니라 아프리카, 남아메리카 등지에도 투자를 확대하여 미국의 긴장 수위를 높이고 있다. 게다가 아직 미국에 뒤처지기는 하지만 군사적 힘을 크게 키워서 지역 내 라이벌로 떠오르고 있다. 미중 경제 관계는 상호 이익이지만, 양국은 21세기 패권 경쟁으로 치닫고 있는 게 분명하다.

선박과 운하, 해양 사고

앞에서 언급한 대로 선박은 전반적으로 대형화 추세를 보이지만, 과거에는 운하 크기를 넘지 못한다는 심각한 제약이 있었다. 수에즈운하와 파나마운하를 통과하지 못할 정도로 큰 배를 건조하면 그 배는 예전처럼 먼 항로로 돌아가야 하므로 비경제적이다. 파나마운하를 통과할 수 있는 최대 크기를 가리키는 파나맥스(Panamax), 수에즈운하를 통과할 수 있는 최대 크기를 가리키는 수에즈맥스(Suezmax)가 중요한 기준이 되었다. 그렇지만 이런 기준도 당연히 시대의 변화를 따른다.[Milne, 290] 1960년대에 변화가 시작되었다. 일본 경제가 성장하자 중동의 석유를 일본으로 수송하는 경우 수에즈운하를 고려할 필요 없이 선박의 규모가 커야 유리했다. 유조선이 수에즈맥스를 넘어선 이유다. 게다가 중동의 정세가 혼란스러울 경우 수에즈운하를 사용하지 못했다. 이때에도 아프리카 남단을 돌아 유럽으로 가는 배는 커야 유리하므로 초대형 유조선들이 나왔다. 1979년 일본 스미토모중공업에서 건조한 초대형 유조선 시와이즈자이언트(Seawise Giant)호는 배수량 65만 7,019톤으로 그 당시까지 최대 규모였다.

조선업은 다른 중공업과 달리 비교적 이른 시간에 크게 성장할 수 있는 특징이 있다.[Lemmers, 126~129] 양차 세계대전 중 미국이 전력을 다해 선박을 대량 건조한 사례뿐 아니라 1870년 이후의 독일도 이와 유사하고, 최근에 한국과 중국의 조선업이 약진한 것도 그러하다. 다만 해군력과 조선업이 꼭 일치하는 것은 아니다. 냉전기 미국과 소련 모두 조선과 해운에서 세계 최강은 아니지만 해군력은 최강이었다. 반대로 한국은 조선은 세계 최강이지만 그렇다고 해군력이 세계 최강은 아니다. 다시 말해 중진국 수준의 국가도 조선업은 1등 지위를 차지할 수 있다. 그 이유는 조선 기술은 빨리 전달되는 편이고, 숙련 노동의 이동도 비교적 자유로운 편이기 때문이다.

일반적으로 조선 산업 발전의 패턴은 정해져 있다.(Lemmers, 131~132) 우선 외국 선박을 많이 구입하는 시기에 선박 수리와 관련된 기술이 필요하다. 이 과정을 거치고 나면 선박 수요가 더 커질 때 자체 건조를 하고자 하며, 이때는 정부 보조가 크게 작용한다. 철강산업과 부품 공급 산업이 아울러 발전하고, 곧 외국 선박 수요도 맡게된다. 이 시기까지는 대개 저임금이 주요 이점이었으나 국부가 늘면서 이 요소는 점차 사라져간다. 그러면 기술 발전으로 이를 메워야 하고 그러려면 많은 투자가 필요하다. 한편으로 다각화된 선박 건조 기술들을 갖춰가지만, 점차 이전에 유리했던 면들을 상실하면서 결국은 국내 생산을 줄이고 외국 선박 수입으로 방향을 돌린다. 그래서 대개 전통의 조선 강국들도 어느 한 순간 조선 산업이 무너지곤 한다. 한국의 조선업은 전형적으로 이 길을 밟아 발전해왔다. 다만 앞으로 똑같은 쇠락의 길을 갈지 현재의 우위를 계속 유지할지는 두고 볼 일이다.

한편, 선박 운항이 늘면서 심각한 해양 사고도 빈발하고 있다.

1967년 3월 18일 초대형 유조선 토리 캐니언(Torrey Canyon)호가 콘월 근처에서 좌초한 것이 한 사례다.(Guardian, 2010. 6. 24) 이때 12만 3,000톤의 원유가 유출됐다. 이 배는 쿠웨이트 국영석유회사에서 원유를 가득 싣고 웨일스로 가는 중 실리(Scilly)제도 부근의 암초에 좌초되었고, 며칠 후 선체가 파손되면서 결국 선체가 두 동강 났다. 원유 12만 톤이 해상 유출되는 최악의 사태가 벌어졌다. 영국 해안 120마일(190킬로미터), 브르타뉴 해안 55마일(80킬로미터)에 걸쳐 약 700제곱킬로미터의 유막이 바다를 덮었다. 영국 정부는 엄청난 양의 유화제를 뿌렸으나 수습이 안 되고 예인도 불가능해지자, 공군을 동원하여 배를 폭파하고 기름을 태워버리기로 결정했다. 영국 공군은 1,000파운드짜리 폭탄들을 선박에 투하하고 항공유를 투하해서 불을 붙이려 했으나, 만조 때 바닷물로 불이 꺼졌다. 여러 종류의 폭탄과 네이팜(Napalm)과 등유를 부어 결국 선박을 침몰시켰다. 일주일 후 기름이 건지(Guernsey)섬까지 도달하자 당국은 기름을 퍼 올려 탱크에 담는 방법을 썼고, 미생물로 분해하는 시도를 했으나 큰 성과는 거두지 못했다. 후일 조사에 의하면 선장이 시간을 아끼려고 지름길로 항해하려 한 것이 사고의 주 원인이었고, 여기에다가 선박 설계상의 실수도 발견했다. 1989년 엑슨 발데스(Exxon Valdez)호 사건은 알래스카의 프린스 윌리엄 사운드에서 좌초하여 1,100만 톤의 원유를 유출했다. 1973년 알래스카의 원유 채굴 사업을 의회에서 검토할 당시 해상 원유 수송 단계가 가장 위험할 거라고 예측했는데, 실제로 그런 사태가 일어난 것이다.(Earle, 154) 1978년 3월 16일 초대형 유조선 아마코 카디스(Amaco Cadiz)호가 브르타뉴 해안에서 좌초한 후 세 동강이 나서 침몰하면서 22만 880톤의 원유가 유출된 사건 또한 파장이 컸다.(IncidentNews, noaa.gov)

이처럼 많은 경우 인간의 실수가 주요 원인이다.(Rothblum) 해양 사고의 75~96퍼센트가 적어도 부분적으로 인간의 실수가 원인인 것으로 밝혀졌다. 구체적으로 탱커 사고의 84~88퍼센트, 예인 중 침몰의 79퍼센트, 충돌(collision)의 89~96퍼센트, 선박 간 충돌(allision)의 75퍼센트, 화재와 폭발의 75퍼센트가 말하자면 인재라 할 수 있다. 그것들은 대개 인간의 능력과 제약에 대해 충분히 고려

하지 못한 기술, 작업 환경, 조직 요소와 관련이 크다. 따라서 이런 점들을 개선하는 것이 급선무이다.•

토리 캐니언호 사건으로 1969년 국제해사기구 총회에서 새로운 환경오염 방지 조약을 준비하게 되었고, 그 결과 해양오염방지협약 (Marine Pollution Treaty, MARPOL) 및 이와 관련한 1978년의 의정서가 나왔다('MARPOL 73/78'). 정식 명칭은 '선박으로부터 해양오염 방지를 위한 국제협약(International Convention for the Prevention of Marine Pollution from Ships)'이다. 6가지 주요 오염 물질에 대한 규제 내용을 '부속서(annexe)'에 담고 있고, 또한 각 물질별로 더 엄격한 규제가 적용되는 '특별 해역'도 지정하고 있다. 부속서의 주요 내용은 다음과 같다.

부속서 I. 기름 오염 예방을 위한 규제(1983년 10월 발효): 1992년 개정으로 새로 만들어지는 모든 유조선은 이중선체(double hull)를 갖추어야 한다. 부속서 II. 유해 액체 물질 오염 예방을 위한 규제 (1983년 10월 발효): 약 250개 물질을 평가하여 규제 대상 물질 목록에 실었다. 부속서 III. 포장된 유해 물질로 인한 오염 예방(1992년 7월 발효): 유해 물질을 포장된 형태로 운반할 때 지켜야 할 상세한 표준을 제시하고 있다. 부속서 IV. 선박 하수 오염 예방(2003년 9월

• 때로는 고의적인 유출도 있다. 1991년 걸프 전쟁 당시 사담 후세인이 지휘하는 이라크군이 쿠웨이트군에 패배하면서 5억 갤런의 원유를 유출했는데, 이것은 엑슨 발데스호 사건 당시의 45배에 해당하여 '원유 유출의 끝판왕(mother of all oil spills)'이라 불린다.(Earle, 155)

발효): 원칙적으로 선박 하수를 바다에 버리는 것은 금지되었다. 부속서 V. 선박의 쓰레기 오염 예방(1988년 12월 발효): 쓰레기 종류별로 배출할 수 있는 해역과 배출하는 방법을 규정하고, 특히 플라스틱을 바다에 버릴 수 없도록 규정했다. 부속서 VI. 선박의 대기오염 예방(2005년 5월 발효): 선박에 대해 황산화물, 질소산화물의 배출 농도를 설정했고, 오존층 파괴 물질의 배출을 금지했다.[해양학백과사전]

한편, 선박 운행은 자칫 큰 인명 사고를 초래할 수도 있다. 타이태닉호 사건이 가장 유명한 고전적인 사례다. 1912년 4월 15일 새벽, 사우샘프턴(Southampton)에서 뉴욕을 향해 항해하던 타이태닉호는 빙산과 충돌한 후 침몰했다. 당시 세계 최대 규모였던 이 거대한 여객선의 첫 항해였다. 2,224명의 승객과 승무원 중 1,500명 이상이 사망하는 초유의 대참사였다. 부호들이 탑승한 1등칸은 최고의 화려한 공간이었고, 나머지 칸들에는 미국에서 새로운 삶을 살려던 이민자들이 타고 있었다. 이 배는 안전장치가 충분하여 결코 침몰할 수 없다고 자부했지만 실제로는 그와 거리가 멀었고, 무엇보다 탑승 인원에 비하면 구명정이 턱없이 부족했다. 20개의 구명정에 1,178명만 탈 수 있는 데다가 작동이 힘든 것들도 있었고, 그나마 최대한 승객을 태우지도 않고 내렸다. 타이태닉호는 아직 1,000명 이상이 배 안에 있는 상태에서 침몰했다. 사고 이후 두 시간 정도 지나서 큐너드사의 카르파티아호가 도착해 705명을 구조했다. 그렇지만 고작 몇 마일 떨어진 곳에 있었던 캘리포니아호는 구조 요청 신호를 수신하지 않고 있어서 전혀 구조 활동을 하지 않았다(당시 구조 요청 모르스부호는 현재처럼 SOS가 아니라 CQD(Come Quick, Danger)였다). 사실이 배는 타이태닉호에 빙산을 조심하라는 경고의 메시지를 보낸 후자신은 위험을 피하기 위해 야간 운항을 멈춘 상태였다.[*]

타이태닉 사건은 해상인명안전조약(International Convention for the Safety of Life at Sea, SOLAS)이 만들어지는 계기가 되었다. 1914년의 첫 내용은 구명정 숫자와 안전 조치 등을 규정했다. 예컨대 캘리포니아호와 같은 사례가 일어나지 않도록 항시적으로 라디오 수신을 의무화했다. 그러나 제1차 세계대전 발발로 이 조약은 실제 적용되지 못했다. 그 후 1929년, 1948년, 1960년에 이어 1974년에 내용이 개편되었다. 시대에 따른 주요 변화 내용들을 담아 지속적으로 개편하기로 했으나, 실제로는 개정 절차가 너무 느리게 진행되었다. 그래서 1974년의 경우 특정 시점까지 승인국만큼의 반대가 나오지 않으면 자동으로 채택되는 방식(tacit acceptance procedure)으로 진행되었고, 그 결과 이 조약은 1985년에 발효되었다. 164개국이 승인하여 99퍼센트의 상선이 이 조약 내용을 준수하게 되었다(우리나라의 경우 1994년 11월 14일에 비준했고, 2000년 2월 3일자로 발효되었다).(ecolex.org)

이후 해상 안전은 크게 증진되었다. 2007~2008년 기준으로 승객 수 17억 명 중 사망자가 1,000명 수준이 되었다.

● 1,503명이 사망한 타이태닉호 사건이 유명하지만 그 외에도 유사한 사건이 많았다. 2년 후 1만 5,000톤급 여객선 엠프리스 오브 아일랜드(Empress of Ireland)호가 퀘벡 근처 바다에서 짙은 안개 속에서 다른 선박과 충돌하여 15분 만에 침몰했고 1,000명 이상이 사망했다.(Rieger)

CHAPTER 22

미래의 바다, 인류의 마지막 희망

장차 바다는 인류의 삶에 어떤 영향을 미칠까? 현재 세계의 바다는 가공할 폭력의 공간으로 바뀌었다. 동중국해와 남중국해 등 일부 해역에서는 초강대국 간 무력 충돌의 위험이 커져가고 있으며, 심지어 세계대전의 가능성까지 점쳐지고 있다. 해양 오염이 갈수록 심각해져서 장기적으로는 지구 환경의 심대한 변화가 인류의 생존을 위협할 수도 있다. 아마도 인류가 멸망한다면 바다에서 비롯될 가능성이 크다. 그렇지만 다른 한편 바다는 인류의 마지막 희망의 장소이기도 하다. 100억 명까지 증가할 인구를 먹여 살릴 식량 문제를 해결하고, 교역을 활성화하며, 각종 주요 자원을 얻고, 산업 발전을 촉진시키는 공간이 될 수 있다. 미래의 바다는 공포와 희망이 겹치는 곳이다. 인류의 미래는 바다에 달려 있다.

갈등의 바다

오늘날 일부 해역은 언제 터질지 모르는 화약고와도 같다. 강대국들은 바다를 통해 투쟁하고 바다를 지배하려 한다. 현재 세계 최강의 해군력을 보유한 나라는 미국이다. 적어도 수십 년 동안은 이 지위를 유지할 공산이 크다. 그러나 이에 대해 강력한 도전이 제기되는 것 또한 분명하다. 특히 중국의 도전이 주목할 만한 현상이다.

20세기 후반 들어 미국은 세계 최강의 해군력을 보유하게 되었다. 그 이전 어느 나라도 자국 영토에서 그토록 멀리 떨어진 곳까지 그토록 많은 톤수의 선박을 배치한 세력은 없었다. 한때 영제국이 최정상에 있을 때 2국 표준주의(two power standard)를 정책 기준으로 삼았다는 사실을 앞에서 보았다. 즉 자신을 제외한 다른 강대국 두 국가의 해군력을 합친 정도를 보유한다는 것이다. 만일 이 기준을 현재 세계에 적용해본다면 미국은 5국 표준주의(five power standard)를 넘는다. 미국이 압도적 1위의 해군력을 보유하고 있는데, 그다음 2~6위 국가들의 해군력을 합친 것을 능가한다는 이야기다. 중국을 비롯한 경쟁국들이 본격적으로 힘을 쌓아가지만 미국의 해양 헤게모니는 당분간 유지될 것이다. 미국은 앞으로도 수십 년 동안 세계 최강의 군사 외교 강국으로 남을 가능성이 크다.

미국은 화물과 에너지 수출입의 80퍼센트를 바다를 통해 해결하고 있다. 또한 해저 케이블은 유통되는 정보의 96퍼센트를 담당한다. 미국은 쉽게 말해 해양 국가이고 영국의 뒤를 이어 1945년 이후 현대의 제해권(thalassocracy)을 장악했다.[Valli, 6] 역사적으로 늘 그렇듯이 패권국은 자유로운 해상 교류와 교역을 주장한다. 이것을 지키는 근간이 해군력이다. 앞서 이야기한 대로 냉전 초기 광적인 조약 체결 시대에 형성한 동맹국들 간 군사 협력 체제가 아직 많이 유지되고 있기 때문에, 현재 30여 해외 기지를 운영하며 이를 활용할 여력이 크다. 미 해군은 워싱턴의 결정에 따라 군사력을 배치하고 전개하는 게 가능하다. 조너선 그린허트(Jonathan Greenhert) 제독의 주장대로 '중요한 곳에 중요한 때'에 해군력을 배치하는 게 가능하다. 이와 같은 전략적 유연성으로 인해 강력한 억제력을 소유하고 있다.

이는 머핸 이래 미국 전략의 핵심을 이룬다. 이를 유지하기 위해 미국은 막대한 군사비를 쏟아붓고 있다.(Valli, 6) 2020년 발표된 국제 전략연구소(IISS) 자료를 살펴보자. 군사비 동향을 보면 세계의 군사비 총액은 2019년에 전년 대비 4퍼센트 증가했다. 미국과 중국은 각각 6.6퍼센트 증가하여 세계 평균을 웃돌았다. 주목할 점은 미국 군사비는 가속적으로 늘어나지만 중국은 증가 속도가 완화된다는 점이다. 각국의 군사비 액수는 [표 7]과 같다.

미국의 군사비는 6,846억 달러로 중국(1,811억 달러)의 3.8배에 달한다. 미국은 갈수록 더 빨리 증가하고 중국은 완화되어 당분간 격차가 더 벌어질 가능성이 있다. 미국을 제외한 나머지 2~12위 국가들의 군사비를 전부 더해야 미국과 비슷한 수준이 된다(6,802억 달러). 전반적으로 보면 아시아 국가들의 군사비 증가가 두드러진다.

2019년 기준으로 미국과 세계의 해군력을 비교하면 [표 8]과 같다. 총 함정 수, 총 톤수, 항공모함, 이지스함, 잠수함, 상륙함, 항공기 등 모든 면에서 미국이 앞서 나간다. 사실 더 중요한 것은 양적

[표 7] 2019년 군사비 지출 상위 15개국

순위	나라	군사비(단위: 10억 달러)
1위	미국	684.6
2위	중국	181.1
3위	사우디아라비아	78.4
4위	러시아	61.6
5위	인도	60.5
6위	영국	54.8
7위	프랑스	52.3
8위	일본	48.6
9위	독일	48.5
10위	한국	39.8
11위	브라질	27.5
12위	이탈리아	27.1
13위	오스트레일리아	25.5
14위	이스라엘	22.6
15위	이라크	20.5

[표 8] 2019년 주요 국가의 해군력(톤수를 제외한 단위: 척/대)

	미국	중국	일본	러시아	한국
총 함정	518	702	131	302	160
총 함정 톤수	345만	123만	46만	104만	29만
항공모함	11	2	4(헬기항모)	1	0
이지스함	88	9	6		3
잠수함	71	69	19	65(핵잠수함 40)	18
상륙함	106	76	11	56	10
항공기(헬기 포함)	4028	599	286	442	60

차이가 아니라 질적 차이다. 그러나 어쨌든 중국의 해군력이 적어도 양적으로 빠르게 증가하는 점은 분명 주목할 필요가 있다.

미국의 군사력은 정상급 산업 및 기술의 결과물이다.(Valli, 8) 니미츠(Nimitz)급 항공모함(330미터, 10만 톤) 한 척에만 6,000명의 인원에다가 항공기 80척을 보유하고 있다. 미 해군 중심 구축함인 알레이 버크(Arleigh Burke)급 한 척은 96기의 미사일을 탑재하고 있다. SSN(submarine+nuclear, 원자력 잠수함) 50척, SSBN(submarine+ballistic+nuclear, 탄도미사일 탑재 원자력 함수함) 14척의 잠수함도 지극히 위력적이다. 토마호크 미사일은 2,000킬로미터까지 날아가므로 중앙아시아 내륙의 일부 지역을 제외하면 세계 어느 곳이나 공격이 가능하며, 위성의 도움을 받아 정밀 타격도 할 수 있다.

더 주목해볼 사항은 보급에 특화된 함선이 미 해군 전체 선박 톤수의 20퍼센트를 차지한다는 점이다. 이 때문에 미군은 소위 청해선단(Blue-water fleet)의 작전이 가능하다. 자국에서 멀리 떨어진 해상에 수개월 머물고 또 같은 급의 다른 전력으로 대체가 가능하다. 다시 말해 미 해군은 전 세계의 바다에서 장기간 작전을 펼칠 수 있는 능력을 가지고 있다. 이에 비해 중국, 러시아 등은 대양에서 장기전을 펼치는 능력이 미군에 미치지 못한다.

미군은 '21세기 군사혁명'을 진행 중이다.(Valli, 9-10) 최첨단 기술, 정보화된 프로그램, 막강한 화력을 갖추고 있다. 첨단 기술, 산업 발전을 활용하는 것은 미군 전체의 특징이지만 특히 해군에서 더욱 그런 면이 강하다. 이처럼 미군은 현대화하는 대신 양적으로는 축소하는 방향으로 이행 중이다. 그러다 보니 새로운 문제가 발생한다. 최첨단

니미츠급 항공모함

미국 해군의 원자력 항공모함으로, 체스터 윌리엄 니미츠 제독에서 이름을 따왔다. 제2차 세계대전기 항공모함의 시대가 열린 이래, 미국은 세계에서 가장 많이 항공모함을 만들고 운용하며 최대 군사 강국의 자리를 차지하고 있다.

무기가 다가 아닌 것이다. 해안 초계정들이 다수 은퇴하자 해안 방위력이 약화되는 것이 한 예다. 핵잠수함이 아닌 디젤식 구형 잠수함이 퇴역하자 그 빈자리를 당장 메우지 못해 스웨덴 잠수함을 '빌려서' 사용하기도 했다. 기대를 모았던 미래형 첨단 무기가 생각대로 개발되지 않는 경우도 많다. 한때 레일건(railgun)은 효율성이나 경제성 면에서 최강의 무기가 되리라고 기대했지만, 예상치 못했던 문제가 발생해서 그 개발이 실현되지 못하고 있다.* 또 아무리 값비싼 무기라 하더라도 적의 가미카제식 공격이나 테러에 쉽게 당할 가능성도 있다. 2000년 10월 12일 예멘의 아덴에서 급유 중이던 구축함 콜호

(USS Cole)에 대한 자살 함정 공격이 한 예다. 소수의 공격에 20억 달러의 배가 침몰할 뻔한 것이다. 이처럼 약소국들은 비대칭 방식의 도발 능력을 키우려 한다. 예를 들어 유조선, 화학 물질 운반 선박을 공격해서 경제적 혹은 환경 테러를 일으킬 수 있다. 해적 문제 또한 유사하다. 지역적으로 이런 문제를 해결하는 것이 가능하지만 이를 위해 늘 한 지역에 해군을 상주시키는 것은 부담이 너무 크다. 현대화하되 규모는 축소한다고 할 때 현실적으로 제기되는 이런 문제들을 해결하는 과정에서 갈수록 더 큰 어려움에 직면한다.

중국과의 경쟁

미국과 중국은 태평양에서 충돌을 피하기 어렵다.(Valli, 13-15) 중국 경제가 급성장하면서 원유 수입과 공산품 수출에 해로가 더 중요해진다. 그래서 파키스탄·미얀마·방글라데시 등 인도양 주변 국가에 대규모 항만을 건설하려는 소위 '진주목걸이 전략'을 시도했다. 그러나 이런 전략이 예상대로 잘 이루어질지는 미지수다.

중국은 자신이 아직은 미국에 비해 약자라는 사실을 잘 인지하면

● 레일건은 전류가 흐르는 전선을 따라 발사체(탄환)가 가속되어 날아가는 모습이 마치 열차가 레일을 달려 가속하는 것과 비슷하다고 해서 붙은 이름이다. 화약을 쓰지 않고 전기의 힘만으로 탄환을 날려 보내 전기포(electric gun)라고도 불리며, 탄환(발사체)을 음속보다 7배 빠르게 발사할 수 있다. 적군이 레일건 발사와 도달을 예측하거나 관측하기가 어려운 상태에서 기존 포탄보다 훨씬 강력한 충격을 가할 수 있으리라 기대했다. 그렇지만 개발 과정에서 마찰열이 너무 커서 레일이 쉽게 파손된다는 치명적 결함이 발견되어 현재 개발이 예정대로 진행되지 못하고 있다.

22. 미래의 바다, 인류의 마지막 희망

서도 동시에 미국 군사력을 추격하기 위해 지대한 노력을 기울이고 있다. 석 달에 2,000톤급 선박 한 척씩 진수하는 단계에 이르러 양적으로는 많이 좋아갔고, 현대화도 시도하고 있다. 중국의 1호 항공모함 랴오닝(遼寧)호는 21세기 중국군 현대화를 향한 노력의 상징이다. 1985년 구소련이 건조 중이던 쿠즈네초프급 항공모함 리가 (Kuznetsov-class aircraft cruiser Riga)함은 1988년 12월 4일 진수하고 1990년 바랴그(Varyag)함으로 개명했다. 소련 몰락 후 우크라이나가 매물로 내놓은 이 배를 중국이 구매한 후 개조하여 2012년 랴오닝호로 개명하고 진수했다. 중국에서는 이를 Type 001로 분류한다. 이 구식 항공모함은 캐터펄트(비행기 이륙장치) 부실과 운영 노하우 부족 등의 문제를 안고 있다. 그러나 분명한 것은 중국 해군이 약진을 시작했다는 점이다. 2호와 3호 항공모함은 1호와는 비교가 안 되는 수준으로 발전 중이다. 중국은 아직 미국과 같은 수준의 대양 해군을 완성한 게 아니지만, 앞으로 15~25년 내에 동아시아 균형을 변화시킬 정도로 크게 성장할 것으로 예상한다.

이에 대해 미국은 두 가지 방향에서 미래 전략을 대비할 것이다.

첫째, 여전히 최첨단 무기를 통한 최강의 파괴력을 준비하는 것이다. 미국은 냉전 이후에도 모든 군사 영역에서 최고 능력을 유지하려 했다. 세계 최강의 군사력을 유지하려면 계속 신기술을 개발해야 한다. 레이저포, 3D 프린터를 이용한 해상 수리 기술, 바닷물에서 함재기 연료를 채취하는 기술, 혹은 무인 함정 등을 들 수 있다.•

그렇지만 신기술 개발에 너무 집착하여 부작용도 만만치 않다. 기존 프로그램을 퇴출시켰으나 새 프로그램은 아직 미진하든지 혹은 너무 비용이 많이 들어 수량을 못 맞추든지, 심지어는 과도하게 발전하여 다른 것들과 조화를 이루지 못하는 경우도 있다. 시울프(Seawolf)급 잠수함의 경우 '과도하게 발전'했다는 평가를 받아 예상된 29척 중 3척만 건조했으며, 그나마 2030년 퇴역을 예상하고 있다. 한 척 건조 비용이 32억 달러(약 4조 원)로 너무 비싸서, 차라리 한 급 아래인 버지니아급으로도 충분하다고 판단한 것이다. 미래형 다목적 스텔스 구축함 줌왈트(Zumwalt) 역시 너무 비싸서 더 이상 건조하지 않고 있다. 또 지나친 정보화가 오히려 위험할 수 있다는 지적도 있다. 기계적 고장, 적의 정보 교란, 너무 적은 인원이 탑승할 경우 화재에 대처하지 못하는 상황 등을 고려해야 한다.

둘째, 동맹을 강화하는 방안이다. 앞서 이야기한 대로 엄청나게 강력한 최첨단 무기라고 해서 모든 것을 할 수는 없으며, 테러, 해적 등 실제 직면한 문제는 종류가 다르다. 미군의 함정이 줄어드는 상황에서 동맹과 협조가 필요하다. 마이클 멀린(Michael Mullen) 제독은 2005년 국제해군심포지엄(International Seapower Symposium)에서 소위 '1,000척의 배로 만드는 국제 해군' 개념을 제시했다("Thousand Ship Navy", 공식적으로 "Global Maritime Partnership"으로 재명명했다). 동맹국의 해군 함정들을 정보 교환이 가능한 단위로 운영하며 "상

- 유령함대(ghost fleet)는 무인 수상함과 무인 잠수함(잠수정) 등으로 구성된 일종의 무인 함대다. 적의 레이더 등 감시망을 피해 은밀히 정찰 감시, 타격 등의 임무를 수행할 수 있어서 붙은 별명이다. 대형 무인함(LUSV)과 초대형 무인잠수정(XLUUV)이 대표적이다. 남중국해·타이완해협 등에서 미·중 함정들과 군용기들의 군사적 긴장이 고조되고 있는 상황이어서 유령함대가 최일선에서 활약할 시기가 앞당겨질 가능성도 있다.[조선일보, 2020. 6. 7]

22. 미래의 바다, 인류의 마지막 희망

호 의존적인 교역·금융·정보·법·국민·거버넌스의 네트워크들로 구성된 글로벌 체제"를 형성하여 새로운 해상력을 구축하자는 아이디어다.(Paine, L., 598) 쉽게 말해 미국 주도하에 각국 해군이 연합하여 안보와 밀수, 해적, 남획 그리고 앞으로 더욱 중요해질 케이블 보호 등의 문제에까지 공동으로 대처하자는 안이다. 무국적 범죄는 어느 한 나라의 힘만으로는 대처하지 못하기 때문이다. 이를 위해 동맹국들에게 기술을 원조하고 무기와 전술 작전을 표준화하여 최종적으로는 '세계 함대'를 구축하는 것이 미국의 목표다(다만 복잡한 정치적 사안들을 고려해야 하기 때문에 실현 가능성은 미지수이지만).

현재까지는 미국 해군이 세계 최강이고 어쩌면 격차가 더 벌어질 수도 있으나, 중국이 맹렬히 추격하는 실정이다. 두 강국은 남중국해와 동중국해에서 맞대면한 채 긴장을 높이고 있다. 바다를 무력으로 지배하려는 두 세력의 힘겨루기로 세계는 더욱 큰 위험에 직면할 수 있다. 현재 제3차 세계대전이 일어날 가능성이 가장 높은 곳으로 남중국해와 동중국해를 지목하는 연구자들이 많다.(Attali, 256)

해양 환경의 악화

지난 50년 동안 인간은 바다에 대한 지배력을 그 이전 수천 년보다 훨씬 더 확장했을 뿐 아니라 바다의 환경을 크게 변화시켰다. 인간의 자연계 지배가 마침내 대양에 이르렀고, 해저에까지 확대되고 있다.

인간은 그동안 바다에서 너무나 많은 것을 뽑아냈고 대신 너무나 많은 것을 집어넣었다. 2021년 지구에서 세 번째로 깊은 해구로 알려진 필리핀해구의 엠덴해연(Emden Deep)에 사상 처음으로 인류가 들어갔다. 필리핀국립대학교 해양과학연구소 미생물해양학자 데오 플로렌스 온다 박사와 해저 탐험가이자 퇴역한 미 해군 장교인 빅터 베스코보가 심해잠수정 '리미팅 팩터'를 타고 12시간 동안 수심 약 1만 540미터에 달하는 엠덴해연 속으로 내려갔다. 1951년 덴마크 선박 갈라테아호가 이곳을 처음으로 탐사했지만 해연 속으로 들어간 것은 이 탐사가 처음이다. 탐사대가 심해에서 발견한 것은 다름 아닌 각종 플라스틱 쓰레기였다. 엠덴해연의 바닥에서 비닐봉지, 제품 포장지를 포함해 셔츠, 바지, 곰인형 등 수많은 쓰레기가 분해되지 않은 채 떠다니고 있어서 "마치 슈퍼마켓 같다"고 할 정도다. 햇빛과 산소가 부족한 해저 환경에서는 플라스틱 물질이 분해되지 않는다. 해저에서 쓰레기가 발견된 것은 이번이 처음은 아니다. 2019년 태평양 마리아나해구 탐사도 함께한 온다와 베스코보는 당시에도 심해 바다에서 플라스틱 쓰레기를 발견했다.(중앙일보, 2021. 6. 1)

한편 인류는 과도하게 어패류를 채집해왔다. 해양 생물의 피해가 커서 일부 종들은 이미 95퍼센트나 줄었다. 약탈적 어업의 결과 남획이 이루어진 정도를 넘어 서식 공간 전체를 파괴한 지경에 이르렀다. 열대 산호초는 1950년대 이래 50퍼센트 정도 사라졌고 카리브해에서는 80퍼센트나 사라졌다. 심해의 산호초들 역시 저인망 어선 때문에 사라지고 있다. 연안 지역에서 생물이 살아가기 힘든 데드 존(dead zone)들이 400여 곳으로 늘어났다. 지구 온난화와 해수 산성화가 진행 중이다. 이런 현상은 최근 수십 년 동안 일어난 일이다. 역사 시대 내내 바다는 큰 변화가 없었으나 최근 들어 여러 방면에서 큰 변화들이 일어났다. 이런 변화가 우리 삶의 터전 자체를 무너뜨릴 위험성이 제기된다.

이 중 몇 가지 현상을 살펴보자.

첫 번째 생각해볼 현상은 지구 온난화다.

바다는 지구 환경을 조정하는 핵심 요소다. 지구 전체 기온이 현재와 같은 균형 상태를 유지하는 데는 표층에서 심층까지 바닷물 전체가 움직이는 소위 '해양 컨베이어벨트' 현상이 작용한다.(김경렬, 102~103) 이 현상을 처음 발견한 인물은 미국인 벤저민 톰슨 경(Sir Benjamin Thompson, 1753~1814)이었다(그는 1791년 혁명을 피하여 영국으로 도주한 후 럼퍼드 백작이 되었다). 그는 해류에 대한 매우 중요한 발견을 했다. 해류가 열대 지방에서 북극 지방으로 흘러가면 해수 온도가 급격히 낮아져 밀도가 커지므로 아래로 내려가서 흩어지게 될 터이고, 따라서 다른 곳의 물이 계속 이곳으로 들어온다고 추론한 것이다. 그의 통찰은 기본적으로 타당한 것으로 밝혀졌다. 다만 물의 온도뿐 아니라 염도까지 함께 고려하여 이제는 열염분 순환(thermohaline circulation)이라 부르게 되었다. 북대서양에서 표층 해수가 가라앉으면서 순환이 시작되어, 남극해를 거쳐 인도양 그리고 북태평양으로까지 이동하면서 서서히 표층으로 올라와 결국 북대서양으로 다시 돌아온다. 이 현상은 북극 해역뿐 아니라 남극 해역으로도 일어난다. 말하자면 전 세계의 바닷물이 거대한 순환을 하고 있는 것이다. 이런 흐름을 마치 바닷물이 하나의 컨베이어벨트를 타고 움직이는 것처럼 그려볼 수 있기 때문에 '해양 컨베이어벨트'라는 별명이 붙어 있다.

해양 컨베이어벨트

　이는 지구 온난화라는 중요한 개념을 만들어낸 미국의 기후과학자 월리스 스미스 브뢰커(Wallace Smith Broecker)가 발견해낸 개념이다. 북극과 남극 두 극지방에서 차갑고 염도 높은 물이 하강하면 바다 표면에서 반대 방향으로 물이 움직인다. 이렇게 하강한 물이 세계의 바다를 돌아 다시 같은 곳에 도달하기까지 시간이 얼마나 걸릴까? 1960년대 핵실험 당시 방사성 물질이 바다 속으로 녹아들어 갔는데, 이 방사성 동위 원소의 분포를 이용하여 심해 해류 속도를 계산할 수 있게 되었다. 계산 결과 대체로 시간당 1미터의 속도로

22. 미래의 바다, 인류의 마지막 희망

흘러서, 결국 북극에서 하강한 물이 열대까지 갔다가 표면으로 올라와 다시 원래 지점으로 돌아오기까지 약 1,000년에서 1,500년이 걸린다는 사실을 알아냈다. 이렇게 거대하고 완만한 흐름을 통해 세계의 바닷물이 뒤섞이고 있다. 이 과정에서 대기 중의 산소가 녹아들어가서 해저 생물들이 살아갈 수 있고, 이산화탄소 역시 녹아들어가서 지구 전체 환경의 균형을 이룬다.

만약 어떤 이유에서든지 이 순환이 멈추면 어떤 일이 벌어질까?(Roberts, 62-67) 극심한 기후 변화가 일어날 것이다. 유럽과 아메리카 동해안 지역이 높은 위도에도 불구하고 따뜻한 기후를 유지하는 것은 쉽게 말해 멕시코만류가 열대의 온기를 북쪽으로 날라다주기 때문이다. 그런데 이 난류가 멈추면 그 지역들은 기온이 큰 폭으로 떨어져 '얼음 왕국'으로 변하게 된다. 실제 지난 12만 년 동안 멕시코만류가 중단된 적이 여러 번 있었고 그때마다 기후 변동이 격심하게 일어났다. 어떤 이유인지는 불명확하나 지난 6,000년 동안에도 해양 컨베이어벨트가 멈추는 사태가 6차례 일어났다고 한다.

과학자들은 해양 구조와 기후 변화 사이에 형성된 균형이 깨지고 재앙에 가까운 사태가 일어날 가능성을 조사하고 있다. 가까운 시간 안에 그런 사태가 발생할 가능성은 높지 않다 하더라도 그 방향으로 나아가고 있다는 점은 분명 우려스럽다. 기후학자들은 컨베이어의 '티핑 포인트'를 주목한다. 바닷물 온도와 밀도가 어떤 한계 이상을 넘어서면 바다와 기후 사이의 균형이 무너지고 급격히 다른 상태로 변화해갈 수 있다. 지난 과거처럼 지구 환경 요인 자체에 의해 일어날 수도 있으나, 인간의 행위가 그런 변화를 초래하거나 가속화할 가능성이 있다. 온실효과로 인한 지구 온난화가 한 가지 중요한 요소로 꼽힌다.

이미 많이 알려진 바와 같이 대기 중 이산화탄소와 메탄 농도가 상승해왔다.(Roberts, 64~66) 이산화탄소 증가, 화석 연료 사용 증가와 숲의 남벌이 대양의 환경에 큰 영향을 끼쳤다. 산업혁명 이후 이산화탄소 농도는 278ppm에서 400ppm으로 늘었다. 이로 인해 해수의 산성화 경향이 크게 촉진했다. 지난 5,500만 년 시기의 어느 때보다도 10배 더 상승한 것으로 보인다.(OECD report, 80) 이것이 온실효과를 일으켜 지구 기온을 높여온 것 또한 명백한 사실이다. 이 열의 많은 부분은 바다가 흡수하여 더 극심한 지구 온난화를 막는 효과를 냈다. 그렇지만 결국 바닷물 온도의 상승을 피할 수는 없다. 특히 열대 지방보다는 극지방에서 더 빠른 속도로 상승한다. 지구 평균 온도가 4도 상승할 때 극지방에서는 11도 상승하는 속도임이 밝혀졌다. 현재 이 변화가 상당히 빠른 속도로 진행 중이어서 북극 얼음이 점차 녹고 있고, 이것이 다시 지구온난화를 가속화시키는 악순환이 일어나고 있다. 현재 예상으로는 머지않은 미래인 2030~2040년대에 북극 얼음이 적어도 부분적으로 사라지고 항로가 열릴 가능성이 크다고 한다(북극 항로의 가능성에 대해서는 아래에서 다루기로 한다). 이처럼 극지방의 해수 온도가 올라가면 멕시코만류가 몰고 온 바닷물의 하강 현상이 둔화하여 전체적으로 지구 해수의 순환이 제대로 작동하지 않는 사태가 일어나며, 이것이 지구 전체적으로 엄청난 기후 변화를 가져올 가능성이 크다. 실제로 심해류의 속도를 측정한 결과 1957년부터 2004년까지 30퍼센트 정도 저감한 것을 확인할 수 있다.

지구 온난화는 해수면 상승의 문제와도 연결되어 있다. 1971~2010년 기간 중 해저 75미터 지점에서는 10년마다 섭씨 0.1도, 700미터 지점에서는 섭씨 0.015도 상승했다.

따라서 해수면과 심해의 온도 차이는 갈수록 커져가는 실정이다. 해수 온도 상승과 빙하 융해 현상이 함께 작용하여 해수면이 상승해왔다.(OECD report, 81~84) 이 상태가 유지된다면 2100년까지 해수면은 약 0.86미터 상승할 것으로 보인다. 다만 지역 간 차이가 커서 특히 열대 바다의 상승이 가장 클 것으로 보인다. 문제는 이런 추세가 갈수록 가속화할 가능성이 크다는 것이다. 아이슬란드 빙하는 예상보다 빠른 속도로 사라져가고 있다. 아이슬란드 빙하가 모두 녹는다는 극단적 시나리오에 따르면 해수면이 7미터 상승할 수도 있다. 따라서 연안 지역이 침수될 위험이 높아지고 있다.(Buchet 2015, 20~22·30~31) 지난 20세기 후반 경제 성장 시기에 해안 지역 인구가 크게 늘었으며 동시에 도시화가 진척되었다. 그런 만큼 해수면 상승이 가져올 피해가 더 커진다. 바닷물이 들어올 경우 염분화로 인해 농업도 악영향을 받을 것이다. 태평양의 섬나라 키리바시의 대통령 아노테 통(Anote Tong)은 이 나라에서 2,000킬로미터 떨어진 피지의 섬 22제곱킬로미터의 땅을 샀다. 자국 영토가 물에 잠길 경우 주민을 이주시키기 위해서였다. 그러면 키리바시는 최초로 영토 없는 국가가 될 수도 있다.

연관된 다른 문제로, 일부 해역의 수질이 급격히 악화되는 현상을 보이고 있다.(Roberts, 69~74) 극지방으로 간 엄청난 양의 해수(나이아가라 폭포 2만 개에 해당하는 양)가 하강하여 심해에서 열대 바다를 향해 이동한 후 다시 상승하는 현상은 앞에서 이야기한 바와 같다. 상승은 하강보다는 완만하게 일어나지만 특정 해역에서는 강한 바람으로 인해 해수면으로 물을 끌어올리는 힘이 훨씬 강화되곤 한다. 이런 곳에서는 해저 영양물들이 해수면 쪽으로 빨려 올라오기 때문에, 바다 생물들이 이것을 먹으려고 몰려들어 지구상 최고의 어장을 형성한다. 페루 해안 지역이 대표적인 사례다. 어느 해에는 안초비 어획만으로 세계 어획량의 10퍼센트를 차지하기도 한다. 이 어장의 풍부한 어족 자원이 지속적으로 유지되려면 식물성 플랑크톤, 동물성 플랑크톤, 그것들을 잡아먹는 생선 들 간의 균형이 맞아야 한다. 그런데 이따금 이 균형이 깨지는 사태가 벌어진다. 나미비아 사막 인근의 벵겔라(Benguela) 해안 지역 또한 엄청난 양의 식물성 플랑크톤이 형성되어 생산성이 좋은 어장을 이룬다. 그런데 바람이 너무 강해 동물성 플랑크톤이 채 성장하기 전에 떠밀려가는 현상이 발생하면 식물성 플랑크톤이 바다에 과도하게 넘쳐나고, 결국 이것들이 썩어서 해역 전체를 죽음의 바다로 바꾼다. 심지어 바닷가재 같은 바다 속 생물들이 해저 환경의 악화를 감당하지 못해 물 밖으로 기어나올 정도가 된다. 다시 말해 바다 생물들이 몰살당하는 것이다. 사실 동물성 플랑크톤이 제 기능을 하지 못한다 하더라도 생선이 풍부하면 어느 정도 이런 사태를 막거나 완화할 수 있는데, 이런 일들이 더 빈번하게 벌어지는 이유는 정어리 같은 생선의 남획과 관련이 있다. 정어리는 엄청나게 많은 플랑크톤을 잡아먹기 때문에 바다 생물 간 균형을 맞추어주는 역할을 해왔는데, 1960년

홈볼트대왕오징어
이 오징어는 일반적으로 동태평양의 따뜻한 바다에서 서식하는데, 엘니뇨 현상으로 수온이 오르면서 아메리카대륙의 워싱턴, 오리건, 심지어 알래스카 같은 북쪽 해안에서도 목격되는 일이 늘어났다.

대 남획이 시작되고 1970년대부터 개체 수가 급격히 감소한 후 이전 상태로 회복하지 못했다. 해양 환경 악화를 보여주는 한 사례는 산소 부족 같은 열악한 환경에 비교적 잘 견디는 훔볼트대왕오징어가 늘어나는 것이다. 해파리의 증가 또한 바다 생태계의 교란을 보여주는 한 사례다. 2012년 아일랜드 앞바다에는 야광원양해파리(Pelagia noctiluca)가 27제곱킬로미터에 13미터 깊이의 떼를 지어 나타났다.[Buchet 2015, 86]

플라스틱과 오염

해양 오염의 또 다른 심각한 문제는 플라스틱이다. 2019년 전 세계 플라스틱 생산량은 3억 6,800만 톤에 달했다.(Tiseo) 2008년 세계 플라스틱 생산량이 2억 8,600만 톤인 것과 비교해보면 매년 생산량이 크게 늘어난다는 사실을 확인할 수 있다. 플라스틱은 대량 생산과 대량 소비의 생활 방식에 들어맞는 물질이어서, 세계 경제가 성장하는 만큼 플라스틱 생산량은 지속적으로 늘어날 전망이다. 아마도 10년마다 두 배로 늘어나리라 예상한다. 지난날 인간이 다루었던 목재, 금속, 유리 같은 물질을 플라스틱이 대신하므로, 후대 역사가들은 우리 시대를 '플라스틱의 시대'라고 부를 수도 있다. 세계 생산량 중 약 1/4 정도를 중국에서 생산하며, 또 많은 양을 수출한다. 중국의 미국 플라스틱 수출 액수는 2009년 144억 달러에서 2019년 483억 달러로 증가했다.

플라스틱 물질들은 본질적으로 이동하는 특성이 있어서 따로 처리를 하지 않으면 바람이나 빗물에 쓸려 강으로 가고, 그러면 결국 바다로 흘러들어가기 십상이다. 매년 800만 톤의 플라스틱 쓰레기가 바다로 유입된다. 매초마다 덤프트럭 한 대의 쓰레기를 바다에 던져 넣는 것과 같은 양이라고 한다. 게다가 코로나19가 창궐한 이후에는 매달 2,000만 개의 일회용 마스크와 장갑이 추가로 바다에 들어갔다.(OceanConservancy.org) 이렇게 바다로 흘러들어간 막대한 육상 쓰레기 중 1억 5,000만 톤은 해류를 타고 바다 위를 돌아다니고 있다.

최근에는 떠도는 쓰레기가 산처럼 쌓인 현상이 주목받고 있다. 이런 현상을 만든 것은 거대한 환류대(gyre)다. 대양에 커다란 소용돌이 모양으로 바닷물이 돌아가는 지역이 있다는 것은 19세기부터 일부 알려져 있었지만 20세기 들어와서 더 많이 발견되어, 현재 전 세계에 11곳의 거대한 환류대가 확인되었다. 육상에서 나온 쓰레기들이 이곳에 흘러들어가면 물결을 따라 빙빙 돌다가 때로 거대한 쓰레기산을 만들곤 한다. 가장 주목받는 곳은 소위 태평양 쓰레기섬(Great Pacific Garbage Patch, GPGP)이다.[이영희·허정원] * 1997년 요트 경기 선수 찰스 무어(Charles Moore)가 평소와는 다른 경로를 통해 롱비치(캘리포니아)에서 하와이로 항해해가다가 엄청난 쓰레기더미를 발견한다. 대한민국 면적의 15배가 넘는 약 155만 제곱킬로미터의 거대한 섬이 플라스틱 쓰레기로 이루어져 있다는 사실을 알아낸 찰스 무어는, 요트 대회가 끝난 후 GPGP의 존재를 세상에 알리며 플라스틱 쓰레기의 위험성을 집중적으로 연구하는 해양 환경오염 전문가가 되었다. 《로스앤젤레스 타임스》에 소개된 이 기사는 2007년 퓰리처상을 수상했다. **

비영리 연구 단체 오션 클린업 파운데이션(Ocean Cleanup Foundation)이 2018년 3월 23일 발표한 연구 결과에 의하면, GPGP를 이루고 있는 플라스틱 쓰레기의 개수는 약 1조 8,000억 개, 무게는 8만 톤

● 2017년 초 광고 제작자 마이클 휴와 달 데반스 드 알메이다는 유엔에 쓰레기섬을 국가로 인정해달라는 신청서를 제출했다. 이들은 국명을 '쓰레기섬'이라는 뜻의 'Trash Isle'로 정하고 소셜미디어컴퍼니 LADbible을 통해 온라인 청원을 진행했다. 미국의 전직 부통령 앨 고어는 이 청원에 참여해 쓰레기섬의 1호 국민이 됐다.

●● 1990년 이래 면적이 3배로 증가했으며, 2040년에는 그 크기가 유럽 면적만큼 커질 것으로 예상한다. 그러면 이곳이 7번째 대륙이 될 것이다! 한편 북대서양 쓰레기섬도 발견했다.[Buchet 2015, 64~65] 1947년 콘티키(Kon-Tiki)호로 모험을 한 헤이에르달은 당시에는 해상 쓰레기를 한 점도 보지 못했다고 한다. 그런데 1969~1970년 라(Ra)호로 대서양을 건너는 모험을 할 때는 이미 수많은 쓰레기를 보았다고 증언한다.[Earle, 108]

이다. 이는 초대형 여객기 500대와 맞먹는 무게로, 당초 연구진이 예측한 것보다 4~16배 정도 큰 수치다. 2015년 미국 해양대기청이 내놓은 보고서는 동일본 대지진 당시 450만 톤 가까운 쓰레기가 바다로 유입되었는데, 그중 140만 톤이 먼 바다까지 퍼져나가 북태평양을 떠돌고 있다고 한다. 실제로 GPGP 쓰레기들의 라벨을 확인한 결과, 일본어로 쓰인 것이 30퍼센트, 중국어로 쓰인 것이 29.8퍼센트였다. 아시아에서 북태평양 방향으로 흘러가는 쿠로시오해류가 실어 나른 것으로 보인다. 세밀한 조사를 통해 분류한 결과 쓰레기들은 0.05~0.5센티미터 크기의 미세 플라스틱, 0.5~5센티미터의 중형 플라스틱, 5~50센티미터의 대형 플라스틱, 그리고 50센티미터 이상의 초대형 플라스틱 등 4개의 카테고리로 분류된다. GPGP에는 초대형 플라스틱 쓰레기가 4만 2,000톤으로 가장 많았고 그중 절반에 가까운 46퍼센트가 고기를 잡을 때 쓰는 그물이나 양식 어망 등이었다. 해양 생물들은 미세 플라스틱을 먹이로 오인하여 먹음으로써 온갖 질병에 시달리고 있다. 미세한 플랑크톤으로부터 고래에 이르기까지 약 700종이 영향을 받는 것으로 알려졌다. 바닷새의 60퍼센트, 바다거북은 100퍼센트에서 플라스틱이 발견된다.(OceanConservancy.org) GPGP 인근의 섬에 사는 알바트로스가 골프공이나 볼펜 같은 물질들과 생선 알, 멸치 같은 것들을 잘 구분하지 못하기 때문에, 이 쓰레기들을 물어다가 새끼에게 먹여 죽음으로 몰아간다는 사실이 밝혀졌다. 장 폐색으로 죽은 한 새끼의 사체를 조사했는데, 쓰레기 500개가 나와 충격을 주었다. 이런 식으로 매년 100만 마리의 새, 10만 마리의 포유동물이 플라스틱 때문에 죽는다.

22. 미래의 바다, 인류의 마지막 희망

버려진 비닐봉투를 물고 있는 바다거북

매년 800만 톤의 플라스틱 쓰레기가 바다로 유입되는데, 이는 1분마다 쓰레기 수거차 한 대 분량의 플라스틱을 바다에 버리는 것과 같다. 해양 플라스틱 쓰레기 문제는 더는 미룰 수 없는 인류의 과제다.

홍합 300그램당 300개의 플라스틱 조각이 들어 있다는 연구도 있다.(Buchet 2015, 62) 장수거북(leatherback)은 해파리를 먹고 사는데, 문제는 바닷속을 떠다니는 비닐봉투와 해파리가 비슷하게 생겨 구분을 못한다는 것이다. 원래 해파리의 몸은 95퍼센트가 수분이라 영양가가 높지 않다. 그래서 장수거북은 하루에도 무수히 많은 해파리를 먹어야 하는데, 결국 눈에 보이는 비닐봉투를 자꾸 먹어 죽는 경우가 많다.●

● 2007년 캘리포니아 해안에 떠밀려온 고래 사체를 해부한 결과 배 안에서 181킬로그램의 플라스틱이 발견되었다.(Earle, 105)

더 큰 문제는 거대 플라스틱이 아니라 미세 플라스틱이다. 대형 플라스틱 쓰레기에 비해 0.5센티미터 미만의 미세 플라스틱은 걷어내는 게 쉽지 않다. 플라스틱은 오랜 시간에 걸쳐 잘게 분해되어 결국 아주 미세한 입자가 된다. 플라스틱의 문제점은 '생분해'가 되지 않고 '광분해' 된다는 것이다. 즉 잘게 잘리기는 해도 그것은 여전히 작은 플라스틱일 뿐 해체되는 건 아니다. 대형 플라스틱이 마모되어 생겨나는 2차 미세 플라스틱만이 아니라 세안제나 치약 등의 재료로 사용하기 위해 산업용으로 생산된 마이크로비즈(microbeads), 곧 1차 미세 플라스틱도 있다(너들이라 부른다). 미국과 유럽의 주요 회사들은 마이크로비즈 사용을 중단하고, 이를 함유한 제품의 판매와 유통을 금지시키는 법안을 통과시켰다.

미세 플라스틱이 해양 생물에 심각한 오염을 불러일으킨다는 사실을 보여주는 연구가 최근 발표되었다.(worldwildlife.org) 2014년 마리아나해구 6,000미터 아래의 심해에서 새로운 해양종이 발견되었는데, 에우리테네스(Eurythenes)속 단각류(amphipod)인 이 해양 생물은 미세 플라스틱에 오염되어 소화관에서 미세 합성섬유가 발견되었다. 경각심을 불러일으키기 위해 이름에 플라스틱이라는 단어를 사용하여 '에우리테네스 플라스티쿠스(Eurythenes plasticus)'로 명명했다.

바다 생물의 몸 안에 축적되어 있던 미세 플라스틱은 결국 인간의 체내로 옮겨가서 인간에게도 심각한 악영향을 끼칠 수 있다. 더구나 미세 플라스틱은 독성 화학 물질을 옮기는 운반체 역할도 한다. 폴리에틸렌, 폴리프로필렌, 나일론 같은 석유화학 물질로 만들어진 플라스틱은 주변의 유해 화학 물질을 자석처럼 끌어당기는 특

에우리테네스 플라스티쿠스

소화관에서 플라스틱 물병이나 운동복 등을 만드는 데 사용하는 폴리에틸렌 테레프탈레이트 (PET)가 발견되어 플라스틱이라는 뜻의 학명이 붙었다.

성이 있다. 유독 물질을 흡수한 미세 플라스틱이 물고기의 몸을 거쳐 우리의 식탁에 오르고 있다.[이영희·허정원]

이 문제들을 어떻게 해결할 것인가?

해양 플라스틱 쓰레기 처리를 위한 노력 중 주목할 사례로는 '오션 클린업(Ocean Cleanup)'을 들 수 있다. 2013년 네덜란드의 과학자 출신 사업가 보얀 슬라트(Boyan Slat)가 창업한 해양 쓰레기 청소 기업 오션 클린업은 '간접 수거 방식(Passive System)'을 제시했다. 그가 개발한 '떠다니는 장벽(floating barrier)'은 높이 3미터, 길이 100킬로미터에 달하는 V자형 울타리 모양의 기구인데, 이것을 환류대에 설치하여 울타리에 달라붙는 쓰레기들을 수거하는 아이디어다. 이 시스템을 60개 설치하며 수년 내에 GPGP 쓰레기 50퍼센트를 수거할 수 있으리라 희망하고 있다. 물론 반론도 많다. 해양 플라스틱 쓰레기는 환류대 너머로 확산되어 있어서 이곳 쓰레기를 수거한다고 문제가 해결되는 게 아니며, 90퍼센트 이상의 쓰레기는 미세 플라스틱이라 이 시스템으로 수거할 수 없다는 것이다.

해저에 깔린 플라스틱 쓰레기는 수거가 훨씬 어렵다. 잠수정이 접근하면 모터의 힘 때문에 모래를 흩날려서 쓰레기를 밀어내거나 모래 속에 묻어버릴 수 있기 때문이다. 게다가 복잡한 해저 바닥 위를 이동하는 것은 쉽지 않은 과제이다. 게의 움직임을 모방한 로봇(Silver 2, 일명 "크랩 로봇")이 문제 해결 방안의 한 사례다.(Iannicelli) 이와 같은 시도들이 좋은 결과를 얻기를 희망해보자.

해양 산업의 발전

해양 산업은 갈수록 더 크게 확대할 것이다. 앞 장에서 살펴본 바처럼 해상 교역이 더 발전할 것은 분명하다. 그 외에도 앞으로 발전할 부문을 예측해볼 수 있다.(OECD Report, 47~48)

양식: 해산물과 소형 혹은 대형 조류(藻類) 생산

심해 원유와 가스 생산: 원유와 가스 추출 및 연관된 장비, 서비스 관련 산업

풍력 발전: 해상 풍력 발전 그리고 연관된 해양 구조물 산업

해양 재생 에너지: 조력 발전(파도 에너지, 조류 에너지), 삼투 에너지(osmotic energy) 그리고 해양 열에너지 보존(ocean thermal energy conservation)

22. 미래의 바다, 인류의 마지막 희망

해저 혹은 수중 자원 개발: 광물질, 금속, 희귀 금속, 해수에 융해된 광물

해상 안전 및 감시: 오염, 어업, 세관 관련 업무

해양 바이오테크놀로지: 수자원의 과학적 개발

하이테크 해상 서비스: 센싱, 커뮤니케이션, 데이터 집적 등으로 다른 산업 보조

관광 산업: 크루즈, 해저 관광 등

여기에는 현재 빠른 속도로 발전하는 과학기술이 적용될 것이다. 새로운 연료를 사용하는 자동 선박, 로봇을 이용한 해저 자원 개발, 남획을 줄이고 생선의 건강을 강화하는 바이오테크놀로지, 위성을 이용한 해양 관찰과 안전 확보(오염 방지가 한 예가 될 것이다) 등이 더 큰 역할을 하리라 기대한다.

인구 증가로 인한 식량 문제는 앞으로도 상당 기간 지속될 것이다. 인구가 100억까지 늘어나면 지상의 자원으로는 한계에 부딪힐 것으로 보이며, 따라서 해양 자원이 매우 큰 역할을 하리라 기대한다. 이미 인류가 소비하는 동물성 단백질의 16퍼센트는 생선에서 얻는다.(World Bank, 2013) 이 비율은 갈수록 더 높아질 것이다. 특히 소득 수준이 높은 나라일수록 더 그러하다. 양식이 더 큰 비중을 차지할 것이다. 아마 식량 생산의 비율이 육상보다 해상이 더 커질 가능성도 있다. 또 한 가지 긍정적인 점은 생선은 반추동물에 비해 신진대사 비율이 훨씬 더 유리해서 온실효과가 덜하다는 점이다. 양식 기술도 많이 발전하고 있다. 과거 연어 양식에 다른 어획 생선들을

사료로 사용했지만 점차 식물성 사료 사용을 늘리고 있다. 앞으로 이 비율이 더 늘어날 것으로 본다.

미래 선박과 e-내비게이션

현재 해상을 항해하는 무수히 많은 선박이 환경을 오염시키고 있다. 선박이 운항 중에 바다에 배출하는 이산화탄소와 각종 유해 물질의 양은 2050년까지 2~3배 증가할 것으로 보인다.(IMO, 2014) 이를 줄이려는 노력이 절실히 필요하다.

해운업에서 연료 비용이 매우 큰 비중을 차지하므로 값이 저렴한 대신 오염이 심한 벙커시유를 많이 사용해왔으나, 앞으로는 이에 대한 규제가 심해질 것이다. 예컨대 황 함유량은 현재 3.5퍼센트까지 인정되지만 0.5퍼센트로 낮춰질 것이다. LNG 연료 사용으로 이 문제를 완화할 수 있으나 더 극적인 조치가 필요하기 때문에 각종 개선 방안들을 실험 중이다. 온실효과를 내는 오염 물질들을 없애거나 최소화해야 한다는 데 국제적으로 공감한다.(Sénécat) 현재의 리듬대로라면 조만간 해상 운송 부문이 세계 이산화탄소 배출의 17퍼센트까지 차지할 수 있다. 이런 문제를 풀기 위해서는 우선 선박 운행 속도를 줄여야 한다. 급송 화물은 비행기를 이용하여 운송하면 되고, 그렇지 않은 화물 대부분은 느린 선박을 이용하면 된다. 화물을 받는 측으로서는 규칙적으로 입항만 하면 되지 항해 시간은 하등 문제가 되지 않기 때문이다. 다만 선박이 너무 오랜 기간 항해하면 그 안에서 일하는 사람들이 지루한 환경에 고통스러워한다. 이 문제는 장기적으로 무인 함선으로 해소하는 방향으로 갈 수 있을 것이다. 2019년 비아리스(Biarritz)에서 열린 G7 정상회의에서 이에 대한 논의가 있었다. 프랑스의 마크롱 대통령은 "역사상 처음으로 해상 운송 수단의 속도를 줄이는 노력을 하게 될 것이다. 이것이 이산화탄소 배출을 줄이는 가장 효율적인 방법 중 하나다"라고 선언했다. 2018년 국제해사기구는 2008년 기준으로 2030년까지 40퍼센트, 2050년까지 50퍼센트의 이산화탄소 감축 목표를 제시했다. 유조선 속도를 12~11노트로 줄이면 이산화탄소 배출을 18퍼센트까지, 10노트로 줄이면 30퍼센트까지 감축할 수 있다. 속도를 줄이면 소음도 크게 줄어 고래와 충돌도 피할 수 있다. 선박이 빠른 속도로 운항하면 스크루를 빨리 돌려야 하므로 이것이 해저에 엄청난 소음을 일으킨다. 원래 지극히 고요한 세계인 바다 속에서 진화한 생물들에게 수천만 척의 선박들이 내는 소음은 엄청난 스트레스를 가하고 있으며, 전반적으로 해상 환경에 매우 부정적인 영향을 미치고 있다.[•]

그리하여 에너지 소비가 적고 속도가 느린 선박의 개발을 위해 많은 노력을 기울이고 있다. 대체 에너지를 사용하는 새로운 유형의 범선이 그중 하나다. 노르웨이에서 개발 중인 '빈트스킵(Vindskip)'[Shadbolt]은 양쪽 측면을 돛처럼 사용하고 선체 전체를 날

[•] 스크루 프로펠러가 발생하는 수중방사소음(Underwater Radiated Noise from Ships)으로 인해 대서양 대부분에서 기차가 지나가는 수준인 100데시벨 정도의 소리가 측정된다. 선박 소음을 줄이는 장치(Ship Active Noise Canceling System)를 개발 중이지만 최종적으로는 추진력을 얻는 방식을 바꾸어야 할 것이다.

미래의 선박 빈트스킵

지속 가능한 해상 운송을 위해 노르웨이에서 개발 중인 상선이다. 풍력과 액화 천연가스(LNG)로 움직이는 배로, 연료를 절반 이상 절감하고 배기가스 배출을 80퍼센트까지 줄일 수 있다고 한다.

개처럼 이용하는 방식이다. 이 범선은 배보다는 비행기에 가까운 개념이다. 기존 범선은 완전한 맞바람에서는 계속 운항하기 어렵지만 이 범선은 비행기처럼 상대풍(相對風, apparent wind)을 이용하기 때문에 가능하다. 여기에서는 바람을 이용할 수 있는 최적의 각도를 계산하는 컴퓨터 소프트웨어가 핵심이다.

그 외에도 다른 대안들을 실험 중이다. 에코 마린 파워(Eco Marine Power, EMP)는 풍력과 태양 에너지를 함께 사용하여 화석 연료를 안 쓰거나 절약하는 시스템을 개발하고 있다. 벌크선, 유조선, 로로선(ro-ro ship, 앞면이나 뒷면의 트윈 입구를 통해 자동차나 화물을 바로

22. 미래의 바다, 인류의 마지막 희망

선적할 수 있는 선박), 크루즈선에 사용할 수 있다. 여기에는 솔라 패널(solar panel), 에너지 집적 모듈, 컴퓨터 제어 시스템 그리고 단단한 에너지세일(EnergySail, 풍력과 태양 에너지를 흡수하는 단단한 돛) 등 특허 받은 기술들이 사용된다.(Ward) 물론 이와 같은 이상적인 무탄소 선박이 상용화하기 전까지는 친환경 연료를 사용하는 저탄소 선박들을 사용할 것이다. 다행히 한국의 조선업이 이 분야에서 가장 크게 앞서 있다.

한편 정보 및 통신 기술의 발달은 해운업 전반에 큰 영향을 미칠 것이다.(OECD report, 129~131) 이것은 안전, 환경 보호, 효율성 증대에 도움을 줄 것이라 기대한다. 해운을 통제하는 사무소가 기존의 정보(선박 항로, 속도 등등)뿐 아니라 다른 선박의 항로 등 다른 정보들을 공유하도록 해서 충돌과 같은 상황을 예방하는 데 도움을 준다. 조만간 해상수송조정센터(sea traffic co-ordination centres, STCC)를 설치하여, 해상 교통 상황을 정리하여 가장 효율적이고 안전하며 탄소 배출이 적은 최적 항로를 제시할 수 있다.

해저 자원

해양은 석유, 천연가스, 각종 유용 광물, 가스 하이드레이트 등 엄청난 에너지 자원의 보고이다. 해저 유전은 대개 대륙붕에서 발견되었지만 최근에는 수심 1,000미터 이상의 심해저에서도 석유 개발이 이루어지고 있다. 또 다른 예로는, 전 세계 대륙붕과 대륙사면 퇴적물에 광범위하게 분포되어 있는 가스 하이드레이트가 있다. 그

매장량이 현재 사용하고 있는 화석 에너지 자원의 두 배에 달한다는 사실이 알려지면서, 많은 나라에서 가스 하이드레이트 개발 사업을 장기적인 국책 사업으로 추진하고 있다.[장원일 외, 6~8]

지난 30년 동안 해저 자원(원유 포함) 개발은 크게 증가했다.[OECD report, 67] 1980년 400억 톤에서 2008년 700억 톤으로 증가하여 연평균 2퍼센트 성장했다. 2030년까지는 1,000억 톤으로 증가하리라 예상한다. 그러나 글로벌한 수요 공급을 정확히 예측하고 조정하기 어렵다는 문제와 환경 문제가 걸려 있다. 금, 은, 구리, 아연, 희토류 가격은 급등했다가 폭락하는 경향이 있다. 여기에 더해 앞으로 발전할 첨단 산업에 필요한 물질이 어떨지 예측하기도 힘들다. IT, 핵발전, 태양열발전, 탄소 포집 등에 필요한 물질 공급이 부족해질 우려가 있으므로, 각국은 희귀 자원 확보를 위해 해저 자원 개발에 주목하고 있다.

다만 이 산업은 제약 요소도 많다. 지상의 자원 개발 가능성, 금속 리사이클링 기술의 발전, 환경 이슈 등이 그런 것들이다. 2015년 독일에서 개최한 G7 정상회의 선언은 환경영향평가(environmental impact assessment, EIA)와 과학적 연구를 최우선으로 고려하기로 했다. 해저는 복잡하게 얽힌 에코 시스템이어서 인간의 간섭을 지극히 조심해야 하지만, 이에 대한 과학적 연구가 매우 부족하다는 데에 많은 연구자가 동의한다.

해저에는 육상에서 구하기 힘든 자원을 구할 수 있는 가능성이 크다. 하나의 예를 든다면 망간 단괴다.[박성욱 외, 228~229] 망간 단괴는 해수 및 퇴적물에 있는 금속 성분이 해저면에서 물리·화학적 작용으로 침전되면서 형성된 직경 3~25센티미터의 감자 모양 금속 산화물이다. 이것은 40여 종에 달하는 유용 금속, 특히 코발트, 니켈, 구리, 망간 등 전략 광물을 함유하고 있다. 망간 단괴는 전 대양 해저면에 분포하고 있는데, 예컨대 남태평양 도서국의 근해와 심해에 부존하는 광물 자원들이 많다. 예컨대 쿡(Cook)제도의 배타적경제수역(EEZ)에는 망간 단괴가 약 75억 톤 정도 부존되어 있으며, 여기에는 2,900만 톤의 코발트, 3,400만 톤의 니켈, 2,200만 톤의 구리가 함유되어 있는 것으로 추산한다. 이와 같은 코발트 양은 전 세계 소비량의 10퍼센트에 이른다고 한다.

해저 자원이 풍부한 곳으로 해저열수광상이나 망간각 등이 있다.[박성욱 외, 229] 해저열수광상은 마그마의 영향에 의한 화산 활동과 밀접한 관련이 있는 것으로 추정되며, 금, 은, 구리, 아연 등의 금속의 품위가 매우 높고 매장량이 막대한 것으로 알려져 있다. 원래 발견하기 어렵고 채광이 힘들다고 했으나 최근 탐사 기술이 발전하면서 선진국들이 해저열수광상 선점을 위해 노력하고 있다. 망간각은 해저산 암반 위를 껍질처럼 덮고 있다고 하여 이름 붙여진 것인데, 대양저 전체를 통해 심해저 암반 위에서 형성되는 광물 자원이다. 망간각에는 망간을 포함하여 코발트, 니켈, 구리, 백금 등 30여 종의 광물 성분이 함유되어 있다. 특히 코발트, 니켈, 망간 등의 광물을 다량 함유하고 있어 망간 단괴와 함께 유망한 자원으로 조망받고 있다. 해저 광물 획득 가능성은 분명하지만, 기술적인 어려움이 있어서 비용이 매우 클 수 있다는 점, 그리고 자칫 해저 환경을 파괴할 수 있다는 점을 고려해야 할 것이다. 다만 미래의 유망한 산업 분야라는 점은 분명하다.

북극권 개발과 해저 케이블

2019년 8월, 당시 미국 대통령 도널드 트럼프는 그린란드(덴마크에 속하는 자치령)를 구매할 의사가 있다는 폭탄 발언을 했고, 그린란드 자치정부와 덴마크 정부 모두 반발하여 예정돼 있던 덴마크 방문 일정도 연기했다.(Dagorn) 트럼프는 의도적으로 도발적인 외교 정책을 펴는 것으로 유명하지만, 애초에 가능성이 전혀 없는 그린란드 구매는 왜 끄집어냈을까? 생각 없이 내뱉은 망언으로 보이지만, 사실 그 아이디어는 이미 진행 중인 거대한 국제 경쟁을 반영하고 있다.•

지구 온난화로 북극해의 빙하가 녹을 경우 이 지역의 상황이 크게 변한다. 북극권은 금, 아연, 구리, 흑연, 니켈, 백금, 우라늄 등 산업에 필수적인 자원과 석유, 천연가스 등이 풍부하며, 북극권 어장의 수산 자원도 풍부하다. 이곳에 러시아와 중국의 투자가 미국을 크게 앞서고 있다. 러시아 석유회사 로스네프트(Rosneft)와 천연가스 회사 가스프롬(Gazprom)은 이미 많은 투자를 하고 자원을 채취

• 미국이 그린란드를 구매하려고 시도한 적이 없지는 않았다. 덴마크는 1775년 이래 그린란드에 대해 영향력을 행사하고 있는데, 미국 정부가 1867년 알래스카를 구입한 직후 그린란드 역시 구매하려는 계획을 고려한 적이 있다. 그리고 1946년 덴마크에 1억 달러에 이 섬을 사겠다는 제안을 한 적이 있다. 이 제안 자체가 비밀 사항이었으나 1991년 덴마크의 언론사(Jyllands-Posten)가 기밀 해제된 문서를 연구한 끝에 발표했다.

하고 있다. 노르웨이 또한 바렌츠해에서 석유 시추를 시작했고, 다음 사업을 구상 중이다. 트럼프는 장래 북극권의 경제적 가치가 엄청나게 높아지리라 예상되기 때문에 이 지역에 대한 견제 혹은 참여 의도를 그린란드 구입 운운하는 식으로 표명했을 것이다. 그린란드는 군사적·경제적으로 북극권의 입구를 통제하는 요충지이기 때문이다.

북극은 남극대륙과 달리 대부분 얼어 있는 바다로 지구 전 해양의 3.3퍼센트(1,409만 제곱킬로미터)를 차지한다.(허윤수 외) 북극권에는 미국·캐나다·러시아·노르웨이·덴마크 등 연안 5개국과 스웨덴·핀란드·아이슬란드 등 비연안 3개국으로 총 8개 국가가 있다. 8개 국가는 1996년 설립된 북극 지역 글로벌 거버넌스인 북극이사회(Arctic Council) 창설 국가들이자 정식 회원국들로, 북극 관련 이슈에 대한 협의를 이끌어간다. 북극 해역의 82퍼센트는 북극 연안국의 배타적경제수역(EEZ)이며, 나머지는 유엔 해양법을 적용받는 공해이다. 지구 온난화 등으로 북극 해빙이 빠르게 진행되고 있다. 이것이 엄청난 환경 재해를 일으킬 가능성이 있지만, 동시에 북극해 지역 개발 가능성도 점점 증대한다. 따라서 과학 연구, 자원 개발, 북극 항로 개발 등 몇 가지 가능성에 대해 연구가 진행 중이거나 혹은 이미 사업이 시작되었다.

중국은 북극이사회 국가는 아니지만 옵서버 국가로 초빙받은 상태이며(우리나라도 마찬가지다) '준 북극 연안국'이라는 다소 기이한 입장을 견지하며 지역 개발 사업에 참여하고 있다. 게다가 그린란드 같은 곳에 투자를 늘리고 있는데, 덴마크의 지배 정도를 완화시키려는 이 나라 정책과 맞아떨어지는 면이 있으며, 이런 것들이 미국의 이해에 위협적으로 보였을 것이다. 2019년 미 국방부 역시 북극권을 안보에 핵심적인 지역으로 간주하고 있다고 선언했다. 게다가 중국은 소위 일대일로 사업과 유사하게 자국 주도하에 주변국들과 협력 체제를 구축하여 북극권 개발에 함께 참여하자는 안을 구상 중인 것으로 보인다.[리정푸이]

현재 예상하는 북극권 개발 사업 결과 중 하나는 북극 항로 개발이다. 만일 북극 항로가 현실화되어 해운량 다수를 끌어들인다면 수에즈운하나 파나마운하의 개통과 비교할 만한 거대한 사건이 될 것이다. 예컨대 북극 항로는 수에즈운하를 통과하는 아시아 - 유럽 항로보다 약 7,000킬로미터 짧아 운행 일수를 10일 정도 단축할 수 있다.[허윤수 외] 현재는 북극 빙하가 많이 녹는 7~9월 여름에만 쇄빙선을 이용한 운항이 가능하지만, 지구 온난화로 빙하 융해가 더 진척되는 2030년대 중반부터는 운항 일수가 증가하여 상업적 가치가 높아질 것으로 전망한다.

2015년 북극의 온도는 20세기 초와 비교하여 2.9도 상승한 상태이며, 현재 북극 빙하는 상당히 불안정하다. 이 상태로 진행되면 북극 항로를 연중 이용할 수 있는 시기가 실제로 도래할 것이다. 북극 이사회는 크게 세 항로를 구상하고 있다.[백아란 외, 121~123]

① 북아메리카와 캐나다의 북극군도를 연결하는 북서항로 (Northwest Passage, NWP).

② 북유럽과 노르웨이의 노스 케이프(North Cape)에서 북부 유라

　　　　　22. 미래의 바다, 인류의 마지막 희망

시아 및 시베리아를 연결하는 북동항로(Northeast Passage, NEP)

③ 북동항로의 일부 중 베링해협(Bering Strait)에서부터 카라 관문(Kara Gate)에 이르는 구간인 북극해항로(Northern Sea Route, NSR)

현재는 북극해항로의 이용도가 가장 높으며 북서항로는 매우 낮은 편이다.

미래에 이런 항로를 이용하면 과연 어느 정도 이익일까?(백아란 외, 123~129)

여수 광양항을 기준으로 러시아의 우스트루가항까지 수에즈운하를 통한 경로를 이용할 경우 이동 거리가 약 2만 2,000킬로미터로 40일 정도 소요되는 반면, 북극 항로를 이용할 경우 이동 거리가 약 1만 5,000킬로미터로 30일 정도 소요되는 것으로 예측되었다. 따라서 수에즈운하 대신 북극 항로를 이용할 경우 거리로는 약 7,000킬로미터, 운항 시간으로는 약 10일 정도 단축할 수 있을 것이다.* 다른 나라들이 수행한 연구들도 대개 거리를 줄이고 정치·군사적 불안정성이나 해적의 위험을 피하는 장점들을 거론한다. 다만 여기에는 고려해야 할 요소가 많다. 러시아가 제시하는 비싼 통행료, 계절의 불확실성으로 인한 위험성, 두꺼운 선체로 건조하는 선박의 높

● 만일 북극 항로가 실제로 개통된다면 부산이 북극 항로의 출발 항구가 될 가능성이 있다. 부산이 아시아 각국을 위한 환적 항구로서 화물 집산지 역할을 맡고, 더 나아가서 2차 및 3차 가공을 하는 산업 중심지로 떠오를 수도 있다.

은 비용 같은 문제를 해결해야 한다.

　세계 경제에 지대한 영향을 미치는 또 다른 요소는 해저 케이블이다. 세계 정보 유통의 98퍼센트 정도가 해저 전신으로 이루어지고 있으며 갈수록 더 증설되고 있다. 정보화는 가속적으로 확대될 것이다. 그렇다면 어떤 일이 일어날·것인가? 너무나 큰 변화 가능성을 안고 있어서 정확한 예측이 어렵다. 한 가지만 상상해본다면 상품의 직접 수출보다는 '데이터 수출' 방식이 확대되리라는 것이다. 현재는 첨단 기술 공장을 해외에 세우는 일이 쉽지 않다. 하지만 이동통신 수준이 갈수록 더 크게 발전하고 3D(3차원 프린터) 기술이 연결되면 충분히 가능할 것이다. 즉, 실시간으로 데이터를 보내 지구 반대편 공장에서 3D 프린터로 물건을 만드는 것이 가능해진다. 그러면 제품의 국가 간 이동이 필요 없게 되며, 글로벌 공급망이 부품과 원자재의 흐름이 아닌 데이터의 흐름 중심으로 재편될 수 있다. 다시 말해 FDI(외국인 직접 투자)와 데이터가 수출을 대체하는 시대가 될 수 있다.[안상현 외] 이러한 발전의 핵심 인프라는 해저에 깔려 있는 케이블이다. 케이블 네트워크를 지키는 일이 앞으로 지극히 중요한 국가 업무가 될 것으로 보인다.

미래 해양 도시

　바다의 미래의 궁극적인 모습으로 우리가 상상할 수 있는 것 중 하나가 바다를 우리의 생활 공간으로 바꾸는 것이다. 이는 인류의 오랜 꿈 중 하나다. 소수의 모험적인 사람들이 그러한 시도를 했다.

아직은 실험적인 수준이지만 해저 도시를 구상해본 사례가 없지 않다. 왜 해저 도시 건설을 준비하는가? 인구 증가 같은 위협적인 요인 때문에 지상의 공간이 부족해질 우려 때문이다. 혹시 미래에 기후 변화로 식량 고갈의 위기에 처하여 새로운 거주지를 건설할 때, 아마도 가능성 있는 공간은 먼 우주 공간보다는 해저 공간일 것이다. 해저 도시를 건설하면 지구 온난화로 인한 해수면 상승에도 큰 영향을 받지 않으며, 바다 속의 무궁무진한 자원을 적절하게 활용할 수 있기 때문이다. 또한 해저 도시는 대기 오염 같은 환경 재해와 지진 및 쓰나미 등의 자연재해에서 안전하다는 장점을 지닌다. 지구 표면의 71퍼센트를 차지하는 바다를 이용할 가능성을 생각해보아야 한다.

프랑스의 해양학자 자크 쿠스토(Jacques Yves Cousteau)는 1943년 최초로 수중호흡기(aqua-lung)를 실험해보았다. 그리고 1960년대에는 자신의 아이디어를 진척시켜 해저 100미터 생활 장소인 콘셸프(Conshelf I, II, III)를 실험했다. 그는 1963년 홍해 속 9미터 깊이의 실험실에서 30일 동안 생활함으로써 '바다 속에서 가장 오래 산 사람'이란 특별한 기록을 세웠다.[이성규] 그로부터 51년 후인 2014년 7월 2일 자크 쿠스토의 손자인 해양학자 파비앙 쿠스토(Fabien Cousteau)가 그 기록을 갱신했다. 그는 미국 플로리다주의 바다 속 18미터 깊이의 해저 실험실에서 31일 동안 살았다. 침실과 샤워실, 공기 정화 장치, 무선 인터넷 등을 갖춘 그 실험실 안에서 해양 생물 관찰 및 해양 오염 연구와 함께 물속에서 생활하는 것이 사람에게 끼치는 영향을 연구했다. 또한 매일 실험실 밖으로 나가 해저를 탐사하며 바다 속 기후 변화와 해양 산성화에 대해 연구했으며, 그의 탐사는 인터넷을 통해 생중계되었다(다만 31일 동안 냉동 건조 음식만 먹어야 해서 괴롭다고 토로한 적이 있으니, 이는 분명 매우 심각하게 고민할 문제다).

현재의 기술로는 인구 100명 정도를 유지할 수 있는 해저 건축물을 지을 수는 있다. 몰디브와 홍해 등지의 해저 레스토랑이나 피지 섬 해저의 '포세이돈 해저 리조트', 두바이의 '수중 테마파크' 등은 비록 용도는 다르지만 해저 공간을 이용하려는 초보적인 시도라 할 수 있다. 또 바다 위에 떠 있는 부유 주택(Amphibious floating house)도 개발 중이다. 이런 수준을 넘어 해저 도시가 가능할까?

많은 연구팀이 유사한 실험을 시행한 결과 이제 해저 도시의 개념들이 개발되고 있다.[Bello] 자이어(The Gyre, 해저에서 떠다니는 21만 2,000제곱미터의 초대형 빌딩으로 네 개의 날개를 가지고 있으며 400미터 해저까지 내려갈 수 있다) 같은 개념이 그런 예이다. 그중에서도 현재까지 실행 가능성이 가장 높다고 여겨지는 것은 일본의 시미즈건설(清水建設)이 내놓은 심해 미래 도시 구상 '오션 스파이럴(Ocean Spiral)'이다.[이성규] 수면에서부터 바다 속 3,000~4,000미터 깊이까지 나선 모양의 건축물로 이어진 이 도시는 5,000명의 인구가 거주할 수 있을 뿐만 아니라 외부에 전력 및 식량을 보낼 수 있다. 이 도시가 지속 가능한 것은 에너지와 자원을 소비하는 도시가 아니라 에너지와 식량을 생산하고 외부로 공급할 수 있는 도시이기 때문이다. 오션 스파이럴은 해저 도시의 특성상 태양 에너지보다는 해양 온도차 발전을 이용해 전력을 만들어낸다. 해양 온도차 발전이

해저 도시 '오션 스파이럴' 구상도
오션 스파이럴은 현재까지 나온 실험적인 해저 도시 계획 중 실현 가능성이 가장 높은 편이다.

란 해면과 심해의 온도 차를 이용해 전력을 만들어내는 것으로 이미 실용화된 기술이다. 또한 해저의 메탄 생성균을 이용해 지상의 이산화탄소를 메탄으로 전환함으로써 연료로 사용할 수 있다. 인간이 먹는 식수는 심해의 압력을 직접 이용해 심해 2,500미터의 해수를 역삼투막식 담수화 처리를 통해 만들어낸다. 심해 1,500미터의 위치에서 채취한 수온 2~3도의 해수로는 회유어에 대한 양식 어업을 함으로써 식량을 공급할 수 있다.

사람이 거주하는 해저 도시의 중심 지역은 수면 위로 윗부분이 약간 노출된 지름 500미터의 원형 구조물인 '블루가든'이다. 블루가든 안에 건설되는 75층 높이의 중앙 타워에는 400개의 객실을 갖춘 호텔과 1,150호의 거주 시설 및 연구 시설, 컨벤션 시설이 들어서게 된다. 블루가든의 바로 밑에는 직경 200미터의 구체인 '슈퍼 밸러스트 볼'이 수직 방향으로 나열된다. 이 시설물은 내부의 모래 및 공기 비율을 바꾸어 부력을 조정함으로써 태풍이 올 때는 블루가든 전체를 수면 밑으로 가라앉힐 수 있다.

　'슈퍼 밸러스트 볼'의 바깥으로는 직경 600미터의 원호를 그리는 나선 모양을 한 '인프라 스파이럴'이 해저면까지 이어진다. 사람 및 물건, 정보 등의 운송 기구 역할을 할 전장 1만 5,000미터의 인프라 스파이럴 내부에는 해양 온도차 발전 시설 및 해수 담수화 설비, 양식장용 심층수 취득 설비, 심해 모니터링 시설 등이 들어서게 된다. 인프라 스파이럴의 끝 부분과 연결돼 해저 바닥면에 건설되는 '어스 팩토리(Earth Factory)'는 메탄 제조 공장 및 희토류 같은 희귀 금속을 개발하는 시설로 설계되어 있다. 개발이 필요한 시공 기술 중 하나는 바로 3D 프린터로, 시미즈건설은 해수면 위에 거대한 3D 프린터를 준비한 다음 그곳에서 밑으로 조금씩 구조물을 제조하면서 메워나가는 방법을 생각하고 있다. 문제는 엄청난 비용이다. 시미즈건설은 2030년까지 기술이 개발될 경우 이 해저 도시를 건설하는 데 5년의 기간 및 약 3조 엔(한화 약 28조 3,000억 원)의 비용이 들어갈 것으로 예상했다. 아직 풀어야 할 문제가 산적해 있다.

에필로그

　지금까지 우리는 선사시대부터 현재에 이르기까지 먼 길을 달려
왔다. 더 나아가서 어쩌면 우리가 마주할 가까운 미래까지도 예상
해보았다. 우리가 확인한 사실은 인류의 삶에서 바다는 떼려야 뗄
수 없는 긴밀한 공간이라는 점이다. 인류는 바다를 통해 확산했고,
바다를 이용하며 살았고, 바다 위에서 싸웠다. 그동안 대륙 중심으
로만 역사를 본 결과 이와 같은 중요한 사실들을 간과해왔다. 우리
는 대륙의 관점과 함께 해양의 관점에서 과거와 현재, 미래를 성찰
해볼 필요가 있다.

　현재 우리가 직면한 바다는 어떤 곳일까? 이 책에서 확인한 바와
같이 바다는 희망과 공포가 함께 어우러진 공간이다. 한편으로 강
대국의 엄청난 군사력이 바다 위에서 그리고 바닷속에서 충돌하려
한다. 특히 우리를 둘러싼 해상 공간이 세계에서 가장 위험한 전쟁
무대가 될 위험이 있다. 과도한 남획, 수천만 척의 선박이 불러일으
키는 공해, 육지에서 바다로 떠밀려와 거의 대륙 크기로 커지고 있
는 쓰레기 섬, 해수 온도 상승과 산성화 경향을 비롯한 해양 환경의
오염 등 이제 바다가 인류의 생존을 위협하는 지경에 이르렀다. 우

리는 장차 이런 문제들을 해결할 수 있을까?

다른 한편 바다는 인간에게 지대한 혜택을 제공하는 고마운 공간이기도 하다. 급증하는 세계 인구를 먹여 살리려면 수산 자원을 적극적으로 이용하지 않을 수 없다. 교역의 대부분은 해로를 이용하고 있으며, 앞으로는 해저 케이블을 통한 정보 통신의 발달이 미래 경제 발전의 핵심 인프라가 될 것이다. 육지에서 구하기 힘든 주요 자원들도 심해에서 얻을 가능성이 높다. 어쩌면 인간이 생명의 모태였던 바다로 돌아가 우리의 마지막 안식처로 삼을 날이 올지도 모른다. 인류의 마지막 희망은 바다에서 찾을 수도 있다.

바다는 우리에게 무한한 공포와 무한한 희망을 동시에 던져준다. 우리는 그 가운데 어느 것을 택하게 될까? 지난날의 역사에서 얻은 경험이 우리의 미래에 현명한 빛을 비출 수 있기를 기대해보자.

에필로그

부록

이미지 출처 및 소장처

205 위키미디어 커먼즈 ⓒdrs2biz

210 www.secretindochina.com

229 (왼쪽) 위키미디어 커먼즈 ⓒhammad Mahdi Karim

229 (오른쪽) 위키미디어 커먼즈 ⓒHinstorff Verlag

231 (왼쪽) 위키미디어 커먼즈 ⓒBordwall

231 (오른쪽) about-history.com

239 위키미디어 커먼즈 ⓒMohonu

256 (위) 위키미디어 커먼즈 ⓒJi-Elle

256 (아래) 싱가포르 예술과학박물관

262 (위) ⓒCEphoto/Uwe Aranas

262 (아래) 위키미디어 커먼즈 ⓒMichaelJLowe

267 gmw.cn(《광명일보(광명일보)》, 2015년 03월 31일 05판)

271 mapio.net

286 ⓒU.Guerin/UNESCO

290 (위) 국립해양문화재연구소

290 (아래) 국립중앙박물관

294 위키미디어 커먼즈 ⓒcaviarkirch

306 영국 왕립지리학회

329 (위·아래) 도쿄 국립박물관

339 옥스퍼드대 보들리언도서관

348 flickr@Lars Pbugmam

352 필라델피아 미술관

354 네덜란드 마스트리히트 대학교 도서관

372 마드리드 국립에스파냐도서관

381 위키미디어 커먼즈 ⓒKaramell

387 위키미디어 커먼즈 ⓒDylan Kereluk

391 위키미디어 커먼즈

392 위키미디어 커먼즈

397 위키미디어 커먼즈

402 위키미디어 커먼즈

403 위키미디어 커먼즈

418 위키미디어 커먼즈

이미지 출처 및 소장처

이미지 출처 및 소장처

829   alamy.com

831   위키미디어 커먼즈 ⓒMarc Ryckaert

846   위키미디어 커먼즈 ⓒWolfgang Fricke

858   위키미디어 커먼즈 ⓒFish guy

862   셔터스톡

864   doi.org

869   ladeas.no

880   www.dezeen.com

참고문헌

1. 국문 문헌

가스터, 테어도르 H. 지음, 이용찬 옮김,《세상에서 가장 오래된 이야기》(대원사, 1990).

강봉룡,《장보고: 한국사의 미아 해상왕 장보고의 진실》(한얼미디어, 2004).

강봉룡,《바다에 새겨진 한국사》(한얼미디어, 2005).

강희정 편,《해상 실크로드와 문명의 교류: 동남아시아와 동북아시아》(사회평론아카데미, 2019a).

강희정, 〈해상 실크로드와 문명의 교차로 동남아시아〉,《해상 실크로드와 문명의 교류: 동 남아시아와 동북아시아》(사회평론아카데미, 2019b).

강희정, 〈해상 실크로드와 불교 물질문화의 전래: 동남아와 동북아〉,《해상 실크로드와 문 명의 교류: 동남아시아와 동북아시아》(사회평론아카데미, 2019c).

강희정,《아편과 깡통의 궁전: 동남아의 근대와 페낭 화교사회》(푸른역사, 2019d).

개디스, 존 루이스 지음, 정철·강규형 옮김,《냉전의 역사》(에코리브르, 2010).

권오영,《해상 실크로드와 동아시아 고대국가》(세창출판사, 2019a).

권오영, 〈바닷길의 확장이 동북아시아에 미친 파급〉,《해상 실크로드와 문명의 교류: 동남 아시아와 동북아시아》(사회평론아카데미, 2019b).

김경렬,《화학이 안내하는 바다 탐구》(자유아카데미, 2009).

김기태,《엔진의 역사: 헤론 터빈에서 제트 엔진까지》(지성사, 2020).

김병근,《수중고고학에 의한 동아시아 무역관계 연구: 신안해저유물을 중심으로》(국학자 료원, 2004).

김석균,《바다와 해적》(오션&오션, 2014).

김영나,《김영나의 서양미술사 100》(효형출판, 2017).

김영미, 〈신안해저선 발견 혜휴자의 고고학적 고찰〉,《해상 실크로드와 문명의 교류: 동남 아시아와 동북아시아》(사회평론아카데미, 2019).

김영준, 〈[인천 고택기행 39] 옛 일본우선주식회사 인천지점〉,《경인일보》인터넷판, 2016년

10월 13일, http://www.kyeongin.com/main/view.php?key=20161012010003604

김영진, 〈송·원대 남해인식과 남해여행〉, 임성모 외, 《동아시아 역사 속의 여행》 2 (산처럼, 2008).

김유철 외, 《동아시아 역사 속의 여행》 1 (산처럼, 2008).

김종욱·고영탁·형기성·문재운, 〈서태평양 해저산 코코발트 망간각 자원평가를 위한 광역 탐사 방안〉, 《자원환경지질》 46권 6호 (2013).

김호동, 《동방 기독교와 동서문명》 (까치, 2002).

나지, 아말 지음, 이창신 옮김, 《고추: 그 맵디매운 황홀》 (뿌리와이파리, 2002).

남종국 외, 《몽골 평화시대 동서문명의 교류: 아비뇽에서 개경까지》 (이화여자대학교출판 문화원, 2021).

남종국, 〈중세 말 면제품 소비의 증가〉, 《서양중세사연구》 16호 (2005).

남종국, 《지중해 교역은 유럽을 어떻게 바꾸었을까?: 중세》 (민음인, 2011).

남종국, 《이탈리아 상인의 위대한 도전: 근대 자본주의와 혁신의 기원》 (앨피, 2015).

남종국, 《중세 해상제국 베네치아》 (이화여자대학교출판문화원, 2020).

다이아몬드, 재레드 지음, 김진준 옮김, 《총, 균, 쇠》 (문학사상사, 1998).

다이아몬드, 재레드 지음, 강주헌 옮김, 《문명의 붕괴》 (김영사, 2005).

데이비스, 마이크 지음, 정병선 옮김, 《빈곤의 역사: 엘니뇨와 제국주의로 본》 (이후, 2008).

레디커, 마커스 지음, 박연 옮김, 《악마와 검푸른 바다 사이에서: 상선 선원, 해적, 영-미의 해상 세계, 1700-1750》 (까치, 2001).

레빈슨, 마크 지음, 이경석 옮김, 《더 박스: 컨테이너는 어떻게 세계 경제를 바꾸었는가》 (청림출판, 2017).

로버츠, J. M 지음, 노경덕 외 옮김, 《세계사》 1 (까치, 2015).

로빈슨, 프랜시스 외 지음, 손주영 외 옮김, 《케임브리지 이슬람사: 사진과 그림으로 보는》 (시공사, 2002).

로즈와도스키, 헬렌 M. 지음, 오수인 옮김, 《바다 세계사: 처음 읽는》 (현대지성, 2019).

루이스, 마크 에드워드 지음, 김한신 옮김, 《하버드 중국사 당: 열린 세계 제국》 (너머북스, 2017).

류교열, 〈근대일본의 국제전신망과 해항도시 부산: 근대적 전문지식과 제국주의 연구를 위하여〉, 《일어일문학》 83집 (2019).

리정푸이, 〈북극항로의 동북아 협력 기회 및 전략〉, 《KMI 중국리포트》 제20-1호 (2020).

마한, 알프레드 세이어 지음, 김주식 옮김, 《해양력이 역사에 미치는 영향》 1·2 (책세상, 1999).

만, 토마스 지음, 홍성광 옮김, 《베네치아에서의 죽음》 (열린책들, 2006).

말리노프스키, 브로니스라브 지음, 최협 옮김,《서태평양의 항해자들》(전남대학교출판부, 2013).

맥닐, 윌리엄 지음, 허정 옮김,《전염병과 인류의 역사》(한울, 1998).

맨더빌, 존 지음, 주나미 옮김,《맨더빌 여행기》(오롯, 2014).

멘지스, 개빈 지음, 조행복 옮김,《1421: 중국, 세계를 발견하다》(사계절, 2004).

멜빌, 허먼 지음, 김석희 옮김,《모비 딕》(작가정신, 2011).

몬타나리, 맛시모 지음, 주경철 옮김,《유럽의 음식 문화》(새물결, 2001).

문혜경,〈고전기 아테네에서 테테스의 해군복무와 민주정 간의 관계〉,《역사와 담론》제77호 (2016).

미야자키 마사카쓰 지음, 이규조 옮김,《정화의 남해 대원정》(일빛, 1999).

미야자키 마사카쓰 지음, 이수열·이명권·현재열 옮김,《바다의 세계사》(선인, 2017).

민츠, 시드니 지음, 조병준 옮김,《음식의 맛, 자유의 맛》(지호, 1998).

밀러, 에드워드 지음, 김현승 옮김,《오렌지전쟁계획: 태평양전쟁을 승리로 이끈 미국의 전략, 1897-1945》(연경문화사, 2015).

바투타, 이븐 지음, 정수일 역주,《이븐 바투타 여행기》1·2 (창작과비평사, 2001).

박성욱·이용희·권문상,〈해저 열수광상 및 망간각 자원 개발을 위한 국제적 논의에 대한 고찰〉,《Ocean and Polar Research》25권 2호 (2003).

박영준,《해군의 탄생과 근대 일본: 메이지 유신을 향한 부국강병의 길》(그물, 2014).

박원길,〈몽골역사: 몽골과 바다〉,《몽골학》26호 (2009).

박현희,〈프라 마우로 지도에 나오는 마르코 폴로의 중국 지리〉,《몽골 평화시대 동서문명의 교류: 아비뇽에서 개경까지》(이화여자대학교출판문화원, 2021).

박훈,《메이지유신을 설계한 최후의 사무라이들》(21세기북스, 2020).

백아란·이승호·조창현,〈북극항로의 가능성과 분석에 대한 고찰〉,《기후연구》11권 2호 (2016).

버턴, 리처드 프랜시스 지음, 이경석 옮김,《아라비안 나이트》(홍신문화사, 1994).

법현 지음, 이재창 옮김,《법현전》(동국대학교불전간행위원회, 1980).

베르길리우스 지음, 천병희 옮김,《아이네이스》(숲, 2007).

베스타, 오드 아르네 지음, 문명기 옮김,《잠 못 이루는 제국: 1750년 이후의 중국과 세계》(까치, 2014).

변선구,〈[서소문사진관] '마약 잠수정', 1424억 원어치 코카인 운반하다 스페인서 나포〉, 중앙일보 인터넷판, 2019년 11월 28일, https://www.joongang.co.kr/article/23643526#home

브라운, 마이클·메이, 존 지음, 환경운동연합 옮김,《그린피스》(자유인, 1994).

브로델, 페르낭 지음, 주경철 옮김,《물질문명과 자본주의 I: 일상생활의 구조》(까치, 1995).

브로델, 페르낭 지음, 주경철 옮김,《물질문명과 자본주의 II: 교환의 세계》(까치, 1996).

브로델, 페르낭 지음, 주경철 옮김,《물질문명과 자본주의 III: 세계의 시간》(까치, 1997).

브로델, 페르낭 지음, 주경철 외 옮김,《지중해: 펠리페 2세 시대의 지중해 세계》1~3 (도서출판 까치, 2017).

브룩, 티모시 지음, 조영헌 옮김,《하버드 중국사 원·명: 곤경에 빠진 제국》(너머북스, 2014).

빌라르, 피에르 지음, 김현일 옮김,《금과 화폐의 역사: 1450-1920》(까치, 2000).

사카구치 안고 지음, 최정아 옮김,《백치·타락론 외》(책세상, 2007).

산얄, 산지브 지음, 류형식 옮김,《인도양에서 본 세계사》(소와당, 2019).

샌다즈, N. K. 지음, 이현주 옮김,《길가메시 서사시》(범우사, 1978).

서경호,《아편전쟁》(일조각, 2020).

서성철,《마닐라 갤리온 무역: 동서무역의 통합과 해상 실크로드의 역사》(산지니, 2017).

성백용 외,《사료로 보는 몽골 평화시대 동서문화 교류사》(이화여자대학교출판문화원, 2021).

세이버리, 헬렌 지음, 이지윤 옮김,《차의 지구사》(휴머니스트, 2015).

소벨, 데이바·앤드루스, 윌리엄 지음, 김진준 옮김,《경도: 해상시계 발명이야기》(생각의 나무, 2002).

소병국,《동남아시아사: 창의적인 수용과 융합의 2천년사》(책과함께, 2020).

솔로몬, 스티븐 지음, 주경철·안민석 옮김,《물의 세계사: 부와 권력을 향한 인류 문명의 투쟁》(민음사, 2013).

송승원,〈인도네시아 서부 술라웨시의 발라니파 왕국의 기원 신화에 나타난 엘리트 세력의 형성 과정과 양두정치 양상〉,《동아연구》40권 1호 (2021).

송하춘,《〈어머니를 차저 삼천리(三千里)〉의 원작과 번안 문제 연구〉,《우리어문연구》48집 (2014).

쉬벨부쉬, 볼프강 지음, 이병련·한운석 옮김,《기호품의 역사: 파라다이스, 맛과 이성》(한마당, 2000).

슐츠, 군터 지음, 김희상 옮김,《바다의 철학》(이유출판, 2020).

스티븐슨 , 로버트 루이스 지음, 권정관 옮김,《보물섬》(새움, 2003).

신동원,《호열자, 조선을 습격하다》(역사비평사, 2004).

신효정,〈나라별로 금지한 음식 10가지, 도대체 왜?〉,《동아경제》인터넷판, 2018년 4월 13일, https://www.donga.com/news/article/all/20180413/89598961/3

아미치스, 에드몬드 데 지음, 이현경 옮김,《사랑의 학교 3》(창비, 1997).

아불라피아, 데이비드 지음, 이순호 옮김,《위대한 바다: 지중해 2만년의 문명사》(책과함께, 2013).

아사다 미노루 지음, 이하준 옮김,《동인도회사: 거대 상업제국의 흥망사》(파피에, 2004).

아이흐스테드, 피터 지음, 강혜정 옮김,《해적국가: 소말리아 어부들은 어떻게 해적이 되었나》(미지북스, 2011).

안상현·오명언,〈"수출로 먹고 사는 시대 코로나 후엔 끝난다", 세계적 경영학자의 경고〉,《조선일보》인터넷판, 2021년 7월 23일, https://www.chosun.com/economy/mint/2021/07/23/KMZACRL4JNGUJNVPAOFRYQV7H4/

앨리슨, 그레이엄 지음, 정혜윤 옮김,《예정된 전쟁》(세종, 2018).

엔닌 지음, 김문경 역주,《엔닌의 입당구법순례행기》(중심, 2001).

엘리엇, 존 H. 지음, 김원중 옮김,《스페인 제국사: 1469-1716》(까치, 2000).

엘빈, 마크 지음, 정철웅 옮김,《코끼리의 후퇴: 3000년에 걸친 장대한 중국 환경사》(사계절, 2011).

오치 도시유키 지음, 서수지 옮김,《세계사를 바꾼 37가지 물고기 이야기》(사람과나무사이, 2020).

우드, 마이클 지음, 남경태 옮김,《알렉산드로스, 침략자 혹은 제왕》(중앙M&B, 2002).

유용원,〈중국 항모킬러에 맞설 미국 비장의 무기 '유령함대'〉,《조선일보》인터넷판, 2020년 6월 7일, https://www.chosun.com/site/data/html_dir/2020/06/07/2020060700756.html

육유 지음, 이기훈 옮김,《육유 산문집》(지식을만드는지식, 2011).

윤용혁,〈'대교역의 시대', 류큐(琉球)의 항구와 도성: 우라소에(浦添)와 나하(那霸), 슈리(首里)〉,《도서문화》제45집 (2015).

이성규,〈현실 속으로 다가온 '해저도시'〉,《사이언스타임즈》인터넷판, 2014년 12월 8일, https://www.sciencetimes.co.kr/?news=%ED%98%84%EC%8B%A4-%EC%86%8D%EC%9C%BC%EB%A1%9C-%EB%8B%A4%EA%B0%80%EC%98%A8-%ED%95%B4%EC%A0%80%EB%8F%84%EC%8B%9C

이영희,〈2000만원 '생선 부레' 잡아라…총격 난무하는 공포의 바다〉,《중앙일보》인터넷판, 2018년 4월 13일, https://www.joongang.co.kr/article/22532316home

이영희·허정원,〈[알쓸신세] 치명적 '미세 플라스틱' 공포…한(韓) 면적 15배 쓰레기 섬"〉,《중앙일보》인터넷판, 2018년 4월 1일, https://news.joins.com/article/22495397?cloc=joongang|home|newslist1

이은진,《《입촉기(入蜀記)》의 주석과 번역 (1)〉,《중국학논총》64집 (2019).

이희수, 《한·이슬람 교류사》 (문덕사, 1991).

임성모 외, 《동아시아 역사 속의 여행》 2 (산처럼, 2008).

장, 로버타·패터슨, 웨인 지음, 이주영 옮김, 《하와이의 한인들: 사진으로 보는 미주 한인 100년사 1903~2003》 (눈빛, 2008).

장원일 외, 《자원의 보고, 해양》 (해양산업발전협의회, 2010).

잰슨, 마리우스 B. 지음, 장화경 옮김, 《일본과 세계의 만남》 (소화, 1999).

정수일 편저, 《실크로드 사전》 (창비, 2013).

조덕현, 《전쟁사 속의 해전》 (신서원, 2016).

조용헌, 《대운하시대 1415~1784: 중국은 왜 해양 진출을 '주저'했는가?》 (민음사, 2021).

주경철 외, 《문명 다시 보기: 다섯 시선으로 바라본 인류의 역사, 그리고 미래》 (나남, 2020).

주경철, 〈네덜란드 동인도 회사의 설립 과정〉, 《서양사연구》 제25권 (2000).

주경철, 《네덜란드: 튤립의 땅, 모든 자유가 당당한 나라》 (산처럼, 2003).

주경철, 〈해양시대의 화폐와 귀금속〉, 《서양사연구》 제32권 (2005).

주경철, 《대항해 시대: 해상 팽창과 근대 세계의 형성》 (서울대학교출판부, 2008).

주경철, 《문명과 바다: 바다에서 만들어진 근대》 (산처럼, 2009).

주경철, 《크리스토퍼 콜럼버스: 종말론적 신비주의자》 (서울대학교출판문화원, 2013).

주경철, 《모험과 교류의 문명사》 (산처럼, 2015).

주경철, 《일요일의 역사가》 (현대문학, 2016).

주경철, 〈네덜란드동인도회사와 아시아 해양 세계의 변화〉, 《서양사연구》 제65권 (2021).

주달관 지음, 전자불전·문화재콘텐츠연구소 옮김, 《진랍풍토기》 (백산자료원, 2007).

주종민 외, 〈서태평양 해저산의 망간각 자원평가를 위한 해저지형 특성 분석〉, 《자원환경지질》 49권 2호 (2016).

주커먼, 래리 지음, 박영준 옮김, 《감자 이야기: 악마가 준 선물》 (지호, 2000).

지로도, 알렉산드로 지음, 송기형 옮김, 《철이 금보다 비쌌을 때: 충격과 망각의 경제사 이야기》 (까치, 2016).

진호신, 〈서해안 수중발굴을 통해서 본 동북아시아의 교류〉, 《한국대학박물관협회 학술대회》 제63회 (2010).

차라, 프레드 지음, 강경이 옮김, 《향신료의 지구사》 (휴머니스트, 2014).

최덕수 외, 《장보고와 한국 해양 네트워크의 역사》 (해상왕장보고기념사업회, 2006).

최병욱, 《동남아시아사: 전통시대》 (산인, 2015).

최창모, 《옛 지도로 세계 읽기》 (동연, 2019).

최형록, 〈정화 대항해와 해양 국가 및 해양 도시와의 교류 연구〉, 《해항도시문화교섭학》 5권 (2011).

치폴라, 카를로 M. 지음, 최파일 옮김, 《대포 범선 제국: 1400~1700년, 유럽은 어떻게 세계의 바다를 지배하게 되었는가?》 (미지북스, 2010).

치폴라, 카를로 M. 지음, 장문석 옮김, 《스페인 은의 세계사》 (미지북스, 2015).

카렌, 아노 지음, 권복규 옮김, 《전염병의 문화사》 (사이언스북스, 2001).

카이, 베른하르트 지음, 박계수 옮김, 《항해의 역사》 (대한교과서. 2006).

캐드버리, 데보라 지음, 박신현 옮김, 《강철혁명: 런던 하수도에서 파나마운하까지, 세계 7대 구조물 탄생의 위대한 드라마》 (생각의나무, 2011).

케이건, 도널드 지음, 허승일·박재욱 옮김, 《펠로폰네소스 전쟁사》 (까치, 2006).

코르벳, 줄리안 S. 지음, 김종민·정호섭 옮김, 《해양전략론》 (한국해양전략연구소, 2009).

쿤, 디터 지음, 육정임 옮김, 《하버드 중국사 송: 유교 원칙의 시대》 (너머북스, 2015).

쿨란스키, 마크 지음, 박광순 옮김, 《세계를 바꾼 어느 물고기의 역사》 (미래M&B, 1998).

크로스비, 앨프리드 W. 지음, 안효상·정범진 옮김, 《생태제국주의》 (지식의풍경, 2000).

크로스비, 앨프리드 W. 지음, 김기윤 옮김, 《콜럼버스가 바꾼 세계》 (지식의숲, 2006).

클레멘츠, 조너선 지음, 허강 옮김, 《해적왕 정성공: 중국의 아들, 대만의 아버지》 (삼우반, 2008).

퍼거슨, 닐 지음, 김종원 옮김, 《제국: 유럽 변방의 작은 섬나라 영국이 어떻게 역사상 가장 큰 제국을 만들었는가》 (민음사, 2006).

페이건, 브라이언 지음, 정미나 옮김, 《피싱: 인간과 바다 그리고 물고기》 (을유문화사, 2018).

폰팅, 클라이브 지음, 이진아 옮김, 《녹색 세계사》 1·2 (심지, 1995).

폴로, 마르코 지음, 김호동 옮김, 《동방견문록》 (사계절, 2000).

플루타르코스 지음, 천병희 옮김, 《플루타르코스 영웅전》 (숲, 2010).

핑커, 스티븐 지음, 김명남 옮김, 《우리 본성의 선한 천사: 인간은 폭력성과 어떻게 싸워 왔는가》 (사이언스북스, 2014).

하네다 마사시 엮음, 조영헌·정순일 옮김, 《바다에서 본 역사: 개방, 경합, 공생 동아시아 700년의 문명 교류사》 (민음사, 2018).

하오옌핑 지음, 이화승 옮김, 《동양과 서양, 전통과 근대를 잇는 상인 매판》 (씨앗을뿌리는 사람, 2002).

하지영, 〈1910년대 조선우선주식회사의 연안항로 경영과 지역〉, 《역사와 경계》 109호 (2018).

한경구, 〈문명과 문화〉, 《문명 다시 보기: 다섯 시선으로 바라본 인류의 역사, 그리고 미래》 (나남, 2020).

한국대학박물관협회, 《한국대학박물관협회 학술대회》 제63회 (2010).

한명기, 〈17세기 초 은의 유통과 그 영향〉, 《규장각》 15집 (1992).

한신용, 〈통계로 보는 중국 수산: 2014~2018년 중국 수산물 수출 동향〉, 《KMI 중국리포트》 제19-1호 (2019).

허윤수·권찬호, 〈북극 진출을 위한 부산시의 북극지역 협력 방안〉, 《BDi 정책포커스》 326호 (2017).

헤로도토스 지음, 김봉철 옮김, 《역사》 (길, 2016).

호메로스 지음, 천병희 옮김, 《오뒷세이아》 (숲, 2015).

홉하우스, 헨리 지음, 윤후남 옮김, 《역사를 바꾼 씨앗 5가지》 (세종서적, 1997).

홍창기, 〈남중국해에서 채소 재배한 중국 맹비난한 베트남 왜?〉, 《파이낸셜뉴스》 인터넷판, 2010년 5월 29일, https://www.fnnews.com/news/202005291038518264

2. 외국어 문헌

Abu Zayd AL-Sirafi, Tim Macintosh-Smith trans., *Accounts of China and India* (New York: New York University Press, 2017).

Abrera, Maria Bernadette L., "Boat building tradition in the Philippines (10th-16th centuries)", in Buchet, Christian & Balard, Michel eds., Vol. 2 (2017).

Abulafia, David, "Virgin Islands of the Atlantic," *History Today*, Volume 69 Issue 11 (November 2019a).

Abulafia, David, *The Boundless Sea: A Human History of the Oceans* (Oxford: Oxford University Press, 2019b).

Acerra, Martine, "Le modèle français: la recherche par l'Etat de la prédominance maritime, réussites et échecs," in Buchet, Christian & Le Bouëdec, Gérard eds., Vol. 3 (2017).

Adas, Michael ed., *Islamic and European Expansion: The Forging of a Global Order* (Philadelphia: Temple University Press, 1993).

Adenaike, Carolyn Keyes, "West African Textiles, 1500-1800," Mazzaoui, Maureen Fennell ed. *Textiles: Production, Trade and Demand* (UK: Ashgate Variorum, 1998).

Aga, Yujiro & Kimizuka, Hiroyasu, "La dynamique du commerce maritime dans le développement économique japonais aux XVIIe et XVIIIe siècles," in Buchet, Christian & Le Bouëdec, Gérard eds., Vol. 3 (2017).

Alderton, Patrick, "Oil and water," in Buchet, Christian & Rodger N.A.M. eds., Vol. 4 (2017).

Alencastro, Luiz Félipé de, "Le commerce maritime dans l'Atlantique du sud et le développement de la flotte luso-brésilienne à l'époque moderne," in Buchet, Christian & Le Bouëdec, Gérard eds., Vol. 3 (2017).

Allen, Robert C., *The British Industrial Revolution in Global Perspective* (Cambridge: Cambridge University Press, 2009).

Alpers, Edward A., *The Indian Ocean in World History* (Oxford: Oxford University Press 2014).

Andrews, Jean, "Diffusion of MesoAmerican Food Complex to Southeastern Europe," *Geographical Review*, 83(2) (1993).

Anthonioz, Pierre, "La véritable histoire du radeau de La Méduse," *L'Histoire*, collections 8 (juin-août 2000).

Antonaccio, Carla, "Greek colonization, connectivity, and the Middle Sea," in Buchet, Christian, Arnaud, Pascal & Philip de Souza eds., Vol. 1 (2017).

Arasaratnam, S., "The Dutch East India Company and Its Coromandel Trade 1700-1740," *Bijdragen tot de Taal, Land-en Volkenkunde*, 123(3) (1967).

Armitage, David, Alison Bashford & Sujit Sivasundaram, eds., *Oceanic Histories* (Cambridge: Cambridge University Press, 2017).

Assmann, Jan, *La Mémoire culturelle: Ecriture, souvenir et imaginaire dans les civilisations antiques* (Paris: Aubier, 2010).

Attali, Jacques, *Histoire de la Mer* (Paris: Fayard, 2017).

Attman, Artur, *Dutch Enterprise in the World Bullion Trade 1550-1800* (Göteborg: Kungl. Vetenskap-och Vitterhets-Samhället, 1983).

Attwood, Bain, "Captain Cook's Contested Claim," *History Today*, Volume 70 Issue 8 (August 2020).

Aubin, N., *Dictionnaire de Marine: Contenant les Termes de la Navigation et de l'Architecture Navale* (Amsterdam, 1702).

Austen, Ralph A., "The Mediterranean Islamic Slave Trade out of Africa: A Tentative Census," *Slavery and Abolition*, 13 (1992).

Aymard, M. ed., *Dutch Capitalism and World Capitalism* (Cambridge: Cambridge University Press, 1982).

Bagg, Ariel M., "Watercraft at the beginning of history: the case of third-millennium Southern Mesopotamia," in Buchet, Christian, Arnaud, Pascal & Philip de Souza eds., Vol. 1 (2017).

Bahn, Paul, "Que s'est-il vraiment passé à l'île de Pâques?," *L'Histoire*, No. 316 (janvier 2007).

Balard, Michel, "Gênes, Amalfi, Venise: le triomphe des républiques maritimes," *L'Histoire*, No. 157 (juillet-août 1992).

Balard, Michel, "Le sac de Constantinople," *L'Histoire*, No. 268 (septembre 2002).

Baldissera, Fabrizia, "The mobility of people and ideas on the seas of Ancient India," in Buchet, Christian, Arnaud, Pascal & Philip de Souza eds., Vol. 1 (2017).

Barker, Theo, "The World Transport Revolution," *History Today*, Volume 46 Issue 11 (November 1996).

Bassett, D. K., "The 'Amboyna Massacre' of 1623," *Journal of Southeast Asian History*, 1(2) (1960).

Bateman, Sam, "UNCLOS and the modern law of the sea," in Buchet, Christian & Rodger N.A.M. eds., Vol. 4 (2017).

Beaujard, Philippe, "L'Afrique orientale et la mer au Ier au XVe siècles," in Buchet, Christian & Balard, Michel eds., Vol. 2 (2017).

Beeler, John F., "Maintaining naval hegemony in the industrial age: Britain, 1850-1889," in Buchet, Christian & Rodger N.A.M. eds., Vol. 4 (2017).

Bell, Christopher M., "The Washington Treaty era: neutralising Pacific," in Buchet, Christian & Rodger N.A.M. eds., Vol. 4 (2017).

Bellec, François, "Les retombées littéraires et philosophiques des découvertes maritimes," in Buchet, Christian & Le Bouëdec, Gérard eds., Vol. 3 (2017).

Bello, Sumbo, "Building An Underwater City: The Future of Humanity," May 23, 2019, https://edgy.app/underwater-city-challenges

Benhima, Yassir, "Les Portugais conquièrent Ceuta," in Bertrand, Romain ed. (2019).

Benton, Miles et. al, "Complete Mitochondrial Genome Sequencing Reveals Novel Haplotypes in a Polynesian Population", *PLOS ONE*, 7(5) (2012).

Bérard, Benoît, "Une approche maritime et archipélique de l'occupation amérindienne des Antilles," in Buchet, Christian, Arnaud, Pascal & Philip de Souza eds., Vol. 1 (2017).

Berg, Maxine, "Asia-Europe trade: the demand for Asian goods and long-distance shipping from the Indian Ocean and South China Sea," in Buchet, Christian & Le Bouëdec, Gérard eds., Vol. 3 (2017).

Bernstein, William J., *A Splendid Exchange, How Trade Shaped the West* (New York: Atlantic Monthly Press, 2008).

Bertrand, Romain ed., *L'Exploration de Monde: Une Autre Histoire des Grandes Découvertes* (Paris: Seuil, 2019a).

Bertrand, Romain, "Cajamarca: trente heures qui ébranlèrent l'Empire Inca," in Bertrand,

Romain ed. (2019b).

Besse, Jean-Marc, "Le 'Nouveau Monde' d'Amerigo Vespucci," in Bertrand, Romain ed. (2019).

Bialuschewski, Arne, "Pirates, Slavers, and the Indigenous Population in Madagascar, c. 1690-1715," *The International Journal of African Historical Studies*, 38(3) (2005).

Biran, Michal ed., *Along the Silk Roads in Mongol Eurasia: Generals, Merchants, and Intellectuals* (Berkeley: University of California Press, 2020).

Bitterli, Urs & Robertson, Ritchie, *Cultures in Conflict: Encounters between European and Non-European Cultures, 1492-1800* (Stanford: Stanford University Press, 1989).

Black, Jeremy, "The Making of the British Atlantic," *History Today*, Volume 63 Issue 6 (June 2013).

Black, Jeremy, *Naval Power: A History of Warfare and the Sea from 1500* (New York: Macmillan, 2009).

Blakely, Sandra, "Maritime risk and ritual responses: sailing with the gods in the ancient Mediterranean," in Buchet, Christian, Arnaud, Pascal & Philip de Souza eds., Vol. 1 (2017).

Blomkvist, Nils, "The Vikings and their age: a good deal more than plunder," in Buchet, Christian & Balard, Michel eds., Vol. 2 (2017).

Boestad, Tobias, "Un monde de ports et de réseaux," *L'Histoire*, No. 481 (avril 2021).

Bonin, Hubert, "Le charbon, de la glorification à la diabolisation," *L'Histoire*, 7 juin, 2021, https://www.lhistoire.fr/le-charbon-de-la-glorification-%C3%A0-la-diabolisation

Bourke, Edward, "The Guinness Fleets: The Guinness Fleets of Boats, ships and yachts", *Irish Maritime History*, 4 (March 2018).

Boxer, Charles R., *The Christian Century in Japan, 1549-1650,* 2nd edition (Berkeley: University of California Press, 1967).

Boxer, Charles R., *Jan Compagnie in War and Peace 1602-1799: A Short History of the Dutch East India Company* (Hong Kong: Heinemann Asia, 1979).

Boxer, Charles R., *The Portuguese SeaBorne Empire 1415-1825,* 2nd edition (Manchester: Carcanet, 1991).

Boxer, Charles R., "Notes on Early European Military Influences in Japan, 1543-1853", *Transactions of the Asiatic Society of Japan*, 2nd Series, Vol. 8 (1931).

Brading, David, "Prophet and Apostle: Bartolomé de Las Casas and the Spiritual Conquest of America," *New Blackfriars*, 65(774) (1984).

Braunstein, Philippe, "Venise, un empire sur la mer," *L'Histoire*, collections 8 (juin-août

참고문헌

2000).

Bresc, Henri, "La mer empoisonnée: la Sicile médiévale," in Buchet, Christian & Balard, Michel eds., Vol. 2 (2017).

Brière, Jean-François, "Les pêches morutières, terre-neuvières, baleinières en Amérique du Nord," in Buchet, Christian & Le Bouëdec, Gérard eds., Vol. 3 (2017).

Briquel-Chatonnet, Françoise, "Ici commence l'histoire," L'Histoire, collections 69 (octobre-décembre 2015).

Briquel-Chatonnet, Françoise, "La révolution de l'alphabet" L'Histoire, collections 29 (octobre-décembre 2005).

Briquel-Chatonnet, Françoise, "Le miracle phénicien," L'Histoire, collections 8 (juin-août 2000).

Broich, John, "Kroomen: Black Slaver Hunters," History Today, Volume 67 Issue 12 (December 2017).

Brook, Timothy, "Les expéditions maritimes de Zheng He," in Bertrand, Romain ed. (2019).

Brook, Timothy, "China's maritime world," in Buchet, Christian & Le Bouëdec, Gérard eds., Vol. 3 (2017).

Bruijn, J. R., Gaastra F. S. & Schöffer I. eds., Dutch Asiatic Shipping in the Seventeenth and Eighteenth Centuries, 3 Vols. (The Hague: M. Nijhoff, 1979-1987).

Bruscoli, Francesco Guidi, "Giovanni Caboto longe la côte américaine," in Bertrand, Romain ed. (2019).

Buchet, Christian & Balard, Michel eds., The Sea in History: The Medieval World, Vol. 2 (Woodbridge: Boydell & Brewer, 2017).

Buchet, Christian & Le Bouëdec, Gérard eds., The Sea in History: The Early Modern World, Vol. 3 (Woodbridge: Boydell & Brewer, 2017).

Buchet, Christian & Rodger N.A.M. eds., The Sea in History: The Modern World, Vol. 4 (Woodbridge: Boydell & Brewer, 2017a).

Buchet, Christian, Arnaud, Pascal & Philip de Souza eds., The Sea in History: The Ancient World, Vol. 1 (Woodbridge: Boydell & Brewer, 2017b).

Buchet, Christian, Le Livre noir de la Mer: Piraterie, Migrants, Narcotrafic, Marées Blanches: Enquêtes sur une Tragédie (Paris: Editions du Moment, 2015).

Buchet, Christian, La grande histoire vue de la mer (Paris: Cherche Midi, 2017).

Bulliet, Richard, The Camel and the Wheel (New York: Columbia University Press, 1990).

Burgess Jr., Douglas R., "Piracy in the Public Sphere: The Henry Every Trials and the Battle for Meaning in Seventeenth-Century Print Culture," Journal of British Studies, 48(4)

(2009).

Butel, Paul, *Histoire du thé* (Paris: Desjonquères, 1989).

Buti, Gilbert, "Mutations et recompositions des flottes marchandes en Méditerranée," in Buchet, Christian & Le Bouëdec, Gérard eds., Vol. 3 (2017).

Buti, Gilbert & Philippe Hroděj eds., *Dictionnaire des Corsaires et Pirates* (Paris: CNRS, 2013).

Buti, Gilbert & Philippe Hroděj eds., *Histoire des Pirates et des Corsaires de l'Antiquité à nos Jours* (Paris: CNRS, 2016).

Buzurg ibn Shahriyâr, Peter Quennell trans., *The Book of the Marvels of India* (London: George Routledge & Sons, 1928).

Calafat, Guillaume, "Jeanne Barret découverte à Tahiti," in Bertrand, Romain ed. (2019).

Callaghan, Richard T., "The Taíno of the Caribbean: six thousand years of seafaring and cultural development," in Buchet, Christian, Arnaud, Pascal & Philip de Souza eds., Vol. 1 (2017).

Campbell, James Graham ed., *Cultural Atlas of Viking World* (New York: Facts on File, 1994).

Campbell, Judy, "Smallpox in Aboriginal Australia, 1829-1831," *Australian Historical Studies,* 20(81) (1983).

Cañizares-Esguerra, Jorge & Seeman, Erik R., *The Atlantic in Global History 1500-2000, Prenticehall* (London: Routledge, 2007).

Cans, Roger, "La mer est-elle mortelle ?," *L'Histoire*, collections 8 (juin-août 2000).

Carré, Guillaume, "Féodalités maritimes: le Japon médiéval et la mer (XIe-XVIe siècles)," in Buchet, Christian & Balard, Michel eds., Vol. 2 (2017).

Carré, Guillaume, "Quand parle la poudre: les Portugais à Tanegashima," in Bertrand, Romain ed. (2019).

Casale, Giancarlo, "D'Istanbul à Aceh: l'âge ottoman de l'exploration," in Bertrand, Romain ed. (2019).

Casson, Lionel, *The Ancient Mariners: Seafareres and Seafighters of the Mediterranean in Ancient Times* (Princeton: Princeton University Press, 1991).

Casson, Lionel, *The Periplus Maris Erythraei* (Princeton: Princeton University Press, 1989).

Cattaneo, Angelo, "Fra Mauro: la mappemonde qui unit les terres et les mers," in Bertrand, Romain ed. (2019).

Cavendish, Richard, "New Amsterdam surrendered to the English," *History Today*, Volume 64 Issue 9 (September 2014).

Cavendish, Richard, "Robert Fulton's Paddlesteamer," *History Today*, Volume 57 Issue 8 (August 2007).

Cavendish, Richard, "The Treaties of Tianjin," *History Today*, Volume 58 Issue 6 (June 2008).

Chaffee, John W., *The Muslim Merchant of Premodern China, The History of a Maritime Asian Trade Diaspora, 750-1400* (Cambridge: Cambridge University Press, 2018).

Chaline, Eric, "How Europe Learnt to Swim," *History Today*, Jul 16, 2018, https://www.historytoday.com/miscellanies/how-europe-learnt-swim

Chaline, Olivier, "L'Europe centrale et la mer à l'époque moderne," in Buchet, Christian & Le Bouëdec, Gérard eds., Vol. 3 (2017).

Chalk, Peter, "The narcotics trade and the sea," in Buchet, Christian & Rodger N.A.M. eds., Vol. 4 (2017).

Chambon, Grégory, "La navigation fluviale sur l'Euphrate au second millénaire av. J.-C.: usages, enjeux et communautés de pratiques," in Buchet, Christian, Arnaud, Pascal & Philip de Souza eds., Vol. 1 (2017).

Chami, Felix, "Ancient seafaring in Eastern African Indian Ocean waters," in Buchet, Christian, Arnaud, Pascal & Philip de Souza eds., Vol. 1 (2017).

Chandeigne, Michel, *Goa 1510-1685: L'Inde portugaise, apostolique et commerciale* (Paris: Edition Autrement, 1996).

Chanu, Pierre & Huguette, Chaunu, *Seville et l'Atlantique 1504-1650*, 8 Vols. (Paris: A. Colin, 1956).

Charan, Anubha, "The Lost City of Cambay," *History Today*, Volume 52 Issue 11 (November 2002).

Chaudhuri, K.N., *Trade and civilisation in the Indian Ocean: an economic history from the rise of Islam to 1750* (Cambridge: Cambridge University Press, 1985).

Chaudhury, Sushil & Michel Morineau eds., *Merchants, Companies and Trade: Europe and Asia in the Early Modern Era* (Cambridge: Cambridge University Press, 1999).

Chaunu, Pierre, *Séville et l'Amérique, XVe-XVIIe siècles* (Paris: Flammarion. 1977).

Chin, James K., "Merchants, envoys, brokers and pirates: Hokkien Connections in Pre-Modern Maritime Asia," *Offshore Asia* (Singapore: Institute of Southeast Asian Studies, 2013).

Chouin, Gérard, "L'Afrique et la mer à l'époque moderne," in Buchet, Christian & Le Bouëdec, Gérard eds., Vol. 3 (2017).

Christensen, Arne Emil, "The Viking ships," in Buchet, Christian & Balard, Michel eds., Vol.

2 (2017).

Christian, Rachel, "Britain's Transatlantic Colonists," *History Today*, Volume 65 Issue 9 (September 2015).

Chung, K. W. & Hourani, G. F., "Arab geographers on Korea," *Journal of the American Oriental Society*, 58(4) (1938).

Clairay, Philippe, "Les bains de mer ont une patrie: la Bretagne," *L'Histoire*, No. 266 (juin 2002).

Clark, Jonathan, "The End of the Old World?', *History Today*, Volume 70 Issue 5 (May 2020).

Clodong, Olivier, "Image de la mer dans les sociétés médiévales: perceptions et modes de transmission," in Buchet, Christian & Balard, Michel eds., Vol. 2 (2017).

Coates, Timothy, "Habsburg Iberia Points West," *History Today*, Volume 68 Issue 3 (March 2018).

Conlin, Jonathan, "The Battle for Oil in the First World War," *History Today*, Volume 68 Issue 1 (January 2018).

Cookson, Gillian, "The Transatlantic Telegraph Cable: Eighth Wonder of the World," *History Today*, Volume 50 Issue 3 (March 2000).

Cornette, Joël, "Depuis le pont d'un navire," *L'Histoire*, No. 432 (février 2017).

Corvisier, Jean-Nicolas, "La naissance des flottes en Egée," in Buchet, Christian, Arnaud, Pascal & Philip de Souza eds., Vol. 1 (2017).

Cosmas Indicopleustes, *Christian Topography* (1897), https://www.ccel.org/ccel/pearse/morefathers/files/cosmas_11_book11.htm

Couper, Alastair, "Maritime labor," in Buchet, Christian & Rodger N.A.M. eds., Vol. 4 (2017).

Couto, Dejanirah, "Vasco da Gama rencontre le souverain de Calicut," in Bertrand, Romain ed. (2019).

Crouzet, François, "Quand les Anglais étaient maîtres des mers," in Bertrand, Romain ed. (2019).

Crowley, Roger, "The First Global Empire," *History Today*, Volume 65 Issue 10 (October 2015).

Culham, Phyllis, "The Roman Empire and the seas," in Buchet, Christian, Arnaud, Pascal & Philip de Souza eds., Vol. 1 (2017).

Cullow, Adam, "Unjust, Cruel and Barbarous Proceedings; Japanese Mercenaries and the Amboyna Incident of 1623," *Itinerario*, 31(7) (2007).

Cunliffe, Barry, "The importance of the sea for prehistoric societies in Western Europe," in Buchet, Christian, Arnaud, Pascal & Philip de Souza eds., Vol. 1 (2017).

Curtin, Philip, "Epidemiology and the Slave Trade," *Political Science Quarterly*, 83(2) (1968).

Curtin, Philip, "Africa and the wider monetary world, 1250-1850," Richards, John F. ed., *Precious Metals in the Later Medieval and Early Modern Worlds* (Durham: Carolina Academic Press, 1983).

Curtin, Philip, *The World and the West: The European Challenge and the Overseas Response in the Age of Empire* (Cambridge: Cambridge University Press, 2000).

Curtin, Philip, *Atlantic Slave Trade: A Census* (Madison: University of Wisconsin Press, 1969).

Curtin, Philip, *Cross-cultural Trade in World History* (Cambridge: Cambridge University Press, 1984).

Dagorn, Gary, "Pourquoi Donald Trump s'intéresse au Groenland," *Le Monde*, 23 (août 2019).

Dalché, Patrick Gautier, "La carte marine au Moyen Age: outil technique, objet symbolique," in Buchet, Christian & Balard, Michel eds., Vol. 2 (2017).

Das Gupta, Arun, "The maritime Trade of Indonesia: 1500-1800," in Das Gupta, Asin & M. N. Pearson eds. (1987a).

Das Gupta, Asin & M. N. Pearson eds., *India and Indian Ocean, 1500-1800* (Calcutta: Oxford: Oxford University Press, 1987b).

Daudin, Guillaume, "Le commcerce maritime et la croissance européenne au XVIIIe siècle," in Buchet, Christian & Le Bouëdec, Gérard eds., Vol. 3 (2017).

Davey, James, "The Navy and the Napoleonic Wars," *History Today*, Volume 65 Issue 12 (December 2015).

De Almeida Mendes, Antonio, "Le baptême portugais du Manikongo," in Bertrand, Romain ed. (2019).

De Matos, Jorge Semedo, "Portugal, the west seafront of Europe," in Buchet, Christian & Le Bouëdec, Gérard eds., Vol. 3 (2017).

De Souza, Philip, "The Athenian maritime empire of the fifth century BC," in Buchet, Christian, Arnaud, Pascal & Philip de Souza eds., Vol. 1 (2017).

Delumeau, Jean, *History of Paradise: The Garden of Eden in Myth and Tradition* (New York: Continuum, 1995).

Dème, Alioune, "Pêche et interactions entre la Moyenne Vallée du fleuve Sénégal et le litpral Atlantique sénégalo-mauritanien durant le dernier millémaire BC," in Buchet, Christian, Arnaud, Pascal & Philip de Souza eds., Vol. 1 (2017).

Desclèves, Emmanuel, "Développement maritime de la civilisation océanienne," in Buchet, Christian, Arnaud, Pascal & Philip de Souza eds., Vol. 1 (2017a).

Desclèves, Emmanuel, "Le modèle polynésien, ou l'océan source de stimulation intellectuelle," in Buchet, Christian & Le Bouëdec, Gérard eds., Vol. 3 (2017b).

Diamond, Jared, *Collapse: How Societies Choose to Fail or Succeed* (New York: Viking, 2005).

Doolan, Paul, "Beyond Profit," *History Today*, Volume 69 Issue 12 (December 2019).

D'Orta, Garcia, *Colóquios dos simples e drogas e cousas medicinais da India=Colloquies on the simples & drugs of India* (London: Sothera, 1913).

Drescher, Seymour, "The Slaving Capital of the World: Liverpool and National Opinion in the Age of Abolition," *Slavery and Abolition*, 9(2) (1988).

Druett Joan, "BLACKBIRDING AND THE BULLY", August 25, 2016, http://joan-druett.blogspot.com/2016/08/blackbirding-and-bully_25.html

Duchêne, Hervé, "Grèce: un monde de migrants," *L'Histoire*, No. 417 (novembre 2015).

Duchêne, Hervé, "La colonisation grecque en débat," *L'Histoire*, No. 377, (juin 2012).

Dyer, Michael P., "Geographical determinism and the growth of the American whaling and sealing industries," in Buchet, Christian & Rodger N.A.M. eds., Vol. 4 (2017).

Earle, Sylvia A., *The World is Blue: How Our Fate and the Ocean's Are One* (Washington: National Geographic, 2010).

Elisseeff, Eli, *The Silk Roads: Highways of Culture and Commerce* (New York: Berghahn Books, 2000).

Elleman, Bruce A., "China turns to the sea, 1912-1990," in Buchet, Christian & Rodger N.A.M. eds., Vol. 4 (2017).

Eltis, Davis, "Sugar and the slave trade in the development of Atlantic maritime trade," in Buchet, Christian & Le Bouëdec, Gérard eds., Vol. 3 (2017).

Emmer, Pieter, "Mare Liberum, Mare Clausum: oceanic shipping and trade in the history of economic thought," in Buchet, Christian & Le Bouëdec, Gérard eds., Vol. 3 (2017).

Eco Marine Power, "Eco Marine Power granted patent for Aquarius MRE System," October 5, 2015, http://www.eco-business.com/press-releases/eco-marine-power-granted-patent-for-aquarius-mre-system/

Epkenhans, Michael, "Germany, 1870-1914: a military empire turns to sea," in Buchet, Christian & Rodger N.A.M. eds., Vol. 4 (2017).

Erlandson, Jon M. et al., "The Kelp Highway Hypothesis: Marine Ecology, the Coastal Migration Theory, and the Peopling of the Americas," *Journal of Island & Coastal Archaeology*, 2(2) (2007).

Everett, Daniel L. "The role of culture in language and cognition," *Language and Linguistics Compass*, 12(11) (2018)

Faget, Daniel, "Pêches méditerranéenes et développement de l'économie maritime," in Buchet, Christian & Le Bouëdec, Gérard eds., Vol. 3 (2017).

FAO, *La situation mondiale des pêches et de l'aquaculture 2016* (Rome, 2016).

Fauvelle, François-Xavier, "Les Néerlandais s'installent au Cap: chronique d'une mort annoncée," in Bertrand, Romain ed. (2019).

Ferreiro, Larrie D., "An engine, not a needle: ocean navigation as a motor of innovation in Europe," in Buchet, Christian & Le Bouëdec, Gérard eds., Vol. 3 (2017).

Finlay, Robert, "The Treasure-Ships of Zheng He: Chinese Maritime Imperialism in the Age of Discovery," *Terrae Incognitae*, 23 (1991).

Fitzpatrick, Matthew P., "Provincializing Rome: The Indian Ocean Trade Network and Roman Imperialism," *Journal of World History*, 22(1) (March 2011).

Flynn, Dennis O. & Arturo Giráldez, "China and Manilla Galleons," in Flynn, Dennis O., Latham, A. J. H. & Heita Kawakatsu eds. (1994a).

Flynn, Dennis O., Latham, A. J. H. & Heita Kawakatsu eds., *Japanese Industrialization and the Asian Economy* (London: Routledge, 1994b).

Fonseca, L. A., "Portuguese maritime expansion from African coast to India," in Buchet, Christian & Balard, Michel eds., Vol. 2 (2017).

Ford, Lauren Moya, "White Gold," *History Today*, Volume 70 Issue 4 (April 2020).

Frain, Irène, "Les superstitions des gens de mer," *L'Histoire*, collections 8 (juin-août 2000).

Francis, Emmanuel, "Comment le sanskrit a 'conquis' l'Asie," *L'Histoire*, No. 437 (juillet-août 2017).

Frank, Richard B., "The imperial Japanese navy, 1937-1942," in Buchet, Christian & Rodger N.A.M. eds., Vol. 4 (2017).

Frécon, Eric, "La violence maritime comme reflet du contexte géopolitique: une piraterie sui generis dans l'Asie du Sud-est des premières cités-entrepôts indianisées," in Buchet, Christian, Arnaud, Pascal & Philip de Souza eds., Vol. 1 (2017).

Frenez, Dennys, "The Indus Civilization Trade with the Oman Empire," in Cleuziou, Serge & Tosi, Maurizio, *In the Shadow of the Ancestors: The Prehistoric Foundations of the Early Arabian Civilization in Oman* (Muscat: Ministry of Heritage and Culture

Sultanate of Oman, 2018).

Friedman, Norman, "The sea and the Cold War," in Buchet, Christian & Rodger N.A.M. eds., Vol. 4 (2017).

Frost, Warwick, "Alfred Crosby's Ecological Imperialism Reconsidered: A Case Study of European Settlement and Environmental Change on the Pacific Rim," in Flynn, Dennis O., Latham, A. J. H. & Heita Kawakatsu eds. (1994).

Fujita, Kayoko et al., *Offshore Asia: Maritime Interaction in Eastern Asia before Steamships* (Singapore: Institute of Southeast Asian Studies, 2013).

Fujita, Kayoko, "Metal Exports and Textile Imports of Tokukawa Japan in the 17th Century: the South Asian Connection," in Fujita, Kayoko et al. (2013).

Fukasaku, Yukito, *Technology and industrial development in pre-war Japan, Mitsubishi Nagasaki Shipyard 1884-1934* (London: Routledge, 1992).

Gabbatiss, Josh, "Homo erectus: Early humans were able to speak and crossed sea on boats, expert claims,", *Independent*, February 20, 2018, https://www.independent.co.uk/news/science/homo-erectus-speak-sail-boats-early-humans-africa-scientists-discovery-a8219461.html

Gabrielsen, Vincent, "Financial, human, material and economic resources required to build and operate navies in the classical Greek world," in Buchet, Christian, Arnaud, Pascal & Philip de Souza eds., Vol. 1 (2017).

Galloway, James A., "Fishing in medieval England," in Buchet, Christian & Balard, Michel eds., Vol. 2 (2017).

Games, Alison, "Making Massacre," *History Today*, Volume 70 Issue 10 (October 2020).

Garcin, Jean-Claude, "Le Bagdad rêvé des 《mille et une nuits》," *L'Histoire*, No. 412 (juin 2015).

Gardiner, Robert ed., *The earliest ships: the evolution of boats into ships* (London: Conway Maritime Press, c1996).

Gautier, Alban, "Une diaspora européenne," *L'Histoire*, No. 442 (décembre 2017).

Gazagnadou, Didier, "Fluidité des circulations dans l'empire mongol du XIIIe siècle," in Buchet, Christian & Balard, Michel eds., Vol. 2 (2017).

Georgeon, François, "Le Japon, Nouvelle terre de mission de l'Islam," in Bertrand, Romain ed. (2019).

Gerritsen, Annem, "Deshima, base de commerce des Hollandais au Japon," in Bertrand, Romain ed. (2019).

Gertwagen, Ruthy, "The naval power of Venice in the eastern Mediterranean in the Middle

Ages," in Buchet, Christian & Balard, Michel eds., Vol. 2 (2017).

Gibbons, Ann, "Game-changing' study suggests first Polynesians voyaged all the way from East Asia," *Science*, October 3, 2016, https://www.science.org/content/article/game-changing-study-suggests-first-polynesians-voyaged-all-way-east-asia

Gilgamesh, *The epic of Gilgamesh*, Translated by Kovacs, Maureen Gallery, Electronic Edition by Wolf Carnahan, 1998, Tablet XI The Story of the flood.

Gipouloux, François, "Villes portuaires et réseaux marchands en Chine, au Japon et en Asie du Sud-Est: commerce, piraterie et géopolitique," in Buchet, Christian & Le Bouëdec, Gérard eds., Vol. 3 (2017).

Glamann, K., *Dutch Asiatic Trade, 1620-1740* (Copenhagen: Danish Science Press, 1958).

Godefroy, Noémi, "Le Japon découvre la Russie," in Bertrand, Romain ed. (2019).

Goldrick, James, "India and the sea," in Buchet, Christian & Rodger N.A.M. eds., Vol. 4 (2017).

Graham, Gerald, "By Steam to India," *History Today*, Volume 14 Issue 5 (May 1964).

Grandet, Pierre, "Les Peuple de la Mer," in Buchet, Christian, Arnaud, Pascal & Philip de Souza eds., Vol. 1 (2017).

Grandet, Pierre, "Les migrations des 'Peuples de la mer'," *L'Histoire*, collections 46 (janvier-mars 2010).

Grant, R.G., *Battle at Sea: 3,000 Years of Naval Warfare* (London: DK, 2008).

Grenouilleau, Olivier, "Les flottes négières de la traite atlantique," in Buchet, Christian & Le Bouëdec, Gérard eds., Vol. 3 (2017).

Grimbly, Shona ed., *Atlas of Exploration* (London: Routledge, 2001).

Grove, Eric, "NATO as a maritime alliance in the Cold War," in Buchet, Christian & Rodger N.A.M. eds., Vol. 4 (2017).

Grove, Richard, "Conserving Eden: The (European) East India Companies and their Environmental Policies on St. Helena, Mauritius and in Western India, 1600-1854," *Comparative Studies in Society and History*, 35, No. 2 (1993).

Grove, Richard, "Indigenous Knowledge and the Significance of South-West India for Portuguese and Dutch Construction of Tropical Nature," *Modern Asian Studies*, 31(1) (1996).

Grove, Richard ed. *Ecology, Climate and Empire: Colonialism and Global Environmental History, 1400-1940* (Seattle: University of Washington Press, 1997).

Grove, Richard, *Green Imperialism: Colonial Expansion, Tropical Island Edens and the Origins of Environmentalism 1600-1860* (Cambridge: Cambridge University Press,

1995).

Gruzinski, Serge, "Les mille visages de la chute de Mexico-Tenochtitlan," in Bertrand, Romain ed. (2019).

Gunn, Geoffrey, *First Globalization, The Eurasian Exchange, 1500-1800* (Lanham: Rowman & Littlefield Publishers, 2003).

Guy, J. Donna, "White Slavery, Public Health, and the Socialist Position on Legalized Prostitution in Argentina, 1913-1936," *Latin American Research Review*, 23 (1988).

Haellquist, Karl R. *Asian Trade Routes* (London: Curzon Press, 1991).

Hagan, Kenneth J., "The US as a new naval power, 1890-1919," in Buchet, Christian & Rodger N.A.M. eds., Vol. 4 (2017).

Hagras, Hamada Muhammed, "THE FUNCTIONS AND SYMBOLISM OF CHINESE MINARETS: A CASE STUDY OF THE HUAISHENG GUANGTA," *Journal of Islamic Architecture*, 6(2) (2020).

Halliday, Stephen, "The First Common Market? The Hanseatic League," *History Today*, Volume 59 Issue 7 (July 2009).

Hamilton, A., *New Account of the East Indies* (London: A. Bettesworth and C. Hitch, 1739).

Hamon, Hervé, "Pour une poignée de sable chaud...," *L'Histoire*, collections 8 (juin-août 2000).

Haneda, Masashi, "Le Japon et la mer," in Buchet, Christian & Le Bouëdec, Gérard eds., Vol. 3 (2017).

Hartog, François, "Les voyages d'Ulysse," *L'Histoire*, collections 8 (juin-août 2000).

Hatfield, Philip, "The Search for the Northwest Passage," *History Today*, Volume 67 Issue 2 (February 2017).

Hatheway, G.G., "The Great North Atlantic Steamship Race,' *History Today*, Volume 17 Issue 2 (February 1967).

Haudrère, Philippe, "Les compagnies de commerce, instruments de la puissance maritime," in Buchet, Christian & Le Bouëdec, Gérard eds., Vol. 3 (2017).

Haudrère, Philippe & Gérard le Bouëdec, *Les Compagnies des Indes* (Rennes: Edition Ouest-France, 2003).

Hau'ofa, Epeli, "Our Sea of Islands," *The Contemporary Pacific*, 6(1) (Spring 1994).

Havard, Gilles, "La mort de Pochahontas," in Bertrand, Romain ed. (2019).

Hayton, Bill, "Shadow on the South China Sea," *History Today*, Volume 66 Issue 10 (October 2016).

Headrick, "Daniel, Global Warming, the Ruddiman Thesis, and the Little Ice Age," *Journal of World History*, 26(1) (March 2015).

Heers, Jacques, "La rôle des capitaux internationaux dans les voyages de découverte au quinzième et seizième siècles," in Michel Molla ed., *Les aspects internationaux de la découverte océanique au quinzième et seizième siècles* (Paris: S.E.V.P.E.N, 1960).

Heidbrink, Ingo, "Fisheries," in Buchet, Christian & Rodger N.A.M. eds., Vol. 4 (2017).

Hetherington, Renée, et al., "Climate, African and Beringian subaerial continental shelves, and migration of early peoples," *Quaternary International*, Volume 183 Issue 1 (May 2008).

Heullant-Donat, Isabelle, "Que sont les frères Vivaldi devenus?," in Bertrand, Romain ed. (2019).

Heyerdahl, Thor, *Early Man and the Ocean* (London: George Allen & Unwin Ltd., 1978).

Hirama, Yoicji, "The First World War and Japan: from the Anglo-Japanese Alliance to the Washington Treaty," in Buchet, Christian & Rodger N.A.M. eds., Vol. 4 (2017).

Hirth, Friedrich & W. W. Rockhill trans., *Chu-Fan-Chi: A Description of Barbarous Peoples* (St. Petersburg: Print Office of the Imperical Academy of Sciences, 1911).

Hocquet, Jean-Claude, "Au coeur de la puissance maritime de Venise, le sel," in Buchet, Christian & Balard, Michel eds., Vol. 2 (2017).

Hoffs, Gill, "Lost at Sea: The Dangers of Emigration," *History Today*, Volume 67 Issue 4 (April 2017).

Horden, Peregrine, Nicholas Purcell, *The Corrupting Sea: A Study of Mediterranean History* (Blackwell, 2000).

Hornell, James, "The Coracles of the Tigris and Euphrates," *Mariner's Mirror*, 24(2) (1938).

Hourani, George, *Arab Seafaring*, Expanded Edition (Princeton: Princeton University Press, 1995).

Howard, Roger, "Britain, Persia and Petroleum," *History Today*, Volume 58 Issue 5 (May 2008).

Howes, John F., "Japanese Christianity and the State: From Jesuit Confrontation/Competition to Uchimura's Noninstitutional Movement/Protestantism," in Kaplan, Steven B. ed., *Indigenous responses to western Christianity* (New York: NYU Press, 1995).

Hudson, Roger, "A Game of Battleships," *History Today*, Volume 62 Issue 11 (November 2012).

Hunt, Doug, "Hunting the Blackbirder: Ross Lewin and the Royal Navy," *The Journal of*

Pacific History, 42(1) (2007).

IMO, "Third IMO GHG Study 2014" (London, International Maritime Organisation(IMO), 2014).

Işiksel, Güneş, "Pīrī Re'is et l'expansion maritime ottomane," in Bertrand, Romain ed. (2019).

Jacobs, Els M. *In the Pursuit of Pepper and Tea, The Story of the Dutch East India Company* (Zutphen: Walburg Pers, 1991).

Jacobsen, Nils & Hans-Jürgen Puhle eds., *The Economies of Mexico and Peru during the Late Colonial Period, 1760-1810* (Berlin: Colloqium Verlag, 1986).

Jacquin, Philippe, "La grande aventure des Terre-Neuvas," *L'Histoire*, collections 8 (juin-août 2000).

Jacquelard, Clotilde, "La route transpacifique est ouverte," in Bertrand, Romain ed. (2019).

Jahnke, Carsten, "The maritime law of the Baltic sea," in Buchet, Christian & Balard, Michel eds., Vol. 2 (2017).

Jami, Catherine, "Western Mathematics in China, Seventeenth Century and Nineteenth Century," in Petitjean, Patrick et. al., eds. (1992).

Jaspert, Nikolas, "'Piracy', connectivity and seaborne power in the Middle Ages," in Buchet, Christian & Balard, Michel eds., Vol. 2 (2017).

Jehel, Georges, *Les Génois en Méditerranée occidental(fin XIe-début XIVe siècles), Ebauche d'une stratégie pour un empire* (Amiens: Université de Picardie, 1993).

Jenkins, Nancy, "The Smell of Time, In the shadow of the Great Pyramid, they clipped away at the gypsum seal.....," *Saudi Aramco World* (January/February 1980).

Jerardinoa, Antonieta & Curtis W. Mareanb, "Shellfish gathering, marine paleoecology and modern human behavior: perspectives from cave PP13B, Pinnacle Point, South Africa," *Journal of Human Evolution*, Volume 59 Issues 3-4 (September-October 2010).

Johnson, Captain Charles, *A General History of the Robberies & Murders of the Most Notorious Pirates* (New York: The Lyons Pres, 1998).

Jones, Gwyn, *Erik the Red and other Icelandic Sagas* (Oxford: Oxford University Press, 1980).

Kandhari, Jasleen, "Asia in Amsterdam," *History Today*, Volume 66 Issue 3 (March 2016).

Karpov, Sergey, "Venetian navigation to the Black Sea areas, 13th-15th centuries," in Buchet, Christian & Balard, Michel eds., Vol. 2 (2017).

Kazui, Tashiro, "Export of Japan's Silver to China via Korea and Changes in the Tokugawa Monetary System during the Seventeenth and Eighteenth Centuries," in Van Cauwenberghe, Eddy H. G. ed., *Precious metals, coinage and the changes of monetary structures in Latin-America, Europe and Asia: Late Middle Ages-Early Modern Times* (Leuven: Leuven University Press, 1989).

Khalil, Emae, "Alexandria and the sea in Hellenistic and Roman times," in Buchet, Christian, Arnaud, Pascal & Philip de Souza eds., Vol. 1 (2017).

Klein, Herbert & Stanley L. Engerman, Robin Haines, and Ralph Shlomowitz, "Transoceanic Mortality: The Slave Trade in Comparative Perspective," *William and Mary Quarterly*, 58(1) (2001).

Knaap, Gerrit J., "Crisis and Failure: War and Revolt in the Ambon Islands, 1636-1637," *Cakalele* 3 (1992).

Kouamé, Nathalie, "La mort de l'apostat Chrisóvão Ferreira au Japon," in Bertrand, Romain ed. (2019).

Kramer, Noah Samuel, "The Indus Civilization and Dilmun, the Sumerian Paradise Land" *Expedition Magazine*, 6(3) (1964).

Kulke, Hermann, "Śrīvijaya Revisited: Reflections on State Formation of a Southeast Asian Thalassocracy," *Bulletin de l'École française d'Extrême-Orient*, Vol. 102 (2016).

Kumar, Raj, *Essays on Ancient India* (New Delhi: Discovery Publishing Pvt.Ltd, 2013).

Laget, Frédérique, "La perception de la mer en Europe du nord-ouest (Moyen Age, XIIIe-XVe siècle)," in Buchet, Christian & Balard, Michel eds., Vol. 2 (2017).

Lambert, Andrew, "Britain, 1815-1850: naval power or sea power?," in Buchet, Christian & Rodger N.A.M. eds., Vol. 4 (2017).

Lamy, Jérôme, "L'horloge de John Harrison prend la mer," in Bertrand, Romain ed. (2019).

Las Casas, *The Devastation of the Indies: A Brief Account* (Baltimore: The Johns Hopkins University Press, 1965).

Laurière, Christine, "Quand l'île de pâques devient Rapa Nui," in Bertrand, Romain ed. (2019).

Lawrence, Derek, "The Emergence of the Modern Warship," *History Today*, Volume 23 Issue 7 (July 1973).

Lay, Paul, "The Alaska Purchase," *History Today*, Volume 67 Issue 3 (March 2017).

Le Drian, Jean-Yves, "Le XXIe siècle sera maritime," *L'Histoire*, collections 8 (août 2000).

Le Goff, Jacques, "L'Inde, ou l'antichambre du Paradis," *L'Histoire*, collections 36 (juillet-septembre 2007).

Le Puill, Gérard, "Peut-on vider la mer de ses poissons pour développer l'aquaculture?," *l'Humanité*, 17 Février, 2017. https://www.humanite.fr/peut-vider-la-mer-de-ses-poissons-pour-developper-laquaculture-632349

Lebecq, Stéphane, "Les anciens frisons et la mer (premier millénaire après Jésus Christ)," in Buchet, Christian & Balard, Michel eds., Vol. 2 (2017).

Lebecq, Stéphane, "Vous avez dit 'invasions barbares'?," *L'Histoire*, Collection 46 (janvier-mars 2010).

Lee, Alexander, "A History of Salt Cod," *History Today*, Volume 69 Issue 11 (November 2019).

Lemmers, Alan, "Shipbuilding and power: some reflections," in Buchet, Christian & Rodger N.A.M. eds., Vol. 4 (2017).

Létolle, René, "Le Déluge a-t-il eu lieu?," *L'Histoire*, collections 86 (janvier-mars 2020).

Levathe, Louise, "Chinese supremacy in the Indian Ocean in the early 15th century," in Buchet, Christian & Balard, Michel eds., Vol. 2 (2017).

Liddell, Henry George & Scott, Robert, "Phoenician," *A Greek-English Lexicon* (1843). http://www.perseus.tufts.edu/hopper/text?doc=Perseus:text:1999.04.0057:entry=foi=nic

Lilti, Antoine, "Mourir à Hawaii: la fin tragique du capitaine Cook," in Bertrand, Romain ed. (2019).

Linschoten, Jan Huygen van, Burnell, Arthur Coke & Tiele, Pieter Anton, *The voyage of John Huyghen van Linschoten to the East Indies: From the old English translation of 1598 [by W. Phillip] The first book, containing his description of the East* (London: The Hakluyt Society, 1885).

Liu, Yingsheng, "An Inscription in memory of Sayyid bin abu Ali," in Elisseeff, Vadime ed., *The Silk Roads, Highways of Culture and Commerce* (New York: Berghan Books, 2000).

Lombard, Denys, *Le carrefour javanais: Essai d'histoire globale (Civilisations et sociétés)* (Paris: Editions de l'Ecole des hautes études en sciences sociales, 1990).

Loos-Jayawickreme, Susanne, "Digging up a maritime past", *Sunday Times* (14 April 2002).

Lopez Pérez, María Dolores, "Catalan maritime expansion in the western Mediterranean (12th-15th centuries)," in Buchet, Christian & Balard, Michel eds., Vol. 2 (2017).

Lorenz, Dagmar, "How the World Became Smaller, From pigeon post to the Internet," *History Today*, Volume 46 Issue 11 (November 1996).

Lowe, Benedict, "The consumption of salted fish in the Roman Empire," in Buchet, Christian, Arnaud, Pascal & Philip de Souza eds., Vol. 1 (2017).

Malbos, Lucie, "Ottar, marchand et aventurier," *L'Histoire*, No. 442 (décembre 2017).

Manguin, Pierre-Yves, "L'Insulinde et la mer avant l'arrivée des Occidentaux," in Buchet,

Christian & Balard, Michel eds., Vol. 2 (2017).

Marcotte, Didier, "L'Océan Indien dans l'Antiquité: science, commerce et géopolitique," in Buchet, Christian, Arnaud, Pascal & Philip de Souza eds., Vol. 1 (2017).

Marin, Jean-Yves, "Les Normands, rois de Sicile," L'Histoire, No. 226 (novembre 1998).

Mark, Joshua J., "Punt," Ancient History Encyclopedia, August 1, 2011. https://www. worldhistory.org/punt/

Marshall, Fiona, "Rethinking the role of Bos Indicus in Sub-Saharan Africa," Current Anthropology, 30(2) (1989).

Martin, Calvin, Keepers of the Game, Indian-Animal Relationships and the Fur Trade (Berkeley: University of California Press, 1982).

Martin, Jean-Marie, "Les Normands d'Italie et la mer (XIe-XIIe siècle)," in Buchet, Christian & Balard, Michel eds., Vol. 2 (2017).

Martinez-Gros, Gabriel, "Les Zanj: esclaves contre esclaves," L'Histoire, No. 415 (septembre 2015).

Martinière, Guy, Le Portugal à la rencontre de "Trois Mondes": Afrique, Asie, Amérique aux XV-XVCIe siècles (Paris: Edition de l'Insititut des Hautes Etudes en l'Amérique Latine, 1994).

Maslin, Mark, "Climate change and world trade," in Buchet, Christian & Rodger N.A.M. eds., Vol. 4 (2017).

Masselman, George, The Cradle of Colonialism (New Haven: Yale University Press, 1963).

Masson, Philippe, "Des forteresses flottantes : les cuirassés," L'Histoire, collections 8 (juin-août 2000).

Matsuda, Matt K., Pacific Worlds, A History of Seas, Peoples, and Cultures (Cambridge: Cambridge University Press, 2012).

Mawdsley, Evan, "The sea as a decisive factor in the Second World War," in Buchet, Christian & Rodger N.A.M. eds., Vol. 4 (2017).

McGlynn, Sean, "The Battle of Sandwich: England's Lost Victory," History Today, Volume 67 Issue 11 (November 2017).

McLaughlin, Raoul, Silk Ties: The Links Between Ancient Rome & China, History Today, Volume 57 Issue 11 (November 2007).

McNeil, Jean, "All At Sea," History Today, Volume 69 Issue 9 (September 2019).

Mendes, Antonio de Almeida, "Le batée portugais du Manikongo," in Bertrand, Romain ed. (2019).

Menzies, Rowan Gavin Paton, The Lost Empire of Atlantis: History's Greatest Mystery

Revealed (London: Weidenfeld & Nicolson, 2011).

Menzies, Rowan Gavin Paton, *1434: The Year a Magnificent Chinese Fleet Sailed to Italy and Ignited the Renaissance (P.S.)*, Illustrated edition (New York: William Morrow Paperbacks, 2009).

Menzies, Rowan Gavin Paton, *1421: The Year China Discovered America* (New York: William Morrow Paperbacks, 2008).

Meyer, Jean, *L'Europe et la conquête du monde: XVI-XVIIIe siècles* (Paris: A. Colin, 1990).

Meyer, Jean et al., *Histoire de la France Coloniale: Des Origines à 1914* (Paris: Armand Colin, 1991).

Miksic, John, "Ships, sailors and kingdoms of Ancient Southeast Asia," in Buchet, Christian, Arnaud, Pascal & Philip de Souza eds., Vol. 1 (2017).

Milne, Graeme J., "Ship canals," in Buchet, Christian & Rodger N.A.M. eds., Vol. 4 (2017).

Milza, Pierre, "Le siècle de l'or noir," *L'Histoire*, mensuel 279 (septembre 2003).

Momoki, Shiro & Anthony Reid, "Introduction: Maritime Interaction in Eastern Asia," in Fujita, Kayoko et al. (2013).

Monaque, Rémi, "Splendeurs et misères de la royale," *L'Histoire*, collections 8 (juin-août 2000).

Monteiro, John M., "From Indian to Slave: Forced Native Labour and Colonial Society in São Paulo During the Seventeenth Century," *Slavery and Abolition* 9 (1988).

Montlahuc, Pascal, "Comment Rome est devenue universelle," *L'Histoire*, No. 448 (juin 2018).

Moore, Wendy, "In Pursuit of Tea and Taste," *History Today*, Volume 68 Issue 2 (February 2018).

Morineau, Michel, *Les Grandes Compagnies des Indes Orientales (XVIe et XIXe siècles)*, (Paris: PUF, 1994).

Morris, Errol, *The Fog of War: Eleven Lessons from the Life of Robert S. McNamara* (Documentary Filsm, 2003).

Mukai, Masaki & Fiaschetti, Francesca, "Yang Tingbi, Mongol Expansion along the Maritime Expansion," in Biran, Michal, Brack, Jonathan & Fiaschetti, Francesca eds., *Along the Silk Roads in Mongol Eurasia: Generals, Merchants, and Intellectuals* (California: University of California Press, 2020).

Murakami, Ei, "The rise and fall of the Chinese pirates: from initiators to obstructors of maritime trade," in Buchet, Christian & Le Bouëdec, Gérard eds., Vol. 3 (2017).

참고문헌

Murphy, Martin, "Between empires and institutions: non-state-actors and the sea since 1945," in Buchet, Christian & Rodger N.A.M. eds., Vol. 4 (2017).

Murray, William M., "Hellenistic and Roman republican naval warfare technology," in Buchet, Christian, Arnaud, Pascal & Philip de Souza eds., Vol. 1 (2017).

Nakajima, Gakusho, "The naval power of the Yuan dynasty," in Buchet, Christian & Balard, Michel eds., Vol. 2 (2017).

Nantet, Bernard, "L'âge d'or du Néolithique," *L'Histoire*, collections 58 (mars 2013).

Natanson, Ann, "Roman Naval Power: Raising the Ram," *History Today*, Volume 61 Issue 8 (August 2011).

Navias, Martin S., "Oil and Water: The Tanker Wars," *History Today*, Volume 69 Issue 8 (August 2019).

Necipoğlu, Nevra, "The Byzantine economy and the sea: the maritime trade of Byzantium, 10th–15th centuries," in Buchet, Christian & Balard, Michel eds., Vol. 2 (2017).

Nef, Annliese, "Al-Idrisi remet sa géographie au roi de Sicile," in Bertrand, Romain ed. (2019).

Newitt, Malyn, "The Portuguese on the Zambesi: An Historical Interpretation of the Prazo System," *Journal of African History*, X, No. 1 (1969).

Newitt, Malyn, *The First Portuguese Colonial Empire* (Exeter: University of Exeter, 1986).

Newson, Linda, "The Black Legend Written in Silver," *History Today*, Volume 69 Issue 10 (October 2019).

Nissen, Anne, "Dans les villages scandinaves," *L'Histoire* Agrégation 2018-Question d' histoire médiévale 1 (juin 2017).

O'Brien, Patrick K., "International trade and the Development of the Third World since the Industrial Revolution," *Journal of World History*, 8(1) (1997).

O'Brien, Patrick, "European Economic Development: The Contribution of the Periphery'" *Economic History Review*, 35(1) (1982).

O'Brien, Patrick, "The sea and the precocious transition of the British isles into a hegemonic political and economic power, 1651–1815," in Buchet, Christian & Le Bouëdec, Gérard eds., Vol. 3 (2017).

O'Brien, Phillips Payson, "The Washington Treaty era, 1919–1936: naval arms limitation," in Buchet, Christian & Rodger N.A.M. eds., Vol. 4 (2017).

O'Rourke, Kevin H., "Free trade, industrialization and the global economy, 1815–1014," in Buchet, Christian & Rodger N.A.M. eds., Vol. 4 (2017).

O'Rourke, Kevin H. & Williamson, Jeffrey G. "When did globalization begin?," *NBER*

Working paper Series, Working paper 7632, April 2000, https://www.nber.org/papers/w7632

OECD, *The Ocean Economy in 2030* (Paris: OECD Publishing, 2016).

Okihiro, Gary Y., *Island world: a history of Hawai'i and the United States* (Berkeley: University of California Press, 2008).

Oppenheim, A., "The Seafaring Merchants of Ur," *Journal of the American Oriental Society*, 74, (1954).

Ota, Atsushi, "Transformation of the maritime world in the Indonesian archipelago," in Buchet, Christian & Le Bouëdec, Gérard eds., Vol. 3 (2017).

Pagden, Anthony, "Dispossessing the Barbarian: The Language of Spanish Thomism and the Debate over the Property Rights of the American Indians," in Pagden, Anthony ed. (1986a).

Pagden, Anthony ed., *The Languages of Political Theory in Early Modern Europe* (Cambridge: Cambridge University Press, 1986b).

Paine, Lincoln, *The Sea and Civilization: A Maritime History of the World* (New York: Knopf, 2013).

Paine, S. C. M, "Imperial failure in the industrial age: China, 1842-1911," in Buchet, Christian & Rodger N.A.M. eds., Vol. 4 (2017).

Palmer, Colin, *The Worlds of Unfree Labour: From Indentured Servitude to Slavery* (Aldershot: Variorum, 1998).

Palmer, Sarah, "Coal and the sea," in Buchet, Christian & Rodger N.A.M. eds., Vol. 4 (2017).

Parker, Geoffrey, "Europe and the Wider World, 1500-1700: The Military Balance," in Tracy, James ed. (1991).

Parker, Matthew, "Building the Panama Canal," *History Today*, Volume 64 Issue 8 (August 2014).

Parry, J. H., *The Age of Reconnaissance, Discovery, Exploration and Settlement 1450-1650* (London: Weidenfeld and Nicholson, 1963).

Parsons, James J., "Human influences on the Pine and Lauren Forests of the Canary Islands," *Geographical Review*, 71(3) (1981).

Parthasarathi, P., "Rethinking wages and competitiveness in the eighteenth century: Britain and South India," *Past and Present*, 158 (1996).

Peakman, Julie, "A History of Opium," *History Today*, Volume 68 Issue 10 (October 2018).

Pelus-Kaplan, Marie-Louise, "De la Hanse aux trois grands ports hanséatiques de Lubeck, Hambourg et Brême: une mutation dans les rapports de forces maritimes en Baltique et mer du Nord aux XVIe et XVIIe siècles," in Buchet, Christian & Le Bouëdec, Gérard eds., Vol. 3 (2017).

Pemble, John, "Resources and Techniques in the Second Maratha War," *The Historical Journal*, 19(2) (1976).

Pendse, Sachin, "Maratha sea power," in Buchet, Christian & Le Bouëdec, Gérard eds., Vol. 3 (2017).

Pendse, Sachin, "Shipbuilding in India up to the 15th century," in Buchet, Christian & Balard, Michel eds., Vol. 2 (2017).

Pennell, C. R. ed., *Bandits at Sea, A Pirates Reader* (New York: New York University Press, 2001).

Pérotin-Dumon, Anne, "The Pirate and the Emperor: Power and the Law on the Seas, 1450-1850," in Tracy, James ed. (1991).

Pérotin-Dumont, Anne, "The Pirate and Emperor: Power and the Law on the Seas, 1450-1850," in Pennell, C. R. ed. (2001).

Pescatello, Ann M., "The African Presence in Portuguese India," *Journal of Asian History*, 11 (1977).

Petitjean, Patrick et. al. eds., *Science and Empires: Historical Studies about Scientific Development and European Expansion* (Dordrecht: Kluwer Academic Publishers, 1992).

Pétré-Grenouilleau, Olivier, "La traite oubliée des négriers musulmans," *L'Histoire*, No. 280 (octobre 2003).

Petti-Balbi, Giovanna, "Flottes publiques et flottes privées à Gênes au XIVe siècle," in Buchet, Christian & Balard, Michel eds., Vol. 2 (2017).

Phelan, John Leddy, "Pre-Baptismal Instruction and the Administration of Baptism in the Philippines during the Sixteenth Century," *The Americas*, 12 (1955).

Philips, Carla R., "The Growth and Composition of Trade in Iberian Empires, 1450-1750," in Tracy, James ed. (1990).

Picard, Christophe, "Les Omeyyades d'Al-Andalus (711-1021): une puissance navale de la Méditerrannée médiévale?," in Buchet, Christian & Balard, Michel eds., Vol. 2 (2017).

Picq, Pascal, "La mer est le propre d'Homo Sapiens," in Buchet, Christian, Arnaud, Pascal & Philip de Souza eds., Vol. 1 (2017).

Pirenne, Henri, *Mahomet et Charlemagne* (Paris: PUF, 2005).

Plutschow, Herbert E., *Historical Nagasaki: with Illustrations and Guide Maps* (Tokyo: The Japan Times, 1983).

Poiriers-Coutansais, Cyrille, "La Perse séfévide: au défi du 'grand jeu' maritime (1501-

1736)," in Buchet, Christian & Le Bouëdec, Gérard eds., Vol. 3 (2017).

Pollard, Justin & Stephanie, "The Arrow Incident," *History Today*, Volume 69 Issue 10 (October 2019).

Pomeranz, Kenneth & Steven Topik, *The World that Trade Created: Society, Culture, and the World Economy, 1400-the Present* (Armonk: Sharpe, 1999).

Pomeranz, Kenneth, *The Great Divergence: China, Europa, and the Making of the Modern World Economy* (Princeton: Princeton University Press, 2000).

Pomey, Patrice, "Comment naviguaient les Romains," *L'Histoire*, collections 8 (juin-août 2000).

Postma, Johannes, *The Atlantic Slave Trade* (Westport: Greenwood Press, 2003).

Prakash, Om, *European Commercial Expansion in Early Modern Asia* (Aldershot: Variorum, 1997).

Prakash, Om, "Asian Trade and European Impact: A Study of the Trade from Bengal 1630-1720," in Kling, Blair B. & Michael Naylor Pearson eds., *The Age of Partnership: Europeans in Asia before Domination* (Honolulu: The University of Hawaii Press, 1979).

Prakash, Om, "The impact of the Indian local fleet in the development of trade in the Indian Ocean," in Buchet, Christian & Le Bouëdec, Gérard eds., Vol. 3 (2017).

Préaud, Martin, "60 000 ans d'histoire," *L'Histoire*, collections 66 (janvier-mars 2015).

Preston, Andrew, "America's Pacific power in a global age," in Buchet, Christian & Rodger N.A.M. eds., Vol. 4 (2017).

Probert, Alan, "Bartolomé de Medina: the Patio Process and the Sixteenth Century Silver Crisis," *Journal of the West*, 8(1) (1969).

Pugsley, Alfred ed., *The Works of Isambard Kingdom Brunel: An Engineering Appreciation* (Cambridge: Cambridge University Press, 2010).

Pulak, Cemal, "he Uluburun shipwreck: an overview," *The International Journal of Nautical Archaeology*, 27(3) (August 1998).

Qu, Jinliang, "The Chinese fleets in the Indian Ocean (13th-15th centuries)," in Buchet, Christian & Balard, Michel eds., Vol. 2 (2017).

Rarick, Ethan, *Desperate Passage: The Donner Party's Perolous Journey West* (Oxford: Oxford University Press, 2009).

Rasmussen, Morten, "Sequencing Uncovers a 9,000 Mile Walkabout," *Community Newsletter* (2012 April).

Reade, Julian, "The Indus Mesopotamia Relationship Reconsidered," in Olijdam, E. &

Spoor, R.H. eds., *Intercultural Relations between South and Southwest Asia: Studies in Commemoration of ECL during Caspers (1934-1996)*, BAR International Series 1826 (Oxford: Archaeopress, 2008).

Rediker, Markus, *Villains of All Nations, Atlantic Pirates in the Golden Age* (Boston: Beacon Press, 2004).

Reid, Anthony, *Southeast Asia in the Age of Commerce 1450-1680, vol 1, The Lands below the Winds* (New Haven: Yale University Press, 1988).

Reid, Anthony, *Southeast Asia in the Early Modern Era: Trade, Power and Belief* (Ithaca: Cornel University Press, 1993).

Remaud, Olivier, "Les brumes de Bering," in Bertrand, Romain ed. (2019).

Renfrew, Colin & Wagstaff, Malcolm eds., *An Island Polity: The Archaeology of Exploitation in Melos* (Cambridge: Cambridge University Press, 1982).

Rhodes, Richard, "How Oil Became King," *History Today*, Volume 62 Issue 8 (August 2012).

Rieger, Bernhard, "Floating Palaces: Ocean Liners as Icons of Modern Splendour," *History Today*, Volume 55 Issue 2 (February 2005).

Risso, Patricia, *Merchants and Faith: Muslim Commerce and Culture in the Indian Ocean, Westview* (Boulder, Colo.: Westview Press, 1995).

Risso, Patricia, *Oman And Muscat: an Early Modern History* (London: Routledge, 2016).

Roberts, Callum, *The Ocean of Life: The Fate of Man and the Sea* (New York: Penguin Books, 2012).

Robin, Christian Julien & Gorea Maria, "Les vestiges antiques de la grotte de Hôq (Suqutra, Yémen) (note d'information)," *Comptes rendus des séances de l'Académie des Inscriptions et Belles-Lettres*, 146(2) (2002).

Robinson, Kenneth R., "Shaping Maritime East Asia in the 15th and 16th Centuries through Chosŏn Korea," in Fujita, Kayoko et al. (2013).

Rodger, N. A. M, "Social structure and naval power: Britain and the Netherlands," in Buchet, Christian & Le Bouëdec, Gérard eds., Vol. 3 (2017).

Rodríguez, Manuel Bustos, "Le commerce colonial et le développement des ports et des flottes commerciales espagnoles," in Buchet, Christian & Le Bouëdec, Gérard eds., Vol. 3 (2017).

Rogers, Claudia, "The People Who Discovered Christopher Columbus," *History Today*, Volume 67 Issue 8 (August 2017).

Rogerson, Barnaby, "Speaking My Language," *History Today*, Volume 69 Issue 6 (June

2019).

Roland, Ruth, *Interpreters as Diplomats: A Diplomatic History of the Role of Interpretors in World Politics* (Ottawa: University of Ottawa Press, 1999).

Romano, Antonella, "L'Europe découvre le Japon," in Bertrand, Romain ed. (2019).

Rosedahl, Else, *The Viking* (New York: Penguin Books, 1987).

Rothblum, Anita M., "Human Error and Marine Safety," *National Safety Council Congress and Expo, Orlando, FL.*, 7. (2000).

Russell-Wood, A. J. R, *The Portuguese Empire, 1415-1808, A World on the Move* (Baltimore: The Johns Hopkins University Press, 1998).

Sandweiss, Daniel H, "Maritime aspects of early Andean civilizations," in Buchet, Christian, Arnaud, Pascal & Philip de Souza eds., Vol. 1 (2017).

Sapega, Ellen W. "Image and counter-image: the place of Salazarist images of national identity in contemporary Portuguese visual culture," *Luso-Brazilian Review*, 39(2) (2002).

Saprykin, Sergey, "Ancient Sea Routes in the Black Sea," in Buchet, Christian, Arnaud, Pascal & Philip de Souza eds., Vol. 1 (2017).

Sartre, Maurice, "Grèce: un monde de migrants," *L'Histoire*, No. 417 (novembre 2015).

Sasaki, Koji, "Between Emigration and Immigration: Japanese Emigrants to Brazil and Their Descendants in Japan," *Senri Ethnological Reports*, 77 (2008).

Sauvage, Caroline, "The development of maritime exchange in the Bronze Age Eastern Mediterranean," in Buchet, Christian, Arnaud, Pascal & Philip de Souza eds., Vol. 1 (2017).

Saxon, Wolfgang, "M. P. McLean, 87, Container Shipping Pioneer," *NY Times*, May 29, 2001.

Scammell, G. V., "Indigenous Assistance in the Establishment of Portuguese Power in Asia in the Sixteenth Century," *Modern Asian studies*, 14 (1980).

Scammell, G. V., "European Exiles, Renegades and Outlaws and the Maritime Economy of Asia c.1500-1750," *Modern Asian Studies*, 26(4) (Oct., 1992).

Schmiedchen, Annette, "Medieval ports in India," in Buchet, Christian & Balard, Michel eds., Vol. 2 (2017).

Schodt, Frederik L., *Native American in the land of the shogun: Ranald MacDonald and the opening of Japan* (Berkeley: Stone Bridge Press, 2003).

Schottenhammer, Angela, "Maritime relations between the Indian Ocean and the Chinese Sea in the Middle Ages," in Buchet, Christian & Balard, Michel eds., Vol. 2 (2017).

Schottenhammer, Angela. "Yang Liangyao's Mission of 785 to the Caliph of Baghdād: Evidence of an Early Sino-Arabic Power Alliance?," *Bulletin de l'École française d' Extrême-Orient*, 101 (2015).

Scott, Walter, "Cheapening Fish; and the Village Post-Office," in CD Warner, et al., comp, *The Library of the World's Best Literature: An Anthology* Vol. 3 (New York: Warner Library Co., 1917).

Searight, Sarah, "Steaming Through Africa," *History Today*, Volume 48 Issue 7 (July 1998).

Searight, Sarah, "The Charting of the Red Sea," *History Today*, Volume 53 Issue 3 (March 2003).

Sen, Tansen, "Early China and the Indian Ocean networks," in Buchet, Christian, Arnaud, Pascal & Philip de Souza eds., Vol. 1 (2017).

Sénécat, Adrien, "Transport maritime: naviguer moins vite pour polluer moins, une piste efficace mais loin d'être concrétisée,' *Le Monde*, août 26, 2019.

Shadbolt, Peter, "'Vindskip' cargo ship uses its hull as a giant sail," January 16, 2015. https://edition.cnn.com/2015/01/16/tech/vindskip-wind-powered-container-ship/index.html

Shapiro, Judith, "From Tupã to the Land without Evil: The Christianization of Tupi-Guarani Cosmology," *American Ethnologist*, 14 (1987).

Shaw, Claire, "Liverpool's Slave Trade Legacy', *History Today*, Volume 70 Issue 3 (March 2020).

Sheriff, Abdul, "The Zanj Rebellion and the Transition from Plantation to Military Slavery," *Comparative Studies of South Asia, Africa and the Middle East*, 38(2) (2018).

Sherry, Frank, *Pacific Passions: The European Struggle for Power in the Great Ocean in the Age of Exploration* (New York: William Morrow & Co, 1994).

Shimada, Ryuto, "Dancing around the Bride: The Inter-Asian Competition for Japanese Copper, 1700-1760," *Itinerario*, 27(2) (2003).

Sicking, Louis, "Le maritime, fondement de la prédominance commerciale et économique des Provinces-Unies," in Buchet, Christian & Le Bouëdec, Gérard eds., Vol. 3 (2017).

Simon, Rebecca, "Pirates: Hard, Violent, Unpredictable," *History Today*, Volume 68 Issue 2 (February 2018).

Singer, Graciela Gestoso, "Development of maritime trade in the Egyptian world during the Late Age," in Buchet, Christian, Arnaud, Pascal & Philip de Souza eds., Vol. 1 (2017).

Singh, Anjana, "Indian ports and European powers," in Buchet, Christian & Le Bouëdec, Gérard eds., Vol. 3 (2017).

Smith, Thomas Ruys, "Life on the Mississippi," *History Today*, Volume 69 Issue 9 (September 2019).

Souyri, Pierre François, "Un navire japonais accoste à San Francisco," in Bertrand, Romain ed. (2019).

Souyri, Pierre François, "Une 'mare nostrum' asiatique ?," *L'Histoire*, No. 447 (mai 2018).

Souyri, Pierre François, "Quand les Ryûkyû dominaient la mer de Chine," *L'Histoire*, Le jeudi 12 (décembre 2019).

Stanley, Adam, "The First Japanese Man in America," *History Today*, Volume 68 Issue 8 (August 2018).

Stannard, David E., "Disease and Infertility: A New Look at the Demographic Collapse of Native Populations in the Wake of Western Contact," *Journal of American Studies*, 24(3) (1990).

Starkey, David J., "The development of fishing fleets in the North Atlantic Ocean," in Buchet, Christian & Le Bouëdec, Gérard eds., Vol. 3 (2017).

Steensgaard, Niels, *The Asian Trade Revolution of the Seventeenth Century, The East India Companies and the Decline of the Caravan Trade* (Chicago: University of Chicago Press, 1974).

Steensgaard, Niels, "The Growth and composition of the Long-Distance Trade of England and the Dutch Republic before 1750," in Tracy, Tames ed. (1990).

Steensgaard, Niels, "The Dutch East India Company as an Institutional Innovation" in Maurice Aymard ed., *Dutch Capitalism and World Capitalism* (Cambridge : Cambridge U.P. ; Paris: Maison des Sciences de l'homme, 1982).

Stefanile, Michele, "The development of Roman maritime trade after the Second Punic War," in Buchet, Christian, Arnaud, Pascal & Philip de Souza eds., Vol. 1 (2017).

Stern, Philip J., "British Asia and British Atlantic: Comparisons and Connections," *The William and Mary Quarterly*, Third Series, Vol. 63, No. 4 (2006).

Storey, William ed., *Scientific Aspects of European Expansion* (Aldershot: Variorum, 1996).

Strauch, I., *Foreign Sailorson Socotra. The Inscriptionsand Drawings from the Cave Hoq* (Bremen: Hempen Verlag, 2012).

Subrahmanyam, Sanjay, *The Portuguese Empire in Asia 1500-1700, A Political and Economic History* (London: Longman, 1993).

Subrahmanyam, Sanjay, "Océan Indien. Un coeur du monde," *L'Histoire*, No. 437 (juillet-août 2017).

Sumida, Jon Tetsuro, "Naval armaments races, 1889-1922," in Buchet, Christian & Rodger

참고문헌

N.A.M. eds., Vol. 4 (2017).

Surovell, Todd A., "Simulating Coastal Migration in New World Colonization," *Current Anthropology*, 44(4), (2003).

Symonds, Craig L., "The sea and the American Civil War," in Buchet, Christian & Rodger N.A.M. eds., Vol. 4 (2017).

Taillemite, Étienne, "Lapérouse: un explorateur dans le pacifique," *L'Histoire*, collections 8 (juin-août 2000).

Tate, Cassandra, "Japanese Castaways of 1834: The Three Kichis," *HistoryLink.org*, Essay 9065, July 23, 2009. https://www.historylink.org/File/9065

Teixeira da Mota, A. "Méthode de navigation et cartographique nautique dans l'Océan Indien avant le seizième siècle," *Studia* 11 (1963).

Thierry, Eric, "Samuel de Champlain rencontre le chef montagnais Anadabijou," in Bertrand, Romain ed. (2019).

Thomas, Hugh, *The Slave Trade, The Story of the Atlantic Slave Trade: 1440-1870*, (New York: Simon & Shuster, 1997).

Thomas, Hugh, "Imperial Spanish Practice," *History Today*, Volume 64 Issue 9 (September 2014).

Thomaz, Luís Fikipe, "Albuquerque prend Malacca," in Bertrand, Romain ed. (2019).

Thornton, John "Sexual Demography: The Impact of the Slave Trade on Family Structure," in Robertson, Claire & Martin Klein eds., *Women and Slavery in Africa* (Madison: University of Wisconsin Press, 1983).

Thucydides, Benjamin Jowett, ed. *History of the Peloponnesian War*, Perseus Digital Library. http://www.perseus.tufts.edu/hopper/text?doc=Perseus:text:1999.04.0105

Till, Geoffrey, "Changes in naval power and seaborne trade in postwar Asian waters," in Buchet, Christian & Rodger N.A.M. eds., Vol. 4 (2017).

Tinniswood, Adrian, "Captain Jennings Causes Chaos," *History Today*, Volume 60 Issue 5 (May 2010).

Tiseo, Ian, "Global plastic production 1950-2019", Statista, Jan 27, 2021, https://www.statista.com/statistics/282732/global-production-of-plastics-since-1950

Tracy, James ed., *The Rise of Merchant Empires: Long-Distance Trade in the Early Modern World, 1350-1750* (Cambridge: Cambridge University Press, 1990).

Tracy, James ed., *The Political Economy of Merchant Empires* (Cambridge: Cambridge University Press, 1991).

Trentmann, Frank, "Putting a girdle 'round the globe," *History Today*, Sep 16, 2016.

https://www.historytoday.com/putting-girdle-%E2%80%98round-globe

Trigger, Bruce, "The French Presence in Huronia: The Structure of Franco-Huron Relations in the First Half of the Seventeenth Century," *Canadian Historical Review*, 49 (1968).

Trocki, Carl A. *Opium, Empire and the Global Political Economy: A Study of the Asian Opium Trade 1750-1950* (London and New York: Routledge, 1999).

Tulinius, Torfi H., "Les sagas: histoire ou fiction?," *L'Histoire*, No. 442 (décembre 2017).

Unger, Richard W., "The maritime war in the Mediterranean 13th-15th centuries," in Buchet, Christian & Balard, Michel eds., Vol. 2 (2017).

Vagnon, Emmanuelle, "La mappemonde de Pietro Vesconte," in Bertrand, Romain ed. (2019a).

Vagnon, Emmanuelle, "Les savants d'Occidents lisent enfin la Géographie de Ptolémée," in Bertrand, Romain ed. (2019b).

Vallet, Eric, "Les flottes islamiques de l'océan Indien (VIIe-XVe siècles): une puissance navale au service du commerce," in Buchet, Christian & Balard, Michel eds., Vol. 2 (2017).

Valli, Arnaud, *L'US NAVY: QUELLE PUISSANCE NAVALE AU XXIe SIECLE?* (Paris: Centre d'Etude Stratégique de la Marine, 2015).

Van der Chijs, *Geschiedenis van de stichtingen van de VOC* (Leiden: 1857).

Van Dillen, J. G., *Het Oudste Aandeelhoudersregister van de Kamer Amsterdam der Oost-Indische Compagnie* (The Hague: M. Nijhoff., 1958).

Van Neer, Wim, et al., "Aquatic fauna from the Takarkori rock shelter reveals the Holocene central Saharan climate and palaeohydrography," *Plos One*, 15(2) (2020).

Van Santen, H. W., "Trade between Mughal India and the Middle East, and Mughal Monetary Policy, c.1600-1660," in Haellquist, Karl R. (1991).

Vergé-Franceschi, Michel, "Le Grand Mogol et la mer," in Buchet, Christian & Le Bouëdec, Gérard eds., Vol. 3 (2017).

Vernant, Jean-Pierre, *Les origines de la pensée grecque* (Paris: Presses universitaires de France, 1997).

Vernet, Thomas, "La splendeur des cités swahili," *L'Histoire*, No. 284 (février 2004).

Vienne, Marie-Sybille de, "Les Chinois en Insulinde au XVIIe siècle: de l'intermédiation commerciale à la mainmise sur les échanges maritimes régionaux," in Buchet, Christian & Le Bouëdec, Gérard eds., Vol. 3 (2017).

Villain-Gandossi, Christiane, "La révolution nautique médiévale (XIIIe-XVe siècle)," in Buchet, Christian & Balard, Michel eds., Vol. 2 (2017).

Villiers, Patrick, "Le temps des Corsaires," *L'Histoire*, collections 8 (juin-août 2000).

Virlouvet, Catherine, "La mer et l'approvisionnment de la ville de Rome," in Buchet, Christian, Arnaud, Pascal & Philip de Souza eds., Vol. 1 (2017).

Vita, Juan-Pablo, "Maritime military practices in the pre-Phoenician Levant," in Buchet, Christian, Arnaud, Pascal & Philip de Souza eds., Vol. 1 (2017).

Vogel, Hans Ulrich, "Cowry Trade and Its Role in the Economy of Yünnan: From the Ninth to the Mid-Seventeenth Century," *Journal of the Economic and Social History of the Orient*, 36(3-4) (1993).

Vogt, John, "Saint Barbara's Legion: Portuguese Artillery in the Struggle for Morocco, 1415-1578," *Military Affairs*, 41 (1977).

Wachtel, N., *La vision des vaincus* (Paris: Gallimard, 1971).

Wade, Geoff, "Engaging the South: Ming China and Southeast Asia in the Fifteenth Century," *Journal of the Economic and Social History of the Orient*, 51(4) (2008).

Wade, Geoffrey, "An Asian commercial ecumene, 900-1300 CE," in Fujita, Kayoko et al. (2013).

World Bank, *FISH TO 2030: Prospects for Fisheries and Aquaculture*, WORLD BANK REPORT NUMBER 83177-GLB (2013).

Walvin, James, *Atlas of Slavery* (London: Longman, 2005).

Wang, Guangwu, "Merchants without Empire: The Hokkien Sojourning Communities," in Tracy, James ed. (1990).

Wareham, Tom, "More Than Just Kidd's Play," *History Today*, Volume 63 Issue 1 (January 2013).

Watt, James C. Y., "The Giraffe as the Mythical Qilin in Chinese Art: A Painting and a Rank Badge in the Metropolitan Museum," *Metropolitan Museum Journal*, 43 (2008).

Weatherford, Jack, *The History of Money, From Sandstone to Cyberspace* (New York: Crown Publisher, 1997).

Weber, Klaus, "Atlantic commerce and the rise of Central European rural industry," in Buchet, Christian & Le Bouëdec, Gérard eds., Vol. 3 (2017).

Welch, Evelyn, "The Global Success of Silk," *History Today*, Volume 68 Issue 11 (November 2018).

Wells, Andrew, "Titanic: A Night to Forget," *History Today*, Volume 62 Issue 4 (April 2012).

Will, Ernest, "Tyr la Phénicienne," *L'Histoire*, collections 22 (janvier-mars 2004).

Williams, Eric, *Capitalism and Slavery* (Chapel Hill: The University of North Carolina

Press, 1944).

Williams, Gareth et al. eds., *Vikings: Life and Legend* (London: The British Museum, 2014).

Willis, Edward, "A Cure Worse than Disease," *History Today*, February, 17 (2020). https://www.historytoday.com/history-matters/cure-worse-disease

Wilson, Jon, "India versus the East India Company," *History Today*, Volume 67 Issue 1 (January 2017).

Wing, Patrick, "The Red Sea in the medieval period," in Buchet, Christian & Balard, Michel eds., Vol. 2 (2017).

Wormser, Paul, "Les relations maritimes entre l'Indonésie et l'Océan Indien au Moyen Age," in Buchet, Christian & Balard, Michel eds., Vol. 2 (2017).

Yamauchi, Shinji, "The Japanese Archipelago and Maritime Asia from the 9th to the 14th Centuries," in Fujita, Kayoko et al. (2013).

Yang, Bin, "Horse, Silver and Cowries: Yunnan in Global Perspective," *Journal of World History*, 15(3) (2004).

Zacks, Richard, *The pirate hunter: the true story of Captain Kidd* (New York: Theia, 2002).

Zamora, Margarita, *Reading Columbus* (Berkeley: University of California Press, 1993).

Zelenko, Sergii, "The maritime trade in the medieval Black Sea," in Buchet, Christian & Balard, Michel eds., Vol. 2 (2017).

Zucker, Arnaud, "Les techniques de pêche dans l'Antiquité," in Buchet, Christian, Arnaud, Pascal & Philip de Souza eds., Vol. 1 (2017).

Zurara, Gomes Eanes de, De Castro E Almeida, Virginia, ed. *Conquests & Discoveries of Henry the Navigator: Being the Chronicle of Azurara* (London, Allen & Unwin, 1936).

Zysberg, André, "Le dimanche de Lépante," *L'Histoire*, collections 8 (juin-août 2000).

3. 인터넷 자료

* 웹사이트는 2021년 6월 30일 확인 기준

권윤희, 〈사람 처음 들어간 1만 540m 심해서 처음 본 것은 '플라스틱'〉, 나우뉴스(서울신문) 인터넷판, 2021년 6월 1일, https://nownews.seoul.co.kr/news/newsView.php?id=20210601601010&wlog_tag3=naver#csidx0de24a9d24530928e4819656aa48a38

동북아역사넷, http://contents.nahf.or.kr/search/itemResult.do?levelId=jo_k_0014_0078_0070_0040&setId=177298&position=4

Barkham, Patrick, "Oil spills: Legacy of the Torrey Canyon," *The Guardian*, June 24, 2010, https://www.theguardian.com/environment/2010/jun/24/torrey-canyon-oil-spill-deepwater-bp

BBC, "1954: US tests hydrogen bomb in Bikini," http://news.bbc.co.uk/onthisday/hi/dates/stories/march/1/newsid_2781000/2781419.stm

Bello, Sumbo, "Building An Underwater City: The Future of Humanity," May 23, 2019, https://edgy.app/underwater-city-challenges

Britannica, Encyclopaedia, "Encyclopædia britannica," https://www.britannica.com/topic/Britannica-Online

Dagorn, Par Gary, "Pourquoi Donald Trump s'intéresse au Groenland," *Le Monde*, 23 août 2019. https://www.lemonde.fr/les-decodeurs/article/2019/08/23/pourquoi-donald-trump-s-interesse-au-groenland_5501981_4355770.html

Druett, Joan, "BLACKBIRDING AND THE BULLY", August 25, 2016. http://joan-druett.blogspot.com/2016/08/blackbirding-and-bully_25.html

Ecolex, International Maritime Organization, "Protocol of 1988 relating to the International Convention for the Safety of Life at Sea, 1974" (1988), https://www.ecolex.org/details/treaty/protocol-of-1988-relating-to-the-international-convention-for-the-safety-of-life-at-sea-1974-tre-001015/

FOWLER, R. N., "Motion For An Address," *Chinese Coolie Traffic*, 209, (16 February 1872). https://hansard.parliament.uk/Commons/1872-02-16/debates/ac87d15d-8bd4-4f8e-b4a0-0ecd58cf746a/ChineseCoolieTraffic

Gilgamesh, *The epic of Gilgamesh*, http://www.ancienttexts.org/library/mesopotamian/gilgamesh/tab11.htm

Handwerk, Brian, "An Evolutionary Timeline of Homo Sapiens," *Smithsonian MAGAZINE*, FEBRUARY 2, 2021. https://www.smithsonianmag.com/science-nature/essential-timeline-understanding-evolution-homo-sapiens-180976807/

Iannicelli, Alessio, "Silver 2: the robot crab that will clean up the sea from the plastic," *THE PATENT*, May 15, 2020. https://www.thepatent.news/2020/05/15/robot-crab-plastic-sea/

IISS, "The Military Balance 2020," February 14, 2020. https://www.iiss.org/press/2020/military-balance-2020

IncidentNews, "Oil spill-Amoco Cadiz," https://incidentnews.noaa.gov/incident/6241

Languagehat, https://languagehat.com/trade-wind/'Tradewind'

Lendering, Jona, "Nearchus," Livius.org, https://www.livius.org/articles/person/nearchus/

Liddell, Henry George & Scott, Robert, "Phoenician," *A Greek-English Lexicon* (1843). http://www.perseus.tufts.edu/hopper/text?doc=Perseus:text:1999.04.0057:entry=foi=nic

Morgan, Elaine, "I believe we evolved from aquatic apes," TED, https://www.ted.com/talks/elaine_morgan_i_believe_we_evolved_from_aquatic_apes#t-1011773

NABATAEA.NET, "History and Construction of the Dhow", https://nabataea.net/explore/navigation_and_sailing/history-and-construction-of-the-dhow-1/

NATIONAL VANGUARD, http://www.google.co.kr/url?sa=t&rct=j&q=white%20slave%20trade&source=web&cd=6&ved=0CIABEBYwBQ&url=http%3A%2F%2Fwww.natvan.com%2Ffree-speech%2Ffs982a.html&ei=KJ3UT7mDOY2RiQfhy8SRAw&usg=AFQjCNFnPLUg2iH2FWKbTaVeOznCV5s_rg&cad=rjt

"NAMING THE SEAS," *The Economic Times*, Mumbai, August 5, 2017. https://www.godfreyphillips.com/wp-content/uploads/2018/03/27.pdf

Ocean Conservancy, "Fighting for Trash Free Seas," https://oceanconservancy.org/trash-free-seas/plastics-in-the-ocean/

ORANGE COUNTY REGISTER, "The fastest ocean liners on the North Atlantic," February 13, 2009. https://www.ocregister.com/2009/02/13/the-fastest-ocean-liners-on-the-north-atlantic/

Paris, Costas, Di Fonzo, Thomas & Llamas, Liliana, "A Brief History of Shipping," *The Wall Street Journal*, January 24, 2018. https://www.wsj.com/articles/a-brief-history-of-shipping-1516789500?mod=cx_picks&cx_navSource=cx_picks&cx_tag=video&cx_artPos=1#cxrecs_s

Pearse, Roger, ed., "Early Church Fathers-Additional Texts", https://www.tertullian.org/fathers/#Cosmas_Indicopleustes

"PLUS: YACHT RACING; Two Americans Break 1849 Record," *The New York Times*, May 29, 2003. https://www.nytimes.com/2003/05/29/sports/plus-yacht-racing-two-americans-break-1849-record.html

SIPRI, "SIPRI Military Expenditure Database 2020," https://www.sipri.org/databases/milex

TEARA, "Bishop Vercoe's speech at Waitangi, 1990," https://teara.govt.nz/en/video/43033/bishop-vercoes-speech-at-waitangi-1990

UNESCO, "Did you know?: Sayyid Bin Abu Ali, a True Representative of Intercultural Relations along the Maritime Silk Roads," https://ru.unesco.org/silkroad/node/10138

USGS, "How does present glacier extent and sea level compare to the extent of glaciers and global sea level during the Last Glacial Maximum (LGM)?", https://www.usgs.gov/

faqs/how-does-present-glacier-extent-and-sea-level-compare-extent-glaciers-and-global-sea-level?qt-news_science_products=0#qt-news_science_products

"VICTORIA LUISE WRECK TALE.; Vessel Was Entering Kingston Harbor-Rescue of the Passengers." *The New York Times*, December 29, 1906, https://www.nytimes.com/1906/12/29/archives/victoria-luise-wreck-tale-vessel-was-entering-kingston-harbor.html

Ward, Jenny, "Wind propulsion: EnergySail demonstration and test unit unveiled in Japan," *Fathom.World*, March 4, 2020, https://fathom.world/energysail-demonstration-and-test-unit-unveiled-in-japan/

WIKIPEDIA, "MV Miranda Guinness," https://en.wikipedia.org/wiki/MV_Miranda_Guinness

World Shipping Council, "History of Containerization," http://www.worldshipping.org/about-the-industry/history-of-containerization

World Shipping Council, http://www.worldshipping.org/about-the-industry/global-trade/trade-statistics

WWF, "WWF calls for global treaty to stop plastic pollution after research uncovers plastic in new amphipod," March 5, 2020. https://wwf.panda.org/?360599/WWF-calls-for-global-treaty-to-stop-plastic-pollution-after-research-uncovers-plastic-in-new-amphipod

찾아보기

──────── ㄹ ────────

무함마드 알리(Muhammad Ali) 662, 663

문호개방정책(Open Door Policy) 762, 833

물라이바르(Mulaibar) 311

미국 23, 41, 495, 544, 548, 549, 553, 554, 562, 615, 616, 618, 621~623, 625, 630, 631, 633, 636, 638, 639, 645, 647, 652, 656~658, 667, 670, 671, 674, 676~678, 680~683, 686, 688, 690, 693, 694, 702, 704, 707, 712~714, 719~723, 725~731, 733, 735, 738, 740, 7443, 748~751, 757~766, 768~773, 776, 777, 779~782, 784, 790~797, 799, 801, 806, 813, 815, 817, 818, 820, 823, 824, 827, 828, 830, 832~835, 839, 842~848, 850, 852, 853, 859~861, 863, 873~875, 878

미그돌(Migdol) 87

미나스 제라이스(Minas Gerais) 538

미네트엘베이다 76

미노스 78~81

미노아 문명 78, 80, 82, 83, 85, 350

미드웨이 해전 762, 782

미선(My Son) 208

미세노(Miseno, 현재의 미세오) 153

미스르 283

미시간호 559

미시시피강 559, 636, 637, 769

미시시피호 723

미쓰비시 증기선회사 729, 730

미얀마 596, 809, 813, 847

미오스 호르모스(Myos Hormos) 165, 171, 174, 176, 184

미주리호 762

미주리호 박물관 784

미즈노 다다노리(水野忠德) 725

미즌 범포(mizzen sails,) 229

미지의 남방대륙(Terra Australis Incognita) 497, 503, 505

미케네 문명 78, 85

미크로네시아 29, 30, 38, 749, 776

미탄니왕국 67, 78

민도로(Mindoro)섬 501

밀라노(Milano) 401

밀라이(Mylae) 139

밀레투스 100, 103, 121, 122, 146, 151

밀로스 70

─────── ㅂ ───────

바그 노즈(Bag Noz) 615

바그다드 53, 225, 233, 234, 242, 243, 247, 250, 260, 265, 282, 283, 322, 380, 383, 410, 443, 475

바누아투(Vanuatu) 30, 32, 735, 798

바다 이(sea lice) 826

바다민달팽이(sea slugs) 735

바다민족(sea people) 77, 84~88, 93

바다와의 결혼식(sposalizio del Mare) 401, 402

바땅하리강 317

바라메다, 산루카르 데(Sanlúcar de Barrameda) 494, 497

바라카(baraka) 240

바람 아래의 땅들(lands below the wind, 아랍어로는 Zirbâdât) 158

바랑고이(Varangoï) 382

바랑기안 경호대(Varangian guard) 382

바랴그(Varyag)함 848

바레, 잔(Jeanne Barré) 510~512

바레인 56, 248, 253, 284, 355

바르가스, 제툴리우(Getúlio Vargas) 733

ㅌ

바다 인류

인류의 위대한 여정, 글로벌 해양사

1판 1쇄 발행일 2022년 1월 24일
1판 2쇄 발행일 2022년 2월 21일

지은이 주경철

발행인 김학원
발행처 (주)휴머니스트출판그룹
출판등록 제313-2007-000007호(2007년 1월 5일)
주소 (03991) 서울시 마포구 동교로23길 76(연남동)
전화 02-335-4422 **팩스** 02-334-3427
저자·독자 서비스 humanist@humanistbooks.com
홈페이지 www.humanistbooks.com
유튜브 youtube.com/user/humanistma **포스트** post.naver.com/hmcv
페이스북 facebook.com/hmcv2001 **인스타그램** @humanist_insta

편집주간 황서현 **편집** 최인영 강창훈 **디자인** 김태형
조판·지도 홍영사 **용지** 화인페이퍼 **인쇄** 청아디앤피 **제본** 경일제책

ⓒ 주경철, 2022

ISBN 979-11-6080-784-4 93900